한국 사람 만들기 II
친일개화파

함재봉 지음

함재봉(咸在鳳)

한국학술연구원장. 연세대학교 정치외교학과 교수(1992~2005), 프랑스 파리 유네스코 본부(UNESCO) 사회과학국장(2003~2005), 미국 서던캘리포니아대학교(University of Southern California) 한국학연구소 소장 겸 국제관계학부 및 정치학과 교수 (2005~2007), 랜드연구소(RAND Corporation) 선임 정치학자(2007~2010), 아산정책 연구원 이사장 겸 원장(2010~2019) 등을 역임했다. 미국 칼튼대학교(Carleton College) 에서 경제학 학사학위(1980), 존스홉킨스대학교(Johns Hopkins University)에서 정치학 석사 및 박사학위(1992)를 취득하였다.

블로그 https://blog.naver.com/hahmchaibong
페이스북 https://www.facebook.com/hahmchaibong
유튜브 함재봉TV - 역사와 시사
카카오톡 오픈채팅 한국사람사랑방

한국 사람 만들기 II

친일개화파

〈개정판〉

함재봉

머리말

「친일개화파」란 메이지 일본을 모델로 조선의 근대화를 꾀한 김옥균, 박영효, 서광범, 홍영식, 서재필, 윤치호 등의 인물들을 지칭한다. 이들은 1880년대부터 일본을 새로운 문명의 기준으로 받아들인다. 늘 중국을 문명의 발상지, 기준으로 생각해온 조선 사람들이었기에 이들의 인식 전환은 놀라운 일이었다.

그러나 친일개화파가 목격한 일본의 발전상을 살펴보면 이들이 「친일파」가 된 것은 당연한 일이다. 메이지 유신을 통한 일본의 국가 대변신 과정은 경이로웠다. 당시 낙후될 대로 낙후된 조선 사람들의 눈에만 그렇게 비친 것이 아니다. 인류보편사의 관점에서도 한 나라가 그토록 급격하게, 상대적으로 혼란과 피해를 최소화시키면서 근대화에 성공한 경우는 찾아보기 힘들다.

이 책은 메이지 시대 일본의 근대화 과정을 객관적으로 기술함으로써 왜 대부분의 조선사람이 「친중위정척사파」로 남아 있던 때에 개화파는 일본을 모델로 설정할 수 밖에 없었는지 알아본다. 이어서 조선의 개화파가 어떤 계기로 메이지 일본과 조우하게 되었는지, 그리고 메이지 유신의 모델을 따라 조선을 개혁하려던 이들의 시도가 왜 궁극적으로 실패하는지 추적한다.

『한국 사람 만들기』 시리즈는 「한국 사람」의 기저를 형성하고 있는 다섯 가지 인간형, 즉 「친중위정척사파」, 「친일개화파」, 「친미기독교파」, 「친소공산주의파」, 「민족주의파」의 정치적, 국제정치적, 사상적 배경을 추적한다. 이 책은 시리즈 중 「친일개화파」를 다루는 제 2권의 「개정판」이다.

이번 「개정판」은 2017년말에 출간된 「초판」에 비해 350 페이지 가량 분량이 늘었다. 그 중 100페이지는 가독성을 높이기 위해서 활자를 조금 더 큰 것을 사용했기 때문에 늘어난 분량이다. 나머지는 새로 추가된 내용이다.

특히 제 1장 「메이지 유신」의 내용을 대폭 보강하였다. 페리 함대의 출현으로 도쿠가와 바쿠후가 어떻게 흔들리기 시작하였는지, 어떻게 권력의 중심이 존재조차 희미하던 천황으로 옮겨가기 시작했는지, 그리고 천황의 「조정」이 어떻게 변신하면서 일본 정치의 중심으로 떠오르게 되었는지의 과정을 보다 세밀하게 추적한다. 일본이 「청일수호조약」을 통하여 청과 대등한 입장에서 국교를 수립하고 외국 사절이 청황제에게 「삼궤구고두례」를 하는 관례를 깨트림으로써 「화이질서」를 극복해 나가는 과정도 상세히 기술하였다.

「제 5장: 후쿠자와의 문명개화론」은 새로 추가된 장이다. 『제 I권: 조선사람 만들기, 친중위중척사파』에서는 주자성리학이라는 사상이 어떻게 형성되었고 조선에 전파되었는지를 살펴보았고 『제 3권: 친미기독교파』에서는 개신교가 어떻게 형성되고 조선에 전파되었는지를 알아보기 위해서 장 칼뱅의 사상을 살펴봤다. 그러나 『제 2권: 친일개화파』「초판」에서는 메이지 일본의 사상적 배경을 다루지 못했다. 특히 문명개화론을 통하여 메이지 시대 일본사람들에게 근대화의 의미를 설명하고 방향을 제시함으로써 일본이 「화이질서」를 극복하고 근대화에 매진할 수 있도록 사상적 좌표를 제시한 후쿠자와 유키치에 대한 논의가 누락되었었다. 이번에 그 점을 보완했다.

이 책을 쓰고 개정판을 내면서 일본 근세사에 대한 나의 무지를 절감했다. 근대 일본에 대해 막연히 갖고 있었던 생각들이 하나 같이 틀렸을 뿐만 아니라 한국사람 특유의 「일본 콤플렉스」가 빚어낸 현실도피성 왜곡과 공상의 결과라는 사실을 알게 되었다. 정신분석학에서는 과거에 일어난 특정 사건에 대한 생각, 감정, 기억, 열등의식이 과하여 심리적인 통합과 안정을 저해하고 자아형성에 부정적으로 작동하는 것을 「콤플렉스」라고 한다. 일본은 한국사람들의 「콤플렉스」다.

한국 사람의 올바른 자아형성을 위해서는 이 「일본 콤플렉스」를 극복해야 한다. 그러기 위해서는 조선이 일본과 본격적으로 조우하는 근대사를 직시해야 한다. 이 책이 일본과 「친일개화파」에 대한 올바른 이해를 도모하고 「일본 콤플렉스」를 극복함으로써 진정한 의미의 「극일」에 일조할 수 있기를, 그럼으로써 한국 사람의 올바른 자아형성에 일조할 수 있기를 바란다.

2021년 4월

차례

서론

북학파에서 개화파로

메이지 유신의 성공 요인

중화 질서에서 근대 국제 질서로 가는 일본

친일개화파의 좌절

서론

조선은 근대 문명을 일본으로부터 배운다. 친중위정척사파와 흥선 대원군, 조선의 왕실은 모두 근대 문명을 금수와 같은 서양 오랑캐의 것으로 치부하고 거부하면서 그 내용을 알려고 조차 하지 않았다. 조선이 상국(上國)으로 모시던 청은 왕조의 명맥을 간신히 유지하면서도 여전히 중국의 유교 문명이 우월하다는 「중체서용론」을 견지하고 있었다. 따라서 조선이 근대 문명을 배울 수 있었던 유일한 통로는 「문명 개화」의 이름으로 급속한 근대화를 이루고 있던 일본이었다. 이 비좁은 통로를 이용하여 문명개화의 당위성을 배우고 근대 문명을 조선에도 이식하고자 한 사람들이 친일개화파다.

친일개화파가 일본으로부터 배운 것은 근대 산업, 군사, 교육, 법뿐만 아니라 「독립」이라는 개념이었다. 이들은 메이지 일본이 「만국공법(萬國公法)」이라 불리는 근대 국제법을 익히고 불평등 조약을 극복하기 위하여 노력하는 것을 보면서 「민족 국가」라는 독립 단위로 구성되어 있는 근대 국제 질서를 배운다. 당시 쇠락의 길을 걷고 있던 청은 조선 반도에 대한 우월적 지위를 유지하고 서구 열강과 일본의 영향력을 차단하기 위하여 조선이 독립국이 아닌 중국의 「속방(屬邦)」임을 적극 홍보하고 있었다. 조선의 왕실, 민씨 척족 중심의 친청파 역시 모두 조선이 청의 「속국」임을 대내외에 스스럼 없이 천명하고 있었다. 그러나 친일개화파는 메이지 일본을 통하여 조선과 청 간의 사대 관계가 근대 국제 질서의 관점에서 보자면 용납할 수 없는 치욕적인 종속 관계라는 사실을 처음 깨닫는다.

북학파에서 개화파로

　조선 사람의 가슴과 뇌리에 깊이 뿌리내린 반일 감정과 「왜(倭)」에 대한 문화적 우월 의식, 피해 의식, 강력한 쇄국 정책에도 불구하고 19세기 말에 이르면 일본을 새로운 문명의 기준으로 받아들이는 친일개화파가 출현한다. 놀라운 인식의 전환이었다. 늘 중국을 문명의 원천으로 간주해 온 조선 사람들이 중화 질서의 가장 변방이었던 일본을 새로운 문명의 원천으로 받아들이기 시작한다.

　이러한 인식의 대전환은 두 단계를 거쳐 이루어진다. 첫 단계는 「북학파(北學派)」의 부상이었다. 북학파는 「숭명반청(崇明反淸)」 사상이 조선 후기의 주류 사상으로 자리를 잡은 후에도 「연행사(燕行使)」로 청을 다녀온 관료, 학자들과 이들을 수행하였던 역관 등을 중인들을 중심으로 형성된다. 임진왜란과 병자호란 이후 쇄국 정책을 고수하면서 세계로부터 철저하게 고립되어 가던 조선에서 그나마 바깥세상을 구경할 수 있던 사람들이었다.

　강희(康熙帝, 재위 1661~1722), 옹정(雍正帝, 재위 1722~1735), 건륭(乾隆帝, 재위 1735~1796) 등 명군들의 치세를 통하여 정치, 경제, 군사, 문화적으로 세계 최강 대국으로 부상한 청의 수도인 연경(燕京, 베이징의 옛 이름)을 오가면서 청의 발전상을 직접 목격한 북학파는 조선의 주류인 숭명반청파들이 「북인(北人)」이라 부르면서 업신여기던 청을 배우고자 한다. 그리고 북학파는 19세기 중엽부터 청을 통하여 청보다도 더 강한 새로운 문명인 서구를 접한다. 이들은 두 차례의 아편전쟁(제1차 1839~1842, 제2차 1856~1860)에서 청이 서구 열강에게 유린당하는 모습과 그 이후 청이 근대 문명을 수용하기 위하여 일으킨 「동치중흥(同治中興, 1860~1874)」과 「양무운동(洋務運動, 1861~1895)」을 목격하면서 근대화의 중요성을 깨닫는다.

두 번째 단계는 쇄국 정책에도 불구하고 당시 일본에서 일어나고 있던 변화를 감지하고 신변의 위협을 무릅쓰면서 일본을 배우기 시작한 극소수 인사들의 출현이었다. 당시 조선 주류 사회는 일본을 접할 기회도, 의지도 없었다. 일본과의 첫 접촉을 시도한 것은 조선 사회에서 천대받던 불교승들이었다. 일본은 조선과는 달리 불교국가였다. 그런 일본이 급속한 근대화를 이루고 있었다. 조선의 불교 승려들은 당연히 일본에 관심을 갖게 된다.

마침 당시 강화도 조약으로 개항된 부산에는 일본 상인들의 대규모 거주지가 형성되기 시작하였고 이들을 위한 일본 불교 사찰이 세워지고 일본 승려들이 부산에 거주하기 시작한다. 조선의 불교승 이동인(李東仁, 1849?~1881.5)과 탁정식(卓挺埴, ?~1884, 법명은 각지(覺地), 무불(無不))은 부산의 일본 승려와 접촉하면서 일본에 대해 배우기 시작한다. 그리고 이들은 불교에 심취하고 있던 김옥균(金玉均, 1851.2.23.~1894.3.28.), 그리고 그의 친구였던 박영효(朴泳孝, 1861~1939.9.21.), 서재필(徐載弼, 1864.1.7.~1951.1.5.) 등을 만나 일본의 놀라운 변화를 알린다.

북학파와 개화파를 이어주는 연결 고리 역할을 한 것은 박규수(朴珪壽, 1807.10.27.~1877.2.9.)였다. 대표적인 북학파 연암 박지원(燕巖 朴趾源, 1737.3.5.~1805.12.10.)의 손자였으며 역시 북학의 대가 박제가(朴齊家, 1750.11.5.~1815.7.6.)의 제자였던 추사 김정희(秋史 金正喜, 1786.6.3.~1856.11.7.)에게 배운 박규수는 두 차례에 걸친 연행(燕行)을 통하여 청나라를 직접 본다. 그는 「안핵사(按覈使)」로 「진주민란(1862)」을 수습하고 평양감사로 「제너럴셔먼호」를 격침(1866)시켰지만 흥선대원군의 쇄국 정책에 줄기차게 반대하였고, 일본과의 「서계(書契) 문제」가 터졌을 때 조정에서 유일하게 개국을 주장하였다. 관직을 사임한 후로는 자신의 집에 김옥균, 박영효, 홍영식(洪英植, 1856.2.

5.~1884.12.7.), 서광범(徐光範, 1859.11.8.~1897.7.17.), 김윤식(金允植, 1835~1922.1.22.), 서재필, 박정양(朴定陽, 1842.2.4.~1905.12.15.), 윤치호(尹致昊, 1865.1.23.~1945.12.6.) 등을 불러모아 청에서 가져온 서구 관련 책들을 함께 읽고 토론하였다.

친일개화파가 본격적으로 형성되는 것은 박규수 문하에서 근대 문명에 대해 눈뜨기 시작한 개화파 인사들이 직접 일본으로 건너가 「문명개화」를 이루고 있던 메이지 일본을 보고 배우면서부터였다.

메이지 유신의 성공 요인

메이지 유신은 세계사에서 그 유례를 찾아보기 힘들게 빠르고 성공적인 근대화 과정이었다. 일본은 메이지 유신을 거치면서 불과 한 세대 만에 봉건 국가에서 근대 국가로 탈바꿈한다. 조선의 친일개화파의 입장에서 볼 때 메이지 유신은 당연히 따라야 할 모델이었다. 아직도 대부분의 조선 사람들이 중국을 문명의 축으로 생각하고 종주국으로 받들고 있던 당시 상황에서 일본을 보고 배우고자 하는 것은 어렵고 위험한 일이었지만 급격한 근대화 과정을 겪고 있는 일본을 직접 목격한 친일개화파들에게 다른 대안은 있을 수 없었다.

조선과 일본은 비슷한 시기에 서구 열강과 조우한다. 외세의 도래에 대한 초기 반응도 유사했다. 서구 열강이 문을 두드릴 당시 조선과 일본은 모두 쇄국 정책을 고수하고 있었다. 서구 열강이 본격적으로 통상을 요구하자 조선에서는 「위정척사파」가, 일본에서는 「존황양이파(尊皇攘夷派, 손노조이파)」가 일어나 개국에 극렬하게 반대한다. 그러나 그 이후의 조선과 일본 역사는 서로 전혀 다른 방향으로 전개된다. 조선에서는 위정척사파가 끝내 개국에 반대하고 친일개화파는 몰락한다. 반면 일본의 존황양이파는 개화파로 변신한다. 일본을 지키기 위해서는 서양을 배워야 한다는 인식 전환을 통하여 가장 극렬한 쇄국주의자들이 가장 적극적인 개국주의자가 된다. 이들이 일으킨 혁명이 메이지 유신이다.

메이지 유신이 가능했던 이유는 크게 두 가지다. 첫째는 임진왜란 이후 메이지 유신 때까지 일본을 통치한 도쿠가와 바쿠후(幕府, 막부) 체제의 특성 때문이었다. 임진왜란을 겪은 조선의 경제는 초토화된다. 조선은 다시는 임란 이전의 경제력을 회복하지 못한다. 조선 체제의 정치적, 사회적, 이념적 모순은 경제를 되살릴 수 있는 개혁을 불가능하게 만든다. 엎친 데 덮친 격으로 병자호란마저 겪으면서 조선은 이념적으로 체제적으로 쇄국으로 들어간다. 반면 도쿠가와 시대(德川時代, 1603~1868)의 일본은 200년에 걸친 상대적 평화와 번영을 누린다.

도쿠가와 영지의 수도였던 에도(江戶, 도쿄의 옛 이름)의 이름을 따서 「에도 시대(江戶時代)」라고도 불린 이 시대의 일본 경제는 동시대 조선의 경제에 비해 훨씬 규모가 크고 활력이 넘쳤다. 260개에 달하는 「한(藩, 번)」들이 내치에 있어서 독립성을 유지하면서 각 한의 영주였던 「다이묘(大名)」들이 경쟁적으로 자신의 한의 경제를 운영하면서 변화와 발전을 도모하였다. 각 한은 특산물을 에도, 오사카, 교토 등의 대도시에 팔면서 상업을 발달시킨다. 특히 바쿠후의 수도인 에도는 전국의 소비재와 공예품, 사치품이 모이는 거대한 소비 도시로 발달하면서 일본의 상업화를 견인한다.

도쿠가와 시대의 「바쿠한(幕藩, 막번)」 체제는 문화적으로, 이념적으로, 개방적이었다. 임진왜란으로 조선의 주자성리학이 뒤늦게 일본에 전파되기 시작하지만 일본의 주자학자들은 중국을 결코 이상화하지 않는다. 오히려 일본 고유의 정체성을 강화하는 기제로 주자성리학을 도입한다. 조선에서는 병자호란 이후 주자의 주석에서 조금이라도 벗어나는 해석을 하면 「사문난적(斯文亂賊)」으로 낙인 찍히고 정치적으로 탄압 받았지만 일본에서는 「고가쿠(古學, 고학)」, 「고쿠가쿠(國學, 국학)」 등의 고유의 사상이 싹트고 심지어는 「란가쿠(蘭學, 난학, 네덜란드의 중국어 표기인 「화란(和蘭)」의 「란」을 따서 붙인 이름)」를 통하여 서양의 문물이 널리 퍼진다. 다양한 사상뿐만 아니라 교육 또한 널리 보급되면서 일본은 당시 세계 어느 나라에 비해서도 높은 초등 교육 보급률과 문자 해독률을 자랑한다.

한편, 바쿠후의 봉건 체제는 도쿠가와에 맞섰던 한과 바쿠후 사이에 정치적, 경제적 갈등과 긴장 관계가 상존할 수 있는 여건을 제공한다. 도쿠가와 이에야스(德川家康, 1542~1616)가 도요토미 히데요시(豊臣秀吉, 1536~1598)의 아들 히데요리로부터 권력을 빼앗자 도요토미 가문에 충성하면서 도쿠가와에게 끝까지 저항했던 조슈(長州)와 사쓰마(薩摩) 등의 강력한 한들은 도쿠가와의 「천하통일」 이후에도 여전히 독자적인 힘을 유지한다. 조선의 강력한 중앙 집권 체제와 달리 일본의 바쿠후 체제는 독자적인 경제력과 정치력을 가진 대안 세력들의 존재를 가능케 했다.

이렇게 형성된 「바쿠한(幕藩)」 체제에 서구 열강의 도전이라는 외부의 충격이 가해지면서 기존 체제에 도전하는 정치 세력이 등장한다. 바쿠후와 천황부의 대립, 전통적으로 라이벌 관계였던 한들의 합종연횡(合從連橫)과 다양한 이념들의 각축 속에서 일본은 쿠데타와 역 쿠데타, 서구 열강과의 전쟁과 내전을 겪으면서 구체제는 무너져간다. 그리고 결국 조슈와 사쓰마라는 전통적인 라이벌 관계의 두 한이 손을 잡고 도쿠가와 바쿠후를 무너뜨리면서 메이지 유신 체제를 출범시킨다.

메이지 유신이 가능했던 두 번째 이유는 걸출한 지도자들의 출현이었다. 메이지 유신을 이끈 지도자들은 대부분 「고시(鄕士, 향사)」라고 불리는 하급 무사 출신이었다. 조선으로 말하자면 몰락한 양반이나 중인 계급 출신 정도의 인물들이었다. 이들은 봉건 체제하에서는 아무런 영향력도, 실권도 없었다. 그러나 이들은 유교 경전 중심의 탄탄한 기본 교육을 바탕으로 「국학」을 배우면서 「존황양이」 이념을 받아들이고 「난학」을 통하여 서양에 눈뜨고 밀항으로 서양 유학 길에 오르면서 세상을 배운다. 이들은 각자의 한의 경계를 넘어 서로 교류하면서 「지역색」을 극복하고 「시시(志士, 지사)」라는 고유의 계층을 형성하면서 바쿠후를 무너뜨리고 새로운 나라를 건설하는 꿈을 키운다. 그리고 젊은 사무라이 특유의 과격주의를 앞세워 자신들의 계획을 행동에 옮긴다.

메이지 유신으로 정권을 잡은 젊은 지도자들은 서구의 선진 문물을 적극적으로 받아들인다. 가장 극적인 예가 「이와쿠라 사절단(岩倉使節団, 1871~1873)」이다. 메이지 유신의 성공으로 새로운 정권을 수립한 지 3년 만인 1871년, 유신의 핵심 세력 대부분이 2년에 걸친 해외 문물 시찰에 나선다. 국내에 남아 있는 동료들에게는 자신들이 외국에서 국가 발전의 청사진과 올바른 정책을 배워올 때까지 기다리라고 한다. 사찰단은 2년에 걸쳐 12개국을 방문하면서 미국의 그랜트 대통령, 독일의 비스마르크 수상 등 당대의 지도자들과 교류하고 각국 최고의 산업 시설과 군사 시설을 시찰한다.

메이지 유신을 추동 한 인물들을 살펴보면 이들이 역사의 흐름과 국제 정세를 읽는 눈, 그리고 새로운 세계에 적응하는 데 필요한 정책을 고안하고 집행하는 능력이 얼마나 탁월하였는지 알 수 있다. 청의 「양무운동파」와 조선의 「위정척사파」가 서구의 근대 문명을 이해하고 서구 열강의 도전에 응전하는 모습과 비교해 볼 때 특히 그렇다. 세종을 위시한 조선 초의 개국-개혁 세력이 「주자성리학」이라는 당시의 「글로벌스탠더드」를 과감하게 받아들여 급진 개혁을 성공적으로 추진한 사례나 누르하치와 홍타이지 등이 여진족을 규합하여 대청제국을 건설하는 과정과 흡사하다. 메이지 유신의 역사를 알게 되면 일본이 근세 동아시아의 패권을 잡게 된 이유를 알 수 있다.

중화 질서에서 근대 국제 질서로 가는 일본

메이지 유신에 성공한 일본은 곧바로 조선의 문을 두드린다. 일본은 오랫동안 속해있던 「중화 질서(中華秩序)」, 또는 「화이질서(華夷秩序)」의 역사와 구조, 논리를 누구보다도 잘 이해하고 있었다. 동시에 근대 국제 질서의 역사와 구조, 논리도 정확하게 파악하기 시작하였다. 이를 바탕으로 일본은 중화 질서를 자신이 주도하는 근대 국제 질서로 바꿔 나간다. 조선과 중국에게 익숙한 전통 중화 질서의 개념과 용어, 이론과 상징을 근대 국제 질서의 것들로 하나씩 대체해 나가면서 동아시아의 국제 질서를 주도 면밀하게, 그리고 근본적으로 바꾼다.

메이지 일본은 러시아에게 사할린을 양보하는 대신 홋카이도에 대한 영유권을 확보하고, 청과 사쓰마에 조공을 바치던 류큐를 일본 영토로 편입시키고, 대만 정벌을 감행함으로써 국가의 영토를 확보, 확장하면서 동아시아의 패권국으로 급부상한다. 이 과정에서 중화질서의 상징이었던 조선과 청 간의 조공 관계는 동아시아의 패권을 둘러싼 청-일 간 대결의 초점으로 떠오른다. 중화 질서를 붕괴시키고 동아시아의 패권을 잡기 위해서는 조선과 청 간의 조공 관계를 종식시켜야 했다. 이를 정확히 이해하고 있던 일본은 메이지 유신 직후부터 조선을 청으로부터 「독립」시키는 작업에 착수한다.

첫 단계는 조선과 일본 간의 전통적인 「화이질서」의 상징이었던 쓰시마(對馬島, 대마도) 문제의 해결이었다. 두 번째는 조선과 중국 간의 「조공관계」의 해체였다. 메이지 일본은 우선 청과의 근대 조약을 성사시킨다. 중화 질서의 가장 변방에 있던 「왜나라」가 중국과 대등한 위치에서 근대 조약을 체결한 것은 획기적인 일이었다. 조선의 「상국」인 청과 근대 조약을 체결한 일본은 청의 「속방(屬邦)」을 자처하는 조선에게도 일본과 근대 조약을 맺도록 압력을 행사한다. 그리고 청이 조선 문제에 개입할 힘도 의지도 없음을 확인한 일본은 강화도 조약을 밀어붙이면서 조선을 「개국」시킨다. 이로써 일본은 조선과 청, 일본 간의 오랜 「사대교린」 관계를 허무는 데 성공한다.

그러나 이 과정에서 일본 내부에서는 일본과의 근대 조약 체결을 거부하는 조선을 정벌해야 한다는 「정한론(征韓論)」이 비등한다. 「정한론」은 일본 국수주의의 원조인 「고쿠가쿠(國學, 국학)」 이념으로 무장한 존황양이파 출신 메이지 유신 지도자들 대부분이 공유하고 있었다. 「국학」에 의하면 일본은 과거 조선 반도에 「임나일본부」를 설치하여 통치하였으며, 그 후에도 조선은 일본에 조공을 바쳤으나 일본에 바쿠후 체제가 들어서면서 이러한 전통이 사라졌다. 그러나 메이지 유신을 통하여 「왕정복고」가 이루어지고 천황이 다시 「친정(親政)」을 시작한 만큼, 과거 조선이 천황에게 조공을 바치던 관행도 되살려야 한다는 것이 「국학파」의 주장이었다. 하지만 조선이 근대 조약 체결은커녕 수치스러운 전통적인 조일 관계를 바꾸자는 일체의 일본측 제안을 거부하자 조선을 정벌해야 한다는 「정한론」이 본격적으로 대두된다.

정한론자들은 국학의 이념에 경도된 극단적인 존황양이파들만 있었던 것이 아니다. 메이지 정부의 대표적인 정한론자는 기도 다카요시(木戶孝允, 1833.8.11.~1877.5.26.)와 사이고 다카모리(西鄕隆盛, 1828.1. 23.~1877.9.24.)였다. 이들은 새로 수립된 메이지 정부의 급진 개혁에 대한 반대가 분출되면서 국론이 극도로 분열되자 나라를 하나로 묶을 수 있는 방편으로 조선과의 전쟁을 주장한다. 다시 말해서 정한론은 일본의 정치인들이 국내 정치에 대한 불만을 외부로 돌릴 수 있는 손쉬운 방법이었다.

그러나 기도와 사이고의 정한론은 모두 오쿠보 도시미치(大久保利通, 1830.9.26.~1878.5.14.)의 반대로 무산된다. 냉철한 현실주의자였던 오쿠보는 당시 일본이 조선과 전쟁을 일으킬 수 있는 힘이 없다는 것을 잘 알고 있었다. 더구나 일본이 조선을 무력으로 침공할 경우, 청이나 러시아, 또는 서구 열강이 개입할 가능성도 충분히 있었다. 따라서 오쿠보의 입장에서 「정한」은 현실적으로 불가능한 일이었다.

정한론은 메이지 유신을 함께 주도한 「유신 삼걸(維新の三傑)」, 오쿠보와 기도, 사이고의 사이를 갈라 놓는다. 정한론이 무산되자 낙향한 「마지막 사무라이」 사이고는 결국 세이난 전쟁(西南戰爭, 1877.1.29.~9.24.)을 일으켜 자신이 만든 메이지 정부와 절친한 친구 오쿠보에 맞서지만 전쟁에서 패하면서 자결한다. 기도 역시 다시는 중앙 정치 무대로 복귀하지 못하고 지병으로 요절한다. 한편 오쿠보는 무력 대신 외교력으로 조선을 개국시키는 정책을 밀어붙인다. 청과의 수교, 대만 정벌, 강화도 조약은 모두 오쿠보의 작품이다.

조선의 개화파와 메이지 일본이 만나는 것이 바로 이 시점이다. 강화도 조약은 세이난 전쟁이 일어나기 1년 전에 체결된다. 조선이 본격적으로 일본을 배우기 시작하는 것은 제2차 수신사(修信使) 김홍집(金弘集, 1842~1896.2.11.)을 파견한 1880년을 전후로 하는 시기였다. 메이지 유신에 대한 마지막 반란이었던 「세이난 전쟁」을 평정한 오쿠보가 전권을 쥐고 일본의 내치와 외교를 주도하고 있던 때였다.

친일개화파의 좌절

급격히 근대화하고 있는 일본에 직접 건너가 보고 배우기 시작한 최초의 조선 사람은 불교승 이동인이었다. 1879년 김옥균과 박영효의 부탁과 후원으로 처음 도일(渡日)한 이동인은 1년간 일본 말과 문화를 익히면서 일본의 정치인, 지식인, 기업인은 물론 일본에 상주하고 있던 서구 열강의 외교관들과 폭넓게 교류하면서 친일개화파와 일본의 교량 역할을 한다. 그 후 1880년 제2차 수신사 파견, 1881년 1월 11일 신사유람단 파견, 그리고 세 차례에 걸친 김옥균의 방일과 장기 체류를 통하여 조선의 개화파는 일본의 개화사상을 본격적으로 배우고 귀국하여 조선의 개화를 기획한다.

그러나 친일개화파는 두 개의 장애물을 만난다. 첫째는 친중위정척사파였다. 대원군의 개혁을 「패도 정치」로 몰아 대원군을 실각시킨 위정척사파였지만 고종이 일본과 강화도 조약을 체결하고 일본의 근대화 과정을 적극 배우려고 하자 이번에는 대원군과 손을 잡고 이에 격렬히 맞선다. 「안기영 역모사건(1881)」, 「임오군란(1882)」은 위정척사파와 대원군이 함께 고종과 친일개화파의 개국 시도에 반대하여 일으킨 정변이었다.

그러나 임오군란은 역설적으로 청이 조선의 내치와 외교를 완전히 장악하는 결과를 낳는다. 청은 메이지 유신을 통하여 급격한 근대화를 추진하면서 국력을 키우는 일본이 조선에 진출하는 것을 막고자 노심초사하고 있었다. 1860년 베이징 조약을 통하여 청으로부터 연해주를 할양 받고 「블라디보스토크(동양의 정복자)」를 건설한 러시아가 만주와 한반도에 진출하는 것을 막기 위해서도 전전긍긍하고 있었다. 그러나 아편전쟁과 태평천국의 난을 겪으면서 국력이 쇠약해질 대로 쇠약해진 청은 일본과 러시아를 상대로 정면 승부를 하기에는 실력이 부족하였다. 조선에 대한 영향력을 유지할 수 이는 유일한 방법은 외교였다.

당시 청의 외교를 맡은 이홍장(李鴻章, 1823.2.15.~1901.11.7.)은 고육지책으로 조선과 서구 열강과의 조약 체결을 적극 주선한다. 조선이 미국을 비롯한 서구 열강들과 조약을 체결하면 일본과 러시아가 조선에 대한 야욕을 섣불리 표출할 수 없을 것이라고 보았기 때문이다. 이홍장은 「조미수호통상조약(1882)」, 「조영수호통상조약(1883)」, 「조독수호통상조약(1883)」, 「조러수호통상조약(1884)」을 직접 중재한다.

그러나 임오군란으로 쇄국주의자였던 대원군과 위정척사파가 다시 득세하자 이홍장이 공을 들여 추진한 조선과 서구 열강 간의 적극적인 수교 정책이 수포로 돌아갈 위기에 처하게 된다. 이에 이홍장은 청군을 보내 대원군과 위정척사파를 제거하기로 결정한다. 이홍장은 청의 황제가 책봉한 고종을 상대로 정변을 일으켜 정권을 탈취한 대원군을 벌한다는 명목으로 조선으로 군대를 급파하여 군란을 평정하고, 대원군을 납치하여 톈진(天津, 천진)으로 압송한다. 외세를 배격하겠다고 일으킨 임오군란은 오히려 외세가 조선 내정에 전례 없이 깊이 간여하는 빌미를 제공한다.

임오군란을 계기로 청은 병자호란 이후 처음으로 조선에 군대를 진주시키고 조선의 내정과 외교를 직접 챙긴다. 조선은 비록 청의 「속방」이었지만 전통적인 「사대 관계」에서는 중국이 속방의 내정이나 외교에 직접적으로 간여하지 않는 것이 원칙이었다. 임오군란 이전까지만 하더라도 서구 열강이 청에게 조선의 지위와 관련하여 문의하면 「조선은 청의 일부가 아니기 때문에 청이 조선으로 하여금 외국과 통상을 하라고 강요할 수 없다. 그러나 조선은 독립국이 아니기 때문에 스스로 통상을 결정할 수 없다」고 하였다.[1] 그러나 임오군란을 빌미로 청은 조선과의 관계를 전통적인 사대 관계에서 근대적인 제국주의 식민지 체제로 전환시키고 원세개(袁世凱, 위안스카이, 1859.9.20.~1916.6.6.)를 보내 조선을 직접 통치하기 시작한다.

임오군란이 불러온 청의 군사 개입과 정치 간섭의 가장 큰 수혜자는 세력을 키워오던 조선 왕실의 외척인 여흥 민씨 척족이었다. 1874년

대원군의 실각으로 세력을 키우기 시작한 민씨 척족은 1882년 임오군란으로 대원군이 톈진으로 납치되자 권력을 완전히 장악한다. 청 역시 민씨 척족의 이용 가치를 간파하여 이들과 적극 손을 잡는다. 친일개화파의 두 번째 장애물인 「친청파」는 이렇게 형성된다.

청의 후원을 등에 업은 민씨 일파는 친일개화파가 추구하는 메이지 유신 식 급진 개혁 대신 청이 당시 추진하고 있던 양무운동식 온건 개혁을 추진한다. 태평천국의 난을 평정하면서 청의 실권을 잡고 양무운동을 일으킨 증국번(曾國藩, 1811.11.26.~1872.3.12.), 이홍장, 좌종당(左宗棠, 1812.11.10.~1885.9.5.), 곽숭도(郭嵩燾, 1818.4.11.~1891.7.18.) 등은 처음부터 서구 근대 문명을 전부 받아들일 생각이 없었다. 중국의 전통 유교문명의 최고 엘리트인 한림학사 출신인 이들은 중국 문명에 대해 강한 자부심을 갖고 있었다. 이들은 서양이 아무리 중국에 비해 과학 기술이 앞서고 무기가 강력하다고 해도 윤리와 도덕, 정치와 사회를 아우르는 문명의 차원에서는 중국을 따라올 수 없다는 「중체서용론(中體西用論)」의 신봉자들이었다.

그러나 일본의 급격한 근대화 과정을 목격하고 개화 사상을 받아들인 친일개화파에게 진정한 문명은 「사문(斯文)」이 아니라 위정척사파가 「양이(洋夷, 서양 오랑캐)」라고 부르던 서구의 근대 문명이었다. 나라를 부강하게 하고 백성을 편안하게 해주는 체제는 성리학적 왕도 정치도, 양무운동식 동서양의 적당한 절충도 아닌 메이지 유신식 급진 근대화였다. 메이지 일본과 같이 반상(班常)과 남녀의 차별을 철폐하고 구습을 타파하여 산업을 일으키고 경제를 발전시키는 것, 아울러 국민의식을 고취시키면서 부강한 나라를 세우는 것만이 조선이 살 수 있는 유일한 길이라고 생각하였다.

일본을 통하여 근대 국가와 근대 국제 질서의 성격을 이해하기 시작한 이들에게 조청 간의 조공 관계는 굴욕적이었다. 중국은 더 이상 문명의 기준도, 따라야 할 이상도 아닌 오직 극복의 대상일 뿐이었다. 그런 중국에 의존하여 권력을 유지하면서 조선의 독립과 개화를 모두 가로막고 있는 민씨 척족 주도의 친청파는 타도의 대상이었다. 그럼에도 불구하고 상황은 오히려 친청파에게 유리하게 돌아가고 있었다.

급격한 근대화의 길을 가고 있는 일본을 따라가도 모자라는 상황에서 흥선대원군과 위정척사파가 손을 잡고 임오군란이라는 반동을 일으키고, 시아버지 흥선대원군과 며느리 민중전 간의 권력 투쟁은 결국 청군의 개입을 불렀다. 병자호란 이후에도 없었던 조선에 대한 청의 직접 통치가 이루어지기 시작했다. 다급해진 친일개화파는 1884년 갑신정변을 일으킨다.

그러나 역사는 친일개화파에게 가혹했다. 조선은 메이지 유신과 같은 혁명을 성공시킬 수 있는 정치 세력도, 사회적, 이념적 여건도 갖추지 못했다. 청과 정면 대결을 하기에는 아직 실력이 부족했던 일본도 친일개화파를 돕지 않는다. 청군이 베트남을 둘러싼 청과 프랑스 간의 전쟁(1884~1885)에 조선 주둔 청군을 파병하면서 청군의 개입도 없을 것으로 생각하였지만 이는 오판이었다. 오히려 원세개가 청군을 이끌고 적극적으로 개입함으로써 갑신정변은 결국 삼일천하로 끝난다.

갑신정변의 실패로 조선에 대한 중국의 직접 통치는 더욱 강화된다. 청은 임오군란과 갑신정변의 평정을 빌미로 대군과 함께 원세개를 파견하여 한양에 상주토록 하고 조선의 외교와 내치를 직접 관리한다. 조선은 근대화에 앞서가고 있는 일본을 따라가기는커녕, 「동양의 병자」로 낙인 찍힌 채 서양 열강 앞에서 무력하게 무너지고 있던 청의 통치를 받게 된다. 한편, 개화파는 역적으로 몰려 미국, 일본 등지로 망명을 떠났고 조선에 남은 그들의 가족들은 연좌제(緣坐制)로 비참한 최후를 맞는다. 메이지 유신을 모델로 한 조선의 자주적인 근대 혁명은 실패한다.

제 1 장
메이지 유신

제1장

메이지 유신

메이지 유신 직전의 일본은 전 세계에서 가장 분열된 국가 중 하나였다. 단일 국가라고 하기 힘들 정도로 정치, 경제, 사회, 문화적으로 봉건 질서가 깊게 뿌리를 내리고 있었다. 그러나 메이지 유신이 일어난 지 불과 1세대 만에 일본은 전 세계에서 가장 통합된 국가로 다시 태어난다. 미국도 19세기 말에 이르러서야 건국 초기부터 유지하였던 주(州)의 강력한 독립성과 주권을 워싱턴에 있는 연방 정부가 어느 정도 제어할 수 있는 체제를 갖춘다. 19세기 말의 영국도 잉글랜드, 스코틀랜드, 웨일스, 에이레(Eire, 아일랜드의 전 이름) 등으로 나뉘어 정치적으로는 물론 민족, 언어, 종교, 문화적으로 사분오열되어 있었으며 내분이 끊이지 않았다. 프랑스, 러시아, 이탈리아, 독일은 영국보다도 훨씬 더 분열되어 있었다. 이들 유럽 국가들이 근대 국가의 모습을 갖춰갈 수 있었던 것은 역설적으로 상호 간의 끊임없는 전쟁과 경쟁이 오히려 국가 내부의 분열을 극복할 수 있는 기제로 작용했기 때문이다. 반면 일본은 중앙 집권 국가 체제의 완성 이후에 이웃 국가들과의 전쟁을 시작한다.[1] 일본의 근대 국가 형성 과정은 타의 추종을 불허한다.

일본의 근대 국가 건설을 촉진한 가장 강력한 동인은 「열강」의 반열에 오르겠다는 도전 의식이었다. 「불평등 조약」의 굴욕과 서양인들로부터 받은 차별과 멸시를 오히려 근대화의 동력으로 삼는다. 조선의 「위정척사파」처럼 「존황양이(尊皇攘夷)」 즉, 「천황을 받들고 오 랑캐를 무찌르라」는 기치를 내걸고 서구 열강에 맞서지만 서양 오랑 캐를 무찌르기 위해서는 서양을 배워야 한다는 사실을 깨닫고 「문명 개화」에 매진한다. 전통의 이름으로 근대화를 이루어 나간 것이 메이 지 유신이다.

1. 에도 시대의 정치

1598년 도요토미 히데요시(豊臣秀吉, 1537.3.17.~1598.9.18.)가 죽 는다. 도요토미는 죽기 직전 가장 신임하는 신하 5명을 「고다이 로(五大老, 오대로)」에 임명하여 5살 난 아들 히데요리(豊臣/羽柴秀頼, 1593.9.8.~1615.6.4.)의 후사를 맡긴다. 그러나 고다이로 중 한 명이었 던 도쿠가와 이에야스(德川家康, 1543.1.31.~1616.6.1. 재위: 1603~1605) 는 히데요리를 배신하고 「세키가하라 전투(関ヶ原の戰, 1600.10.21.)」에 서 도요토미를 지지하는 「한」들의 연합군을 격파하고 정권을 잡는다. 이후 1868년 메이지 유신으로 「왕정복고」가 일어날 때까지 도쿠가와 바쿠후 시대가 지속된다. 도쿠가와 영지의 수도가 에도(江戸)에 있었기 때문에 「에도 바쿠후 시대」 또는 「에도 시대」라고도 부른다.

「바쿠후(幕府)」란 말 그대로 군인들이 전투 중에 사용하는 「막사」, 즉 「야전사령부」였다. 이론적으로는 천황이 바쿠후에 전권을 이양하였 기 때문에 바쿠후의 우두머리인 쇼군(將軍)이 천황의 이름으로 나라를 통치하는 제도였다. 실제로는 무사들이 교토에 수도를 둔 천황과 조 정(朝廷)으로부터 권력을 빼앗아 「무단정치(武斷政治)」를 하는 체제였다.

천황은 에도 시대 내내 유명무실한 존재로서 바쿠후에 정통성을 제 공해주는 것 이외에는 아무런 역할도 하지 못했다.[2] 황실과 교토의 조정을 유지하기 위한 모든 비용은 바쿠후가 제공했다. 쇼군이 천황에게 제공한 예산은 군소 다이묘의 소득보다도 적었다. 「쿠게(公家)」라고 불린 교토 조정의 귀족들은 이보다도 못한 재정 지원을 받았다. 조정의 요직에 대한 임명권도 바쿠후가 갖고 있었다. 바쿠후는 교토에 관리들을 파견하여 상주시키고 천황과 귀족들의 일거수일투족을 감시하였다. 쇼군은 다이묘들의 교토 방문을 금지하였고 다이묘 가문과 조정의 귀족 가문들 간의 결혼도 철저하게 감시하였다.[3] 제3대 쇼군인

도쿠가와 바쿠후의 창업자 도쿠가와 이에야스

도쿠가와 이에미쓰(德川家光, 1604.8.12.~1651.6.8. 재위: 1623~1651)는 1634년 대군을 이끌고 교토를 방문하여 천황과 조정을 겁박하고 자신의 뜻에 어긋나는 행동을 한 천황을 폐위시키기도 하였다.[4] 천황의 존재는 점차 사람들의 뇌리에서 사라져갔다. 일본과 교역을 하던 포르투갈이나 네덜란드의 상인들은 에도의 쇼군을 「황제」로 부를 정도로 쇼군의 권력은 절대적이었던 반면 천황의 존재는 미미하였다.

도쿠가와 바쿠후 시대(1600~1868)의 일본은 「중앙 집권적 봉건 체제(centralized feudalism)」였다.[5] 전국이 260개 한(藩)으로 나뉘어 있었으며 각 한은 「다이묘(大名)」가 통치하고 있었다. 한 사회는 「사농공상」의 계급 구조를 유지하였다. 다만 조선에서의 「사」가 「문사(文士)」,

돗토리 한(鳥取藩), 오늘의 효고 현(兵庫県)의 히메지성(姬路城)과 주변의 조카마치

즉 선비였다면 일본의 「사」는 「무사(武士)」를 뜻했다. 다이묘는 휘하에 세습 무장 계층인 사무라이들을 거느리고 절대적인 권력을 행사하였다. 사무라이들은 다이묘가 하사한 봉토나 봉급을 받으면서 다이묘가 사는 성을 중심으로 형성된 마을인 「조카마치(城下町)」에 대를 이어 거주하였다. 각 한은 자체적으로 세금을 걷었고 독자적인 정부와 관료제를 갖추고 고유의 경제, 사회, 문화, 교육 정책을 추진하는 독립된 단위였다. 대대로 「쇼군(將軍, 장군)」을 역임한 도쿠가와 가문도 엄밀한 의미에서는 여러 다이묘 중 하나였다. 도쿠가와 시대의 일본 체제를 「봉건적」이라고 부르는 이유다.

동시에 모든 한은 도쿠가와 바쿠후의 강력한 통솔 하에 있었다. 에도 시대의 정치 체제가 「중앙 집권적」이었다고 하는 이유다. 바쿠후는 다양한 방법으로 중앙 집권 체제를 유지하였다. 여타 한으로부터 공식적인 세금은 징수하지 않았지만 주기적으로 봉납금을 상납 받았고, 바쿠후의 다양한 토목 사업 등에 금전적인 기여를 해야만 했다. 다이묘의 성이나 군대 시설을 수리하거나 정비할 때는 바쿠후의 사전 허락을 받아야 했고 다이묘 가문 간의 결혼도 쇼군의 허락을 받아야 했다.[6]

다이묘들을 통제하는 가장 강력하고 효과적인 수단은 「산킨고타이(參勤交代)」라는 인질 제도였다. 모든 다이묘들은 격년으로 쇼군의 수도인 에도에 거주해야 했으며 영지에 돌아가 있는 기간에도 후계자와 정실부인들은 에도에 남겨두어야 했다. 산킨고타이를 위해 격년으로 에도를 오가는 영주들의 화려한 행렬은 큰 볼거리였다. 그러나 이 행렬은 엄격한 격식과 규모와 절차를 따라야 했으며 이에 필요한 모든 재정은 각 다이묘들이 부담해야 했다. 각 다이묘는 에도에 자신이 영주할 수 있는 저택은 물론 가신들과 막료들의 주택, 경호를 위한 한 군사들의 병영도 자비로 유지해야 했다.[7] 다이묘 재정의 대부분을 차지하는 이러한 경비들은 다이묘 세력을 약화시키는 매우 효과적인 제도이기도 했다.

산킨고타이 제도는 다이묘들에게 재정적 부담만 안겨준 것이 아니었다. 다이묘들은 에도에 거주하면서 무사로서의 삶을 살기보다는 정쟁(政爭)과 애정 행각, 사치와 향락에 빠졌다.[8] 도쿠가와 시대의 평화가 오래 지속될수록 이러한 경향은 더욱 심해졌다. 또한, 산킨고타이 제도가 정착되면서 다이묘들은 자신의 영지에서보다 에도에서 보내는 시간이 점차 많아졌다. 17세기 중엽에 이르면 한의 후계자가 에도에서 태어나서 자란 후 성인이 되어서야 처음으로 자신의 영지를 가보게 되는 경우가 허다하게 된다. 일례로 사쓰마(薩摩)의 시마즈 나리아키라(島津齊彬, 1809.4.28.~1858.8.24.)는 26세 때 처음으로 가고시마(鹿兒島)를 방문한다. 나리아키라는 사쓰마 사투리를 몰랐고 지역 문화에 익숙지 않았다. 이는 사쓰마인들 사이에 큰 불만이었다. 반면, 에도에서 자란 다이묘들은 에도에 비해 경제적, 문화적으로 낙후된 영지를 처음 방문하고는 크게 놀라고 불만을 표했다.

산킨고타이를 위해 이동하는 다이묘 행렬

이처럼 도쿠가와 시대 일본의 엘리트 계층은 모두 에도에서 자라고 교육받으면서 서로를 잘 알게 되고, 세계관을 공유하게 된다. 그리고 이들은 자신의 한의 정치보다는 에도의 바쿠후 정치에 더 익숙하게 된다.[9] 이는 다이묘들과 한 사이의 정치적, 정서적, 문화적 연결 고리를 약화시킴으로써 바쿠후의 통치력을 강화시키는 결과를 낳았다.

세키가하라 전투에서 승리하면서 일본을 통일한 도쿠가와 이에야스는 전국의 한을 후다이(譜代), 신판(親藩), 도자마(外樣) 등의 세 등급으로 나눈다. 「후다이 다이묘(譜代大名)」는 세키가하라 전투 이전부터 도쿠가와 이에야스에게 충성한 다이묘들로서 대대로 에도 바쿠후 정권의 대신과 신료들을 배출하면서 중앙 정치에 동참할 수 있는 특권이

세키가하라 전투

주어진다. 그러나 이들은 대부분 세키가하라 전투 이후 봉토를 하사받아 다이묘가 된 「신흥 세력」이었다.

「신판 다이묘(親藩大名)」는 도쿠가와 가문의 방계(傍系)들로서 「가몬 다이묘(家門大名)」라고도 불렸다. 바쿠후 정치에 참여하는 것은 물론 쇼군 가문의 대가 끊길 경우 쇼군을 배출하기도 하였다. 이들은 주로 에도, 교토, 오사카 등 쇼군 가문이 직접 통치하는 영지와 인접한 요충지에 위치한 영지를 차지하면서 지리적으로도 바쿠후를 호위하였다. 대표적인 가몬 다이묘는 「고산케(御三家)」라고 불린 오와리(尾張), 기이(紀伊), 미토(水戶)의 도쿠가와 가문과 후쿠이(福井)의 마쓰다이라(松平) 가문이 있었다. 도쿠가와 이에야스의 본명이 마쓰다이라 모토야스(松平元康)였고 이에야스가 도쿠가와 가계를 형성한 후에도 다른 가계들은 마쓰다이라 성을 유지하였기 때문에 이들은 사실 같은 가문이었다.

「도자마 다이묘(外樣大名)」는 세키가하라 전투에서 도요토미 가문의 서군(西軍)에 가담하여 도쿠가와에게 대항했던 한의 영주들이었다. 말 그대로 「외부」의 다이묘들이었다. 이들은 비록 세키가하라 전투에서 도쿠가와의 동군(東軍)에게 패하였지만 여전히 막강한 군대와 거대한 영지를 소유하고 있었다. 도쿠가와 이에야스도 이들을 무력으로 제압하기는 벅찼다. 따라서 도쿠가와는 이들이 자신에 대한 충성을 맹세하고 영지를 대폭 축소하는 대가로 다이묘로 남을 수 있도록 한다. 그러나 도자마 다이묘들은 바쿠후 정치에 직접 참여할 수 없었고 늘 경계와 감시의 대상이었다. 대표적인 도자마 다이묘는 사쓰마의 시마즈(島津) 가문, 조슈(長州)의 모리(毛利) 가문, 히고(肥後, 구마모토(熊本)라고도 부름)의 호소카와(細川) 가문, 가가(加賀)의 마에다(前田) 가문 등이었다. 1598년에 180개에 달하던 도자마 한은 도쿠가와 바쿠후 시대에 98개로 준다.[10]

그러나 도자마 다이묘에도 두 종류가 있었다. 첫째는 실제로 도쿠가와를 상대로 세키가하라 전투에서 싸웠던 도자마 다이묘였고 둘째는 도쿠가와 편에서 싸웠거나 중립을 지킨 다이묘들 중에서 나중에 도자마 다이묘로 정해진 경우였다. 도자마 다이묘와 후다이 다이묘는 세키가하라 전투에서 어느 편에 섰느냐 보다는 이 전투 이전에 도쿠가와의 신하였는지 여부가 더 중요한 기준이었던 셈이다.[11]

16개 최대 다이묘들 중 도자마 다이묘는 11명이다. 그 중 실제로 세키가하라 전투에서 도쿠가와를 상대로 싸운 다이묘는 조슈, 사쓰마와 사가(佐賀) 셋뿐이다. 다른 8명은 도쿠가와 편이었거나 중립을 지켰다. 그 중, 마에다, 다테, 호소카와, 아사노, 토도와 구로다는 도자마 다이묘이면서도 세키가하라 전투 이후 오히려 영지가 확대된다. 이들은 도쿠가와의 가신이 아니었기에 바쿠후 정치에 참여할 수는 없었으나 바쿠후는 이들을 신뢰하였다. 이들 믿을 수 있는 도자마 다이묘들의 영지는 규슈와 간사이(關西)에 위치한 적대적인 도자마 다이묘들의 영지를 지리적으로 포위하였고 간토(關東)의 에도로 오는 길목을 지키도록 하였다. 아사노는 히로시마에, 이케다는 오카야마(岡山)에 영지를 주어서 조슈를 포위하도록 하였고, 호소카와는 구마모토에, 구로다는 후쿠오카(福岡)에 영지를 주어서 사쓰마와 사가가 북상하는 것을 막도록

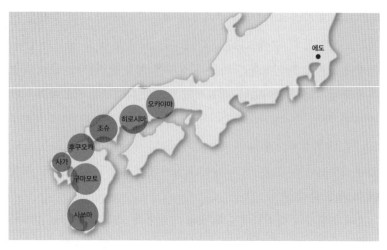

반도쿠가와 다이묘(사쓰마, 조슈, 사가)의 동진을 막고있던 친도쿠가와 다이묘(히로시마, 오카야마, 구마모토, 후쿠오카)

하였다.[12]

실제로 서군 편에 서서 도쿠가와의 동군과 싸우다 패한 조슈와 사쓰마, 사가 등의 세 한은 도쿠가와 시대 내내 복수를 다짐했다. 구전(口傳)에 의하면 조슈 한에서는 매년 정월 초하루 새벽닭이 울면 원로와 가신들이 다이묘에게 가서 「바쿠후를 격퇴할 때가 왔습니까?」 하고 물으면 다이묘는 「아직도 이르다. 아직 때가 아니다」라고 답했다. 조슈의 여인들은 아들들이 잘 때 발을 동쪽에 두도록 하였다. 바쿠후를 모욕하는 의미에서였다. 또, 「꿈에서도 세키가하라 전투의 패배를 잊지 마라」고 늘 일렀다. 사쓰마에서는 매년 세키가하라 전투 하루 전날인 9월 14일, 조카마치의 사무라이들이 일제히 무장을 하고 가고시마의 「묘엔지(妙円寺)」에 모여 세키가하라 전투에 대해 묵상하고 다음날 조카마치로 돌아와 「세키가하라 군키(關原軍記)」를 함께 들었다.[13]

반면 도사의 야마우치 가문은 세키가하라 전투에서 별다른 역할을 하지 않았음에도 불구하고 도쿠가와 이에야스가 고쿠다카를 6만에서 24만 2천으로 올려줬다. 야마우치 가문은 이를 잊지 못해서 메이지 유신 당시에도 끝까지 조슈와 사쓰마를 돕는 것을 망설였다. 그러나 반대로 도사 한의 「고시(鄕士)」, 즉 농촌에 거주한 사무라이들은 세키가하라 전투에서 도요토미의 서군 편에서 싸우다 패해 도쿠가와 이에야스의 손에 몰락한 조소카베(長宗我部) 가문의 가신 출신들이었고, 따라서 바쿠후에 적대적이었다.[14] 이들은 훗날 가장 극렬한 반(反)바쿠후주의자들을 배출한다. 그 대표적인 인물이 조슈와 사쓰마의 연합을 이끌어내면서 메이지 유신의 성공에 절대적인 기여를 한 사카모토 료마(坂本龍馬, 1836.1.3.~1867.12.10.)다.

중앙 정치로부터 배제된 도자마 다이묘들은 자신들의 영향력을 유지하는 방편으로 교토의 황실과 귀족 가문들과의 유대 관계를 유지하였다. 시간이 흐를수록 교토의 영향력이 약해지면서 조정에 대한 바쿠후의 감시도 점차 소홀해졌고, 이 틈을 타 일부 도자마 다이묘와 교토의 귀족 가문은 혼인 관계를 맺기 시작한다. 대표적인 것이 사쓰마의 시마즈 가문과 교토의 고노에(近衞) 가문이었다. 시마즈 가문은 고대에 고노에 가문의 청지기를 했던 인연이 있었던 관계로 도쿠가와 시대 후반에 혼맥을 통해 다시 정치적 유대를 맺는다. 도사(土佐)의 야마우치(山內) 가문도 교토의 산조(三条) 가문과 혼인 관계를 맺으면서 정치적 연대를 맺었고 조슈의 모리 가문은 황실과의 혼맥을 지속적으로 유지한다.[15] 훗날 사쓰마와 조슈, 도사 한이 조정의 산조, 고노에 가문의 후예들과 연합하여 명치유신을 성공시키고 「왕정복고」를 이루는 것은 결코 우연이 아니다.

이처럼 메이지 유신의 연원은 세키가하라 전투로 거슬러 올라간다. 세키가하라는 임진왜란 당시 도요토미를 도와 조선에 출병한 고니시 유키나가(小西行長, 1558?~1600.11.6.), 조슈의 모리 데루모토 등 도요토미에게 끝까지 충성한 서군과 조선에 출병을 하지 않았고 도요토미 가문으로부터 권력을 빼앗으려는 도쿠가와 이에야스의 동군 간의 전투였다. 메이지 유신을 일으킨 조슈와 사쓰마는 임진왜란 당시 「정한론(征韓論)」을 실천에 옮겼던 한들이다. 이 두 한이 바쿠후 타도를 외치고 정한론을 일으키는 것은 어찌 보면 당연한 일이었다.

조슈는 오늘의 야마구치(山口) 현이다. 야마구치 현은 아베 신조(安倍晋三) 전 총리의 지역구다. 아베 총리의 조부 오시마 요시마사(大島義昌, 1850~1926)는 조슈 한의 사무라이 집안 출신으로 보신전쟁(戊辰戦争, 1868~1869, 왕정복고로 수립된 메이지 정부와 옛 바쿠후 세력이 벌인 내전)에서 공을 세우고 메이지 유신 이후에는 일본 제국 육군 장교로 청일전쟁과 러일전쟁에 참여하였으며 일본의 관동군을 설립하였다. 반면 아소 다로(麻生太郎) 부총리 겸 외무상은 요시다 시게루(吉田茂, 1878. 9. 22.~1967.10.20.) 총리의 외손자다. 그런데 요시다 시게루는 메이지 유신 「삼걸」의 하나인 오쿠보 도시미치의 외손자다. 오쿠보는 사쓰마 출신이다. 다시 말해 일본 극우정치를 이끌고 있는 아베 총리와 아소 부총리는 메이지 유신을 일으켰던 삿초 동맹(薩長同盟, 사쓰마 한과 조슈 한 간의 동맹)의 현대판인 셈이다.

2. 에도 시대의 경제

「산킨고타이」에 필요한 막대한 자금을 마련하기 위해서 다이묘들은 자신의 영지에서 세금으로 거둬들인 쌀을 오사카의 쌀 시장에 내다 팔아야 했다.[16] 영주들뿐만 아니라 그의 가신과 막료들도 영주를 따라서 에도에 거주하기 위해 자신의 봉토에서 거둬들이는 세금이나 봉급으로 받는 쌀을 시장에 내다 팔 수밖에 없었다. 그리고 이들은 쌀을 팔아서 마련한 자금으로 자신들의 신분과 계급에 걸맞은 도시인으로서의 생활을 영위해 나갔다. 이 과정을 통해 일본의 무사 계급은 점차 상인들과 밀접한 관계를 형성하게 된다. 일본에서도 유교의 「사농공상」의 이념이 깊이 뿌리내리고 있었지만 현실은 사무라이들로 하여금 상인들에게 전적으로 의존할 수밖에 없도록 만든다.

에도는 영주들의 사치스러운 생활을 지탱하는 거대한 소비 도시가 되어갔다. 18세기의 에도는 연간 80만 통의 사케, 10만 통의 간장, 1,800만 개의 장작 꾸러미를 수입하고, 6백 개의 책 대여소와 6천여 개의 음식점을 갖게 된다. 1731년, 에도의 인구는 1백만을 넘는다. 인구의 절반은 상인과 장인들이었다. 에도는 음식과 옷 등 유행의 진원지였고 문학과 공연 예술의 중심지였다.[17]

많은 영주들은 호화로운 삶을 유지하기 위해 상인들에게 막대한 빚을 졌고, 「부시도(武士道, 무사도)」정신보다는 돈의 지배를 받게 되었다. 이러한 현상은 특히 에도를 중심으로 한 신판 다이묘와 후다이 다이묘들 사이에 더 심했다. 반면 에도로부터 멀리 떨어진 변방의 도자마 다이묘들의 영지는 상대적으로 상업화가 덜 되었을 뿐만 아니라 사치와 향락을 금기시하는 무사도 정신과 유교적인 가치관이 상대적으로 강하게 유지되었다. 이는 훗날 대표적인 도자마 다이묘인 사쓰마와 조슈가 메이지 유신을 일으킬 수 있는 토대가 된다.

상업과 화폐 경제의 발달은 당시 일본의 농촌 경제도 바꿔 놨다. 다이묘들의 사치스러운 생활은 공예의 발달을 가져왔고, 수많은 공예 장인들은 다이묘들과 계약 관계를 형성하면서 자신들의 지위도 향상시킬 수 있었다. 농민들의 생활 수준도 상승하였다. 여전히 봉건적이고 후진적인 농업 생산 체제가 유지되면서 거의 농노 수준의 삶을 사는 농부들도 많았지만 큰 도시나 교통의 요충지 인근에 사는 농민들은 새로운 경제적 기회를 얻을 수 있었다. 또한 사무라이들이 점차 에도에서 지내는 시간이 많아지고, 혹은 영지에 남아 있더라도 농촌보다는

「조카마치(城下町)」를 중심으로 도시 생활을 하게 되면서 농촌 공동체의 권력은 부락장이나 촌장들의 손으로 넘어갔고 이는 농민들의 발언권을 키우는 결과를 가져왔다.[18]

도쿠가와 시대 일본의 농업 생산량은 꾸준히 증대하였다. 간척 사업, 종자 개량, 시비법의 발달, 그리고 파종 기술의 발달은 인구 증가에도 불구하고 농촌 생활 수준의 향상을 가져왔다. 쌀 소출 량은 도쿠가와 바쿠후 초기에 지정한 각 영지의 소출 량의 두 배를 상회하기 시작하였다. 반면 징세 율은 훨씬 낮은 속도로 증가하였다. 결과적으로 농업의 잉여는 대부분 농민들의 몫으로 돌아갔다.[19]

메이지 유신 직전인 1850년과 1860년대 일본 농민들의 삶이 얼마나 풍요로웠는지는 당시 일본을 여행한 외국인들의 목격담을 통해 알 수 있다. 영국의 초대 주 일본 총영사를 지낸 러더포드 앨코크(Sir Rutherford Alcock, 1809.5.25.~1897.11.2.)는 간토평야(関東平野)를 둘러본 후, 「평화, 풍요, 만족, 영국보다 더 완벽하고 세심하게 경작되고 유지되는 농촌, 영국보다도 더 많은 관상수로 장식되어 있는 풍경」을 극찬하였다.[20] 메이지 유신 당시 일본 총영사관의 이등 서기관이었던 휴 미트포드(Hugh Mitford, Algernon Freeman-Mitford, 1st Baron Redesale, 1837.2.24.~1916.8.17.)는 가가(加賀) 지방을 둘러본 후, 「우

에도 시대 다이묘의 거주지

리는 이 나라가 얼마나 풍요로운지 놀라지 않을 수 없었다.···.이보다 더 행복한 백성들을 찾기 힘들 것이다」라고 했다.[21]

반면, 19세기에 들어오면서 일본의 지배 계층이었던 사무라이의 소득 수준은 경제 전반의 생산성 증대와 소득 증대를 따라가지 못했다. 다이묘들의 소득이 17세기에 지정한 고쿠다카(石高, 장원 영주가 농민에게 부과한 조세)에 묶여 실제 경제력에 비해서 과소평가 되어 있었기 때문에 영주의 소득을 분배 받아 생활하던 사무라이들의 삶은 점차 궁핍해질 수밖에 없었다. 여기에 전반적인 인구 증가와 함께 사무라이 계층의 숫자가 늘면서 무사 계급의 삶은 더욱 어려워졌다. 에도 시대의 문학 작품에는 가난한 사무라이들이 책을 사보기 위해서 자신의 칼을 팔거나 막대한 빚을 져야 할 정도로 궁핍한 생활을 하는 모습, 식솔들을 먹여 살릴 방도가 막막해지자 영아 살해마저 자행하는 장면이 등이 자주 등장하였다.[22] 조선과는 달리 일본에서는 지배 계급인 「사」가 농민보다도 궁핍한 삶을 사는 경우가 많았다.

쇼군과 다이묘들은 자구책으로 도매상을 운영하였다. 지역의 특산물을 판매하는 시장은 모두 다이묘들의 직영 도매상이 장악하였다. 또한, 바쿠후는 간헐적으로 화폐를 남발하는 인플레 정책을 통하여 재정 적자를 메우려고도 하였다. 그러나 이들은 모두 임시방편에 불과

하였고 바쿠후와 영주들의 재정 적자를 근본적으로 해결하지 못했다. 새로운 쇼군이 집권하면 개혁이라는 명목으로 사치품을 금지하고 일반인들의 소비도 억제하고자 하였다. 그러나 이 역시 바쿠후와 다이묘들의 지출을 일시적으로 줄일 뿐 재정 적자를 해결하지 못했다. 그뿐만 아니라 화폐 남발로 인플레를 조장하거나, 인위적으로 소비를 줄이려고 하거나, 전매 제도를 통해 영주가 이익을 독차지하고자 하면 민란이 일어났다.[23]

1841년 바쿠후의 최고 의사 결정 기구인 「로쥬(老中)」의 수장으로 가라쓰 한(唐津藩)의 미즈노 다다쿠니(水野忠邦, 1794.7.19.~1851.3.12.)가 임명된다. 로쥬는 2만5천석 이상 규모의 영지를 갖고 있는 후다이 다이묘 4~5명으로 구성되며 바쿠후의 중요 정책을 결정했다. 미즈노는 바쿠후의 재정을 회복시키는 개혁에 착수한다. 「덴포의 개혁(天保の改革)」으로 불리는 이 개혁은 정부의 명령으로 물가를 인위적으로 낮추고자 하였고, 도매상 카르텔이 물가 상승의 요인이라고 생각하여 이들을 강제로 해산시켰다. 그러나 이러한 조치는 오히려 생산자들의 물가를 올림으로써 실패로 돌아간다.[24]

미즈노는 에도의 인구가 늘고 바쿠후 영지의 식량 생산량이 부족한 이유가 농민들이 불법으로 농지를 이탈하고 자기의 한을 벗어나 상경하고 있기 때문이라고 생각하여 농민들을 강제로 농촌으로 돌아갈 것을 명령하는 「인반령(人返令)」을 내린다. 검약한 풍속을 장려하기 위하여 에도의 유명한 가부키(歌舞伎) 극장을 교외로 강제로 이전시켜 버리고 일본 전통 서민극인 「라쿠고(落語)」를 공연하는 「요세(寄席)」를 폐쇄한다. 또 옷과 두발, 집의 장식, 인형 등 모든 사치를 금지하는 영을 내린다. 동시에 쇼군의 영지를 넓히기 위해 에도와 오사카 주변의 다이묘와 도쿠가와 가문을 섬기는 사무라이들인 「하타모토(旗本)」의 영지를 쇼군의 직할지로 만들고자 한다. 그러나 이 역시 다이묘들과 하타

모토의 격렬한 반대에 부딪혀 실패로 돌아간다.[25]

미즈노 다다쿠니

1843년 미즈노가 로쥬에서 물러남으로써 상업화를 막고 일본을 농본 사회로 돌이키려던 덴포 개혁은 실패로 돌아간다. 바쿠후의 재정 기반을 강화하려던 개혁이 실패로 돌아가면서 도쿠가와 바쿠후는 국정 주도권을 상실하기 시작한다. 10년 후 서양 열강이 등장하였을 때 바쿠후는 이에 제대로 대처할 수 있는 아무런 정치적, 경제적 여력이 없었다.

반면 대표적인 도자마 다이묘이자 훗날 메이지 유신을 주도하는 조슈와 사쓰마는 천혜의 지리적 조건과 뛰어난 지도자들을 지속적으로 배출하면서 바쿠후의 강력한 견제에도 불구하고 도쿠가와 시대 내내 힘을 기른다. 도쿠가와 시대 각 다이묘의 영지는 「고쿠다카(石高)」, 즉 소출양에 따라서 그 크기를 측정하였다. 「고쿠(石)」는 쌀의 양을 측정하는 단위였으나 각 한의 고쿠는 영지에서 생산하는 쌀 외에도 각종 상업 활동을 통해 걷히는 세금, 조카마치에 거주하는 주민들에게서 받는 세금, 소금에 대한 세금 등을 쌀의 양으로 환산한 것을 포함하였다.[26] 도쿠가와 바쿠후가 안정기에 접어들던 1650년, 일본 전국의 고쿠다카는 2천6백만 석으로 조사되었고 쇼군이 직접 통치하는 영지의 고쿠다카는 4백20만 석이었다.[27]

다음 표는 17세기 초 30만 석 이상의 소출 량을 갖고 있던 일본 최대 다이묘들을 보여준다.

[표1] 도쿠가와 시대 일본 주요 영지

명칭		영주	오모테타카(表高) 공식적인 쌀 생산량 [단위:「고쿠」, 석(石)]	지츠타카(實高) 실제 쌀 생산량 [단위:「고쿠」, 석]	영주 등급
마을(성)	지역				
가나자와	가가	마에다	1,022,700	1,353,300	도자마
가고시마	사쓰마	시마즈	770,000	869,500	도자마
센다이	무쓰	다테	625,600	958,400	도자마
나고야	오와리	도쿠가와	619,500	…	신판
와카야마	기이	도쿠가와	555,000	539,400	신판
구마모토	히고	호소카와	540,000	721,000	도자마
후쿠오카	지쿠젠	구로다	520,000	…	도자마
히로시마	아키	아사노	426,000	488,000	도자마
하기	조슈	모리	369,000	713,600	도자마
사가	히젠	나베시마	357,000	…	도자마
미토	히타치	도쿠가와	350,000	…	신판
히코네	오미	이이	350,000	…	후다이
돗토리	이나바	이케다	325,000	428,100	도자마
쓰	이세	토도	323,000	…	도자마
후쿠이	에치젠	마쓰다이라	320,000	…	신판
오카야마	비젠	이케다	315,000	469,100	도자마

공식적인 순위를 보면 사쓰마가 77만 석으로 2위, 조슈가 36만 9천 석으로 9위였다. 그러나 실제 소출량을 보면 사쓰마는 86만 9천5백 석으로 3위, 조슈는 71만 3천6백 석으로 5위다. 공식 소출 량인 「오모테타카(表高)」와 실질 소출 량인 「지츠타카(實高)」의 차이가 많이 나는 이유는 17세기 이후 토지 조사를 거의 하지 않았기 때문이다. 또한 공식 소출양과 실질 소출 량이 차이가 나더라도 이를 확인하고 징세에 반영하는 것은 다이묘 고유의 권한이었다. 그러나 늘어난 소출양을 세금에 반영하기 위해서는 농민들의 저항을 각오해야 했기에 대부분의 다이묘는 공식 소출양을 올리는 것을 가급적 회피하였다.[29]

조슈 한은 모리 가문이 통치하고 있었다. 모리 데루모토(毛利輝元,

1553~1625)는 임진왜란 당시 일본의 제7군 사령관으로 조선 침공에 나섰고 도요토미 히데요시는 그를 「고다이로(五大老)」에 임명하여 자신의 사후 아들 히데요리를 보좌해 줄 것을 부탁한다. 모리는 히데요시 사후, 역시 「고다이로」였던 도쿠가와 이에야스가 정권을 잡으려 하자 세키가하라 전투에서 도쿠

모리 데루모토

가와에 맞서는 서군의 총대장이 된다.

세키가하라 전투에서 승리한 도쿠가와는 모리의 영지를 대폭 축소시킨다. 세키가하라 전투 이전까지만 해도 오늘의 히로시마 현(広島県)과 야마구치 현(山口県)을 모두 포함한 지역을 차지하고 무려 120만 석에 달하던 모리의 고쿠다카는 29만 석으로 줄어든다. 그 외에도 빼앗긴 영지에서 받아낸 1600년도분 세금을 빼앗긴 땅의 새 영주들에게 제공해야 했고 축소된 영지로 모리 가문의 가신들을 모두 이주시키는 데 필요한 막대한 자금도 자체적으로 조달해야 했다.[30]

그럼에도 불구하고 1610년 새 토지 조사를 실시한 결과 「지츠타카」가 525,435석으로 나타났다. 그러나 이를 바쿠후에 그대로 보고할 경우 봉납 금 만 늘 것이라는 가신들의 충고를 받아들여 368,411석만 보고한다. 그 후 조슈 한의 쌀 생산량은 계속해서 늘어나지만 「오모테타카」는 메이지 유신 때까지도 그대로 36만여 석으로 남는다. 세키가하라 이후 공식적인 소출 량은 대폭 축소되었지만 남은 영지에서의 실질 생산량이 늘고 이에 비해 세금은 적게 책정됨으로써 농민들과 상인들의 삶은 풍요로웠고 조슈의 경제적 기반은 오히려 튼튼해진다.[31]

메이지 유신의 주역인 조슈와 사쓰마는 경제력이 강했을 뿐 아니라 인구에 비해서 유난히 많은 수의 사무라이를 보유하고 있었다. 17세기 중엽, 도쿠가와 바쿠후는 각 한이 소유할 수 있는 사무라이의 숫자를 정한다. 당시 바쿠후가 규정한 비율은 다음과 같다.

[표2] 한이 소유할 수 있는 사무라이의 수

한 규모 [단위: 석(石)]	사무라이 수
200	5
1,000	21
5,000	103
10,000	235
100,000	2,155

그러나 실제 숫자는 고쿠다카의 경우처럼 바쿠후가 정한 공식적인 비율과 많이 달랐다. 특히 세키가하라 전투 이전에 존재하였던 한은 전투 이후에 새로 형성된 친-도쿠가와 후다이 다이묘나 신판 다이묘에 비해서 비율로 볼 때 훨씬 많은 사무라이들을 보유하고 있었다. 사쓰마의 시마즈 가문은 도요토미 히데요시가 천하통일을 하는 과정에서 일으킨 규슈(九州) 정복 전쟁에서 패하면서, 한때 규슈섬 전체를 포괄했던 영지를 거의 다 빼앗기고 남서쪽 일부만 유지하게 된다. 그 결과, 섬 전체에 산재해 있던 시마즈에 충성하는 사무라이들은 모두 축소된 영지로 이주할 수밖에 없었다. 사쓰마가 영지의 면적이나 고쿠타카에 비해 많은 사무라이들을 갖고 있게 된 이유다.

또한 영지에 비해서 늘어난 사무라이들을 모두 다이묘의 성을 중심으로 형성된 조카마치에 수용할 수 없었기에 사쓰마는 예외적으로 사무라이들로 하여금 농촌에 거주하도록 한다.[32] 이 때문에 사쓰마에서는 유난히 많은 사무라이들이 전통적 생활 기반인 향촌을 떠나지 않는다. 다른 한의 사무라이들이 조카마치나 에도, 오사카 등 대도시의 화려한 소비 생활에 익숙해지면서 무장으로서의 무예와 무사도 정신을 상실하게 되는 것과 달리, 사쓰마의 무사들은 향촌의 지도자, 무장 겸 농민으로 살아가게 된다. 「고시(鄕士, 향사)」라고 불린 사쓰마의 유명한 무사 계층은 이렇게 형성된다. 1708년의 조사에 의하면 사쓰마에는 조카마치에 거주하는 사무라이가 4,110명이었던 반면 농촌에 거주하는 사무라이는 20,297명에 달했다. 공식적인 고쿠다카인 77만 석이 허용하는 14,000명의 두 배 가까운 군사력이었다. 메이지 유신을 주도한 「유신 삼걸」 중 사이고 다카모리(西鄕隆盛, 1828~1877)와 오쿠보 도시미치(大久保利通, 1830~1878)가 사쓰마의 고시출신이었다.

조슈의 모리 데루모토도 거대한 영지를 몰수당하고 남은 부분에 가신들과 무장들을 이주시켜야 했다. 그 결과 공식적인 고쿠다카와 바쿠후의 기준에 의하면 6,000명에 불과했어야 하는 사무라이를 11,000명이나 보유하고 있었다.[33] 물론 이토록 많은 사무라이를 유지할 수 있었다는 사실은 조슈와 사쓰마의 경제가 그만큼 강했음을 보여준다.

반면 도쿠가와 가문의 방계인 오와리 한이나 아이즈(会津) 한은 공식적인 소출 량에 비해 형편없이 적은 수의 사무라이를 보유하고 있었다. 619,500석의 오와리는 12,000명의 사무라이가 있었어야 하나 실제로는 5,910명밖에 없었다. 23만 석의 아이즈는 4천 명이 있었어야 하나 3,089명밖에 없었다. 바쿠후의 상황은 더 심각했다. 메이지 유신 전야의 바쿠후의 영지는 공식적으로 7,060,00석이었다. 당시 일본 전체의 소출 량인 30,550,000석의 무려 4분의 1에 달하는 양이었다. 이 숫자에 따르면 바쿠후는 14만 명의 사무라이를 휘하에 두고 있어야 했다. 그러나 도쿠가와 바쿠후가 실제로 동원할 수 있는 사무라이의 숫자는 2~3만 명에 불과했다.[34]

바쿠후의 상대적인 군사적 열세는 평화 시에는 다른 방법으로 만회가 가능했다. 앞서 언급한 다양한 종류의 억제 정책으로 바쿠후에 저항할 가능성이 있는 다이묘들을 억눌렀고, 특히 위급할 때는 후다이나 신판 다이묘들의 도움을 요청할 수 있었다. 그러나 시간이 흐를수록 바쿠후 정권의 경제적, 군사적 약점이 드러나기 시작한 반면 조슈나 사쓰마 같은 도자마 한들의 경제력, 군사력은 점점 강해졌다. 이러한 추세는 「양이(攘夷)」, 즉 서양 열강의 출현으로 나라가 새로운 위기에 봉착하면서 표출되기 시작하였고 결국 조슈와 사쓰마가 주도하는 쿠데타인 메이지 유신으로 귀결된다.

3. 에도 시대의 사상과 교육

도쿠가와 바쿠후는 외국과의 교류를 최소한으로 제한하는 쇄국 정책을 폈다. 바쿠후는 외국과의 교역이 가져다 주는 이득을 충분히 알고 있었으나 바쿠후에 반감을 품고 있는 다이묘들이 외국과의 교역을 통해 경제적 이득을 보거나 세력을 키우는 것을 극도로 경계하였다. 도쿠가와 이에야스는 도요토미에게 끝까지 충성하면서 자신과 맞섰던 고니시 유키나가와 규슈 지방의 많은 다이묘들이 가톨릭이었다는 이유로 가톨릭을 박해했다. 그리고 당시까지만 해도 일본과의 교역을 도맡았던 포르투갈을 가톨릭 국가란 이유로 내쫓고 그 대신 개신교 국가였던 네덜란드와의 교역을 허락한다. 이마저도 조선이 왜관을 통해서 일본과의 교역을 철저하게 제한하였듯이 나가사키(長崎)에 데지마(出島)라는 인공섬을 만들어 네덜란드 동인도 회사의 「상관장(商館長)」을 상주케 하여 모든 교역을 엄격히 통제한다. 다시 말해서, 도쿠가와 바쿠후가 쇄국 정책을 채택한 중요한 이유는 외국과의 교역이 바쿠후가 공을 들여 유지하고자 한 다이묘들 간의 세력 균형을 깨뜨릴 수 있는 모든 가능성을 배제하기 위해서였다.

그럼에도 불구하고 에도 시대의 일본에서는 놀라울 정도로 다양한 사상이 꽃을 피운다. 조선으로부터 전수된 주자학이 뿌리를 내리고 훗날 일본 민족주의와 군국주의의 기초가 되는 「고가쿠(古學, 일본학)」가 형성되고 「란가쿠(蘭學, 난학)」라 불린 서양 사조가 유행한 것도 에도 시대였다.[35] 쇄국 정책에도 불구하고 매년 중국으로부터 많은 책이 수입되었고 그 중에는 중국어로 번역된 서양 서적들도 포함되어 있었다.[36] 당시 청의 고증학은 일본의 고가쿠에 영향을 끼쳤고 청의 가톨릭 선교사들이 번역한 서적들 역시 서양에 대한 광범위한 관심을 불러 일으켰다.

특히 데지마 섬이 위치한 나가사키는 란가쿠의 발상지가 될 뿐만 아니라 일본이 바깥세계와 교류하는 창구의 역할을 톡톡히 해낸다. 데지마 상관장(商館長)은 네덜란드에서 배가 입항할 때마다 나가사키에 주재하는 바쿠후 관리를 통해 바쿠후에 세계 정세를 요약한 「오란다 후세츠가키(和蘭說書, 화란풍설서)」를 제출해야 했다. 또한 데지마 상관장은 1년에 한 번 직접 에도의 쇼군을 공식 알현해야 했다.[37] 이때마다 상관장과 휘하의 네덜란드 상인들은 일본의 관료, 학자, 의사 등과 교류할 수 있었다. 쇄국 정책에도 불구하고 에도 시대 일본의 지식인들은 중국의 사상과 유럽의 과학 문명을 폭넓게 접할 수 있었다.

다양한 사조가 전파되고 새로운 사조가 태어나면서 일본 사회 전반의 문화 수준이 상승하기 시작한다. 도쿠가와 시대 초기만 해도 일본인들 중 글을 읽을 수 있는 사람들은 불교 승려나 최 고위 무장 계급층 등 극히 일부에 불과했다. 그러나 도쿠가와의 쇼군들은 교육을 적극 장려한다. 5대 쇼군 도쿠가와 쓰나요시(德川綱吉, 1646.2.23.~1709.2.19. 재위: 1680~1709)는 유교의 성인과 불교의 성왕을 자처하면서 유교와 불교 보급에 적극 나선다.[38] 8대 쇼군 도쿠가와 요시무네(德川吉宗, 1684. 11.27.~1751.7.12. 재위: 1716~1751) 시대의 학자 가다노 아즈마마로(荷田春滿, 1669.2.3.~1736.8.8.)는 쇼군의 허가를 받아 고가쿠(古學)를 가르치는 학교를 세우고 오사카의 상인들은 쇼군의 지원을 받아 상인들에게 윤리 도덕을 가르치는 「가이도쿠도(懷德堂)」라는 학교를 연다.[39]

이쑨시 하나사토(一寸子花里)가 그린 여학생들을 위한 「데라코야(寺子屋)」. 1842~1945년경 작품

사무라이의 자제들을 가르치는 학교도 18세기 들어 각 한에 우후죽순처럼 생겨나기 시작하여 1750년 이전에 전국에 40개, 1751~1788년 사이에 48개, 1789~1829년 사이에 78개, 1830~1867년 사이에 56개가 세워진다. 사무라이를 위한 학교는 대부분 유학자들이 운영하였다. 그 중 60개 정도에는 공자 사당이 있었고 「석전제(釋奠祭)」를 지냈다. 이 학교들은 대부분 사무라이들이 세웠기 때문에 학문보다는 제례와 의식에 치중하였고, 교사들의 사회적 지위나 수준도 별로 높지 않았다. 경서(經書)도 한문과 일본어가 섞인 조악한 수준인 경우가 많았다. 그러나 기본적인 글을 가르치는 데는 큰 역할을 하였다.[40]

열정적인 학자들이 후학들을 양성하고 특정 이상이나 이념을 가르치는 사숙(私塾)도 많이 세워졌다.[41] 또 평민들을 위한 학교도 세워졌다. 원래 불교 사찰에서 유래한 것으로 알려진 「데라코야(寺子屋)」라는 초등 교육 기관은 읽기, 쓰기, 실무지식, 그리고 윤리 도덕을 가르쳤

다. 향교(鄕校)는 농촌에 거주하는 사무라이 계층인 「고시(鄕土)」, 농민 병사들인 「노헤이(農兵, 농병)」, 신도(神道)의 사제들인 「신관(神官)」 등의 교육을 담당했다.[42]

도쿠가와 시대의 상업 발달은 농촌의 지도층이나 상인들 사이에 글과 산수를 비롯한 교육 전반에 대한 수요를 급격히 높였다. 도쿠가와 바쿠후 말기에는 일본의 남자 아이들 40% 이상이, 여자 아이들 10% 이상이 학교 교육을 받은 것으로 조사되었다. 일본은 당시 세계에서 가장 교육 수준이 높은 나라 중 하나였고, 특히 아직 산업화를 이룩하지 못한 농경 사회 중에서는 단연코 최고의 교육 수준을 자랑했다.[43]

1) 유교

주자학은 에도 시대 사회 윤리의 기초를 제공하였다. 이 시대의 가장 중요한 가치는 단연코 「충(忠)」이었다. 그러나 그 외에도 「오륜(五倫)」과 「수신(修身)」을 중시하였고 「정명론(定命論)」을 따라 자신의 본분을 다하는 것을 중요한 미덕으로 생각하였다. 일본에서 주자학을 처음 받아들인 것은 중국으로 유학 갔던 불교 승려들이었고 주자학이 최초로 연구되기 시작한 것도 불교 사찰에서였다. 또 임진왜란 당시 조선으로부터 약탈해 온 수많은 책 중 특히 퇴계 이황(退溪 李滉, 1501~1570)의 저술이 많이 읽히면서 주자학이 널리 퍼졌다.[44]

에도 시대 유학자들은 대부분 중하 층 계급 출신들이었다. 무사가 주인인 사회에서 유학자의 역할은 제한적일 수밖에 없었다. 그리고 이들은 「문(文)」보다는 「무(武)」가 우위를 차지하고 농업보다는 상업이, 농촌보다는 도시가 발달한 현실을 비판적으로 바라보았다. 그럼에도 불구하고 도쿠가와 시대의 평화가 이어지면서 유학자들의 역할은 점차 중요해진다.

도쿄의 「유시마세이도(湯島聖堂)」에 있는 대성전

　도쿠가와 바쿠후가 주자학을
받아들이도록 하는데 결정적
인 역할을 한 하야시 라잔(林羅
山, 1583~1657.3.7.)은 도쿠가
와 이에야스에 의해 「어용학자
(御用學者)」에 봉해졌지만 이에
야스는 그에게 승려가 될 것을
강요하였다. 당시만 해도 주자
학과 불교를 구분할 줄 아는 사
람이 별로 없었기 대문이다. 그

하야시 라잔

러나 라잔과 같은 어용학자들은 일본 최고 지도층에게 주자학을 가
르쳤을 뿐만 아니라 자문 역할도 맡았다. 1630년에는 하야시 가문을
교장으로 하는 사무라이 계층을 위한 학교가 에도에 설립되었고, 17
세기 중엽에 이르면 거의 대부분의 영주들이 자신들의 주위에 「유사
(儒士)」를 두었다.[45]

　18세기에 이르면 대부분의 쇼군과 다이묘들은 조선 군왕들의 「경연

(經筵)」과 유사한 주자학 강의를 들어야 했다.[46] 미토 한의 다이묘였던 도쿠가와 미쓰쿠니(德川光圀, 1628.7.11.~1701.1.14.)는 공자 묘를 세우고 멸망한 명나라에서 망명 온 중국의 유학자 주지유(朱之瑜, 일명 주순수(朱舜水))에게 『대일본사(大日本史)』를 편찬하도록 했다.[47] 오카야마의 다이묘 이케다 미쓰마사(池田光政, 1609.5.10.~1682.6.27.)는 주자학을 권장하기 위하여 자신의 영지에 있는 불교 사찰 중 절반을 폐쇄하고 1,684명에게 효행, 충절, 신의, 봉사상을 주었다.[48]

에도 시대의 유학자들은 중국이나 조선의 사대부에 비해 형편없이 낮은 사회적 지위에도 불구하고 고유의 사상을 정립하고 전파시키면서 일본의 지적(知的) 르네상스를 이룬다.[49] 그러나 이들은 주자학을 받아들이면서도 중국도, 주자학도 절대적인 것으로 받아들이지 않는다. 그 대신, 주자학을 일본 고유의 사상과 접목시키고자 한다.

하야시는 유교의 「왕도정치」를 일본의 신도(神道)와 접목시키고자 하였다. 그는 중국의 경전이 담고 있는 가치들은 보편적인 것이기에 중국에서 구현된 것은 우연일 뿐이라고 하였다. 「중국 성현들의 도는 곧 일본의 가미(神)들의 도이기도 하다」라고 주장하면서, 일본의 신화들을 주자학의 본체론(本體論)에 접목시켰다. 또한 「일본 사람 중에는 중국인들보다 뛰어난 사람들도 있다. 가르쳤다고 뛰어난 것도 아니고 배웠다고 못한 것도 아니다. 뛰어남은 그 사람이 얼마나 지혜와 관용과 용기를 보이느냐에 달렸다」라고도 하였다.[50]

로닌(浪人, 낭인)의 아들로 태어난 야마자키 안사이(山崎闇斎, 1619.1. 24.~1682.9.16.)는 젊은 시절을 불교 승려로 지냈다. 그는 교토와 도사국(土佐国)에서 송(宋) 유학을 접하고 교토와 에도에 학교를 설립한다. 에도에서는 신도를 접하면서 평생을 주자학과 신도를 접목시키는데 바쳤고 이러한 그의 작업은 당시 일본 사회에서 고대 일본에 대한 관심을 불러일으킨다. 안사이는 일본에 『소학(小學)』을 본격적으로

소개한 『야마토 쇼가쿠(やまと 小学)』를 저술하였고, 고대 일본이 고대 중국보다 문명이 발달했음을 증명하고자 하였다. 그는 6천 명이 넘는 제자를 길러낸다.[51] 하라 넨사이(原念齊, 1774~1820)가 저술한 『선철총담(先哲叢談)』이라는 책에는 안사이에 대한 다음과 같은 일화가 실려 있다.

야마자키 안사이

안사이는 제자들에게 「지금 저 나라(중국)가 공자를 대장으로 삼고 맹자를 부장으로 삼아 수만의 기병을 이끌고 와서 우리 나라를 공격한다면, 공맹의 도를 배우는 우리들은 어떻게 할 것인가?"라고 문제를 제시하고, 이에 대답이 없자 다시 제자들에게 "불행하게도 만약 이러한 재액을 만나게 된다면, 우리들은 몸에 견고한 갑옷을 걸치고, 손에 예리한 병기를 잡고, 그들과 일전을 수행하여 공맹을 잡아 국은에 보답해야 할 것이다. 이것이 바로 공맹의 도다.」[52]

가이바라 에키켄(貝原益軒, 1630.12.17.~1714.10.5.)은 후쿠오카의 사무라이 집안에서 태어났다. 그는 다이묘의 명으로 나가사키에서도 근무하였고 교토에서는 7년간 영주의 후원으로 유학 생활을 하였다. 주자의 「격물치지(格物致知)」를 실천하면서 성리학의 윤리 도덕은 물론 의학과 식물학 연구에도 몰두한다. 일본의 약초와 식물을 연구한 『대화본초(大和本草)』, 『채보(菜譜)』, 『화보(花譜)』는 이 분야의 선구적인 책들이 된다. 교육 관련 저서로는 『양생훈(養生訓)』, 아동 교육서로는 『화속동자훈(和俗童子訓)』, 여성 교육서로는 『오상훈(五常訓)』 등이 있으며 철학서로는 『대의록(大擬録)』, 그리고 기행문으로는 『화주순람기(和州巡覧記)』가 있다. 그는 또 일본에서 최초로 서양 의학을 가르쳤다. 일본의 식물과 생물 연구로 유명한 독일 의사 지볼트(Philipp Franz Balthasar von Siebold, 1796.2.17.~1866.10.18.)는 에키켄을 「일본의 아리스토텔레스」라고 불렀다.[53]

가이바라 에키켄

의사의 아들로 태어난 오규 소라이(荻生徂徠, 1666.3.21.~ 1728.2.28.)는 5대 쇼군 도쿠가와 쓰나요시(德川綱吉, 1646 ~1709)의 후원으로 에도에서 활동했다. 8대 쇼군 도쿠가와 요시무네(德川吉宗, 1684~1751)

오규 소라이

가 집권하자 다시 바쿠후에 등용되어 문학, 사상, 법, 역사, 군사, 음악 등 다방면에 대한 저술 활동을 펼쳤다. 소라이는 중화주의자였으며 자신을 「동이(東夷, 동쪽 오랑캐)」라고 지칭하였지만 자신이 중국인이 아니면서도 중국의 학문 수준에 필적할 만한 수준에 도달하였음을 자랑하였다.[54]

소라이는 그러나 주자학에는 반기를 든다. 주자성리학은 유교 경전

이 나온 후 천 년이나 지난 후대
의 해석에 불과하기 때문에 유
교 경전의 원래의 뜻을 이해하
기 위해서는 주자학이 아닌 문
헌학을 통한 철저한 고증이 필
요하다고 주장한다. 그는 중국
어는 일본어와 본질적으로 다
르며 중국어도 시대에 따라 변
한다면서 특히 일본의 경우 일
본만의 특이한 글읽기인 「간분

다자이 슌다이

(漢文)」을 통해서 유교 경전을 접할 수밖에 없기 때문에 모든 것이 더
욱 왜곡되었다고 주장한다. 소라이는 이러한 차이를 극복하기 위해 당
시의 중국어와 고대 중국어의 차이를 비교연구하였고 이를 당시의 일
본어와 비교하는 사전을 편찬함으로써 「고문사학(古文辞学)」의 태두
가 된다.[55]

소라이의 제자인 다자이 슌다이(太宰春台, 1680~1747)는 중국이 봉건
제에서 군현제의 중앙 집권 체제로 바뀌어간 반면 일본은 군현제에서
봉건제로 발전했음을 지적하면서 중국에서보다 바쿠후 체제하의 일본
에서 오히려 백성들과 지도층이 더욱 밀접한 관계를 맺을 수 있고, 따
라서 윤리 도덕도 더욱 발전할 수 있었다고 주장하였다. 일본의 제도
가 중국의 제도보다 공자가 이상으로 생각했던 제도에 더욱 가깝다는
주장이었다. 「부시도(武士道, 무사도)」란 개념을 정립한 야마가 소코(山
鹿素行, 1622.9.21.~1685.10.23.)는 주자학에서 출발하여 도교, 불교를
섭렵하고 유교와 신도의 융합을 이룬다. 그는 중국이 아닌 일본이야말
로 진정한 의미의 「중국」이라고 했다.[56]

19세기에 들어오면 「미토가쿠(水戸学, 미토학)」 학자들이 유교와 일본

의 고유 사상을 접목시키면서 천황을 중심으로 하는 새로운 사상을 정립시킨다. 「고쿠타이(國體, 국체)」라는 개념을 만들어낸 아이자와 야스시(会沢安, 또는 아이자와 세이시사이(会沢正志斎), 1782.7.5.~1863.8.23.)는 서양에 굴욕적인 패배를 당하는 중국을 보면서 일본을 진정한 「중화(中華)」라고 불렀다.[57] 1825년에 출간한 『신론(新論)』은 일본 근해에 출몰하기 시작한 서양 배들의 위협, 일본의 방위, 서양 국가들이 강력해진 원인 등 다양한 주제를 다뤘다. 그는 서구 열강이 강해진 이유가 국민들에게 국교(國敎)를 강요함으로써 국론을 통일할 수 있었기 때문이라고 믿었고 일본도 국교를 도입해야 한다고 주장했다. 「국체」라는 개념을 최초로 소개한 것도 이러한 맥락에서였다.

미토가쿠를 통해 일본의 유교는 천황제를 옹호하는 사상으로 거듭난다. 미토 사상가들에 의하면 일본의 전통은 사무라이의 전통이 아니라 천황을 중심으로 하는 신정 체제였다. 중국의 역사는 반란과 왕조교체, 이민족 정복의 역사였던 반면 일본은 만세일가(萬世一家)의 역사를 갖고 있고 따라서 충효와 같은 유교적 가치를 중국보다 더 잘 구현한 나라라고 주장하였다. 이러한 사상은 메이지 유신의 밑거름이 되는 「존황양이」 사상의 기초를 제공한다.

2) 고쿠가쿠(國學, 국학)

18세기 일본의 「고쿠가쿠(國學, 국학)」는 「칸가쿠(勸学, 권학)」, 즉 중국학에 대한 의식적인 반발에서 출발한다. 고쿠가쿠 지식인들의 관심은 고대 일본 문학, 특히 시(詩)에 있었다. 그들은 고대 일본의 시가 담고 있는 자연의 아름다움과 감정 묘사에 주목하면서 아름다움은 그 자체로 가장 중요한 가치이며 주자학의 윤리와 도덕은 모두 부질없는 억지라고 주장한다. 또 주자학의 형이상학과 글쓰기를 「자연」을 칭송하는 일본 고유의 간결한 시와 대비하면서 오직 아름다움과 감정만을 표현하는 일본의 시야말로 일본 정신의 완벽한 구현이라고 한다.[58]

가다노 아즈마마로(荷田春満, 1669.2.3.~1736.8.8.) 는 신도 「카누시(神主, 신주, 신도의 사제)」 출신이었다. 그는 소라이의 영향을 받아 고대 일본의 언어와 문헌을 탐구하였다. 고대 일본의 노래를 모은 『만요슈(萬葉集, 만엽집)』(759년경 편집됨)를 연구하여 고대 일본의 사유 체계나 글이 중국의 영향을 받지 않았다고 주장하면서 일본 고유 문명의 존재와 회복을 주장하였다. 소라이가 송대 유학의 해석을 벗어 던지고 원시 유학의 회복을 주장하였다면, 아즈마마로는 중국의 문명이 일본에 끼친 영향을 송두리째 벗겨내고자 하였다. 1728년 8대 쇼군 요시무네의 허락을 받아 교토에 학교를 설립한 아즈마마로는 일본의 고쿠가쿠를 중국과 불교의 영향으로부터 벗어나게 하려는 작업에 일생을 바친다.[59]

모토오리 노리나가(本居宣長, 1730~1801)는 상인의 아들이었다. 평생을 일본의 시와 고대 문학을 탐구하는 데 보낸 그는 일본에서 가장 오래된 역사책인 『고사기(古史記)』 연구에 30년을 바친다. 그리고는 일본의 헤이안 시대 중기인 11세기에 지어진 소설 『겐지모노가타리(源氏物語, 겐지씨 이야기)』에 대한 심층 연구에 착수한다. 노리나가는 고쿠가쿠가 불교나 유교처럼 당위론을 강조하고 사람을 윤리 도덕적으로 완성시키는 문제에 집중하기보다 있는 그대로를 받아들인다고 주장하면서 일본 고유의 사상을 발견하고자 한다.

노리나가의 가장 중요한 업적은 「모노 노 아와레(物の哀)」라는 일본 고유의 미적 개념을 정립한 것이다. 「사물의 슬픔, 비애」로 직역되는 이 개념은 불교의 「무상(無相)」 개념에 기반한 것으로, 모든 것이 무상하고 슬프다는 직관과 함께 탐미적인 감각과 감성을 중시하면서 단순하지만 깊은 감정의 느낌과 표현을 추구하였다. 기쁨, 슬픔 모두 「아와

레」일 수 있고 「아와레」를 성리
학적 합리주의로 억누르는 것
은 위선이라고 주장했다.

모토오리 노리나가

맛있는 것을 먹고 싶고, 좋은
옷을 입고 싶고, 큰 집에서 살
고 싶고, 돈을 손에 넣고 싶고,
사람들에게 존경 받고 싶고,
오래 살고 싶어하는 것은 모두
가 인간의 본래적 마음[眞心]
이다. 그런데도 이를 좋지 않

은 것으로 여기면서, 오히려 아무것도 바라지 않는 태도를 대단하게 생각
하여 마치 아무것도 욕망하지 않고 바라지 않는 듯한 척하는 사람들이 세
상에 많은 것은 저 중국풍의 시끄러운 위선과 허위에 다름 아니다. 세상
에서 선생이나 거사 등의 공경 받는 지식인들 혹은 승려들이 달이나 꽃을
보고는 「아아, 아름답구나」라고 감탄하는 얼굴을 하면서도, 예쁜 여자를
보고는 본 척도 안 하는 얼굴로 지나쳐 버린다면 그것이 본심이라 할 수
있을까? 만일 달이나 꽃을 정취 있게 볼 줄 아는 마음이 있다면 예쁜 여
자를 보고 어찌 눈을 옮기지 않을 수 있겠는가? 달이나 꽃에는 정취를 느
끼지만 여색은 눈에 들어오지 않는다고 하는 사람은 인간적인 마음이 없
는 위선에 찬 인간이다. 하지만 만사에 겉을 꾸미는 것이 통상의 세상사
이므로 이는 위선이기는 하더라도 그렇게 비난만 할 일도 아닐 것이다.[60]

노리나가 이전까지 『겐지모노가타리』는 주로 주자학적 관점에서 해
석되면서 일종의 비유이거나 아니면 근본적으로 비윤리적인 작품으
로 여겨졌다. 그러나 노리나가는 『겐지모노가타리』를 비롯한 모든 문

학은 옳고 그름, 권선징악에 관한 것이 아니고 「모노 노 아와레」에 관한 것이라고 주장한다. 그는 특히 「시」야 말로 「모노 노 아와레」를 가장 잘 표현하는 장르라고 생각했고, 남성들보다 감정을 억누를 것을 덜 강요받던 여성들이 훨씬 더 인간의 감정을 정확히 이해하고 표현할 줄 알며, 따라서 시는 그 자체가 여성적인 것이라고 주장한다. 노리나가는 일본의 시가 일본 미학의 정점이고 이를 여성이 남성보다 더 잘 대변하듯이 일본 정신의 핵심인 천황도 여성성을 대변한다고까지 주장한다.[61]

일본 고유의 세계관과 심미학을 주장한 노리나가 역시 다른 고쿠가쿠 학자들과 마찬가지로 일본 문명이 중국을 능가한다고 생각했다.

중국 책도 여가에는 충분히 읽을 만하다. 중국 책을 읽지 않는다면 그 나라의 단점도 알 수 없을 것이며, 또한 일본의 고서가 전부 한문으로 쓰여 있으므로 중국문자를 몰라서는 학문도 진전되기 어려울 것이기 때문이다. 중국이 만사에 그릇되어 있음을 잘 이해하고 또한 일본 혼만 뚜렷하고 흔들리지 않는다면, 밤낮으로 중국 책을 읽는다 해도 마음이 동요되는 일은 없을 것이다.[62]

그러나 언문학을 그토록 중시했던 노리나가도 『고사기』에 등장하는 모든 신화들이 역사적인 사실이었다고 주장한다. 일본 고대의 설화조차 사실이었다는 고쿠가쿠 학파의 주장은 히라타 아쓰타네(平田篤胤, 1776.10.6.~1843.11.2.)를 통해서 신도와 합치면서 일본의 일반 백성들 사이에 깊이 뿌리내린다. 당시 일본에서는 농업의 발전으로 인하여 수많은 농서들이 발간되고 책이 널리 보급되면서 일반 농가에서도 책이 널리 읽혔는데, 이때 보급된 농서는 농사를 보다 효율적으로 짓는 방법, 좋은 품종 개발, 농기구, 잠업, 달력 등에 대한 지침과 함께 일본 전통의 미신과 설화를 함께 퍼뜨렸다. 일본의 전통 설화와 미학적 감각에 대한 자부심은 중국에 대한 거부, 혐오와 합쳐지면서 메이지 유신 이후에 나오는 「일본 예외주의(Japanese exceptionalism)」의 기저를 형성하게 된다.[63]

3) 란가쿠(蘭學, 난학)

1639년 쇄국 정책이 시작된 후 일본과 서양의 유일한 연결 통로는 나가사키의 인공섬 데지마였다. 데지마에 드나드는 네덜란드의 상선들은 유럽에서 출발하여 당시 네덜란드의 식민지였던 인도네시아의 바타비아(오늘날의 자카르타) 등지를 거쳐 많은 소식을 수집해 왔고 데지마의 상관장은 1년에 한 한 수집한 정보들을 모은 『화란풍설서(和蘭説書)』를 쇼군에게 제출했다.

바쿠후의 초기 관심사는 포르투갈과 스페인 관련 소식이었다. 도쿠가와 바쿠후는 추방된 포르투갈과 스페인이 언제라도 「기리시탄(「크리스챤」의 일본식 발음. 천주교)」을 앞세워 일본을 정복할 기회를 노리고 있다고 믿었다. 네덜란드 동인도 회사가 일본과의 무역을 독점할 수 있는 권리를 따낸 프랑수와 카롱(Francois Caron, 1600~1673)은 1640년 에도에서 쇼군을 만났을 때 포르투갈과 스페인의 움직임에 대해 보고하라는 명령을 받는다. 그의 뒤를 이은 막시밀리안 르 메이르(Maximiliaan Le Maire, 1606.2.28.~1654)는 1641년 10월 18일 일기에 「황제(쇼군)를 위해 우리가 할 수 있는 가장 중요한 일은 포르투갈과 스페인의 선교사 등이 일본 내에서 비밀리에 무슨 활동을 하는가에 대해 알려주는 것이다」라고 쓰고 있다. 『화란풍설서』를 통해 바쿠후에 포르투갈과 스페인에 대한 최신 정보를 제공하는 것이 네덜란드가 일본과의 무역을 독점하는 특권을 누리는 대가였다.[64]

포르투갈과 스페인의 위협에 대한 걱정이 해소된 후에도 네덜란드 상인들은 중요한 정보원 역할을 이어갔다. 1825년부터 1831년까지 데지마 상관장을 역임한 메이란(G. F. Meijlan, 1785~1831)도 「일본 사람들은 『화란풍설서』를 전해주는 것을 우리의 가장 중요한 역할이라고 생각하고 이것이 우리가 일본에 남아있을 수 있고 그들이 우리를 친구로 생각하는 이유다」라고 한다. 일본의 도쿠가와 바쿠후는 1641년에서 1859년까지 218년 동안 『화란풍설서』를 통해 「베스트팔렌 조약(1648)」, 「리스본 대지진(1755)」, 「프랑스 대혁명(1789)」, 「난징 조약(1842)」 등에 대한 자세한 소식을 접할 수 있었다. 또 이 보고서들이 유출되고 보급되면서 일본의 수많은 지식인들과 지사들이 국제 정세를 부분적으로나마 파악할 수 있었다.[65]

쇄국 정책에도 불구하고 도쿠가와 바쿠후는 서양 학문에 대해 놀라울 만큼 개방적인 입장을 취했다. 6대 쇼군 도쿠가와 이에노부(德川家宣, 1662.6.11.~1712.11.12. 재위: 1709~1712)와 7대 쇼군 도쿠가와 이에쓰구(德川家継, 1709.8.8.~1716.6.19. 재위: 1713~1716) 치세 하에

데지마

서 정책에 깊이 관여한 이후 일본 역사에 대한 저술로 명성을 떨친 아라이 하쿠세키(新井白石, 1657.3.24.~1725.6.29.)는 『서양기문(西洋記聞)』에서 「서양의 과학은 기독교와 아무런 관련이 없으며 일본에 이익이 될 수 있기 때문에 적극 도입해야 한다」고 주장한다. 그 결과 바쿠후는 적극적으로 서양 학문을 장려하기 시작한다.[66]

아라이 하쿠세키

서구의 학문을 받아들이면서 일본식 「동도서기론(東道西器論)」이 등장하기 시작한다. 후쿠이 한(福井藩)의 대표적인 존황양이파 사무라이였던 하시모토 사나이(橋本左内, 1834.4.19.~1859.11.1.)는 「우리는 서양의 기계와 기술은 받아들이고 그 대신 우리의 윤리 도덕은 지킬 것이다」라고 하였다.[67] 시라카와 한(白河藩, 오늘의 후쿠시마 현 시라카와 시 일대)의 다이묘였으며 1787~1793년 바쿠후의 로쥬(首座)를 역임한 마쓰다이라 사다노부(松平定信, 1759.1.15.~1829.6.14.)는 다음과 같은 말을 남긴다.

서양 오랑캐들은 과학을 발전시켰다. 특히 천문학, 지리, 무기, 내과와 외과 등의 분야에 있어서는 오랑캐들로부터 배울 것이 많이 있다. 어떤 때는 그러나 쓸모 없는 호기심만 유발하고 옳지 않은 견해를 퍼뜨리는 경우도 있다. 그러나 그렇다고 그것을 막고자 한다면 오히려 더 퍼뜨리는 결과만 가져올 것이다. (…) 따라서 그런 학문이 준비가 되어있지 않는 자들의 수중에 떨어지는 것을 막기 위한 모든 조처를 취해야 한다.[68]

데지마를 통해 일본으로 들어온 지식은 국제 정세에 관한 것만이 아니었다. 데지마에는 동인도회사 상인들뿐만 아니라 네덜란드 의사들도 상주했는데, 이들을 통해 서양의 의학 지식과 서적이 일본 사회에 보급되기 시작한다. 1720년 8대 쇼군 요시무네는 나가사키를 통해 수입할 수 있는 외국 서적들에 대한 금지 조치를 완화한다. 요시무네는 서양의 승마 기술에 대해서도 관심을 보여 네덜란드인이 직접 에도로 와서 시범을 보이게 하기도 했다. 중국으로부터는 식물학자와 의사들을 초청하였고, 서구의 달력에 관심을 갖고 젊은 학자들을 나가사키로 파견하여 네덜란드인들과 공부하도록 하였다.[69] 그 결과 일본에서 점차 「란가쿠(蘭學, Holland를 한자로 음역한 화란(和蘭)의 일본식 발음인 「오란다」의 「란」을 따서 붙인 이름)」에 대한 관심이 퍼진다.

란가쿠는 두 가지 경로를 통해 확산된다. 첫 번째 경로는 네덜란드어 번역을 전담한 나가사키의 네 가문이었다. 이들은 네덜란드 서적을 일본어로 번역할 수 있는 독점권을 상속하였고 밑에 또 다른 열두 가문을 고용하였다. 1690~1692년 데지마에 상주한 독일인 의사 켐퍼(Engelbert Kaempfer, 1651.9.16.~1716.11.2.)에 의하면 당시 네덜란드어 번역을 전담한 전문 번역사는 140명에 달했다.[70]

두 번째 경로는 에도에서 독자적으로 네덜란드의 의술을 공부하고 있던 소수의 의원들이었다. 스기타 겐파쿠(杉田玄白, 1733.10.22.~1817.6.1.)를 필두로 한 의원들은 네덜란드로에서 입수한 『타펠 아나토미아(Ontleedkundige Tafelen)』라는 제목의 인체 해부도를 보고 깜짝 놀란다. 이 책은 독일 의사 요한 아담 쿨무스(Johann Adam Kulmus, 1689~1745)의 『해부도보(Anatomische Tabellen)』를 네덜란드어로 번역한 것이었다. 중국 한의학에서 배운 음양오행설, 오장육부 이론 등과 너무나도 다른 의학을 접한 이들은 1771년 3월 상부의 허가를 받

아서 사형수의 사체 해부를 참
관한다. 해부는 백정이 실시한
다.

이날 처형된 사체는 교토 출
신의 50세 여자로, 대죄를 범
했다고 한다. 후와케(解剖(해
부)의 구칭)는 도라마쓰(虎松)
라는 자가 솜씨가 뛰어나다고
해, 이날도 그에게 맡기기로
돼 있었다. 그러나 갑자기 몸
이 아파서 그의 할아버지라는

스기타 겐파쿠

노인이 대신 나왔다. 그는 아흔 살인데도 아주 건강했다. 젊었을 때부터
여러 명을 후와케 해봤다고 했다.

그때까지 후와케는 이런 사람들에게 맡겼었다. 이들은 후와케를 참관하
는 사람들에게 「이것은 폐입니다. 이것은 간장, 이것은 신장입니다」라고
인체 내부를 펼쳐 놓고 보여 주었다. 이를 보고만 온 사람들이, 돌아와서는
「우리들은 직접 내장을 샅샅이 관찰, 확인했다」고 말한 것 같다. 본디 내장
에 이름이 쓰여 있진 않으므로, 후와케를 하는 사람들이 가리키는 것을 보
고 「아, 그런가」라며 고개를 끄떡이는 것이, 그때까지의 관례였던 것 같다.

그날도 그 노인이 심장, 간장, 담낭, 위 그 밖에 뭐라고 부르는지 모르는
장기 이것저것을 가리키며 「이것들의 이름은 모르지만 저는 젊었을 때부
터 후와케 한 여러 명의 배 안을 봤는데, 여기는 이런 것이 있었고, 저기는
이런 것이 있었다」며 보여 주었다. 나중에 확실히 알게 된 사실이지만, 그
것들은 『타펠 아나토미아』의 해부도와 대조해 생각하면 동맥과 정맥 혈
관 사이의 두 개의 줄기와 부신 등이었다. 노인은 또 「지금까지 후와케를

보러 온 의사분들에게 여러 가지를 보여 주었지만 누구 한 사람 이것은 뭐냐, 저것은 뭐냐고 의심을 가지고 물어본 분은 없었습니다」라고 했다. 이날 료타쿠와 나, 우리 둘이 가지고 간 오란다 책의 해부도와 인체 내부를 하나하나 대조해 본 결과 어느 하나도 해부도와 다르지 않았다. 고서에서 설명하는 폐의 육엽양이(六葉兩耳), 간의 좌삼엽우사엽(左三葉右四葉) 등과 같은 구별도 없고, 장이나 위의 위치와 그 형태도 한방의 설과는 크게 달랐다. 관의(官醫)인 오카다 요센(岡田養仙), 후지모토 리츠센(藤本立泉) 두 분은 그때까지 일고여덟 차례나 후와케를 참관하셨다고 들었는데, 「한방의 설과는 크게 달랐기 때문에, 그때마다 의문이 풀리지 않아 이상하게 생각했다」고 적어놓으셨다. 그리고 이분들이 「중국인과 유럽인의 신체 구조가 다르다는 말인가」라고 쓴 것을 본 적이 있다.

그런데 그날 후와케가 끝난 뒤, 뼈의 형태도 보기 위해 형장 바닥에 널려 있는 뼈 등을 주워 충분히 살펴봤다. 역시 지금까지 중국의 설과는 크게 달랐다. 그러나 오란다 해부도와는 조금도 다르지 않다. 그래서 모두 놀라 버렸다.[71]

이날 해부된 시체를 처음으로 관찰한 겐파쿠와 그의 동료들은 집으로 돌아가는 길에 네덜란드의 해부 책을 번역하기로 결의한다. 그러나 의원 중에는 네덜란드어를 제대로 하는 사람이 아무도 없었다. 나가사키의 번역 가문들도 이들을 돕지 않는다. 의원들이 자신들의 독점적 지위를 위협할 것을 걱정했기 때문이다. 의원들은 어쩔 수 없이 자신들이 직접 번역을 하기로 한다.

나는 당시 오란다어 알파벳 스물다섯 글자조차도 공부한 적이 없으면서, 불쑥 번역을 하자고 나섰기 때문에, 우선 알파벳부터 하나하나 외우고, 또 여러 가지 말도 익혀 나갔다.[72]

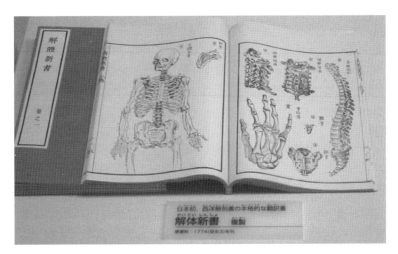

『해체신서』

스기타 겐파쿠가 만년에 『해체신서』 번역의 어려움을 회고하며 쓴 『난학사시』. 1869년 후쿠자와 유키치가 사본을 발굴하여 간행함.

　　이들은 오직 보다 객관적인 지식을 습득하겠다는 일념과 의사로서의 직업의식을 바탕으로 불가능에 가까운 작업에 도전한다.

나는 저쪽 나라의 해부서를 입수해, 직접 실제 인체와 대조해 본 결과 지금까지 동양의 설과는 매우 다르다는 것을 알아, 놀라기도 했고 감심도 했다. 어떻게 해서든 이런 사실만이라도 세상에 확실히 알려, 실제 치료에 도움을 될 수 있도록 하고 세상 의사들의 일에도 계발이 있도록 이 책을 하루라도 빨리 그런 용도에 쓸 수 있도록 하고 싶었다. 그 외엔 바라는 것이 없었다.[73]

이들의 노력은 눈물겨웠다.

예를 들어, 「우에인부라우(ウエインブラーウ, 눈썹)는 눈 위에 나 있는 털」이란 문장 하나도, 무슨 뜻인지를 몰라 긴 봄날 하루 종일 매달렸으나 알수가 없었다. 이처럼 해가 질 때까지 생각해 보고, 서로를 쳐다봐도, 한 줄밖에 안 되는 아주 짧은 문장조차 풀 수 없었다.

또 어느 날 「코」 부분에서 「코는 후루헷해도(フルヘッヘド) 하고 있는 것」이라고 쓰인 부분에 이르렀을 때다. 그런데 이 말은 알 수가 없었다. 이것이 무슨 뜻인가 하고 모두 생각을 맞춰 봤지만 알 수 없어서, 어떻게 할 도리가 없었다.[74]

『해체신서(解體新書)』는 1774년 8월 출간된다. 고쿠가쿠와 같이 란가쿠 역시 중국 문명이 절대적 기준이 아니라는 사실을 깊이 각인시켜준다.

그때 생각했지만 오진(應神) 천황시대에 백제의 왕인(王仁)이 우리나라로올 때 한자를 처음 전하고, 책을 가지고 왔기 때문에 이후 대대로 천황은학생들을 중국에 보내 그쪽 학문을 공부하게 했다. 긴 세월이 흐른 지금에 와서 비로소 중국인들에게도 부끄럽지 않은 한학(漢學)이 가능하게 됐다. 지금 처음 시작한 이 학문이 갑자기 어떤 성과를 올릴 수 있겠는가? 다만 인체 구조라는 아주 중요한 것이 중국 의서에 있는 것과는 다르다는 사실의 대강을 어떻게 해서 든 세상에 알리고 싶다는 생각 이외에 달리 바라는 바는 없었다. 이렇게 결심하고 번역 모임에서 해독한 부분은 그날 밤 집에 돌아와 곧바로 번역한 뒤, 정서해 모아 갔다.[75]

일본은 에도 시대를 거치면서 중화 질서로부터 이념적, 정서적으로 이미 벗어나고 있었다. 주자학을 받아들였음에도 불구하고 명나라가 청에 몰락하는 것을 본 후 주자학에 대한 비판을 서슴지 않았다. 조선에서는 「숭명반청(崇明反淸)」 사상이 뿌리내리고 주자학 이외의 모든 사상을 이단시하기 시작한 반면, 일본에서는 오히려 청의 고증학파를 따라서 주자학 이전의 유교 경전으로 돌아가고자 하는 「코가쿠(古學)」 운동이 벌어진다. 이어서 일본 고유의 문명과 사상, 가치를 찾는 「고쿠가쿠(국학)」가 만개하는 한편 「란가쿠(난학)」를 통해 제한적이나마 서양의 과학 지식을 받아들인다. 그리고 란가쿠는 다시한번 중국의 사상과 지식 체계가 완벽한 것이 아니라는 사실을 인식시켜 준다.

4) 바쿠마츠(幕末, 막부 말기)의 안보 지식인

란가쿠를 통하여 서양의 학문에 대한 관심이 확산되면서 여러 한에서도 독자적으로 서양의 문물을 도입하기 시작한다. 란가쿠를 잉태시킨 나가사키항이 위치한 사가 한은 다른 한에 앞서 서구의 다양한 기계와 기술을 도입하고 연구하기 시작한다. 미토 한은 일본의 방위를 위해 서양의 군사학과 무기를 적극 도입하였고 사쓰마는 서양식 산업

개발을 위한 다양한 시도를 한다. 조슈도 이미 덴포 개혁 시기인 1840 년대에 서양 의학을 가르치는 작은 학교를 설립하였고 1847년에는 서양 서적을 전담하는 직책을 신설한다. 그 후 「고세이칸(好生館)」이라는 학교를 세워 서양 의학을 본격적으로 가르치기 시작한다. 페리 함대의 출현 직후 1855년 9월 1일부터 고세이칸에서는 서양 학문 전반을 가르치기 시작한다. 곧이어 한의 공립 학교인 「메이린칸(明倫館)」에서는 역사, 군사 과학, 지리학, 천문학 등을 가르치기 시작하여 1859년에는 20명이 넘는 학생들이 공부하고 있었다.[76] 조슈는 또한 장학생들을 에도의 바쿠후가 설립한 학교를 비롯하여 서양 학문을 가르치는 다른 한의 학교들에 보낸다. 1854년에는 서양식 장총을 제작하는 부서를 신설하였고 조선소, 증기 기관 제작소 등을 설립하여 증기선 제작을 시도한다. 물론 당시 제작된 것들은 매우 조악한 수준이었고 서양에서 직접 물건을 사오게 되면서 결국 증기선 등을 자체 제작하려는 계획은 포기한다.[77] 조슈와 사쓰마가 메이지 유신을 일으킬 수 있는 막강한 군사력을 갖게 된 것은 우연이 아니었다.

서양 근대 과학 기술의 우월성을 인정함으로써 일본 근대화의 인식론적 전기를 마련한 지식인은 사쿠마 쇼잔(佐久間象山, 1811.3.22.~1864.8.12.)이었다. 쇼잔은 전통적인 유교적 세계관에서 출발하여 서양의 근대 과학을 이해하고 전통과 현대를 조화시키는 새로운 사고의 틀을 제공한다. 그는 서양의 과학이 전통 유교의 도덕적인 세계관에 필적할 만한 보편성을 확보하고 있다는 사실을 받아들인다. 서양 배들의 잦은 출현과 이것이 상징하는 새로운 세계 질서를 이해하고 받아들이는 것만이 일본이 도태되지 않는 길이라는 사실을 이해한다. 그는 서양을 제어하기 위해서는 서양의 문물을 받아들여 서양에 필적할 수 있는 힘을 키워야만 한다는 전통적인 「이이제이(以夷制夷)」론을 견지한다. 그러나 동시에, 국력이란 서양식 무기와 군사 기술을 도입함으로써 길러지는 것이 아니고 서양의 지식 체계와 그것을 가능케 하는 문화적 틀도 함께 도입해야 한다는 사실을 깨닫는다. 따라서 나라를 지키기 위해서는 나라를 위협하는 서양 과학 기술의 기저를 형성하는 서양 문명의 원리를 터득해야만 한다고 주장한다.[78]

사쿠마 쇼잔

쇼잔은 후다이 한이었던 마쓰시로(松代)의 하급 무사 집안에서 태어났다. 1830년대에는 에도에 장기간 머물면서 당시의 유명한 유학자인 사토 이사이(佐藤一齊, 1772~1859) 밑에서 공부한다. 이때 마침 「모리슨호(Morrisson) 사건」이 터진다.

1837년 8월 29일, 미국인 사업가 찰스 킹(Charles W. King, 1809~1867)과 선교사 사무엘 윌리엄스(Samuel Wells Williams, 1812.9.22.~1884.2.16.), 독일인 선교사 찰스 귀츨라프(Charles Gutzlaff, 1803.7.8.~1851.8.9.) 등을 태운 미국의 상선 모리슨호가 에도만(오늘의 도쿄만)에 나타난다. 마카오에서 출발한 이 배에는 7명의 일본인 난파 선원도 타고 있었다. 킹과 윌리엄스 등은 일본인 난파 선원들을 송환시켜주는 대가로 일본과의 교역과 선교의 자유를 요구할 요량이었다. 그러나 에도만의 일본 포대들이 일제히 포문을 열자 모리슨호는 뱃머리를 돌려 며칠 후 가고시마에 도착한다. 하지만 이번에는 사쓰마 포대의 공격을 받고 일본인 난파 선원들을 태운 채 그대로 마카오로 회항한다.[79]

사무엘 윌리엄스   찰스 귀츨라프

　1년 후 나가사키 데지마의 네덜란드 동인도회사 상관장은 싱가포르 신문에 난 모리슨호 관련 기사를 보고 이 배에 일본인 난파 선원들이 타고 있었음을 쇼군에게 보고한다.[80] 네덜란드인들은 이 배가 영국 배였다고 잘못 보고한다. 그러자 바쿠후는 이 배가 다시 돌아올 가능성과 그에 대한 대비책을 논하기 시작한다. 특히 란가쿠를 공부한 인물들은 비상한 관심을 보이기 시작했다.

　와타나베 카잔(渡辺崋山, 1793.10.20.~1841.11.23.)은 후다이 한인 다하라(田原) 한의 로쥬였다. 다하라 한의 해안 방비 책임자였던 카잔은 뛰어난 화가였으며 서양의 그림과 학문에도 조예가 깊었다. 비록 네덜란드어를 구사하진 못했지만 많은 란가쿠 학자들과 교류하면서 서양의 사정을 깨우치기 시작한 카잔은 당시 일본이 처한 국제 정치 상황에 대한 글을 쓴다. 그는 이 글에서 일본을 제외한 아시아 전체가 이미 오랑캐에게 정복당하였음을 설명하고 일본도 곧 서양의 도전에 직면하게 될 것임을 경고한다.

고대에 정교(政敎)가 융성했던 지역은 모두 북쪽 오랑캐에 의해 합쳐지지 않은 곳이 없다. 중국은 논하지 않는다. 부처가 태어난 나라는 지금은 실론이 되었다. 즉 영국에 의해 점거되었고, 인도 중부는 예전에는 몽골에 의해 병합되었으나 지금은 서양 여러 나라들의 상관(商館)이 되었고, 또 회회(모하메드)가 태어난 아라비아, 유대교가 융성한 이집트, 예수가 태어난 동로마제국의 콘트탄티노플은 모두 터키가 집어삼켰으며 전세계라고 일컬어지던 로마는 바른 제도와 언어가 변하여 교만하고 사치스러우며 나태해졌다.[81]

와타나베 카잔

카잔이 그린 스승 사토 이사이 초상화

그러면서 카잔은 막강한 무력을 갖춘 서양을 오랑캐라고 과소평가하면서 무조건 배척하는 것은 오히려 화를 자초하는 일이라고 한다.

이러한 하찮은 얘기들로 (서양배를 무조건 내쫓기만 한다면) 생각건대 그들에게 (일본을) 탐할 명목이 생긴다. (그러나) 서양 오랑캐라 하더라도 명분이 없는 군사를 일으키는 일은 없을 테니, (일본이 계속 서양배를 내쫓는 일은) 실로 러시아/영국 두 나라의 오만 방자한 행동(즉, 침략)의 단서가 될 것이다.[82]

카잔은 자신의 글이 당시로서는 너무 과격하다는 것을 알고 출판하지 않는다. 하지만 결국 문제가 터진다.

카잔이 자주 찾던 란가쿠 학자 다카노 조에이(高野長英, 1804~1850)는 당시 모리슨호 사건에 대해 쓴 글 「보쥬쓰유메모노가타리(戊戌夢物語, 무술몽물어)」에서 바쿠후의 정책을 신랄하게 비판한다.

영국은 일본의 적이 아니다. (이유도 묻지 않고) 외국 배들을 쫓아낸다면 뭐가 옳고 그른 것인지도 모르는 막돼먹은 나라로 여기고 불의(不義)의 나라, 예의지국으로서의 명성을 잃고 앞으로 어떤 걱정거리와 해악이 생겨날지는 짐작하기조차 어렵다.[83]

이 글이 회자되자 바쿠후의 보수적인 유학자들은 조에이에 대한 조사와 처벌을 요구하고 이 과정에서 조에이와 친한 카잔에 대한 조사도 진행되면서 결국 카잔이 소장하고 있던 글도 발각된다. 이 사건으로 조에이는 감옥에 보내지지만 탈옥하여 6년간 도피 생활을 하다 다시 발각되어 체포 과정에서 저항하다 죽는다. 카잔은 자결을 명 받고 「불충, 불표」라는 말을 남기고 할복한다.

모리슨호 사건이 터진 직후, 청이 제1차 아편전쟁(1840~1842)에서 영국에게 대패했다는 충격적인 소식이 전해진다. 데지마 상관장의 잘못된 정보로 인하여 「모리슨호」도 영국 배로 오해하고 있던 일본인들은 영국이 곧 일본에도 쳐들어올 것이라는 공포에 휩싸인다. 마침 마쓰시로 한의 다이묘인 사나다 유키쓰라(真田幸貫, 1791~1852)가 미즈노 다다쿠니에 의해 해양 방어 담당으로 임명되자 쇼잔에게 군사 기술을 연구할 것을 명한다.

이에 쇼잔은 바쿠후의 대관(代官)으로 이즈(伊豆国), 사가미(相模国), 카이(甲斐国) 등 도쿠가와 영지의 해양 방어를 담당한 에가와 히데타쓰(江川英龍, 1801~1855)로부터 포술을 익힌다. 이때 그는 당시 서양의 무기는 일본의 무기와는 달리 빗속에서도 사용할 수 있다는 사실을 알게 되면서 서양의 기술에 놀란다.[84] 쇼잔은 이때 에가와를 통해 카잔의 글을 입수하여 읽고 깊이 감동한다. 그는 카잔의 글을 통하여 서양으로부터 나라를 지키기 위해서는 맹목적인 「양이」 대신 서양을 배우는 길 밖에 없다는 사실을 깨닫는다.

에가와 히데타쓰의 자화상

시즈오카 현에 있는 니라야마의 반사로(反射爐).
에가와가 무기용 철을 생산하기 위해 고안한 용광로.

쇼잔이 1842년 11월 다이묘 사나다에게 올린 『해방팔책(海防八策)』에는 그의 서양관이 이미 잘 나타나고 있다.

첫째, 각 한(國)의 연안 요충지에 포대를 쌓고 항상 대포를 갖추어 긴급한

에가와가 설계하고 축조한 에도만 어귀의 오다이바 포대(第六台場)

일에 (적절하게) 대응할 것.

둘째, 네덜란드와의 교역에 동(銅)을 주는 것을 중지하고, 그 동으로 서양제품을 본받아 수백 수천의 대포를 주조해 여러 지역에 나누어 줄 것.

셋째, 서양 제품을 본받아 견고한 큰 배를 만들어 에도로 쌀을 나를 때 난파하는 배가 없도록 할 것.

넷째, 해운(海運)을 감독하는 일은 좋은 사람을 선발해서 외국인과의 통상은 물론 해상의 수많은 간악한 일들을 엄격하게 하도록 할 것.

다섯째, 서양 제품을 본받아 전함(戰艦)을 만들어 오로지 수군(水軍, 해군)의 작전[驅引]을 연습시킬 것.

여섯째, 전국 방방곡곡에 학교를 세워서 널리 교화(敎化)하도록 하고 우매한 사람들도 충효(忠孝)와 절의(節義)를 알 수 있도록 할 것.

일곱째, 상과 벌을 분명하게 해서 위엄이 드러나게 하고 민심(民心)이 더욱 단단해지도록 할 것.

여덟째, 재주가 뛰어난 사람[頁士]을 등용하는 법을 세울 것.[85]

쇼잔은 1844년부터는 네덜란드어를 직접 공부하기 시작한다.[86] 당시 바쿠후의 명으로 란가쿠 학자들에 의해 번역되면서 많은 관심을 끌었던 『쇼멜 백과사전』을 읽고 유리를 만들어보고 대포를 주조하고, 은, 구리, 납 광맥을 찾아보기도 한다.[87]

1850년 바쿠후의 로쥬에게는 다음과 같은 상소를 올린다.

병법에서 먼저 해야 할 것 역시 상대방을 아는 것보다 더 힘 쓸 일이 없고, 현재의 해방(海防)에서 먼저 해야 할 것 역시 저들을 아는 것보다 급한 일이 없습니다. 해방은 천하의 해방이므로, 천하 사람들에게 저들의 사정을 모두 알게 하십시오. 천하 사람들에게 저들의 사정을 알게 하는 데는, 일반 사람들에게 오랑캐의 서적(夷書)을 읽히는 것보다 나은 일은 없으며, 일반 사람들에게 오랑캐의 서적을 읽히는 데는, 그 사전을 찍는 것 보다 더 먼저 해야 할 일은 없습니다.[88]

그는 「청나라의 복철(覆轍, 실패의 전례)을 되새겨 지피지기」해야 함을 주장한다.[89]

외구(外寇)를 준비하는 데 있어 그들을 아는 것보다 앞서는 것이 없고, 그들을 아는 방법은 그들의 기술을 다하는 것보다 긴요한 것이 없으며, 그들의 기술을 다하기 위해서는 그 학의 입문서가 되는 사전을 간행하는 것보다 편한 것은 없다.[90]

이속(夷俗)을 이해하기 위해서는 이정(夷情, 오랑캐의 뜻)을 알아야 하고, 이정을 알기 위해서는 이어(夷語, 오랑캐의 언어)에 통해야 한다.[91]

쇼잔은 당시 일본의 맹목적인 「양이」 사상을 신랄하게 비판한다.

나라의 남아 있는 자원조차 유용하게 사용하지 못하고, 시변(時變)에 달하여도 병제를 고칠 줄 모르며, 포술(砲術)이 있다고는 해도 옛날의 고루한 습속에 빠져 새로이 얻는 묘술을 강구하지 않으며, 불편한 제도에 대해서는 그것이 불편하다는 것만 알 뿐 개정할 방도를 모르고, 오직 자기 나라만의 좋은 것에만 집착하여 외국이라면 무조건 경시하고, 그들의 실사(實事)에 숙련하여 국가의 이익도 일으키며, 병력도 한성하고 무술도 뛰어나고 항해에 능숙한 것 등 훨씬 자국보다 우위에 서 있는 것을 알지 못하기 때문에 일단 영국과의 사이에 난이 일어나면 대패하여 크게 고석(古昔)의 성현의 체면을 손상시킬 것입니다.[92]

이즈음 쇼잔은 당시 일본의 식자층에 널리 읽히고 있던 위원(魏源, 1794~1857)의 『해국도지(海國圖志)』를 읽는다. 아편전쟁 패배의 충격 속에서 중국 역사상 최초로 해양 방어와 서양에 대한 지식의 중요성을 강조하기 위해 쓰인 『해국도지』를 읽은 쇼잔은 다음과 같은 글을 남긴다.

선공(先公, 松代藩主 眞田幸貫)께서는 상대(相臺, 관직 이름)에 오르시어, 그 뒤를 이어 바다를 방어[防海]하는 일을 맡으셨다. 그 때에 영국 오랑캐들[英夷]이 청나라를 침략했으며, 그 소문[聲勢]이 여기까지 들려오게 되었다. 나는 그런 시사적인 일[時事]에 느낀 바가 있어, 글을 올려서 계책을 말씀 드렸다. 텐포(天保) 임인(壬寅) 11월이었다. 나중에 청나라의 위원

(魏源)의 「성무기(聖武記)」를 보았더니, 그도 역시 시사적인 일에 느낀 바가 있어 책을 저술했다고 하며, 그 책 서문을 보면 역시 그 해 7월에 쓰여졌으니, 내가 글을 올린 것 보다 겨우 4개월 전이었다. 또한 그가 주장한 바는, 약속하거나 한 것은 아니었지만 더러 서로 같은 것이 있었다. 아아, 나와 위원은 각각 다른 땅에서 태어났으며, 그 이름[姓名]을 서로 알지도 못하지만, 시사적인 일을 보고 느끼면서 글을 쓴 것이, 마찬가지로 그 해였으며, 또 생각하는 바 역시 거의 합치[闇合]하고 있으니, 이 얼마나 신기한 일인가. 그야말로 바다 건너에 있는 동지(同志)라 할 수 있을 것이다. 다만 위원은, 상세(上世) 이래로 중국에서는 바다를 방어[海防]하고 있어 해전(海戰)이 없었다고 하면서, 벽(壁)을 견고하게 하고 들판을 깨끗하게 해서, 해안가에 상륙하는 적들[岸奸]을 궤멸[杜絶]시키며, 그로써 바다를 방어하는 가법(家法)으로 삼았다. 나로서는 열심히 아주 큰 배를 타고 공격하는[砲艦] 방법[術]을 강구해 요격(邀擊)하는 것으로 계책을 삼고자 했으며, 그처럼 쫓아내고[驅逐] 막아 버림으로써[防截] 적들의 목숨을 먼 바다[外海]에서 제압해버리고자 했다. 그 점 만이 서로 다를 뿐이었다.[93]

쇼잔은 대부분의 란가쿠 학자들과 달리 주자학의 틀을 통하여 서양 학문을 접하기보다, 국가 방위를 위한 군사 기술의 습득이라는 매우 현실적인 이유 때문에 직접 접하게 된다.[94] 그리고 그는 이 과정을 통해 서양의 기술을 뒷받침하는 이론 체계를 주자학의 세계와 병존할 수 있는 것으로 인식하기에 이른다.

동양 도덕 서양 예술은 양쪽이 합쳐져서 비로소 완전한 원의 형태를 이루는 것이다. 도덕과 예술이 서로 보완하여, 예컨대 아시아와 유럽이 합해서 지구를 이루는 것과 마찬가지로 어느 한쪽을 결(缺)해도 지구의 원형을 이룰 수 없듯이 도덕과 예술에서 어느 한 쪽을 결해도 완전하지 않다.[95]

우주에 진리가 둘 일 수 없다. 천지도 이것을 다르게 할 수 없고, 귀신도 이것을 다르게 할 수 없으며, 백세의 성인도 이것을 다르게 할 수 없다. 근래 서양인이 발명한 다양한 학술도 요컨대 모두 진리로서, 우리의 성학을 돕기에 충분하다.[96]

1854년 2년 전에 처음 나타났던 페리 제독의 함대가 다시 돌아오자 쇼잔은 자신의 제자 요시다 쇼인(吉田松陰, 1830.8.4.~1859.10.27.)에게 미국 배에 밀항하여 미국에 직접 가서 보고 배울 것을 종용한다. 쇼인이 페리 함대의 「미시시피호」에 몰래 승선하려다 미국 경비병들에게 잡혀 바쿠후에 넘겨져 취조를 받는 과정에서 스승 쇼잔의 고별 편지가 발견되면서 쇼잔은 9년 동안 가택 연금을 당하게 된다.

1862년 가택 연금이 풀린 그는 그의 재주를 아낀 도쿠가와 요시노부(德川慶喜, 별칭 게이키, 도쿠가와 바쿠후의 마지막 쇼군, 1837.10.28.~1913.11.22. 재위 1867~1868)의 부름을 받고 에도에 머물면서 개국을 주장한다. 그 후 쇼군 도쿠가와 이에모치(요시토미(德川家茂/慶福, 1846.7.17.~1866.8.29. 재위: 1856~1866)의 영을 받은 쇼잔은 교토에서 바쿠후와 조정 간의 화해와 협력을 도모하는 「공무합체(公武合体), 고부가타이, 조정과 바쿠후는 하나다 라는 뜻)」 운동에 진력한다. 그는 조슈, 미토 한 등의 존황양이파 사무라이와 로닌들이 바쿠후파와 개국론자들에 대한 무차별적인 테러를 벌이는 와중에도 외출할 때는 태연하게 서양 안장을 한 말을 타고 다녔다. 그는 애첩에게 보낸 편지에 다음과 같이 적고 있다.

나는 외출할 때마다 서양 안장을 사용한다. (⋯) 나는 이곳에 도착한 이후 단 한 번도 이 나라에서 만든 안장을 사용한 적이 없는데 이를 두고 나를 비판하는 어리석은 자들이 있다. 그러나 나는 일부러 서양 안장만 사용하는데 이는 우리 나라가 무엇이든 좋은 것이라면 받아들여야 하기 때문이다. (…) 나의 이러한 생각은 일본의 영원한 이익을 위해서다. (…) 하늘의 도가 있는 한 아무도 나에게 손을 대지 않을 것이다.[97]

그러나 그는 교토에 도착하여 공무합체론 운동을 전개하기 시작한 지 3개월 만에 존황양이파에 암살당한다.

존황양이 사상과 개국사상을 가장 잘 조화시킨 인물은 요시다 쇼인이었다. 하기(萩)에서 태어난 쇼인의 가문은 대대로 조슈 한의 다이묘에게 군사학을 가르쳤다. 어려서부터 총명했던 그는 8살 때부터 한이 설립한 학교에서 군사학을 공부한다. 그 이후 에도로 유학을 떠나 사쿠마 쇼잔을 비롯한 여러 선생들에게서 사사(師事)한다. 20세가 되던 1850년, 쇼인은 당시 에도에 유행하던 「부국강병론(富國强兵論)」, 「해방론(海方論)」 등을 접하면서 서양 군사학의 중요성을 깨닫는다. 그는 한의 허락 없이 에도를 떠나 일본 동북지방의 방비(防備)를 돌아보는 여행을 떠난다. 이듬해 에도로 돌아온 쇼인은 즉시 체포되어 조슈로 추방된다.

쇼인은 1853년 페리의 함대가 에도만에 나타났다는 소식을 듣고 다시 에도로 향한다. 미국 배에 밀항하여 직접 서양에 가서 공부하기 위해서였다. 그러나 그가 에도에 도착했을 대는 이미 페리 함대가 돌아간 후였다. 쇼인은 이듬 해에 페리 제독의 함대가 돌아올 때를 기다려 다시 한번 밀항을 시도하다 체포된다. 에도의 감옥에 갇혔던 쇼인은 다시 조슈의 손에 넘겨져 조슈의 노야마 감옥에 1년 동안 갇힌다.[98]

1855년 가택연금으로 감형이 되자 그는 군사학을 가르치는 학교 설립을 허가 받고 삼촌의 「쇼카손주쿠(松下村塾)」를 인수하여 학생들을 받기 시작한다. 이때 쇼인의 학교에 모여든 학생들이 훗날 메이지 유

야마구치 현 하기 시에 있는 쇼카손주쿠 유적

신을 주도하게 되는 기도 다카요시(木戸孝允, 1833.8.11.~1877.5.26.),
다카스기 신사쿠(高杉晋作, 1839.9.27.~1867.5.17.), 이토 히로부미(伊藤
博文, 1841.10.16~1909.10.26.), 야마가타 아리토모(山縣有朋, 1838.6.14.
~1922.2.1.), 시나가와 야지로(品川弥二郎, 1843.11.20.~1900.2.26.), 야
마다 아키요시(山田顕義, 1844.11.18. ~1892. 11.11.), 노무라 야스시(野
村靖, 통칭 「와사쿠(和作)」, 1842. 9.10.~1909.1.24.) 등이었다.

쇼인은 개인적으로는 개국을 지지하면서도 천황주의자로서 조정의
존황양이 정책을 지지하였다. 더구나 쇼인의 고향인 조슈는 모리 가문
과 천황가와의 특별한 관계 때문에 존황양이파의 온상이 될 수 밖에
없었다. 그러나 쇼인이 급진 존황양이파로 전향하게 된 계기는 바쿠후
가 천황의 반대에도 불구하고 미국과 「해리스 조약(일미수호통상조약(日
米修好通商条約)」을 체결한 사건이었다.[99] 당시의 많은 일본 지식인들과
마찬가지로, 그 역시 바쿠후가 미국의 압력에 굴복하여 개항한 것을
천황에 대한 모독인 동시에 일본의 굴욕이라고 생각하였다.

쇼인은 안세이 대옥(安政の大獄)을 일으켜 존황양이파를 숙청하고 미
국과의 조약을 밀어붙인 로쥬 이이 나오스케(井伊直弼, 1815.11.29.~

1860. 3. 24.)를 격렬하게 비난하기 시작한다.[100] [제1장 6. 미국과의 조약과 그 여파 참조] 그는 또 제자들을 교토에 보내 정황을 살피는 동시에, 뜻을 같이하는 다른 한의 사무라이들과 접촉하도록 한다. 그러나 이이 나오스케의 존황양이파 숙청이 점차 강도를 더해가자 조슈 한의 지도층은 쇼인의 과격한 행동 때문에 조슈 한에도 화가 미칠 것을 우려해 쇼인에게 자중할 것을 강하게 명령한다. 그러자 쇼인은 오히려 조슈의 지도층을 반역자라고 비난한다.

1858년 12월 초, 쇼인은 결국 수감된다. 그러나 그는 감옥에서도 바쿠후의 지도층을 암살할 계획을 세운다. 그리고 아무도 자기 편이 되어주지 않자 농민들을 선동하여 봉기를 일으킬 것을 계획한다. 이에 그의 제자들마저 쇼인을 등지기 시작한다.[101] 1858년 12월 5일, 다카스기 신사쿠, 쿠사카 겐즈이(久坂玄瑞, 1840.5.~1864.8.20.) 등 5명의 제자는 쇼인에게 편지를 쓴다.

선생님, 이 한의 혁혁(赫赫)한 정론(正論)에 얼마나 마음을 쓰셨는지, 참으로 감격(感激)해 하고 있습니다. 하지만 천하의 시세(時勢)도 오늘에 이르러 크게 변했으며, 여러 한(藩)도 무기를 거두어 들이고 방관(傍觀)하는 태도를 취하고 있어, 심히 유감스럽기는 하지만, 쇼군(將軍)의 센게(宣下, 하명)도 있었고 사람들의 기분[人氣]도 차분해졌기 때문에, 의기(義旗, 의로운 기치)를 들고 일어나는 것은, 실로 쉽지 않은 일일 뿐만 아니라, 도리어 필연적으로 사직(社稷)에 해(害)를 끼치게 될 것입니다. 그렇기는 하지만 바쿠후의 관리[幕吏]들이 창궐(猖獗)해서, 뜻을 가진[有志] 사람들 외에도, 제후(諸侯)들에게 은거(隱居)를 명령한다 거나 교역(交易)이 열리게 된다 거나 하면, 반드시 방관할 수 없는 그런 형세가 될 것이라 생각합니다. 그 때에 맞추어, 실로 다같이 나라[國]를 위해서 몸과 마음을 다하는 것[鞠躬盡瘁]이 좋겠습니다. 그 때까지는 가슴을 잠시 억누르고 칼을 거두어 들여

서, 어떻게든 사직에 해가 되
지 않도록 하고, 또 나라를 위
해서 도움이 되도록 하는 것이
좋겠습니다.[102]

요시다 쇼인

그러나 쇼인은 제자들을 격
렬하게 비난한 후 그들과 절연
한다. 1859년 5월, 바쿠후는
조슈에게 쇼인을 에도로 압송
할 것을 명한다. 존황양이 이념
을 위해 죽기로 결심한 쇼인은
에도에서의 취조 과정에서「해
리스 조약」을 승낙해 달라는 바쿠후의 요청을 조정에 전달한 마나베
아키카츠(間部詮勝, 1804. 3.30.~1884.11.28.)를 암살하려고 계획하였음
을 솔직히 시인한다. 1859년 10월 27일, 쇼인은 에도의 덴마쵸(伝馬
町) 감옥에서 효수된다.[103]

언뜻 보기에 쇼인의 존황양이 사상과 개국사상은 서로 상반된 이념
이다. 조선에서는 위정척사 사상과 개화사상은 분명 양립할 수 없었
다. 그러나 쇼인의 제자들은 그의 사상을 실현해 낸다. 메이지 유신은
존황양이 사상과 개화사상을 절묘하게 조화시킨 혁명이었다.

4. 외세의 출현과 바쿠후 체제의 모순

미국은 멕시코-미국 전쟁(1846~1848)에서 승리하면서 멕시코로
부터 캘리포니아를 빼앗음으로써 태평양 연안 국가가 된다. 캘리포니

아 골드러시(California Gold Rush, 1848~1855)로 미국 서해안의 인구가 급증하면서 아시아에 대한 미국의 관심도 급증하기 시작한다. 영국이 아편전쟁(1840~1842)을 통하여 중국을 강제로 개항시키자 미국도 1844년 마카오 근교의 왕샤촌(望廈村)에서 중국과 「왕샤 조약(望廈條約)」을 맺고 본격적으로 아시아 무역에 뛰어들기 시작한다. 중국에 거점을 마련한 미국은 중국으로 가는 항로의 길목에 있는 일본을 중국 기착지로 삼고자 한다. 대서양 국가인 영국에게 일본은 아시아의 동쪽 끝에 있는 나라였다. 그러나 태평양 연안국인 미국에게 일본은 아시아로 진출하는 관문이었다. 중국은 영국이 개항시키는 반면 일본은 미국이 개항시키게 되는 이유다.

미국에게 일본이 중요했던 또 한 가지 이유는 고래 산업 때문이었다. 19세기는 고래 산업의 전성기였다. 서구 산업 혁명 초기 고래 기름은 등유, 윤활유, 비누, 양초 등을 만드는 핵심 원료였다. 밝은 빛을 내면서도 연기가 나지 않는 고래 기름, 특히 향고래의 기름은 가로등, 등대는 물론 공공 건물이나 부자들의 저택을 밝히는 데 사용되었다. 고래는 유전(油田), 고래잡이 배는 유조선인 셈이었다. 고래가 사정없이 포획된 이유다. 산업 혁명이 본격적인 궤도에 오른 19세기에는 24만 마리의 고래가 잡힌 것으로 추산된다. 고래의 남획은 1846년 게스너(Abraham Gesner, 1797.5.2.~1864.4.29.)가 케로신(등유) 제조법을 발명하고 1858년 펜실베니아에서 유전이 발견되면서 석유가 대량으로 공급되기 시작할 때까지 계속된다.

19세기부터 산업화 초기 단계에 접어들기 시작한 미국은 전 세계 최대의 고래잡이 국가가 된다. 천혜의 항구와 첨단 조선 산업을 자랑하던 미국의 동북부, 특히 매사추세츠 주 연안의 낸터켓(Nantucket) 섬은 고래 산업의 중심지로 떠오른다. 미국 문학의 백미로 꼽히는 허만 멜빌(Herman Melville, 1819.8.1.~1891.9.28.)의 『백경(Moby-Dick, or the

Whale)』이 고래잡이를 소재로
하고 낸터켓을 배경으로 하는
이유도 고래 산업이 그만큼 미
국 경제와 사회에 중요한 비중
을 차지하고 있었기 때문이다.

미국 뉴잉글랜드의 고래잡이 장면

미국의 고래잡이 선단들은
북대서양과 남대서양, 서아프
리카 해안을 거쳐 태평양에까
지 진출한다. 이들은 한번 고향
포구를 떠나면 평균 2년간 전
세계를 돌면서 고래 사냥을 했
고 태풍을 비롯한 수많은 자연
재해와 사고에 늘 노출될 수밖
에 없었다. 그리고 난파선이 속
출함에 따라 선원들의 구조와
보호, 안전한 반환은 미국 내
의 중요한 정치, 경제, 사회 문
제로 대두된다. 이에 미국 정부
는 포경선들이 진출하는 지역
의 국가들과 선원들을 보호하

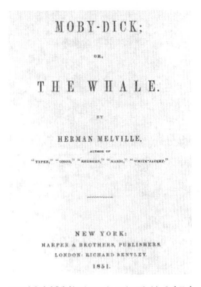
1851년 출간된 『백경(Moby-Dick, or the Whale)』 초판 표지

기 위한 조약을 체결하고자 한다. 여기에 배들이 증기 기관을 달게 되
면서부터는 석탄을 공급받을 수 있는 저탄장(coaling station)도 필요하
게 된다. 일본은 미국 고래잡이 선단의 석탄 보급의 중간 기착지로서,
또 난판 선원 구조에 있어서 중요한 길목에 위치하고 있었다. 미국이
일본을 개항시키고자 한 이유다.

1853년 5월 26일 해질 무렵, 페리 제독(Commodore Matthew Calbraith Perry, 1794.4.10.~1858.3.4.) 휘하의 미국 함대가 류큐국(琉球國, 유구국)의 나하(那覇) 항에 입항한다. 당시 류큐는 사쓰마와 중국의 속방이었다. 영국, 프랑스, 미국 배들은 19세기 초반부터 류큐를 드나들고 있었다. 그러나 서양 사람들에게 「속방」이란 정확히 이해하기 힘든 개념이자 제도였다. 페리는 류큐의 수도 슈리(首里, 수리)에 가서 집을 임대 하여 2주간 머물면서 류큐국과 협상을 진행한다. 협상에 만족한 페리는 농기구, 농작물 씨앗들을 류큐인들에게 선사하고 류큐인들은 땔감, 물, 식량을 미군에게 제공한다.

매튜 페리 제독

「서스케하나」

6월 9일 나하를 출항한 페리의 함대는 오가사라와 군도(小笠原群島, 일명 부닌도, 無人島)에 들른다. 그곳에는 영국, 미국,

쿠로후네

포르투갈, 하와이 사람들 30여명 살고 있었다. 페리는 미국인 거주민들로부터 땅을 산다. 사무실과 부두, 석탄저장소를 짓기 위해서였다.

그리고 다시 나하로 돌아와서 일본 본토를 향해 출항한다.[104]

나카지마 사부로스케

1853년 7월 8일, 페리 제독 휘하의 미국 함대가 에도만 어귀인 우라가해협(浦賀水道)에 도착한다. 미 함대는 군함 4척에 60포문, 그리고 군사 967명으로 구성되어 있었다. 미국의 군함은 당시 일본의 가장 큰 배보다도 6배 이상 컸다. 검은 색의 미 군함들은 이때 「쿠로후네(黑船, 흑선)」란 별명을 얻는다.[105]

우라가(浦賀)의 「요리키(与力, 寄騎, 바쿠후의 하급관리)」 나카지마 사부로스케(中島三郎助, 1821.2.27. ~1869.6.25.)와 통역사 호리 다츠노스케(堀達之助, 1823~1892)는 페리의 기함인 「서스케하나(Susquehanna)」로 간다. 미국측에서는 이들의 승선을 거부한다. 그러나 호리가 영어로 미국 장교들과 협상 후 그들은 배에 오를 수 있었다. 일본 관리들은 미국 장교들에게 일본의 항구에 들어오는 모든 외국 배들은 추방되어야 한다는 조정의 훈령을 보여준다. 페리는 이들을 만나기를 거부하고 함장실에 머무른 채 부관을 통해 자신은 통상조약을 맺기를 바라는 밀라드 필모어(Millard Fillmore, 1800.1.7.~1874.3.8. 재직: 1850~1853) 미국 대통령의 편지를 지참하고 왔으며 이를 일본의 고위관리에게 직접 전하기를 원한다고 한다.[106]

다음날 또 한 명의 「요리키」 가야마 에이자에몬(香山栄左衛門, 1821. 5.11.~1877.4.30.)이 자신이 「부교(奉行, 봉행, 바쿠후의 지방관)」로 가장

하고 미국 배를 방문한다. 페
리를 만나지는 못하지만 선
장 뷰캐넌(Franklin Buchanan,
1800.9.17.~1874.5.11.)과 다른
장교들을 만나 우라가에서는
외국인을 영접할 수 없으며 국
서도 받을 수 없기 때문에 나
가사키로 갈 것을 권한다. 그러
나 뷰캐넌은 일본정부가 미국
의 국서를 받을 관리를 임명하
여 받지 않는다면 미군이 상륙
하여 에도로 가서 쇼군에게 직

프랭클린 뷰캐넌 「서스케하나」 함장

접 국서를 전달하겠다고 한다. 이에 가야마는 바쿠후에 보고한 후 사
흘 이내에 답변을 줄 것을 약속한다.[107]

우라가 봉행 이도 히로미치(戸田氏栄, 1799~1858.9.27.)는 쇼군에게
미국 함대가 우라가에 와 있으며 이를 무력으로 축출하기에는 역부족
이라고 보고한다. 그러는 사이에 미국 함대는 에도만을 측량한다. 그
러면서 일본 측이 조금이라도 위협적인 행동을 하면 즉시 공격하겠다
고 한다. 바쿠후의 관리들은 이를 바라만 보고 있을 수 밖에 없었다.
미군 함정들이 일본의 내해(內海)에 들어왔다는 소식으로 에도는 불안
에 휩싸인다. 가야마가 뷰캐넌에게 얘기했듯이 당시에는 외국의 국서
를 받는 것이 법으로 금지되어 있었다. 그렇다고 미국의 국서를 거부
한다면 큰 변이 일어날 것이 자명했다. 바쿠후는 굴욕적이지만 일단
국서를 받고 미국 함대가 떠난 후 충분한 논의를 거쳐 정책을 정하기
로 한다.[108]

미국의 국서 전달식은 7월 9일 쿠리하마(久里浜)에서 거행되었다.[109]

일본은 국서 전달식을 위해 두 명의 고위 관리를 파견하여 건물을 새로 짓고 주변의 다이묘들이 보낸 수천의 군사를 해안가에 도열시킨다. 페리 제독은 함대의 함포들이 일본군을 조준하도록 명령한 후 자신의 양측에 미국 기를 든 거구의 흑인 승무원을 거느리고 도열해 있는 일본 무사들 사이를 걸어 들어갔다. 두 명의 어린 남자 승무원들이 대통령의 친서가 든 금으로 장식한 자단 나무로 만든 상자를 들고 뒤를 따랐다. 협상은 페리가 영어로 하면 이를 네덜란드어로 번역하고 이를 다시 일본어로 번역하는 방식으로 진행되었다.

일본측은 쇼군이 와병 중이어서 중요한 정책 결정을 내릴 수 없는 상황이라면서 이듬해에는 답을 줄 수 있을 것이라고 한다. 실제로 당시의 쇼군 도쿠가와 이에요시(德川家慶, 1793.6.22.~1853.7.27. 재위: 1837~1853)는 중병을 앓고 있었다. 페리는 일본측의 설명을 받아들이고 이듬해 4월이나 5월쯤 다시 와서 일본「황제」의 답신을 받겠다고 하고 돌아간다.[110]

도쿠가와 바쿠후 체제는 다이묘들 간의 세력 균형, 천황 권력의 억제, 다이묘들과 외세의 접촉을 막기 위한 쇄국 정책 등 세 가지 축에 기반하고 있었다. 앞서 살펴본 대로 바쿠후는 전국의 다이묘들을 신판, 후다이, 도자마 다이묘 등으로 구분하고 이들 간의 지정학적, 경제적 균형을 유지하는 데 세심한 주의를 기울였다. 그러나 도쿠가와 평화가 지속되면서 이 균형이 흔들리기 시작한다. 에도를 중심으로 하는 간토평원(關東平原)의 곡창을 차지한 도쿠가와와 방계 다이묘들의 영지는 상업과 도시 문화가 극도로 발전하면서 문화적으로 융성 한다. 그러나 상업의 발달은 사무라이의 경제적 기반을 약화시키고 도시 문화의 발달은 무사 정신의 해이를 초래함으로써 도쿠가와 방계 다이묘들의 세력을 약화시켰다.[111]

이 같은 추세를 막는 방법은 상업화와 도시화, 소비 문화를 촉진시킨 산킨고타이 제도를 폐지하고 다이묘들로 하여금 각자 영지의 경제적, 군사적 내실화를 기하는 정책을 추진하도록 하는 것이었다. 그러나 이는 자칫 바쿠후에 대한 대항 세력을 키울 수 있는 지극히 위험한 선택이었다. 진퇴양난에 빠진 바쿠후는 덴포 개혁을 통해 도쿠가와 직속 영지를 넓힘으로써 쇠퇴하는 경제력을 회복하고자 한다. 문제는 영지를 가장 쉽게 빼앗을 수 있는 다이묘는 조슈와 싸쓰마와 같은 강력한 도자마 다이묘가 아니라 오히려 도쿠가와의 방계나 도쿠가와 가문의 가신 출신들인 신판 다이묘였다. 그러나 이러한 계획은 신판 다이묘들의 극렬한 반대로 무산된다. 페리 제독의 함대가 나타나기 전에 바쿠후가 직면하고 있던 체제 모순을 가장 극명하게 보여주는 예다.[112]

「바쿠한(幕府藩, 바쿠후와 한) 체제」의 두 번째 축은 교토의 천황을 중심으로 하는 조정 세력을 억제하는 것이었다. 도쿠가와 바쿠후는 에도 시대 초기에는 천황의 존재가 거의 잊힐 정도로 교토 조정의 영향력을 축소시키는 데 성공한다. 그러나 천황이 아무런 정치적 위협이 되지 않자 역설적으로 천황에 대한 연구가 바쿠후의 적극적인 지원과 권장 하에 이루어지기 시작하였다. 대표적인 것이 미토 한의 「미토학파」였다. 미토 한은 도쿠가와 이에야스의 11번째 아들 요리후사(德川頼房, 1603.9.15.~1661.8.23.)가 1608년 다이묘로 봉해지면서 생겼다. 미토는 오와리 한, 기슈 한(紀州藩)과 함께 「도쿠가와 고산케(德川御三家)」로서 바쿠후 정치에 직접 참여하였고, 도쿠가와 본가의 대가 끊겼을 때 두 번이나 쇼군을 배출하였다. 그런데 요리후사의 셋째 아들 미쓰쿠니는 쇼코칸(彰考館)을 설립하고 『대일본사』를 편찬하면서 천황을 일본 역사의 정통이자 중심으로 보는 「존황양이」 사상을 배태시켰다. 이로써 도쿠가와의 방계였던 미토학파는 바쿠후의 정통성에 정면으로 도전하게 되는 존황양이 사상의 본거지가 된다.[113]

바쿠후가 대내외의 도전에 직면하자 천황이 국가의 새로운 상징으로 떠오르게 된 것도 미토 한이 적극 함양한 존황양이 사상이 있었기에 가능했다. 도쿠가와 가문의 가장 중요한 고산케 가문에서 존황양이 사상이 배태되었다는 사실은 근세 일본사의 역설 중 하나다.

또 다른 역설은 도쿠가와 바쿠후의 마지막 쇼군 도쿠가와 요시노부도 미토 가문 출신이란 사실이다. 그러나 이는 역설인 동시에 「왕정복고」를 주창한 메이지 유신 세력의 쿠데타에 직면한 요시노부가 비교적 평화롭게 천황을 앞세운 유신 세력에게 정권을 이양할 수 있었던 이유이기도 하다.

바쿠한 체제의 세 번째 축은 다이묘와 외국 세력의 접촉을 막기 위해 고안된 쇄국 정책이었다. 쇄국 정책은 외국과의 모든 교류를 나가사키의 데지마에 있는 네덜란드 동인도회사 지부를 통하는 것으로 국한시켰고, 이마저도 에도와의 직접적인 교류를 제외한 일체의 접촉을 철저하게 금지하였다. 가톨릭을 탄압한 것도 다이묘들이 외국 사상에 물들고 외세의 영향을 받아 바쿠후에 도전할 것을 걱정하였기 때문이다. 바쿠후는 쇄국 정책을 통하여 외국과의 교류를 통해 얻을 수 있는 이익과 정보를 독점할 수 있는 체제를 만들고자 하였다.[114]

그러나 미국 함대의 등장은 바쿠한 체제의 셋째 축을 흔들었고 이는 곧 다른 두 축도 함께 흔들기 시작하였다. 바쿠한 체제내의 세력 균형은 외부로부터의 충격이 없는 한 지속될 수 있었다. 바쿠후와 신판 다이묘들의 경제력 약화, 미토학파, 고쿠가쿠학파 등의 존황양이 사상의 등장은 쇄국이 유지되는 한 감내할 수 있었다. 그러나 페리의 출현은 쇄국 정책의 지속을 불가능하게 함으로써 도쿠가와 바쿠후를 유지해오던 정치, 경제, 사회, 문화적 균형을 무너뜨린다.[115]

5. 나라의 새 중심: 천황

외세의 침입에 직면하게 되면서 「바쿠마츠(幕末, 막부말기)」의 일본인들은 새삼 「나라」의 중심이 어디이고 나라를 대표하는 것이 누구인지를 고민하기 시작한다. 그때까지만 해도 일본인들은 자신들을 「일본인」보다는 「사쓰마인」, 「조슈인」, 「미토인」 등으로 생각했다. 오랜 세월 「한(藩, 번)」 중심의 삶을 영위해 온 결과였다. 그러나 「서양 오랑캐」라는 공동의 적이 나타나자 어떻게 「나라」의 방비를 튼튼히 하고 「국익」을 지킬 것인지를 생각할 수 밖에 없게 된다. 그리고 「국론 통일」의 중요성이 부각될수록 일본은 서양의 도전을 이겨 내기에는 너무나 분열되어 있음을 인식한다. 특히, 수많은 「한」으로 나뉘어져 있는 봉건 체제를 대표하는 바쿠후는 일본 전체를 대변하기에는 역부족인 것으로 인식되기 시작한다.

이때 분열되어 있는 일본의 새로운 상징이자 구심점으로 떠오르기 시작한 것이 천황이다. 오랫동안 잊혀 그 존재조차 희미해졌던 교토의 천황은 이제 「천황 중심 사관」을 주장하는 「고쿠가쿠(國學, 국학)」과 「존황양이」를 부르짖는 「미토 학파」에 의해서 역사적, 이념적 정통성을 획득하기 시작한다. 천황이 분열된 일본을 통일시킬 수 있는 새로운 구심점이 되면서 교토와 전통적으로 깊은 유대 관계를 맺어온 조슈와 사쓰마에게도 정치적인 힘이 실린다. 외세로부터 나라를 지킬 힘이 없던 바쿠후도 상대적으로 튼튼한 경제와 군사력을 갖고 있는 조슈와 사쓰마 등의 도자마 다이묘에 점차 의지할 수밖에 없게 된다. 바쿠후의 권력은 약해지는 반면 천황의 권위는 올라가기 시작했고, 천황부와의 오랜 인연과 존황양이 사상을 등에 업고 바쿠후와 조정의 틈새를 공략하기 시작한 조슈와 사쓰마는 국정을 장악할 수 있는 기회를 얻는다.

필모어 대통령의 친서는 7월 14일 바쿠후에 전달된다. 바쿠후는 진퇴양난이었다. 전면적인 개국은 도자마 다이묘들이 외세와 결탁할 수 있는 기회를 제공할 수 있었다. 그렇다고 미국의 개항 요구를 거부하고 쇄국을 고집할 경우 미국과의 전쟁은 피할 길은 없었고 이길 가능성도 없었다. 그리고 전쟁에서 패한다면 도쿠가와 바쿠후는 무너지고 도자마 다이묘들에게 정권을 내줘야 할 것이 자명했다. 더구나 쇼군은 중병으로 전혀 국사를 돌보지 못하는 상황이었다.[116]

와병중인 이에요시를 대신하여 국정을 책임지고 있던 것은 로주(老中, 노중) 아베 마사히로(阿部正弘, 1819.12.3.~1857.8.6.)였다. 후쿠야마의 다이묘였던 그는 다른 로주, 중신들과 이 사안을 논의한다. 나가사키 봉행(長崎奉行)을 오래 역임하면서 조선의 통신사를 영접하는 등 바쿠후 외교에 밝았던 츠츠이 마사노리(筒井政憲, 1778.6.15.~1859.7.7.)[117]와 바쿠후의 「가이고쿠부교(外國奉行, 외국봉행)」인 가와지 도시아키라(川路聖謨, 1801.6.6.~1868.4.7.)는 개국을 종용한다. 츠츠이와 가와지는 200년에 걸친 에도 시대의 평화가 이어지면서 일본의 군사력은 쇠락하였으며 백성들의 결의 역시 예전 같지 않기 때문이라는 이유에서였다.

아베는 미토의 다이묘 도쿠가와 나리아키(德川斉昭, 1800~1860)와도 상의한다. 나리아키는 바쿠호내에서 가장 존경받는 인물이었다.[118] 나리아키는 미국의 기술과 군사력이 월등함을 알고 있었다. 그러나 그는 페리의 요구를 수용하는 것은 곧 양이(洋夷)들에게 나라를 내주는 것이라며 개항에 극력 반대한다. 물론 미국의 요구를 거부하면 이는 곧 전쟁으로 이어질 것이고 일본이 패할 것도 알고 있었다. 그러나 나리아키와 그가 대표하는 「미토 학파」는 일본의 혼과 잃어버린 무사 정신을 부활시키는 것이 무엇보다도 중요하며 이를 위해서라면 전쟁에서의 패배도 불사해야 한다고 주장한다.[119] 내부 의견이 갈리자 바쿠후는 아무런 결정을 내리지 못한다.

이때 아베는 다이묘들의 의견을 수렴하기로 한다. 도쿠가와 바쿠후의 수립 이래 국가의 중요 정책에 대한 모든 결정은 바쿠후의 로주들이 내렸을 뿐 다이묘들의 의견을 수렴하는 경우는 없었다. 그러나 아베는 1845년「덴포 개혁」실패의 책임을 지고 물러난 미즈노 다다쿠니(水野忠邦)의 뒤를 이어「로주」에 임명되었다. 미즈노가「덴포 개혁」을 추진하면서

아베 마사히로(阿部正弘)

독단적인 의사 결정과 일방적인 정책 추진으로 수많은 다이묘들의 비판과 반발에 직면했던 것을 본 아베는 다이묘들의 반발을 무마하고 이들을 안심시키는 데 정책의 우선순위를 둔다. 마침 외세의 침입이라는 새로운 변수가 생기자 아베는 다이묘들을 국정에 참여시키는 방편의 일환으로 페리 제독의 개항 요구에 대한 다이묘들의 의견을 수렴한다.[120]

미국 함대가 다녀 간지 한 달 후인 8월 5일, 바쿠후는 페리가 전달한 미국의 필모어 대통령 친서를 전국의 다이묘들에게 전달하고「나라가 어려움에 처해있으니 어떻게 해야 좋을지 각자의 의견을 자유롭게 개진해 달라」고 한다. 당시 바쿠후의 의견 개진 요구에 응한 다이묘들의 답신은 59개가 남아있다.[121]

가장 적극적으로 의견을 개진한 것은 후쿠오카의 다이묘 구로다 나가히로(黑田長溥, 1811.3.1.~1887.3.7.)였다. 구로다는 세상이 이미 바뀌었으며 일본이 계속해서 쇄국정책을 유지하는 것은 불가능하다고 한

다. 그는 미국과 통상을 허락하되 나가사키로 국한시키고 조약의 유효 기간도 5~6년으로 제한하자고 한다. 그러나 미국의 요구대로 미국 배들이 무인도를 석탄저장고로 사용하도록 할 경우 러시아, 영국, 프랑스 등 다른 열강들도 똑 같은 요구를 할 것이기에 이 요구는 거절해야 한다고 주장한다.[122]

그는 이 참에 미국뿐 아니라 이미 1804년부터 통상을 요구해온 러시아와의 교역도 시작할 것을 제안한다. 만일 다른 나라들이 이러한 결정에 반대한다면 미국과 러시아의 힘을 빌려 물리치면 된다고 한다. 그러나 한나라와 만 통상을 시작해야 한다면 미국을 선택해야 한다고 한다. 미국은 일본의 이러한 결정을 고마워할 것이고 미국의 힘을 이용하여 유럽의 나라들을 견제할 수 있을 것이라면서 이것이야말로 「이이제이(以夷制夷)」의 전략이 될 수 있다고 한다.

반면, 미국의 요구를 거절한다면 전쟁은 불가피해지고 전쟁이 일어나면 일본 배들은 모두 속수무책을 공격당하고 연안은 봉쇄되어 버릴 것이라 한다. 그렇게 되면 에도는 하루도 견딜 수 없을 것이며 그 피해는 쉽게 복구할 수 없는 것이 될 것이라고도 한다. 일본의 국력을 볼 때 전쟁에서 이길 가능성은 희박하며 만일 전쟁이 일어난다면 러시아는 그 틈을 타서 일본의 북부 영토를 침략할 것이라고 한다.

따라서 시급한 것은 「해양방어」이며 배를 만드는 것을 금지하는 법을 철폐하고 서양의 조선기술자들과 무기 기술자들을 일본으로 초빙하여 서양의 첨단 방위산업을 배우고 일본인도 자유롭게 해외 여행을 할 수 있도록 해야 한다고 주장한다. 오랜 평화로 인해서 일본의 백성들은 고하를 막론하고 무사안일주의에 빠져 있고 무사정신은 땅에 떨어진 지 오래기 때문에 다시 군비태세를 갖추기 시작할 때가 왔다고 한다.[123]

도쿠가와 바쿠후의 대표적인 후다이 다이묘인 히코네(彦根)의 이이 나오스케(井伊直弼, 1815.11.29.~1860.3.24.) 역시 미국의 요구를 받아들여 개국 할 것을 강력히 주장한다. 그는 질 것이 뻔한 전쟁을 하기보다는 양이의 요구를 일단 들어주고 개국을 한 후, 서양의 무기를 전면적으로 수입하여 실력을 기른 뒤에 양이들을 물리치자고 한다.[124]

한편 대표적인 도자마 다이묘인 조슈의 모리 다카치카(毛利敬親, 1819.3.5.~1871.5.17.)는 교역을 거부하고 방비책을 마련할 것을 주장한다. 사가(佐賀, 일명 「히젠」)의 나베시마 나오마사(鍋島直正, 1815. 1.16.~1871.3.8.)는 미국의 요구를 거부할 것을 주장하였고 도사(土佐, 일명 「고치(高知)」)의 야마우치 요도(山内豊信, 1827.11.27.~1872. 7.26.)는 미국의 요구를 거부하고 그 대신 나가사키 데지마섬에 상주하는 「네덜란드 동인도회사」 상관장을 통해 오랜 교류를 이어온 네덜란드의 도움을 받아 방비를 튼튼히 할 것을 주장한다.[125]

훗날 바쿠후의 개국 정책을 비판하면서 조슈와 함께 메이지 유신을 일으키는 사쓰마 번의 시마즈 나리아키라(島津斉彬, 1809.4.28.~1858. 8.24.)는 미국의 요구를 받아들이는 것은 바쿠후의 위신을 깎고 외국인의 비웃음을 사는 일이라면서도 미국과의 전쟁이 일어날 경우 승리를 장담하기는 어렵다고 한다. 따라서 미국인들이 다시 오면 협상을 2~3년 끌면서 그 사이에 바쿠후와 다이묘들이 보다 주도 면밀한 방비책을 마련할 수 있는 시간을 벌어 국방을 튼튼히 한 후 단번에 「양이(攘夷)」 즉, 오랑캐들을 쫓아 낼 것을 주장한다.[126]

대부분의 다이묘들은 시마즈의 의견에 동의한다. 원칙적으로는 쇄국을 계속하는 것이 당연하지만 전쟁을 하면 질 것이기에 어떻게든 전쟁은 피하고 하루빨리 방어 태세를 갖출 것을 제안한다. 이때부터 「조이(攘夷, 양이)」는 국방의 강화를 주장하는 사람들의 구호가 된다.[127]

한편, 교토의 조정에는 8월 16일이 되어서야 필모어 대통령 친서의 번역본이 도착한다. 「묘당(廟堂)」이 미국의 국서문제를 논하는 것은 9일 후인 8월 25일이었다. 이때까지만 해도 교토의 조정은 여전히 유유자적한 봉건시대의 생활 양태를 그대로 이어가고 있었다. 이날 「칸파쿠(関白, 관백, 천황의 고문)」 다카츠카사 마사미치(鷹司政通, 1789. 8. 22.~1868.11.29.), 「우근위대장(右近衛大将 우콘에노다이쇼우)」 히로하타 모토토요(広幡基豊, 1800.5.15.~1857.6.20.), 「다이나곤(大納言, 대납언)」 가라스마루 미츠마사(烏丸光政, 1812~1863), 「나이다이진(内大臣, 내대신)」 산조 사네츠무(三条実万, 1802. 3.18.~1859.10.31.), 「지주(侍従, 시종)」 보조 도시아키(坊城俊政, 1826.9.22.~1881.9.16.) 등은 천황의 서재에서 만나 미국의 통상요구 건을 논한다. 묘당에서 외교 문제를 논하는 것은 전무한 일이었다. 이때까지 모든 외교는 바쿠후의 고유 영역이었다. 그러나 이번에는 오히려 바쿠후가 친서를 보내면서 조정의 의견을 묻고 있었다.[128]

다카츠카사는 미국의 통상요구를 들어줄 것을 주장한다. 일본이 비록 공식적으로는 쇄국을 하고 있지만 실질적으로는 중국과 네덜란드와 오랫동안 교역을 이어오고 있음을 지적한다. 따라서 미국과 통상을 시작하더라도 통상국가의 숫자를 둘에서 셋으로 늘리는 것밖에 없다고 한다. 그 대신 미국도 나가사키에서만 통상을 하도록 제한하고 이를 어길 경우 추방하도록 하자고 한다. 물론 불행히도 일본의 군대는 과거의 힘과 정신을 모두 잃고 비겁하고 게을러져 외국인과 싸울 능력이 없는 것이 사실이라고 한다. 따라서 차라리 통상을 허락하고 이윤을 챙기는 것이 나은 방법이라고 한다.[129]

어전 회의에 참석한 다른 사람들은 모두 다카츠카사의 의견에 반대한다. 그러나 그 다음날 다카츠카사는 바쿠후에게 미국의 요구에 어떻게 대응할 것인지 정해지는 대로 조정에도 알려줄 것을 요청한다. 이러한 요청은 과거에는 상상도 할 수 없는 것이었다. 수 백 년 간 바쿠후에 눌려 잊혀 지다시피 한 천황이 다시 일본 정치의 중앙 무대로 복귀하기 시작한 순간이었다.

국론을 결집시켜보려던 아베의 시도는 결국 국론이 얼마나 분열 되어있는지 확인하는 데 그치고 만다. 치명적인 것은 도쿠가와 바쿠후 내부에도 극단적으로 다른 의견이 대립하고 있음을 노출시킨 것이었다.[130] 뿐만 아니라 나라의 정책을 결정하는 과정에 다이묘들을 개입시키고 천황에게까지 의견을 묻는 것은 매우 위험한 선례를 만든다. 이후로 조슈나 사쓰마 같은 도자마 다이묘들의 목소리가 점차 커지면서 국정에 본격적으로 개입하기 시작한다. 특히 천황은 급속히 국정의 중심으로 부상한다. 바쿠후의 국정 장악력은 급속히 약화되기 시작한다.

페리 함대가 에도만을 떠난 지 두 달도 채 안 된 1853년 9월 19일, 러시아 해군 함정 4척이 나가사키에 입항한다. 일본 관리들은 네덜란드 통역관을 대동하고 러시아 함대를 방문한다. 기함인 「팔라다(Pal-lada)」호의 함장은 함대 사령관인 퓨탸틴 부제독(Yevfimy Vasilyevich Putyatin, 1803.11.8.~1883.10.16.)이 일본정부에 전달할 러시아의 국서를 지참하고 왔으며 나가사키 봉영에게 보내는 편지도 있다고 한다. 원래는 에도로 직접 가서 협상하라는 훈령을 받고 왔지만 러시아 정부가 일본의 국법을 존중하는 의미에서 나가사키에서 협상을 진행하도록 훈령을 고쳐서 보내왔다는 얘기도 첨언한다. 나가사키는 일본 정부가 외국과의 교류를 위하여 지정한 항구인 만큼 에도만으로 들어간 미국함대와는 다르다는 것을 과시하기 위해서였다.[131]

일본 관리들은 망설이던 끝에 문서들을 접수한다. 그리고는 즉시 에도의 막부에 러시아 함대가 도착한 사실을 알리고 문서들을 받아야 할지 여부를 묻는다. 답을 기다리던 중 퓨탸틴은 상하이로 가서 보급을 받고 돌아온다. 돌아왔을 때까지도 바쿠후로부터 아무런 답이 없자 퓨탸틴은 직접 에도로 갈수 밖에 없다고 선언한다. 나가사키의 관리들은 급히 에도로 사람을 다시 보내 러시아인들이 미국인들에 비해 훨씬 공손하며 오히려 러시아에게 잘 대해주면서 그들을 이용하여 미국에 대항할 수도 있을 것이라고 한다. 그리고 러시아에게 무례하게 대할 경우 미국보다 두 배나 큰 러시아를 적으로 만들어버릴 수도 있다고 한다.[132]

나가사키의 퓨탸틴(1853년)

이 소식이 에도에 도착하기 전인 7월 27일, 쇼군 도쿠가와 이에요시(德川家慶)가 죽는다. 바쿠후는 초상을 치르는 동시에 새 정부를 꾸려야 했다. 러시아에 대한 답변은 계속 미뤄지지만 결국 오랜 논의 끝에 러시아의 국서를 받기로 한다.

러시의 외무상 카를 네셀로데 백작(Karl Vasilyevich Graf Nesselrode, 1780.12.13. ~1862.3.23.)의 명의로 된 국서는 극히 공손한 어투로 러시아 함대는

퓨탸틴의 기함 팔라다

일본의 국법을 존중하여 에도로 가지 않고 나가사키로 왔다며 이는 러시아의 군주인 차르(Tsar)가 그만큼 러-일 양국간의 우호를 바라는 마음에서 내린 결정이라고 한다.[133] 그리고는 사할린을 둘러싼 일본과 러시아의 국경분쟁을 해결하고 항구들을 개항하여 교역을 시작할 것을 촉구한다. 국서는 러시아 원본과 함께 중국어와 네덜란드어로 된 번역본이 동봉되어 있었다.

바쿠후의 고위 관료들은 러시아의 요청을 받아들이고자 하였으나 미토의 도쿠가와 나리아키(德川斉昭)는 강하게 반대한다. 바쿠후는 결론을 내지 못하고 시간을 끌기로 한다.[134] 그러나 나가사키에서 답을 기다리던 퓨탸틴은 만일 5일 안으로 답이 오지 않으면 자신이 에도로 향할 것이라고 엄포를 놓는다. 4일 후, 전임 나가사키 봉행 츠츠이 마사노리(筒井政憲)와 바쿠후의 「가이고쿠부교(外國奉行, 외국봉행)」 가와지 도시아키라(川路聖謨)가 나가사키에 도착한다.

바쿠후의 답은 다음과 같았다. 「첫째, 국경을 확정하는 것은 지도를 그리고 현지의 거주민들과 협상을 해야 하는 등 오랜 시간이 걸리는 일이다. 둘째, 일본의 법은 개항을 허용하지 않는다. 그러나 정부도 급변하는 시대에 개국의 필요성은 알고 있다. 다만 새 쇼군이 막 취임하였고 상황이 혼란스러운 관계로 당장 답을 주기는 어렵다. 교토의 천황에게도 알리고 다이묘들과도 의논을 해야 한다. 이런 모든 것들을 고려할 때 앞을 3~5년 후에야 답을 줄 수 있을 것이다」.[135] 바쿠후가 시간을 끌고 싶어했던 것은 당연했다. 보다 중요한 것은 바쿠후가 개국의 필요성을 인식하고 있음을 인정하는 대목이다.

그러나 이는 퓨탸틴이 바라던 답이 아니었다. 국경 문제에 대해서도 의견이 충돌한다. 퓨탸틴은 사할린의 남부를 제외하고는 쿠릴열도를 형성하는 에토로후섬(択捉島) 이북의 섬들은 모두 러시아 영토라고 주장한다. 츠츠이는 캄차카와 쿠릴, 사할린은 모두 일본 고유의 영토라고 주장하면서 바쿠후가 다음 봄에 관리들을 사할린으로 보내 상황을 점검하도록 하겠다고 한다. 그 때까지 러시아 사람들은 에도 근처를 제외한 일본 연안의 어느 항구에서나 땔감이나 물 등을 제공받을 수 있게 하겠다고 한다. 또한 일본이 다른 나라와 교역을 시작하게 될 경우 러시아와도 곧바로 교역을 시작할 것을 약속한다. 퓨탸틴은 일본 측의 답에 만족하지는 않았으나 봄에 다시 돌아오겠다면서 1854년 1월 나가사키를 떠난다.[136]

바쿠후를 위시한 일본의 치자들은 더 이상 쇄국정책을 고집할 수 없음을 깨닫는다. 러시아함대가 나가사키에 출현하기 전인 7월, 후쿠오카의 다이묘 구로다 나가히로는 배를 건조하는 것을 금지한 법을 폐지할 것을 제안한 바 있고 사쓰마의 다이묘 시마즈 나라아키라는 8월, 바쿠후가 네덜란드로부터 배와 무기를 구입할 것을 종용하는 편지를 바쿠후에 보낸 바 있다.

수석 로주 아베 마사히로는 10월 21일 220년간 존속해온 항해용 선박을 건조하는 것을 금지하던 법을 폐지한다. 바쿠후는 곧이어 네덜란드에 증기선 전함 건조를 주문한다. 그러자 여러 번들도 항해용 선박을 건조하기 시작한다. 1854년 8월, 바쿠후는 주문한 새 함정에 계양할 흰 바탕에 붉은 태양이 그려진 국기를 정한다.[137]

1853년 11월 23일, 7월에 사망한 도쿠가와 이에요시의 넷째 아들 이에사다(德川家定, 1824.5.6.~1858.8.14.)가 13대 쇼군에 임명된다. 고메이 천황은 그에게 「세이이타이쇼군(征夷大將軍, 정이대장군)」의 칭호를 내리고 「칸파쿠(関白, 관백, 천황의 고문)」 다카츠카 마사미치는 수석 로주 아베 마사히로에게 미국 배들의 출현과 관련하여 천황의 우려를 잠재울 수 있는 방안들을 마련하고 있는지 묻는다. 아베는 아무런 결정도 내려진 것은 없지만 모든 결정을 할 때 천황의 염려를 염두에 두겠다고 한다. 그리고 앞으로는 천황이 원하는 것은 무엇이든 자신이 받들 것이라고 한다.[138] 그러나 1854년 3월 31일, 바쿠후는 교토의 조정과 천황에게는 알리지도 않은 채 미국과 「가나가와 조약」을 체결한다.

일본 「바쿠마츠(幕末, 막부말기)」의 「개국」 논쟁은 개국파와 쇄국파의 맹목적인 대립이 아니었다. 쇄국주의자들도 서양의 무력과 기술력이 일본을 압도하고 있다는 사실을 충분히 인식하고 있었다. 전쟁에서 질 것을 알면서도 일본의 혼을 깨우고 분열된 나라를 하나로 만들기 위해서는 불가피한 선택이라고 생각했기 때문에 쇄국을 주장했다. 개국주의자들이 개국을 주장한 이유도 맹목적으로 서양화를 주장하거나 서양에게 질 것이 두려워서가 아니었다. 그들 역시 나라를 지켜야 한다고 생각했다. 다만, 서양을 물리치기 위해서는 서양의 기술을 하루빨리 배워야 한다고 생각했기 때문에 개국을 주장했다.[139]

물론 쇄국과 개국의 논지를 단순하게 이해하는 많은 극단주의자들도 있었다. 요시다 쇼인의 스승이자 서양의 과학 기술을 배울 것을 주장한 사쿠마 쇼잔은 개국은 반대하였다. 그러나 그는 몽매한 쇄국주의자에게 암살당한다. 반대로 그의 제자 요시다 쇼인은 미국으로 밀항을 시도하고 개국을 주장하다가 사형당하지만 훗날 극단적인 쇄국주의자들의 영웅이 된다.[140] 그러나 당시 개국이냐 쇄국이냐를 놓고 논쟁을 벌인 일본의 지도자들은 대부분 쇄국과 개국의 한계와 이점, 국가의 궁극적인 목표에 대해서는 생각을 공유하고 있었다. 메이지 유신이 결국 「존황양이」 사상과 「개국」 사상을 조화시킬 수 있었던 것도 바깥세상에 대한 정확한 인식과 국가적 목표에 대한 합의가 있었기 때문이다.

1854년 3월 8일, 페리 제독의 요코하마 상륙 장면

1854년, 페리 제독을 응접하는 일본인들

6. 「개국」과 그 여파

페리 제독은 1854년 2월, 예정보다 3달이나 일찍 일본에 돌아온다.

러시아가 일본의 개항을 시도하고 있다는 첩보를 접하고 선수를 빼앗기지 않기 위해서 1년 전보다 더 막강한 함대를 이끌고 온다. 23일간 이어진 협상 끝에 1854년 3월 31일 「가나가와 조약(神奈川条約)」으로도 불리는 「일미화친조약(日米和親条約)」이 조인된다. 일본은 에도만 어귀의 시모다(下田)항과 홋카이도(北海道)의 하코다테(函館)항 개항에 합의하고 미국 배들은 이 두 항구에서 석탄과 필요한 물자를 공급받을 수 있게 된다. 일본은 조난당한 미국 배의 선원들도 구조해주고 미국 측에 인도해 줄 것을 약속한다. 그리고 미국은 시모다에 영사를 상주시킬 수 있게 된다. 다만 이 조약에는 통상에 대한 합의는 없었다. 바쿠후는 일단 최소한의 체면을 살릴 수 있었다.[141]

그러나 조약이 체결된 후에도 수 많은 다이묘들 사이에서는 물론 바쿠후 내부에서조차 반대 의견이 수그러들지 않는다. 미토의 나리아키는 여전히 미국과의 모든 조약을 반대하고 있었다. 그는 자신에게 300~400명의 로닌과 농부들의 막내 아들들로 구성된 특공대를 주면 이들을 이끌고 미국에 가서 싸우겠다고 한다. 자신들의 장렬한 전사를 통해 미국인들에게 일본을 강제로 개항시키는 것이 얼마나 무모한 일인지를 각인시키는 한편 일본의 무사도 정신을 되살릴 수 있기 때문이라고 한다. 막내 아들들을 선발하겠다는 이유도 이 특공대가 모두 옥쇄를 할 것이기 때문에 농부들의 대가 끊기지 않게 하기 위해서라고 한다.[142]

1854년 11월 7일, 러시아 군함 「디아나(Diana)」가 오사카만에 나타난다. 퓨탸틴의 새 기함이었다. 10개월 전 나가사키에 처음 입항했을 때의 기함 「팔라다」는 재래식 범선이었던 반면 「디아나」는 최신식 증기선이었다. 「디아나」가 오사카에 정박해 있던 2주간 동안 교토에서는 큰 소동이 벌어진다. 고메이 천황은 나라의 안녕을 위하여 7개 신토 사원과 7개 불교 사찰에 봉양하고 금식을 한다.

쓰나미로 좌초한 「디아나(Diana)」

퓨탸틴은 나가사키에서 시모다로 가서 12월 22일 츠츠이 마사노리(筒井政憲)와 가와지 도시아키라(川路聖謨)와 협상을 다시 시작한다. 그러나 그 다음날 「안세이 도카이 지진(安政東海地震)」이 혼슈를 강타한다. 곧이어 밀려온 쓰나미는 시모다를 덮친다. 정박해 있던 「디아나」는 좌초한다. 이 대지진으로 조정은 연호를 「안세이(安政)」로 바꾼다.[143]

지진으로 10일간 연기된 협상은 재개된 후에도 지리하게 이어진다. 1855년 2월 7일 일본과 러시아는 「일로화친조약(日露和親条約)」, 일명 「시모다조약(下田条約)」을 체결한다. 퓨탸틴과 러시아 해군들은 미국 배, 독일 상선을 임대하고 일부는 러시아 목수들의 지휘 아래 일본인들이 건조한 배로 귀국한다. 마지막 러시아인들이 시모다를 떠난 것은 1855년 여름이었다.[144]

1856년 8월 21일, 미국의 초대 주일 영사 타운센드 해리스(Townsend Harris, 1804.10.4.~1878.2.25.)가 미국 전함 「산자씬토(San Jacinto)」로 시모다에 도착한다. 4일 후 그는 시모다 부교(下田奉行, 봉행)」 오카다 타다야스를 만나 자신이 앞을 시모다에 영주할 것임을 통보한다. 오카다가 외국인이 일본에 거주하는 것은 불법이라고 하자 해리스는 「가나가와 조약」에 따라 자신은 일본에 거주할 권리가 있다며 만일 영사에 준하는 대접을 안 해줄 경우 에도로 가서 불평을 제기할 것이라고 한다. 바쿠후는 해리스를 1달간 기다리게 한 후 결국 시모다 거주에 동의한다. 에도의 결정을 기다리는 동안에도 해리스는 시모다의 「교쿠센지(玉泉寺)」를 영사관으로 정하고 성조기를 계양한다.[145]

타운센드 해리스(Townsend Harris)

해리스가 시모다에 도착한 지 이틀 후 돈케르 퀴르티위스(Janus Henricus Donker Curtius, 1813.4.12.~1879.11.27.)가 나가사키의 봉행을 통해 바쿠후

최초의 주일 미국 영사관으로 사용된 교쿠센지(玉泉寺)

에 편지를 보내 쇄국정책을 폐기할 것을 종용한다. 돈케르 퀴르티위스는 데지마의 네덜란드 동인도회사 상관장을 역임한 후 네덜란드 공사를 맡고 있었다. 그는 일본이 쇄국정책을 고집할 경우 구미 열강들과의 전쟁이 불가피할 것이라고 한다. 그리고 기독교 포교 금지령도 폐지할 것을 종용하면서 특히 「기리시탄(크리스챤)」이 아님을 증명하기 위해서 「후미에(踏み絵)」를 밟고 지나가도록 하는 관습을 비판한다. 일본이 외부세계와 교역을 하게 될 경우 왜 유익한지를 설명하면서 일본

이 수입품에 대해 관세를 부과하고 수출에 적합한 물품들을 적극 생산할 것을 권장하기도 한다. 또한 일본과 교류하는 나라 사람들은 부인과 아이들을 데리고 와서 개항장에서 거주할 수 있도록 할 것과 외국 선박의 일본 입항에 대한 금지를 모두 폐지하고 외국인들이 개항장을 벗어나 자유롭게 에도를 왕래할 수 있도록 허용할 것도 종용한다.[146]

1844년에도 당시 네덜란드의 국왕 빌럼 2세(Willem II, Willem Frederik George Lodewijk, 1792.12.6.~1849.3.17.)는 바쿠후에 편지를 보내 개국을 종용한 바 있다. 당시에는 일본이 그의 제안을 들은 척도 하지 않았다. 그러나 불과 12년 후인 1856년에는 상황이 완전히 바뀌어 있었다. 로주 회의에서 모든 참석자들은 하루빨리 개국할 것에 찬성한다. 아베 마사히로만 일부 번과 극단적인 쇄국주의자들의 반대를 걱정하면서 아직은 시기상조라고 한다. 그러나 쇄국을 지속할 것을 주장하는 사람은 아무도 없었다.[147]

1857년 2월 28일 돈케르 퀴르티위스는 나가사키 봉행에게 다시 한 번 편지를 보내 중국이 「제 2차 아편전쟁」에서 영국에게 패하였으며 조약에 따라 여러 항구를 개항하게 되었음을 알린다. 그러면서 청이 비록 자발적으로 개항을 한 것은 아니지만 청의 개항장들은 외국과의 교역을 통하여 번성하고 있고 청의 인민들은 모두 이익을 보고 있음을 알린다. 반면 광동에서만 조약을 어기고 항구를 열지 않고 폭도들이 영국기를 끌어내리는 사건이 있었지만 광동은 영국 함대의 포격을 받아 잿더미가 되었으며 구미열강은 청의 관리들에게 책임을 묻는 한편 이 사건으로 인하여 중국은 아직도 서방의 웃음거리가 되고 있다고 한다.[148]

그는 광동에서 일어난 일이 일본과는 직접적인 상관은 없지만 일단 조약을 체결하고 나면 그 조항들을 지키는 것이 얼마나 중요한지 보여주는 일화라고 설명 한다. 그러면서 다음과 같이 말한다.

미국 관리들한테 들은 바에 의하면 일본은 협상을 한 없이 지연시키고 작은 사안들을 갖고 불필요한 홍정을 하는가 하면 약속한 것을 지키지 않는 경우도 많았다고 합니다. 이렇게 해서는 외국과 신뢰관계를 수립할 수 없습니다. 또 일본은 외국을 대하는데 너무 거만하며 마치 아랫사람에게 명령하는 투의 말투를 씁니다. 이는 외국인들이 모두 불쾌하게 생각하고 있습니다. 오늘날 세계의 가장 중요한 나라들은 영국, 미국, 러시아와 프랑스 입니다. 이제 귀국은 이 열강들과 통상을 시작하려고 하고 있습니다. 따라서 귀국은 과거의 관행에서 하루빨리 벗어나 우호적인 관계를 수립하여 이득을 보면서 세계사의 흐름에서 낙오하지 말아야 할 것입니다.[149]

1857년 6월 17일, 시모다의 봉행과 해리스는 「일미수호통상조약(日米修好通商条約)」, 일명 「해리스 조약」을 체결한다. 「해리스 조약」을 통해 일본은 나가사키 항을 미국 선박들에 개방하고 미국인들이 시모다와 하코다테에 상주할 수 있도록 한다. 해리스는 「일본에서 범죄를 저지르는 미국인들은 미국 총영사나 영사의 재판을 받고 미국 법에 따라 처벌될 것이다」는 조항을 넣음으로써 치외법권도 확보한다.[150] 훗날 일본은 「불평등조약」의 핵심인 이 치외법권 조항을 재협상하기 위해 국력을 기울인다. 그러나 당시 시모다의 봉행이나 바쿠후는 이 조항의 함의를 미처 깨닫지 못하고 있었다.[151]

한편 아베는 국론통일을 위하여 대표적인 신판 다이묘와 도자마 다이묘들을 국정에 참여시키기로 한다. 우선 가나가와 조약에 반대하면서 존황양이를 주창했던 미토의 도쿠가와 나리아키에게 해안 방위를 맡긴다. 신판 다이묘인 후쿠이 한의 마쓰다이라 슌가쿠(松平春嶽, 마쓰다이라 요시나가, 별칭 게이에이(慶永), 1828~1890)와 대표적인 도자마 한인 사쓰마의 시마즈 나리아키라 등도 함께 바쿠후 중앙 정치에 참여하도록 초청한다.

아베의 이러한 정책은 국가 정책 수립에 처음으로 직접 참여할 수 있게 된 도자마 다이묘들의 적극적인 지지를 받는다. 문제는 후다이 다이묘들이었다. 전통적으로 바쿠후와의 특별한 관계를 유지해 오면서 중앙 정치에 참여할 수 있는 특권을 독점하던 후다이 다이묘들은 반발한다. 대부분의 후다이 한은 규모에 있어서는 군소 한에 불과했다. 도쿠가와 가문과의 특별한 관계가 아니었더라면 중앙 정치 무대에서 별다른 영향력을 행사 할 수 없을 정도로 작은 한들이었다. 사쓰마와 같은 거대 한들과 동등한 위치에서 국정을 논할 수 있는 입장이 아니었다.[152]

개국이냐 쇄국이냐의 문제에 있어서도 도자마와 후다이, 신판 다이묘들의 입장은 달랐다. 아베 덕분에 새롭게 중앙 정치에 참여할 수 있게 된 도자마와 신판 다이묘들은 대부분 쇄국 정책을 옹호하는 반면 후다이 다이묘들은 개국을 지지하고 있었다. 오랜 동안 바쿠후의 중앙 정치를 주도해 온 후다이 다이묘들은 바쿠후가 얼마나 허약한지 실감하고 있었다. 그들이 보기에 도쿠가와 바쿠후가 막강한 도자마와 신판 다이묘를 상대로 정권을 유지하기 위해서는 개국을 통하여 서양의 문물을 들여와 친 바쿠후 세력을 키우는 길 밖에 없었다. 그러나 자신의 정책에 대하여 오히려 친 바쿠후파인 후다이 다이묘들의 저항이 거세지자 아베는 결국 1857년 8월 6일 로주 자리에서 물러난다.[153]

아베 후임으로 로주가 된 홋타 마사요시(堀田正睦, 1810.8.30.~1864. 4. 26.)는 개국을 밀어붙인다. 사쿠라 한의 영주였던 홋타는 덴포 개혁을 주도했던 미즈노 다다쿠니(水野 忠邦)의 오른팔이었고, 페리 함대 출현 이후로는 적극적으로 개국을 주장하고 있었다.

시모다에 영사관을 개설하고 상주하기 시작한 해리스는 쇼군을 직접 만날 수 있게 해 달라고 바쿠후에 거듭 요청한다. 홋타는 많은 다이

묘들의 반대에도 불구하고 해
리스를 에도로 불러 쇼군을 만
나게 한다. 해리스는 1857년
11월 23일 네덜란드인 통역관
헨리 휘스텐(Henry Heusten)과
함께 시모다를 출발한다. 과격
주의자들의 공격을 걱정한 바
쿠후는 대규모 호위부대를 보
낸다. 해리스의 일기에 의하면
350명에 달하는 바쿠후의 병
사들이 그를 호위했다.[154]

홋타 마사요시

　1857년 12월 7일, 해리스
는 에도 궁에서 쇼군 도쿠가와 이에사다를 만난다. 쇼군에게 3번 허
리를 굽혀 인사를 한 해리스는 피어스(Franklin Pierce, 1804.11.23.
~1869.10.8. 재직: 1853~1857) 미국 대통령의 친서를 쇼군에게 전한다.
이때까지만 해도 해리스를 포함한 외국인들은 모두 자신들이 「타이쿤
(tycoon)」이라 부르는 쇼군이 일본의 군주라고 행각했다.

　닷새 후, 해리스는 로주 홋타 마사요시를 찾아간다. 해리스는 증기
선과 전보가 전세계를 잇고 있는 시대에 세계는 한 가족같이 되었으며
따라서 각국은 다른 나라들과 우호관계를 유지해야 한다고 한다고 역
설한다. 그리고 우호적인 관계를 유지하기 위해서는 두 가지 조건이
충족되어야 하는데 첫째는 수교국의 외교관을 수도에 상주시키는 것
이고 둘째는 통상을 개방하는 것이라고 한다. 해리스는 이어서 만일
일본이 영국과도 통상조약을 맺지 않으면 영국과의 전쟁을 피하기 어
려울 것이고 일단 전쟁이 시작되면 일본은 질 것이며 영국은 사할린과
에조를 점령할 것이라고 한다. 그리고 당시 베이징을 향하여 진격하고

있던 영국-프랑스 연합군이 베이징을 함락시킬 경우 프랑스는 중국으로부터 조선을 요구하고 영국은 대만을 요구할 것이라고 한다. 그러나 미국은 평화를 원하며 만일 일본이 미국에 의지한다면 영국과 프랑스의 과도한 요구를 물리치는데 힘이 되어줄 수 있을 것이라고 한다. 그리고 일본이 미국과 통상조약을 맺는다면 미국은 영국과는 달리 아편무역을 금할 것이라고 한다.[155]

1858년 1월 16일, 홋타는 해리스를 자신의 관저로 초청하여 일본이 미국과 통상을 개시하기로 하였고 일본에 공사가 상주하는 것을 허용하고 시모다 대신 다른 항구를 개방하기로 결정하였음을 통보한다.

홋타는 교토에서 바쿠후를 대표하는 상주관리인 「교토쇼시다이(京都所司代)」를 통해 미국과의 통상협상에 대해 알리면서 천황에게도 보고할 것을 명한다. 그러자 조정은 곧바로 교토 근처의 항구는 개방하지 말라는 명을 전해온다. 1월 말, 바쿠후는 공식적으로 두 명의 관리를 교토로 보내 미국, 러시아 등과의 자세한 협상내용이 담긴 보고서를 조정에 전달한다.

그리고 홋타는 자신이 직접 교토로 가서 천황의 재가를 받겠다고 한다. 홋타가 쇼군 이에사다가 자신에게 보내는 많은 선물을 갖고 오고 있다는 소문을 들은 고메이 천황은 「간파쿠(関白, 관백)」 쿠조 히사타다(九条尚忠, 1789.9.5.~1871.10.5.)에게 보낸 편지에 다음과 같이 쓴다.

내가 돈으로 매수될 수 있다고 생각하는가? 내가 이 나라의 통치자인 이상 허수아비처럼 외국 오랑캐들과 통상하는 것을 허락한다면 나는 백성들의 신의를 저버릴 것이고 자손만대에 오명을 남기게 될 것이다. 나는 가미(神)와 선조들을 무슨 면목으로 뵌다는 말인가? 이를 명심하여 결코 재물에 눈이 어두워지지 말지어다.[156]

고메이는 철저한 쇄국주의자였다. 그는 서양을 증오하였다. 고메이는 보수적이었을 뿐만 아니라 자신의 편안한 삶이 가능한 것은 모두 쇼군 덕분이라고 생각했다. 그는 당시 출현하기 시작한 「존황양이파」들이 보이는 천황에 대한 새로운 충성심을 이용하여 쇼군으로부터 권력을 되찾으려 하기 보다는 오히려 바쿠후를 타도하고 자신을 옹립하려는 세력을 노골적으로 비판한다.[157] 역설이 아닐 수 없었다.

고메이 천황

홋타는 가와지 도시아키라, 이와세 다다나리와 함께 에도를 출발하여 1858년 3월 6일 교토에 도착한다. 같은 날 홋타는 「부케덴소(武家伝奏)」에게 편지를 보내 자신이 교토를 방문하는 것은 미국과의 조약체결에 대한 배경을 설명하기 위한 것이라고 한다. 이틀 후 홋타는 자신의 숙소로 두 명의 부케덴소를 비롯하여 조정과 바쿠후의 연락을 맡고 있는 조정 관료들을 불러 그들에게 세계정세에 대해 설명하면서 일본이 쇄국정책을 유지하는 것은 불가능하다고 한다. 홋타는 이어서 조정 관료들에게 미국과의 통상조약 초안을 보여주면서 천황의 재가를 받아줄 것을 요청한다.[158]

다카츠카사 마사미치와 그의 아들 수케히로등 소수의 조정 대신들은 바쿠후의 청을 들어줄 것에 동의 하였지만 대부분의 「쿠게(공가, 귀족)」들은 미국과의 통상조약을 강하게 반대한다. 과거의 교토 조정 귀

도쿠가와 이에사다. 제 13대 쇼군   도쿠가와 이에모치. 제 14대 쇼군

족들은 편한 생활에 젖어 유약할 뿐만 아니라 국사에는 관심이 없었던 것에 반하여 막부말기의 쿠게들은 국사에 적극 간여하기 시작한다. 훗날 이와쿠라 토모미, 산조 사네토미 등의 쿠게들이 메이지 유신에 적극 가담하고 혁명 주체세력의 일부가 되는 것도 이러한 변화에서 기인한다. 혹자는 이러한 변화가 당시 쿠게 집안에서 사무라이 집안의 딸들을 며느리로 보는 것이 유행했던 것에서 기인한다고 한다.[159]

고메이는 사다이진(左大臣, 좌대신) 고노에 다다히로(近衛忠熙, 1808. 9.4.~1898.3.18.)와 쿠조 히사타다(1798~1871)에게 자신의 청을 들어줄 것을 바란다는 친서를 보낸다. 그는 외국인들에게 한치의 양보도 해서는 안될 것이며 만일 미국이 원하는 것을 허락한다면 조상을 뵐 면목이 없을 것이라면서 만일 서양오랑캐들이 개항을 계속해서 요구한다면 무력으로라도 물리치는 것을 고려해야 할 것이라고 한다.[160]

미국과의 통상조약에 대한 천황의 재가를 받으려는 홋타의 노력은 수포로 돌아간다. 4월 5일 홋타를 만난 고메이는 다시 한번 미국과 통상조약을 체결하는 것은 「황토」를 위협하는 일이라며 자신의 의견을 담은 편지를 준다. 낙담한 홋타는 5월 15일 교토를 떠난다. 그리고 6월 21일 로주직을 사임한다.[161]

훗타가 조약의 초안을 마련했을 당시 바쿠후는 쇼군 도쿠가와 이에사다(德川家定, 1824.5.6.~1858.8.14. 재임: 1853~1858)의 병세가 급격히 악화되면서 후계자 논쟁에 빠지고 있었다. 13대 쇼군 이에사다는 1853년 페리의 함대가 출현한 혼란기에 아버지 도쿠가와 이에요시(德川家慶, 1793.7.27.~1853.7.27. 재임:

도쿠가와 요시노부, 일명 게이키, 제15대이자 마지막 쇼군

1837~1853)가 심장마비로 급사하면서 뒤를 이어 쇼군이 되었다. 그러나 병약하고 심약했던 그는 모든 권한을 로쥬들에게 넘긴다. 그 뿐만 아니라 이에사다는 아들이 없었다. 후사가 없던 이에사다의 건강이 악화되자 후계자 선정을 둘러싼 치열한 권력 투쟁이 벌어진다.

후계자로 거론되는 인물은 둘이었다. 도쿠가와 이에모치는 기이 한(紀伊藩)의 다이묘이자 이에사다의 사촌으로, 히코네 한의 다이묘 이이 나오스케(井伊直弼, 1815.11.29.~1860. 3.24.)가 이끄는 후다이 다이묘들의 지지를 받고 있었다. 반면 신판 다이묘와 도자마 다이묘들은 이에모치가 너무 어리다는 이유로 반대하면서 그 대신 미토의 도쿠가와 나리아키의 아들 도쿠가와 요시노부(德川慶喜, 1837.10.28.~1913. 11.22. 마지막 쇼군. 재임: 1866~1867)를 밀었다. 조슈와 사쓰마를 비롯한 도자마 한들이 「존황양이」 사상의 요람인 미토의 요시노부를 민 것은 당연한 일이었다.

쇼군 이에사다는 죽기 4개월 전인 1858년 4월 23일, 이이 나오스케를 「다이로(大老)」에 임명한다. 다이로는 나라가 위기에 처했을 때 이이 가문 출신 중에서만 임명되는 자리로 도쿠가와 바쿠후 역사상 3명 밖에 없었다.

1858년 7월 5일, 이이는 안세이 대옥(安政の大獄)을 일으켜 존황양이파와 그 외 바쿠후의 권위에 도전했던 다이묘들에 대한 대 숙청을 감행한다. 미토의 나리아키, 로주였던 홋타 마사요시, 도사의 야마우치 요도를 가택 연금에 처하고 이이가 천황의 재가 없이 미국과의 조약을 체결한 것을 격렬하게 비판한 후쿠이 한의 다이묘 마쓰다이라 요시나가와 오와리 한의 도쿠가와 요시카쓰(德川慶勝, 1824~1883)를 다이묘 자리에서 물러나도록 한다. 사쓰마의 다이묘 시마즈 나리아키라는 이이를 상대로 거병을 계획하였으나 병사하고 만다. 그 외에 전국적으로 존황양이파들을 대거 검거하고 고문하고 투옥시킨다. 특히 미토 한의 많은 인사들이 숙청된다.

요시다 쇼인, 하시모토 사나이, 라이 미키사부로 등 존경받던 존황양이파 사무라이 8명이 처형되는 것도 이때다. 요시다 쇼인의 죄목은 마나베를 암살하려는 것이었지만 다른 사무라이들은 죄목조차 분명치 않았다. 이이는 이어서 조정에 대한 노골적인 압력을 행사하여 천황으로 하여금 미국과의 조약을 추인하도록 한다. 그 동안 약해진 바쿠후의 권력과 권위를 되찾기 위해서였다.[162] 이이의 강력한 통치로 도쿠가와 바쿠후는 옛날과 같이 강력한 지도력과 권위를 되찾는 듯했다.[163]

한편, 고메이 천황은 개국에 반대하는 목소리를 높인다. 1858년 7월 27일에는 「이세신궁(伊勢神宮)」, 「이와시미즈 하치만 궁(石清水八幡宮)」, 「가모와케이카즈치 신사(賀茂別雷神社)」 등 신사에 칙사를 보낸다. 고메이는 「센묘(宣命, 선명, 조칙)」를 통하여 전쟁이 일어날 경우 신들이 「카미카제(神風)」를 보내 13세기에 몽골 군을 격퇴하였듯이 이번에도 서양 오랑캐들을 무찔러 줄 것을 빈다. 동시에 개국을 주장하는 자들

에게 벌을 내릴 것을 기도하도록 한다.[164]

그러나 고메이의 기도에도 불구하고 7월 29일 시모다 봉행 이노우에 기요나오와 타운센드 해리스는 가나가와 해안에 정박해있던 미국의 전함 「파우해탄(Powhattan)」 선상에서 「해리스 조약」이라고도 불리는 「일미수호통상조약」을 체결한다. 조약은 시모다와 하코다테를 즉시 개항하고 앞으로 5년 안에 가나가와(요코하마), 나가사키, 효고(고베), 니가타 등을 추가로 개항할 것을 명시한다.[165]

홋타와 달리 그는 천황의 재가를 받지 않았고 받을 필요도 없다고 생각했다. 대표적인 후다이 다이묘 출신인 이이는 그렇지 않아도 교토의 영향력이 강해지는 것을 극도로 경계하고 있었다. 이이는 7월 31일에야 교토에 미국과의 조약체결을 통보하면서 일의 시급성 때문에 미처 조정의 뜻을 물을 시간이 없었다고 한다.[166] 이이는 이에모치가 새 쇼군이 될 것이라는 발표도 자의적으로 미국과의 조약을 체결한 후 1주일이 지나서야 한다. 그의 권력은 절대적이었다.

고메이는 격노한다. 그는 칸파쿠(関白, 관백) 쿠조 히사타다에게 자신이 퇴위할 것임을 통보한다.[167]

고메이가 퇴위의사를 밝혔다는 사실은 바쿠후에는 전달되지 않는다. 쿠조 히사타다는 고메이를 달래면서 바쿠후가 곧 고위 관리를 보내 상황을 설명할 것이라고 설득한다. 그러나 1858년 7월 바쿠후는 네덜란드, 러시아, 영국과도 통상조약을 체결한다. 9월 11일, 고메이는 다시 한번 퇴위 의사를 밝히는 동시에 바쿠후가 자신의 뜻을 거스르는 이유를 설명하라는 칙령을 내린다. 칙령을 받아본 쿠조 히사타다는 천황이 옳지만 이처럼 중대한 사안에 대해서는 보다 신중하게 의사를 표명할 것을 간한다.

고메이는 조정회의를 소집한다. 대부분의 대신들은 천황의 뜻을 바쿠후에 전달해야 하지만 과격한 언어는 자제해야 한다고 한다. 쿠조가 고메이의 친서를 대신들에게 보이자 좌대신 고노에 다다히로는 사본을 미토의 전 다이묘 도쿠가와 나리아키에게 보내 그로 하여금 바쿠후가 외국과 굴욕적인 조약을 맺지 않도록 설득하게 할 것을 제안한다. 친서 사본 하나는 쿄토에 상주하는 미토번 대표에게, 다른 한 부는 거소의 바쿠후 주재관에게 주어 바쿠후에 전달하도록 한다.[168]

고메이는 친서에 미국과의 조약을 체결하는 것이 불가피한 점이 있었음을 인정하면서도 바쿠후가 주요 다이묘들과 상의하라는 자신의 영을 따르지 않은 것을 책망한다. 그리고 나라가 동요하고 있음을 지적하면서 「고부가타이(公武合体, 공무합체)」, 즉 조정(公)과 바쿠후(武)의 강력한 연대를 제안한다.[169] 대신들은 퇴위하겠다는 고메이를 말린다.

9월 23일, 쇼군 도쿠가와 이에사다가 죽었다는 소식이 쿄토에 전해진다. 이에사다는 8월 14일에 죽었지만 쇼군은 이를 비밀에 부치다가 그때서야 조정에 알린다.[170]

10월 13일, 로주 마나베 아키카츠(1804.3.30.~1884.11.28.)가 쿄토에 도착한다. 조정에서는 미국과의 조약을 설명하러 온 것으로 안다. 그러나 마나베는 우선 고메이가 9월 초 쿠조 히사타다 대신 칸파쿠(관백)에 임명한 사다이진(左大臣, 좌대신) 고노에 다다히로(近衛忠熙)를 해임하고 쿠조를 다시 칸파쿠에 복귀시킨다. 동시에 바쿠후의 정책에 반대는 쿄토의 쿠

마나베 아키카츠

게들을 숙청하기 시작한다. 그 중에서도 존황양이파로 기우는 것으로

의심되는 자들은 심문을 받고 관직에서 물러나도록 한다. 적극적인 존황양이파들은 삭발을 하고 출가하도록 한다.[171]

마나베는 천황을 달래기 위해서 도쿠가와 이에모치가 보내는 사치스러운 선물을 지참하였다. 그러나 고메이는 마나베를 만나주지 않는다. 마나베는 쿠조와 만나 일본이 구미열강과 조약을 체결할 수밖에 없었던 이유를 설명하고 개국을 지지하는 다이묘들의 상소들과 미국과의 조약문도 보여준다. 이 문서들은 모두 고메이에게 전달된다.[172]

고메이는 계속해서 개국에 반대하는 편지들을 각처에 보낸다. 연말이 되어서야 마나베 아키카츠을 접견한다. 그는 마나베에게 쇄국의 필요성을 다시 한번 역설하는 친서를 전하지만 동시에 불가피함을 인정한다. 그리고 조약체결을 통해서 숨을 돌린 틈을 이용하여 고부가타이를 집행할 것을 종용한다. 그는 결국 개국을 추인할 수밖에 없었지만 「양이」에 대한 신념은 끝까지 흔들리지 않는다.[173]

1859년 5월 24일, 다카츠카사 마사미치, 고노에 다다히로, 다카츠카사 스케히로, 산조 사네츠무(1802~1859) 등 네 명의 쿠게는 삭발하고 출가한다. 도쿠가와 나리아키와 직접 연락을 취함으로써 조정이 다이묘들과 직접 연락해서는 안 된다는 바쿠후의 오랜 금기를 어긴 죄였다. 다카츠가카 마사미치와 그의 아들 스케히로는 원래 개국을 지지하였으나 젊은 존황양이파 「지지(志士)」들에게 설득당하여 개국을 반대한 죄로 처벌을 받게 된다.[174] 이들은 모두 고메이의 최 측근들이었다. 선대 천황 때부터 조정에 충성하던 중신들이었고 고메이가 어렸을 때부터 그를 보위하던 충신들이었다.[175]

그러나 고메이는 아무것도 할 수 없었다. 천황은 여전히 이름만 군주이지 실권은 아무것도 없었다. 이이 나오스케의 숙청은 이를 더욱 확실히 각인시켜주었다.

「안세이 대옥」을 기점으로 일
본 국내 정치의 전선이 새롭게
형성된다. 이이가 이끄는 바쿠
후는 개국을 상징하게 되고 「존
왕」 사상은 「양이」 사상과 합침
으로써 「존황양이」 사상이 나온
다. 존왕파들은 이이가 천황의
재가를 받기 전에 「해리스 조
약」을 먼저 체결한 것을 천황
에 대한 모독으로 생각했다. 교
토는 존황양이파의 정치적 구심
점이 되기 시작한다. 미국 등 서
양과의 개국과 통상 문제를 둘
러싸고 천황과 그 주변의 귀족
들이 수백 년 만에 처음으로 국
가 정책 수립에 직접 개입하기
시작하였고, 「존황양이」의 구호
아래 전국의 젊은 사무라이들이

이이 나오스케

「사쿠라다 문 밖의 변(桜田門外の変)」(1860)

교토로 모여들기 시작한다. 바쿠후와 에도 대신 천황과 교토가 나라를 대표하는 상징으로 부상하기 시작하자 다이묘들 간의 정치적 합종연횡이 벌어진다. 「바쿠마츠(幕末, 막부 말기)」정치의 시작이었다.[176]

바쿠후 세력의 재건을 위하여 절치부심하던 이이 나오스케는 그러나 1860년 3월, 쇼군을 만나러 가던 중 쇼군의 거처인 에도성의 사쿠라다문(桜田門) 앞에서 미토 한의 존황양이파 로닌들에게 암살된다. 바쿠후의 다이로가 쇼군의 성문 앞에서 암살당한 것은 충격이었다. 당황한 바쿠후는 몇 달 동안 이이의 죽음을 숨긴다. 그러나 강력한 지도자를 잃은 바쿠후는 다시 표류하기 시작한다.

이이의 사후, 그의 후임자들은 이이가 탄압하던 다이묘들과 위압적으로 다루던 황실과의 관계를 회복하고자 유화 정책을 편다. 고메이 천황은 이러한 바쿠후의 정책에 적극 협조한다. 그는 갓 부상하기 시작한 존황양이파들이 주장하듯이 바쿠후를 타도하고 「왕정복고」를 하려는 생각은 추호도 없었다. 늘 그래왔듯이 에도의 바쿠후가 실질적으로 국정을 담당하는 한편 교토의 조정은 바쿠후의 지원과 보호아래 일본의 「전통」과 「정신」을 대표하는 의례적인 역할을 담당하는 것에 만족했다. 물론 자신이 주장하는 쇄국과 같은 정책을 바쿠후에 적극 반영시키고자 하였지만 조정이 바쿠후 대신 국사를 책임지는 것을 원한 것은 결코 아니었다. 고메이가 당시의 체제를 고수하고자 하였음은 그가 「공무합체론」을 제시하고 이를 실현시키기 위하여 적극적으로 움직였다는 사실에서 여실히 드러난다.

1860년 6월 3일, 바쿠후는 고메이가 제안한 「고부가타이」정책의 일환으로 쇼군의 이복 여동생인 가즈노미야 지카코 내친왕(和宮親子內親王, 1846~1877)과 쇼군 도쿠가와 이에모치의 결혼을 제안한다. 바쿠후는 이 혼인이 개국 문제를 둘러싼 갈등으로 소원해진 조정과 바쿠후의 관계를 회복하는데 큰 기여를 할 것이라고 한다. 닌코 천황(仁孝天皇, 120대. 1800.3.16.~1846.2.21. 재위: 1817~1846)의 딸인 가즈노미야는 이복 오빠 고메이와 유난히 가까웠다. 고메이는 고부가타이를 지지하면서도 여동생을 쇼군에게 출가시키는 것은 망설인다.[177]

이 혼인이 처음 논의된 것은 1858년 11월이었다. 당시 새로 교토쇼시다이(京都所司代)에 임명된 오바마 번(小浜藩)의 다이묘 사카이 다다아키(酒井忠禄, 일명 다다토시, 1813.8.4.~1873.12.5.)는 사다이진(左大臣, 좌대신) 고노에 다다히로(近衛忠熙)에게 이에모치와 가즈노미야의 혼인을 처음 제안한다. 고노에는 이 혼인이 나라에 도움은 되겠지만 가즈노미야가 5살 때 이미 다루히토 친왕(有栖川宮熾仁親王, 아리스가와노미야 다루히토 친왕, 1835.3.17.~1895.1.15.)과 정혼 한 사이인지라 쇼군과의 결혼은 불가능하다고 한다. 그러나 사카이는 포기하지 않고 이듬해 우선 바쿠후를 설득하여 동의를 받아낸다. 이 소식을 들은 고메이는 이 혼인이 자신과 조정에게 큰 혜택을 가져올 것을 알고 있었기에 내심 아쉬워하면서도 가즈노미야는 이미 다루히토 친왕과 정혼한 사이인지라 불가능하다고 한다.[178]

바쿠후가 거듭 이에모치와 가즈노미야의 결혼을 요청하자 교토의 조정 내에서도 혼인에 찬성하는 목소리가 나온다. 고메이가 공가 출신으로 조정내의 개혁을 주장하던 이와쿠라 도모미(岩倉 具視, 1825.10.26.~1883.7.20.)의 의견을 묻자 이와쿠라는 『가즈노미야 혼인에 관한 상신서(上申書)』를 제출한다. 이 「의견서」에서 이와쿠라는 조정과 바쿠후가 하나임을 대외에 과시하는 것이 필요하다는 점에 동의하면서 만일 이 혼인으로 고부가타이가 본격적으로 실현된다면 바쿠후가 앞으로 모든 중요한 국사를 조정과 상의할 수밖에 없게 될 것이고 그렇게 된다면 바쿠후는 점차 조정에 점차 의존할 수밖에 없게 되는 한편 조정의 권위는 한껏 높아질 것이라고 한다. 그러면서 앞으로는 조정이 중요 정책 결정을 내리고 바쿠후는 이를 집행하는 역할을 하도록 해야 할 것이라고 한다. 끝으로 이와쿠라는 혼인에 합의하는 대신 바쿠후가 외국과의 조약들을 취하할 것을 맹세하도록 할 것을 제안한다.[179]

고메이는 1860년 7월 6일 칸파쿠(관백) 쿠조 히사타다에게 친서를 보내 바쿠후가 서양 오랑캐들과 조약을 체결한 것은 잘못한 것이고 가즈노미야 내친왕을 서양오랑캐들이 거리를 활보하는 에도에 보내는 것은 싫지만 만일 바쿠후가 서양 오랑캐들을 격퇴시킬 확고한 의지를 보인다면 가즈노미야를 설득해보겠다고 한다.[180]

천황의 친서를 받은 바쿠후는 곧바로 모든 내용에 전적으로 동의를 표하면서 바쿠후의 목표 역시 외세를 몰아내는 것이라고 한다. 다만 이를 위해서는 나라가 통합되고 군사력을 갖추어야 하기에 가장 시급한 것은 조정과 바쿠후가 단합된 모습을 보여주는 것이며 그런 연후에 국방을 튼튼히 해야 할 것이라고 한다. 따라서 만일 천황이 가즈노미야 내친왕과 쇼군 이에모치의 결혼을 허락한다면 국력을 모을 수 있으며 그렇게 된다면 천황과 쇼군이 원하는 외세 격퇴의 목표를 달성할 수 있을 것이라고 한다. 그러면서 바쿠후는 7~10년내에 협상을 통해서든, 군사력을 동원해서든, 외세와의 조약을 무효화시킬 것을 약속한다.[181]

9월 4일 고메이는 칸파쿠(관백) 쿠조에게 가즈노미야의 어머니와 숙부에게 가즈노미야를 설득하라는 자신의 명을 전하도록 한다. 동시에 다루히토 친왕에게도 정혼을 취하할 것을 명한다. 그러나 가즈노미야는 오빠인 고메이 곁을 떠나기도, 교토를 떠나기도 싫다고 한다. 고메이는 고심 끝에 가즈노미야 대신 1살 반인 자신의 외동딸 스마노미야(壽萬宮, 1859~1861)를 대신 출가시키겠다고 한다. 그리고 바쿠후가 이를 받아들이지 않는다면 퇴위할 수밖에 없다고 한다. 천황이 퇴위를 불사하겠다는 친서를 본 가즈노미야는 결국 결혼을 승낙한다.[182]

존황양이파들이 점차 바쿠후에 반기를 들면서 천황의 기치하에 모여들기 시작하는 상황에서 고메이 천황이 「고부가타이」를 통해 바쿠후와의 공존과 협력을 적극 모색하기 시작한 것은 역설이다. 그러나 천황본인이 아무리 바쿠후와 협조하려 하여도 권력의 중심은 천황으로 옮겨가기 시작한다.

바쿠후는 황실과의 화해-협력을 꾀하는 동시에 다이묘들과의 관계도 재설정하고자 시도한다. 그 일환으로 우선 다이묘들이 2년에 한 번 의무적으로 에도에 살도록 한 「산킨고타이(參勤交代)」 제도를 7년 간 유예하여 각 한의 재정적 부담을 덜어주고 각자 외세의 침략에 대비할 수 있도록 한다. 바쿠후의 유화 정책에 힘입어 조슈, 사쓰마, 사가 등 남부의 도자마 다이묘들은 각자 외적의 침입에 대비해 본격적으로 군사력을 키우기 시작한다. 이로써 도쿠가와 바쿠후가 그토록 심혈을 기울여 구축해 온 바쿠한 체제의 균형은 깨진다.

7. 바쿠후와 조슈, 사쓰마의 개방 정책

도쿠가와 바쿠후는 외세의 등장이 촉발한 정치적 소용돌이 속에서도 지속적으로 개국을 추진한다. 1854년에는 네덜란드가 증기선 군함 「좀빙호(Seombing)」를 바쿠후에 기증한다. 미국의 「쿠로후네」의 등장은 첨단 서양식 군함의 중요성을 일깨워줬고 바쿠후는 오랫동안 교역을 해온 네덜란드를 통해 최신식 군함을 사고자 하였다. 당시 크림 전쟁(Crimean War, 1853~1856)으로 군함을 일본에 팔 여유가 없었던 네덜란드는 우선 「좀빙호」를 보내 성의를 표시한다. 「좀빙호」의 함장 파비우스 대령(Captain Gerhardus Fabius, 1806~1888)은 1854년 8월 21일부터 이듬해 1월 26일까지 나가사키에 머물며 일본 학생 200여 명에게 조선 기술과 항해술을 가르친다. 이듬해 네덜란드는 「좀빙

「간코마루」

호」를 다시 일본에 보내 함장과 함께 21명의 수병으로 하여금 일본 수병들을 훈련시키게 한 후 「좀빙호」를 일본에 기증한다. 「간코마루(観光丸)」로 이름을 바꾼 「좀빙호」는 일본이 소유하게 된 최초의 서양식 증기선이었다. 「간코마루」는 1857년 3월, 일본인들이 직접 조정하여 나가사키에서 에도까지 처녀 항해를 마친다. 그 이

가스 가이슈, 1860년 샌프란시스코에서

후 1859년까지 네덜란드는 군함 수척을 일본에 팔고 해군을 보내 일본 해군의 훈련을 돕는다.[183]

「간코마루」의 처녀 항해 때의 함장은 가쓰 가이슈(勝海舟, 1823. 3. 12.~1899.1.21.)였다. 쇼군의 하타모토(旗本: 가신 무장) 가문에서 태어

난 가이슈는 어려서부터 란가쿠와 서양의 군사학을 공부하였고 사쿠마 쇼잔에게서 사사하였다. 1850년 사설 학교를 세워 서양의 군사학을 가르치다 1855년 바쿠후가 네덜란드의 도움으로 「나가사키 해군전습소」를 열자 전습생 감독이 된다. 훗날 사카모토 료마에게 절대적인 영향을 미치고 메이지 유신 중 바쿠후와 유신 군 사이에서 중재 역할을 하게 되는 가쓰 가이슈는 바쿠후 정부에 서양의 군사학과 천체학, 지리학 등 과학을 가르치는 학교 설립을 건의한다. 가쓰의 건의에 따라 바쿠후는 1857년 에도에 「반쇼시라베쇼(蕃書調所)」라는 일본 최초의 서양 학문 교육 기관을 연다.[184]

1860년 바쿠후는 미일수호통상조약의 비준서를 워싱턴에서 교환하기로 하고 「만연원년견미사절(万延元年遣米使節)」을 파견한다. 바쿠후는 1858년 해리스 조약을 협상할 당시부터 미국에 사절단을 파견하고자 하였다. 일본 협상 단의 이와세 타다나리(岩瀬忠震, 1818.12.18.~1861.8.16.)는 다음과 같이 사절단 파견여부를 타진한다.

> 미국은 이 조약을 체결하기 위하여 세 차례나 사절단을 파견하였다. 이제 조약이 체결되었으니 이 조약의 비준을 위하여 이번에는 우리가 워싱턴에 사절단을 파견하는 것은 어떻겠는가?[185]

해리스는 일본측이 자신에게 미국에 사절단 파견 가능성을 타진해왔음을 본국 정부에 보고한다.

> 일본 측은 만일 내가 원한다면 자신들의 증기선에 사절단을 태워서 캘리포니아를 경유하여 워싱턴에 보낼 수 있다고 제안했다! 나는 그보다 더 좋은 일은 없을 것이라고 말했다. 미국은 일본이 최초로 조약을 체결한 나라이기 때문에 일본의 첫 사절단이 미국을 방문하게 된다면 더할 나위 없이

간린마루

좋을 것이라고 답하였다.[186]

그러나 해리스 조약의 체결이 야기한 정국 혼란으로 인하여 사절단 파견은 1860년이 되어서야 실현된다.

1859년 9월, 바쿠후는 견미사절단 정사에 신미 마사오키(新見正興, 1822~1869)를, 부사에 무라가키 노리마사(村垣範正, 1813~1880)를 그리고 감독관에 오구리 다다마사(小栗忠順, 1827.7.15.~1868.5.27.)를 임명한다. 부사 무라가키는 견미사절단에 임명된 것에 대한 감회를 다음과 같이 적고 있다.

우리는 옛날에 중국의 당나라로 사절단을 파견하였지만 그 이웃나라는 좁은 바다만 건너면 닿을 수 있었다. 그러나 미국은 황국으로부터 수만 리 떨어져 있으며 그쪽이 낮일 때 여기는 밤이다. 나는 내 딸들에게 「남자는 이처럼 막중하고 전례가 없는 책임을 짐으로써 5대양에 이름을 떨치는 것보다 더 큰 영광이 있을 수 없다」고 자랑하였다. 그러나 다시 생각해보니 「나 같이 부족한 사람이 외국에 가는 최초의 사절단에 임명되다니? 내가

「간린마루」에 승선한 사절단 일행. 맨 왼쪽이 후쿠자와 유키치

워싱턴 D.C. 조선소를 방문한 일본 사절단

만일 쇼군의 영을 올바로 집행하지 못한다면 우리 황토는 이루 말할 수 없는 굴욕을 당할 것이다.」라는 걱정이 들었다. 바로 그때 달빛이 너무 청명하여 나는 쇼군의 신임에 감사하며 엄숙히 술잔을 들었다.[187]

1860년 2월 9일, 77명 규모의 사절단은 시나가와 항에서 미 해군이 제공한 「포우하탄호(The Powhatan)」에 승선한다. 그러나 일부는

바쿠후 소유의 「간린마루호(咸臨丸)」에 승선한다. 「간린마루」는 1853년 바쿠후가 네덜란드에 주문하여 1857년 9월 1일 인도 받은 일본 최초의 서양식 스크류를 장착한 군함이었다. 「간린마루」를 일부러 보낸 것은 일본이 그 동안 근대 항해술을 익혔음을 과시하기 위해서였다. 이 배는 가쓰 가이슈와 그가 훈련시킨 일본인 승무원들이 직접 운항한다.[188]

사절단은 호놀룰루에서 하와이 왕국의 국왕 카메하메하 4세(1834. 2.9.~1863.11.30.)를 만나고 샌프란시스코에서는 시장 주최 환영 만찬에 참석한다. 파나마를 경유하여 5월 15일 워싱턴에 도착한 사절단은 5월 17일 뷰캐넌 대통령(James Buchanan, 미국의 15대 대통령, 재직: 1857~61)을 접견하여 비준서를 전달한다. 그 이후 워싱턴에 25일간 체류하면서 미국의 국회의사당, 스미소니언 박물관 등을 둘러본다. 6월 6~16일까지는 필라델피아를 견학하고 16일 오후 뉴욕에 도착한다. 당시 뉴욕 시는 일본 사절단 환영을 위한 대규모 퍼레이드를 준비하여 50만 명의 인파가 나와 견미사절단을 열렬히 환영한다. 월트 휘트만(Walt Whitman, 1819.5.31.~1892.3.26.)은 「A Broadway Pageant」라는 시로 이 환영식에 참여했던 감격을 표현했다. 6월 29일 뉴욕을 출발한 사절단은 대서양을 횡단하여 희망봉을 돌아 바타비아(자카르타)와 홍콩을 경유하여 11월 9일 시나가와에 도착한다.

사절단 감독이었던 오구리 다다마사는 귀국 후 외국봉행과 해군봉행을 역임하면서 요코스카 제철소를 건설하고 무기의 국내 생산에 주력한다. 그는 특히 프랑스와의 군사, 경제 협력을 강화함으로써 기울어져가는 바쿠후를 회생시키고자 노력한다. 상업의 중요성을 깨닫고 주식회사를 설립하고 일본 최초의 근대 호텔을 지어 경제를 활성화시키고자 한다. 그러나 그는 메이지 유신으로 바쿠후가 천황에게 권한을 이행하는 것을 끝까지 반대하여 보신전쟁 중 바쿠후군으로 끝까지 항전하다 유신군에 체포되어 처형된다.

견미사절단에는 당시 25세의 후쿠자와 유키치(福澤諭吉, 1835.1. 10.~1901.2.3.)도 수행원으로 합류한다. 후쿠자와는 규슈의 나가츠 한

분큐 유럽 파견 사절단. 중앙에 착석한 시바타 사다타로 사절단장

「일러스트레이티드 런던 뉴스」에 실린 런던 만국박람회장의 분큐 유럽 파견 사절단 삽화

(中津藩, 오늘의 오이타현)의 가난
한 하급 무사의 아들로 태어났
다. 14세까지 유학을 공부하고,
1854년 페리 함대의 출현 직후
인 19세 때부터 오사카에서 란
가쿠를 공부하여 네덜란드어를
자유롭게 구사하게 된다. 1858
년에는 「반쇼시라베쇼」에서 네
덜란드어를 가르친다. 그러나
1859년 갓 개항한 가나가와에
서 만난 서양 상인들이 대부분
네덜란드어가 아닌 영어를 사
용한다는 사실을 알고 독학으
로 영어 공부를 시작한다.

네덜란드 위트레흐트(Utrecht)를 방문중인 분큐 유럽 파견
사절단 일행. 왼쪽에서 두 번째가 후쿠자와 유키치

미국에서 귀국 후 바쿠후의
영어 번역사에 임명된 후쿠자
와는 1862년에는 일본이 최초
로 유럽에 파견한 「분큐 유럽
파견 사절(文久遣欧使節, 또는 第
1回遣欧使節, 제1회 유럽 파견 사
절)」의 일원으로 1년 동안 유럽
을 시찰한다. 귀국 후 여행 중
에 보고 느낀 것을 『서양사정

니시 아마네

(西洋事情)』이란 책으로 엮어 1866년 출간한다. 『서양사정』은 당대 일
본이 서양을 배우는 교과서 역할을 했다. 1866년 출판된 제1부만 15

만 부가량 팔린 것으로 추정되고, 바쿠후 말기와 메이지 유신 시대의 주요 인물의 일기나 편지에 빠짐없이 언급될 정도로 지대한 영향을 끼친다. 누구나 쉽게 이해할 수 있는 쉬운 문체와 구체적이고 압축적인 묘사를 통해 서양의 병원, 학교, 신문, 공장, 세금 제도, 박물관, 정신 병원 등 각종 사회 제도를 소개하였다. 『서양사정』은 그때까지 대부분 일본인들이 막연한 공포와 배제의 대상으로 생각하던 서양에 대한 각종 오해를 불식시키고 정확한 서양관을 갖게 함으로써 일본의 개혁, 개방 정책에 결정적인 영향을 끼친다.[189] [자세한 내용은 제 5장 참조.]

바쿠후는 1862년 11월, 11명의 유학생을 네덜란드로 보내 법, 항해술, 의학 등을 배우도록 한다. 그 중에는 니시 아마네(西周, 1829.3.7~18971.30.)도 있었다. 니시는 레이던 대학교(University of Leiden) 교수에게 「나는 데카르트, 로크, 헤겔, 칸트와 같은 인물들이 대표하는 「철학」 또는 「과학」이라고 하는, 우리나라의 법에는 금지되어 있는 「종교」와는 별개인 이러한 분야를 탐구해보고 싶습니다. 이 주제는 매우 어려워 보입니다. 그러나 나는 이것이 우리나라의 문명에 기여할 수 있을 것이라고 생각합니다」라고 하였다. 칸트 철학, 국제법, 경제학 등을 공부한 그는 1865년 귀국하여 도쿠가와 요시노부의 자문을 역임하고 메이지 유신 후에는 병부성(兵部省)에서 일한 후 후쿠자와 유키치와 함께 서양 철학을 일본에 소개하는 데 일생을 바쳤다. 니시는 「art」, 「reason」, 「science」, 「technology」 등 서양 고유의 개념을 「예술(藝術)」, 「이성(理性)」, 「과학(科學)」, 「기술(技術)」 등의 신조어로 만들어 소개하였다. 「Philosophy」를 「철학(哲學)」이라는 신조어로 번역한 것도 니시와 후쿠자와였다.[190]

그 외에도 도쿠가와 바쿠후는 1868년 메이지 유신으로 몰락할 때까지 수많은 사절단과 유학생을 해외로 파견한다.

[표 3] 1853년~1868년 바쿠후가 파견한 사절단 및 유학생

	명칭	날짜	목적지	규모 및 구성원
1	미국 외교 사절단 (대표: 신미 마사오키)	·1860년 2월 13일: 요코하마, 일본에서 미국으로 출국 ·1860년 11월 8일: 도쿄, 일본으로 귀국	하와이, 미국 샌프란시스코, 미국 워싱턴, 미국 볼티모어, 미국 필라델피아, 미국 뉴욕, 미국 앙골리 싱가포르 홍콩, 영국*	77명 (신미 마사오키, 무라가키 노리마사, 오구리 타다마사 등)
2	유럽 1차 외교 사절단	·1862년 1월 21일: 시나가와, 일본에서 유럽으로 출국 ·1863년 1월 30일: 일본으로 귀국	프랑스 잉글랜드 네덜란드 프로이센 러시아 포르투갈	38명 (다케우치 야스노리, 마쯔다이라 야스나오, 쿄고쿠 다카아키, 후쿠자와 유키치 등)
3	센제마루 무역사절단	·1862년 4월: 일본에서 상하이, 중국으로 출국 ·1862년 8월(예상일자): 상하이, 중국에서 일본으로 출국 (상하이에서 10주간 체류)	상하이, 중국	51명 (다카스기 신사쿠, 나카무다 구라노스케, 고다이 토모아츠 등)
4	유럽 2차 외교 사절단 (대표: 이케다 나가오키)	·1864년 4월 21일: 파리, 프랑스에 도착 ·1864년 7월 22일: 일본으로 귀국	파리, 프랑스	이케다 나가오키, 가와즈 스케쿠니 (조수) 등
5	켄준마루 상하이 무역사절단 (대표: 야마구치 교초구)	·1864년 3월 28일: 상하이, 중국에 도착 ·1864년 5월: 일본으로 귀국 (상하이에서 6주정도 체류)	상하이, 중국	야마구치 교초구 등

6	러시아 유학생	·1865년: 일본에서 러시아로 출국 ·1868년 12월(예상 일자): 러시아에서 일본으로 출국 (에 도 막부 붕괴 후 귀 국)	모스크바, 러시아	6명 (오자와 세이지로, 야마모토 사쿠제몬, 오 가타 조지로, 오오츠키 히코고로, 이 치카와 분키치, 다나카 지로)
7	영국 유학생 (대표: 나카무라 마사나오 및 카와지 타로)	·1867년 초: 런던, 영국에 도착 ·1868년 초 중순(예 상일자): 영국에서 일본으로 출국	런던, 영국	14명 (나카무라 마사나오, 카와지 타로, 나카무라 케이스케, 하 야시 타다스, 기쿠치 다이로쿠 등)
8	프랑스 외교 사절단 (대표: 시바타 다케나카)	·1865년: 파리, 프랑 스에 도착 ·1866년 1월 19일: 마르세유, 프랑스에 서 요코하마, 일본 으로 출국.	파리, 프랑스	시바타 다케나카 등
9	미국외교 사 절단 (대표: 오노 토모고로 및 마츠모토 주 다유)	·1867년 3월: 샌프 란시스코, 미국에 도착 ·1867년 8월: 일본 으로 귀국	샌프란시스코, 미국	대표위원 2명 (오노 토모고로 및 마츠모토 주다유)과 그들의 비서들, 통역사들 등
10	프랑스 외교 사절단 (대표: 도쿠가 와 아키타케)	·1867년 4월: 마르 세유, 프랑스에 도 착 ·1868년 1월: 적어 도 이 때까지는 유럽에 체류	파리, 프랑스	도쿠가와 아키타케 (도쿠가와 요시노부의 동생) 등
11	1867년 파리 만국박람회	·1867년 4월 1일: 개 회일 ·1867년 11월 3일: 폐회일	파리, 프랑스	도쿠가와 아키타케, 무 코야마 가즈후미, 야마 타카 이시켄슈, 시부자 와 에이이치, 다나베 다이이치 등 *사쓰마 번은 바쿠후와 따로 참석. 이와시타 마사히라를 대표로 보냄.

서구 문명을 직접 보고 배우는 것이 얼마나 중요한지 깨닫기 시작한 것은 비단 바쿠후 만이 아니었다. 조슈와 사쓰마 역시 바쿠후와 경쟁적으로 사절단과 유학생을 해외에 파견한다. 조슈는 1863년 5명의 청년들을 나가사키의 스코틀랜드 출신 상인 토마스 글로버(Thomas Blake Glover, 1838~1911)에게 부탁하여 영국으로 밀항시킨다. 바쿠후의 쇄국 정책은 1854년 가나가와

조슈 5걸: 왼쪽 위부터 시계방향으로 엔도 킨스케, 노무라 야키치(이노우에 마사루), 이토 슌스케(이토 히로부미), 야마오 요조, 이노우에 몬타(이노우에 가오루). 1863년 런던에서 찍은 사진

조약으로 종식되었지만 각 한은 여전히 바쿠후의 허락 없이 독자적으로 사절단이나 유학생을 파견할 수 없었기 때문에 이들은 밀항을 택할 수밖에 없었다. 특히 사사건건 바쿠후에 도전하는 조슈로서는 더욱 민감한 일이었다.

당시 조슈의 중신이었던 스후 마사노스케(周布正之助, 1823~1864)는 하루빨리 서양을 배워야 한다는 것을 절감하고 있었다.

조슈는 「도구」가 필요하다. 「도구」란 인간도구 말이다. 오늘 우리나라를 보면 많은 한들이 존황양이 운동을 지지한다. 그러나 이는 일본인들의 허세에 불과하다. 언젠가는 세계의 모든 나라들이 서로 교류하는 날이 올 것이다. 그때가 왔을 때 우리가 아직도 서구에 대해 아무것도 모르고 있다면 우리나라는 매우 불리해질 것이다. 그때 필요한 도구들을 준비하기 위해서 나는 노무라 야키치와 야마오 요조를 영국에 보내고자 한다.[191]

이때 선발되는 젊은 인재들이 노무라 야키치(野村弥吉, 1843.8.25.~1910.8.2, 이노우에 마사루(井上勝)로 개명)와 야마오 요조(山尾庸三, 1837. 11.5. ~1917.12.21.) 외에도 이토 히로부미, 이노우에 가오루(井上馨, 1836.1.16.~1915.9.1.), 엔도 긴스케(遠藤謹助, 1836.3.31. ~1893.9.13.)등 3명이 더 있었다. 1863년 6월 27일, 이토와 이노우에는 밀항선을 탄다. 이토는 조슈의 하급 무사 계층인 소츠(卒) 출신이었고 요시다 쇼인의 「쇼카손주쿠」에서 공부하였다. 떠나기 전 이토는 아버지에게 편지를 쓴다.

토마스 글로버. 미쓰비시 창업자인 이와사키 야타로의 동생 이와사키 야노스케와

나가사키의 글로버 저택

오늘날 우리는 영국의 모든 것을 배워 와야만 하고 해군 기술을 배워야 할 절박한 필요가 있습니다. 그렇지 않으면 우리는 가망이 없습니다. 저는 이러한 생각을 품고 저의 임무를 다 하려고 3년간만 다녀오겠습니다.[192]

이토와 이노우에는 4개월에 걸친 항해 끝에 11월 4일 런던에 도착하여 먼저 도착해 있던 노무라, 엔도, 야마오 등과 해후한다.

영국 유학은 조슈 5걸을 훗날 메이지 유신의 지도자로 성장하는

야마오 요조

노무라 야키치, 일명 이노우에 마사루

데 있어서 절대적인 영향을 끼
친다. 야마오 요조는 유니버시
티 칼리지 런던(University Col-
lege London, 이하 UCL)에서 과
학과 산업을 2년간 공부한 후
1866~1868년 스코틀랜드의
글래스고에 살면서 네이피
어 조선소(Robert Napier and
Sons)에서 일하는 한편, 야간으
로 앤더슨 대학(Anderson Col-
lege)을 다닌다. 귀국 후에는 요
코하마(橫濱) 조선소를 운영하

엔도 긴스케

였고 공부(工部) 장관을 역임하고 도쿄대 공학부의 전신인 「고부다이가
코(工部大學校, 공부대학교)」를 설립한다. 「고부다이가코」는 1873~1885
년 사이 47명의 외국 교수들을 초빙하여 일본 학생들을 가르치도록 한
다.[193] 야마오는 청각 장애인들을 위한 교육에도 헌신한다.

사쓰마의 영국 유학생

　노무라 야키치는 2년간 런던대학교에서 토목공학과 광산학을 전공하고 1868년 귀국하여 대장성(大藏省)에 들어가 일본 철도 건설을 주도한다. 그는 훗날 「일본 철도의 아버지」로 불리게 된다.[194] 엔도 긴스케는 1866년 귀국하여 1881~1883년에 일본 조폐국에서 근무하고 1881년에는 조폐 국장이 된다. 엔도는 일본의 화폐 통일을 위한 정책을 수립하여 「일본 조폐의 아버지」로 불린다.

　런던에 도착한지 반년이 갓 지난 어느 날 이토와 이노우에는 『더타임즈』에 조슈가 1863년 6월 9일 시모노세키(下關) 해협에서 서양 배들을 공격했고 8월 중순에는 사쓰마 한이 영국 함대와 싸웠다는 기사를 접한다. 이들은 서양과의 전쟁이 무모하다는 것을 알리기 위해 귀국을 결심한다.[195] 영국 유학 반년 만에 귀국한 이토와 이노우에는 조슈 정부가 서양의 연합 함대를 상대로 싸우는 것을 막고자 백방으로 노력한다. 이들은 하급 무사 계급 출신이었음에도 불구하고 다이묘를 비롯한 한의 지도부에 직접 자신들의 의견을 개진할 수 있는 기회를 얻게 됐

고, 조슈가 서양의 연합 함대에
게 패해 협상을 하는 과정에서
통역을 맡는 등 중요한 역할을
한다. 이때부터 이토와 이노우
에는 일본 근대사의 전면에 등
장하기 시작한다.

모리 아리노리

사쓰마 역시 나가사키의 글
로버의 도움으로 「제1차 사쓰
마 한 유학생」 14명을 영국과
프랑스로 보낸다.[196] 이중 모
리 아리노리(森有礼, 1847.8.23.
~1889.2.12.)도 유니버시티 칼리지 런던에서 수학과 물리학, 해양술
을 공부한다.[197] 그는 1868년 메이지 유신 직후 귀국하여 1871~1873
년 초대 주미 일본공사를 역임하였고 이때 미국의 교육 제도를 깊이
연구한다.[198] 귀국 후에는 후쿠자와 유키치, 니시무라 시게키(西村茂樹,
1828.4.26.~1902.8.18.), 가토 히로유키(加藤弘之, 1836.8.5.~1916.2.9.),
미츠쿠리 린쇼(箕作麟祥, 1846.9.19.~1897.11. 29.), 나카무라 마사나오
(中村正直, 1832.6.24.~1891.6.7.), 니시 아마네, 츠다 마미치(津田真道,
1829.7.25.~1903.9.3.) 등과 「메이로쿠샤(明六社, 명육사)」라는 지식인회
를 결성하여 서구식 문명개화 사상 전파에 힘쓴다.[199] 모리는 일본 근
대 교육의 아버지로 불린다. [모리의 일본 교육 개혁에 대한 논의는 제 III권, 제
7장, 일본의 부국강병, 「5. 교육개혁」 참조.]

바쿠후나 한 정부의 지원 없이 개인적으로 해외로 밀항하여 유학 길
에 오른 경우도 있었다. 후다이 다이묘인 이타쿠라씨(板倉氏)의 가신
집안 출신이었던 니지마 조(新島襄, Joseph Hardy Neesima, 1843.2.12.
~1890.1.23.)는 에도에서 태어났다. 그는 1864년 미국 배에 밀항하

여 앤도버의 「필립스 아카데미(Philips Academy Andover)」를 졸업한 후 「앰허스트 대학(Amherst College)」에 진학하여 1870년에 졸업함으로써 미국 대학에서 학사학위를 받은 최초의 일본인이 된다. 1866년 세례를 받고 「앤도버 신학교(Andover Theological Seminary)」를 졸업한 후 1874년에는 일본인 최초로 목사 안수를 받는다. 일본의 이와쿠라 사절

니지마 조

단이 미국을 방문했을 때는 통역을 맡기도 한다. 1874년 미국에서 일본 교회 설립을 위한 모금을 한 후 1875년 귀국하여 교토에 「도시샤(同志社, 동지사)」 대학을 설립한다.[200]

8. 존황양이파의 등장

이이 나오스케가 암살되자 정정(政情)은 극도의 혼란에 빠진다. 존황양이파의 젊은 로닌과 사무라이들은 천황을 모독하거나 뜻에 거슬리는 일을 했다고 생각하는 사람들을 무차별 암살한다. 에도와 교토는 물론 각 한의 수도는 젊은 과격주의자들의 테러로 공포에 휩싸인다. 이들 젊은 과격파들을 일컬어 「시시(志士, 지사)」라고 했다. 시시들은 대부분 하급 무사 출신으로 경제적으로도 매우 어려웠다. 신분이 높지 않았기 때문에 고급 사무라이들과 달리 별다른 공직을 맡지 않았고 책

임질 일도 별로 없었으며 상급자들과 달리 전통 관습과 예의범절에 굳이 얽매일 필요도 없었다. 상대적으로 자유로운 이들은 다른 한의 무사들과도 쉽게 교류할 수 있었다.

「시시」들은 국사(國事)에 참여할 기회가 적은 것에 대해 늘 불만이었으며, 상위 계층에 절대적으로 복종하면서도 바쿠후나 한의 지도자들의 소극적인 정책이나 소심한 처신에 대해 늘 비판적이었다.[201] 「시시」들의 학문 수준은 천차만별이었다. 사쓰마의 사이고 다카모리는 왕양명(王陽明, 1472~1528?)의 지행합일(知行合一) 사상을 추종하였다. 다른 시시들은 성(誠)과 정(正)을 중시하는 맹자와 주자를 신봉하였다. 그러나 이들은 글보다는 행동을 통해서 자신들의 마음을 표현하는 것을 중시했다. 정치나 외교 안보 현안에 대한 깊이 있는 이해를 추구하기 보다는 모든 문제를 행동을 통해 해결하고자 하는 단순하고 과격한 사고방식을 갖고 있었다. 이들은 무엇보다도 대의명분을 중시하였고 아무리 상관이라도 잘못에 대해서는 이를 지적하는 것이 부하의 의무라고 생각했다.[202] 다시 말해서, 이들은 「칼잡이」들이었다.[203]

서구 열강의 도래는 이들로 하여금 곧 전쟁이 일어날 것이라는 흥분에 들뜨게 하였고 새삼 무술의 중요성에 대한 인식을 퍼트린다. 검도장들은 젊은 무사들로 넘쳐나기 시작했고 수많은 검술 대회가 열리면서 「시시」들은 과격한 정치 소신을 피력하고 무술을 뽐낼 수 있는 장을 얻는다.

외세의 침입과 개국으로 야기된 바쿠후 말기의 혼란기는 이들로 하여금 하나로 뭉칠 수 있는 새로운 이념과 정치적 구호를 제공해준다. 「시시」들에게 충(忠)은 절대적인 가치였다. 그들은 자신들이 섬기는 주군의 뜻과 쇼군의 뜻, 그리고 천황의 뜻이 완벽하게 일치한다고 생각했다. 그러나 개국의 문제를 둘러싸고 쇼군의 바쿠후와 천황의 조정의 뜻이 서로 다르고 쇼군과 자신들의 주군인 다이묘들의 뜻이 다를 수도 있다는 사실에 직면하면서 시시들은 충격과 고민에 빠진다. 이이 나오스케가 안세이 대옥을 일으켜 해리스 조약 체결에 반대하던 다이 묘들을 숙청하자 시시들은 바쿠후가 개국을 반대하던 천황의 뜻을 거 스르는 것으로 받아들인다. 이들은 이이 나오스케에게 숙청당한 자신 들의 주군에 대해 충성을 맹세하는 동시에 바쿠후 척결의 기치를 올린 다. 물론 이는 천황의 뜻을 받드는 것이라고 생각한다. 이들은 모두 바 쿠후가 외세의 요구 앞에 힘없이 무너지는 것이 천황의 뜻에 역행하는 것이라고 굳게 믿었다. 존황양이파는 이렇게 형성된다.

대표적인 것이 도사의 시시들이었다. 이들은 1861년 10월 초에 맹 약서를 쓴다.

당당한 신주(神州)가 오랑캐의 모욕을 받아 예로부터 전해내려 온 대화혼 (大和魂, 야마토 다마시)도 이제는 이미 끊어지려고 한다. 황제(천황)께서 는 이를 깊이 한탄하시거늘, 오랫동안 평화로운 천황의 치세(治世)에 인 순(因循)과 위타(委惰)의 풍속에 젖어서 누구 한 명도 이 마음을 분발해서 황국(皇國)의 화(禍)를 제거하려는 사람이 없다. 외람되게도 우리 노송(老 松, 도사 한주 야마우치 요도(山內容堂))께서는 이를 근심하시어 관리들 (바쿠후)과 언쟁을 하셨는데, 오히려 이 때문에 죄를 얻게 되셨다. 이처럼 고귀한 생각을 가지신 분을 어째서 그런 죄에 빠뜨리시는 것인가? 군주 가 치욕을 당하면 신하는 마땅히 죽어야 한다고 했다. 더구나 황국이 머 지않아 좌임(左衽, 오랑캐의 풍속을 따름)하는 것을 보게 될 것이니, 저 대 화혼을 분발해서 이성형제(異姓兄弟)를 결합시키고 한 점의 사심 없이 서 로 협력해서 국가의 부흥에 만분의 일이라도 도움이 되고자 한다. 금기(錦 旗, 태양을 그린 천황 군대의 깃발)가 한 번 나부끼면 단결해서 물불을 가 리지 않고 뛰어들 것이다. 이에 신명께 맹서하노니, 위로는 황제의 성의 (聖意)를 받들고 우리 노송의 뜻을 이으며, 아래로는 만민의 근심을 제거할 것이다. 만약 이 가운데 사심을 갖고 다투는 자 있으면 신의 분노가 벌을 내릴 것은 물론 동지들을 모아 놓고 할복할 것이다. 각자가 이름을 적어서 넣어둔다.[204]

많은 시시들은 자신들의 다이묘가 존황양이의 기치를 올리지 않고 바쿠후의 편에서 개국을 지지하거나 몸을 사리는 모습을 보이자 한을 탈출하여 존황양이 이념을 옹호하는 한을 찾아가 의탁하거나 천황과 조정이 있는 교토로 가서 조정의 호위병, 연락병 등을 자원한다.[205] 「시시」들은 가족과 결별하고 불법 로닌으로 전락하여 아무런 보호도 받지 못하는 떠돌이 생활을 해야 했고 많은 「시시」들은 비극적인 종말을 맞는다.[206] 그러나 동시에 많은 시시들은 과거에는 상상할 수도 없을 만큼 스릴이 넘치고 뭔가 큰일, 대의명분을 위한 일을 하는 듯한 느낌이 드는 삶을 만끽한다. 도사의 대표적인 「시시」인 사카모토 료마는 누이에게 쓴 편지에 다음과 같이 적고 있다.

요즘은 소위 황국이라고 불리는 우리나라에서 의리란 더 이상 아무런 의미가 없는 것 같다. 사람들은 천황 폐하께 권력을 다시 돌려드리는 일이 무엇을 의미하는지조차 모른다. 그래도 이는 우리가 반드시 해야 하는 일이다. 그렇다면 우리같이 신분이 낮은 사람들이 천황 폐하께서 마음을 놓으실 수 있도록 도와드릴 수 있는 일은 무엇인가? 그것은 물론 천황 폐하의 조정을 자신의 한이나 부모들 보다 앞세우는데 있다. 자신의 친척들과 자신의 한을 우선시하지 않고 어머니와 부인, 아이들을 버리는 것이 우리에게 주어진 책무를 저버리는 것이라는 생각은 우리가 처해있는 시대상에 비쳐볼 때 바보 같은 관료들이나 하는 말이다. 그리고 이런 말에 현혹된 부모들은 「우리의 한」, 「우리 가문」 운운하면서 아들들이 어떻게 해야 좋을지 모르게 만들고 있다.[207]

「시시」들은 체계적인 이념이나 구체적인 정책 대안을 갖고 있지 않았다. 「존황양이」는 구호일 뿐이었다. 이들이 원하는 것은 근대 국가도 아니었고 사무라이 계급의 역할이 축소되거나 사라지는 그런 사회는 더더욱 아니었다. 메이지 유신이 가져온 사회는 시시들이 상상하거나 원하던 사회가 결코 아니었다. 그런 의미에서 「시시」들의 가장 큰 기여는 새로운 청사진을 제시했다기 보다는 바쿠마츠 시대라는 혼란기에 혁명적인 변화를 촉진시켰다는 점이었다. 당시 일본의 최고 엘리트들은 바쿠후든 조정이든 다이묘들이든 섣불리 움직이지 않고 정세를 관망하면서 조심스럽게 이해득실을 따지는 가운데 자신들의 기득권을 유지하기 위해 애썼다. 그러나 「시시」들은 바쿠마츠 시대가 제공해 주는 새로운 정치적, 이념적, 사회적 공간 속에서 과감하고 과격한 행동을 통하여 급격한 변화를 유도하였다.[208] 이 과정에서 사카모토 료마와 같은 수많은 「시시」들이 희생당한다. 그러나 이들은 그 누구도 상상하지 못했던 새로운 시대를 여는 데 결정적으로 기여한다.

9. 조슈와 사쓰마의 대립

바쿠후의 힘이 약해지자 도자마 한들은 자신들의 영향력을 확대하기 시작한다. 급격히 정치의 중심으로 부상하기 시작한 교토의 귀족들도 다이묘들과의 합종연횡을 통해 권력을 잡고자 한다. 먼저 움직인 것은 조슈였다. 조슈의 사무라이 나가이 우타(長井雅楽, 1819~1863)는 1861년 다이묘에게 상소를 올린다. 조슈는 황가(皇家)와 특별한 관계를 맺고 있는 대(大)다이묘로서 나라가 위기에 처해있을 때 보고만 있을 수 없으며 나라의 위기는 바쿠후와 조정이 서로 갈등을 빚고 있는 한 극복할 수 없다는 내용이었다.[209]

나가이는 300년의 긴 평화가 이어지면서 바쿠후가 무기력해지자 어떻게든 전쟁을 피해보려는 「속된 마음(俗論, 속론)」으로 외세와 굴욕적인 조약을 체결한 것이 문제의 근원이라고 진단한다. 이 때문에 애국자들이 분개하고 있고 조정이 분노하고 있으며 백성들의 마음도 불안하고 나라는 쇄국이냐 개

나가이 우타

국이냐 문제를 가지고 허송세월하고 있다고 한다.[210]

그러나 지난 3백 년간 천황은 바쿠후에 국사를 맡겨왔기 때문에 외세와의 모든 문제를 바쿠후가 다뤄온 것은 어쩔 수 없는 일이고 양이들도 바쿠후가 일본의 정부라고 착각하는 것도 어찌 보면 당연한 일이라고 한다. 따라서 이제 와서 양이들과의 조약을 일방적으로 파기하는 것은 그들과의 신뢰를 모두 깨뜨리는 것이 된다. 그리고 수백 년 동안 평화에 익숙해진 사무라이들을 이끌고 전쟁을 일으킨다면 결과가 어떨지는 삼척동자도 아는 일이라고 한다.

나가이는 대신 「항해원략책(航海遠略策)」을 내세운다. 일본은 우선 항해술을 익히고 군대를 기른 다음 무역을 통해 나라를 부흥시키고 황국의 군사력을 전 세계에 과시해야 한다. 조정이 바쿠후에 이러한 전략을 추진할 것을 명하고 바쿠후는 그대로 실행에 옮긴다면 양이와의 조약은 오히려 전화위복이 되고 바쿠후는 오랑캐를 무찔러야 하는 본연의 임무를 완수하게 되며 천황의 권위를 만방에 떨칠 수 있을 것이라고 주장한다. 천황의 조정과 바쿠후가 힘을 합쳐 국난을 극복해야 한다는 나가이의 이러한 주장은 「공무합체론(公武合体論)」이라 불리게 된다.[211]

시마즈 나리아키라   바쿠마츠 시대 사쓰마의 실권자 시마즈 히사미쓰

나가이는 다이묘의 허락을 받고 교토로 가서 귀족 산조 사네아이(三条実愛, 1820~1909)를 만난다. 산조는 나가이의 안에 흡족해하면서 천황에게 올리도록 하였고 천황은 1861년 6월 2일 이를 받아들여 나가이로 하여금 조정과 바쿠후 간의 조정을 계속하라는 명을 내린다. 나가이는 곧바로 에도로 향했고 바쿠후도 나가이의 안을 적극 지지한다.

그러나 「공무합체론」은 우선 조슈 내부로부터의 반발에 부딪힌다. 요시다 쇼인의 제자들을 중심으로 형성되기 시작한 존황양이파는 나가이의 제안을 격렬히 비판한다. 그 중에서도 기도 다카요시는 나가이의 안을 비판하는데 그치지 않고 적극적으로 존황양이파를 규합하여 「공무합체론」을 무산시키고자 한다.

기도는 1833년, 조슈의 하기성에서 의원의 막내 아들로 태어났다. 어려서 가츠라 집안에 입양되어 젊어서의 이름은 가츠라 코고로(桂 小五郎)였다. 그는 요시다 쇼인의 「쇼카 손주쿠」에서 수학하면서 존황양이 사상을 배운다. 1852년, 에도로 가서 검술을 배우고 미토의 존황양이파 사무라이들과 교류하는 한편 에가와 히데다쓰로부터 서양의 포술을 배운다.

나가이가 「공무합체론」을 제안할 당시 기도는 한의 관리로 에도에 파견되어 있었다. 그는 에도의 조슈 번저(藩邸)에 머물면서 에도에 파견된 다른 한의 젊은 사무라이들과 활발하게 접촉하면서 존황양이 사상을 전파하고, 특히 존황양이 사상의 본산인 미토 한의 사무라이들과

쿠사카 겐즈이

연합 전선을 구축하고자 노력한다. 기도의 노력으로 에도에서는 6명의 사무라이들이 천황에 충성할 것을 맹세하는 혈서를 쓰는데 이것이 존황양이파의 본격적인 시작이었다.[212] 훗날 「유신삼걸(維新の三傑)」의 한 명으로 명치유신을 주도하게 되는 기도는 이때부터 두각을 나타내기 시작한다.

바쿠후와 조정을 화해시키려는 나가이의 시도는 사쓰마의 개입으로 결정타를 맞는다. 1858년 사쓰마의 다이묘 시마즈 나리아키라가 죽자 그의 이복동생 히사미쓰(島津久光, 1817.11.28.~1887.12.6.)의 어린 아들 다다요시(島津忠義, 1840.5.22.~1897.12.26.)가 번주가 되고 히사미쓰는 「국부」로 사쓰마의 실권을 장악한다. 히사미쓰는 1862년 4월 10일, 천 명의 군사를 이끌고 오사카로 가서 조정의 대신들을 만나 조슈의 공무합체론을 대신할 사쓰마의 조정안을 제시한다. 그는 쇼군이 황가의 공주와 혼인하였음에도 불구하고 황가를 대하는 태도가 불손하며, 황실을 진정으로 존경하지도, 충성심으로 대하지도 않는다고 주장한다.

이를 시정하기 위해서는 「안세이 대옥」 때 가택 연금을 당한 모든 조정의 귀족들을 풀어주고, 미토의 존황양이파들을 바쿠후 요직에 앉히며, 바쿠후의 로쥬 안도 노부유키를 해고할 것 등을 제안한다.[213] 이는 이이 나오스케가 안사이 대옥을 일으키기 이전에 바쿠후의 홋타와 미토 한의 키에이 등이 추진하던 바쿠후와 조정 간의 협력 안을 부활시키는 것이었다.

기도 다카요시

히사미쓰는 동시에 과격한 존황양이파들을 무력으로 제압한다. 당시 교토의 존황양이파들은 사쓰마 출신 로닌들을 중심으로 바쿠후를 타도하는 쿠데타를 기획하고 있었다. 이를 알게 된 히사미쓰는 군대를 보내 이들에게 거사를 포기할 것을 명하지만 존황양이파 로닌들이 명을 거부하면서 전투가 벌어진다. 이 전투로 많은 존황양이파 로닌이 죽고 체포된 자들은 사쓰마로 강제 송환된다. 당시 거사에는 쿠사카 겐즈이가 이끄는 조슈 출신 존황양이파들도 가담하고 있었다. 그러나 사쓰마의 존황양이파 지도자인 아리마가 사쓰마 군에게 사살되었다는 소식을 들은 이들은 전투를 피한다. 히사미쓰가 조슈 한에 조슈 출신 존황양이파 로닌들도 내놓을 것을 요구하지만 조슈는 끝내 거절한다. 이는 사쓰마와 조슈가 반목하게 되는 중요한 계기가 된다.[214]

천황과 조정은 사쓰마의 중재안을 적극적으로 받아들인다. 존황양이파의 테러가 가져오는 무질서에 전전긍긍하던 조정은 히사미쓰가 나타나 교토의 치안까지 책임져 주자 사쓰마를 적극 지지한다. 바쿠후도 히사미쓰의 모든 요구를 받아들이면서 도자마 다이묘 사쓰마와 조정에 권력이 쏠리기 시작한다.

중앙의 권력이 사쓰마로 집중되기 시작하자 조슈는 당황한다. 조정은 그토록 적극 지지하던 조슈의 「공무합체론」을 갑자기 버리고 사쓰마의 안을 받아들인 것에 대한 핑계로 나가이가 조정을 모욕했다고 주장한다. 조슈의 지도층은 나가이의 조정안이 실패한 것을 알고 나가이에게 자결을 명한다. 1862년 11월 15일, 나가이는 「조정과 조슈에 저지른 죄」로 할복한다. 중앙에 진출하려던 조슈의 계획은 실패로 돌아간 반면 조슈와 전통적인 라이벌이었던 사쓰마는 중앙 정치를 장악한다.

다카스기 신사쿠

사쓰마의 마지막 다이묘 시마즈 다다요시

정국의 주도권을 사쓰마에게 빼앗긴 조슈는 격렬한 논쟁에 빠진다. 이때 기도 다카요시가 이끄는 존황양이파는 강경책을 들고 나온다. 이들은 천황이 처음부터 서양 오랑캐들을 축출하기를 원했지만 바쿠후의 반대로 양이 정책이 받아들

여지지 않았다며, 조정과 바쿠후의 화해도 바쿠후가 「양이」 정책을 적극 집행할 때만 가능하다고 주장한다. 반면, 온건파들은 천황이 원하는 것이 정말 「양이」인지 먼저 확인해 봐야 하며 또한 바쿠후와 여러 한의 부족한 군사력으로는 서양 오랑캐들과의 조약을 파기하고 그들을 축출할 힘이 없다면서 만약 서양과 전쟁을 할 경우 오히려 천황에게 누가 되는 상황이 발생할 수 있다고 경고한다.

이에 존황양이파는 「국체」가 이미 치욕을 당한 상황에서 서양 오랑캐들을 축출하지 못한다면 천황이 조상 앞에 고개를 들지 못하게 될 것이라며 성공 여부와 관계없이 조슈는 할 도리를 해야 한다고 주장한다. 그 뿐만 아니라 전쟁을 일으켜야 나라 전체에 위기의식을 불어넣을 수 있으며 혹시 전쟁에서 지더라도 일본은 일시적인 패배를 딛고 새롭고 강력한 군사 질서를 세워 나라의 명예를 되찾을 수 있을 것이라고 한다.[215]

1862년 7월 6일, 조슈는 존황양이파의 제안을 한의 공식 정책으로 채택한다. 이때까지만 해도 조슈의 존황양이 정책은 보수적인 조슈 한의 관료층과 급진적인 젊은 존황양이 사무라이들 간의 타협의 결과였다. 급진적인 타협안이 가능했던 것은 조슈의 한 정부와 관료층이 존황양이 사상을 받아들여서도, 존황양이파가 강해서도 아니었다. 그것은 오직 「공무합체」 정책을 성공적으로 이끌면서 정국 주도권을 잡아가고 있는 사쓰마와 경쟁하기 위해서 조슈가 선택할 수 있는 가장 유리한 대안이었기 때문이다. 강경책의 채택으로 여전히 한 정부 내에서 힘이 약했던 존황양이파는 보수파와 타협함으로써 한의 힘을 빌릴 수 있었던 반면 한 정부는 교토에서 활동하고 있는 조슈의 존황양이파 사무라이와 로닌들을 이용할 수 있는 기회를 얻는다. 이로써 불과 4년 전 요시다 쇼인의 존황양이 사상이 무책임하고 위험하다면서 그를 사형에 처했던 조슈 한은 쇼인의 존황양이 사상을 한의 공식정책으로 채택한다.[216]

조슈가 존황양이 노선을 채택하자 교토의 귀족들은 다시 조슈와 적극적으로 접촉하기 시작한다. 조슈는 1862년 8월 2일, 한의 관료인 나카무라 규료를 보내 조정 대신인 나카야마를 만나게 하여 서양과의 조약에 대한 천황과 조정의 공식적인 입장을 묻는다. 「조정은 전쟁이 나는 한이 있더라도 양이와의 조약을 하루빨리 폐기하기를 원하는가?」라는 조슈의 질의에 대해 나카야마는 1862년 8월 7일, 나카무라를 다시 만난 자리에서 천황이 원하는 것은 미국과의 두 조약을 하루빨리 폐기시키는 것이라는 뜻을 전한다.[217]

　조슈의 존황양이파 지도자 쿠사카 겐즈이는 「천황의 뜻을 어기고 양이와 두 번째 조약을 체결한 바쿠후의 죄는 확실해졌다」라면서, 「지난 200년 동안 천황의 뜻을 거역한 바쿠후를 벌하고 천황에 대한 숭배를 확립해야 한다」고 주장한다. 다카스기 신사쿠 역시 도쿠가와 바쿠후 체제를 부정하기 시작하면서 조슈의 존황양이파는 바쿠후 타도의 기치를 올린다. 사쓰마의 히사미쓰의 강경책 앞에 고개를 숙였던 교토의 존황양이파 사무라이와 로닌들도 조슈의 정책을 열렬히 지지하기 시작하면서, 교토의 권력은 다시 조슈로 쏠린다.[218]

　1862년 8월 27일, 조슈는 바쿠후가 양이 정책을 받아들이도록 조정과 바쿠후 간의 중재를 맡으라는 천황의 칙령을 받는다. 이로써 조정은 조슈의 존황양이 노선을 공식적으로 지지한다는 것을 공표한다. 조정은 같은 칙령을 10명의 다른 다이묘에게도 보내 천황을 도울 것을 명한다. 도사의 다이묘는 조슈의 입장을 적극 지지한다. 사쓰마의 히사미쓰는 자신이 성사시킨 공

펠리체 베아토(Felice Beato, 1832~1909.1.29.)가 촬영한 도카이도(1865)

무합체 정책을 유지해보려고 백방으로 노력하지만 이미 전세는 조슈 쪽으로 기울었다. 히사미쓰는 8월 28일 사쓰마로 쓸쓸히 귀향한다.[219]

10. 「나마무기 사건(1862)」

에도를 출발한 히사미쓰 일행은 에도와 교토를 잇던 도카이도(東海道, 동해도)를 이용하여 교토로 향했다. 1862년 9월 14일, 히사미쓰의 행차는 요코하마 근처의 나마무기(生麦) 마을을 지나고 있었다. 마침 반대 방향에서는 요코하마에서 출발하여 가와사키(川崎)로 향하던 영국 상인 찰스 리차드슨(Charled Lennox Richardson, 1843.4.16.~

나마무기 사건을 그린 19세기 일본 목판화

1862년경 나마무기 마을 입구

리차드슨의 시신

1862.9.14.) 일행이 오고 있었다. 상하이에서 사업을 하고 있던 리차드슨은 일본을 잠시 다녀가는 중, 요코하마에서 활동하고 있던 영국 상인 우드소프 클락(Woodthorpe Charles Clarke, 1834~1867)과 윌리엄 마샬(William Marshall), 마샬의 처제 마가렛 보라다일(Margaret Watson Borradaile, 1834~1870) 등과 함께 일본 관광에 나선 참이었다.[220]

당시 일본의 풍속에 의하면 다이묘 일행이 길을 지나갈 때 일반 백성들은 모두 길을 비키고 길가에 서서 예의를 표해야 함은 물론, 말을 탄 사람들도 길을 비키고 말에서 내려 예를 표해야 했다. 그러나 일본과 영국 간의 조약으로 영국인들은 이러한 풍습을 지킬 의무가 없었다. 그런데 리차드슨 일행을 본 히사미쓰의 호위병들은 거듭 리차드슨에게 말에서 내릴 것을 요구한다. 리차드슨이 이를 거부하면서 그가 탄 말이 히사미쓰가 탄 말과 가까워지자 히사미쓰의 호위병이 리차드슨과 그의 일행에게 칼을 휘두른다. 리차드슨 일행은 황급히 말을 달려 피하려고 하지만 리차드슨은 치명상을 입고 말에서 떨어지고, 나머지 영국 상인 두 명도 중상을 입는다. 히사미쓰의 호위병들은 여성인 마가렛 보라다일은 공격하지 않지만 말에서 떨어진 리차드슨은 확인 사살한다.[221]

이 사건을 보고받은 영국 외상 러셀 경(Lord John Russell. 1792.8.18.~1878.5.28.)은 리차드슨을 살해한 자들을 넘길 것을 사쓰마 측에 요구하지만 사쓰마는 거절한다. 바쿠후도 아무런 손을 쓰지 못하자 영국은 일본의 「정부」인 바쿠후에 책임을 물어 10만 파운드의 배상금 지불과 공식 사과를 요구한다.[222] 10만 파운드는 당시 바쿠후의 연간 수입의 3분의 1에 달하는 액수였다. 영국은 또한 사쓰마에게 리차드슨을 살해한 자들을 영국의 해군 장교단이 보는 앞에서 처형할 것과 별도로 2만 5천 파운드의 배상금을 낼 것을 요구한다. 그리고 만일 이러한 요구 사항들이 관철되지 않을 경우, 영국의 함대가 바쿠후와 사쓰마에 보복 공격을 하거나 해안을 봉쇄할 것이라고 경고한다. 그러나 사쓰마는 영국의 모든 조건을 일언지하에 거부한다. 외세의 배척을 요구하는 존황양이파가 거세게 저항하자 무력한 바쿠후는 영국과의 협상을 끌면서 시간을 벌고자 한다.[223]

1862년 9월 16일, 조슈와 도사의 존황양이파들은 사쓰마의 사무라이들과 만난다. 이들은 천황이 바쿠후에 보다 적극적으로 양이 정책을 집행하라는 칙령을 보내도록 조정에 건의하기로 합의한다.[224] 9월 21일, 조정은 존황양이파가 올린 상소에 동의하면서 천황이 바쿠후에 칙사를 보내 보다 강력한 「양이책(攘夷策)」을 집행할 것을 명하기로 결정하였음을 알린다. 에도에 보낼 칙사로는 산조 사네토미(三条実美, 1837.3.13.~1891.2.18.)와 아네가코우지 긴토모(姉小路公知, 1840.1.9.~1863.7.5.) 가 임명된다.[225] 당시 26세, 24세에 불과했던 이두 귀족들은 교토 조정 내에서도 가장 과격한 존황양이파를 대표했다. 10월 5일, 존황양이파는 조정에 천황과 조정을 지킬 황군을 신설할 것을 제안한다. 조정의 과격파들은 이러한 내용을 에도의 바쿠후에 보내는 칙령에 추가하도록 한다. 교토의 두 칙사는 도사의 다이묘와 함께 1862년 10월 27일 에도에 도착한다.[226]

바쿠후의 지도자 중 요시노부는 개국을 지지하였다. 반면 신판 다이묘였던 후쿠이 한의 마쓰다이라 요시나가는 양이 정책을 지지하였다. 천황의 칙령이 도착하자 요시나가는 바쿠후가 천황의 영을 받들어서 양이 정책을 집행하든지, 못하겠으면 권력을 조정에 되돌려줘야 한다고 주장한다. 1862년 11월 2일, 바쿠후는 조정의 영을 받들기로 한다. 바쿠후는 황군을 신설하는 것은 거부하지만 결국 조정의 강력해진 입김 앞에 무력한 모습을 드러내고 만다. 이에 요시노부는 사직하면서 쇼군이 천황의 영을 받을 수 없음을 솔직하게 시인할 것을 종용한다.

영을 이행할 수 없음을 알면서
도 이를 따르겠다고 하는 것은
천황을 속이는 것과 마찬가지
이기 때문이라고 한다.[227]

젊은 시절의 산조 사네토미

사쓰마의 히사미쓰와 그의
군대가 떠나고 조슈와 존황양
이파가 권력을 잡자 교토는 또
다시 과격한 사무라이들의 테
러에 노출된다. 조금이라도 바
쿠후의 편을 들거나 천황을 모
독하는 언행을 하면 로닌들은
대낮에도 암살을 서슴지 않았다. 존황양이 사상은 「존왕」보다는 「양
이」에 점점 더 초점이 맞춰지면서 서양 오랑캐를 축출하지 못하는 바
쿠후를 노골적으로 공격하기 시작한다. 그러나 문제는 양이 정책을 과
연 어떻게 이행할 것인가였다. 요시노부의 말대로 바쿠후는 서양 세
력을 일본으로부터 몰아낼 힘이 없었다. 바쿠후는 시간만 끌고 다른
다이묘들은 「공무합체론」의 이상론만 주장하고 있었다. 상황이 이렇
게 되자 조슈가 정국 주도권을 유지하면서 양이 정책을 관철시키기 위
해서는 조슈군이 직접 나서서 서양과 싸워서 축출하는 방법밖에 없었
다.[228]

존황양이파들은 바쿠후에게 언제까지 서양의 오랑캐들을 축출할 것
인지 기한을 정하라고 한다. 1863년 2월 14일, 바쿠후는 4월 중순까
지 서양인들을 쫓아내겠다고 조정에 알린다. 4월 중순이 다가오는데
도 바쿠후가 아무런 움직임을 보이지 않자 조슈의 다이묘는 조정에 상
소를 올려 조슈가 군사를 준비하기 위해서는 언제 서양 오랑캐를 축출

할 것인지 미리 알아야 된다며 조정이 날짜를 정해줄 것을 요청한다. 이에 바쿠후는 5월 10일부터 서구 오랑캐들을 축출하기 시작할 것이라고 조정에 알린다. 서양 세력을 축출할 능력도 의지도 없는 바쿠후는 시간만 벌기 위해 허황된 약속을 남발한다.[229]

한편, 바쿠후는 1863년 6월 24일이 되어서야 처음으로 나마무기 사건에 대한 배상금 일부를 영국에 지불한다. 그리고 같은 날 외국인들에게 조정이 외국인을 모두 축출하고 개항 항들을 폐쇄하라는 명령을 내렸으며 기한까지 이미 정했다는 사실을 알린다. 서구 열강의 대표들은 결코 받아들일 수 없다고 답한다.[230]

11. 「시모노세키 전쟁」과 「사쓰에이 전쟁」

조슈는 서양 세력 축출 정책을 실행에 옮긴다. 우선 한의 수도를 해안의 하기(萩市)에서 서양 군함들의 공격으로부터 보다 안전한 내륙의 야마구치로 옮긴다. 그리고는 1863년 5월 10일, 상하이에서 요코하마로 가기 위해 시모노세키 해협을 지나던 미국 상선을 공격한다. 5월 23일에는 프랑스 배도 공격한다. 6월 1일, 미국의 군함이 조슈의 포대를 폭격하고 조슈의 군함 두 척을 격침시킨다. 6월 5일에는 프랑스의 군함들이 나타나 이미 미군의 함포 사격으로 초토화된 조슈의 진지를 다시 포격한 후 군사를 상륙시킨다. 프랑스 군은 조슈군의 진지를 완전히 부수고 화약고를 폭파시키고 주변 주택들에 불을 지른 후 노획한 무기를 갖고 물러난다.[231]

그러나 조슈는 물러서지 않는다. 조정은 조슈의 과감한 행동을 칭찬하고 다른 한들도 조슈를 따를 것을 종용한다. 반면 바쿠후는 서양의 외교관들로부터 배상과 앞으로 다시는 공격하지 않을 것을 약속하라

하기성

는 요구에 시달린다. 조정은 바쿠후에 더욱 강력하게 양이 정책을 추진할 것을 요구한다. 바쿠후는 조슈가 외국 배들을 공격하지 못하도록 사신을 보내 설득하지만 조슈는 오히려 사신을 죽이면서 바쿠후의 명을 거부한다.[232]

조슈는 방위를 더욱 튼튼히 하고자 당시 존황양이파의 대표였으며 서양의 무기에 대해 가장 잘 알고 있었던 다카스기 신사쿠에게 군 개혁을 맡긴다. 메이지 유신 성공에 절대적인 공헌을 하는 다카스기가 조슈 한 정치의 전면에 나서는 동시에, 존황양이 사상과 서양에 대한 지식을 겸비한 메이지 시대 특유의 지도자가 탄생하는 순간이었다.

이때 다카스기는 훗날 보신전쟁에서 바쿠후군을 상대로 혁혁한 전과를 올리는 「쇼타이(小隊, 소대)」 민병대를 조직한다.[233] 「쇼타이」는 한 정부의 지원으로 조직되기도 하였지만 존황양이파 「고시(鄕土)」들이 조직하는 경우도 있었다. 쇼타이의 가장 큰 특징은 사무라이와 평민 혼성군이었다는 점이다. 쇼타이는 일본 역사상 계급 간의 장벽을 허문 첫

프랑스 전함 「탕크레드(Tancrede)」(좌측)와 「듀플레이(Dupleix)」가 시모노세키 항을 포격하는 장면, 장 바티스트 앙리 뒤랑-브라게(Jean-Baptiste Henri Durand-Brager) 그림(1865)

조슈의 포대를 점령한 영국군

번째 군사조직이었다. 그리고 일본 역사상 처음으로 평민들에게 무기를 소지할 수 있도록 한 군대였다. 평민 중에서는 사냥꾼, 어부, 승려 등이 「쇼타이」에 지원하였고 특히 마을 장(長)의 아들들이 많았다. 쇼타이는 계급 간의 벽을 허물고 마을과 한을 중심으로 강력한 애향심과 공동

체 의식, 그리고 존황양이 이념
으로 뭉치면서 강력한 전투력을
갖추게 된다.

다카스기 신사쿠가 결성한 조슈의 기헤이타이

조슈 내전이 끝났을 때 조슈
에는 자그마치 58개의 「기헤이
타이(奇兵隊, 기병대)」가 있었다.
특히 다카스기 본인이 직접 조
직하고 지휘한 「기헤이타이」가 가장 유명하다. 메이지 유신 후 야마가
타 아리토모가 사무라이 계급을 폐지하고 징병제를 도입함으로써 일
본 제국의 육군을 양성할 수 있었던 것도 그 자신이 「쇼타이」의 대장
으로 이미 계급의 장벽을 허문 군사 조직이 얼마나 강할 수 있는지를
경험했기 때문이다.[234]

바쿠후의 지연 작전과 사쓰마의 불응에 영국은 결국 사쓰마를 상
대로 무력 행사를 결정한다. 기함 「유레이루스호(Euryalus)」를 비롯한
여섯 척의 군함으로 구성된 영국 함대는 8월 6일 요코하마를 떠나 8
월 11일 가고시마에 도착하여 사쓰마 측에 24시간 내에 영국의 조건
을 받아들이라는 최후통첩을 보낸다. 영국 측의 협상 대표 닐 중령
(Edward St. John Neale, 1812~1866)은 사쓰마의 대표단을 「유레이루
스」 선상에서 만나지만 사쓰마는 영국의 요구를 이런저런 이유로 거
절한다.[235]

그러자 닐 중령은 가고시마 만에 정박해 있던 사쓰마 소유의 증기
선 세 척을 배상금 협상용으로 압류한다. 그러자 가고시마의 포대가
포문을 열어 영국 함대를 공격한다. 「사쓰마-영국 전쟁」, 일명 「사쓰
에이전쟁(薩英戰爭)」이 시작된다. 전투를 예상하지 못했던 영국 함대
는 압류한 배들을 불사르고 두 시간에 걸쳐 전투 준비를 한 후 가고시
마를 포격하기 시작한다. 이 교전으로 가고시마시 일부가 불타고 주

프랑스 『르몽드지』에 실린 당시 사쓰에이 전쟁 삽화

택 500채가 파괴되었지만 이 미 소개령이 내려졌던 관계로 사쓰마 측 사상자는 5명에 불과했다. 반면 영국군 전사자는 13명에 달했다. 그 중에는 「유레이루스」의 함장과 부함장도 포함되어 있었다. 영국군은 가고시마 상륙을 포기한다. 영국

영국과의 합의를 이끌어낸 사쓰마의 협상단

과 사쓰마 양측은 모두 승리를 주장한다. 결국 사쓰마와 영국은 12월 11일 요코하마에서 협상을 통하여 정전에 합의하고 사쓰마는 바쿠후로부터 25,000파운드를 빌려 영국에 배상금을 지불한다. 그러나 5년 후 메이지 유신으로 바쿠후가 무너짐으로써 사쓰마는 이 돈을 돌려주지 않는다.[236]

12. 사쓰마의 쿠데타와 조슈의 역쿠데타

조정은 점점 더 과격파의 수중에 들어간다. 1863년 중반에는 바쿠후의 반대에도 불구하고 황군이 창설되고, 8월 13일에는 천황이 직접 군대를 이끌고 서양 오랑캐들을 척결할 것이라는 칙령을 내린다.[237] 그러나 조슈와 조정 내의 존황양이파가 서양과의 전쟁을 시작하면서 점차 더 과격한 양이 정책을 추진하자 「공무합체파」는 쿠데타를 계획한다. 조슈에 정국 주도권을 빼앗겼던 사쓰마와 대표적인 신판 다이묘였던 아이즈는 조정 내의 공무합체파 귀족들과 함께 쿠데타에 대한 천황의 재가를 받아낸다. 1863년 8월 18일, 천황의 재가를 받은 지 2일 후, 사쓰마와 아이즈의 군대는 황궁의 9개 문을 모두 봉쇄하고 천황의 호출 없이는 아무도 황궁에 못 들어온다고 선포한다. 그리고는 공무합체파 대신과 다이묘들을 황궁으로 불러들이는 한편 천황의 칙령을 전국의 다이묘에게 보내 군사를 보내 황궁을 보호할 것을 명한다.[238]

쿠데타 소식을 접한 교토 주둔 조슈군 400명은 급히 사카이마치문(堺町御門)에 집결하고 곧이어 천 명의 황군이 조슈군에 합세한다. 이에 맞서 사쓰마 군은 전투 태세를 갖추는 한편 천황의 칙령을 보이면서 조슈군에게 섣불리 전투를 시작하지 말라고 경고한다. 일촉즉발의 상황에서 조정은 조슈의 겐로 마스다 치카노부(益田親施, 1833.10.14.~1864.12.9.)에게 사람을 보내 군대를 거둘 것을 종용한다. 수적으로나 화력에 있어서 월등할 뿐만 아니라 천황의 칙령을 받은 사쓰마군 앞에서 조슈는 물러설 수밖에 없었다. 결국 조슈의 체면을 살려주기 위해 사쓰마군이 황궁 문 안으로 철수하자 조슈의 군사는 교토의 동쪽으로 철수한다. 조슈군이 조슈로 완전히 퇴각하자 조정은 다시 사쓰마와 아이즈, 그리고 조정 내의 공무합체파 귀족들의 수중에 들어간다.[239]

교토 황궁의 사카이마치문

　조슈와 존황양이파를 몰아낸 「공무합체파」는 우선 황군인 「신페이
(親兵, 친병)」를 해산시키고 극단주의 사무라이들을 교토에서 추방하거
나 철저한 감시하에 둔다. 그러나 「공무합체파」는 너무나 이질적인 정
파들의 연합체였다. 바쿠후 내에서 조정과의 협조를 주장하는 온건파
와 조정 내에서 바쿠후와의 협조를 지지하는 온건파, 그리고 세력을
키우는 데 초점을 맞추고 있던 대표적인 도자마 다이묘 사쓰마와 바쿠
후를 지키고자 하는 대표적인 신판 다이묘 아이즈 등 최소한 네 개의
세력이 「공무합체파」를 형성하고 있었다. 관건은 이처럼 다양한 세력
들을 하나로 묶는 효율적인 새로운 통치 제도를 도출하는 것이었다.
그러나 이는 불가능에 가까운 일이었다. 공동의 적인 조슈와 존황양이
파를 몰아낸 직후부터 이들은 서로 반목하기 시작한다.

　「공무합체파」의 급선무는 조슈를 처벌하는 것이었다. 그러나 이조차
쉽게 합의를 보지 못한다. 결국 거의 반 년이 지난 1864년 1월에야 조
슈에 대한 요구 사항을 내 놓는다. 「공무합체파」는 요시노부의 주장에
따라 조슈군이 교토에서 퇴각할 때 함께 도망쳐 조슈의 보호 하에 피신
해 있는 존황양이파 귀족 7인을 내놓을 것과 사카이마치문 사건 당시

조슈군을 지휘하던 마스다 치카노부를 내놓을 것을 요구하고 조슈가 거부할 경우 바쿠후가 군사를 일으키기로 한다.[240] 이에 대해 아이즈의 마쓰다이라 가타모리(松平容保, 1835.2.15.~1893.12.5.)는 조슈를 상대로 군사를 일으키게 될 경우 쇼군이 도자마 한의 도움 없이 바쿠후의 군대만을 직접 이끌고 조슈를 정벌할 것을 제안한다. 그러나 요시노부는 바쿠후의 군사만으로는 조슈를 제압하기 어려울 것을 알고 신판 다이묘인 기이 한의 도쿠가와 모치쓰구(德川茂承, 1844.3.1.~1906.8.20.)가 쇼군을 대신하여 바쿠후군을 이끌 것을 제안한다. 그 외에도 9개 한의 군대가 바쿠후군에 합류하기로 한다. 조슈 처벌에 대해 어렵게 합의한 바쿠후는 이를 조슈 측에 전달하기 위해 3월 5일 조슈의 방계 다이묘들과 원로들을 오사카로 호출하기로 한다.[241]

그러나 「공무합체파」는 걷잡을 수 없이 와해된다. 전통적으로 바쿠후의 대신과 관료를 배출해 온 후다이 다이묘들은 사쓰마, 도사와 같은 도자마 다이묘들, 또는 미토의 게이키가 바쿠후의 정치를 좌지우지하는 것을 용납할 수 없었다. 사쓰마의 히사미쓰와 아이즈의 가타모리 덕분에 권력을 되찾았지만 그렇다고 그 권력을 나눠 가질 생각은 없었다. 결국 바쿠후의 권력 체제를 개혁하고 자신들의 목소리를 수용할 것을 거부하는 바쿠후 보수파들의 방해에 지친 도사의 야마우치 요도는 2월 28일 도사로 되돌아간다. 3월 9일에는 히사미스와 가타모리도 각자의 한으로 돌아가 버린다.[242]

이들이 모두 떠나자 조정은 또 다시 외톨이가 되고 만다. 권력은 다시 후다이 다이묘들이 주도하는 바쿠후의 보수파에게 돌아간다. 바쿠후의 보수파는 천황 명의로 오사카에서 만나기로 한 것을 취소한다는 통지를 조슈 측에 보낸다. 1864년 5월 25일, 이 통지문을 받아 본 조슈는 협상을 통해 다시 중앙 정치에 복귀할 수 있는 길은 없다는 사

실을 깨닫고 군사를 일으켜 교
토로 진격하여 강제로 바쿠후
의 보수파들을 몰아낼 것을 결
정한다. 마침 6월 14일 교토에
서 바쿠후의 군사들이 조슈의
존황양이파 사무라이들을 공
격하여 살해했다는 소식이 전
해진다.[243]

마키 야스오미 동상

3개군으로 나누어 교토로 진
격한 조슈군은 7월 14일 교토
근교에 진을 친다. 바쿠후가 장
악한 조정은 천황의 이름으로
7월 17일까지 철군할 것을 조
슈에 명한다. 조슈군은 7월 19일 새벽 공격을 개시한다. 그러나 바쿠
후군은 사쓰마와 아이즈의 원군과 함께 조슈군을 격파한다. 조슈군은
「긴몬노헨(禁門の変, 금문의 변)」이라고 불린 이 전투에서 쿠사카 겐즈

긴몬노헨 전투장면

이, 키지마 마타베이(来島又兵衛, 1817.2.3.~1864.8.20.), 마키 야스오미
(真木保臣, 1813.4.7.~1864.8.22.) 등 젊은 존황양이파 지도자들을 잃고
퇴각한다.[244]

조슈의 굴욕은 여기서 끝나지 않는다. 1864년 9월 2일, 영국과 프랑
스, 미국의 군함으로 구성된 연합 해군이 조슈 연안에 모습을 드러낸
다. 1863년 시모노세키의 포격을 경험했던 조슈는 어떻게든 무력 충
돌을 막고자 백방으로 노력한다. 「조슈 5걸」로 영국에 밀항해서 공부
하고 있던 이토 히로부미와 이노우에 가오루가 공부를 시작한 지 6개
월 만에 급거 귀국하여 중재를 시도한 것도 이때다.

그러나 서양의 군함들은 1864년 9월 5일 포격을 시작한다. 다음날
까지 이어진 포격으로 조슈의 포대와 진지들은 완파되고 조슈군은 상
륙한 서양의 연합군에 유린당한다. 조슈는 9월 8일 항복한다. 조슈 측
에서는 항복 조건을 협상하기 위해 다카스기 신사쿠를 파견한다. 이토
히로부미와 이노우에 가오루는 통역으로 따라간다.

8월 14일 서양 연합군과 조슈는 평화 조약을 맺는다. 조슈는 외국
배들의 자유로운 항해를 보장하고 필요한 물자들을 보급해 주며 해안
에 아무런 포대나 진지를 구축하지 않고 배상금을 물기로 약속한다.
이 조약을 계기로 서양의 오랑캐를 내몰아야 한다는 조슈의 존황양이
운동은 막을 내린다.[245]

시모노세키 전쟁을 기점으로 조슈의 구호는 「존황양이」에서 「토바
쿠(討幕, 토막, 바쿠후를 토벌하라)」로 바뀐다. 그리고 「양이」에서 「개국」
으로 입장이 바뀌기 시작한다. 이는 목표 그 자체가 바뀌었다기 보다
는 방법론상의 수정이었다. 서양에 무력으로 대항하는 것이 불가능하
다는 것을 깨닫고 개국을 통해 부국강병을 도모한 후 「양이」를 해야 한
다고 생각하기 시작했다. 가장 중요한 변화는 「양이」에서 「토바쿠」로

시모노세키의 육상 전투를 그린 영국 「일러스트레이티드 런던 뉴스」의 삽화

프랑스군이 점령한 시모노세키의 일본 포대

구호가 바뀌면서 서양 문물을 받아들일 것을 주장해 왔던 인물들이 조
슈 정치의 주도권을 잡기 시작했다는 사실이다. 기도 다카요시, 다카
스기 신사쿠, 이토 히로부미, 이노우에 가오루 등은 강한 존황양이 사
상과 함께 서양으로부터 배워야 한다는 개국론을 동시에 주장해 왔다.
조슈의 패배와 극단적인 존황양이 사상의 몰락은 이들이 역사의 전면
에 등장할 수 있는 공간을 제공한다.[246]

13. 「제1차 조슈 정벌」

조슈는 1863년 8월 사쓰마가 주도한 「공무합체파」의 쿠데타로 교
토에서 축출되고 1864년 7월에는 역 쿠데타를 시도하다 실패한다. 이
어서 8월에는 서구 열강 4국의 공격을 받는다. 공무합체파 내부의 분
열로 다시 정국 주도권을 잡은 바쿠후 내의 보수파들은 이를 조슈를
벌할 수 있는 절호의 기회로 생각한다. 이에 도쿠가와 요시노부는 조
슈를 처벌해야 한다는 장계(狀啓)를 교토에 보낸다. 조정은 1864년 7
월 28일 조슈를 「조정의 적」으로 규정하고 정벌하라는 칙령을 내린
다. 조정의 영은 21개 한에 전달되었고 군 동원령이 내려진다. 1년 전
조슈가 조정을 장악하면서 권위가 땅에 떨어졌던 바쿠후는 이제 조슈
의 정벌을 명하는 천황의 칙령을 받아낼 수 있을 정도로 세력을 회복
한다. 놀라운 반전이었다. 그러나 이는 착시 현상에 불과했음이 곧 밝
혀진다.[247]

바쿠후는 조슈 정벌령의 여세를 몰아 과거의 영화를 되찾고자 한다.
우선 1862년에 유예시켰던 「산킨고타이」 제도를 부활한다는 영을 내
린다. 그러나 이는 오산이었다. 바쿠후의 보수파는 시대가 얼마나 빨
리 변하고 있는지 전혀 감지하지 못하고 있었다. 「산킨고타이」를 다시

이행할 의지도 여유도 없던 대부분의 다이묘들은 이 영을 무시하지만 바쿠후는 영을 집행할 권위도 무력도 없었다. 산킨고타이 부활령은 바쿠후가 아무런 힘이 없다는 사실만 만방에 알린 악수(惡手)였다.[248]

도쿠가와 게이쇼

조슈 정벌 준비 과정에서도 바쿠후의 무능은 여실히 드러난다. 가장 큰 문제는 후다이 다이묘와 신판 다이묘 사이의 해묵은 알력이었다. 1864년 8월 2일, 신판 다이묘 측이 조슈 정벌을 위해 쇼군이 친히 군대를 이끌 것이라고 발표한다. 그러나 5일 후에는 오와리 한의 다이묘였던 도쿠가와 게이쇼(도쿠가와 요시카쓰)가 쇼군을 대신하여 군대를 이끌 것이라고 발표한다. 그러자 게이쇼가 건강을 이유로 정벌군 사령관직을 거절한다. 각 한에는 이미 군 동원령이 내려져 출병 준비가 마쳐진 상태였으나 바쿠후는 누가 군을 통솔할 것인지 결정하지 못하고 있었다.

이를 보다 못한 교토의 바쿠후 진영에서는 쇼군이 직접 나설 것을 권한다. 그러나 에도 측은 여전히 게이쇼에게 사령관을 맡을 것을 종용한다. 결국 게이쇼는 9월 4일 총사령관직을 수락하고 교토로 향하지만 그 와중에도 또 한 번 쇼군이 직접 군대를 인솔하는 것이 좋겠다는 성명을 발표한다. 게이쇼는 군사에 대한 전권을 행사할 수 있다는 약속을 받아낸 후 10월 3일 처음으로 작전 회의를 연다. 조슈 정벌이 결정된 지 두 달이 지난 후였다.[249]

그 이후에도 조슈 정벌군은 내부의 이견을 좁히지 못한다. 일부 다이묘들은 외세의 공격을 받고 있는 조슈를 공격하는 것은 잘못이라면서 정벌 자체를 비판한다. 어떤 다이묘들은 외세의 공격이 완전히 그친 다음 정벌을 해야 한다고 주장한다. 가장 강경했던 사쓰마, 구마모토, 아이즈, 후쿠이 등의 다이묘들은 바쿠후가 외세와 협상하여 조슈에 대한 공격을 멈추도록 한 다음 조슈를 공격할 것을 제안한다.[250] 정벌 이후 조슈를 어떻게

사이고 다카모리

처리할 것인지에 대해서도 의견이 분분했다. 가벼운 처벌을 주장하는 측도 있었고 마쓰다이라 요시나가처럼 강력한 처벌을 주장하는 측도 있었다. 그러나 대부분의 다이묘들은 그저 정벌이 빨리 끝나 전쟁 비용을 절감할 수 있기만을 바랄 뿐 별다른 의견이 없었다.[251]

조슈 정벌군의 사령관으로 임명된 게이쇼의 자문관 중에는 사쓰마가 파견한 사이고 다카모리도 있었다. 사이고는 1828년 사쓰마에서 가난한 「고시(鄕士, 향사)」의 맏아들로 태어난다. 1854년 다이묘 시마즈 나리아키라가 「공무합체」 운동을 주도하고자 에도로 향했을 때 그를 보좌한다. 그러나 다이로(大老) 이이 나오스케가 안세이 대옥을 일으켜 시마즈를 가택 연금시키고, 이어서 시마즈가 급사하자 사이고는 사쓰마로 피신한다. 그러나 사쓰마에서 체포된 사이고는 절해고도로 두 번이나 귀양을 간다. 이때 사이고는 자살을 시도하지만 친구의 구출로 살아난다. 1864년, 사쓰마의 새 다이묘 시마즈 히사미쓰는 그를 사면하고 교토로 보내 조정과 사쓰마의 관계를 중재하도록 한다.

1864년 긴몬노헨 사건 때 아이즈와 동맹을 맺고 사쓰마-아이즈 연합군을 지휘하여 조슈의 역 쿠데타를 격퇴한 것도 사이고였다.

사이고는 정벌 초기에는 강경파였다. 절친했던 오쿠보 도시미치에게 보낸 1864년 9월 7일자 편지에 사이고는 조슈의 영지를 대폭 축소할 것은 물론, 모리 가문을 일본 동쪽 끝의 작은 영지로 보내야 한다고 주장한다. 이때 사이고는 가쓰 가이슈를 만난다. 가이슈와의 만남은 사이고에게는 일생일대의 전환점이 된다.

사이고와 가이슈가 만난 것은 1864년 9월 11일이었다. 당시 가이슈는 바쿠후의 해군을 지휘하고 있었다. 「공무합체」를 지지하던 가이슈는 쇼군의 군대가 아닌 통일된 나라의 해군을 지휘하기를 갈망했다. 그는 바쿠후와 조정의 협력을 깨뜨린 도쿠가와 요시노부에게 분노하고 있었다. 반면 사이고는 바쿠후의 무능으로 조슈 정벌이 지연되고 있는 것에 실망하고 있었다. 한 사람은 일본의 대표적인 개국주의자였다. 또 한사람은 대표적인 존황양이파였다. 사이고가 가이슈를 만나기로 한 것은 가이슈를 설득시킬 수 있다고 생각했기 때문이다. 가이슈 역시 사이고와의 만남에 대해 큰 기대를 하지 않았다.[252]

그러나 둘은 서로에게 매료된다. 사이고는 가이슈를 만난 후 「가쓰는 영웅의 기질을 가졌고 샤쿠마 쇼잔보다도 능력이 뛰어나다. 학문에 있어서나 세상을 보는 눈에 있어서는 아무도 필적할 만한 사람이 없다. 나는 가이슈에게 완전히 매료되었다」라고 했으며, 가이슈는 「사이고를 만났을 때 나는 내 견해와 논리가 월등하다고 확신했다. 그러나 나도 모르게 사이고야말로 이 나라를 두 어깨에 짊어져야 하는 인물인지도 모르겠다는 생각이 들었다」라고 했다.[253]

가이슈를 만나기 전까지 사이고는 당시 대부분의 사무라이들과 마찬가지로 바쿠후는 앞으로도 어떤 형태로든 존속할 것이라고 생각했다. 비록 바쿠후를 신뢰하지는 않았지만, 그렇다고 해서 바쿠후가 없는 일본은 상상해본 적이 없었다. 그러나 가이슈는 달랐다. 가이슈는 사이고에게 바쿠후는 더 이상 존속할 이유가 없다고 한다. 바쿠후는 이미 아무런 결정을 내릴 수 없을 정도로 허약해졌으며, 한두 명의 인물을 교체한다고 해결될 문제가 아니라고 한다. 무엇보다도 바쿠후는 너무나 무능함을 노출함으로써 서구 열강의 존중을 받지 못하고 있다고 한다. 일본이 외세의 도전에 제대로 대응하기 위해서는 대 다이묘들의 동맹을 통해 하나의 목소리를 낼 수 있어야 한다고 주장한다. 또한 가이슈는 서구 열강을 축출하겠다는 「양이」 정책을 거부하고 나가사키와 요코하마를 개방해야 한다고 주장한다.[254]

가이슈와의 만남을 통해 사이고가 갖고 있던 바쿠후에 대한 막연한 불신은 공화정치라는 새로운 비전으로 구체화된다. 이는 「공무합체」와 유사했지만 결정적인 차이는 더 이상 바쿠후를 포함하지 않았다는 점이다. 사이고는 바쿠후를 배제한 새로운 정권만이 서구 열강의 존중을 받음으로써 불평등 조약을 재협상하고 황국의 명예를 회복할 수 있다고 생각하기 시작한다. 사이고가 가이슈를 만나러 갔을 때는 조슈를 어떻게든 굴복시키는 것이 유일한 목표였다. 그러나 가이슈를 만난 후 사이고는 일본을 지킬 수 있는 새로운 정부를 수립한다는 새로운 목표를 갖게 된다.[255]

가이슈와의 만남 이후 조슈에 대한 사이고의 입장도 급변한다. 사이고는 일본이 외침(外侵)의 위협에 노출되어 있는 상황에서 내전으로 국력을 낭비하는 것은 잘못이라고 생각하기 시작한다. 그는 조슈에 대한 처벌은 조슈 사람들에게 맡겨야 한다면서 10월 24일자 편지에는 「조슈도 정의로운 입장을 견지하는 파와 전쟁을 종용하는 파로 나뉘어 있기에 이를 잘 이용하면 큰 전쟁을 막을 수도 있다」고 한다.[256]

한편, 조슈 내부에서도 바쿠후의 정벌군에 어떻게 맞설 것인가를 놓고 격론이 벌어진다. 모리 이세(毛利伊勢, 1830~1873) 등이 이끄는 보수파는 조슈가 살아남기 위해서는 사죄하고 철저하게 자세를 낮추는 모습을 보여야 한다고 주장한다. 반면, 이노우에 가오루를 비롯한 존황양이파는 만일 바쿠후가 다이묘를 처형하거나 영지를 대폭 축소하는 등의 받아들일 수 없는 조건을 내건다면 끝까지 싸워야 한다고 주장한다. 격론 끝에 다이묘는 결국 존황양이파의 손을 들어준다.

이와쿠니 한의 다이묘 기카와 츠네모토

그러나 바쿠후의 정벌군과 싸우기로 결정한 그날 밤, 이노우에 가오루는 집으로 돌아가는 길에 자객의 칼을 맞고 중상을 입는다. 거의 같은 시간, 존황양이파의 지도자 중 하나였던 스흐 마사노스케(周布政之助, 1823.5.3.~1864.10.26.)가 자결한다. 마사노스케는 원래 조슈의 오랜 가신 집안 출신이다. 「조슈 5」를 영국에 파견한 것도 스흐였다. 그는 자신의 오판으로 인해 조슈가 오늘의 위기에 처했다고 생각하였다. 존황양이파는 조슈가 사라지더라도 천황과 대의를 위해 싸워야 한다고 생각했지만, 모리 가문의 가신이었던 그는 조슈의 운명이 풍전등화에 처한 것을 더 걱정했다.[257] 그는 조슈가 정벌을 당하는 것이 자신의 탓이라며 자결한다. 이노우에가 중상을 입고 마사노스케가 자결하자 조슈는 정벌군과 협상하기로 입장을 바꾼다.

조슈는 방계 다이묘인 이와쿠니 한(岩国藩)의 기카와 츠네모토(吉川経幹, 1829.9.30.~1867.4.24.)를 보내 바쿠후 측 협상단을 만나 협상을 하게 한다. 협상 결과, 기카와는 긴몬노헨 사태 때 조슈의 군대를 이끌고 교토에 진격했던 3명의 「원로」들에게 자결을 명하고 그들의 부관들을 사형시킬 것을 약속한다.[258] 조슈 측의 안을 받아들인 게이쇼는 11월 18일로 정해져 있던 공격 날짜를 미룬다는 결정을 전군에 통보한다.

할복하는 마스다 치카노부

그러나 게이쇼의 이러한 결정은 히로시마에 야전사령부를 차린 정벌군 사령관들의 반대로 취소된다. 그러자 사이고 다카모리는 히로시마로 가서 야전사령관들을 설득한다. 그리고는 조슈의 이와쿠니로 가서 기카와를 직접 만나 원래 게이쇼에게 제안했던 대로 교토에 진격했던 원로 3명의 머리를 정벌군에게 보내고 그들의 부관들을 사형할 것을 종용한다. 동시에 사이고는 긴몬노헨 사태 때 사쓰마 군이 포로로 잡은 조슈의 사무라이 10명을 석방한다.

할복하는 구니시 시나노

할복하는 후쿠바라 모토다케

그러자 조슈의 지도부는 존황양이파 사무라이들의 격렬한 반대에도 불구하고 「원로」 3명의 처형을 명한다. 1864년 11월 11일, 32세의 마스다 치카노부(益田親施,

1833~1864), 22세의 구니시 시나노(国司親相, 1842~1864), 49세의 후쿠바라 모토다케(福原元僴, 1815~1864)는 할복하고 그들의 부관 4명은 하기 감옥에서 사형된다.[259] 정벌군의 총사령관 도쿠가와 게이쇼는 11월 16일 히로시마로 가서 조슈의 원로 3명의 머리를 직접 확인한 후 조슈의 다이묘와 그의 후계자가 반성문을 제출할 것과 야마구치 성을 허물 것, 그리고 조슈로 망명해 있는 5명의 존황양이파 조정 귀족들을 바쿠후군에 넘길 것을 요구한다.[260]

조슈는 곧 다이묘와 그의 후계자의 반성문을 제출하고 야마구치 성을 허문다. 문제는 5명의 존황양이파 귀족들이었다. 이들은 조슈의 존황양이파 「기헤이타이」가 보호하고 있었다. 「기헤이타이」는 귀족들을 바쿠후군에 넘기라는 한 정부의 명령을 거부한다. 다시 한번 협상이 깨질 위기에 놓이자 사이고는 이번에는 조슈의 「기헤이타이」의 지도자들과 망명 와 있는 존황양이파 귀족들을 시모노세키에서 만난다. 사이고는 귀족들에게 조슈를 떠나 다른 한으로 가 있을 것을 종용하고 귀족들은 사이고의 제안을 받아들인다. 정벌군은 조슈가 귀족들을 넘길 것을 끝까지 요구하지만 조슈는 귀족들을 보호하고 있는 기헤이타이가 명령을 거부하고 있으며 조슈군이 이들을 직접 처벌할 것이라고 약속한다. 1864년 12월 27일, 도쿠가와 게이쇼는 정벌군의 목적이 모두 달성되었음을 선언하고 바쿠후군의 해산을 명한다.

14. 조슈의 내전

조슈는 곧 내전에 빠진다. 조슈의 존황양이파들은 자신들의 지도자를 처형하고 바쿠후에 비굴하게 항복한 한 정부를 공격하기 시작한다. 1864년 12월 16일, 조슈와 바쿠후가 정전 협상을 하고 있을 때 다카스기 신사쿠와 이토 히로부미가 이끄는 기혜이타이들은 한 정부의 사무소를 급습하여 돈과 보급품을 약탈한다. 다카스기는 한 소속의 배도 한 척 노획한다.[261] 몇 달 전 「4국 함대 시모노세키 포격사건(四国艦隊下関砲撃事件)」때만 해도 다카스기와 이토는 서양 측과의 협상과 통역을 맡았다는 이유로 「기혜이타이」의 암살 표적이 되었었다. 그러나 이제 이들은 어느덧 기혜이타이의 지도자가 되어 있었다. 존황양이 사상이 「손노-토바쿠/존황-탈막」으로 바뀌어 가는 징조였다.

조슈 한 정부는 다카스기와 이토의 「기혜이타이」를 소탕하기 위해 군대를 보낸다. 그러나 1865년 1월 6일, 100명의 「기혜이타이」는 400명의 한 정규군과의 전투에서 완승을 거둔다. 1월 11일과 12일 이틀에 걸쳐서는 700명의 기혜이타이가 두 배가 넘는 정규군과 전투를 벌이지만 무승부로 끝난다. 이토와 이시카와의 기혜이타이가 합류하고, 이노우에 가오루가 지휘하는 「고조타이(오고리와 야마쿠치 지방의 기혜이타이)」가 합류하면서 기혜이타이는 오히려 한의 수도인 하기를 향해 진격하기 시작한다. 한은 거듭 정규군을 보내지만 「기혜이타이」는 연전 연승한다. 다급해진 한 정부는 사형시킨 원로들의 유가족들을 복권시켜주고 몰수했던 영지도 돌려주지만 「기혜이타이」는 진군을 멈추지 않는다. 1865년 1월 16일, 「기혜이타이」는 야마구치와 하기의 중간에 위치한 사사나미라는 작은 마을에서 다시 한번 한의 정규군을 격파한다.[262]

1865년 1월 21일, 다이묘는 측근인 모리 모토스미를 사사나미에 있는 「기혜이타이」 진중으로 보낸다. 다이묘는 「기혜이타이」가 야마구치로 철군하면 정부를 개혁할 것을 약속한다. 「기혜이타이」는 다이묘의 철군 요청은 거부하지만 1월 28일까지 임시 휴전할 것에 동의한다. 1월 28일, 「기혜이타이」는 다시 하기를 향해 진군한다. 같은 날 「기혜이타이」의 군함은 하기성을 향해 대포를 쏜다. 다이묘가 있는 성이기에 공포탄을 쏘았지만 자신들이 해상권도 장악하였음을 알리기 위해서였다.[263] 1865년 2월 15일,「기혜이타이」는 마침내 하기에 입성한다.[264]

다이묘는 한의 정부를 친-기혜이타이 인물들로 대폭 물갈이한다. 바쿠후의 조슈 정벌군이 조슈의 항복을 받아낸 지 불과 3개월 만에 조슈는 다시「존왕토막(尊王討幕, 천황을 다시 세우고, 막부를 타도함)파」가 장악하게 된다. 이때 조슈 정부의 전면에 등장하는 인물이 기도 다카요시다. 기도는 한의 정부에서도 오래 일을 했을 뿐만 아니라 요시다 쇼인의 제자로서 에도와 조슈에서 존왕파들과 끈끈한 관계를 맺고 있었고 이들과 함께 조슈의 실패한 교토의 역 쿠데타에도 참여한 바 있다. 그는 또한 기혜이타이의 창설자의 하나이자 대표적인 지휘관이었다.「유신삼걸」의 또 한 명이 역사의 전면에 등장하는 순간이었다.

그 외에도 기혜이타이의 지휘관으로 활약한 이토 히로부미, 야마가타 아리토모, 이노우에 가오루, 시나가와 야지로 등도 모두 조슈 한의 지도층이 된다. 이들은 모두 요시다 쇼인의 제자로서 존왕 사상에 깊이 물들었으면서도 서양을 배워야 한다는 강한 신념을 가진 젊은이들이었다. 이들은 또한 기혜이타이 지도자로서 실전 경험을 쌓으면서 문무를 겸비하고 생각을 행동에 옮길 줄 아는 지도자들로 거듭난다.

한편, 제1차 조슈 정벌은 바쿠후의 압도적인 승리처럼 보였다. 바쿠후에 정면으로 도전하는 대표적인 도자마 다이묘를 무력으로 다스림으로써 마치 도쿠가와 이에야스의 시대로 돌아간 듯했다. 그러나 이는 허상이었음이 곧 드러난다.

조슈 정벌군 사령관이었던 도쿠가와 게이쇼는 조슈에 대한 처벌로 다이묘 모리 다카치카(毛利敬親)와 그의 후계자 모리 모토노리(毛利元德)가 모두 자리에서 물러나 불교 사찰에서 여생을 보내도록 하고 조슈의 고쿠다카를 10만 석 줄일 것을 추천한다. 그러나 구체적으로 어떤 처벌을 내리고 집행할지는 자신의 소관이 아닌 바쿠후의 소관이라고 한다. 바쿠후는 게이쇼에게 조슈의 다이묘와 그의 아들을 에도로 직접 호송해 올 것을 명하지만 게이쇼는 이를 거절한다. 자신은 조정과 바쿠후의 관계를 증진시키기 위해 할 수 있는 모든 것을 했다며 더 이상 개입하는 것을 거부한다. 바쿠후는 다른 다이묘들에게 군대를 보내 모리와 그의 아들을 에도로 호송해올 것을 명하지만 모두 이런저런 핑계를 대면서 거부한다.[265]

1865년 3월 2일, 조정은 교토에 상주하는 바쿠후의 대표를 불러 모리 다카치카와 그의 아들을 에도로 압송해가지 말 것과 「산킨고타이」 제도도 부활시키지 말라는 명을 전달한다. 이는 사쓰마의 작품이었다. 영을 쓴 것도 사쓰마의 오쿠보 도시미치였다. 3월 29일, 바쿠후는 만일 모리와 그의 아들이 에도에 오는 것을 거부한다면 쇼군이 다시 한번 직접 군대를 이끌고 조슈 정벌에 나설 것이며 다이묘들은 미리 전쟁을 준비해야 할 것이라고 한다.[266]

이때, 조슈의 정권이 기도 다카요시, 다카스기 신사쿠 등 극렬한 존왕주의자들에게 넘어갔다는 소식이 전해진다. 바쿠후가 조슈 정벌을 통해 이루고자 하였던 모든 것이 수포로 돌아가고, 조슈는 다시 바쿠후에 정면으로 도전하기 시작했다. 바쿠후 내부에서는 또다시 격론이 벌어진다. 다시 교토의 조정을 장악한 후에 조슈를 쳐야 한다는 주장도 있었고 먼저 조슈를 정벌해야 한다는 주장도 있었다. 결국 타협안으로 쇼군이 일단 군대를 이끌고 조슈로 향하고 중간에 오사카에 들러 조정을 장악하기로 한다.[267]

쇼군 도쿠가와 이에모치는 1865년 4월 19일 에도를 출발하여 5월 22일 오사카에 도착한다. 그러나 제2차 조슈 정벌은 이듬해인 1866년 6월 7일에나 시작된다. 처음에는 또다시 조슈 정벌을 하겠다는 으름장만 놓아도 조슈가 항복할 줄 알았다. 그러나 조슈는 아무런 대꾸도 하지 않는다. 조슈의 방계 한의 다이묘를 초치(招致)하지만 그는 병을 핑계로 응하지 않는다. 바쿠후는 1년 동안 칙령, 선언, 협상을 통해 조슈의 항복을 받아내고자 노력한다. 군사를 실제 동원하는 것은 너무나 큰 부담이었기 때문이다. 대부분의 다이묘들도 또 한 번의 조슈 정벌을 지지하지 않았다. 모든 방법이 통하지 않자 1865년 9월 20일, 바쿠후는 교토의 조정에 압력을 넣어 조슈를 정벌하라는 천황의 칙령을 받아낸다.[268]

그러자 조슈는 바쿠후의 모든 명령을 무시만 하고 있는 것은 불리하다고 판단, 바쿠후의 협상 요구에 응하기로 한다. 1865년 11월 20일, 조슈의 대표와 바쿠후의 대표는 히로시마에서 만난다. 조슈의 대표단은 조슈 내부의 정정에 대한 바쿠후 측의 질문에 모두 모르거나 사실이 아니라고 응답한다. 9일 후에는 기헤이타이의 대표단도 히로시마에 도착하여 협상에 참여한다. 그러나 이들은 오히려 바쿠후의 행동을 강력히 비판한다. 1865년 12월 17일, 바쿠후의 대표단은 오사카로 되돌아가 조슈는 항복할 생각이 없으며 시간을 벌면서 방위만 강화시키고 있다면서 하루빨리 정벌할 것을 권한다.[269]

시간이 흐를수록 대부분의 다이묘들은 점차 조슈 편으로 기울기 시작한다. 조슈를 정벌하는 명분이 미약하거나 불확실하다고 생각하였기 때문이다. 그러자 바쿠후도 강경한 태도를 누그러뜨릴 수밖에 없었다. 1866년 1월 19일, 바쿠후는 조슈에 대한 처벌을 완화하기로 한다. 모리와 그의 후계자가 모두 자리에서 물러나고 모리의 손주가 다이묘가 되고 고쿠다카를 10만 석으로 줄이면 정벌을 중단하기로 한다. 실력 행사를 통해 조슈를 굴복시키는 것이 어려울 것으로 판단하고 완화된 처벌 조항을 내세우면 조슈도 응할 것으로 생각하였다. 바쿠후는 이러한 결정을 통보하기 위해 조슈에게 사절을 보낼 것을 요구하지만 조슈는 차일피일 미루기만 한다. 바쿠후는 1866년 5월 20

일까지 항복하라는 최후통첩을 보낸다. 그러자 조슈는 5월 29일까지 시간을 연장해 달라고 한다. 그러나 29일이 지나도 조슈는 아무런 답을 보내지 않는다. 결국 6월 7일, 바쿠후의 군대는 조슈에 대한 공격을 개시한다.[270]

15. 「삿초동맹(薩長同盟)」

공무합체론을 통해 정국을 주도하던 사쓰마는 점차 바쿠후와 충돌하기 시작한다. 사쓰마의 입장에서 공무합체는 바쿠후와 조정이 함께 협력하여 나라가 당면한 문제를 헤쳐 나가자는 취지였으나, 이는 어디까지나 사쓰마의 절대적인 주도하에서 이루어지는 것을 전제로 하였다. 반면 바쿠후는 공무합체론을 임시방편으로 생각했다. 바쿠후 자체의 힘이 약하기 때문에 힘없는 천황의 이름을 빌려 바쿠후의 권위를 세우고 시간을 벌면서 세력을 회복하는 것이 목적이었다. 공무합체론을 통해 조정이나 미토 같은 신판 다이묘, 또는 사쓰마와 같은 도자마 다이묘의 세력이 강해지는 것은 어떻게든 막아야만 했다.

교토에서, 또 제1차 조슈 정벌 중 바쿠후를 가까이에서 관찰한 사쓰마의 사이고 다카모리는 일찍부터 바쿠후의 능력을 의심하기 시작했다. 1864년 9월 친구에게 보낸 편지에서 사이고는, 「최근 바쿠후는 쇠퇴기에 접어들었고 더 이상 패자(覇者)로서의 역할을 하지 못하고 있다. 서양 오랑캐들이 사방을 둘러싸고 있는 요즘 최소한 큰 한들이라도 힘을 합치지 못한다면 천황의 나라는 몰락하고 말 것이다」라고 쓴다. 사이고가 제1차 조슈 정벌 이후 협상 과정에서 가급적 조슈에 유리한 조건을 관철하고자 한 것도 조슈의 과격한 존황양이 세력은 척결되어야 하지만 앞으로 올 서양 오랑캐들과의 대결에서 조슈를 포함한

모든 한의 기여가 필요할 것이라는 생각이 있었기 때문이다.[271]

제1차 조슈 정벌에서 승리한 것으로 착각한 바쿠후가 「산킨고타이」 제도를 부활시키고 조정을 장악하는 등 공무합체론을 무력화하는 정책을 펴기 시작하자 사쓰마는 점점 바쿠후에 등을 돌리기 시작한다. 동시에 사쓰마의 입장이 조슈의 입장과 그리 다르지 않다는 사실을 깨닫기 시작한다. 조슈에서 내전이 벌어지자 사이고는 조슈의 내정 문제일 뿐 바쿠후나 조정이 왈가왈부할 일이 아니라고 한다. 1865년 바쿠후가 제2차 조슈 정벌을 선포하자 사이고는 이를 「사적(私的)인 전쟁」이라고 규정하고 사쓰마는 절대 군대를 보내지 않을 것임을 천명한다. 오쿠보 도시미치는 교토로 마쓰다이라 요시나가를 찾아가 정벌을 멈출 것을 바쿠후에 건의해줄 것을 요청하지만 요시나가는 자신이 이런 건의를 하면 사쓰마와 한 편이라는 오해를 살까 봐 하지 못한다.[272]

바쿠후의 결정을 되돌릴 수 없음을 깨달은 사이고와 오쿠보는 사쓰마도 공무합체 정책을 포기하고 존왕정책으로 돌아설 것을 한의 실권자 히사미쓰에게 건의하자 히사미쓰는 이를 받아들인다.[273] 이제 사쓰마는 조슈와 똑같은 입장이 된다. 그러나 이 두 한 사이의 해묵은 갈등과 경쟁 관계는 쉽게 극복될 수 있는 것이 아니었다. 이때 사쓰마와 조슈가 서로에 대한 불신과 반목을 접고 연합하는 데 결정적인 역할을 하는 것이 도사 한의 사카모토 료마와 나카오카 신타로(中岡慎太郎, 1838.5.6.~1867.12.12.)다.

료마와 나카오카는 도사 출신의 하급 사무라이들이었지만 일찍이 도사 한을 무법으로 이탈하여 교토의 젊은 존황양이파 로닌들과 합류한다. 나카오카는 1863년 조슈와 조정의 존황양이파 귀족들이 사쓰마-아이즈 연합군에 의해 교토에서 축출될 때 이들을 따라 조슈로 간다. 1864년 조슈의 실패한 역 쿠데타 때도 로닌 부대 일원으로 조슈 편에서 싸운다. 조슈가 4개국 함대와 시모노세키에서 전투를 벌일 때도

사카모토 료마. 사카모토 료마는 일본 「소프트뱅크」 창업자 인 손정의(孫正義, 마사요시 손) 회장이 가장 존경하는 인물이 다. 손 회장은 「소프트뱅크사」의 로고를 료마가 설립한 일본 최초의 주식회사인 「카이엔타이」의 로고를 채택하고 있다.

카이엔타이 깃발(상단), 스프트뱅크 로고(하단)

조슈 편에서 싸웠다. 이를 통하
여 그는 조슈 지도자들의 신망
을 얻는다.

　료마는 스승인 가쓰 가이
슈를 통해 사이고와 친해진다.
1865년 5월, 료마는 사이고와
함께 사쓰마를 방문한다. 사쓰
마도 점차 존왕파로 기운다는
사실을 안 료마는 조슈로 향한
다. 료마는 시모노세키에서 기
다리고 있던 기도 다카요시를

나카오카 신타로

만난다. 한편 나카오카는 교
토로 가서 또 다른 도사 출신
로닌인 히지카타 히사모토(土方
久元, 1833~1918)와 함께 사이
고와 기도의 만남을 주선한다.
1865년 5월 24일, 히지카타는
조슈로, 나카오카는 사쓰마로
떠난다. 사쓰마에서 나카오카
를 만난 사이고는 오사카로 가
는 길에 시모노세키에 들러 기
도를 만나기로 합의한다. 이 소
식을 들은 기도도 사이고를 만
나기로 한다. 그러나 오사카로
가던 사이고는 약속과 달리 시
모노세키에 들르지 않는다. 료
마와 나카오카, 히지카타 등 도
사의 로닌들은 실망하였고 기

히지카타 히사모토. 도사의 사무라이로 교토에서 조슈 한 인
사들이 조정의 산조 사네토미와 접촉하는 것을 주선하였고
같은 도사 한 출신인 료마와 나카오카 신타로를 도와 「삿초
동맹」을 성사시키는 데 큰 역할을 한다. 훗날 메이지 정부
제1차 이토 내각에서 농상부 대신과 궁내부 대신을 역임하
고 추밀원에 추대되었고 「코가쿠인대학(工学院大学)」 총장
을 역임한다.

도는 사이고의 무례함에 기분이 상한 채 조슈로 돌아간다.[274]

그러나 료마와 나카오카는 실망하지 않고 다시 한번 조슈와 사쓰
마의 화해를 시도한다. 이번에는 사쓰마가 과연 진정으로 조슈와 화해
하기를 원하는지 시험해 보기로 한다. 당시 조슈는 바쿠후의 제2차 조
슈 정벌에 대비하여 군사 개혁과 군비 증강에 박차를 가하고 있었다.
그러나 바쿠후의 방해로 외국으로부터 신식 무기를 구입하는 데 어려
움을 겪고 있었다. 이토 히로부미와 이노우에 가오루는 조슈가 필요한
서양 무기를 사쓰마가 대신 사준다면 사쓰마를 믿겠다고 한다. 마침
조슈는 나가사키에서 서양 무기를 사려다 실패한 참이었다. 료마와 나

카오카는 교토로 가서 사이고를 만난다. 사이고는 그들의 제안에 동의한다.[275] 기도는 이토와 이노우에를 나가사키에 보낸다. 1865년 7월 21일, 나가사키에 도착한 이들은 사쓰마를 통해 8월 말까지 「유니온(Union)」이라는 증기선 군함 한 척과 장총 7,300정을 구입하는 데 성공한다.[276] 조슈의 다이묘인 모리는 사쓰마의 시마즈에게 고맙다는 편지를 보내고 관계 개선을 희망하는 뜻을 전한다.[277]

이때 조슈에 무기를 판매한 것은 「조슈 5걸」과 사쓰마의 학생들을 유럽으로 밀항시킨 토마스 글로버였다. 글로버는 나가사키에 「자딘매터슨(Jardine Matheson)」의 자회사를 차리고 이미 1864년 4월부터 사쓰마에 많은 영국제 무기를 팔아왔다. 자딘매터슨은 홍콩에 본사를 둔 영국 기업으로 그 전신은 영국의 동인도회사였다. 당시 영국은 바쿠후가 사쓰마에 무기를 파는 것을 금지하고 있다는 사실을 잘 알고 있었다. 그러나 실제로는 이미 사쓰마와 조슈를 지원하고 있었다.[278] 글로버를 통해 「조슈 5걸」과 사쓰마의 젊은 사무라이들을 밀항시켜 영국으로 보내 교육시킨 것도 영국이었다. 영국은 비록 사쓰에이 전쟁에서 사쓰마와 싸웠지만, 사쓰마인들의 용기와 애국심에 깊은 인상을 받고 사쓰마를 돕기 시작한다.

사쓰마에 강한 반감을 품고 있던 조슈의 기헤이타이 지도자들은 사쓰마와 협력하는 것에 대해 매우 비판적이었다. 그러나 기도와 이토, 이노우에 등은 사쓰마와의 동맹을 밀어붙인다. 1865년 9월, 교토의 정정이 불안해지자 사쓰마는 군사를 파견하기로 한다. 이때 사이고는 료마를 조슈에 보내 교토로 향하는 사쓰마의 군대가 시모노세키에서 필요한 보급을 받을 수 있는지 묻도록 한다. 조슈가 이에 동의하자 사쓰마는 본격적으로 동맹을 논할 것을 제안한다.

1865년 10월 25일, 사이고는 교토에 도착하여 조슈로 사람을 보내 기도 다카요시를 교토로 초청한다. 전쟁이 임박한 상황에서 기도는 망설이지만 다카스기와 이노우에의 강력한 권유로 교토로 향한다. 1866년 1월 8일, 기도는 시나가와 야지로를 비롯한 기헤이타이 지도자들과 함께 후시미(伏見)의 사쓰마 번저에 도착하고, 사이고는 이들과 함께 교토의 사쓰마 번저로 향한다.

그 후 10일간 기도 등 조슈의 지도자들은 사이고, 오쿠보, 고마츠 기요카도(小松清廉, 일명 다테와키(帯刀), 1835~1870) 등 사쓰마의 지도자들과 깊은 대화를 나눈다. 그러나 양측 누구도 먼저 동맹을 제안하는 말을 꺼내지 않는다. 실망한 기도가 다시 조슈로 되돌아가려고 할 때 사카모토 료마가 교토에 도착한다. 료마가 기도에게 중요한 기회를 놓치고 있다고 힐난하자 기도는 다음과 같이 답한다.

> 지금 사쓰마가 처해있는 상황은 조슈의 상황과 다르다. 솔직히 말해서 사쓰마는 공개적으로 천황을 모시고 있고 공개적으로 바쿠후와도 접촉하고 있고, 다른 다이묘들과도 공개적으로 만나고 있다. 따라서 사쓰마는 공개적으로, 아무런 제약 없이 국사를 논할 수 있다. 반대로 조슈는 사방에 적뿐이고 지금도 이 적들이 압박해 들어오고 있다. 우리 사무라이들은 싸우다 죽을 준비를 하면서 마음속으로만 평화를 찾고 있다. 조슈는 엄중한 상황에 처해있다. 출구가 없다. 이러한 상황에서 조슈의 사무라이가 사쓰마에게 동맹을 맺자고 제안할 수 있겠는가? 저들의 입장에서 우리가 처해있는 위험을 함께 하자고 하는 것이 아니라고 생각하더라도 우리는 어쨌든 도움을 청하는 것으로 보일 것이다. 이것은 조슈의 사무라이는 할 수 없는 일이다.[279]

료마가 조슈의 이러한 입장을 사쓰마 측에 전달하자 사쓰마는 동맹을 제안한다.

1866년 1월 21일, 조슈와 사쓰마는 동맹에 합의한다. 주요 합의 내용은 다음과 같다.

1) 바쿠후가 조슈를 상대로 전쟁을 일으키면 사쓰마는 군대를 보내 교토를 장악한다.
2) 조슈가 전쟁에서 이기면 사쓰마가 조정에서 조슈 편에서 협상한다.
3) 만일 조슈가 전쟁에서 지는 것으로 보인다면 전쟁이 계속되는 한 사쓰마는 조슈를 도울 수 있는 모든 것을 한다.
4) 만일 전쟁이 일어나지 않는다면 사쓰마는 조정에서 조슈 편에서 협상한다.
5) 만일 사쓰마가 바쿠후나 아이즈, 구와나 등의 방해로 조슈 편에서 협상할 수 없다면 바쿠후를 상대로 선전포고를 한다.
6) 조슈가 조정에서 사면을 받는다면 조슈는 사쓰마와 손을 잡고 황국을 위해서 함께 일한다.[280]

「삿초동맹」은 비밀로 하기로 한다. 조슈를 상대로 제2차 정벌을 준비하던 바쿠후는 동맹에 대해 전혀 모르고 있었다. 료마와 함께 「삿초동맹」을 중재했던 도사의 나카오카 신타로는 1865년 말 고향에 있는 친구에게 「나는 거울을 보듯 보인다. 가까운 미래에 나라 전체가 사쓰마와 조슈의 명령을 따르게 될 것이다」 라고 한다.[281]

1861~1885년 사이, 조슈-사쓰마의 대립은 바쿠후와 조정, 신판 다이묘와 후다이 다이묘 사이의 대립과 함께 일본 정국의 중요 변수였다. 조슈는 존황양이파를 대표했고 사쓰마는 공무합체를 대표했다. 추구하는 이념과 일본의 통치 체제에 대한 견해도 완전히 달랐다. 군사적으로도 여러 차례 충돌했고, 각 한의 사무라이들은 상대 한에 대한 강한 적개심에 불타고 있었다. 이런 조슈와 사쓰마가 서로 동맹을 맺음으로써 일본 근대사의 흐름을 바꿔 놓는다.

기도와 다카스기의 군 개혁 하에 「기헤이타이」는 조슈의 정규군과 함께 훈련을 받으면서 정예화 되어갔다. 한 정부의 공식적인 군에 편입되면서 철저한 규율 하에서 무기를 제공받고 훈련을 받으면서 한의 각 지방에 배속되어 기존 군대 또는 농민군과 함께 방비를 맡는다.[282] 죽음을 각오하고 전쟁을 준비하는 조슈군의 사기는 높았다. 1866년 4월 4일에는 백 명의 「기헤이타이」 사무라이들이 빗츄(備中)의 바쿠후 지방 관청인 다이칸쇼(代官所)를 공격하고 불태운다. 조슈 한은 이 공격에 가담했다가 생존해서 돌아온 48명을 오히려 경거망동하지 말라는 명을 어기고 한의 존망을 위태롭게 하였다며 사형시킨다.[283]

반면 바쿠후의 군대는 사기에 있어서나 무기에 있어서 조슈군에 비해 형편없이 뒤떨어져 있었다. 당시 바쿠후파에 충성하면서 교토의 치안을 맡고 존황양이파를 상대로 테러를 주도하던 「신센구미(新選組)」의 국장 곤도 이사미(近藤勇, 1834~1868)가 히로시마의 바쿠후군을 시찰한 후, 조슈와의 전쟁에서 승리할 가망성이 없으며 조슈가 조금이라도 타협할 의사를 보이면 곧바로 받아들이라고 할 정도였다.[284]

바쿠후군은 1866년 6월 7일 공격을 개시한다. 바쿠후의 해군은 하기 북동쪽에 있는 오시마섬(大島)을 공격하여 점령하고 동쪽의 아키 한(安芸藩), 북쪽의 쓰와노 한(津和野藩), 남서쪽의 고쿠라 한(小倉藩)에서 동시에 공격한다. 바쿠후군은 오시마섬을 일주일 동안 점령하지만 이타가키 다이스케(板垣退助, 1837.5.21.~1919.7.16.)의 「기

곤도 이사미. 바쿠후에 끝까지 충성하는 「신센구미」의 지도자. 1868년 4월의 「도바-후시미 전투」에서 패하여 유신 정부군에 의해 처형된다.

제2차 조슈 정벌 중의 사무라이 군대

제2차 조슈 정벌 중의 바쿠후 측의 서양식 군대

헤이타이」는 섬을 곧 수복한다. 역습을 시작한 조슈군은 파죽지세로
바쿠후군을 격파한다. 바쿠후군에 참여했던 다이묘들은 모두 전투를
포기하고 몰래 자신의 영지로 돌아간다. 바쿠후군의 사령관인 오가사
와라 나가미치(小笠原長行, 1822.6.29.~1891.1.25., 가라쓰 한의 지명 후계
자)는 밤에 몰래 진중(陣中)을 떠나 오사카로 돌아가 버린다. 남은 군사
들은 진지와 성을 버리고 산으로 후퇴해서 저항하지만 사쓰마와 구마

모토의 중재로 휴전한다.[285]

1866년 7월 20일, 「제2차 조슈 정벌」이 조슈의 일방적인 승리로 끝나가고 있을 때 조슈 정벌을 위해 오사카에 머물고 있던 쇼군 도쿠가와 이에모치가 죽는다. 후계자로 지명된 도쿠가와 요시노부는 자신이 직접 군대를 이끌고 정벌 전쟁을 계속하겠다고 공언하며 오사카로 향할 준비를 한다. 그러나 오사카로 출발하기도 전에 바쿠후군은 전멸하다시피 하였고 바쿠후군에 가담했던 대부분의 다이묘들은 고향으로 철군하고 사령관마저 전장을 이탈했다는 소식을 듣는다. 바쿠후는 결국 쇼군의 죽음을 핑계로 정벌 중단을 선언할 수밖에 없었다.[286]

도쿠가와 이에모치. 14대 쇼군

정전 협상 과정에서 바쿠후군은 히로시마와 오사카로 철군할 것을 약속하는 대신 조슈군에게 전쟁 발발 이전의 조슈의 변경까지 철수해 줄 것을 요청하였고, 조슈 측은 정벌이 공식적으로 종료되었음을 선언하기 전에는 물러나지 않겠다고 한다. 결국 바쿠후군은 철군 과정에서 조슈군이 공격하지 않겠다는 약속만 받고 철군한다.[287]

바쿠후가 일개 한인 조슈에 굴욕적인 패배를 당했다는 것은 그 수명이 다했음을 뜻했다. 문제는 바쿠후 체제를 대신할 정치 체제가 과연 무엇인가였다. 차기 쇼군에 지명된 도쿠가와 요시노부는 전국에서 가장 강력한 다이묘들의 회의를 제안한다. 요시노부의 입장에서 이는 최선의 선택이었다. 비록 도쿠가와가 절대적인 권력을 유지하고 일본 전체를 통치할 수는 없더라도, 다이묘 회의가 정착되면 가장 큰 영지를 갖고 있는 도쿠가와가 여전히 막강한 영향력을 행사할 수 있을 것으로 생각했다. 다이묘 회의가 결정하는 것을 기존의 바쿠후 행정 체제를 통해 집행할 수 있다면 결국은 도쿠가와의 영토와 군을 유지할 수 있을 뿐만 아니라 개혁을 통해 도쿠가와 한이 다시 강해지면 조슈와 사쓰마도 충분히 견제할 수 있다는 계산이었다. 그러나 바쿠후의 이러한 계획마저 수포로 돌아간다. 에도로 소집된 24명의 다이묘 중 실제로 나타난 것은 5명뿐이었다. 나머지는 병을 핑계로 오지 않았다. 소집에 응했던 5명마저 사태를 파악한 후 하나 둘 자신들의 한으로 돌아갔다.[288]

16. 마지막 쇼군: 도쿠가와 요시노부

급격히 기울기 시작한 바쿠후는 1866년 12월, 도쿠가와 요시노부를 제15대 쇼군으로 추대한다. 1858년 이이 나오스케가 도쿠가와 이에모치를 제14대 쇼군으로 옹립하면서 경쟁에서 밀렸던 요시노부는 무너지는 바쿠후의 쇼군 자리를 극구 사양한다. 그는 존황양이 사상의 본거지인 미토의 다이묘 도쿠가와 나리아키의 아들이었으며 대표적인 「공무합체파」였다. 「긴몬노헨」 당시 사쓰마와 아이즈 한의 군사를 이끌고 조슈 한을 격파하기도 했다. 당시 가장 합리적이고 포용적인 리더십을 보였던 요시노부는 외국 사절들도 칭찬할 정도였다. 대안이 부재한 상황에서 요시노부는 바쿠후를 개혁할 수 있는 전권을 받는다는 조건으로 쇼군직을 수락한다.

쇼군이 된 요시노부는 열정적으로 바쿠후를 개혁하기 시작한다. 그는 프랑스로부터 대규모 원조를 받아 군 개혁을 추진한다. 요코스카(橫須賀)에 무기창을 건설하고 프랑스, 러시아, 영국의 군사 자문관들을 초빙하여 도쿠가와 군의 현대화를 꾀하는 한편 미국으로부터 무기를 사들인다. 바쿠후 행정 제도를 혁파하고 신분과 상관없이 능력 있는 인재들을 뽑았으며, 사법과 재정 개혁을 밀어붙였다. 결과는 눈부셨다. 이와쿠라 토모미(岩倉具視, 1825.10.26.~1884.7.20.)는 「현재의 쇼군 요시노부는 결연하고 용기와 큰 포부를 갖고 있다. 그는 강력한 적이며 결코 우습게 봐서는 안 된다」라고 하였고, 기도 다카요시도 「지금 간토(관동) 정부는 개혁을 추진하고 있고 군사 제도에도 놀

도쿠가와 요시노부, 마지막 쇼군

라운 변화가 일고 있다. 히토츠바시(요시노부)의 용기와 능력은 결코 과소평가해서는 안 된다. 만일 지금 조정을 복고시키지 못하고 바쿠후에게 우선권을 빼앗긴다면 이는 마치 이에야스가 다시 살아서 돌아오는 것과 마찬가지다」라고 하였다.[289]

1867년 1월, 고메이 천황이 36세에 당시 일본에 창궐하던 천연두로 급사하고 그의 15세 아들 메이지가 천황이 된다. 대부분의 한은 각자의 개혁에 몰두하고 있었다. 조슈는 제2차 조슈 정벌 전쟁에서 바쿠후군을 격퇴하기는 했지만 여전히 「조정의 적」으로 규정되어 있어 중앙 정치에 개입하지 못하고 있었다. 사쓰마만이 중앙 정치에 개입하고 있었지만 사쓰마의 힘만으로는 급격한 개혁을 통해 다시 힘을 기르고 있는 도쿠가와 바쿠후를 상대하기 힘들었다. 가만히 있으면 기도의 말대로 도쿠가와 바쿠후가 옛날의 영화를 되찾을 수 있고 조슈와 사쓰마

는 다시 한번 외곽의 한으로 중앙 정치에서 쫓겨날 판이었다.

그러자 사쓰마의 실권자 시마즈 히사미쓰는 우와지마(宇和島)의 다테 무네나리(伊達宗城, 1818.9.1.~1892.12.20.), 도사의 야마우치 요도, 후쿠이의 마쓰다이라 슌가쿠를 교토로 초청한다. 1867년 5월 1일, 교토에 모인 4개 한의 대표들은 조슈 문제, 그리고 현안으로 떠오르고 있던 효고(兵庫, 고베의 옛 이름)의 개항 문제에 대해 논의한다. 일본은 1862년 효고, 니가

고메이 천황

타(新潟), 에도와 오사카 등의 항구를 1867년 12월 7일까지 개항할 것을 미국에 약속한 바 있다. 그러나 1867년 3월 5일과 1867년 3월 22일, 바쿠후가 천황에게 개항을 허락할 것을 요청하지만 조정은 번번히 거부한다.[290]

이를 본 쇼군 요시노부는 4명의 다이묘들을 오사카로 불러 조슈와 효고 문제를 상의한다. 요시노부는 조슈가 과거의 잘못에 대해 사과만 한다면 바쿠후가 중재하여 천황이 용서를 하고 조정과 화해할 수 있도록 하겠다고 제안한다. 전쟁에서 졌기 때문에 조슈가 조금만 양보를 한다면 자신들의 체면도 살리고 화해도 할 수 있을 것이라는 계산이었다. 그러나 조슈는 요시노부의 계략을 간파하고 있었다. 조슈의 이토 히로부미는 기도 다카요시에게 편지를 보내 바쿠후가 교토와의 평화를 중재하려고 하는 간계는 존왕파에게는 최대의 위협이며 따라서 조

슈는 바쿠후의 개혁이 완성되기 전에 빨리 움직여야 한다고 한다.[291]

반면 조슈와 비밀리에 동맹을 맺었던 사쓰마의 히사미쓰와 우와지마의 다테는 조슈가 결코 사과하지 않을 것이라는 것을 알면서도 효고의 개항 문제보다는 조슈 문제를 먼저 해결해야 한다고 주장한다. 그러자 쇼군은 4개 한과의 협상을 중단하고 직접 조정에 압력을 가하기 시작한다. 결국 1867년 5월 24일, 천황은 효고 개항을 허가하고 바쿠후로 하여금 조슈에 관대하게 대하라는 영을 내린다. 바쿠후가 다시 한번 자신들을 무시하고 천황을 조정하여 모든 결정을 독단적으로 내리는 것을 본 4개 한의 다이묘들은 바쿠후를 격렬히 비난한다.

당시 교토에 머물고 있던 사쓰마의 오쿠보 도시미치는 사쓰마에 보내는 편지에 「바쿠후는 4개 한의 입장을 받아들일 생각이 전혀 없으며 잘못을 뉘우치지도 않고, 천황의 뜻을 받들 생각도 없다」라면서 오히려 충언하는 한들을 억압하고 있다고 비난한다. 그리고 유일한 방법은 무력을 사용하는 것밖에 없다고 결론을 내리고, 사쓰마의 군대를 교토에 보내고 사이고를 조슈로 보내 사쓰마와 조슈가 함께 구체적인 계획을 세울 것을 제안한다.[292]

당시 교토의 사쓰마 번저에는 조슈의 야마가타 아리토모와 시나가와 야지로가 머물고 있었다. 이들은 천황이 효고를 개항하고 조슈를 관대하게 대하라는 결정을 내렸다는 소식을 듣고 조슈로 향하려던 참이었다. 1867년 6월 16일, 사쓰마의 히사미쓰가 이들 조슈의 두 사무라이를 불러 사쓰마

젊은 시절의 오쿠보 도시미치

를 비롯한 4개 한이 나라를 위해 간언을 했지만 바쿠후는 이를 거절하고 독단적으로 행동하면서 전혀 변하는 모습을 보이지 않고 있다며, 곧 사이고 다카모리를 조슈에 보내겠다고 약속한다. 이 모임에서 사쓰마의 히사미쓰, 고마츠, 사이고는 조슈의 야마가타와 시나가와에게 조슈와 사쓰마가 함께 끝까지 힘을 합쳐서 바쿠후를 저지해야 한다고 한다. 이때 히사미쓰는 야먀가타와 시나가와에게 권총을 한 자루씩 선사한다. 이튿날인 1867년 6월 17일, 야마카타와 시나가와는 조슈로 출발한다.[293]

17. 「선중팔책(船中八策)」과 「대정봉환(大政奉還)」

도사의 입장에서 볼 때 「삿초동맹」이 도사 출신인 료마와 나카오카의 중재로 성사되긴 하였지만 사쓰마와 조슈가 힘을 합쳐 바쿠후를 무너뜨리는 것은 바람직하지 않았다. 막강한 두 「도자마 한」에 비해 도사는 너무 작았다. 사쓰마와 조슈가 무력으로 바쿠후를 제거하고 정권을 잡을 경우 도사의 존재는 미미할 것이 자명했다. 뿐만 아니라 도사는 「세키가하라 전투(1600년)」 이후 도쿠가와 바쿠후와 특별한 관계를 맺어왔다. 따라서, 도쿠가와 바쿠후가 몰락한다면 도사가 중앙 정치 무대에서 갖고 있었던 그 나마의 영향력마저도 오히려 사라질 것이 자명했다. 가장 바람직한 것은 「삿초동맹」과 바쿠후 사이의 타협이었다. 평화로운 정권 교체를 통해 바쿠후의 역할이 축소되지만 유지되고, 조정과 사쓰마, 조슈의 역할이 강화되는 새로운 집단 지도체제를 도출하는 것이야말로 도사에게는 최선의 결과였다. 도쿠가와 바쿠후와 특별한 관계를 맺어온 도사로서는 이러한 중재안을 내놓음으로써 도쿠가와에 대한 빚도 갚고 대세인 조슈와 사쓰마와도 협력하는 모습을 보일 수 있었다. 그렇다면 새로운 정치 체제는 조정과 사쓰마, 조슈는 물론 바쿠후와 여타 다이묘들도 모두 받아들일 수 있는 체제여야 했다.

사카모토 료마는 이러한 사항들을 고려한 새로운 정치 모델을 제시한다. 당시 일본으로 쏟아져 들어오고 있던 서양 문물 중 일본의 지식인들과 정치인들에게 가장 깊은 인상을 남긴 것은 다름 아닌「헌법」이라는 개념이었다.[295] 료마는「헌법」의 개념을 일본의 상황에 적용한다. 그 결과가 일본의 헌정과 의회 정치의 청사진이라 불리는「선중팔책(船中八策)」이었다.

천하의 정권을 조정에 봉환하고, 새 정령을 조정에서 세워야 한다.

一 상하의정국을 설치하고 의원을 두어 만기를 시기에 맞게 공의로 결정해야 한다.
一 유능한 공경제후와 천하의 인재를 고문으로 삼아 관직을 내리고 종래 유명무실한 관직을 폐지해야 한다.
一 외국과의 교류를 확대하는 공의를 모으고 새롭고 지당한 규약을 세워야 한다.
一 옛 율령을 폐지하고, 새롭고 무궁한 대전을 제정해야 한다.
一 해군을 확장해야 한다.
一 어친병(御親兵)을 설치하여 제도를 수비하게 한다.
一 금은의 시세를 외국과 균형을 맞추는 법을 제정해야 한다.

이상 팔책은 현재 천하의 형세를 살피고 정한 것으로 이를 천하 만국에 공포한다. 이 조항을 새롭게 바꿀 때에는 만사를 제쳐 두고 해야 한다. 이를 단행하면 황운(皇運)을 회복하고 국세를 확장하여 만국과 병립할 수 있다. 엎드려 바라건대 공명정대의 도리를 기반으로 일대 영단으로 천하를 새롭게 하자.

교토에서 바쿠후와 4대 다이묘 간의 협상이 깨지자 사쓰마와 조슈가 바쿠후를 상대로 무력을 동원할 것을 우려한 도사의 야마우치 요도는 고토 쇼지로(後藤象二郎, 1838.4.13.~1897.8.4.)를 교토로 보낸다. 이때 료마와 나가오카 신타로가 고토와 동행한다. 료마는 교토로 향하는 배 위에서 자신이 초안 한 「선중팔책」을 고토에게 보여준다.

고토와 료마 일행이 교토에 도착했을 때는 병중(病中)이었던 요도가 이미 도사로 돌아간 후였다. 고토는 1867년 6월 23일, 우와지마(宇和島)의 다테 무네나리에게 「선중팔책」을 보인다. 무네나리는 「선중팔책」의 내용에 동의하면서도 고토에게 사쓰마와 우선 상의할 것을 권한다. 고토는 사쓰마와 아키 한의 동의를 얻어내고 다시 도사로 돌아가 요도에게 「선중팔책」을 보이고 승낙을 얻는다. 한편 사쓰마는 조슈에 사람을 보내 「선중팔책」을 전하고 사쓰마가 동의한다는 뜻도 전한다. 이때 사이고 다카모리는 시나가와와 야마가타에게 편지를 보내 약속대로 조슈에 직접 가지 못한 것에 대한 양해를 구하고 「선중팔책」이 바쿠후를 상대로 한 전략의 일환이라고 설명한다.[295]

사태가 급박하게 돌아가기 시작하자 조슈는 1867년 7월 17일, 시나가와 등을 교토로 급파하여 사쓰마 지도자들과 협의하도록 한다. 이때 사쓰마는 바쿠후를 무력으로 무너뜨릴 계획을 갖고 있음을 처음으로 조슈 측에 알린다. 조슈의 대표단은 8월 24일 조슈로 전령을 보내 사쓰마의 계획을 알린다. 1867년 9월 17일, 오쿠보 도시미치는 시나가와, 이토와 함께 야마구치로 향한다. 조슈의 야마구치에 도착한 오쿠보는 바쿠후를 무력으로 무너뜨리는데 있어서 조슈가 도와줄 것을 공식으로 요청한다. 오쿠보는 바쿠후가 조슈로 하여금 오사카로 사절을 보내서 과거의 잘못에 대한 사면을 받을 것을 요구한 것을 핑계로 교토 근방으로 군대를 보낼 것을 제안한다. 조슈는 이에 동의하고 사쓰마의 군대가 1867월 9월 25일까지 조슈에 도착하면 두 한의 군대가 같이 교토로 진격할 것에 합의한다.[296]

1867년 9월 4일, 「선중팔책」을 요도에게 보이기 위하여 도사에 다녀온 고토는 그 사이에 상황이 급변하였음을 보고 당황한다. 사이고는 고

나가이 나오유키. 도쿠가와에 끝까지 충성하면서 메이지 정부에 저항한다. 하코다테 전투에서 패한 뒤 3년간 복역. 메이지 정부에 의해 사면된 후 메이지 정부에 출사한다. 일본의 소설가 미시마 유키오(平岡公威, 1925~1970)는 그의 증손자다.

토에게 사쓰마가 도사의 「선중팔책」에 반대하지는 않지만 우선 무력으로 바쿠후를 무너뜨릴 것임을 알린다. 도사로서는 중앙 정치에 참여할 수 있는 기회를 영영 놓치게 될 상황이었다. 9월 24일, 고토는 도쿠가와의 하타모토였던 나가이 나오유키(永井尚志, 일명 겐바, 1816.12.21.~1896.7.1.)를 만난다. 나가이는 고토에게 「선중팔책」을 급히 바쿠후에 제출할 것을 제안한다. 고토는 사쓰마의 고마츠에게 이를 알리고 1867년 10월 2일 「선중팔책」을 바쿠후의 로쥬 이타쿠라에게 제출한다.[297]

도사의 제안은 바쿠후에게도 매력적이었다. 어차피 권력을 이양할 거라면 조슈와 사쓰마의 군대에 패하여 강제로 빼앗기기 보다는 자발적으로 천황에게 넘기는 것이 나았다. 또 국정에 대한 책임을 교토의 천황과 조정에게 넘기면 바쿠후는 도쿠가와 영지를 개혁하고 세력을

교토의 니조궁

키우는 데 집중할 수 있었다. 1867년 10월 9일, 고토는 바쿠후가 자신의 제안을 받아들여 260년 만에 쇼군이 천황에게 권력을 되돌리기로 결정했다는 소식을 전해 듣는다.[298]

도쿠가와 요시노부는 1867년 10월 13일, 교토의 도쿠가와 바쿠후 궁인 니조궁(二條城)에 모인 40개 한의 대표단 앞에서 바쿠후가 천황에게 국가 통치권을 돌려줄 것을 공식적으로 선포한다. 소위 「대정봉환(大政奉還)」이었다. 반대하는 한은 없었다. 니조궁에서 쇼군의 대정봉환 선포를 직접 목격한 고토는 사카모토 료마에게 편지를 보낸다.

쇼군은 정권을 보위에 이양할 것이라는 의사를 밝혔고 내일 조정에 이와 같은 상소를 올릴 것이라고 했습니다. 이제 상하원을 갖는 의정국이 설치될 것입니다. (…) 이는 천년 만의 대 사건입니다. 당신에게 이를 알리는 것을 잠시도 지체할 수 없었습니다. 이보다 나라에 더 큰 기쁨을 주는 일은 없을 것입니다.[299]

「대정봉환도(大政奉還圖)」, 무라타 탄료(邨田丹陵, 1874~1940) 그림

　다음날 바쿠후는 교토의 천황에게 나라를 직접 통치할 것을 요청하는 상소를 올린다. 1867년 10월 15일, 천황은 이를 승낙한다. 「왕정복고」가 본격적으로 시작된다.

　그러나 역사적인 이 사건의 즉각적인 효과는 실망스러울 정도로 미미했다. 조정은 「대정봉환」을 공식적으로 받아들인 날 고쿠다카 10만 석 이상인 한의 다이묘들을 교토에 소집한다. 그러나 단 한 명의 다이묘도 나타나지 않는다. 대부분의 다이묘들은 아직 권력의 향배가 확실하지 않은 상황에서 섣불리 움직이려 하지 않았다. 도쿠가와에 충성하는 신판 다이묘와 후다이 다이묘들은 「대정봉환」을 격렬하게 반대하였다. 다른 대부분의 다이묘들도 도쿠가와 바쿠후를 존중하는 입장에서 조정의 영에 응하지 않는다. 마쓰다이라 요시나가는 권력이 조슈와 사쓰마 측으로 넘어가는 것을 막을 수 없음을 알면서도, 도사의 안이 서양의 의회 제도를 무비판적으로 받아들이고자 하기 때문에 반대할 수밖에 없다고 한다. 1867년 10월 22일, 천황은 어쩔 수 없이 국사를 다시 바쿠후에 맡긴다는 발표를 하고 10월 25일에 다시 다이묘들을 교토로 소집한다. 그러나 역시 아무도 나타나지 않는다.[300]

18. 「보신전쟁(戊辰戰爭)」

이에 사쓰마와 조슈는 바쿠후를 무력으로 무너뜨릴 계획을 실천에 옮기기 시작한다. 1867년 9월 20일, 아키(安藝國)도 「삿초동맹」에 동참하기로 결정한다. 교토의 조정에서는 이와쿠라 토모미가 「삿초동맹」 편에서 암약하기 시작한다.[301] 그러나 이번에는 사쓰마의 보수파들이 무력으로 바쿠후를 무너뜨리는 계획에 반대하고 나선다. 사쓰마 내부에서 격론이 벌어지자, 강경파는 교토에 군대를 보내는 것은 치안 강화를 위한 것일 뿐이라며 간신히 보수파를 설득한다.

이런 와중에 사쓰마의 군대가 조슈에 도착하기로 약속한 9월 26일이 지난다. 약속한 날짜가 지나고 10월이 되어도 사쓰마군이 오지 않자 출병 준비를 마치고 기다리던 조슈군 내부에서는 사쓰마에 대한 해묵은 반감이 다시 고개를 들기 시작한다. 특히 「기헤이타이」들은 사쓰마군 없이 조슈 단독으로 교토로 진군할 것을 주장한다. 10월 3일, 격론 끝에 우선 기다려 보자는 결론을 내린다. 10월 6일, 마침내 사쓰마군의 제1진이 도착하고 이어서 9일, 제2진이 도착한다.

한편 교토에서는 사쓰마와 조슈 동맹군 거병(擧兵)의 대의명분을

얻기 위해 10월 8일 사쓰마
의 오쿠보 도시미치와 조슈의
히로사와 산네오미(広沢真臣,
1834.2.7.~1871.2.27.) 등이 함
께 모의하여 천황으로부터 바
쿠후를 토벌하라는 칙령을 받
아 내기로 합의하고, 조정 내의
친-사쓰마 귀족들에게 이를 전
한다. 다음날 오쿠보는 이와쿠
라를 만나 쿠데타 계획을 알리
고 이와쿠라는 무력으로 왕정
복고를 명하는 천황의 칙령 초
안을 마련하여 조정의 왕정복

이와쿠라 토모미

고파 귀족인 나카야마 타다야스(中山忠能, 1809.12.17.~1888.6.12., 메
이지 천황의 생모인 나카야마 요시코(中山慶子)의 아버지)에게 전한다. 10월
13일, 조슈의 모리와 그의 아들을 사면한다는 칙령이 내려지고 10월
14일, 조슈와 사쓰마에게 바쿠후를 토벌하라는 칙령이 내려진다.[302]

칙령을 받은 히로사와와 시나가와는 조슈로 향하는 한편, 오쿠보,
사이고, 고마츠는 사쓰마로 향한다. 사이고와 고마쓰는 귀향하는 길
에 조슈에 들러 군대를 점검하고 10월 26일 가고시마에 도착한다. 사
쓰마군은 다이묘 시마즈 다다요시가 직접 이끌기로 한다. 1만 명의 사
쓰마군은 1867년 11월 13일 가고시마를 출발하여 11월 23일 교토에
도착한다. 조슈의 군대는 육군과 해군으로 나뉘어 11월 21일과 11월
25일 각각 조슈를 출발해 교토 인근에 포진한다.[303]

도사의 고토 쇼지로는 1867년 12월 2일 「삿초동맹」의 계획을 전해
듣고, 12월 8일에는 바로 다음날 쿠데타가 일어날 것이라는 얘기를

듣는다. 그는 급히 자신의 주군인 도사의 다이묘 야마우치 요도에게 이를 알린다. 요도도 쿠데타에 동참하기로 한다. 12월 8일, 메이지는 1863년 「긴몬노헨(禁門の変)」 이후로 금지되었던 조슈군의 교토 입성을 허락한다는 칙령을 내린다. 1867월 12월 9일, 「삿초동맹」군은 황궁을 장악하고 교토에 있던 모든 다이묘들을 입조시킨다. 12월 28일, 메이지는 사쓰마, 조슈, 아키와 도사번의 군사 2천명의 훈련을 참관하고 사열한다. 2천명 중 1,500명은 사쓰마 군이었다. 사쓰마 군은 수적으로만 압도적이었던 것이 아니었다. 그들은 영국군의 제복과 모자를 쓰고 있었다. 사열이 끝난 후 메이지는 장교들에게는 선물을, 병사들에게는 사케를 하사한다.[304] 1868년 1월 4일 「왕정복고」가 선포되고 교토에 있는 바쿠후의 모든 관청과 기관은 폐지된다.[305]

당시 메이지 천황의 나이는 15세였다. 왕정복고가 공식적으로 선포된 1월 4일 아침 천황은 이와쿠라 토모미의 가택연금을 해제시킨다. 이와쿠라는 5년 간 가택연금 중이었다. 사연은 이랬다. 1862년 조정과 바쿠후 간의 타협을 시도한 「공무합체(고부가타이)」의 일환으로 고메이 천황의 여동생 카즈노미야 치카코 내친왕(和宮親子内親王, 1846.7.3.~1877.9.2.)과 쇼군 도쿠가와 이에모치가 결혼한다. 이는 「도바쿠(막부 토벌)」을 외치던 존황양이파의 입장에서는 받아들일 수 없는 황가에 대한 모욕이었다. 이와쿠라는 카즈노미야 내친왕이 이에모치와의 결혼을 위하여 교토를 떠나 도쿄로 갈 때 공주를 시위(侍衛)한 쿠케(公家, 귀족) 3인 중 한 명이었다. 이 때문에 이와쿠라는 존황양이파들의 공격을 받게 되었고 고메이 천황은 결국 1862년 9월 14일, 이와쿠라를 포함한 쿠게 3명을 바쿠후에 동조하여 카즈노미야 내친왕을 에도로 보낸 죄로 모든 삭탈관직하고 가택연금에 처한다.[306] 그러나 고메이와 메이지의 절대적인 신임을 받고 있던 이와쿠라는 가택연금 중에도 끊임없이 왕정복고를 위하여 조슈, 사쓰마 등과 연락을 취하면서 암약한다.

메이지는 시종을 이와쿠라에게 보내 가택연금에서 풀려나는 즉시 관복을 입고 등청하라는 명을 전한다. 이와쿠라는 미리 작성해둔 왕정복고 포고문 등이 담긴 상자를 들고 궁으로 향한다. 이와쿠라는 천황에게 포고문을 전달하고 물러난다. 메이지는 서재로 향한다. 서재에는 황족들과 대신들

공무합체의 일환으로 14대 쇼군 도쿠가와 이에모치와 결혼한 카즈노미야 치카코 내친왕

이 모여 있었다. 메이지는 이들에게 이와쿠라가 준비한 왕정복고 포고문을 읽는다.[307]

포고문을 낭독한 그날 저녁 어전회의가 열린다. 사회를 맡은 쿠게 나카야마 타다야스(中山忠能)는 어전회의를 여는 목적이 새로 출범하는 제국정부의 기틀을 확립하는데 필요한 개혁과제를 논하기 위해서라고 한다. 그러나 회의는 마지막 쇼군 도쿠가와 요시노부의 신병처리에 대한 격론의 장이 되어버린다.

토론이 시작되자마자 도사의 야마우치 요도가 발언을 요청하고 일어서서 요시노부를 회의에 참석시킬 것을 제안한다. 쿠게 출신인 오하라 시게토미(大原重德, 1801.10.16.~1879.4.1.)가 이의를 제기하자 야마우치는 도쿠가와 가문이 일본에 200년에 걸친 평화를 가져다준 것은 칭송받아 마땅한 일이며 요시노부가 수대에 걸쳐서 물려받은 권력을 보다 좋은 정부를 수립하기 위하여 포기한 것 역시 칭찬받아 마땅

한 일이라고 한다. 야마우치는 이에 그치지 않고 아직도 어린 천황의 이름으로 요시노부의 공적을 깎아 내리려는 일부 쿠게 출신들이 있다고 비판하면서 발언을 마무리한다.[308]

그러자 이와쿠라가 일어나 야마우치를 격렬하게 비판한다. 이와쿠라는 야마우치가 어떻게 감히 어전에서 그런 말을 감히 할 수 있는지 되물으면서 유신이 성공할 수 있었던 것은 오직 메이지 천황의 놀라운 공덕 덕분이었고 왕정복고에 관련된 모든 결정도 모두 천황이 친히 내린 것이었다고 한다. 그리고 마치 쿠게 출신들이 어린 천황을 이용하여 권력을 장악하려고 하고 있다는 투로 말하는 것은 불경이라고 한다.[309] 이와쿠라의 비판에 놀란 야마우치는 거듭 자신의 발언에 대해 사과한다.

그럼에도 불구하고 다른 참석자들도 요시노부를 칭송하면서 새 정부에 그를 참여시킬 것을 종용한다. 에키젠(후쿠이)의 다이묘이자 새 정부의 「기조(議定, 의정)」에 임명된 마쓰다이라 슌가쿠(松平春嶽, 1828. 10.10. ~ 1890.6.2. 慶永, 요시나가로도 알려짐) 역시 수 백 년에 걸친 도쿠가와 가문의 성취를 언급한다.

이와쿠라는 마쓰다이라의 말을 끊는다. 만일 요시노부가 일말의 책임감을 느낀다면 즉시 모든 직책을 버리고 자신의 영지를 정부에 반납해야 할 것이고 그가 왕정복고에 기여하고 새 정부에 참여할 수 있는 기회를 얻는 방법은 그 뿐이라고 한다. 요시노부가 「대정봉환」을 한 것은 그저 명목상으로만 권력을 양보했을 뿐 아직도 봉토와 직함을 내놓지 않음으로써 실질적인 권력을 이양하는 모습은 보이지 않았다고 일갈한다. 그러면서 그런 사람을 어떻게 용서하고 이러한 자리에 참여시킬수 있겠냐고 힐문한다.[310]

참석자 중 처음으로 이와쿠라의 편을 든 것은 오쿠보였다. 그는 요시노부로 하여금 모든 영지를 반환하도록 명하고 이를 어길 경우 정부가 그를 정벌해야 한다고 주장한다. 오쿠보는 진중하고 입이 무거운 것으로 유명했지만 이날만큼은 유신의 주적에 대한 동정여론이 나오는 것을 듣고 참지 못해 입을 연다.

그 다음은 도사의 고토 쇼지로가 발언할 차례였다. 고토는 조심스레 요도와 마쓰다이라 요시나가를 두둔하면서 공명정대한 왕정복고를 위해서는 요시노부를 관대하게 대할 것을 주장한다. 오와리(尾張)의 다이묘 도쿠가와 요시카츠(德川 慶勝, 1824.4.14.~1883.8.1.), 아키(히로시마)의 다이묘 후계자인 아사노 나가코토(浅野 長勲, 1842.8.28.~1937.2.1.) 등도 요도와 요시나가와 동의했지만 사쓰마의 다이묘 시마즈 타다요시는 오쿠보 편을 든다. 바로 그 때 이와쿠라는 나카야마 타다야스가 몇 명의 쿠게들과 따로 속삭이는 것을 보고 왜 따로 구석에서 속삭이는지, 이처럼 중요한 문제를 천황폐하 앞에서 논하는 중에 모두 집중해야 할 판에 왜 따로 밀담을 나누냐면서 힐난한다. 메이지는 잠시 휴회를 선언한다.[311]

휴회 중 회의장 밖에 있던 사이고 다카모리는 짧은 칼 한 자루면 모

나카야마 타다야스　　　야마우치 요도　　　마쓰다이라 슌가쿠

든 논의를 종결 지을 수 있을 것
이라고 한다. 이 말을 들은 이
와쿠라가 아사노 나가코토에
게 천황 앞에서 피를 보는 한이
있더라도 요도를 처치하겠다
고 하자 놀란 아사노는 이와쿠
라를 지지할 것을 약속한 후 고
토에게 시종을 보내 사이고가
한 말과 이와쿠라가 얼마나 격
분하고 있는지 전하도록 한다.
상황을 파악한 고토는 요도에
게 피를 보기 싫다면 양보할 것
을 권한다. 요도는 따르기로 한

아사노 나가코토

다. 고토는 마쓰다이라 요시나가에게도 입장을 재고할 것을 종용한다.

천황이 다시 회의장에 입장하여 회의가 속개되자 더 이상 요시노부
를 두둔하는 사람은 없었다. 도쿠가와 요시노부의 모든 지위와 영지를
몰수해야 한다는 이와쿠라의 제안은 만장일치로 통과된다. 회의는 자
정이 되어서 끝난다.[312]

회의 다음날인 1868년 1월 5일, 도쿠가와 요시카츠와 마쓰다이라
요시나가는 니조궁으로 향한다. 쇼군직을 사임하겠다는 요시노부의
의사를 천황이 받아들였으며 직위와 영토를 반환하라는 명령도 아울
러 전하기 위해서였다. 요시카츠와 요시나가의 가마가 니조 궁내에 들
어서자 쇼군에게 충성하는 군사들은 그들을 에워싸고 「사쓰마 도적
들의 주구」, 「배신자」라고 욕을 퍼붓는다. 두 다이묘들은 동요하지 않
고 곧바로 요시노부의 방으로 가서 방문을 가로막고 욕하는 경비병들

을 밀치고 들어가 요시노부에게 천황의 명을 전한다.[313]

복명하는 자세로 천황의 명을 받은 요시노부는 차근차근 답한다. 우선 「대정봉환」을 하겠다는 자신의 의사를 받아들인 천황폐하께 감사를 드리며 자신의 직위와 영토를 반납하는 것도 기꺼이 하겠다고 한다. 다만 아무런 준비 없이 이를 발표할 경우 자신의 수하들이 어떻게 반응할지 몰라 혹여 불행한 사태가 발생하는 것을 막기 위해서 답을 할 때까지 하루만 시간을 달라고 한다. 요시카츠와 요시나가는 동의한다.[314]

요시노부가 예측한대로 쇼군의 군사들과 쇼군에 충성하는 영지들의 군사들은 격분하면서 모든 것을 사쓰마의 탓으로 돌린다. 일촉즉발의 상황이었다. 상황을 진정시키고자 요시노부는 자신을 지지하는 아이즈(会津), 쿠와나(桑名), 비츄(備中) 등의 다이묘들과 함께 니조 궁 뒷문을 빠져나가 오사카 성으로 향한다.[315] 다음날 주군이 오사카로 떠난 것을 안 바쿠후군 역시 오사카로 철군하지만 이들은 여전히 항전할 것을 주장한다.[316]

1월 14일, 요시노부는 오사카 성에서 영국, 프랑스, 이탈리아, 미국, 프로이센, 네덜란드의 공사들을 접견한다. 그는 이들에게 왕정복고가 이루어졌음을 알리면서도 외국과의 관계는 자신이 담당하고 있다고 한다. 새 정부에서는 아직 외교를 다룰 수 있는 준비가 안되어 있기 때문이라고 한다.

사흘 뒤 요시노부는 더 이상 「왕정복고」의 칙령을 따르지 않겠다고 공표한다. 그리고 정부가 「왕정복고」를 취하할 것을 요구한다. 새 정부의 소사이(總裁, 총재)인 타루히토 친왕(有栖川宮熾仁親王, 아리스가와노미야 다루히토 친왕, 1835.3.17.~1895.1.15.)에게 보낸 편지에 는 「왕정복고」에 불복하는 이유를 열거한다. 요시노부는 조상으로부터 물려받은 권력을 천황에게 반납하기로 한 것은 평화와 정의의 원칙에 입각하여 여론에 따른 결정이었지만 안타깝게도 몇몇 번의 무장들이 갑자기「고쇼(御所)」에 침입하여 선대 천황으로부터 벌을 받고 물러났던 귀족들과 작당하여 수 천년 이어받은 조정의 전통을 뒤흔들려 하고 있다고 한다.

이러한 변화가 천황 폐하께서 주도하시는 것이라 할지라도 충성된 신하의 도리는 잘못된 것은 불가하다고 간하는 것 아니겠습니까? 더구나 지금 나라가 혼란에 빠진 근본적인 원인은 아직 폐하의 나이가 어리기 때문입니다. 이는 특히 외교에 있어서 그렇습니다. 만일 저자들이 천황폐하의 의도를 왜곡하고 단기적인 편익을 바탕으로 외교를 한다면 그들은 외국의 신뢰도 일을 것이고 결국 황토에 큰 해악을 끼칠 것입니다.[317]

상황은 결국 전쟁으로 치닫는다.

이때 에도에서는 사이고 다카모리의 계획에 따라 사쓰마의 로닌 부대가 바쿠후를 상대로 테러를 일삼고 있었다. 요시노부를 자극해 군사를 움직이도록 유도하기 위해서였다.[318] 1월 18일에는 에도 성의 외곽이 불에 탄다. 바쿠후는 이를 사쓰마 로닌의 소행으로 규정한다. 같은 날 사쓰마 로닌들이 쇼나이(庄内) 번관에 총격을 가한다. 당시 쇼나이번은 에도의 치안을 맡고 있었다.[319] 이틀 후 바쿠후는 쇼나이번의 군대에게 로닌의 척결을 명한다.[320] 바쿠후 군 2천 명은 새벽에 로닌 부대의 본거지인 사쓰마 번관을 포위하고 소요를 일으킨 로닌들을 넘길 것을 요구한다. 사쓰마가 이를 거부하자 바쿠후 군은 공격을 개시하여 결국 양측에 수많은 사상자가 나오고 번관은 전소된다.[321]

에도에서의 무력 충돌 소식은 바로 다음날 오사카에 전해진다. 이 소식이 전해지면서 오사카의 바쿠후 군은 격분한다. 그때 다시 마음이

도바–후시미 전투

후시미에서 조슈 군사들을 점검하는 사이고 다카모리

바뀐 요시노부는 천황에게 자신의 지위와 영토를 반납하라는 영을 따르겠다는 편지를 쓰고 있었다.[322] 그러나 바쿠후 군사들의 분노에 마음을 또 바꾼 요시노부는 1868년 1월 25일(음력 1월 1일) 결국 사쓰마

를 토벌하라는 격문을 내고 바쿠후 군의 교토 진격을 명한다.[323] 보신
전쟁의 시작이었다.

　바쿠후 군의 주력은 아이즈(会津)군이었다. 교토 인근의 도바(鳥羽)에

후시미에 집결하는 아이즈 군

도바 전투

서는 도쿠가와 측 군사 2,500명이 사쓰마군 900명과 대치한다. 후시미에서는 도쿠가와와 아이즈, 기타 친-도쿠가와번의 군사 3,000명이 사쓰마군 500명, 조슈 군 725명, 그리고 도사 군 200명과 대치한다.[324] 사이고가 지휘하는 사쓰마-조슈-도사 연합군은 수적

서양식 제복을 입은 바쿠후 군

으로 절대적인 열세였다. 뿐만 아니라 바쿠후 군은 프랑스 교관들의 훈련을 받았고 최신식 무기로 무장하고 있었다.

사이고는 전투에 나서기 전 교토가 함락될 위험에 처할 경우 천황을 시녀로 가장시켜 후궁의 가마에 태워 사쓰마와 조슈 군사들의 호위 하에 아키나 빙고 등 안전한 곳으로 피신시키는 계획을 세운다. 천황이 위급할 때 여장을 하고 피신하는 것은 일본의 전통이었다.[325]

　1868년 1월 27일, 아이즈와 쿠와나 번 군사들은 교토로 향하던 중 황혼이 질 무렵 도바와 후시미에서 사쓰마 군이 주력인 황군을 만난다. 바쿠후 군 사령관은 쇼군의 영으로 자신들은 교토로 향하고 있으며 길을 막을 경우 발포할 것이라고 한다. 사쓰마 군은 발포로 답한다.[326]

　사쓰마 군의 포탄이 바쿠후 군 사령관 타키가와 토모타카 옆에 떨어지자 그가 타고 있던 말이 놀라서 앞발을 들자 타키가와가 낙마한다. 주인 없는 말이 도바로 가는 길(鳥羽街道)에 진열해 있던 바쿠후 군 앞을 질주해 사라지면서 바쿠후 군은 혼란에 빠진다.[327]

　바쿠후 군의 사기를 꺾는데 결정적인 역할을 한 것은 「황군기」였다. 1867년 10월 10일, 사쓰마의 오쿠보 도시미치와 조슈의 시나가와 야지로는 가택연금 중인 이와쿠라 토모미를 찾아가서 왕정복고를 논한다. 그때 이와쿠라는 책사 타마마츠 마히로(玉松真弘(1810.4.20.~1872.3.23.)가 고안한 「황군기」를 보여준다. 오쿠보는 교토에서 붉은 색과 흰색 천을 사서 깃발을 만든 후 반은 시나가와로 하여금 조슈로 가져가게 하고 나머지 반은 교토의 사쓰마 번저에 보관한다.[328]

도바~후시미 전투에서 황군이 사용한 황군기

1868년 1월 28일, 메이지 천황은 고마쓰노미야 아키히토 친왕(小松宮彰仁親王, 1846.2.11.~1903.2.26.)을 황군의 「정동대장군(征東大將軍)」에 임명하면서 이와쿠라가 고안한 깃발을 하사한다. 이에 황군에 저항하는 군사는 자동적으로 「쵸테키(朝敵, 조적)」, 즉 「조정의 적」이 된다. 도쿠가와 요시노부는 자신이 조정과 싸우는 것이 아니라 사쓰마와 싸우는 것이라고 하

고마쓰노미야 아키히토 친왕

였지만 황군기는 사쓰마군, 조슈군 등이 곧 황군임을 뜻했다. 이 깃발은 사쓰마 군의 사기를 높였을 뿐만 아니라 바쿠후 군사들에게 황군을 공격하는 것이 옳은 것인지 망설이게 함으로써 바쿠후 군의 패배에 결정적인 역할을 한다.[329]

3일에 걸친 치열한 전투 끝에 유신 정부군은 수적 열세에도 불구하고 압승을 거둔다. 사쓰마와 조슈군의 압도적인 전투력을 다시 한번 입증한 전투였다.[330] 도바에서 퇴각한 바쿠후 군은 요도성(淀藩城)에서 전열을 재정비하고자 한다. 요도의 번주는 바쿠후의 최고위직인 로쥬(老中)였다. 그러나 요도성은 바쿠후 군의 입성을 거부한다. 이튿 바쿠후 군은 오사카로 가는 길목인 야마자키를 지키는 역할을 부여 받았던 츠 번(津藩)에 도착하지만 츠 번의 군사들은 오히려 바쿠후 군에게 발포한다. 그 전날 조정이 사신을 보내 츠 번으로 하여금 바쿠후를 버리고 조정에 충성하도록 설득하였기 때문이다.[331]

그날 저녁 요시노부는 오사카 성에서 바쿠후 군 지도자들과 전략

회의를 연다. 군 사령관들이 군
의 사기를 진작시키기 위해 친
히 군 사령관을 맡을 것을 종용
하자 요시노부는 승락한다. 그
러나 그날 밤 요시노부는 오
사카 성을 몰래 빠져나와 전
함 「카이요마루」로 향한다. 전
함은 아직 도착해 있지 않았다.

「카이요 마루」. 1865년 바쿠후의 주문으로 네덜란드에서 건
조된 전함. 「에조 공화국」 해군의 기선이 되지만 1868년 호
가이도 부근에서 풍랑으로 좌초한다.

기다리는 동안 요시노부는 옆에 정박해 있던 미국의 군함 「이로쿠아
(Iroquois)」에 승선한다.

　다음 날 아침 요시노부는 늦게 도착한 「카이요마루」에 올라 에도로
간다. 배에는 소수의 측근들만 함께 타고 있었다. 바쿠후 군의 잔병들
은 다음 날 아침 요시노부가 도망쳤다는 소식을 전해 듣고는 오사카
성을 버리고 흩어진다. 훗날 요시노부는 조정을 상대로 싸울 의도는
처음부터 없었으며 특히 황군기가 나타난 순간부터 싸울 모든 의지를
잃었다고 한다.[332]

　전쟁이 잠시 소강상태로 접어들었을 때 공무합체의 일환으로 1862
년 도쿠가와 이에모치에게 시집 간 카즈노미야 내친왕이 외가의 친

도바-후시미 전투, 쓰키오카 요시토시(月岡芳年, 1839~1892) 그림

보신전쟁 중의 사쓰마 사무라이들

도바-후시미 전투. 왼편이 아이즈 한의 군이 주력인 바쿠후의 군대, 오른편이 조슈와 도사군

척이었던 동부의 황군 사령관 하시모토 사네야나(橋本実梁, 1834.5.13.
~1885.9.16.)에게 사람을 보내 도쿠가와 가문이 「조적」이라는 오명만
은 남기지 않게 해달라는 요청을 조정에 보낸다. 요시노부는 전쟁이
일어날 것을 전혀 예측하지 못하고 있었으며 「조적」이라 낙인 찍힌 후
곧바로 에도로 돌아왔다고 한다. 그의 죄는 씻을 길이 없겠지만 카즈
노미야 자신을 봐서라도 도쿠가와 가문 전체가 「조적」으로 오점을 남
기는 것만큼은 피하게 해달라고 한다. 황군이 도쿠가와 가문을 공격한
다면 자신도 물론 자결하겠지만 「조적」으로 죽는 다는 것은 생각만해
도 너무 고통스러운 일이라고 한다.[333]

　여러 다이묘들도 요시노부가 참회를 한다는 것을 전제로 용서해줄

것을 조정에 요청한다. 이와쿠 라 역시 이를 원했으나 에도로 사람을 보내 요시노부의 의중 을 떠 보지만 요시노부의 애매 한 답변은 오히려 이와쿠라를 분노케 한다.

레옹 로쉬

요시노부는 항복할 것인지 저항할 것인지 계속 주저한다. 2월 9일에는 주일 영국 공사 파 크스(Harry Parkes)에게 도쿠가 와 바쿠후가 아직도 일본의 대 외관계를 맡고 있으며 만일 파 크스가 천황의 정부 인사들과 만난다면 이는 일-영 조약을 위반하 는 것이 될 것이라고 한다. 그러나 이틀 뒤에는 당시 가장 강력하게 끝까지 천황 군에 저항할 것을 주장하던 오구리 타다마사(小栗忠順, 1827.7.16.~1868.5.27.)를 해임한다. 그리고는 마츠다이라 요시나가와 야마우치 요도에게 편지를 보내 도바-후시미의 전투는 자신의 허락 없이 벌어졌으며 왜 황군이 자신을 쫓고 있는지 모르겠다면서 조정에 서 자신을 옹호해달라고 간청한다.[334]

2월 13일, 요시노부는 에도 성에서 주 일본 프랑스 공사 레옹 로쉬 (Léon Roches 1809.9.27.~1900.6.23.)를 접견한다. 로쉬는 여전히 도쿠 가와 바쿠후를 지지하고 있었고 도바-후시미 전투에서의 패배에도 불 구하고 궁극적으로는 바쿠후 군이 승리할 것으로 믿었다. 요시노부는 로쉬에게 도쿠가와의 영지를 지키기 위해서 할 수 있는 모든 것을 하 겠다고 한다. 그리고 천황은 인질 상태이며 본인의 의지대로 아무것도 할 수 없고 조정은 사쓰마와 조슈가 장악하고 있다고 한다.[335]

다음날 다시 한번 로쉬를 만난 요시노부는 자신은 은퇴하고 자리를 기슈의 다이묘인 도쿠가와 모치츠구에게 넘길 것이라고 한다. 2월 15일에는 다시 한번 요시나가와 요도에게 편지를 써서 자신은 「조적」이라는 오명도 얻었고 건강도 나빠졌기 때문에 은퇴할 것이라고 한다. 그러면서 두 다이묘들에게 「조적」이라는 오명을 씻어줄 것을 부탁한다.[336]

2월 23일, 요시노부는 로쉬를 마지막으로 접견한다. 이때 로쉬는 요시노부의 입장문을 초안한다. 로쉬가 정리한 요시노부의 입장문에 의하면 바쿠후는 외국과의 관계를 향상시키고 조약들을 개정하여 열강들에게 더 이득이 될 수 있도록 조약을 개정하겠다고 한다. 기독교를 허용할 수도 있다고도 한다. 그러나 자신이 견딜 수 있는 것은 한계가 있으며 프랑스를 비롯한 외국 정부가 이를 이해해 줄 것을 요청한다.[337]

로쉬는 주일 외교사절 중에서는 유일하게 도쿠가와 정부가 서방국가들에게 더 유리한 교역 상대가 될 것으로 믿었다. 반면 영국의 파크스는 교토의 조정이 결국은 일본을 통치하게 될 것이라는 것을 간파하였고 요시노부는 숙청되지 않더라도 일개 번의 번주에 불과하게 될 것이라는 사실을 알았다.

3월 4일 요시노부는 우에노의 「칸에이지(寬永寺)」에 들어가 은거 생활에 들어가겠다고 한다. 천황의 분노를 산 것은 자신의 잘못이며 어떤 벌도 달게 받으며 오직 복종하고 참회하는 삶을 살겠다고 한다.[338]

1868년 2월 25일, 메이지는 아주 어렸을 때 이후 처음으로 「교토고쇼(京都御所, 교토어소, 황궁)」를 나선다. 교토의 쇼군 거소였던 니조 궁을 방문한 메이지는 새 정부의 「소사이(총재)」 타루히토 친왕의 영접을 받는다. 「구로쇼인(黑書院)」에서 어전회의가 열려 천황이 친히 군사를 이끌고 반군 정벌에 나서는 문제, 총사령관의 임명문제 등을 논한다. 3월 1일, 타루히토 친왕이 총사령관에 임명되면서 「황군기」를 받는다. 도쿠가와 요시노부와 사돈지간이었던 그는 자신을 정벌군 사령

교토 니조궁의 구로쇼인

관에 임명해 줄 것을 강력하게 요청한다. 3월 7일, 그는 천황에게 사폐
(辭陛)하고 교토를 출발한다.[339]

4월 17일, 에도로 진격하는 황군과 곤도 이사미가 지휘하는 「신센
구미」와의 첫 교전이 있었다. 이타가키 다이스케가 지휘하는 황군의
「기헤이타이」는 「신센구미」를 격파한다.[340]

에도성을 포위한 황군은 바쿠후 군의 항복을 위한 협상을 시작한다.
황군 측에서는 사이고 다카모리가, 바쿠후 군 측에서는 가쓰 가이슈가
협상에 나선다. 1864년 만나서 서로에게 매료되었던 두 사람은 또 다
시 운명적으로 반대편의 협상자로 만난다.

이때 가쓰는 영국 공사 해리 파크스의 자문을 구한다. 새토우는 가
쓰와 파크스의 대화를 다음과 같이 전한다.

가쓰는 게이키(요시노부)를 지키기 위하여 싸울 준비가 되어 있지만 사이
고가 천황에게도 누가 되고 내전도 질질 끄는 그런 과도한 요구사항은 내
놓지 않을 것으로 믿는다고 한다. 그는 파크스 경이 정부에 대해 갖고 있
는 영향력을 발휘하여 그런 파국에 이르지 않도록 해 달라고 간청했다.

파크스는 가쓰의 말대로 거듭 정부에 건의하였다. 특히 4월 28일 사이고가 파크스를 찾아왔을 때 파크스는 게이키와 그의 휘하들을 심하게 대하는 것, 특히 개인에 대한 벌을 가하는 것은 서구열강 사이에 새 정부에 대한 좋지 않은 인상을 남길 것이라고 한다. 사이고는 한때 쇼군이었던 자의 목숨을 내놓으라고 하지는 않을 것이며 교토(천황)를 상대로 군사를 일으키라고 게이키에게 종용했던 사람들에게도 관용이 베풀어질 것으로 기대한다고 했다.[341]

파크스의 적극적인 중재에 힘입어 가쓰 가이슈는 요시노부를 설득하여 1868년 4월 26일 항전하지 않고 에도 성문을 열어 항복한다. 4월 26일, 쿠게 출신 하시모토 사네야나와 사이고 다카모리 등 황군측 인사 60명이 에도성으로 들어간다. 성주인 도쿠가와 요시요리는 이들을 정중하게 맞이하고 에도 성을 일주일 후 황군에게 인계할 것에 합의한다. 5월 4일 황군은 에도를 접수한다.[342]

그러나 메이지 정부에 대한 저항은 계속된다. 사이고 다카모리가 이끄는 황군이 에도성을 접수한지 5개월 후 도쿠가와에 충성하는 에노모토 다케아키(榎本武揚, 1836.8.25.~1908.8.26.)는 도쿠가와 해군의 전함 8척을 이끌고 에도를 탈출한다. 그는 에조(홋카이도)의 하코다테「고료카쿠(五稜郭)」에 본부를 설치하고 마츠마에(松前) 와 히로사키(弘前) 번 군사들을 물리친다.

1869년 1월 14일 에노모토는 영국과 프랑스 공사들을 통해 북부지방을 개발할 수 있도록 허가해 줄 것을 조정에 요청한다. 1월 26일, 이와쿠라 토모미는 에노모토는 말과 행동이 다르다며 그를 반역자라 못박는다. 이에 에노모토는「에조 공화국」의 수립을 선포한다. 당시 하코다테 항에 정박해 있던 영국과 프랑스 함대들은 일단 에조 공화국을 합

하코다테의 고료가쿠

교토에서 도쿄로 이름을 바꾼 에도로 천도하는 메이지 천황 행렬

법정부로 인정한다. 그러나 대세를 거스를 수는 없었다. 1869년 6월 27일, 에노모토는 구로다 기요타카가 이끄는 정부군에 항복한다.[343]

　메이지 유신에 대한 마지막 저항군이었던 에노모토가 항복하기 3개월 전인 1869년 3월 28일, 메이지 천황은 도쿠가와 바쿠후가 사용하

던 에도 성으로 거처를 옮기고 에도는 「도쿄」로 명칭이 바뀐다. 도쿠가와 바쿠후가 일본을 지배하던 「에도 시대」는 이렇게 막을 내린다.

19. 「판적봉환(版籍奉還)」과 「폐번치현(廃藩置県)」

도쿠가와 바쿠후를 무너뜨리는 과정에서 쇼군을 칭할 수 있는 강력한 지도자는 떠오르지 않았다. 바쿠후를 무너뜨린 「삿초 동맹」의 지도자들은 다이묘들도 아니었다. 메이지 유신의 「삼걸」로 일컬어지는 조슈의 기도 다카요시, 사쓰마의 사이고 다카모리와 오쿠보 도시미츠는 모두 하급 무사 출신이었다. 이들 중 한 명이 새 쇼군이 될 수는 없었다. 메이지 유신의 지도자들은 새로운 정치 모델을 모색할 수밖에 없었다. 천황이 새로운 체제의 중심이 될 것은 분명했지만 구체적으로 어떤 제도를 갖춘 나라가 될 것인지는 아무도 몰랐다. 새로운 체제는 1889년 「메이지 헌법」이 선포되고 나서야 비로소 그 골격이 잡힌다.[344] 「왕정복고」가 이루어진 1868년부터 1889년까지의 20여 년은 지도자도, 이념도, 체제도 불확실한 가운데 끊임없는 실험과 시행착오를 겪으면서 새로운 나라를 만들어가는 과정이었다.[345]

메이지 유신을 주도한 인물들은 비록 새 체제에 대한 구체적인 청사진이나 이를 뒷받침할 이념은 없었지만 서구 열강의 도전에 직면한 일본의 국력이 너무나 미약하다는 위기의식과 강력한 정부와 단합된 국가가 필요하다는 문제의식은 공유하고 있었다. 단합된 국가를 만들기 위해서는 일본 고유의 가치와 제도들을 강조해야 했지만 강한 정부를 만들기 위해서는 서양의 과학과 기술, 법과 행정 체제, 군사 제도와 무기를 받아들여야 했다. 이러한 인식을 바탕으로 메이지 유신의 지도자들은 동양과 서양, 전통과 현대의 조화를 꾀한다. 그러나 메이지 헌법이 선포될 때까지의 20년은 무수한 모순을 노정시키고 끊임없는 논쟁과 갈등을 불러일으킨 격변기였다.[346]

1868년 1월 4일, 조정은 이와쿠라가 준비한 포고문을 통하여 켄바쿠제도를 폐지한다. 바쿠후 체제하에서는 「쇼군(將軍, 장군)」이 「켄바쿠(建白, 건백)」를 통하여 교토의 조정과 천황 대신 권력을 행사하였다. 다시 말해서 켄바쿠 제도는 도쿠가와 막부체제의 근간이었다. 메이지 유신 세력이 「왕정복고」를 선포한 것은 켄바쿠제도가 수립된 8세기 이전의 당나라 식 율령국가제도로 돌아가서 천황이 「친정(親政)」을 시작하였음을 뜻했다.

천황이 친히 통치하는 새 정부는 「소사이(總裁, 총재)」, 「기조(議定, 의정)」, 「산요(參與, 참여)」가 이끌 것임을 선포한다. 그러나 이는 새로운 정부 조직이라기보다 메이지 유신에 기여한 다양한 세력들을 골고루 참여시키기 위한 임시 기구에 불과했다. 「기조」는 30명(왕자 5명, 조정 귀족 12명, 다이묘와 인척들 13명), 「산요」는 102명(조정 귀족 43명, 조정 고위관리 6명, 사무라이 53명)에 달했다. 2월에는 유신 정부의 정부 조직이 신설되어 총재국, 신기사무국, 내국사무국, 외국사무국, 해륙군무국, 회계사무국, 형법사무국, 제도사무국 등 8국(局)이 신설된다.[347]

바쿠후 체제는 폐지시키고 새로운 체제는 청사진조차 없는 상황에서 새 정부가 의존할 수 있는 것은 천황의 권위밖에 없었다. 유신정부는 천황의 권위를 강화시키는데 모든 노력을 경주한다.

4월 5일 「진기칸(神祇官, 신기관)」이 부활된다. 「진기」란 「천신지기(天神地祇)」를 줄인 말이었다. 「진기칸」은 아스카(飛鳥, 6세기 후반 ~ 8세기 초반)와 나라 시대(奈良時代, 710년~794년)에 설립된 국가기관이었다. 당시 일본은 당나라의 율령제 국가체제를 도입하는 과정이었다. 「진기칸」은 당의 「예부(禮部)」에 해당하는 기관이었다. 중국의 「6부(部)」제도를 도입하면서도 「예부」는 유교의 「예」 대신 일본의 고유 신앙인 「신토」를 주관하는 「진기칸」으로 대체한다.

그러나 「진기칸」은 오랜 세월을 거치면서 유명무실해진다. 특히 불교와 섞이면서 고유의 정체성을 상실한다. 실제로 일본사람들은 1천 년 넘게 신토와 불교를 구분하지 않고 믿었다. 신토에서는 현세를 아름답고 행복한 곳으로 본 반면 「요미(黃泉)」, 즉 「황천」은 지하의 어둡고 무서운 곳이었다. 반면 불교에서는 「사바(娑婆)」 즉, 현세를 고통의 세계로 보고 오히려 죽어서 극락세계에 갈 수 있다고 믿었다. 이처럼 근본적으로 상충되는 교리에도 불구하고 신토와 불교가 공존, 공생할 수 있었던 것은 「혼지수이자쿠(本地垂迹, 본지수적)설」 때문이었다. 이 설에 따르면 신토의 「가미(神)」들은 대부분 불교 보살(菩薩)들의 「곤겐 (權現, 권현)」, 즉 「화신」이었다. 그리고 신토와 불교를 굳이 구분하지 않았기 때문에 수많은 신토 사제 「간누시(神主)」들은 불교 승려도 겸직하고 있었다.[348]

새 정부는 「진기칸」을 부활시키는데 이어서 나흘 후인 4월 10일부터는 간누시들에게 불교 승의 지위를 포기하는 동시에 승복을 버리고 머리를 기를 것을 명한다. 이때부터 신토를 불교로부터 분리하는 작업이 본격적으로 시작된다.[349] 그 후 조정과 황실의 모든 중요 예식들은 「진기칸」의 소관으로 하고 신토의 「간누시」로 하여금 모든 예식을 거행하도록 한다.

「진기칸」을 부활시키고 신토를 불교로부터 분리하여 「국교」로 격상시키는 것은 천황의 존재를 부각시키기 위해서였다. 일본 불교의 정점에는 바쿠후가 있었다. 도쿠가와 바쿠후의 설립자 도쿠가와 이에야스는 사후에 「도쇼다이공겐(東照大權現, 동조대권현)」으로 신토의 신사인 동시에 불교 사찰인 「닛코토쇼구(日光東照宮, 닛코동조궁)」에 안장된다. 반면 신토 세계관의 정점에는 천황이 있었다. 메이지는 1869년 4월

「닛코토쇼구(日光東照宮, 닛코동조궁)」

이세신궁

신토의 가장 중요한 신사인 「이세 신궁(伊勢神宮)」을 참배한다. 일본 천황이 「이세 신궁」에 참배한 것은 메이지가 최초였다. 이때부터 「이세

「5개조의 서문」 선포식

신궁」은 일본에서 종교적으로 가장 중요한 장소가 된다.

　「오개조의 서문(五箇条の御誓文)」 선포식은 진기칸을 부활시킨 바로
다음날 신토 의식으로 거행한다. 「신신덴(紫宸殿, 자신전)」에 쿠게, 다
이묘, 그 밖의 대신들이 모두 관복으로 정장한 채 집합한다. 의식 자
체는 소금물과 쌀을 뿌리는 정화의식으로 시작되었다. 그 다음은 「진
기하쿠(神祇伯)」 시라카와 스케노리(白川資訓, 1841.12.27.~1906.12.7.)
가 「가미우타(神巫詞, 신무사)」를 부름으로써 「신내림」 의식을 행한
다. 「가미」에게 제물을 바친 다음에는 천황이 산조 사네토미와 이와
쿠라 토모미 등 두 명의 부총재, 나카야마 타다야스(中山忠能, 1809.
(음)11.11.~1888.6.12.)와　　오기마치산조　　사네나루(正親町三条実愛,

1820.12.5.~1909.10.20.) 등 두 명의 「기조」, 그리고 기타 대신들과 함께 「신신덴」으로 들어와 옥좌에 앉는다. 옥좌는 남쪽을 향하고 있었고 「신자(神坐, 신좌)」는 오른쪽 대각선 방향에 있었다. 옥좌 주변에는 사계절을 그린 병풍이 쳐져 있었다.[350]

산조가 신토 축문을 낭독한 다음 메이지는 제단으로 나가 절을 한 후 축문을 외우고 제물을 바친다. 그러자 산조가 「오개조의 서문」을 낭독한다.

1868년 4월 6일(음력 3월 14일) 군신에게 조서를 내린다.

1. 널리 회의를 일으키고, 만사를 공론에 의해 결정한다.
2. 상하 마음을 하나로 하여 활발하게 경륜을 행한다.
3. 문무백관이 하나가 되어 서민에 이르기까지 각자 뜻을 세워 민심을 흔들리지 않기를 요한다.
4. 구례의 누습을 타파하고 천지의 공도에 기초한다.
5. 지식을 세계에 구해 크게 황기를 떨친다.

* 우리나라는 미증유의 변혁을 이루고자 하니 짐이 스스로 모두 앞장서서 천지신명에게 맹서하여 크게 국시를 정하고 만민보전의 길을 세우고자 한다. 모두도 또한 이 취지에 따라 협심, 노력할 지어다.[351]

제4항의 「구례의 누습」이라 함은 봉건제도 일반을 지칭하기도 하지만, 특히 도쿠가와 바쿠후 시대의 구체제를 일컫는다.

또 한 가지 특기할 사항은 5개조의 서문이 천황 개인의 일인칭으로 반포되었다는 사실이다. 과거의 모든 바쿠후는 천황의 이름으로 통치하였다. 그러나 이처럼 천황이 국사에 대해 직접 자신의 목소리를 내는 것은 물론, 이를 자신 개인의 의지의 일환으로 표현하는 경우는 메이지 유신 때까지 거의 전무하였다. 이제 「5개조의 서문」을 거역하는 것은 곧 천황을 거역하는 것이 되었다. 메이지 유신 체제의 이러한 특징은 유신 세력이 하급 무사 계층이었다는 사실에서 기인한다. 아직도 봉건 체제의 신분제도가 작동하고 있던 시대에 신분이 낮은 사무라이 출신들이 정국을 주도하기 위해서는 모든 것을 천황의 이름으로 할 수밖에 없었다.[352]

반면, 「널리 회의를 일으키고, 만사를 공론에 의해 결정한다」는 「제1조」는 메이지 유신 세력의 또 다른 고민을 반영하였다. 이미 사카모토 료마의 「선중팔책」에서도 드러났듯이, 도사처럼 작은 한의 입장에서는 새로운 체제하에서 조슈와 사쓰마 같은 막강한 한들이 권력을 독점하는 것을 막는 것이 우선이었다. 그 일환으로 도사는 계속해서 입헌주의를 주장한다. 도사의 대표적인 존황양이파였던 이타가키 다이스케가 훗날 일본의 대표적인 「자유민권주의자」가 되고 일본 최초의 정당을 만드는 것도 조슈와 사쓰마의 메이지 유신 체제 독점을 막기 위한 방책의 일환이었다. [자유민권운동에 대한 자세한 논의는 제 III권, 제7장, 「3. 자유민권운동」 참조]. 반면 조슈와 사쓰마도 비록 자신들의 주도로 도쿠가와 바쿠후를 무너뜨렸지만 일방적으로 정국을 이끌고 나갈 힘은 부족하다는 사실을 잘 알고 있었다. 따라서 최소한 겉으로는 다른 번들의 의사를 묻고 반영하는 모습을 보였다. 그 결과가 유리 키미마사(由利公正, 1829.11.11.~1912.4.28.)와 후쿠오카 타카치카(福岡孝弟, 1835.2.5.~1919.3.7.)가 기초하고 기도 다카요시가 수정한 메이지 천황의 「5개조의 서문」이었다.[353]

이러한 변화에도 불구하고 일본은 여전히 다이묘들이 실질적으로 통치하고 있었다. 1868년 5월 도쿠가와 요시노부가 도쿠가와의 영지를 새 정부에 이양한다. 행정의 효율성을 위해 「기조」와 「산요」의 수는 대폭 줄인다. 직위를 빼앗긴 자들의 특권을 유지시켜주기 위해 「기세이칸(議政官, 의정관)」이라는 의회를 만들고 곧 「코기쇼(公議所, 공의소)」로 개칭하지만, 이들은 여전히 다이묘들의 전통적인 영지와 도쿠가와가 정부에 이양한 영토를 관장하는 정도였다. 유신 정부가 임시적인 성격의 기구들을 주먹구구식으로 남설하는 것을 그치고 보다 강력한 중앙 집권 체제를 만드는 데 주력할 수 있게 되는 것은 홋카이도로 퇴각하여 「에조 공화국(蝦夷共和国)」을 세워 저항하던 에노모토 다케아키의 친-도쿠가와 반군이 1869년 6월 27일 하코다테 전투를 끝으로 항복하면서였다.

유신 정부의 가장 큰 고민은 하급 사무라이 출신들이 주도하는 중앙 정부와 이들의 주군인 다이묘들이 통치하는 「한(藩, 번)」과의 관계였다.[354] 이 고민을 해결할 수 있는 방안으로 제시되기 시작한 것이 「한」의 폐지였다. 그렇지 않아도 당시 일본의 정치인들이나 지식인들의 공통된 목표는 외세의 침입을 물리칠 수 있을 만큼 강한 통합 국가의 건설이었고 「하이한(廃藩, 폐번)」은 점차 유력한 방안으로 고려되기 시작한다.

존황양이파 사무라이들은 자신들의 주군인 다이묘와 쇼군이 외세에 속절없이 굴복하고 나라를 개방하는 것을 강하게 반대해 왔고, 기존의 봉건 제도보다는 천황을 중심으로 하는 강력한 국가를 선호하였다. 물론 이들은 봉건제를 폐지하는 것이 사무라이 계급에 어떠한 영향을 미칠 것인지를 고려할 정도로 「폐번」을 깊이 고민하지는 않았지만, 천황이 직접 통치하는 국가가 수많은 한으로 나뉘어 분열되어 있는 기존의 체제보다는 나을 것이라는 막연한 생각은 갖고 있었다.[355]

한편, 상인과 부농들은 자신들에게 낮은 신분을 부여하고 차별하는 봉건 체제에 대해 강한 불만을 품고 있었다. 바쿠한 체제를 유지하는 데 결정적인 역할을 하면서도 늘 정치 권력의 시녀 역할 밖에 할 수 없었던 이들은 「바쿠마츠(幕末, 막말)」의 개항기에 수많은 사무라이와 다이묘들을 돕는 과정에서 자신들의 역할과 영향력에 대해 새롭게 인식하기 시작한다. 이들의 입장에서도 봉건 체제의 근간인 한을 폐지하는 것은 매력적일 수밖에 없었다.

사쓰마와 조슈의 입장에서도 도쿠가와의 영지는 몰수하면서 자신들의 영지를 유지하는 것은 새로운 바쿠후 체제를 수립하려는 음모로 받아들여질 수 있었다. 따라서, 오해를 방지하기 위해서라도 「폐번」을 주장할 필요가 있었다. 특히 유신 주도세력인 사이고와 오쿠보, 기도 등은 자신들의 주군이 버티고 있는 체제보다는 자신들이 완전히 주도권을 잡을 수 있는 체제가 필요했다. 이들에게는 천황을 중심으로 하는 중앙 집권 체제를 수립하고 자신들이 그 체제의 주도 세력이 되는 것이 최고의 대안이었다.

「폐번」을 가장 먼저 주장하고 나선 것은 조슈의 이토 히로부미였다. 기도 다카요시는 이토의 주장을 자신의 주군이자 조슈의 다이묘인 모리 다카치카에게 제안한다. 1868년 11월 2일, 기도는 오쿠보 도시미치에게도 「폐번」을 제안한다.[356] 기도와 오쿠보는 이어서 도사와 히젠(肥前) 출신 유신 세력들과 접촉한다. 결국 1869년 3월 5일, 사쓰마, 조슈, 도사와 히젠 등 메이지 유신을 주도한 한의 유신 세력들은 「판적봉환」을 선포한다.

> (…) 천조(天祖)께서 처음으로 나라를 여시고 기틀을 세우신 이래 황통일계(皇統一系), 만세무궁(萬世無窮)하여 보천솔토(普天率土) 그 소유가 아닌 곳이 없고 그 신하가 아닌 자가 없었습니다. (…) 예전에 도쿠가와 씨가 일어나자 고가구족(高家九族)이 천하에 반(半)하였는데, 이에 따라 집안을 일으키는 자가 많았습니다. 그리하여 토지인민을 조정에게서 받았는지 아닌지를 따지지 않은 채 인습이 오래되어 오늘에 이르렀습니다. (…)

원래 신(臣) 등이 있는 곳은 바로 천자의 땅, 신 등이 기르는 것은 바로 천자의 백성입니다. 어찌 사유(私有)할 수 있겠습니까. 지금 삼가 그 판적(版籍)을 거두어 바치니 원하옵건대 조정의 사정에 맞추어 줄 만한 것은 주고 빼앗을 만한 것은 빼앗아, 부디 열한(列藩)의 봉토에 조명(詔命)을 내리어 이것을 새로 정해주시길 바랍니다.[357]

내용은 매우 애매하였다. 천황이 실제로 모든 영지를 몰수하고 직접 통치할 수도 있고 반대로 다이묘들이 천황에 대한 충성만 확실히 맹세한다면 현행 한 제도를 거의 그대로 유지할 수도 있다는 내용이었다. 오쿠보와 기도는 다이묘들의 반응을 일단 살펴보고자 내용을 일부러 모호하게 놔둔다.

4월 16일까지 276명의 다이묘 중 118명이 「판적봉환」을 선언한다. 그러나 다른 다이묘들은 강하게 반대하면서 어떤 형태로든 자신들의 특권을 유지하고자 한다. 오쿠보와 기도, 이와쿠라 등은 일을 급하게 추진하지 않기로 하고 타협안을 내놓는다. 1869년 7월 25일 칙령을 선포하여 다이묘들을 모두 현으로 바뀌는 본인 영지의 「지사(知事)」로 임명한다. 그러나 지사직은 세습할 수 없는 것으로 못 박는다. 그 대신 영지 전체 재정의 10분의 1을 지사 가문의 비용으로 사용할 수 있게 하고 나머지는 중앙 정부가 지정하는 용도로 쓰도록 한다.

동시에 다이묘들과 중앙 조정의 귀족들을 모두 포함하는 「화족(華族)」이라는 새로운 귀족 제도를 만든다. [화족제도에 관한 자세한 논의는 제 Ⅲ권, 제 7장, 「1. 정치개혁」 참조]. 또한 사무라이들이 받는 봉급도 중앙 정부가 정하고 사무라이 등급도 단순화하는 등 사무라이 계급에 대한 개혁도 선포한다. 곧이어 10월에는 지사들이 1년 중 최소한 3개월을 도쿄에 머물면서 국사에 참여하도록 하고 재정, 법, 군사 등에 대한 지방 정부 관료들의 책임과 권한을 명확히 규정하여 반포한다.[358]

「판적봉환」은 수많은 혼란과 반대를 야기한다. 사무라이 봉급과 계급 개혁이 가장 큰 문제였다. 그렇지 않아도 보신전쟁을 치르면서 만성 적자에 시달리기 시작한 유신 정부는 많은 빚을 질 수밖에 없었고 정부의 부채는 인플레이션을 유발하고 있었다. 유신 정부는 재정의 큰 부분을 차지하는 사무라이들의 세습 봉급을 대폭 삭감할 수 밖에 없었다. 많은 사무라이들은 부족한 가계 재정을 채우기 위해 농업이나 상업에 종사하게 된다. 수입과 특권을 박탈당한 수많은 사무라이들은 불만 세력으로 변하기 시작한다.

만성적인 재정난에 허덕이던 일부 한들은 자체적으로 경제난과 주민들의 불만을 해소할 길이 없어지자 자발적으로 「판적봉환」을 실시하고 중앙 정부하의 현으로 귀속되기도 한다. 한을 통치하는 문제 때문에 골치 아프느니, 넉넉한 재정적 지원을 받은 후 귀족으로 사는 것이 편하다고 생각한 다이묘들도 많았다.

그러나 많은 사무라이들은 유신 정부의 정책에 반기를 든다. 1870~1871년 사이, 조슈를 포함한 전국 도처에서 사무라이 반란이 일어난다.[359] 계속되는 사무라이들의 반란과 농민들의 민란은 새 정부에게 큰 걱정거리였다. 전통적으로 사회 질서를 책임지던 사무라이 계층이 약해지고 「한(藩), 번」 체제 자체가 무너지면서 치안 문제도 심각해진다.

이에 한이 아닌 중앙 정부 직속 군대의 필요성이 제기되기 시작한다. 그러나 중앙 정부의 군대를 편성하고 유지하기 위해서는 막대한 예산이 필요했다. 뿐만 아니라 만일 중앙 정부군이 생긴다면 사무라이가 무장으로서 누리던 전통적인 특권은 더욱 축소되고 이는 사무라이들 사이에서 더 큰 불만을 야기할 것이 자명했다.

메이지 정부의 군 개혁을 맡은 인물은 오무라 마스지로(大村益次郎, 1824.5.30.~1869.12.7.)였다. 오무라는 조슈에서 의사의 아들로 태어났다. 그는 오사카에서 「란가쿠」를 공부하고 나가사키에서는 독일인 의사 필립 프란츠 폰 시볼트(Philipp Franz von Siebold, 1796.2.17.~1866.10.18.) 밑에서 서양 의학을 공부하였다. 1853년 우와지마의 다이묘 다테 무네나리의 초청으로 서양 병법 교관으로 취임하면서 처음으로 사무라이 신분을 획득한다. 곧바로 다시 조슈의 영을 받고 나가사키로 가서 군

「일본 육군의 아버지」로 불리는 오무라 야스지로

함 건조와 항해술을 공부한다. 1856년에는 다이묘와 함께 에도로 가서 바쿠후가 1857년 설립한 서양 학문을 가르치는 「반쇼시라베쇼」에서 교편을 잡는다. 동시에 그는 요코하마에 있는 미국인 선교사 헵번(James Curtis Hepburn, 1815.3.13.~1911.9.21.)에게 영어를 배운다. 1861년에는 고향인 조슈로 돌아가 기도 다카요시, 다카스기 신사쿠 등과 함께 조슈군 개혁을 추진하면서 「기헤이타이」를 조직한다.

유신 정부에 의해서 「군무관부지사(軍務官副知事)」에 임명된 오무라는 조슈에서 「기헤이타이」를 창설한 경험을 바탕으로 사무라이 신분을 폐지하고 평민들을 징집하는 근대식 군대를 창설한다. 그는 일본군이 각 한 다이묘의 「사병(私兵)」으로 구성되어 있는 한 일본이 강해질 수 없다며 중앙 정부군의 창설을 강하게 밀어 부친다. 오무라는 결국 전통을 고집하는 사무라이들에게 1869년에 암살당하지만 「일본 육군의 아버지」로 추앙받는다.[360]

오무라가 시작한 신식 군대의 창설은 그의 수제자인 야마가타 아리

토모가 이어받는다. 유럽에서 프로이센 등의 군 제도를 공부하고 갓 돌아온 야마가타는 강력한 중앙정부군의 필요성을 절감하고 있었다. 이를 위해 폐번치현은 당연한 수순이었다. 정부군의 창설은 당시 일본의 혁명적 변화를 주시하고 있던 외국인들의 눈에도 자명한 이치였다. 윌리엄 그리피스는 당시 메이지 정부에 대해 다음과 같이 말했다. 「단 한 명의 국군도 없는 상황에서 메이지 정부는 도덕적인 힘 밖에는 가진 것이 없었다. 혁명이 성공할 수 있었던 것은 오로지 천황의 이름이 불러일으킬 수 있는 절대적인 존숭 때문이었다.」[361] 오무라의 암살을 계기로 유신 주체 세력은 「폐번치현」을 밀어붙여 강력한 중앙 집권체제를 완성하는 방법밖에는 없다는 결론에 도달한다.[362]

한편 오쿠보는 보신전쟁을 승리로 이끈 후 낙향해 사쓰마의 개혁을 주도하고 있던 사이고 다카모리를 다시 중앙 정부에 와서 봉사하도록 설득한다. 유신 정부의 조슈 세력은 사이고를 다시 불러들이는 것을 극구 반대하지만 기도는 조슈의 반대를 무마하고자 노력한다. 1871년 1월, 이와쿠라 토모미는 천황의 칙사 신분으로 사쓰마의 오쿠보와 조슈의 야마가타 아리토모를 대동하고 사쓰마와 조슈를 방문하여 사쓰마의 실권자 시마즈 히사미쓰와 조슈의 다이묘 모리 모토노리에게 「폐번치현」을 실행할 것을 설득한다.[363]

무엇보다도 사이고를 설득하는 것이 중요했다. 사이고는 유신정부 수립의 1등공신이자 모든 사무라이들이 추앙하는 존재였다. 「폐번치현」에 대한 그의 동의는 절대적으로 중요했다.[364] 더구나 당시 사쓰마는 사이고가 주도하는 개혁을 통해 더욱 강해지고 있었다. 전면적인 토지 개혁과 사무라이 봉급에 대한 과감한 개혁을 통하여 재정 건전성을 확보하는 동시에, 사무라이들 사이의 신분 차이를 철폐하고 능력 본위의 인사 제도를 도입하여 「한」 행정의 효율성을 높였다. 또 영국식 군사 제도를 도입하여 최하급 신하들도 군에 편입시키면서 강력한 군대를 만들었다.[365] 사쓰마가 강력한 독자 세력으로 존속하는 한 강력한 중앙 정부를 수립하는 것은 불가능했다.

그러나 사이고는 전통적 세계관을 갖고 있었다. 오쿠보는 강력한 근대 국가를 건설하고자 하였으나 사이고는 주자학적 왕도 정치를 실현하고자 하였다. 정부의 역할은 군주와 신하들이 모범을 보임으로써 윤리, 도덕 질서를 세우는 것이지 법령과 규정을 통해 일상을 규제하는 것이 아니라고 생각하였다. 사이고의 입장에서 오쿠보가 추진하는 「부국강병」은 「패도 정치」의 전형이었다.[366]

그러나 오쿠보와 사이고는 어느 「한」에도 종속되지 않는 중앙 정부의 직속 군대, 즉 「황군」이 필요하다는 데는 동의한다. 사이고는 도쿄로 올라가 황군을 창건하는 데 적극 임할 것을 약속한다. 그리고 곧바로 조슈를 방문하여 기도를 만나고 도사를 방문하여 야마우치 요도와 이타가키 다이스케를 만난 후 1871년 2월 8일, 도쿄에서 조슈와 도사의 대표들을 만나 황군을 창설하는 데 합의한다. 사쓰마로 돌아간 사이고는 4월 21일 다이묘 시마즈 다다요시의 동의를 얻어 사쓰마군 4개 대대를 도쿄로 이끌고 와서 새로 만들어진 황군에 편입시킨다.[367] 황군 창설이 일단락되자 오쿠보와 기도는 사이고에게 「폐번치현」의 필요성을 다시 설득한다. 결국 1871년 6월 27일, 몇 시간에 걸친 기도와의 대화 끝에 사이고는 동의한다.[368]

1871년 6월 25일, 오쿠보를 포함한 기존의 「상기(參議, 참의)」 7명이 물러나고 기도와 사이고가 새로 임명된다. 며칠 후 도사의 이타가키 다이스케와 사가의 오쿠마 시게노부(大隈重信, 1838.3.11.~1922.1.10., 훗날 총리를 두 차례 역임하고 와세다대학을 창설함)도 상기에 추가로 임명된다. 사이고에게 자리를 양보한 오쿠보는 재무상을 맡는다. 오쿠보의 전임자는 우와지마의 다이묘인 다테 무네나리였다. 하급 무사 출

젊은 시절의 오쿠마 시게노부　　　　　　　　총리대신 오쿠마 시게노부

신인 오쿠보가 다이묘였던 다테를 자리에서 밀어낸 셈이다. 이로써 메이지 유신의 중앙 정부는 서남쪽 변방 번 출신인 5명의 하급 무사들이 완전히 장악한다. 메이지 유신의 혁명성이 가장 극명하게 드러나는 순간이었다.[369]

　1871년 7월 12일, 사이고, 기도, 오쿠보는 비밀리에 모여 다이묘 계급 폐지를 논한다. 합의에 이른 이들은 조정과 이타가키, 오쿠마에게도 이 결정을 알린다. 다이묘들에게는 아무런 언질도 주지 않는다. 1871년 7월 14일 오전 10시, 천황은 왕정복고에 가장 큰 공을 세운 조슈, 사쓰마, 히젠, 도사 등 네 번(藩)의 다이묘들, 즉 사쓰마의 시마즈 다다요시, 조슈의 모리 모토노리, 사가의 나베시마 나오히로(鍋島直大, 1846.10.17.~1921.6.19.), 그리고 도사의 야마우치 요도를 대표하는 이타가키 다이스케 등을 부른다. 메이지는 이들이 1869년 「판적봉환」을 제안했던 것에 대해 고마움을 표하고 곧 공표될 「폐번치현」에 대한 지지도 부탁한다. 그리고는 이들의 번이 폐지되었음을 통보한다.[370]

　4시간 후 천황은 당시 도쿄에 머물고 있던 56명의 다이묘들을 불

러 모아 「폐번치현」을 선포한다.[371] 우대신 산조 사네토미는 칙령을 낭독한다.[372]

짐(朕, 明治天皇)이 생각하건대, 다시 시작함[更始, 메이지 유신]에 즈음해서, 안으로는 신민들[억조(億兆)]을 안전하게 지키고, 바깥으로는 많은 나라[만국(萬國)]와 대치(對峙, 대등하게 맞섬)하고자 하면, 모름지기 명실(名實)이 상부(相副)하고 정령(政令)이 한 곳으로 귀일되어야 할 것이니라. 짐이 일찍이 모든 번(藩)의 판적봉환 논의를 받아들이고, 새롭게 지번사(知藩事)를 임명하여, 각자 그 직무를 다하게 했노라. 하지만 수백 년간의 인습(因襲)이 오래되어, 더러 그 이름[名]은 있지만 그 실질[實]을 거두지 못하는 것이 있노라. 이래서야 그 무엇으로 신민들을 안전하게 지키고 많은 나라와 대치할 수 있겠는가. 짐은 이를 심히 우려하노라. 그래서 이제 다시금 번(藩)을 폐(廢)하고 현(縣)을 두기로 하노라. 이는 애써 번거로움을 버리고 간소함으로 나아가고, 유명무실(有名無實)의 폐단을 제거해서, 정령이 여러 곳에서 나오는 우려를 없애고자 함이라. 너희 모든 신하들은 이 같은 짐의 뜻을 잘 알아차리도록 하라.[373]

이로서 7백 년 지속된 일본의 「바쿠한(幕藩, 막번)」 체제는 역사의 뒤안길로 사라진다.

봉건체제에서 중앙집권제로의 전환은 놀라울 정도로 순조롭게 진행된다. 칙령은 그 다음날 각 번에 거주하고 있는 다이묘들에게 전달된다. 9월 1일, 외무대신 이와쿠라 토모미는 일본 주재 외국 공사들에게 번이 폐지되고 그 대신 현이 새로 설치되었음을 알린다.

9월 5일, 이와쿠라는 주일 영국 대리공사 애덤스(F. O. Adams)를 찾아가 폐번치현을 직접 설명한다. 애덤스는 이처럼 놀라운 일을 성공적

판적봉환. 고보리 도모토 그림

으로 이룬 것에 대해 축하하면서 유럽의 정부가 유사한 차원의 변화를 도모하기 위해서는 최소한 몇 년은 걸릴 뿐만 아니라 군사력을 동원하지 않고는 불가능할 것이라고 한다.[374]

번 제도는 12세기 말부터 지속되어온 체제였다. 다이묘와 그 휘하의 사무라이 등 수많은 기득권층에게 수 백 년에 걸쳐 세습 특권을 제공해주던 체제였다. 정부가 이를 일방적으로 폐지한다고 발표했을 때 반대의 목소리도 있을 수 있었다. 그러나 아무도 천황의 칙령을 거부하지 않는다. 철저한 준비와 주도 면밀한 추진력 때문에 가능한 일이었다.[375]

그리피스는 에키젠의 다이묘가 「폐번치현」의 칙령을 받는 현장에 있었다.

나는 아직 봉건제도 하에 있던 후쿠이(福井) 성에 살고 있었기에 이 칙령의 즉각적인 효과가 어떤 것인지 직접 볼 수 있는 좋은 기회를 가졌다. 세 장면이 가장 인상적이었다.

첫 번째 장면은 1871년 7월 18일, 번의 관청에 천황의 칙령이 도착했을 때였다. 경악, 분노, 공포, 불길한 예감이 충성심과 모두 뒤죽박죽이었다. 천황의 대리인이자 1868년에 공표된 「오개조의 서문」를 초안했던 유리(由利 公正, 유리 기미마사, 1829.12.6.~1909.4.28.)를 죽여야 한다는 논의도 오갔다.

두 번째는 1871년 10월 1일, 성의 대접견실에서 에키젠의 다이묘가 수백 명의 신하들에게 자신에 대한 충성심을 국가에 대한 애국심으로 바꿀 것과 지역의 이익을 국가의 이익으로 전환할 것을 당부하는 숭고한 연설을 하는 장면이다.

세 번째는 그 다음 날 아침, 영주가 조상으로부터 대대로 물려 받은 성을 마지막으로 나서 아무런 권력도 없는 평범한 신사로 여생을 살기 위해 도쿄로 출발하는 마지막 모습을 보고자 에키젠의 4만 시민 거의 전부가 길거리로 나와 배웅하는 장면이다.[376]

270개의 크고 작은 번에서 수없이 반복된 장면들이었다. 다이묘들이 수 백 년에 걸쳐 세습되어 온 권력과 특권을 빼앗기고 허명에 불과한 「현지사」로 임명되면서도 폐번치현을 조용히 받아들인 것은 놀라운 일이었다.

마쓰다이라 모치아키, 에키젠의 마지막 다이묘

그나마 여생을 편히 보낼 수 있는 연금을 받은 다이묘들은 상대적으로 나은 편이었다. 사무라이들의 상황은 훨씬 절박했다. 「폐번치현」으로 2백만 명에 가까운 사무라이들이 신분, 지위, 수입을 모두 잃는다. 몇 년 후 정부가 그들에게 보상금을 지급하지만 대부분의 사무라이들은 새 시대에 적응하지 못한다. 물론 일부 사무라이들은 새 정부의 관료가 되거나 일본의 새 지식인 층을 형성한다. 그러나 「시조쿠(士族, 사족)」 즉, 전직 사무라이들 중에는 보상금을 탕진하고 사회 기층민으로 전락하는 경우도 많았다.[377]

유신 주체세력은 「폐번치현」을 밀어붙이는 동시에 「쿠나이쇼(宮内省, 궁내성)」도 대대적으로 개혁한다. 그때까지 황궁에서 일할 수 있는 것은 전통적으로 교토에 거주하면서 천황과 함께 「조정」을 형성해 온 「쿠게(귀족)」들 뿐이었다. 뿐만 아니라 천황이 실제로 거주하는 구역은 상궁들이 장악하고 있었다. 이들 역시 오랜 세월 세습을 통하여 천황을 지근거리에서 보필해왔다. 이들은 오랜 관례와 관습을 조금이라도 수정하는 것을 용납하지 않았다. 쿠게 출신으로 정부 최고위직에 있던 산조 사네토미와 이와쿠라 토모미도 이와 같은 상황이 지속되는 것을 걱정하면서 개혁을 시도하지만 궁내성의 보수 세력의 반대에 밀려 번번히 실패한다.[378]

폐번치현을 논하고 황군을 창설하기 위하여 도쿄에 와 있던 사이고 다카모리는 「쿠나이쇼」 개혁을 밀어 부친다. 그는 천황의 교사들을 「약하고 여성스러운 옛 귀족」들에서 「남자답고 청렴 결백한 사무라이」로 바꿀 것을 강력하게 주장한다. 사이고는 오쿠보, 기도와 상의한 후 공식적으로 산조와 이와쿠라에게 개혁안을 제출하고 빠른 결정을 요청한다. 8월 19일, 사쓰마 출신 사무라이로 사이고와 오쿠보의 죽마고우 요시 토모자네(吉井友実, 1828.4.10.~1891.4.22.)가 궁내경(宮

內卿, 비서실장)에 임명되어 궁
내성 개혁의 임무를 맡는다.[379]

개혁의 골자는 이러했다. 궁
내성 의전관은 쿠게 뿐만 아니
라 사무라이 출신 중에서도 선
발할 수 있게 한다. 동시에 의
전관들은 천황에게 늘 새로운
소식을 전하는 역할을 부여 받
는다. 고참 의전관들은 천황에
게 세계사와 정세에 대한 강의
도 하도록 한다. 황녀와 후궁들
역시 일본과 세계의 역사를 배

요시 모토자네

우고 뉴스를 접해야 한다면서 천황의 교사들 강의에 이들도 참여하도
록 한다.[380] 9월 15일에는 나이든 상궁들을 모두 젊은 상궁들로 대체
한다.[381]

사이고는 숙부 시이하라 요산지에게 보낸 1872년 1월 20일자 편지
에 궁내성 개혁이 가져온 변화에 대해 얘기한다.

많은 변화 가운데 가장 반갑고 중요한 것은 천황폐하에 관련된 일입니다.
지금까지는 귀족이 아니면 폐하 앞에 감히 나설 수 없었습니다. 궁내성 관
료라도 사무라이 출신은 폐하 전에 나갈 수 없었습니다. 그러나 이러한 악
습들은 모두 바뀌어서 이제는 사무라이들도 의전관에 임명할 수 있게 되
었습니다. 실제로 귀족과 사무라이들은 아무런 구별 없이 임명되었고 폐
하께서는 사무라이 출신 의전관들을 특히 아끼십니다. 이는 바람직스럽
기 그지없는 일입니다.

폐하께서는 상궁들과 함께 갇혀 있는 것을 극도로 싫어하셔서 아침부

터 저녁까지 사무실에만 계십니다. 폐하와 의전관들은 일본, 중국, 서양의 학문을 논하십니다. 폐하께서는 공부에 어찌나 열중하시는지 전에 다이묘들 앞에서 입으셨던 것 보다 훨씬 간편한 복장을 착용하십니다. 공부에 대한 폐하의 열정은 실로 놀라우며 보통사람을 훨씬 능가합니다. 오늘의 천황은 과거의 천황과 같을 수 없습니다. 산조와 이와쿠라 경들께서도 폐하께서 훨씬 더 능동적이셔야 한다고 합니다. 다행히도 폐하의 천성은 용감하고 지혜로우시며 옥체도 유난히 강건하십니다. 귀족들도 최근 몇대에 이처럼 건강한 천황은 없었다고 합니다. 폐하께서는 날씨만 좋으면 매일 승마를 하십니다. 그리고 이틀에 한번 근위병 1개 분대씩 손수 훈련시키시겠다고 하십니다. 폐하께서는 직접 연대를 지휘하시고 직접 대원수가 되시겠다고 한다고 합니다.[382]

제 2 장
메이지 정부의 외교안보 정책

제2장

메이지 정부의 외교안보 정책

「판적봉환(版籍奉還)」과 「폐번치현(廢藩置縣)」을 밀어붙임으로써 바쿠후와 다이묘들의 권력 기반을 무너뜨리고 새로운 정치 체제의 기초를 마련하는 데 성공한 메이지 유신 세력은 곧바로 대외 관계로 눈을 돌린다. 메이지 정부는 국내 정치와 국제 정세가 밀접하게 연관되어 있다는 사실을 절감하고 있었고, 또한 성공적인 외교 정책이 새 정부의 성패를 좌우하는 중요한 기준임을 잘 알고 있었다. 메이지 유신으로 귀결된 바쿠마츠(幕末)의 정치적 소용돌이를 촉발한 것도 미국의 「쿠로후네(黑船, 흑선)」로 대표되는 외세의 출현이었기 때문이다.

사이고 다카모리, 기도 다카요시, 오쿠보 도시미치 등 「유신 삼걸」은 물론 대부분의 유신 주도 세력은 「존황양이」파 출신이었다. 그들이 바쿠후 타도의 기치를 올린 것도 바쿠후가 외세의 침입에 제대로 대처하지 못하고 굴욕적인 조약을 맺었다는 사실 때문이었다. 따라서 「존황양이」의 기치 아래 바쿠후를 무너뜨린 유신 정부의 급선무는 굴욕적인 불평등 조약의 재협상이었다. 때마침 서구와 맺은 불평등 조약을 재협상할 시기가 다가오고 있었다. 최초의 불평등 조약은 1854년에 미국과 체결한 「일미화친조약(日米和親条約)」이었다. 이 조약은 체결 당시 20년 후 재협상하기로 한 바 있다. 1873년은 이 조약을 재협상하는 해였다.

신 정부는 구미 열강과 맺은 불평등 조약의 재협상 여부를 타진하기 위하여 대규모 사절단을 파견하기로 한다. 동시에 사절단으로 하여금 미국과 유럽의 선진 문물을 시찰하여 새 나라의 기틀을 마련할 수 있는 지식을 습득해 오도록 하기로 결정한다. 사절단은 공식 사절 48명과 학생 53명 등으로 구성되었다. 단장 겸 특명전권대사에 이와쿠라 토모미가 임명되었고, 부단장에는 오쿠보 도시미치와 기도 다카요시, 이토 히로부미, 야마구치 마스카(山口尙芳, 1839.6.21.~1894.6.12.)가 임명되었다. 메이지 정부의 최고위층으로 구성된 사절단이었다.

　이와쿠라 사절단은 2년여에 걸친 세계 순방을 통해 일본에 대한 서양 열강의 침략이 우려했던 만큼 임박한 것은 아니란 사실을 깨닫는다. 그리고 당시 서구가 누리던 군사적, 경제적 우월성도 역사가 그리 오래된 것이 아님을 알게 된다. 따라서 군사적 방어 태세를 갖추는 데 국력을 기울일 것이 아니라, 우선 근대화를 통해 강한 국가를 만들고 국제사회에서 지위를 인정받을 수 있도록 국격(國格)을 높이는 것이 오히려 더 중요하다는 결론을 얻는다.[1] 그리고 근대화의 모델도 선택한다. 교육은 미국, 산업은 영국, 법은 프랑스, 국민의 총의를 모을 수 있는 대의제도는 독일이 가장 좋은 모델이라는 결론을 내린다.

　그러나 이와쿠라 사절단의 파견은 전혀 뜻하지 않던 결과도 낳는다. 오쿠보와 기도는 미국과의 조약 재협상 문제로 심하게 다투면서 사이가 멀어진다. 사이고는 오쿠보와 기도가 해외 순방을 나가 있는 동안 자신에게 모든 것을 맡기면서도 아무런 권한도 주지 않은 데에 불만을 갖기 시작한다. 여기에 이와쿠라 사절단에 참여하지 않고 일본에 남아 있던 유신 세력 간에 개혁의 속도에 대한 이견이 나타나기 시작하면서 메이지 정부 내에서도 권력 투쟁이 벌어진다. 한편, 메이지 정부의 급진 개혁에 대한 보수 세력의 불만도 비등한다. 대표적인 것이 봉건제의 철폐로 신분이 폐지된 사무라이들의 거센 불만이었다.

「유신 삼걸」을 위시한 유신 주도 세력 간의 갈등이 심각해지기 시작한 상황에서 주요 외교 문제로 떠오른 것이 조선이다. 그때까지 조선과 일본의 관계는 1609년(광해군 1년) 조선과 도쿠가와 바쿠후가 체결한 「기유약조(己酉約條)」에 의해 규정되었다. 기유약조에 의하면 조선과 일본 간의 모든 교류는 소(宗) 집안이 다이묘로 있는 쓰시마(對馬島, 대마도)를 통해야만 했다. 그나마 쓰시마 상인들은 조선 조정이 지정해준 연 20척의 「세견선」만을 이용하여 부산 초량진의 왜관에서만 지극히 제한된 무역만 할 수 있었다. 쓰시마는 조선과의 무역을 독점하기위하여 조선과 종속적인 관계를 맺는 것도 서슴지 않았다.

그러나 근대 국가 건설과 근대 국제 질서 편입을 천명한 메이지 정부는 도쿠가와 바쿠후와 조선 조정이 맺은 봉건 조약인 「기유약조」를 폐기하고 조선과 근대 조약을 맺고자 한다. 근대 조약이란 쓰시마라는 특정한 한을 통하는 것이 아니라 주권국가 대 주권국가, 즉 신설된 중앙 정부의 「외무성」을 통하는 대등한 관계를 뜻했다. 마침 쓰시마 역시 「기유약조」 체제에서 벗어나고 싶어하던 참이었다. 조선과의 무역을 독점하던 쓰시마는 한때 많은 이윤을 남겼지만 19세기에 이르러서는 조선과의 무역이 급격히 감소하면서 경제적으로 파산 상태에 이르고 있었기 때문이다.

이에 메이지 정부는 일본에서 「왕정복고」가 일어났음을 조선에 알리며 「기유약조」를 폐기하고 새로운 관계를 맺을 것을 요구한다. 그러나 조선은 이를 일언지하에 거절한다. 1868년의 「병인양요(丙寅洋擾)」, 1871년의 「신미양요(辛未洋擾)」, 천주교와 서구 열강의 내통에 대한 의심으로 극도로 긴장하고 있던 조선으로서는 근대 조약을 맺자는 일본의 새로운 제안이 재고의 여지도 없었다.

조선의 반응은 일본 내의 여론을 격앙시킨다. 그러지 않아도 대부분의 메이지 정부 지도자들은 과거에는 일본이 조선을 통치했다는 국수주의 사상인 「고쿠가쿠(국학)」에 물들어 있었다. 조선이 일본의 거듭된 관계 개선 요구를 묵살하자 조선이 천황을 모욕했다며 조선을 정벌해야 한다는 여론이 들끓기 시작한다. 「정한론(征韓論)」이었다. 특히 기도 다카요시는 자신을 조선에 사절로 파견할 것과 조선과의 협상이 실패할 경우 곧바로 군대를 보내 조선을 정벌할 것을 주장한다. 그러나 오쿠보 도시미치는 이를 무산시킨다. 이 과정에서 오쿠보와 기도는 심한 갈등을 겪는다. 이어서 오쿠보와 사이고 다카모리 역시 「정한론」으로 갈라서게 된다. 조선 문제는 결국 「유신 삼걸」이 갈라서는 결정적인 계기가 된다.

1. 「이와쿠라 사절단」의 파견 배경

메이지 유신 정부는 도쿠가와 바쿠후와 보신전쟁을 치르는 와중에도 새 정부의 대외 이미지를 개선하기 위해 노력한다. 유신을 주도한 인물들은 모두 한때 극렬한 「존황양이파」들이었다. 뿐만 아니라 메이지의 아버지 고메이 천황(孝明天皇, 1831.7.22.~1867.1.30. 재위: 1846~1867)은 극렬한 반(反)외세주의자였다. 도쿠가와 바쿠후가 압도적인 무력을 앞세운 미국 페리제독의 압력에 굴복해 1854년 개국을 결정하자 이를 신랄하게 비판하고 「존황양이파」들을 부추긴 것도 고메이였다. 도쿠가와 바쿠후와 수교한 구미열강들이 메이지 정부의 대외정책에 대하여 의구심을 갖는 것은 어찌 보면 당연한 일이었다. 새 정부가 결코 쇄국주의자들도, 반외세주의자들도 아님을 증명하는 것은 시급하고 중요한 일이었다.

1868년 3월 1일 메이지 천황으로부터 바쿠후 토벌을 위한 황군의 총사령관으로 임명된 다루히토 친왕(有栖川宮熾仁親王, 아리스가와노미야 다루히토 친왕, 1835.3.17.
~1895.1.15.)은 출병에 앞서 군
사들이 지켜야 할 전시 행동수
칙을 발표한다. 수칙은 군사들
이 출신 신분에 관계없이 모두
동등하게 대우받을 권리가 있
음을 확인하면서 민간인들의
집을 방화 또는 약탈하는 행위,
민간인들에게 물건을 강매하
는 행위 등은 엄격하게 금한다.
또한 외국인들이 불법을 저지
르거나 질서를 어지럽히고 일

다루히토 친황

본사람들에게 불경하게 굴더라도 체포하여 유죄여부가 확실하게 판
명이 난 후에 해당국 공사관에 넘길 것을 명한다. 외국인들을 임의로
사살하는 것, 외국인의 집에 함부로 들어가는 것은 모두 엄격히 금한
다. 모두 새 정부의 군대가 국제적으로 공인된 전쟁수칙을 따르는 근
대군임을 보여주기 위해서였다.[2]

3월 9일, 유신 정부는 일본 주재 외교 사절들이 앞으로는 천황을 친
견할 수 있다고 발표한다. 그리고 이를 위하여 「고쇼(御所, 어소)」 즉, 황
궁이 있는 교토를 외국인들에게 처음 개방한다. 이에 대한 반대는 조
정 내부에서도 극렬했다. 특히 쿠게(공가, 귀족)를 위시하여 전통적으로
천황부를 에워싸고 있던 세력들의 반대가 심했다. 그러나 마츠다이라
요시나가와 이와쿠라 토모미는 천황에게 군주가 자국에 상주하는 외
교관들을 만나는 것은 세계의 공통된 관례라고 설명한다.[3]

정부는 추가 포고문을 발표하여 천황이 중국과 조선의 사신들을 제

외한 외국인들을 만난 전례는 없지만 이는 과거 일본의 항해술이 발달하지 못했기 때문이라고 한다. 그러나 이제 일본은 전세계와 교류하고 있으며 만국이 따르는 관례를 따르지 않는다면 일본에 대한 외국의 신뢰는 손상을 입게 될 것이기에 국익을 위해서는 때로 타협도 필요하다고 한다.[4]

바로 이때 「사카이 사건(堺事件)」이 터진다. 1868년 3월 8일, 오사카 근처의 사카이(堺)항에서 도사 한의 사무라이들이 정박해 있던 프랑스 해군의 초계함 「듀플레이(Dupleix)」의 수병 11명을 살해한다. 당시 사카이는 개항 항이었기 때문에 외국 배들이 자유롭게 드나들 수 있었다. 사무라이들의 증언에 의하면 프랑스 수병들은 6명의 여성들과 함께 사카이 시내를 휘젓고 돌아다니고 있었다. 치안과 질서를 유지하는 임무를 띠고 있던 사무라이들은 이들을 처단할 수밖에 없었다고 한다.

그러나 주일 영국 영사였던 새토우(Ernest Satow)는 전혀 다른 증언을 하고 있다. 「사무라이들은 아무런 도발도 하지 않고 아무런 불쾌감도 주지 않고 잘못도 저지르지 않고 무장도 하지 않은 배의 선원들을 몰살시켰다.」[5] 도사의 사무라이들은 메이지 유신의 성공으로 일본이 본격적으로 「존황양이」 정책을 채택할 것으로 기대하고 서양의 군인들을 살해해도 아무런 문제가 없을 것이라고 생각했다. 당시 새 정부의 대외정책에 대한 몰이해와 오해는 심각한 수준이었다.[6]

주일 프랑스 공사 로쉬는 곧바로 프랑스 수병들을 살해한

프랑스 해군 초계함 「듀플레이」

1868년 『르몽드 일뤼스트레』지에 실린 「사카이 사건」 삽화

사무라이들을 처형할 것과 살해당한 수병들의 유가족에게 줄 위로금 15만 달러, 외무대신(外国事務局督) 야마시나 친왕(山階宮晃親王, 야마시나 아키라 친왕, 1816.10.22.~1898.2.17.)과 도사의 다이묘 야마우치 요도의 사과, 그리고 무장한 사무라이들을 개항 항에 출입 금지시킬 것 등을 요구한다.[7]

메이지 정부는 모든 요구 조건을 받아들였을 뿐만 아니라 곧바로 프랑스 수병들을 살해한 20명의 사무라이들을 체포하고 할복할 것을 명한다. 그리고 로쉬 공사와 「듀플레이(Dupleix)」 함장 듀 프띠 투아르스(du Petit Thouars) 등의 참관 하에 할복식을 거행한다. 사무라이들은 한 명씩 할복한다. 프랑스 함장은 11명째 사무라이가 할복하자 처형을 중단시킨다.[8]

영국 영사 새토우(Satow)는 듀 프띠 투아르스 함장의 결정을 비판한다.

20명 전원이 모두 유죄인데 11명이 할복하자 함장이 처형을 중단시킨 것은 안타까운 일이다. 이는 정의구현이라기 보다는 오히려 목숨을 잃은 프

랑스 수병 11명의 목숨을 1대 1로 교환하는 복수처럼 비치기 때문이다.[9]

새토우는 과거에도 할복을 목격한 경험이 있었다. 그는 일본의 할복식이 「마치 카니발처럼」 운집한 군중이 방탕하게 즐기는 분위기 속에서 이루어지던 당시 유럽의 공개 처형에 비하면 훨씬 품위 있고 장중한 방식이라고 생각했다.

할복식이 역겨운 것이라고 하여 이를 참관하는 것은 수치스러운 일이라는 견해도 있지만 나는 이 처형을 위축되지 않고 끝까지 지켜본 나 자신이 자랑스러웠다. 이는 역겨운 장면이기는커녕 가장 존엄하고 품위 있는 의식일 뿐만 아니라 우리나라(영국) 사람들이 뉴게이트(Newgate) 감옥소 앞에서 군중의 오락용으로 늘 거행하는 처형에 비하면 비할 나위 없이 품위 있다.[10]

반면 당시 새토우와 함께 주일 영국 공사관에 근무하던 미트포드(A. B. Mitford)는 견해를 달리했다. 그는 당시 처형장에 있었던 프랑스 장교의 전언을 들었다. 프랑스 장교는 당시의 「참상」을 다음과 같이 전했다고 한다.

첫 번째 죄수가 나와서 단도로 자신의 복부를 힘껏 찌르자 내장이 모두 튀어나왔다. 그러자 그는 자신의 내장을 양손에 쥐고 성스러운 신의 땅을 짓밟는 외국인들에 대한 증오심과 복수심에 불타는 노래를 숨이 끊어질 때까지 불렀다. 나머지 10명도 같은 식으로 죽어갔다. 이에 프랑스 측 참관인들은 더 이상 견디지 못하고 듀 프띠 투아르스 선장이 나머지 9명의 목숨은 살려 줄것을 간청하였다.[11]

교토 고쇼의 신신덴

3월 23일, 주 일 프랑스 공사 로쉬와 네
덜란드 공사 드 그레이프(Dirk de Graeff
van Polsbroek, 1833.8.28.~1916.6.27.)는
메이지 천황을 알현한다. 오후 2시, 메이
지는 편한 복장에 고쇼(어소)의 정전(正殿)
인「신신덴(紫宸殿, 자신전)」에 나와 수렴 뒤
에 앉았다. 천황 옆에는 산조 사네토미와
나카야마 타다야스가 시립하였고 수렴 밖
에는 외무대신 야마시나 친왕과 이와쿠라
토모미 등 관료들이 좌우로 시립하였다.
외무차관 히가시쿠즈 미치토미(東久世通禧,

더크드그레이프

1834.1.1.~1912.1.4.)는 로쉬 공사를 안내하여 들어왔고 로쉬는 메이지
앞에 서서 허리를 숙여 인사한다. 메이지의 목소리가 들려왔다.「우리
는 귀국의 황제께서 안녕하시다는 소식을 들어서 기쁩니다. 우리 두
나라가 밀접한 관계를 오래 변치 않고 유지하기를 바랍니다.」로쉬는
나폴레옹 3세를 위하여 자신이 준비한 기도문을 읽고 일본의 번영과
천황에 대한 하늘의 가호를 빌면서 긴 답례를 마친다.[12]
　그 다음은 네덜란드 공사 차례였다. 메이지는 드 그르레이프에게도

로쉬에게 한 것과 동일한 말을 한다. 두 공사에게는 차와 다과가 제공된다.

그 다음은 영국 공사 해리 파크스(Harry Parkes) 차례였다. 그는 말을 타고 영국과 일본 병사들의 호위를 받으며 교토의 임시거처였던 「치온인(知恩院, 지은원)」을 나서서 고쇼로 향하고 있었다. 일본인 관료 중에는 나카이 히로시(中井弘, 1838.1.4.~1894.10.10.)와 고토 쇼지로가 함께 하고 있었다. 일행이 「치온인」을 나서자 두 명의 자객이 이들을 공격한다.

> 자객 두 명이 길의 양쪽에서 튀어나와 칼을 빼 들고는 사람들과 말들을 무차별 공격했다. 나카이는 말에서 내려 오른편에서 공격해 오는 자객과 결투를 벌였다. 결투 중 그의 발이 그의 넓은 바지 가랑이에 걸려 넘어졌다. 자객은 그의 머리를 치려고 공격하였지만 나카이는 칼날을 피하여 두피에 가벼운 상처만 입는 동시에 자객의 오른편 가슴을 찔렀다. 자객이 등을 돌리는 순간 고토의 칼이 자객의 어깨를 내리쳤다. 자객이 땅에 엎어지자 나카이가 뛰어 일어나면서 자객의 목을 날렸다.[13]

다른 한 명의 자객은 영국인들에게 칼을 휘두르면서 새토우를 공격하여 그의 말에 부상을 입힌다. 아슬아슬하게 자객의 칼을 피한 새토우는 파크스 공사를 호위하기 위하여 대열의 선두로 달려간다. 파크스 공사는 교차로에 말을 탄 채 침착하게 서 있었다. 두 번째 자객은 이내 체포된다.

체포된 자객은 암살시도를 시인하며 자신의 목을 쳐서 효수하여 나라에 자신의 범죄를 널리 알릴 것을 요구한다. 교토 여론이 자신의 편이라는 사실을 알고 있었기 때문이다. 자객을 비롯한 당시의 많은 일

치온인의 본당인 「메이도(御影堂, 어영당)」

본인들은 외국인을 「고쇼」에 들이는 것은 신토(神土)의 기운을 약화시키며 천황의 얼굴을 그들에게 보이는 것은 천황에 대한 모욕이라고 생각했다.[14]

파크스가 자객들에게 피습을 당했다는 소식을 들은 메이지는 곧 심심한 유감을 표명하였고 정부의 대신들은 파크스에게 달려갔다. 파크스는 유감을 표명하는 그들에게 「나보다도 천황폐하께 더 큰 불경이 저질러졌으며 일본정부가 자신들의 군주의 명예를 회복시킬 것을 믿어 의심치 않는다」고 한다.

파크스를 호위하던 영국인 호위병들 대부분 중상을 입는다. 다음은 새토우의 기록이다.

치온인은 병원이 되어버렸다. 우리의 부상병들은 피를 흘리면서도 침착하게 베란다에 누워서 자신들의 차례를 기다렸다. 셔츠 바람의 군의관들은 어찌나 빨리, 능숙하게 부상병들을 치료하던지 실제 숫자보다 더 많은 듯이 보였다. 셔츠와 이불보들은 찢어서 붕대로 사용되었고 핏물로 가득 찬 양동이들은 비워지기 무섭게 다시 찼다. 모든 것이 구역질이 나고 젖고 붉은 색이었다. 악몽이었다. 곧 누군가가 나카이가 죽인 자객의 머리를 갖

교토 고쇼(황궁)의 담

고 들어왔다. 차마 눈뜨고 볼 수 없는 광경이었다.[15]

그날 천황 접견은 취소된다.

메이지는 4월 14일 파크스와 그의 통역관 미트포드(A. B. Mitford)를 접견한다.

> 우리의 수행원 숫자는 슬프게도 크게 줄었다. 부상에서 회복하여 우리를 호위할 수 있는 기마호위병이 둘 밖에 없었다. 이들은 장검을 빼어 든 채 파크스 경을 양 옆에서 호위하였다.[16]

파크스 일행은 「고쇼」에 도착하면서 놀란다. 고쇼는 아무런 방어 시설도 없이 꾸밈없는 흰색 담에 둘러싸여 있었다. 미트포드는 「그럼에도 불구하고, 의도적인 단순함 가운데서도 고쇼는 나름대로의 웅장한 모습을 갖추고 있었다」고 그날의 감회를 적는다.[17]

이날 파크스와 미트포드는 외국인으로서는 처음으로 일본 천황을 만난다.

중앙에는 검은 자개로 싸인 4개의 기둥이 받치고 있고 흰 비단에 붉은색과 검은색 자수가 새겨진 차양이 있었다. 그 차양 아래에 젊은 천황이 앉아 있었다. 사실 높은 의자에 기대 앉았다는 것이 더 정확한 표현인지도 모르겠다. 그의 뒤에는 두 명의 황실 친왕들이 시위하고 있었다….

우리가 들어서서 허리 숙여 인사하자 천황은 일어나서 우리의 인사를 받았다. 그는 밝은 눈과 깨끗한 피부를 가진 키가 큰 젊은이였다. 지구상의 어떤 왕실보다도 몇 백 년 더 오래된 왕조의 계승자답게 그의 표정은 위엄이 있었다. 그는 흰색 코트와 마치 궁녀 복의 긴 트레인 같은 것이 달려 있는 붉은 비단의 두툼한 바지를 입고 있었다. 그는 머리에 검은 색 거즈로 된 길고 딱딱하고 납작한 깃털을 쓰고 있었다. 뭐라 부를지 몰라서 깃털이라고 하였지만 깃털 같이 부드러운 것은 결코 아니었다. 그의 눈썹은 모두 면도하여 없었고 그 대신 이마 높이 눈썹이 그려져 있었다. 볼은 붉은 색을 칠했고 입술은 붉은 색과 금색으로 칠했다. 그의 치아는 모두 검게 칠해져 있었다. 이처럼 우스꽝스러운 치장에도 불구하고 위엄이 있어 보일 수 있는 것은 보통 실력이 아니었다. 혈통은 역시 혈통이었다. 첨언하자면 젊은 군주가 이 낡은 관습과 지나간 시대의 모든 거추장스럽고 시대착오적인 것들을 벗어 던지기까지는 그리 오랜 시간이 걸리지 않았다.[18]

후일담으로 미트포드는 당시 천황은 매우 수줍어하였다고 한다.

그는 겨우 속삭이는 목소리로 말하였기 때문에 그 옆의 친왕이 큰 목소리고 반복하였고 이를 그의 오른편에 서 있던 이토 슌스케(이토 히로부미)가 통역하였다.[19]

이 사건을 계기로 새 정부는 국민들에게 정부의 외교 정책에 적극 협조할 것을 당부하는 조칙을 내린다.[20] 메이지 정부로서는 다양한 세력들이 대외 관계를 이용하여 국내 정치의 긴장과 분열을 조장하는 것을 막는 것이 급선무였다. 한때 「존황양이」의 기치를 올리며 정권을 장악한 메이지의 지도자들은 외국인에 대한 공격을 엄금하는 조칙을 내린다. 외국인에 대한 무분별한 공격을 막지 못한다면 서구 열강의 눈에 일본의 새 정부가 아무런 힘이 없는 것으로 보일 것이 분명했다. 도쿠가와 바쿠후가 서구 열강의 신뢰를 잃게 된 결정적인 계기 중 하나도 외국인들에 대한 「존황양이」파들의 공격을 막지 못했다는 사실이었다.

메이지 정부는 국내 치안을 강화하고 법 제도를 정비하는 노력을 경주한다. 그리고 외국인들을 공격하는 것은 「만국공법(萬國公法)」에 어긋나는 것임을 다양한 정부 캠페인을 통해 국민들에게 주지시키는 한편 일본은 「구습」과 「악폐」를 버리고 만국의 법을 따름으로써 나라의 권위를 만방에 떨칠 수 있다고 역설한다. 메이지 정부 성립 직후부터 외국인에 대한 공격은 눈에 띄게 줄기 시작한다.[21]

외국인에 대한 폭력을 금지하는 국내법을 제정하고 집행하는 것은 일본이 서구 열강과 맺은 불평등 조약의 핵심인 「치외법권」 조항을 폐지하는 것과도 직결되는 문제였다. 일본에 거주하는 외국인들의 안전이 보장되어 그들이 일본 내에서 자유롭게 다니고 거주할 수 있게 된다면 외국인 전용 거주 지역인 「조계(租界)」도 필요 없어지고 굴욕적인 특별 영사권을 외국 정부에 제공할 필요도 없어진다. 다시 말해 일본이 치욕적으로 여기는 치외법권 조항을 폐지시키기 위해서는 외국인들이 일본 내에서 안전하게 살 수 있으며 일본의 법이 외국도 인정할 수 있을 정도로 선진화되었음을 보여주면 되는 것이었다. 그리고 그렇게만 된다면 새 정부도 일본을 선진 법치국가로 발전시킨 능력과 정통

성을 대내외적으로 인정받을 수 있었다.[22]

치외법권과 더불어 불평등 조약의 또 다른 핵심은 조세 관련 조항이었다. 일본이 서구 열강과 맺은 모든 불평등 조약은 외국에서 수입하는 상품에 대한 관세를 일본 정부가 단독으로 결정하지 못하고 외국 정부와의 협의 하에 정하도록 규정하고 있었다. 이는 심각한 주권 침해였다. 관세를 자율적으로 부과하지 못하고 외국 정부와의 협의 하에 정함으로써 관세는 늘 낮게 책정될 수밖에 없었다. 일본 정부의 입장에서는 주권 침해일 뿐만 아니라 새 정부가 필요로 하는 막대한 재정의 중요한 재원을 빼앗기는 셈이었다.

그렇지 않아도 메이지 정부의 재정은 처음부터 만성 적자였다. 세금은 높아지고 있는 반면 외국 상품에 대한 관세는 턱없이 낮은 것도 일반 국민들 사이에서 심각한 불만 요인이 되고 있었다. 외무경 데라지마 무네노리(寺島宗則, 1832~1893)는 이러한 감정이 다시 반외세 감정으로 확산되는 것을 막는 한편 법 질서를 유지하고 외국과의 교역을 확대하기 위해서는 조세 주권을 되찾아 와야 한다고 역설하였다. 이런 문제의식 하에서 메이지 정부 수뇌부는 서구 열강과 새로운 조약을 맺기 위한 사전 협상 차 해외 사절단 파견이 필요하다는 인식을 공유하기 시작한다.[23]

이들은 동시에 새 정부의 모델도 찾는다. 「바쿠한 체제」는 사라졌지만 무엇으로 이를 대체해야 할 것인지에 대해서는 구체적인 안이 없었다. 천황 중심의 통일된 국가를 만들어야 한다는 데는 의견이 일치하였지만 이를 위해 어떤 정치, 경제, 교육, 국방 제도를 갖추어야 하는지는 아무도 몰랐다. 따라서 외국, 특히 서양 선진국의 문물을 직접 보고 배워야 한다는 데 의견이 모아졌다.

일본이 외국 문물을 배우기 위한 사절단을 파견할 것을 제일 먼저 제안한 것은 네덜란드 출신 선교사이자 교육자인 귀도 베르벡(Guido Herman Fridolin Verbeck, 1830.1.23.~1898.3.10.)이었다. 1859년 나가사키에 도착한 베르벡은 사가 한을 비롯한 나가사키 주변 한의 젊은 사무라이들에게 영어, 정치, 과학 등을 가르친다. 오쿠마 시게노부, 이토 히로부미, 오쿠보 도

귀도 베르벡

시미치, 소에지마 타네오미(副島種臣, 1828.10.17.~1905.1.31.) 등도 그에게 배웠다. 베르벡은 메이지 정부가 서구의 다섯 국가를 선정하여 사절단을 보낼 것을 오쿠마 시게노부와 이와쿠라 토모미에게 제안한다.[24]

「폐번치현」과 함께 단행된 정부 조직 개편을 통해 메이지 정부 최고 직위인 다이죠다이진(太政大臣, 태정대신)에 임명된 산조 사네토미는 외무경에 임명된 이와쿠라 토모미에게 특명전권대사 파견에 관한 편지 두 통을 보낸다. 메이지 유신 지도부가 당시의 국제 정세를 얼마나 잘 파악하고 있었으며 국제법의 중요성에 대해 얼마나 깊이 이해하고 있었는지 보여주는 명문장이다. 나아가 근대 국가가 국권과 국익을 지키기 위해 무엇을 해야 하는지를 정확히 이해하고 이를 실천에 옮기고자 하였음을 보여준다. 다음은 그 첫 번째 편지다.

대등한 권리를 갖고서 서로 능욕·침범하는 일 없이 함께 비례(比例) 호격(互格)으로 예의로 교제하는[禮際] 은근(殷勤)함을 통해서 무역의 이익을 나누는데, 그것이 열국(列國)이 서로 조약을 맺는 까닭이다. 국가와 국가

가 본래 대등한 권리를 갖는 것이 당연하므로, 그 조약도 역시 대등한 권리를 가져야 한다는 것은 새삼 말하지 않아도 되는 일이다.

그런데 지구상에서 국가로서 독립불기(獨立不羈)의 위엄[威柄]을 갖추고 열국과 서로 나란히 서고 어깨를 나란히 해서 높고 낮음이 평균적인 권력을 그르치지 않고서, 능히 교제의 우의[誼]를 보전(保全)하고 무역의 이익을 균일하게 하는 것은, 열국의 공법이 있어서, 능히 강약의 세(勢)를 제압하고 중과(衆寡, 많고 적음)의 힘을 억제해서 천리(天理)·인도(人道)의 공의(公義)를 보필(補弼)하고자 하는 것이다. 따라서 국가와 국가가 대등한 권리를 갖는 것은 곧 열국 공법이 존재하는 데서부터 비롯된다고 해야 할 것이다.

지금 그 나라의 인민이 그 나라를 사랑하는 것은 역시 자연스러운 일로서 어떻게 할 수 없는 것이다. 이미 그 나라를 사랑하는 진실함[誠]이 있어, 그 국사(国事)를 우려하지 않을 수가 없다. 그렇게 우려하는 것이 이미 여기에 이르렀다. 만약 그것을 실무(實務)에 비추어 우리나라[我國]에 있는 권리 여하를 깊이 살피지 않으면 안 될 것이다. 이미 그것을 깊이 살피는 데 있어서 과연 그 권리를 우리가 잃어버리지는 않았는지 혹은 그것을 다른 나라에 잃어버려 존재하지도 않는지 그것을 잘 알아야 할 것이다. 그것을 잘 알아서 우리나라가 이미 대등한 권리를 잃어버리고 다른 나라에 능욕·침범당해서 비례 호격의 도리(道理)를 얻지 못했다면, 면려(勉勵)·분발(奮發)해서 그것을 회복하고, 그 능욕을 설욕해서 침범 당하지 않는 길을 강구하는 것은, 그 나라 사람들이 마땅히 힘써야 할 직무이며, 그 나라 사람됨의 도리를 다하는 것이라 해야 할 것이다. 그리고 그 능욕·침범을 당하지 않는 길을 강구하는 것을, 열국 공법에 비추어 그 조약이 정리(正理, 바른 이치)에 적합한지 아닌지 고찰해야 할 것이다.

무릇 우리나라는 해외의 각국과 조약을 체결하기 시작했는데 바야흐로 국내의 형세는 어떠한가. 오랫동안 쇄국(鎖國)의 습속이 굳어져서[固結]

개항의 일을 거부하는 자들이 아주 많았으며, 대부분 다 그러했다. 양이(攘夷)의 주장을 발하는 자들도 역시 거의 다 그러했다. 이것은 옛 정부가 천권(擅權, 마음대로 하는 권력)의 사적인 판단[私斷]으로 그 같은 전국(全國)의 존망(存亡)에 관계되는 일대 사건을 명백(明白)하고 정대(正大)한 여론과 재지(才智)·용결(勇決)한 처치(處置)로 그 사건을 이해하지[了局] 못하고, 그 목적을 일시(一時) 호도(糊塗)해서 그저 그렇게[因循] 세월만 보내는[經過] 방략(方略)에서 비롯된 것이었다. 그 사정이 어쩔 수 없는 형세라 하더라도 아무래도 관리들의 나태와 고식(姑息)으로 인해서 교제(交際) 상에서 그 마땅함을 얻지 못한 일이 많았을 뿐만 아니라 무역상으로도 역시 당연한 이치를 다하지 못한 일 역시 적지 않았다. 그리고 그 동안 우리나라 내부의 많은 일들로 인해서 강약의 형세를 타고서 저들과 우리의 권리의 경계가 어지럽혀져 있거나[紛亂], 혹은 주객(主客)이 뒤바뀌는 데에 이르러, 더욱 지당(至當)한 이치를 잃어버려서 궁극(窮極) 여하를 알 수 없는데 이르렀으며, 그로 인해 정체(政體) 변혁의 시작부터 이미 잃어버린 권리를 능욕·침범당하지 않고서 비례 호격의 도리를 다하려고 할지라도, 종전(從前)의 조약이 아직까지 고쳐지지 않았다. 구습의 폐해가 아직 제거되지 않았으며, 각국 정부 및 각국 재류(在留) 공사(公使)도 여전히 동양의 일종의 국체(國體)·정속(政俗, 정치의 습속)으로 인정하여 다른 종류의 처치(處置)를 익숙한 방식으로 담판(談判) 등을 하고, 우리나라 법률로 추급(推及)해야 할 일도 저들에게 그것을 추급하지 못하고, 우리의 권리에 속하는 것도 그것을 우리에게 귀속시키지 못했다. 우리의 규칙에 따르게 해야 할 일도 저들에게 그것을 따르게 하지 못했으며, 우리의 세법(稅法)에 의거해야 할 일도 저들에게 그것을 의거하게 하지 못했다. 우리가 자유롭게 처리해야 할 조리(條理)가 있어도 저들에게 그것을 상의해야 하는 데에 이르렀다. 그 외에 무릇 안과 밖[中外]이 서로 관계되는 사사건건(事事件件) 저들과 이쪽이 서로 대등한 동서(東西) 비례(比例)의 통의(通

誼)를 다하지 못했다. 심한 경우에는 공사의 희노(喜怒, 기분)에 따라서 공연(公然)한 담판도 곤란하게 되는 데에 이르렀다. 본래 대등한 국가의 정부는 재류 공사가 어떻게 할 수 없는 일이 생기면, 공법(公法)에 의거해 그것을 결국 그 본국(本國)에 돌려보낼 수 있는 정도의 권한을 갖게 되는데, 그 사체(事體, 사안의 실체)가 이와 같은 능욕과 침범을 받는 데 이르게 되면, 전혀 대등병립(對等竝立, 서로 대등한)한 국권(國權)을 지니고 있다고 할 수가 없겠다. 비례 호격의 교제를 하고 있다고 할 수 없는 것이다. 때문에 마음 아프게 그러한 까닭을 되돌아보고[反顧], 분열된 국체를 하나로 해서 흩어진[渙散] 국권을 회복하고, 제도·법의 잡박(雜駁)한 폐단을 고치고, 아직 남아 있는 전단(專斷, 마음대로 함)·구속(拘束)을 모조리 제거하고, 관종(寬縱, 관대)·간이(簡易)한 정치(政治)로 귀속시켜서, 힘써 민권(民權)을 회복하는 일에 종사해서, 점차 정령일도(政令一途)의 법률(法律) 동철(同轍)에 이르게 해서, 그야말로 열국과 어깨를 나란히 할 수 있는 기초를 세워야 할 것이다. 모름지기 종전의 조약을 개정해서 독립불기(獨立不羈)의 체재(體裁)를 정해야 할 것이다. 종전의 조약을 개정하려고 하면 열국 공법에 의거해야 할 것이다. 열국 공법에 의거해 우리나라의 국률(國律), 민률(民律), 무역률(貿易律), 형법률(刑法律), 세법 등, 공법과 상반되는 것들은 모두 변혁·개정해야 할 것이다. 이들을 변혁·개정하기 위해서는 그 방법과 처치를 고안하지 않으면 안 된다. 그것을 고안하기 위해서는 그들을 실제로 시행하거나 혹은 1년을 기약하거나 내지는 2, 3년을 기약해야 할 것도 있어서, 하루 아침 하루 저녁[一朝一夕]에 그 일을 다할 수는 없다는 점을 감안해야 할 것이다. 그리고 조약 개정의 기한은 내년 5월 중, 즉 서력(西曆) 1872년 7월 1일부터 그 논의를 시작해야 한다는 명문(明文)이 있다. 우리 정부가 이런 상황에 즈음해서 그 일에 대해 자못 성업(盛業)을 일으킬 수 있는 큰 기회를 얻었다 하더라도, 현장(現場)의 형세에 따라서 그 일을 독촉해서, 순서 및 시한(時限)이 오히려 유예(猶豫)가 없고 절박(切迫)하게 될 때에는, 역시 곤란하게 될 수 있는 그런 기회에 해당된다고 해야 할 것이다. 왜냐하면 각국 공사로 하여금 그 개정 논의를 고안하는 데 있어, 각자 그 나라의 이익을 망라(網羅)하려 할 것이며, 우리나라의 정속(政俗)과 공법에 맞지 않는다고 하면서, 도리어 자기 마음대로 하려는 뜻을 드러낼 것이기 때문에, 정대(正大)·공명(公明)한 이치에 의탁해서 제도·법률·교종(敎宗, 종교)부터 백반(百般)의 제 규칙이 보통(普通)의 공의(公義)에 반하는 것을 책망해서, 정해진 시한(時限)부터 곧바로 보통의 공법을 시행해야 한다고 청구(請求)해야 할 것이다. 그런데 사정이 급속(急速)해 행하기 어렵다고 해서 이를 거절할 때에는, 반드시 그것을 바꾸라는 청구를 해서, 마침내 위력(威力)의 담판에 들어가 그 폐해가 나타나게 되더라도 그것을 헤아려 볼 수가 없기 때문에, 고식(姑息)적인 개정은 국가의 권리를 더 잃게 만드는 기초가 될 수도 있다는 것은, 미래를 생각해보면 분명한 것이다. 이것이 개정 기회가 곤란함을 당하게 될 우려가 있다고 하는 까닭이다. 때문에 그러한 곤란함을 당하게 되는 기회를 바꾸어 성업을 일으킬 수 있는 기회로 삼는 것은, 그야말로 중대한 전환기에 하나의 관건이며, 그렇기 때문에 특히 전권 사절을 각국에 파견하고자 한다. 한편으로는 우리의 정체(政體) 갱신(更新)[명치유신]으로 인해 한층 더 화친(和親)을 돈독하게 하기 위해서 빙문의 예를 갖추려는 것이다. 다른 한편으로는 조약 개정에 의해서 우리 정부의 목적과 기대하는 바를 각국 정부에 알리고 상의하는 데에 있다. 이 보고와 상의는 저들이 논의하고자 하는 사건을 우리가 먼저 내놓고[先發], 저들이 요구하려는 것을 우리가 그들에게 요구하는 것이기 때문에, 논의도 진전되는 바가 있을 것이다. 반드시 우리의 논설(論說, 주장)을 지당(至當)한 것으로 만들어 그것에 동의하며 또 그것에 상당(相當)하는 목적과 방안[考案]을 제시해야 할 것이다. 그 목적과 방안을 채택해서 상량(商量)·합의(合議)하면 그 일을 실제로 시행할 시한을[대체로 3년을 목적으로 한다] 연장시키는 담판을 짓는 것도 그렇게 어려운 일은 아닐 것이다.

그 보고와 상의는 열국 공법에 의거해야 할 것이다. 개혁의 취지[旨向]를 보고하고 또 그것을 상의해서 실제로 그것을 우리나라에 시행하는 것이 중요하기 때문에, 그 실효(實效)를 험지(驗知, 경험을 통해서 앎)하기 위해서 유럽과 아시아 여러 지역에서 개화가 가장 번성한 국체와 제 법률과 제 규칙 등 실무에 처하여 방해받지 않는 것을 직접 보고, 공법에 마땅한 방법을 찾아서 그것을 우리 국민에게 실시할 방략(方略)을 목적으로 하는 것 역시 긴요한 사무라 해야 할 것이다. 따라서 전권 사절은 전권 이사(理事)의 관원 몇 명을 따르게 하고, 거기에 서기관·통역관을 부속(附屬)시키고, 위의 전권 이사 관원은 그들을 각 과(各課)로 나누고, 각 그 주임(主任)의 사무를 담당하게 해야 할 것이다. 그것은 아래와 같다.

제1과. 제도와 법률의 이론과 그것이 실제로 행해지는 바를 연구하며, 외국 사무국, 의사원(議事院), 재판소(裁判所), 회계국(會計局) 등의 체재(體裁)와 실제로 그 사무를 행하는 경황(景況)을 직접 보고, 그것을 우리나라에 채용(採用)해서 설치[施設]하겠다는 목적을 세워야 할 것이다.

제2과. 이재(理財)·회계(會計)에 관계된 법칙(法則), 조세법(租稅法), 국채(國債), 지폐(紙幣), 관민(官民) 환전[爲替], 화재(火災), 해상(海上), 도난수합(盜難受合) 등에서부터 무역(貿易), 공작(工作), 기차(汽車), 전선(電線), 우편(郵便) 제 회사, 금은(金銀) 주조소(鑄造所), 제 공작장(工作場) 등 방법과 규칙을 연구하며, 또 그 체재를 실제로 행하고 있는 모습을 직접 보고, 그것을 우리나라에 채용해서 시행하겠다는 목적을 세워야 할 것이다.

제3과. 각국 교육의 제 규칙, 즉 국민교육의 방법, 관민(官民)의 학교 세우는 법, 비용(費用), 집합(集合)의 규칙, 제 학과(學科)의 순서, 규칙, 및 등급을 부여하는 면허장[免狀]의 방식 등을 연구하고, 관민학교, 무역학교, 제 예술학교, 병원, 육유원(育幼院, 유아원과 유치원) 등의 체제 및 실제로 행해지는 모습을 직접 보고, 그것을 우리나라에 채용해서 설치할 수 있는

방법을 얻는 것을 목적으로 삼아야 할 것이다.

전권의 사절 및 전권 이사의 관원은 각 주임 외에 우리나라에 이익이 될 만한 일은 모두 그것을 연구·숙람(熟覽)해야 할 것은 물론이며, 육해군의 법률 및 급료(給料)의 다과(多寡), 그리고 그들을 지휘하는 방법을 연구할 것. 각국의 유명한 항구[港津]에 가서는 해관(海關)의 실황(實況), 군기고(軍器庫), 해군국(海軍局), 조선소(造船所), 병졸둔소(兵卒屯所), 성보(城堡), 해육군학교, 제철소 등을 직접 살펴볼 것. 또한 교습(教習)해야 하는 이유[所由]에서 가장 긴요한 것은 감찰(監察)이라는 점에 주의해야 할 것이다. 그리고 부속된 서기관은 그 연구한 것과 직접 본 것을 자세하게 기록해서, 그들을 채용하여 쉽게 설치할 수 있도록 해야 한다는 점을 유념해야 할 것이다.

위에서 본 것이 전권 사절을 각국에 파견하려는 대략적인 내용이다. 그 위임의 장정(章程) 및 각국에 보내는 공서(公書, 공문서), 전권 이사관의 직무(職務) 장정, 각 관원 등급, 직권의 한계 등은 그 일행에 배속된 관원이 그 편의(便宜)를 잘 헤아리고 또 그것을 잘 고려해서 결재(決裁)를 받아야 할 것이다.

그 사절 일행의 인원은 별지(別紙)로 붙인다.

○ 별지
흠차전권사절 일행 인원(欽差全權使節一行人員)

흠차전권사절 1명, 동 2등사절 1명, 1등 서기관 1명, 2등 서기관 2명[2등 서기관은 회계를 전임(專任)한다], 1등 통역관 1명, 2등 통역관 1명, 전권 이사관 6명, 1등 서기관3명, 2등 서기관 3명[이들 서기관 중 통역을 할 수 있는 자 3인을 필요로 한다], 통역관3명. 외양학생도(外洋學生徒)로서 통역할 수 있는 자 있다면 4, 5명을 따라가게 하는 것도 역시 가능하다. 이 것이 인원의 대략이다. 그리고 사절에 따라가는 1등 서기관은 전권 이사 관과 동등해야 한다. 2등 서기관은 이사관 1등 서기관보다 상석(上席)이 어야 한다. 사절에 따라가는 통역관은, 1등은 2등 서기관과 동동, 2등은 이사관 1등 서기관과 동등해야 할 것이다.[25]

다음은 두 번째 편지다.

우리 정부에서는 정약(定約, 정한 조약)의 연한(年限)에 의거해 내년 5월 중, 즉 서력(西曆) 1872년 7월 1일부터 조약 및 세칙(稅則)을 개정하려는 논의를 하고자 한다. 이에 그 개정하려는 목적과 기대하는 취지를 명백하 게 하고 또 자세하게 진술해서, 그 사실에 조금의 수식(修飾, 꾸밈)도 없이 준비해야 할 것이다. 그것을 화친(和親)한 각 열국에 보고하고, 아주 풍부 하게 고안(考案)하고, 또 공평(公平)한 조회(照會)를 해서, 각 정부가 믿고 따를 수 있도록 해서, 그 사업으로 하여금 목적과 바라는 바가 서로 어긋 나지 않고서 성공을 거둘 수 있도록 하는 것은 우리 정부 및 인민에 관계 된 바이며, 가장 중대하고 또 긴요한 일이라 해야 할 것이다.

각 정부에서 목적하고 바라는 바를 믿고서, 또 그것을 공평한 조리(條 理)로 여기며 그 사업을 찬성(贊成)하는 바가 있게 된다면, 화친의 우 의[誼]는 더욱 두터워지고, 무역의 이익도 엄청 커져서, 우리 정부 및 인 민이 그야말로 행복을 누릴 수 있을 뿐만 아니라 각국 상호 간에 왕래(往 來)·교통(交通)하는 인민도 역시 그 이익을 얻을 수 있는 기초가 될 수 있 기 때문에, 각 정부에서 반드시 우리 정부의 주장을 믿고 들을 것이며, 나 아가 그 과정에서 굳이 그것을 사양하지 않으리라는 것을, 바야흐로 기 대하는 바이다.

무릇 사물의 실리(實理)를 추구하는 데 있어, 경중(輕重)을 비교해서 힘의 평균을 얻지 못하면, 권형(權衡, 저울)이 기준[準]을 얻지 못할 것이다. 만약 그 평준(平準)을 얻지 못한다면, 권형이 그 기준을 얻지 못할 것이다. 만약 그 평준을 얻지 못한다면 높고 낮음[昂低]이 한 쪽으로 치우쳐서[偏傾], 권형이 그 준칙[則]을 잃어버리게 된다. 지금 국가와 국가의 교제(交際), 사람과 사람의 화친, 대등(對等)·병립(竝立)이 그 마땅함을 얻지 못한다면, 그것은 역시 권형이 평직(平直, 평균과 바름)을 잃어버리는 것과 같다. 교제와 화친에 어떻게 능히 평균의 도를 얻을 수 있는가. 이제 우리 정부가 평균의 도를 얻어 교제·화친의 우의를 두텁게 하고, 영속토록 보전해가야 할 것이다. 힘써 평균으로 만들어가기 위해서 변혁과 개정(改正)을 행하지 않으면 안 된다. 이미 그런 변법·개정을 하려고 하는 원인과 연유[原由]를 추구(推究)하고, 또한 그 평균을 얻을 수 있는 도리(道理)를 되돌아보아야 할 것이다.

이제 그것을 되돌아 보건대, 동양(東洋)의 제국(諸國), 서양 열국, 각각 그 국체(國體)·정속(政俗)을 달리한다는 것은 새삼스레 말할 것까지도 없다. 그것은 그 국민의 개화(開化)의 늦고 빠름[遲速]에 관계된 것이라 하더라도 오랫동안 익숙한 습속(習俗)은 인습(因襲)해서 오랫동안 일종의 정속을 이루고 있어, 열국 공법도 그것을 규준(規準)할 수가 없다, 우리 제국 일본 정부가 각국과 조약을 맺었지만, 처음에는 국내 인심이 개항을 좋아하지 않았으며, 그로 인해 각종 어려운 일들이 발생했으며, 또한 열국 공법에 따르지 못했기 때문에 각국과 정약(定約)을 체결하고 화친의 우의, 무역의 이익을 통하는 것도 역시 일반의 공의(公義)를 이루고 보통(普通)의 공의를 다할 수 없었음으로 인해서, 스스로 다른[別派] 처치(處置)를 할 수가 없는 형세에 이르렀다. 저들과 우리가 일치(一致)하는 통의(通義)를 잃어버려서, 교제와 무역상의 권리가 끝내 평균을 얻지 못하는 우려를 낳게 된 것이다.

이미 되돌아보았듯이 평균을 얻지 못하는 이치를 추구해본다면, 우리의 국체와 정속이 다름으로 인해서, 열국 공법으로 다른 나라(他邦)를 대우하고 보통의 공의와 공권(公權)으로 다른 나라 국민을 처우할 수 없었기 때문에, 그 같은 불평균(不平均)을 낳게 된 것이다. 그것을 바른 이치[正理]에 비추어 부당한 일이라 인정할 때에는, 공부[勉强]해서 평균이 되도록 하는 방략을 고구(考究)해서, 그 국체·정속을 변혁·개정해야 할 것이다. 지금 우리 제국 일본은 천황폐하 및 정부의 정권통일(政權統一) 이래 일찍부터 각국 교제·무역의 도(道)가 서로 평균에 이르는 것을 기대해 왔으며, 그러기 위해서는 그 이치와 형세를 변혁·개정하지 않으면 안 된다는 것을 알아차리고서, 오랫동안 쌓여온[積世] 인습의 누규(陋規, 고루한 규칙)·폐습(弊習)을 씻어내고, 크게 개국의 규모를 기희(期希, 기약하고 희망함)하기 위해서 봉건의 치체(治體)를 바꾸어 군현(郡縣)으로 만들고, 구속(拘束)했던 민권(民權)을 회복해서 간이(簡易)함에 귀착하도록 해서, 모든 일들을 갱정(更正, 바로 잡음)하는 바가 있었다. 그래서 국민의 경황(景況)을 이전의 그것과 비교하면 크게 모습을 바꾸는 데에 이르렀다 하더라도, 그런 일들을 설위(設爲)·시행(施行)하기에는 아직은 그 세월이 얼마 되지 않기 때문에, 여전히 변혁·개정을 순차적으로 해 나가야 할 것들이 많다. 그런 조건들을 모두 개정할 때 비로소 우리 정부는 그 목적을 달성하고, 바라는 바를 성취할 수 있다고 할 수 있겠다. 즉 그 조건은 다음과 같다.

첫째, 우리나라의 법률 중 민률(民律), 무역률(貿易律), 형법률(刑法律) 등은 특히 서양 각국의 법률과 크게 다르기 때문에, 어떤 인민이라도 그것을 준수해서 방해가 없도록 한다는 목적을 정하고, 그 다른 바를 없애고 같은 바를 채택해서 바른 이치에 적합하도록 해서, 잘못이 없도록 할 것.

둘째, 각국 인민들이 서로 왕래·거주하며, 그 나라 법을 준봉(遵奉)하는 데 있어서 본래 자유를 얻어야 할 것이다. 그런데 땅을 그어 그 구역을 나누는 것이, 피차(彼此)가 서로 일치하지 않는 듯 하다. 때문에 왕래·주거의 규칙을 확정하고, 자유를 얻을 수 있도록 해주는 방법을 마련할 것.

셋째, 국가는 동서(東西)를 달리하며, 민정(民情, 백성들의 정) 역시 그에 따라 같지 않다 하더라도, 그 본성은 원래 동일해서 다른 것이 없다. 따라서 교유(教諭, 교육)의 도(道)를 활발하게 하고, 개화(開化)의 귀지(歸旨, 귀착점)를 일치시킬 수 있는 방법을 찾을 것.

넷째, 피차의 법률과 교육에 존재하는 장해(障害)는 제거하고, 서로 다른 주장을 없애기 위한 실징(實徵, 실제 자료)을 보전(保全)해서 서로 저촉됨이 없도록 할 것.

위의 조건들을 변혁·개정하는데 있어, 국내의 모든 사무(事務)를 여기에 준해서 경정(更正)하지 않으면 안 된다. 그리고 혹은 시행에 선후(先後)의 순서가 있는 것도 있을 것이며, 혹은 방법·처치의 취향(趣向)을 안정(案定, 생각해 정함)해서 논의에 붙여야 할 것도 있을 것이다. 그리고 이를 실제로 시행하는 데 다소의 시한(時限)을 허비하지 않으면 안 되는 것도 있으며, 혹은 그 법령이 행해지지 않거나 또는 이를 거부하는 무리가 있을 때에는 위력(威力)으로 그들을 압제(壓制)하고서 그 일을 해야 하는 것도 있을 것이다.

이 같은 변혁·개정을 행하는 것은 큰 사안[事件]이기 때문에, 긴요한 논의를 각 방(各邦)에서 행해서, 그 방안과 주장을 요청하는 것이 필요한 일이라 생각된다.

각국 정부에서 우리나라 정부의 목적과 기대하는 바에 찬성할 수 있도록 하는데 필요한 방안을 제시하고, 또 그런 주장을 듣게 함으로써, 그 일에 동의하고, 우리나라로 하여금 개화의 영역에 올라서 나아가도록[登進]하는 일에 협력하고, 또한 두텁게 논의해서 그 처치를 충분히 시행할 수 있도록 해야 할 것이다.

그리고 그 처치를 충분히 시행할 수 있도록 하기 위해서는, 그 시한을 미리 계산하여 우리 정부에 제시해주어야 할 것이다. 그것은 우리 정부

이와쿠라 사절단의 주요 인물. 좌로부터 기도 다카요시, 야마구치 마스카, 이와쿠라 토모미, 이토 히로부미, 오쿠보 도시미치

가 크게 나중에 기약하는 바가 있기 때문에, 그 사정을 진술하여 조약 개정의 시기를 연장해달라는 청구를 감히 각국 정부에 하려는 것도 역시 어쩔 수 없는 까닭이다.[26]

이와쿠라 역시 불평등 조약들을 재협상하기 위한 외교 사절단을 파견해야 한다고 생각했다. 재무성을 장악한 오쿠보와 이노우에 가오루는 관세 개혁을 위해 외국과의 조약들을 재협상해야 한다고 주장했다. 기도 다카요시는 선진국의 문물을 공부하기 위해 유럽과 미국을 순방하는 계획에 관심을 갖기 시작했다. 각기 이유는 달랐지만 고위급 외교 사절단이 서구의 강대국을 방문해야 한다는 점에는 의견이 일치하였다.[27]

사절단의 목표에 대해서는 사절단의 기록을 담당한 구메 구니타케(久米邦武, 1839. 8. 19.~1931.2.24.)가 『특명전권대사 미구회람실기(美歐回覽實記)』 서문에 잘 요약하고 있다.

요코하마에서 출항하는 이와쿠라 사절단

메이지 유신의 정치는 지금까지 없었던 변혁이고 이것은 세 가지로 정리할 수 있다. 첫째는 쇼군이 갖고 있던 정치권력을 없애고 천황이 친정을 시작했다는 점이다. 둘째는 각 번의 분권이었던 정치를 하나로 모아 중앙집권체제로 바꾼 것이다. 셋째는 쇄국제도를 바꿔 개국의 방침을 취한 것이다. 이중 하나만 개혁하는 것도 쉽지 않은데 세 가지를 동시에 바꾸려고 한 것이다. 이는 거의 신의 조화라 해도 좋을 정도로 인간이 하기는 어려운 일이다. 어떻게 이 같은 일이 일어났는지 곰곰이 생각해보면, 모든 것이 국제적인 상황 변화에 영향을 받은 것임을 알 수 있다. 쇄국 정책은 도저히 바꾸지 않으면 안 될 상황에 다다랐다. 개국을 하려 하니 통일적인 정치를 실시하지 않을 수 없었다. 통일국가를 수립하려면 쇼군의 정치권력을 없애야 했다. 독일 연방이 통일한 경우나 이탈리아 통일 과정에서 발생한 로마 교황청의 문제도 모두 그 당시의 상황에 자극 받아 여러 개혁이 이루어지고 숱한 위기를 극복한 뒤 안정에 달했다. 오늘날 우리나라의 개혁 또한 마찬가지이다. 그 때문에 내정의 원칙을 정한 뒤 외교에 관한 기본 방침도 정하기 위해 이 특별한 사절단이 파견된 것이다.[28]

대부분의 유신 지도자들은 선진 문물을 시찰할 수 있는 절호의 기회인 외교 사절단에 참가하고 싶어했다. 수개월에 걸친 논란 끝에 1871년 9월, 공식 명단이 발표된다.[29] 공식 사절단은 46명, 대사와 부사의 수종자 18명, 유학생 43명을 포함하여 총 107명이었다.[30] 유학생 중에는 미국에 남게 될 5명의 여성도 포함되었는데 가장 어린 학생은 당시 7살이었다. 공식 사절단 46명의 평균 나이는 32세였다.[31]

메이지 유신의 핵심 지도부가 대거 「이와쿠라 사절단」에 참여함으로써 정부에는 공백이 생길 수밖에 없었다. 사절단과 일본에 남게 된 정부의 핵심 인사들은 사절단의 해외 순방이 지속되는 기간 동안에는 각기 외교나 내치에 있어서 섣부른 결정을 내리지 않고 현상 유지에 주력하기로 약속한다. 사절단에게는 「일본에 도입하는 것을 목표로」 구미의 문물을 시찰하고 평가하는 역할을 하도록 하는 한편, 서구 열강들과의 불평등 조약을 재협상하기 위한 사전 대화는 허용하지만 새로운 조약의 협상 권한은 주지 않았다. 당시 주일 미국 공사였던 찰스 드롱(Charles E. DeLong, 1832.8.13.~1876.10.26.)은 「사절단은 아무것도 결정할 권한은 없지만 모든 것에 대해 협의할 임무를 받은 것 같다」라고 기록하였다.[32]

반면 본국에 남게 된 정부는 사절단 해외 순방 기간 중에는 고위직 인사를 단행하지 않고, 국내 정세에 대해서도 정기적으로 사절단에 알릴 것을 약속한다. 특히 사절단의 목표가 제대로 된 국내 개혁 방향과 방법을 모색하는 문물 시찰이었기에 사절단의 해외 순방 기간에는 가급적 국내 개혁 조치들을 유보할 것을 약속한다. 1871년 11월 7일, 사이고, 기도, 이와쿠라와 산조는 이러한 내용을 약조하는 문서에 서명한다.[33]

「대신·참의·대보 맹약서(大臣·參議·大輔 盟約書)」

이번에 특명전권대사를 파견하는 건은 그야말로 쉽지 않은 큰 사업으로 전국(全國)의 융체(隆替, 성쇠), 황운(皇運)의 태부(泰否, 길흉)에 관계되는 사안이며, 중조(中朝, 조정)의 관원, 파견되는 사절[使員]과 안팎[內外]이 조응(照應)하고 기맥(氣脈)이 관통하며 일치(一致) (단결해) 힘을 다하지 않으면 성공을 거두기 어려울 것이다. 만일 의논(議論)이 모순되어 목적에 차질을 빚을 때에는 국사(國事)를 그르치고 국욕(國辱, 국가의 굴욕)을 빚을 수도 있기 때문에, 이에 그 요지(要旨)의 조항[條件]을 열거해서 그 사무를 위임(委任) 담당(擔當)할 모든 관원들이 연명(連名)으로 조인(調印)하고, 일일이 다 준봉(遵奉)해서 이를 위배(違背)하는 일이 없기를 증거하고자 한다.

　제1관(款). 국서(國書) 및 사절단 파견의 취지를 받들어 일치(一致) 면력(勉力)해서 의논이 모순되어 목적에 차질을 빚어서는 안 된다.

　제2관. 중외(中外, 안과 바깥)의 중요한 사안은 그때그때 서로 보고하며 한 달에 두 한 번씩 서신(書信)을 반드시 주고 받을 것.

　제3관. 중외가 서로 조응(照應)해서 사무(事務)를 처리하기 위해 특별히 사절단 사무를 관리하는 관원에게 명해 그에 종사(從事)하게 하며, 내년에 사절단이 귀국한 후에는 중조(中朝, 중앙 정부)의 사무를 맡은 관원과 더불어 이사관(理事官) 등을 교대(交代)해서 외국(外國)에 파견하도록 할 것.

　제4관. 사절단이 그 사명(使命, 임무)을 마치고 귀국한 후에는 각국(各

國)에서 상의(商議) 및 고안(考案)한 조건(條件)을 참작(參酌)하고 고정(考定)해 그것들을 실지(實地)에 시행할 것.

제5관. 각 이사관이 직접 보고[親見] 배우고[習學] 고안해서 방법(方法)을 작정(酌定)한 다음 순차(順次)적으로 이를 실지에 시행하며, 학습이 끝나지 않은 것이 있으면 대리사관(代理事官)이 이를 인계[引請]받아 완비(完備)하도록 할 것.

제6관. 내지(內地, 일본)의 사무는 대사(大使, 사절단)가 귀국한 후에 크게 개정(改正)할 목적이므로, 그 동안 가능한 한 새로운 개정을 필요로 하지 않는다. 만일 어쩔 수 없이 개정하는 일이 있으면 파견된 사절단에게 조회(照會)해줄 것.

제7관. 폐번치현(廢藩置縣) 조치는 내지(內地) 정무(政務)의 통일에 귀착되어야 할 기틀[基]이므로, 조리(條理)를 쫓아 순차적으로 그 실효(實效)를 거두면서 개정 과정이 이루어져야 할 것이다.

제8관. 모든 부처[제관성(諸官省)] 장관(長官)이 결원(缺員)되면 별도로 임명하지 않으며 참의(參議)가 이를 분임(分任, 분담)하여 그 규모와 목적을 변혁(變革)시키지 않는다.

제9관. 모든 부처는 칙주(勅奏, 천황에게 아룀)해 그 판단(判)을 논의하지 않으며, 관원을 증익(增益)해서는 안 된다. 만약 어쩔 수 없이 증원(增員)을 필요로 할 때에는 그 사정[情由]을 (자세하게) 갖추어 결재(決裁)를 기다려야 한다.

제10관. 모든 부처는 현재 고용중인 외국인 외에 달리 고용해서는 안 된다. 만약 어쩔 수 없이 고용을 필요로 할 때에는 그 사정을 (자세하게) 갖추어 결재를 기다려야 한다.

제11관. 우원(右院)이 정해진 날짜[定日]의 회의를 쉬고 논의해야 할 일이 있을 때에는 정원(正院)에서 그 취지[旨]를 내려 보내고 매한 모일 때[每會]마다 기일(期日)을 정할 것.

제12관. 이들 약관[款內]의 조항들을 준수해서 위배해서는 안 된다. 이들 조항 중에 만약 증손(增損: 덧붙이거나 줄임)이 필요할 때에는 중외(中外)에 조회(照會)해서 이를 결정할 것.

메이지 4년(1871) 신미(辛未) 11월

2. 「이와쿠라 사절단」의 여정

이와쿠라 사절단은 1871년 11월 12일 요코하마를 출발하여 첫 목적지인 샌프란시스코로 향한다. 그리고 1873년 9월 13일 다시 요코하마 항으로 돌아올 때까지 1년 9개월 21일 동안 12개국을 순방한다.[34] 사절단이 샌프란시스코에 도착하자 현지 일간지 *Daily Evening Bulletin*은 「얼마 전까지만 해도 그 나라가 처해있던 상황과 비교해 볼 때 오늘날 지구상에서 가장 진보적인 나라」의 대표들이 왔다고 썼다.[35] 당시 미국은 남북전쟁(1861~1865) 이후의 복구와 대륙횡단철도의 완성(1863~1869)을 통해 산업 혁명과 경제 팽창의 절정기를 구가하고 있었고, 유럽 역시 프로이센-프랑스전쟁(일명 「보불전쟁」, 1870~1871)의 종료로 프러시아와 프랑스가 급속한 산업 혁명기를 거치고 있었다.[36]

사절단은 각국에서 융숭한 대접을 받고 각계각층의 지도자를 만났으며 정치, 산업, 교육 등 각 분야의 제도와 시설을 샅샅이 시찰한다. 눈부신 발전을 거듭하는 미국과 유럽을 방문하면서 사절단이 보고, 듣고, 배우고, 느낀 것은 기록을 맡았던 구메 구니타케의 방대하면서도 치밀한 공식 기록 『특명전권대사 미구회람실기』와 부사였던 기도 다카요시의 일기와 편지 등을 통해 생생하게 접할 수 있다.

기도는 특히 미국의 교육 제도에 매료된다. 그는 일기에 다음과 같이 적고 있다.

구메 구니타케

오늘날 교육보다 시급한 것은 없다. 우리가 만약 나라의 기초를 튼튼하게 세우지 않는다면 우리는 천 년이 지나도 우리 나라의 지위를 격상시킬 수 없을 것이다. (…) 우리나라 사람들은 오늘의 미국인이나 유럽인과 다를 것이 없다. 모든 것은 교육을 받았느냐 안 받았느냐에 달렸을 뿐이다.[37]

이와쿠라 사절단이 미국을 방문할 당시 초대 주미 일본공사로 워싱턴에 파견되어 있던 모리 아리노리는 미국의 주요 교육학자들에게 일본이 어떻게 하면 가장 효과적으로 물질적 풍요를 추구하고 상업을 장려할 수 있을지, 어떻게 농업과 산업을 발전시키고 사회, 도덕, 보건을 발전시키며 법과 정부 제도를 정비할 수 있을지 견해를 부탁하고, 받은 답변들을 정리하여 1873년에 출판한다.

러트거스대학(Rutgers University)에서 수학, 철학, 천문학을 강의하던 데이빗 머레이(David Murray, 1830.10.15.~1905.3.6.)교수는 일본과 아시아의 관계를 영국과 유럽 대륙과의 관계와 비교하면서, 일본도 영국과 같은 「막강한 경제 대국」이 될 수 있다고 설파하였다.[38] 기도는 머레이를 당시 갓 출범한 일본 문부성의 고문으로 초빙한다. 머레이는 1873~1878년 5년간 일본의 문부성에서 일하면서 근대 일본 교

육 제도를 정비하는 데 기여한
다. 모리는 미국이 응용과학에
는 많은 투자를 하고 있지만 고
등 과학과 과학 이론은 독일이
앞서 있음을 파악하고 고등 교
육은 독일을 따를 것을 건의하
기도 한다.[39]

데이빗 머레이

이와쿠라 사절단은 미국에
10명의 어린 유학생들을 남기
고 떠난다. 후쿠오카 한의 사무
라이 집안 출신인 가네코 겐타
로(金子堅太郎, 1853.2.4.~1942.5.16.)는 당시 18세였다. 가네코는 1878
년, 일본인 최초로 하버드 대학교(Harvard University)를 졸업한다. 그
는 유학 생활 중 미국의 지도층과 광범위한 교류를 쌓는다. 그의 하

1872년 하버드 대학교 유학 시절의 가네코 겐타로

1942년의 가네코 겐타로

버드 대학 동기 중에는 훗날 미국 대통령이 되는 시어도어 루즈벨트(Theodore Roosevelt, 1858~1919)도 있었다. 러일전쟁 중이던 1904년, 이토 히로부미는 가네코를 미국에 보낸다. 1904년 4월, 가네코는 「하버드 대학 일본 클럽(Japan Club of Harvard)」에서 연설하면서 일본이 아시아에서 평화와 영미 문명을 지키기 위해 싸

단 다쿠마

우고 있다고 역설한다. 그리고는 시어도어 루즈벨트 대통령을 만나 미국이 러일전쟁의 중재를 맡아줄 것을 부탁한다. 루즈벨트 대통령이 「포츠머스 조약(Treaty of Portsmouth, 1905. 9. 5.)」을 중재하게 되는 계기다.

사절단이 미국에 남긴 어린 유학생 중에는 단 다쿠마(團琢磨, 1858. 9.7.~1932. 3.5.)도 있었다. 단은 메사추세츠 공과 대학(MIT)에 유학한 후 가네코의 여동생과 결혼하고 귀국 후 일본의 재벌 미쓰이의 총수가 되어 일본 재계를 이끈다. 서구와의 관계를 중시했던 단은 1932년 일본의 극우단체인 「혈맹단(血盟団)」에게 암살당한다.

미국에 남은 유학생 중에는 5명의 여성도 있었다. 여전히 봉건 전통이 강하게 남아있어 여성의 사회적 지위가 낮은 일본에서 여성 유학생을 파견하는 것은 파격이었다. 이는 모두 구로다 기요타카(黒田清隆, 1840.11.9.~1900.8.23.)의 공이었다. 1876년 함대를 이끌고 조선에 와서 「강화도 조약」을 체결함으로써 조선을 개국시키는 구로다는

이와쿠라 사절단의 여성 단원. 왼쪽부터 나가이 시게코, 우에다 테이코, 요시마쓰 료코, 츠다 우메코, 야마카와 스테마쓰

사쓰마의 사무라이 출신으로 보신전쟁 중 하코다테 전투에서 황군 사령관으로 에조 공화국 군을 격파한 후 포로로 잡힌 에조 공화국 대통령 에노모토 다케아키(榎本武揚, 1836.10.5 ~1908.10.26.)를 살려주면서 유명해진다.

그는 메이지 유신 정부가 출범하자마자 홋카이도 개발에 투신한다. 구로다는 아무런 교육도, 훈련도 받지 않은 남자들을 홋카이도 개발에 투입해서 성공하길 바랄 수는 없다면서, 무엇보다도 중요한 것은

아이들의 교육을 책임지는 여
성들을 교육하는 것이라고 정
부에 건의한다. 그리고는 전국
에 광고를 해서 이와쿠라 사절
단 편에 미국에 보낼 여성들을
모집한다.

조건은 파격적이었다. 주일
미국 공사 찰스 드롱(Charles
Egbert DeLong)과 그의 부인이
여행 내내 동행하고, 10년간
미국에서 지내는 데 필요한 학
비 및 생활비 일체, 그리고 1년
에 미화 800불을 제공하는 것

배서 칼리지 재학 시절의 나가이 시게코

이었다. 그럼에도 불구하고 보수적인 당시의 일본에서는 선뜻 나서는
여성이 없었다. 두 번째 전국 광고를 한 끝에 겨우 5명이 지원한다.[40]
나가이 시게코(瓜生繁子, 1862.4.18.~1928.11.3. 당시 10세), 우에다 테이
코(上田悌子, 1857~1939. 당시 14세), 요시마쓰 료코(吉益亮子, 1857~1886,
당시 14세), 츠다 우메코(津田梅子, 1864.12.31.~1929.8.16. 당시 6세), 야
마카와 스테마쓰(大山捨松, 1860.3.16.~1919.2.18. 당시 11세)였다.

나가이 시게코는 코네티컷주 뉴헤이븐시에서 역사학자 존 애벗
(John Stevens Cabot Abbott, 1805.9.19.~1877.6.17.)의 가족과 5년간
함께 지낸다. 그는 1878년 미국 동부의 명문 여자 대학인 배서 대
학(Vassar College)에 입학한다. 유학 시절 미 해군사관학교 생도였던
우류 소토키치(瓜生外吉, 1857.1.2.~1937.11.11.)를 만나 귀국 후 결혼
한다. 우류는 훗날 「러일전쟁(1904~1905)」의 첫 해전인 「제물포 해전
(1904.2.9.)」을 승리로 이끌고 1907년에는 후작 작위를 받는다.

배서 칼리지 재학 중의 야마카와 스테마쓰 후작 부인 오야마 스테마쓰의 1903년 사진 만년의 오야마와 스테마쓰

    야마카와 스테마쓰도 나가이 시게코와 함께 1878년 배서 대학에 입학하여 1882년 우등생으로 졸업하면서 일본 역사상 최초로 대학 학위를 받은 여성이 된다. 귀국 후 1882년 사쓰마 사무라이 집안 출신으로 오쿠보 도시미치, 사이고 다카모리와 함께 메이지 유신을 일으키고 일본 제국군의 창설에 결정적인 역할을 한 오야마 이와오(大山 巖, 1842.11.12.~1916.12.10.)와 결혼한다. 대위시절 일본의 국가인 기미가요의 가사를 작사한 것으로도 유명한 오야마는 청일전쟁 당시 일본군 「제2군」 사령관으로, 러일전쟁 때는 「만주군」 총 사령관으로 전쟁을 승리로 이끈다. 스테마쓰는 남편과 함께 일본 사회에 서구의 복식, 예절, 관습을 소개하는 역할을 한다.

    가장 어렸던 츠다 우메코는 일본 근대 농업의 창시자이자 일본 기독교의 지도자였던 츠다 셴(津田 仙, 1837.8.6.~1908.4.24.)의 딸이다. 이수정의 개종에도 결정적인 역할을 한 츠다 셴은 아오야마 가쿠인 대학교 설립에도 기여한 메이지 시대의 대표적인 지식인, 종교인이다. [츠다 셴과 이수정에 대해서는 제3권, 제3장, 「2) 이수정의 한글 성경」 참조]. 츠다 우메코는 워싱턴 D.C.에서 주미 일본 공사관의 직원이었던 찰스 랜먼(Charles

Lanman)의 가족과 함께 살면서 학교를 다닌다. 10년이 지난 1882년 귀국하여 이토 히로부미 자녀들의 가정 교사를 하던 츠다는 1889년 다시 도미하여 1892년 미국 동부의 명문 여자대학인 브린모어대학(Bryn Mawr College)에서 생물학과 교육학을 전공하고 졸업한다. 귀국 후에는 1900년 일본 최초의 여자 대학인 「츠다주쿠 대학(津田塾大学)」의 전신인 「여자영학숙(女子英学塾)」을

츠다 우메코

설립하고 1905년 「도쿄YWCA」의 초대 회장이 되면서 여성 교육에 이바지한다.

이와쿠라 사절단이 출발하기에 앞서 사이고, 기도, 이와쿠라, 산조 등은 사절단이 서구 열강과의 불평등 조약에 대한 사전 탐색 대화는 하되 조약 재협상은 하지 않기로 약속한 바 있었다. 그러나 미국에 도착한 이토 히로부미와 당시 주미 공사였던 모리 아리노리는 기도와 오쿠보, 이와쿠라에게 미국에 온 김에 조약을 재협상할 것을 제안한다. 사절단은 외국과의 조약의 재협상을 할 수 있는 전권을 위임받아오지 않았기에, 오쿠보와 이토는 본국 정부로부터 미국과의 조약 재협상을 위한 전권을 받아오고자 급히 귀국한다.[41] 그러나 국내에 남아 있던 사이고 등은 오쿠보와 이토가 사절단 출발 이전의 「맹약」을 어기고 과도한 권력을 행사하려고 한다며 강하게 비판하는 한편, 조약 재협상의

그랜트(Ulysses S. Grant) 미국 대통령을 만나는 이와쿠라 사절단

전권을 줄 것을 거부한다. 오쿠보와 이토는 결국 빈손으로 워싱턴으로 돌아간다. 이 과정에서 사절단은 오쿠보와 이토를 기다리면서 워싱턴에서 4개월을 지체하게 된다.

워싱턴에서 이들을 기다리던 기도와 이와쿠라는 미국과 섣불리 협상하는 것보다는 모든 열강들과 일괄적으로 협상하는 것이 유리하다는 결론에 도달한다. 오쿠보와 이토가 일본에서 빈손으로 돌아오자 기도는 「약삭빠른 젊은이들이 순간의 유명세를 얻고자」 벌인 일이라며 이토와 모리 등을 강하게 질책한다. 그리고 기다리고 있던 미 국무장관 해밀턴 피시(Hamilton Fish, 1808~1893)에게 「미일수호통상조약」을 재협상하지 않기로 했음을 전한다. 기도는 놀란 피시 국무장관에게 상황을 설명하고 양해를 구하던 때를 「전쟁터에서 사방에서 몰려오는 적을 상대하는 것보다도 비교할 수도 없게 어려운 상황」이었다고 토로한다.[42] 이 사건을 계기로 혁명 동지였던 기도와 오쿠보는 멀어지기 시작한다.

미국에서 무려 205일을 체류한 사절단은 1872년 7월 3일 보스턴을 출항, 「대서양을 거쳐 잉글랜드와 스코틀랜드를 돌아 유럽 대륙의 프

랑스, 벨기에, 네덜란드, 프로이센, 러시아, 덴마크, 스웨덴을 차례로 방문하고 길을 바꿔 독일의 각 지방과 이탈리아, 오스트리아, 스위스를 돌아 프랑스 남부를 거쳐 지중해에서 홍해, 아라비아해, 인도양, 중국해 등을 항해」하였다.[43]

1873년 3월 15일 저녁, 독일을 방문 중이던 사절단은 프로이센의 재상 비스마르크(Otto von Bismarck, 1815.4.1.~1898.7.30.)가 주최하는 환영 연회에 참석한다. 이때, 비스마르크는 메이지 유신 세력의 세계관 형성에 큰 영향을 미치는 연설을 한다.

현재 세계 각국은 모두 친목과 예의를 유지하면서 교제하고 있다. 하지만 이것은 어디까지나 표면적인 것에 불과할 뿐, 그 이면에서는 서로 은밀하게 강약의 다툼을 하며 크고 작은 각국이 서로 믿지 못하는 것이 본래의 모습이다. 내가 어렸을 때 우리 프로이센이 약체였던 것은 여러분 모두 알고 있을 것이다. 당시 소국의 입장에서 실제의 상황을 체험하고서 분하고 답답함을 느꼈던 기억은 아직도 뇌리에 분명하게 남아있다.

이른바 만국공법은 열국의 권리를 보전하기 위한 원칙적 약속이긴 하다. 하지만 대국이 이익을 추구할 때에는 자신에게 이익이 있으면 만국공법을 잘 지키지만, 만약 만국공법을 지키는 것이 자국에 불리하면 곧장 군사력으로 해결하려 하므로 만국공법을 지키는 것은 불가능하다. 소국은 만국공법의 내용을 이념으로 삼고 이것을 무시하지 않는 것으로 자주권을 지키려 노력하지만, 약자를 한롱(翻弄: 가지고 놀다)하는 실력주의의 정략에 휘둘리면 자신의 입장을 전혀 지킬 수 없는 것은 자주 있는 일이다. 우리나라도 이러한 상태였기 때문에 나는 분개하고 언젠가는 국력을 강화하여 어떤 나라 와도 대등한 입

1873년의 비스마르크

장에서 외교를 할 수 있도록 만들고자, 애국심을 가지고 분발한 지 수십 년, 드디어 근래에 이르러 그 바람을 이뤘다. 하지만 이것은 그저 모든 나라가 지니고 있는 자주권 보전의 권리를 행사한 것에 불과하다. 그러나 각국은 모두 우리나라가 사방으로 군사 행동을 한 것만 언급하며 무턱대고 증오하면서 프로이센은 침략을 좋아하고 타국의 권리를 침해하는 나라라고 비난하고 있는 듯하다. 이것은 우리나라의 의도와 전혀 다르다. 우리나라는 국권 중시를 통해서 각국이 서로 자주권을 지키고 대등하게 교제하며 서로 침략하지 않는 공명정대한 세계에서 살고 싶다고 생각하고 있을 뿐이다. 그 동안의 전쟁도 모두 독일의 국권을 지키기 위해 어쩔 수 없이 했던 것임을 세상의 식자들은 알 것이다.

영국과 프랑스 양국은 해외식민지를 착취하고 그 산물을 이용하여 국력을 맘껏 강화했는데, 다른 나라들도 모두 이 두 나라의 행동을 불쾌하게 생각하고 있다고 한다. 유럽의 평화외교 등은 아직 신용할 정도는 아니다. 이에 대해서는 여러분들도 왠지 모를 의구심을 떨쳐버릴 수 없지 않은가. 그 마음은 내 자신이 소국에 태어나 그 실태를 너무도 잘 알기 때문에 이

해할 수 있다. 내가 세계의 비판 등에 개의치 않고 국권을 유지하려고 했던 본심은 바로 여기에 있다. 따라서 현재 일본이 가깝게 교제하고 있는 나라도 많겠지만, 국권과 자주를 중시하는 우리 독일이야말로 일본이 가장 가깝게 지내야 할 나라가 아니겠는가.[44]

비스마르크와의 만남과 그의 연설은 특히 오쿠보 도시미치에게 강한 인상을 남긴다. 귀국 후 오쿠보가 사이고의 「정한론」을 꺾으면서 추진한 일본의 대외 정책은 독일의 통일을 이루고 통일 독일을 강대국의 반열에 끓어 올린 비스마르크의 외교 정책과 철학을 그대로 따른다.

3. 메이지 유신 세력의 분열과 「정한론」

유신 정부의 수뇌부가 대거 이와쿠라 사절단에 참여하면서 사이고 다카모리, 이타가키 다이스케, 에토 신페이(江藤新平, 1834.3.18.~1874.4.13.), 소에지마 타네오미, 오쿠마 시게노부 등이 「루스 정부(留守政府, 남아서 지키는 정부)」를 맡는다. 이와쿠라 사절단은 「폐번치현」의 구체적인 후속 조치가 마련되지 않은 상태로 떠났다. 따라서 당시 일본에서는 바쿠한 시대의 번교(藩校, 번의 학교)·번병(藩兵, 번의 병사)은 폐지하였지만 이를 대신할 교육 제도와 군사 제도는 없는 상태였다. 봉건제하에서 각 한이 자체적으로 징수하던 세금 제도를 대신할 「지조개정(地租改正)」의 구체적인 정책과 제도도 마련된 것이 없었다.

사절단 일행은 나라의 미래가 달린 중대한 개혁을 하기 위해서는 선진국의 사례들을 면밀히 보고 배워 일본에 적용해야 한다고 생각했다. 「대신·참의·대보 맹약서」를 쓰고 떠난 이유도 「루스 정부」의 섣부른 개혁 시도를 막기 위해서였다.

반면 사이고는 사절단을 보내는 것 자체를 강하게 반대하였다. 「루스 정부」의 가장 중요한 인물인 그는 한시가 급하게 개혁을 추진하고 국력을 길러 불평등 조약을 재협상해야 하는 등 할 일이 산적한 가운데 모든 것을 중단하고 사절단이 돌아올 때까지 기다리는 것은 잘못이라고 생각했다. 예를 들어 사이고는 외국인에게 일본에서 거주할 자유를 주고 외국인들과 일본인들이 서로 자유롭게 결혼할 수 있도록 법을 고치는 일이 급선무인데도 불구하고, 이와쿠라 사절단이 돌아올 때까지는 이런 개혁을 추진할 수 없다는 것은 어불성설이라고 생각했다.[45] 그는 자괴감에 자신을 「난슈노 루스반(難渋の留守番: 아무것도 할 수 없는 루스 정부 수반)」이라고 불렀다.[46]

사이고를 도와 루스 정부를 맡은 젊은 지도자들은 더 급진적인 개혁을 요구했다. 사법경 에토 신페이는 서양에 준하는 사법 제도 도입을 강력히 주장하였고, 문부경을 맡은 오오키 다카토(大木喬任, 1832.3.23.~1899.9.26.)는 전 국민에게 초등 교육을 제공하는 새로운 교육 체제를 하루빨리 수립할 것을 주장하였다.

루스 정부의 급진 개혁파들을 막은 것은 오쿠보와 이토의 절친한 친구이자 이들과 생각을 같이 한 이노우에 가오루였다. 오쿠보가 재무성을 이노우에게 맡기고 간 것도 이노우에가 급진 개혁파들을 제어할 수 있다고 생각했기 때문이다. 이노우에는 개혁의 중요성은 누구나 공감하지만 일본의 재정 형편상 급진 개혁은 불가능하다며 반대한다.

실제로 당시 일본 정부의 재정 상태는 열악하였다. 「폐번치현」으로 인하여 사무라이들의 봉급은 중앙 정부가 부담하게 된 반면, 근대 조세 제도를 갖추지 못하고 있던 메이지 정부는 막대한 재정 적자를 기록하고 있었다. 이노우에 입장에서는 하루 아침에 근대 사법 제도를 수립하고 에토의 주장대로 3만 개의 초등학교를 설립하는 것은 불가

능한 일이었다. 이노우에의 목
표는 재정 흑자였다. 또한 엔화
를 국제적으로 통용 가능한 화
폐로 만드는 것이었다.

　1872년 말, 이노우에는 교육
예산을 2백만 엔에서 1백만 엔
으로, 사법성 예산은 96만 엔
에서 45만 엔으로 각각 50%씩
줄일 것을 제안한다. 격분한 에
토는 사의를 표했고, 사이고와
산조가　에토를　무마시키려고
하자 이번에는 이노우에가 사
의를 표명한다.[47]

에토 신페이

　사태를 더욱 악화시킨 것은 군 개혁이었다. 오무라 마스지로가 시작
한 근대식 군대 창설 과업은 유럽 유학을 마치고 돌아온 그의 수제자
야마가타 아리토모가 이어받는다. 그러나 평민을 징집함으로써 사무
라이를 대신하는 근대식 군대를 만드는 군 개혁 또한 막대한 재정을
요했다. 육군은 1873년 8백만 엔의 예산을 배정받지만 예산의 막대한
부분을 부정부패로 낭비한다. 야마가타의 동향이자 절친한 친구인 야
마시로야 와스케(山城屋和助, 1836~1872)라는 조슈의 사무라이 출신 사
업가는 육군 예산에서 15만 엔을 빌려 방직회사를 차린다. 이 회사가
도산하자 그는 더 많은 돈을 빌렸고 결국 60만 엔에 달하는 빚을 진 후
유럽으로 도피한다. 미타니 산쿠로라는 또 다른 조슈의 상인도 35만
엔에 달하는 육군 예산을 불법적으로 대출받아서 탕진한다. 육군을 맡
고 있던 야마가타 아리토모의 권위는 땅에 떨어졌고, 비(非)조슈 출신

사무라이들은 야마가타를 격렬하게 비난한다.[48]

사이고는 행정가가 아니었다. 그는 전형적인 주자학자로서 「법치」가 아닌 「덕치」를 주창하였다. 조세, 행정, 군사 등의 제도를 확립하고 개혁하고 예산을 편성하고 집행하는 것은 하급 관리에게 맡기거나 백성들이 자발적으로 해결하도록 하는 것이 옳다고 생각했다. 정부의 진정한 역할은 「충효인애(忠孝仁愛)」를 가르치는 것이라고 굳게 믿은 사이고는 재정 문제를 포함한 정부 내의 부처와 인물들 간의 갈등에 개입하거나 직접 이 문제들을 챙기는 것을 극도로 꺼렸다.[49]

이와쿠라 사절단과 루스 정부는 결국 유신의 「삼걸」인 오쿠보와 기도, 사이고 사이를 갈라 놓고 만다. 봉건 일본의 하급 무사 출신으로 각자의 한의 지도자가 되고 메이지 유신을 주도하여 도쿠가와 바쿠후를 무너뜨리고 「판적봉환」과 「폐번치현」을 이룩하면서 근대 일본의 초석을 놓는 과정에서, 10년을 이어온 이들의 우정과 신뢰는 돌이킬 수 없게 금이 간다. 새로운 국가를 건설하는 데 필요한 개혁의 전반적인 방향에 대해서는 놀라울 정도로 합의를 유지하지만, 그 속도에 대해서는 의견이 완전히 갈린다. 무엇보다 중요한 것은 그 개혁의 주도권을 누가 잡느냐였다. 세 명이 합심하여 최고 권력을 잡았지만 결국 자신들 사이의 권력 분점에는 실패한다.

「정한론」은 메이지 유신을 추동 한 「존황양이」 사상과는 동전의 양면과도 같았다. 바쿠마츠 시대의 「정한론」의 효시는 요시다 쇼인이다. 앞서 살펴본 대로 쇼인은 조슈의 「존황양이」 사상의 대부(代父)인 동시에 메이지 유신의 주역인 기도 다카요시, 다카스기 신사쿠, 이토 히로부미, 야마가타 아리토모 등의 스승이다. 요시다는 미토학파의 「존황양이」 사상과 「고쿠가쿠(國學)」 사상을 합쳐 특유의 이념을 만든다. 미토학파의 「존황양이」 사상은 서양 오랑캐들을 물리치지 못하고 「개국」의 우를 범한 바쿠후를 몰아내고, 「왕정복고」를 통해 천황을 중심으로 나라를 통일하고 신성한 천황의 땅을 침범하는 오랑캐를 몰아낼 것을 주장하였고 「고쿠가쿠」는 일본인들이 신의 후예로서 가장 우수한 인종이라고 주장하였다. 쇼인을 필두로 하는 「존황양이」 사상가들은 이 두 사상을 결합하여 천황이 일본뿐 아니라 주변국들도 직접 통치하던 전설적인 시대로 되돌아갈 것을 주장하였다.[50] 「주변국」이란 바로 조선이었다.

쇼인은 「왕정복고」를 통해 천황이 직접 나라를 통치하면서 황위를 만방에 떨치기 위해서는 「조선을 질책하여 옛날과 같이 다시 조정에 조공을 바치도록 해야 한다」며, 이를 위해 우선 조슈 한과 가까운 울릉도를 정벌할 것을 주장하였다.[51]

1864년 7월 17일의 「긴몬노헨(禁門の変)」에서 조슈 편에서 싸우다 패하여 할복 자살하는 구루메 한(久留米藩)의 사무라이 마키 야스오미는 「헤이조(나라) 시대 이전의 일본의 황위를 회복하기 위해」 조선, 만주, 그 외의 주변국들을 정복해야 한다고 주장했다. 후쿠오카 한의 「존황양이」파 사무라이로 훗날 바쿠후에 의해 처형되는 히라노 쿠니오미(平野国臣, 1828~1864)는 일본이 「조선을 다시 정벌하여 「임나부(任那府)」를 부활시켜야 한다」고 주장하였다.[52]

그러나 「정한론」은 「존황양이」파만 주장한 것이 아니었다. 친-바쿠후파의 야마다 호코쿠(山田方谷, 1805~1877)는 1850년대에 바쿠후의 지휘 아래 사쓰마와 조슈 같은 강력한 한들이 군사를 일으켜 조선과 만주, 대만을 정벌할 것을 주장하였다. 1861년 중국에서 태평천국의 난이 다시 격화되고 영국과 프랑스 연합군이 베이징을 점령했다는 소식을 들은 야마다는 다른 나라가 중국을 정벌하기 전에 일본이 먼저 정복할 것을 주장하였다. 그는 사쓰마와 조슈가 점차 바쿠후에 대한 위협으로 떠오르자 이 두 한의 힘을 외부로 돌려서 약화시키는 방편

으로도 조선과 중국 정벌을 주
장하였다.[53]

「존황양이」파이면서도 「란
가쿠(蘭學)」의 추종자로 서양
식 개혁을 주장하였던 하시모
토 사나이(橋本左内, 1834.4.19.
~1859.11.1.) 역시 「정한론」을
펼쳤다. 그는 일본이 조선과
만주, 시베리아 연안, 심지어
는 북아메리카와 인도를 정복
하지 않고서는 독립 국가로 존
속하기 어렵다고 주장했다. 일

하시모토 사나이

본은 약하기 때문에 혼자만의 힘으로는 이를 이룰 수 없고, 따라서 영
국과 러시아와 동맹을 맺어야 한다고도 했다.[54] 하시모토는 쇼인처럼
천황의 황위를 떨치기 위해서도, 야마다처럼 바쿠후를 지키기 위해서
도 아닌 지정학적 차원에서 일본이 서양 열강들 사이에서 생존할 수
있는 전략으로서 「정한론」을 주장했다.

이처럼 「정한론」은 바쿠마츠 시대 일본의 사무라이와 지식인들 사
이에 널리 퍼져 있었다. 「정한론」이 구체적인 정책으로 발전하고 메이
지 유신 지도층의 분열의 원인이 되기 시작한 계기는 전통적으로 조선
과의 교역을 담당한 쓰시마의 처리 문제에서 비롯된다.

4. 조일 관계의 뇌관(雷管): 쓰시마

일본이 서구 열강과의 근대 조약을 맺기 이전까지 공식 관계를 유지

하던 나라는 조선밖에 없었다. 그러나 이와쿠라 사절단이 서구 열강과의 불평등 조약 재협상 여부를 타진하고 서양의 문물을 배우고자 떠나고 「루스 정부」는 대내 개혁 문제로 갈등을 겪고 있는 동안 조선은 상대적으로 메이지 정부의 관심 밖일 수밖에 없었다. 반면 전통적으로 조선과 일본 사이의 무역을 중계하던 쓰시마의 입장에서는 조선과의 새로운 관계 정립이 무엇보다 시급했다.

쓰시마의 경제는 조선과의 무역에 전적으로 의존하고 있었다. 1609년(광해군 1년) 도쿠가와 바쿠후가 조선과 「기유약조」를 체결한 이후, 쓰시마는 조선으로부터 흰 비단을 수입하고 그 가격을 은으로 지불하였다. 쓰시마가 지정한 상인들은 나가사키, 교토, 에도에서 흰 비단과 인삼을 팔았다. 이 무역으로 쓰시마는 물론 바쿠후도 막대한 이윤을 남겼다. 바쿠후가 1668년 은 수출을 금지한 이후에도 조선에 대한 대마도의 은 수출만은 예외를 허용하였다.[55]

그러나 18세기에 들어서면서 일본에서도 인삼이 재배되기 시작하고 자체적으로 비단을 생산하게 되면서 조선과의 무역은 급격히 준다. 바쿠마츠 시대에 이르면 쓰시마는 계속되는 무역 역조로 조선에 막대한 빚을 지게 되고 경제는 붕괴할 지경에 이른다. 쓰시마는 조선과의 교역 확대에 사활을 걸 수밖에 없었다. 그러나 일본이 서구 열강에 개항을 하면서 나가사키 등이 서양과의 교역의 중심이 되자 조선과의 무역을 중계하던 쓰시마의 중요성은 더욱 하락한다.

그러던 중 1861년 3월 13일, 러시아의 군함 「포싸도닉호(Possadonik)」가 쓰시마에 나타나 배를 수리하기 위해서 정박을 허락해줄 것을 요청한다. 쓰시마가 어쩔 수 없이 이를 허락하자 러시아군은 쓰시마에 정박 시설을 건설한다. 1860년 베이징 조약으로 청나라로부터 연해주를 할양 받고 블라디보스토크를 건설하면서 극동 진출을 노리던 러시아는 조선과 일본 사이에 위치한 전략적 요충인 쓰시마를 극동의 부동항으로 지목한다. 그 후 러시아 군함 여러 척이 쓰시마를 다녀간다. 그리고 러시아는 쓰시마에 해군 기지를 건설할 수 있도록 땅을 영구적으로 불하해 줄 것을 요청한다. 쓰시마는 바쿠후에 대응책을 마련해 줄 것을 수 차례 요청하고 바쿠후는 1861년 6월 쓰시마로 관리를 파견하여 러시아와 협상하지만 아무런 결론을 내리지 못한다.[56] 그러자 역시 쓰시마를 해군 기지로 사용할 것을 고려하고 있던 영국은 8월 말 군함 2척을 쓰시마로 파견한다. 영국의 장교들은 쓰시마의 관리들과 협상을 벌이고 선물을 주고받는다. 영국과 일본 간의 관계가 돈독한 것을 확인한 러시아는 9월 모든 군함들을 철수시키고 쓰시마에 기지를 건설할 계획을 포기한다.[57]

쓰시마는 러시아 해군의 출현을 계기로 번이 처해 있는 경제 문제에 대한 근본적인 해결책을 모색하기 시작한다. 쓰시마는 러시아 해군의 출현과 영국의 개입이 쓰시마의 전략적 중요성을 증명한 것이라며 쓰시마를 개항 항으로 지정할 것을 요청하는 동시에 「전토이봉(專土移封)」을 요청한다.[58] 바쿠한 체제하에서는 바쿠후가 외교권을 장악하고 있었기 때문에 다이묘의 영지는 독자적으로 개항을 결정할 수 없었다. 일개 한의 항구를 개항할 경우에는 그 항구를 바쿠후의 직할 항으로 변경하고, 그 대신 다이묘에게는 다른 영지를 하사해야만 했다. 말 그대로 봉토를 옮겨주는 「이봉(移封)」이 필요했다.[59] 쓰시마는 위기에 처한 경제를 살리기 위한 방법으로 러시아 등의 외세 침략의 위험성과 쓰시마의 지정학적 중요성을 과장하여 규슈에 「대토(代土)」를 받고자 한 것이다.

그러나 1860년 이이 나오스케가 암살당하고 정국이 조슈의 「존황양이」파에게 넘어가자 쓰시마는 전략을 바꿔 쓰시마가 「양이」, 즉 서양 오랑캐를 물리치는 데 앞장설 것이며 이를 위해 필요한 제반 원조를 바쿠후가 제공해줄 것을 요청한다. 1863년, 이번에는 사쓰마의 쿠데타로 조슈가 중앙 정치에서 축출되고 조슈 정벌이 일어나자 쓰시마는 바쿠후의 요구대로 번 내부의 친-조슈 「존황양이」파들을 숙청한다. 그러나 조슈는 「제2차 조슈」 정벌에서 바쿠후를 상대로 승리하고 조슈-사쓰마가 주도하는 메이지 유신이 성공한다. 이로써 쓰시마의 입지는 다시 한번 극도로 좁아진다. 결국 바쿠마츠 시대에 혼란을 이용하여 경제 문제를 해결하려던 쓰시마의 계획은 수포로 돌아가고 쓰시마에게 남은 것은 조선과의 적자 교역뿐이었다.

메이지 유신 정부가 출범하자 쓰시마는 조선에 외교 사절을 파견할 것을 새 정부에 요청한다. 다행히 당시 쓰시마의 실력자 오시마 도모노조(大島友之允, 1826.7.27.~1882.8.9.)는 조슈와 협력하는 과정에서 기도 다카요시와 돈독한 관계를 맺는다. 기도는 강력한 「정한론」자였다. 조슈 「존황양이」파의 태두인 요시다 쇼인의 제자였던 기도는 조선 정벌이야말로 바쿠후를 타도하고 왕정복고를 하여 천황의 존엄을 되찾는 것과 일맥상통하는 일이라고 생각했다. 동시에 당시 수많은 일본의 안보 지식인들처럼 러시아, 프랑스, 미국 등이 조선을 차지할 경우 일본의 안보도 심각한 위협에 직면할 것이라고 믿어 무슨 일이 있어도 일본이 조선에 대한 영향력을 확보해야 한다고 생각했다. 그런 기도였기에 쓰시마가 조선과의 교역을 확대하기 위해 중앙 정부가 보다 적극적으로 나설 것을 요구하자 기꺼이 조선 문제에 뛰어든다.

쓰시마로서는 비록 정부에게 조선과의 관계를 확대해 줄 것을 부탁한 입장이었지만 조선과의 교역을 독점하던 전통적인 지위는 어떻게든 유지해야 했다. 1868년 3월, 오시마는 교토에서 기도를 만나 쓰시마가 새 정부하에서도 조선과의 교역을 전담하라는 천황의 교지를 받아줄 것을 요청한다. 4월 15일, 조정은 다음과 같은 명령을 내린다.

이번에 왕정으로 일신되어, 모든 외국과의 교제는 조정이 담당할 것이다. 조선은 옛날부터 왕래하던 나라이므로 더욱 위신을 세우고자 하는 뜻으로, 지금까지 대로(종가, 宗家)에 양국 통교를 가역으로 명하며, 조선국과의 교제는 외국 사무보(事務輔)의 마음가짐으로 행하라고 명하니, 국위를 세울 수 있도록 진력하라. 단, 왕정 일신의 시기이므로 해외에 대해서는 더욱 특별히 마음을 기울여 구폐를 척결하고 봉공하라.[60]

이에 대하여 쓰시마의 다이묘 소 요시아키라(宗義達, 1847.12.13.~1902.5.25.)는 봉답서를 올린다.

이번 서류(書契)부터는 조선에서 만들어준 관인(官印)을 사용하지 않고, 대신 우리 조정에서 새로 만들어주는 관인을 사용함으로써 옛날부터 조선의 신하로 살아온 잘못된 점을 뉘우치겠습니다. 수백 년간 조선으로부터 받은 국가적인 경멸과 모욕으로 점철된 잘못을 바로잡아 오늘부터 오로지 우리나라의 국체와 국위를 바로 세우는 데 최선을 다하고자 합니다.[61]

중앙 정부로 하여금 조선과의 교역을 전담하도록 하는 것은 쓰시마가 조선에 지고 있는 부채도 중앙 정부가 떠맡도록 하려는 속셈이었다. 그러면서도 조선과의 교류를 전담하는 데서 오는 특권은 포기하지 않으려는 계산이었다. 동시에 왕정복고를 통해 중앙 정부가 책임질 조선과의 관계를 쓰시마가 중재함으로써 중앙 정부의 힘을 빌려 조선에 대한 입지도 강화하려는 계산이었다.

반면 메이지 정부의 지도자들은 왕정복고를 통해 천황의 친정이 이루어지는 상황에서 조선과의 관계도 과거 바쿠후 시대처럼 대등한「교린(交鄰)」관계를 유지할 수는 없다고 생각했다. 이들은「존황양이」이념에 따라 과거 일본이 삼국시대부터 조선으로부터 조공을 받았다고 믿고 있었고, 정통성이 없었던 바쿠후가 이를 「교린」 관계로 왜곡했다고 생각했다. 따라서 이제 왕정복고가 이루어진 만큼 조-일관계도 원래의 「정상」적인 상태로 「복고」되어야 한다고 주장하면서 그 동안 조선이 일본에 행한 「무례」를 일소해야 한다고 주장한다.

그러나 쓰시마의 거듭된 요청에도 불구하고 중앙 정부의 외교를 전담하기 위해 새로 설립된 외무성은 조선에 대해 아무런 조치를 취하지 않는다. 1868년 6월에는 조선과 관련된 모든 사항을 오사카에 있는 외무성의 지부와 상의할 것을 지시한다. 오사카의 외무성 지부를 방문한 오시마는 쓰시마가 더 이상 조선으로부터 받은 인장(印章)을 사용하지 않을 것과 앞으로는 일본의 모든 문서는 천황의 명의로 보내되 조선의 왕은 상대적으로 낮은 지위로 다룰 것, 그리고 조선이 청에 조공을 바치듯 조-일 관계도 조선이 일본에 조공을 바치는 관계로 만들 것 등에 합의한다.[62]

문제의 핵심은 쓰시마의 막대한 부채와 이를 탕감할 수 있는 중앙 정부로부터의 경제적 지원이었다. 오시마는 쓰시마가 조선이 준 인장을 사용할 것을 거부하는 순간 조선이 쓰시마와의 교역을 끊을 것이고, 그렇게 되면 쓰시마의 경제는 파탄에 빠질 것이라는 점을 지적한다. 따라서 조선과의 새로운 외교 관계를 수립하기 위해서는 중앙 정부가 쓰시마에게 조선과의 교역이 없이도 자립할 수 있을 정도의 경제 원조를 제공해야 한다고 주장한다. 그러면서 쓰시마가 조선에 대한 부채를 갚을 수 있도록 돈을 빌려줄 것을 요청한다.[63] 나라의 체면을 걱정하는 듯한 주장이었지만 실제로는 철저하게 쓰시마의 경제 이익을 극대화하기 위한 작전이었다.

그 해 8월, 일본 정부는 소 요시아키라에게 일본에서 왕정복고가 있었다는 사실을 조선에 통지할 것을 명한다. 10월 초 쓰시마로 귀향한 소 요시아키라는 곧바로 조선에 특사로 떠날 준비를 시작한다. 11월

21일 그는 특별 담화를 발표한다.

이번에 조정일신(朝廷一新)의 전말을 대수사(大修使)를 통해 조선에 알리려 한다. 이는 일찍이 조명(朝命, 조정의 명령)이 있어, 지금의 서계부터는 그 나라(조선)가 주조해준 도서(圖書, 인장)를 고치고, 일본 조정이 만들어주는 신인(新印, 새로운 인장)을 사용하여, 그들이 한이신(조공을 바치는 한)으로 우리를 대해온 오류를 바로잡아, 구래의 국욕을 씻고 오로지 국체와 국위를 세우고자 한다. 그러나 양국 간의 종래의 습폐(를 미루어보면) 이로 인하여 (그들이) 초공철시를 단행하여 우리를 곤란하게 할지도 모른다. 그러나 이를 무릅쓰지 않고 편한 길만 추구한다면, 직무를 수행하지 않는 바가 되므로, 사정(私情, 사사로운 감정)을 버리고 공의에 따라 단연히 오늘의 처치에 이르렀다. 장래 설령 국맥에 관계하는 곤란이 생긴다 하더라도, 머지않아 대답(조정으로부터의 보답, 대가)이 있을 터이며, 더욱이 왕토왕민(王土王民)의 입장에서 (대마도 번을) 버려 둘 수는 없을 것이다.[64]

1869년 1월 31일, 쓰시마의 대수사로 임명된 히구치 데쓰시로(樋口鐵四郎)가 왜관에 도착한다. 그러나 히구치는 준비해온 서계(書契)를 왜관에 제출하지 않는다. 당시 『동래부계록(東萊府啓錄)』에 의하면 일본의 「세견선(歲遣船)」들은 종래와 같이 조선이 대마도주에게 내린 인장이 찍힌 서계와 노인(路引)을 이용하여 왕래를 계속하고 있다.[65] 준비해 간 서계를 제출하는 것이 얼마나 큰 파장을 가져올지 너무나도 잘 알고 있던 히구치는 이를 차마 제출하지 못했다. 그 대신 본국에 제출한 보고에는 마치 왜관훈도 안동준(安東晙, ?~1875)이 새로운 서계에 격렬하게 반대하여 자신들이 추방당한 것처럼 꾸몄다. 명치 정부에 보낸 보고서에는 마치 자신들이 쓰시마에 불어 닥칠 불이익에도 불구하고 천황의 존엄을 지키고자 세계를 제출하였지만 조선이 이를 거부함으로써 황국을 모욕하였다고 거짓으로 보고한다.

음력 1869년 6월 17일, 판적봉환이 이루어지면서 쓰시마 번은 「이즈하라 한(嚴原藩)」으로 이름이 바뀌고 한의 다이묘는 한의 지사로 임명된다. 이것이 왜관에 알려진 것은 9월 30일이다. 이에 히구치는 다음과 같이 말한다.

> 어국(대마한)의 호칭이 이즈하라로 바뀌었는데, 이는 양국의 서계 왕복과도 관련이 있을 것이므로 지금 도쿄에 문의해 두었으므로, 지시가 내려올 때까지는 개칭에 대해 조선에 누설되지 않도록 하라.[66]

이 기록을 보더라도 히구치는 본국에서 일어나는 정치적 변화와 이것이 쓰시마와 조선의 관계에 가져올 파장을 염려해서 조선 측에 알리지 않고 있었음을 알 수 있다. 본국의 정치적 상황이 지극히 유동적이고 미래를 예측하기 불가능한 상황에서 쓰시마로서는 어떻게든 기존의 기득권이라도 유지해야 하는 상황이었다. 그나마 갖고 있던 조선과의 특수 관계를 섣불리 포기할 수는 없었다.

1869년 10월에 들어서면서 중앙 정부가 외무성을 통해 조선과의 외교도 접수하려고 하자 이즈하라 한은 이에 항의한다. 메이지 유신 직후의 중앙 정부는 모든 외교를 관리할 능력이 없었다. 외무성은 이즈하라 한이 조선과의 외교를 계속해서 주도해 나가라는 결정을 전달한다. 동시에 메이지 정부는 이즈하라 한에 고쿠다카(石高)를 35,850석 증가시켜 준다. 이러한 결정은 왜관에도 전달된다.

> 도쿄에 조정의 부름을 받고 도노사마(殿樣, 영주 혹은 귀인에 대한 존칭)가 (…) 3만5천9십 석과 야주 4천2백 2석을 모두 관할지로 받아 기쁘기

그지 없는 일이다. 도노사마는 이번에 이름을 중정(重正)으로 바꾸었다.[67]

이로써 이즈하라는 그토록 오랫동안 중앙 정부로부터 받고자 했던 경제 지원을 일부나마 받는다.

한의 경제난을 해결할 수 있는 발판을 어느 정도 마련했다고 생각한 이즈하라는 1869년 12월 2일, 왜관에 보내는 「세견선」에 「좌근위소장 평조신 의달(左近衛少將 平朝臣 義達)」의 명의로 로인(路引)과 서계를 작성해서 보낸다. 이때 비로소 처음으로 조선 측은 일본에 큰 변화가 있었고, 이로 인해 종래의 조일 관계에도 변화가 생기고 있다는 것을 인지한다. 1869년 12월 3일, 『동래부계록』은 다음과 같이 기록하고 있다.

> 관수왜(館守倭 조선 시대에 부산 왜관을 맡아 관리하던 왜인(倭人). 경계를 넘어온 왜인을 대마도에 통보하는 일을 함)가 말하기를 「폐방에는 이변이 많았으며, 작년 11월에는 명치로 개년하였고, 폐주 태수도 승자(陞資)하여 서계와 로인에 좌근위소장 평조신을 칭하였습니다.」라고 하므로, 힐책하기를 서계의 문자는 자기 마음대로 하는 것이 아니므로 전례에 어긋나서 받아들이지 않을 것이니, 개서정납(改書呈納)하라고 관수왜 및 전관왜에게 책유(責諭)하였습니다. 도서를 살펴보니 예삿날과 다름이 없어서 동 서계, 별폭 등본을 상송(上送)합니다. (…) 또 이번에 대마도주 평의달이 보낸 서계 중에 「좌근위소장」이라는 것은 혹 가원지례(可援之例)이겠습니다만, 평자 밑에 조신 2자는 일찍이 없었던 대위격이므로 임역들에게 면하여 엄히 책유하도록 하여 속히 개수 정납하도록 하였습니다. 변정에 관계되므로 따로 등본을 의정부 삼군부에 상송합니다.[68]

그러나 이때도 쓰시마는 새로운 인장을 사용하지 않았다. 동래부사는 다만 쓰시마의 다이묘였던 소 요시아키라가 메이지 정부로부터 새롭게 부여받은「좌근위소장 평조신 의달」이란 직함을 쓰는 것을 문제 삼고 있다. 결국 쓰시마 한은 조선에 새로운 서계를 제출하지 못한 것으로 보인다. 그러나 본국에는 자신들이 새로운 서계를 제출하였고 조선이 이를 거부함으로써 일본을 능멸하였다는 보고서를 보낸다. 이로 인해 일본에서는「정한론」이 비등하기 시작한다.

5. 기도 다카요시의「정한론」

유신 정부의 대표적인「정한론」자는 기도 다카요시였다. 쓰시마의 대조선 정책을 주도하고 있던 오시마 도모노조와 친했던 기도는 1868년 쓰시마가 조선과의 정책을 계속해서 주도할 수 있도록 도왔고, 이때 이미 일본이 조선을 합병해야 하고 이것이 여의치 않으면 최소한「임나부」라도 다시 설치해야 한다고 주장한 바 있다.[69] 그러나 기도의「정한론」은 실제로 조선을 정복하겠다는 팽창주의에서 비롯되었다기보다는 조선 정벌이라는 대외 정책을 통하여 대내 통합을 도모하고자 하는 지극히 도구적인 발상이었다. 당시 많은 일본의 정치인, 지식인과 마찬가지로 기도 역시 조선 정벌을 국내 문제를 돌파하는 하나의 방편으로 생각했다.[70]

기도가「정한론」을 본격적으로 주장하기 시작한 당시는 메이지 유신 세력이 바쿠후를 갓 무너뜨린 때였다. 당시 유신 정부는 도쿠가와 바쿠후의 영지만 접수했을 뿐, 그 외의 한들은 여전히 독립을 유지하고 있었다. 바쿠후가 무너지자 대부분의 한들은 일단 메이지 정부에 승복하는 모습을 보였지만 이는 천황에 대한 충성심이 강하거나

유신 정부를 특별히 지지해서
라기보다는 일단 사태를 관망
하기 위해서였다. 바쿠후를 끝
까지 지지하는 세력이 홋카이
도에서 「에조 공화국」을 수립
하면서 항전을 계속하고 있는
상황에서 「판적봉환」은 오히려
번(藩)에 대해 강력한 통제력을
발휘하던 바쿠후를 없애버림
으로써 번의 독립성을 강화시
키는 역설적인 결과를 낳았다.

기도 다카요시

일부 번들은 마치 「작은 바쿠후」가 된 양 독자노선을 걷기 시작했다.[71]

　여기에 유신 정부에 대한 사무라이와 농민들의 불만이 팽배하면서
사무라이의 반란과 농민들의 민란이 이어지자 직속 군대도 갖추지 못
한 유신 정부는 정국을 장악하지 못하고 있었다. 유신 세력 내부에서
도 사쓰마와 조슈의 권력 독점에 대해 도사와 히젠(肥前) 등의 한들이
강한 불만을 표출하고 있었다. 오쿠보 도시미치는 자신의 고향인 사
쓰마와 중앙 정부와의 관계를 조율하는 한편 메이지 유신 성공 직후
낙향한 사이고 다카모리를 다시 중앙 정부로 불러오기 위해 백방으로
뛰고 있었다. 기도 역시 메이지 정부의 반-사무라이 정책과 대외 개방
정책에 대해 불만을 표시하고 있는 조슈의 여론을 무마하기 위하여 전
력투구하고 있었다.

　이러한 상황에서 기도는 「정한론」이야말로 국론을 통일할 수 있는
가장 효과적인 정책이라고 생각했다. 조선과의 전쟁은 이념과 지역,
계급 갈등으로 사분오열되어 있는 일본을 하나로 묶을 수 있다고 생각
했다. 조선과의 전쟁을 통해 강력한 천황의 군대가 형성되면 이를 이

용하여 국내에서도 여전히 남아있는 봉건 잔재를 극복하고 통일된 중앙 집권 국가를 건설할 수 있다고 생각했다.[72]

1869년 1월, 기도는 이와쿠라에게 조선에 칙사를 보내 일본에 대한 조선의 무례를 꾸짖을 것과 만일 조선이 말을 듣지 않을 경우에는 곧바로 전쟁을 일으킬 것을 제안한다.

> 서둘러 천하(天下)의 방향(方向)을 한 군데로 정하시고, 사절(使節)을 조선에 파견하셔서, 저들의 무례를 따져 묻고, 저들이 만약 불복(不服)할 때에는 그 죄를 널리 알리고[鳴罪] 공격해서, 그 땅에 신주(神州, 신의 땅, 일본)의 위엄을 크게 떨치실 것을 바라 마지 않습니다. 그럴 때에는 천하의 누습(陋習, 누추한 습속)을 홀연히 일변(一變)시켜 멀리 해외로 (나아가려는) 목적을 정하고, 그에 따라 온갖 기예[白藝]와 기계(器械) 등이 정말 실제로 같이 나아가고[相進] 또 각 내부를 서로 살피게 된다면, 다른 사람의 단점을 배격하고 다른 사람의 잘못을 책망하면서 각자 스스로 뒤돌아보고 반성하지 않는 나쁜 폐단[惡弊]을 완전히 씻어내는[一洗] 데에 반드시 이르게 될 것입니다. 나라에 큰 이익이 있을 것이니, 그것은 이루 말로 다 할 수 없을 것입니다.[73]

3월 12일에는 유신 정부의 군 개혁을 주도하고 있던 오무라 마스지로에게 편지를 써서 홋카이도의 반군을 평정하는 즉시 군사를 일으켜 부산을 개항시켜야 한다고 주장한다. 그는 조선과의 전쟁이 「우리 황국의 국체를 더욱 강화시키고 빛낼 수 있기 때문」이라며 조선 정벌이 홋카이도 평정보다 훨씬 더 중요하다고도 한다. 3월 29일에는 오무라를 직접 찾아가 혼슈(本州)의 반군을 평정한 정부군을 조선 정벌에 투입할 것을 제안한다.[74]

이때 쓰시마의 대차대수사가 조선의 왜관에서 치욕적인 대접을 받고 왔다는 보고서가 도달한다. 기도는 산조 사네토미, 이와쿠라 토모미, 이토 히로부미 등 메이지 정부의 주요 인사들을 만나 끈질기게 「정한론」을 설득한다. 1869년 11월 17일자 일기에 기도는 새 정부가 「정한(征韓)이 얼마나 중요한지 이해하지 못한다」고 한탄하고 있다.[75] 1870년 1월 5일, 태정관(太政官)은 일단 기도의 「정한론」을 받아들이기로 하고 그를 중국과 조선의 칙사로 임명한다. 그는 이듬해 봄쯤 중국과 조선으로 떠날 계획을 세운다.

1869년 10월 25일, 새로 설립된 외무성은 처음으로 태정관에 조선에 대한 정책 제안서를 올린다. 조선과의 관계가 과거처럼 쓰시마를 통해서 계속될 수 없으며 쓰시마가 조선의 교역을 계속해서 주도하는 것도 불가하다고 한다. 외무성은 「조선이 고대에는 일본의 속국이었기 때문에 일본은 조선을 다시 조정에 조공을 바치게 하지는 못하더라도 조선을 영구히 종속시켜야 한다」고 주장한다. 일본만이 조선을 서양 세력으로부터 보호할 수 있으며, 만일 조선이 「러시아나 다른 열강에게 먹혀버린다면 황국에 대한 영구적인 위협이 될 것」이라고 주장한다. 천황의 칙사를 조선에 보내야 하지만 조선이 거만하게 칙사를 받아들이지 않을 경우에 대비하여 군함과 군대를 함께 파견할 것도 건의한다.[76] 그리고 그 사전 준비 작업으로 외무성 관리들을 쓰시마와 왜관에 파견할 것을 제안한다.

이에 외무성 관리 사다 하쿠보(佐田白茅, 1833~1907), 모리야마 시게루(森山茂, 1842~1919), 사이토 사카에(斉藤栄) 등 3명의 일본 외무성 관리들은 1870년 1월 7일 도쿄를 출발하여 2월 7일 쓰시마에 도착해 3주를 지낸 후 3월 12일 부산으로 떠나 3월 23일 왜관에 도착한다. 쓰시마의 관리를 사칭한 이들은 20일간 왜관에 머문 후 귀국한다. 이로써 조선과의 교역을 중계하던 쓰시마의 역할은 폐기되고 메이지 정부의 외무성를 통한 조선과의 외교가 새롭게 시작된다.

도쿄로 돌아간 후 이들은 외무성에 공동 보고서를 제출하여 조선이 겉으로는 청에 대해 충성하는 척하고 속국임을 인정하지만 아직도 「숭명반청」 정책을 견지하고 있고, 대내외 정책에 있어서 실질적으로는 완전한 독립을 유지하고 있다고 보고한다. 조선은 골치 아픈 사안은 베이징에 보고하고 도움을 청하지만 일본과의 관계에 대한 것은 일체 보고하지 않는다고 하면서 조선은 교활하게 일본을 대할 때는 청과의 관계를 이용하고 청을 상대할 때는 일본을 지렛대로 사용한다고도 하였다.[77]

사다, 모리야마, 사이토는 개별 보고서도 제출한다. 이들은 한결같이 조선 정벌을 주장한다. 사다는 일본의 황실을 모독한 조선을 「정벌」하고 「죄」를 물어야 한다고 주장했다. 그는 30개 여단으로 구성된 군대를 보내면 50일 안에 조선을 복속시키고 조선 왕을 포로로 잡을 수 있다고 했다. 그는 프랑스가 조선을 오랫동안 가만 놔두지 않을 것이고 러시아도 조선을 주시하고 있으며, 미국도 조선에 대한 나름대로의 계획을 획책하고 있다면서 일본이 한시라도 빨리 손을 써야 한다고 했다. 조선은 「금광」과 같으며, 조선을 정복할 경우 일본은 더욱 부유해지고 군대는 강해질 것이라고 한다. 특히 불만이 가득한 무사들을 아무 일도 하는 것 없이 놔두는 것은 매우 위험한 일이며 이들을 하루빨리 조선 정벌에 투입할 것을 종용한다.

모리야마 역시 개혁에 대한 무사들의 불만을 발산시킬 수 있는 출구로 조선 정벌을 추천한다. 그는 구체적으로 사할린을 매각하여 그 대금으로 조선 정벌을 일으킬 것을 제안한다. 사이토는 정부가 조금 더 근검절약 하면 조선 정벌에 필요한 자금을 충분히 조달할 수 있을 것이라고 한다.[78]

외무성은 사다, 모리야마, 사이토의 제안이 너무 과격하다며 받아들이지 않는다. 그러나 외무부와 메이지 유신 정부 지도부 내부에서는 조선에 대한 무력 사용이 일본 내부의 많은 문제를 일거에 해결할 수 있는 「만병통치약」이라는 인식이 광범위하게 퍼진다. 「존황양이」의 기치를 내걸고 바쿠후를 무너뜨린 메이지 정부가 서양의 오랑캐들을 몰아내기는커녕 오히려 개국에 박차를 가하는 모습은 수많은 사무라이들에게는 용납하기 힘든 모순이었다. 서양을 몰아낼 아무런 힘도 의지도 없는 메이지 정부 입장에서는 대신 「정한론」을 내세워 「존왕」을 추구하는 모습을 보이는 것도 「존황양이」파의 비판을 우선 피할 수 있는 방법이기도 했다.[79]

1870년 5월, 외무성은 사다 등의 보고서를 기초로 태정관에 조선 정책의 세 가지 대안을 제시하는 자체 보고서를 올린다. 첫 번째 안은 임시로 조선과의 관계를 단절하는 것이었다. 이를 통해 그 동안 쓰시마-조선 관계의 잘못된 점들을 시정할 수 있을 것으로 보았다. 문제는 일본이 잠시라도 조선과의 관계를 끊는다면 그사이에 러시아가 조선을 점령해 버릴 가능성이 있다는 점이었다. 그럼에도 불구하고 지금같이 조선과 어정쩡한 관계를 지속하는 것보다는 일본이 충분히 힘을 기를 때까지 차라리 단절해 버리는 것이 나을 것이라고 하였다.[80]

두 번째 대안은 기도를 단장으로 하는 사절단을 조선에 파견하는 것이었다. 이 사절의 목표는 일본에서 왕정복고가 이루어진 사실을 통보하고 조선 정부와 새로운 조약을 체결하는 것이었다. 이 사절단은 두 척의 전함과 군사를 대동하고 가서 조선이 새 조약 협상을 거절할 경우 곧바로 무력을 사용할 것을 제안한다.

세 번째 대안은 조선 대신 청에 사신을 보내 청과 우선 조약을 체결하는 것이었다. 조선은 청의 「속방」이기 때문에 일본이 청과 대등한 관계에서 조약을 체결한다면 조선도 일본과의 불평등 조약을 거절할 근거가 없다는 논리였다. 더구나 일본과 청이 조약을 맺는다면 조선과 일본 사이에 전쟁이 발발하더라도 중국이 임진왜란 때 같이 조선을 도울 수 없을 것이라고 한다. 중국과의 조약 체결은 시급한 일이 아니지만 조선이 일본의 뜻에 복종하도록 하는 데는 좋은 방법이라고 한다. 외무성은 끝으로 태정관이 지체 없이 세 정책 중 하나를 받아줄 것을 종용하면서 지체될 경우 일본의 「국치(國恥)」가 계속될 것이라고 한다.[81]

외무성은 두 번째 안을 가장 선호하였다. 이는 1869년 말 외무성의 또 다른 조선 담당자 미야모토 오카즈(宮本小一, 1836.4.15.~1916.10.18.)가 제출한 「조선론」이라는 보고서의 내용과도 동일하였다. 이 보고서에서 미야모토는 조선이 고대에 일본의 조공을 바쳤기 때문에 조선을 정벌해야 한다는 논리는 현대 세계에서는 적합하지 않은 사고방식임을 지적한다. 그는 일본이 조선과의 관계를 유지함으로써 얻게 되는 경제적 이익은 없다고 했다. 그러나 그렇다고 조선을 방치하면 러시아가 조선을 차지하게 될 것이고, 그렇게 된다면 일본의 안보에 큰 위협이 될 것이라고 한다. 따라서 조선을 돕는 것이 일본의 국익과 일치한다고 한다. 더구나 조선을 복속시키기에는 일본의 힘이 부족하기 때문에 조선과 일본이 형제국의 관계를 맺어야 할 것이라고 한다. 이를 위해 미야모토는 군함 한두 척과 군사를 대동한 사신을 보내 천황이 조선을 진정으로 걱정하고 있고 중국은 믿을 수 없는 상대임을 설득해야 한다고 한다. 그러나 준 독립국인 조선이 독자적으로 다른 나라들과 조약을 맺고 유지하는 것은 도리에도 맞지 않고 비용도 많이 들기 때문에 조선은 일본이 서양 열강들과 맺고 있는 조약을 그대로 받아들이고 일본으로 하여금 조선의 외교도 맡도록 설득해야 한다고 하였다. 또 이렇게 된다면 조선은 일본의 달력, 연호, 법률, 화폐, 군사 제도도 도입하게 될 것이라고 주장한다.[82]

당시 메이지 정부에 대한 지지를 끌어올리기 위해 조슈에 6개월간 낙향해 있던 기도는 1870년 6월 도쿄로 돌아온 후 다시금 조선의 칙사로 가기 위해 백방으로 뛴다. 그는 동지이자 가장 아끼는 후배인 이토 히로부미에게 자신이 정부에 남아있는 것은 오직 조선에 사신으로 가기 위해서라고 한다. 기도는 「조선 문제는 이제 돌이킬 수 없는 상황까지 갔다」면서, 일본은 군사와 군함, 무기를 준비하여 조선이 계속해서 거부할 경우 사용할 준비가 되어있어야 한다고도 한다.[83]

그러나 기도의 계획은 오쿠보의 반대에 부딪친다. 오쿠보는 일본이 국력을 충분히 기르고 대내 문제가 안정될 때까지 해외 원정에 국력을 낭비하는 것을 극렬히 반대한다. 메이지 정부의 권력을 양분하고 있던 기도와 오쿠보의 충돌은 오쿠보의 승리로 끝난다. 오쿠보의 설득에 따라 태정관은 외무성의 세 번째 안을 받아들여 조선 대신 중국에 사절단을 파견할 것을 결정한다. 결국 기도의 「정한론」은 오쿠보에 의해 저지된다.

제 3 장
「중화 질서」에
도전하는 일본

제3장

「중화 질서」에 도전하는 일본

1870년, 일본은 청과 근대 조약을 체결하기 위하여 청에 외교 사절단을 파견한다. 「제 2차 아편전쟁」에 패한 청이 서구 열강과 「베이징 조약」을 체결한 1860년으로부터 꼭 10년이 되는 시점이었다. 이 시기는 중국 문명이 전대미문의 시련과 도전에 직면하고 있던 때였다. 서양의 오랑캐들은 아편을 팔기 위해서 전쟁을 일으켰다. 윤리 도덕은커녕 일말의 양심도 없는 야만인들이었다. 더욱 당황스러운 것은 이들이 중국 문명에 대해서는 아무런 관심도 없다는 사실이었다. 과거의 오랑캐들은 중국의 문명을 배우거나 따르지는 않더라도 최소한 그 수월성은 인정하였다. 그러나 서양의 오랑캐들은 중국 문명의 우수성에 대해서조차 아무런 인식이 없었다.

그들이 제안하는 소위 「만국공법」에 기초한 근대 국제 질서도 이론적으로 국가들 간의 평등을 전제로 하고 있었다. 이는 그 자체로 중국 문명의 우월성을 부정하는 질서였다. 근대 국제 체제에 의하면 중국 문명은 그저 수많은 상호 대등한 문명 중 하나에 불과했다. 한문이나 중국의 고전은 수많은 세계 문화 중 하나에 불과했고, 중국 황제는 수많은 나라의 지도자들과 동등했다. 과거의 오랑캐들은 원하는 것을 약탈한 후에는 만리장성 밖으로 되돌아갔다. 그러나 서양의 오랑캐는 사라지지도 않았다. 그렇다고 무시할 수도 없었다.[1] 1870년, 청은 중국 문명과 서양 오랑캐들과의 관계를 과연 어떻게 설정해야 하는가 하는 도전에 직면하고 있었다.

이런 상황에서 일본의 등장은 중국 문명의 자아 인식을 다시 한번 뒤흔든다. 1868년 일본의 메이지 유신은 중국의 엘리트에게는 충격이었다. 일부 중국 지식인들은 일본의 모델을 따라야 한다고 주장하기 시작했다. 문제는 일본은 서양의 오랑캐들과는 달리 역사적으로 중국 문화권의 일부라는 사실이었다. 그런 일본이 「조약」을 체결할 것을 요구하기 시작했다.

「조약」이란 중화 문명권 밖에 있었던 서양 오랑캐들과의 관계를 규정하는 새로운 제도였다. 중국 엘리트 대부분은 서양과의 「조약」은 서구 열강의 강요에 의해 임시방편으로 체결한 것일 뿐, 중국이 언젠가 다시 힘을 회복하면 결국 중국을 정점으로 하는 전통적인 조공 관계를 복원할 수 있다고 믿었다. 조선이나 월남(越南, 베트남), 류큐(琉球)와 같은 전통적인 조공국과는 조약을 맺을 생각도 하지 않고 있던 이유다. 그렇다면 같은 중화권인 일본과의 관계에서는 왜 조약이 필요한가라는 문제가 제기될 수밖에 없었다.

그럼에도 불구하고 일본은 청과의 근대 조약 체결을 성사시킨다. 그리고 조선의 「상국」인 청과 대등한 근대 외교 관계를 수립한 일본은 곧바로 왜관에 상주하고 있던 쓰시마 관리들을 철수시키고 그 대신 외무성 관리들을 파견한다. 이로써 임진왜란 이후 조선과 일본의 관계를 규정하였던 「기유약조」 체제는 해체된다. 일본은 청의 조공국이었던 류큐도 흡수하기로 결정하고 국제법상으로 청과의 관계가 애매하였던 대만에 대한 청의 주권을 시험하기로 한다. 모두가 중국 중심의 「중화 질서」를 무너뜨리고 동아시아에 일본 주도의 「근대 질서」를 건설하려는 책략의 일환이었다.

1. 「청일수호조약」의 체결

메이지 정부는 오쿠보 도시미치의 주장에 따라 1870년 8월 25일, 청에 사절을 파견한다. 청이 일본과 조약을 맺을 의향이 있는지 타진하기 위해서였다. 정사에는 야나기와라 사키미쓰(柳原前光, 1850.5.4.~1894.9.2.)가 임명된다. 당시 20세였던 야나기와라는 교토의 쿠게(공가, 公家) 출신으로 그의 여동생 나루코(柳原愛子, 1855.4.16.~1943.10.16.)는 메이지 천황의 후궁으로 다이쇼 천황(大正天皇, 1879.8.31.~1926.12.25. 재위: 1912~1926)의 생모다. 야나기와라는 기도 다카요시의 정한론을 적극 지지하였지만 중국 특사로 파견된다.

부사에 임명된 하나부사 요시타다(花房義質, 1842.2.10.~1917.7.9.)는 「란가쿠」를 공부하였고 메이지 유신 직후에는 유럽과 미국에 2년간 유학한 후 외무성에 들어간다. 그는 1879년 초대 조선 주재 일본 공사를 역임하면서 1882년 「임오군란」을 겪고 「제물포 조약」 체결을 주도함으로써 조선과도 밀접한 관계를 맺게 되는 인물이다. 후에 주 러시아 일본 공사를 역임하고 궁내차관, 추밀원 고문관, 일본 적십자사 총재를 역임하고 남작의 작위를 받는다.

통역은 테이 에이호(鄭永寧, 1863~1916)가 맡았다. 테이의 조상은 명나라가 멸망할 때 일본으로 망명 온 푸젠성(福建省, 복건성) 사람들로, 나가사키에 정착한 후 대대로 「중국 총독」을 역임하고 있었다.[2]

야나기와라 사절단은 상하이에서 일주일 동안 머문 후 9월 28일 톈진(天津, 천진)에 도착하여 10월 1일 당시 양쯔강 이북의 조약항(條約港)을 관장하는 「삼구통상사무대신(三口通商事務大臣)」을 임시로 맡고 있던 성림(成林, ?~1879)을 면담하고 베이징의 총리아문(總理衙門) 관리들과의 만남을 주선해 줄 것을 부탁한다. 성림은 야나기와라에게 조약을 맺지 않은 나라의 대표들은 총리아문으로부터 사전 허락을 받아

야나기와라 사키미츠

하나부사 요시모토

야 베이징에 들어갈 수 있다고 하면서 총리아문의 회담이 있을 때까지 톈진에서 기다리라고 한다.

　야나기와라는 그 다음날 양강총독(两江总督) 증국번(曾國藩, 1811.11.26.~1872.3.12.)과 직례총독(直隷總督) 이홍장(李鴻章, 1823.2.15.~1901.11.7.)을 예방한다. 이 만남 이후 이홍장은 총리아문에 제출한 보고서에 야나기와라가 매우 겸손하고

성림

예의를 갖추었으며, 일본은 영국, 프랑스, 미국 등의 강요에 의해 교역을 하지만 그들에게 이용을 당하고 있다며 이 나라들을 혼자의 힘으

로는 상대할 수 없기 때문에 중
국과 협조하기를 원한다고 보
고한다. 이홍장은 또한 일본이
서구의 무기와 기술을 적극적
으로 도입하고 있으며 청은 일
본이 서구 열강의 전진 기지가
되는 것을 막아야 한다고 한다.
만일 일본과의 교역이 허용된
다면 청은 일본에 주재원을 파
견하여 중국 상인들을 통제하
는 동시에 일본과 긴밀한 관계
를 맺어 중국과 서구 열강 간의
전쟁이 일어날 경우 일본이 중

이홍장(1871)

국을 배반하지 않도록 해야 한다고도 주장했다.[3]

10월 5일, 총리아문은 야나기와라에게 청과 일본은 가까운 이웃이
고 오랜 역사적 유대 관계를 맺어 왔지만 양국 간의 조약은 필요 없으
며 따라서 베이징에 올 필요도 없다고 통보한다. 그러면서도 일단 조
약의 초안을 작성하여 성림에게 제출하라고 한다. 이에 야나기와라는
10월 10일, 성림에게 조약 초안을 제출한다. 그러나 총리아문은 야나
기와라의 초안을 받아 보기도 전인 10월 13일, 일본과의 조약 체결을
다시 한번 거절한다. 총리아문은 청과 일본은 서로를 완전히 믿고 있
기 때문에 기존의 무역은 계속하지만 공식적인 조약 관계를 맺을 필요
는 없다고 한다. 물론 진짜 이유는 일본에게 서구 열강과 똑같은 외교
적 지위를 부여하기 싫었기 때문이다.[4]

야나기와라는 총리아문의 통고를 받은 다음 날인 10월 21일, 증국
번, 이홍장, 성림을 또 다시 면담한다. 야나기와라는 청과 일본이 공식

적인 조약이 없기 때문에 양국 관계를 서구 열강을 통해 운영해 왔고, 따라서 서구 열강의 간섭과 속임수와 모욕을 감내해 왔다고 한다. 그는 또 그렇지 않아도 일본 주재 서구 외교관들은 일본이 중국과 직접 연락을 할 경우 중국이 거절할 것이라고 경고한 바 있으며, 이번 사절단 방문이 실패로 돌아갈 경우 서구는 일본을 조롱할 것이고 그렇게 된다면 일본은 서구와 반청(反淸) 연대를 맺어야 한다는 목소리가 비등할 것이라고 경고한다.[5]

그러자 증국번은 자신이 직접 베이징에 가서 총리아문과 상의하겠다고 한다. 이홍장과 성림은 곧바로 총리아문에 일본과의 조약 문제를 재고해줄 것을 요청하는 서신을 보낸다. 이홍장은 청이 서구의 많은 나라들과 이미 조약을 맺은 상태라는 이유로 가까운 이웃인 일본과의 조약을 거부하는 것은 옳지 않다고 한다. 만일 일본이 영국이나 프랑스의 중재를 통해 중국에 조약을 요구한다면 중국은 어차피 일본의 요구를 들어줄 수밖에 없을 것이라고 한다. 그렇게 된다면 청의 위신만 추락하고 일본은 반청으로 돌아설 것이라고 하면서, 일본과의 조약 체결은 불가피한 일이기에 차라리 언제쯤 체결할 수 있다는 식으로 정확한 날짜를 주는 것이 좋겠다고 건의한다.[6]

총리아문은 증국번과 이홍장의 건의에 따라 입장을 바꾼다. 야나기와라는 일본 정부가 이듬해 봄쯤 조약을 협상할 대표단을 보내도 좋다는 총리아문의 통지를 받고 11월 11일 톈진을 떠난다. 그는 떠나기 전 총리아문에 중국이 미국, 영국, 프랑스, 러시아, 프러시아 등과 체결한 조약을 본뜬 청일 간의 조약의 가안(假案)을 전달한다.[7]

조정이 일본과의 조약 체결을 결정하였다는 소식을 들은 중국의 보수파들은 격렬하게 반대한다. 안휘순무(安徽巡撫, 안휘성의 행정을 총괄하는 지방관) 영한(英翰, 1828~1876)은 다음과 같은 상소를 올린다.

외국은 개나 양의 성격을 갖고 있습니다. 그들이 유일하게 추구하는 것은 이윤이며 그들이 유일하게 두려워하는 것은 권위입니다. 그들은 중국을 유린하기 위해서 중국의 힘을 관찰하고 있습니다. 그래서 우리가 어려움에 직면하게 되면 그들은 날뛰기 시작하면서 우리를 겁박 할 것입니다. 그것이 천진교안(天津教案)의 본질입니다. 이제 일본이 교역을 요청하고 있습니다. 일본은 우리의 조공국이었고 문제가 생겼을 때 참조할 수 있는 명확히 쓰여진 조약을 갖고 있는 영국이나 프랑스와 다릅니다. 이제 그들은 우리의 어려움을 이용하여 갑자기 이러한 시도를 하고 있습니다. 우리는 그들이 무엇을 노리는지 알 수 없습니다. 중국이 이들에게 양보하는 것은 매우 중요한 것이며 따라서 쉽게 결정할 일이 아닙니다. 일본은 왜의 나라입니다. 명 대에는 수백 년 동안 우리의 항구들을 약탈하였습니다. 그들이 우리나라에 발을 들여 놓게 되면 영국과 프랑스와 같이 또 하나의 재앙이 될 것입니다. 이는 아무리 걱정해도 부족함이 없는 일입니다.[8]

영한은 청이 일본과 서양식 조약을 체결한다면 조선과 같은 조공국들도 모두 그와 같은 조약을 요구하고 나설 것이며 그렇게 된다면 중화 질서 자체가 무너질 것이라고 주장했다.

　요점은 중국 문명이 과연 서구화를 어느 정도까지 수용할 수 있느냐였다. 「청의파(清義派)」라고 불리는 보수파는 서구 문명을 조금이라도 받아들이는 것은 곧 중국 문명의 몰락을 가져올 것이라고 생각했다. 중국판 「위정척사파」 내지는 「존황양이」파였다. 그러나 이홍장과 증국번은 서양의 과학 기술을 아무리 적극 수용해도 중국 문명 자체는 흔들리지 않는다고 믿었고 서양이 강요한 조약 체제 역시 전통적인 중국의 세계관 속에 충분히 수용할 수 있다고 생각했다. 이들은 청-일 관계도 과거의 중국과 왜의 관계의 연장선으로 볼 수 있다고 생각하였고, 따라서 일본과의 조약 체결을 적극 지지하였다.[청의 청의파와 양무운

동파의 논쟁은 제 III권, 제 6장. 반외세주의와 보수주의 참조.]

증국번과 이홍장은 일본과의 조약 체결을 강력히 지지하는 상소를 올린다. 이홍장은 1871년 1월 22일자 상소에서, 일본은 이미 원나라 시절부터 중국의 조공국이 아니었으며 따라서 조선과 류큐, 월남과 다르다고 한다. 일본이 왜구의 나라였던 것은 사실이지만 이 역시 명나라가 왜와의 무역을 금지했기 때문에 일어난 일이라고 한다. 그는 일본이 태평천국의 난이나 최근 청과 서구 열강 간의 전쟁을 악용하지 않았음을 지적하면서 일본의 의도가 순수한 것임을 강조한다.[9] 증국번도 1871년 3월 9일 올린 상소에서 일본이 원하는 것은 무역뿐이라며 조약을 체결해 줄 것을 권고한다. 다만 이홍장과 증국번은 일본에게는 서양 열강과 같은 최혜국대우는 해주지 않음으로써 청-일관계를 조약에만 국한할 것을 권고한다. 그들 역시 일본을 서구 열강과 똑같은 대우를 해주는 것은 여러 가지 문제를 야기할 것이라고 생각했다.[10]

이홍장이나 증국번은 청-일 관계는 조-청 관계와는 근본적으로 다르다고 생각했다. 일본은 조선과 같은 조공국이 아니기 때문에 조약을 체결해도 문제가 없다고 생각했다. 동시에 조선과 같은 조공국들은 중국과 조약을 체결할 자격이 없음을 분명히 하였다.[11]

청 조정은 이홍장에게 일본과의 조약 체결을 맡긴다. 조약 체결을 맡기 직전인 1870년 11월, 이홍장은 「직례총독」과 함께 「북양통상대신(北洋通商大臣, 일반적으로 북양대신)」도 겸하게 된다. 북양대신의 관할 구역은 즈리(直隸, 직례, 현 허베이 河北), 산둥(山東, 산동), 펑톈(奉天, 봉천, 현 랴오닝 遼寧) 3개의 성으로서, 베이징이 위치한 허베이성은 물론 서양과의 무역에 있어서 핵심적인 역할을 하는 톈진까지 관할하는 막강한 자리였다. 이홍장이 본격적으로 「양무운동(洋務運動)」을 시작하는 것도 북양대신을 맡은 직후 톈진에 「톈진 기기 제조국(天津机器制造局)」을 세워 서양의 군사기술을 도입하면서부터다.[「양무운동」에 대한 자세한 논의는 제3권, 「제6장: 청의 자강 운동」 참조].

이홍장은 야나기와라의 초안을 무시하고 완전히 새로운 조약을 쓰기 시작한다. 그는 일본이 서구 열강과 동맹을 맺고 중국을 침략하는 것을 막는 데 주안점을 둔다. 청일 간의 불가침조약 조항을 삽입하고 상대방이 외국으로부터 침략을 받을 때는 서로 돕는다는 조항도 삽입한다. 그렇지만 최혜국대우 조항은 넣지 않는다.[12]

일본에서도 조약의 초안을 준비하기 시작한다. 야나기와라가 남기고 온 초안은 정부의 허가를 받지 않은 것이었기 때문에 일본 정부도 이를 무시하고 새로운 초안을 작성하기 시작한다. 일본은 조약 초안을 마련하는 데 츠다 마미치(津田真道, 1829.7.25.~1903.9.3.)를 임명한다.

츠다는 새 일본 외교의 첨병이었다. 그는 당시 조선과 중국 관계를 다루던 사와, 야나기와라, 미야모토처럼 서양에 대해서는 아무것도 모르면서 집안 배경이나 정치적 연줄로 자리에 오른 사람이 아니었다. 그는 서양과 국제법에 대한 전문적인 지식 때문에 발탁된 인재였다. 쓰야마 한(津山藩) 출신 사무라이로 란가쿠를 공부한 츠다는 사쿠마 쇼잔의 제자였다. 그는 바쿠후 말기에 서양 학문을 가르치기 위해 바쿠후가 설립한 「반쇼시라베쇼」의 교수를 역임했고, 1863년에는 니시 아마네와 함께 네덜란

츠다 마미치

드에 유학생으로 파견되어 정치학, 헌법학 및 경제학을 공부하였다. 1868년 귀국한 후에는 『태서국법론(泰西国法論, 서양국법론)』 이라는 일본어 최초의 서양 법 책을 펴낸다. 1869년에는 일본 최초로 노비 제도를 불법화하는 법안을 제정한다. 그는 훗날 니시 아마네, 모리 아리노리, 후쿠자와 유키치, 가토 히로유키 등과 함께 「메이로쿠샤(明六社)」를 창설한다.[13]

간다 다카히라

츠다와 함께 일본 측 조약 초안을 마련한 것은 간다 다카히라(神田孝平, 필명 간다 고헤이, 1830~1898)였다. 간다 역시 「반쇼시라베쇼」 교수 출신이었고, 1869년 윌리엄 엘리스(William Ellis)의 *Outlines of Social Economy*를 번역 출판한다. 『경제소학(経済小学)』이라는 제목으로 출판된 이 책은 일본 최초의 서양 경제학 번역서다.[14]

츠다와 간다는 일본과 청의 관계를 전통적인 틀이 아닌 서구 근대식 국제 관계의 틀 속에서 바라봤다.[15] 이들은 1861년 중국과 프러시아가 맺은 조약에 기초하여 청일 조약의 초안을 마련하였다. 여타 서구 열강에 비해 중국과 상대적으로 늦게 수교한 프러시아는 최혜국대우 조항을 이용하여 영국과 프랑스 등이 앞서 중국으로부터 받아낸 각종 불평등 조항들을 모두 받아낼 수 있었다. 츠다와 간다는 일본이 중국과 대등한 입장에서 조약을 체결하는 것에 만족하지 않고 서양 열강들과 똑같이 중국으로부터 각종 특혜를 받아내고자 하였다.

재무상 다테 무네나리(伊達宗
城, 1818.9.1.~1892.12.20. 우와
지마 번의 8대 번주)를 단장으로
하는 일본의 대표단은 1871년
7월 5일 요코하마에서 미국 배
를 타고 출발하여 7월 24일 톈
진에 도착한 후, 8월 1일 츠다
와 다테의 조약 안을 중국 측에
보인다. 그러자 중국도 바로 다
음 날 미리 준비한 초안을 제시
한다. 일본 측은 놀란다. 그때
까지 외국과의 조약을 체결하

다테 무네나리

는 데 중국 측이 초안을 따로 제시한 적이 단 한 한도 없었다는 사실을
잘 알고 있었기 때문이다.

　이홍장은 일본 측 초안이 중국과 서구 열강이 체결한 기존 조약들의
조항을 얼기설기 엮은 것에 불과하며 청일 간의 조약은 서구 열강들과
의 조약과는 달리 중국과 일본 간의 쌍방 교역과 여행을 위한 조약이
어야 한다고 주장한다. 따라서 청일 간의 조약은 양국이 서로 간에 지
키고 보장할 내용들을 담아야 한다고 역설한다. 그리고 중국 측의 초
안은 야나기와라가 제출하고 간 초안을 기본으로 마련하였기 때문에
자신들의 것을 받아들여야 한다고 주장한다. 이홍장은 한 발 더 나아
가 일본 측이 먼저 조약 체결을 요청한 이상 청의 초안을 받아들여야
한다고 한다. 결국 일본 측은 이홍장의 주장에 따라 청의 초안을 받아
들인다. 힘든 협상 끝에 청과 일본은 1871년 9월 13일, 「청일수호조
약(淸日修好条規)」에 조인한다.[16]

청일수호조약

　18개의 조항으로 구성된 「청일수호조약」은 「대청국」과 「대일본국」 사이에 맺어진다. 일본은 원래 중국의 「황제」와 일본의 「천황」을 조약의 주체로 할 것을 주장하였으나 청은 받아들이지 않는다. 제1조에는 서로의 「방토(邦土)」에 대한 불가침을 약속한다. 이홍장은 이로써 조선에 대한 일본의 침략을 차단하고자 한다. 그러나 일본 측은 「방토」가 조선과 같은 「속방(屬邦)」은 포함하지 않는 것으로 생각했다.[17]

　「청일수호조약」의 체결은 동아시아 문명사의 대전환점이었다. 이 조약은 근대 서양의 국제법을 바탕으로 동아시아 국가 간에 맺어진 최초의 근대 조약이었다. 이론적으로는 대등한 두 국가 간의 조약이었다. 이로써 일본은 유구한 동아시아 국제 관계 역사상 처음으로 중국과 대등한 관계에 오른다. 물론 중국은 일본을 여전히 서구 열강들과는 차별하였다. 그러나 「청일수호조약」은 이홍장의 의도와는 상관없이 중국과 일본 간의 대등한 위치를 국제적으로 공인하는 첫 조약이었다.

동시에 이 조약은 중국도 점차 국제법을 이해하고 자국의 이익에 맞게 적용하기 시작한 첫 사례다. 그때까지만 해도 서구 열강이 제시한 조약의 초안으로 모든 조약을 수동적으로 체결해온 중국이 처음으로 일본과 서구 열강 간의 동맹을 저지하고 조선에 대한 일본의 침략을 저지하기 위한 구체적인 전략적 목표를 가지고 조약 초안을 마련하고 관철시킨 예다.[18]

그러나 동시에 동아시아 최초의 근대 조약인 「청일수호조약」은 지극히 전통적인 목적을 위해 체결된 것이기도 하다. 청은 이 조약을 통해 조선을 「속방」으로 유지하고자 하였고 일본 역시 중국과의 대등한 관계를 설정함으로써 청의 속방인 조선에 대한 우위를 점하려고 시도하였다.[19] 이처럼 「정한론」을 둘러싼 일본 내의 논쟁은 「청일수호조약」을 낳는다.

2. 「기유약조 체제」의 해체

청과 근대 조약을 체결하는 데 성공한 일본은 조선과의 관계도 다시 정리하기 시작한다. 이와쿠라 토모미는 사절단을 이끌고 미국으로 출발하기에 앞서 자신의 후임 외무대신으로 심복 소에지마 타네오미를 임명한다. 사가 한의 사무라이 출신인 소에지마는 「고쿠가쿠(國學)」를 수학했으며 1866년에는 사가 한의 유학생으로 나가사키에서 영어를 공부했다. 네덜란드의 선교사 귀도 베르벡에게 미국 헌법과 신약 성경을 배운 그는 보신전쟁 중에는 사가 한의 군사를 이끌고 바쿠후 군과 싸웠다.

소에지마는 우선 쓰시마를 통해 조선과의 관계를 유지해 온 과거의 관행을 없애고자 한다. 그는 조선 관련 업무를 담당하던 외무성 준

주임 오시마 도모노조를 해임
하고 쓰시마 한의 다이묘였던
소 요시아키라에게 조선에 건
너가는 것을 금지한다. 그 대신
1872년 1월 14일, 외무성 관
리 모리야마 시게루, 히로쓰 히
로노와 쓰시마 한 관리 출신인
사가라 마사키(相良正樹)를 조선
에 파견한다. 사가라는 외무성
관료였지만 쓰시마 한의 다이
묘였던 소 요시아키라 개인을
대표하는 자격도 부여해주었다.

소에지마 타네오미

　일본 외무성 대표단은 1872년 1월 22일, 증기선「만주마루」로 부
산에 도착한다. 사가라는 소 요시아키라 명의의 편지 두 통을 지참하
였다. 한 통은 관례대로 조선의 예조참판에게 보내는 편지였다. 이 편
지에서 소는 자신이 신설된 외무성에서 조선 관련 업무를 맡게 되었으
며 일본과 조선이 계속해서 우호적인 관계를 유지하고 외무성의 관리
들을 잘 맞아줄 것을 부탁한다.[20]

　조선은 이때 비로소 사가라 등이 지참하고 온「청일수호조약」의 원
본을 확인하고「폐번치현(廢藩置縣)」을 통해 쓰시마 한이 폐지된 것도
확인한다. 3월 20일에는 일본의 서계를 받고 사안이 중대한 만큼 회
답은 천천히 하겠다고 일본 측에 통보한다.[21] 일본 측의 독촉이 계속되
자 조선 조정은 왜관훈도 안동준을 보내기로 한다. 당시 상중(喪中)이
던 안동준은 왜관에 복귀하라는 명령을 받고 5월 23일 동래부(東萊府)
에 도착한다. 5월 25일에는 일본 측과 면담을 한 후 조정에서 신중히
논하여 답을 주겠다고 한다.[22]

반면 일본 태정관(太政官)은 외무성의 건의를 받아들여 동래부와의 모든 교류를 외무성 직할로 하고 쓰시마와 왜관이 다루던 조선과 일본 간의 표류민 문제를 나가사키 현에 이관시킨다. 5월 28일에는 과거 쓰시마 한이 파견한 인원들을 왜관에서 모두 철수시키기로 결정한다.[23] 1872년 8월 15일, 소에지마는 조선과의 외교 관계를 새롭게 수립하기 위해 야나기와라를 도와 「청일수호조약」를 체결하는 데 중요한 역할을 한 외무대승 하나부사 요시모토를 조선에 파견하기로 결정한다. 8월 18일에는 천황이 소에지마에게 칙지(勅旨)를 내린다.

　一 초량공관의 관사와 대관소는 종전과 같이 그대로 둘 것
　一 쓸데없는 사관(士官)과 잡인 등은 모두 귀국시킬 것
　一 상인들은 스스로 판단해서 하게 할 것
　一 감합인은 옛 것을 그대로 사용할 것
　一 세견선은 폐지할 것
　一 세견선 물품 지체분(1872년 당해년분임)은 종가의 부채가 되고 있으므로 지급해줄 것
　一 쓰시마 한에 체류하고 있는 (조선)표류민들을 전부 송환할 것
　一 위 사항을 조선에 출장할 외무대승 하나부사 요시모토에게 전할 것[24]

하나부사는 9월 19일 부산에 입항하여 구 쓰시마 한 파견 관리와 무사들을 모두 철수시키고 그 대신 외무성 관료들을 새로 임명한다. 그리고 25일 쓰시마로 돌아가 머문 후 11월 도쿄에 도착한다. 1872년 9월 이후 「세견선」은 더 이상 왜관에 입항하지 않는다.[25] 이로써 「기유약조」 이후 쓰시마의 중계를 통한 조-일 관계는 종지부를 찍는다. 동시에 전통적인 「화이질서(華夷秩序)」 속에서의 조-일 관계 역시 역사의 뒤안길로 사라진다.

3. 류큐와 대만 문제

1871년 12월, 류큐의 관리들이 탄 배가 대만 해안에서 난파하자 대만 원주민들은 난파선의 류큐인들을 모두 살해한다. 류큐는 명(明)의 속방(屬邦)이었다. 임진왜란 당시에는 도요토미 히데요시가 조선과 명 정벌을 도와줄 것을 요청하였으나 거절한 바 있다. 1609년, 사쓰마의 다이묘 시마즈 다다츠네(島津忠恒, 일명 이에히사 島津家久, 1576.11.27.~1638.4.7.)가 류큐를 침공하여 점령함으로써 사쓰마의 직할지가 되지만 그 후에도 계속 중국에 조공을 바친다.

폐번치현 이후 일본 정부는 류큐가 일본의 영토라고 주장한다. 1872년 7월, 이노우에 가오루는 류큐를 일본의 새로운 행정 체제에 편입시킬 것을 권고한다. 그러나 태정관은 법률 검토를 거쳐 현상을 유지하기로 한다. 류큐가 명색은 청의 조공국이지만 일본이 이미 실질적으로 통치하고 있는 상황에서 굳이 청과의 전쟁을 불사하면서까지 류큐를 공식적으로 일본에 편입시킬 필요는 없다고 보았기 때문이다. 그보다는 차라리 류큐 왕국을 명목상 독립국 지위를 유지하도록 하면서 일본에 조공을 바치도록 하는 것이 유리하다고 판단한다.[26]

그러나 사이고 다카모리와 소에지마는 류큐가 일본의 일부임을 명백히 해야 한다고 생각했다. 따라서 군사를 동원해서라도 일본에 속한 류큐인들을 살해한 대만 원주민들을 벌해야 한다고 주장한다. 소에지마는 1872년 10월 류큐 사절을 도쿄로 불러 류큐가 일본 천황의 한이며 쓰시마의 왕도 천황의 한왕(藩王)임을 선언하는 칙령을 내린다. 그리고 11월, 일본과 조약을 맺은 모든 나라의 정부에 앞으로는 일본이 류큐의 외교권을 행사할 것임을 일방적으로 통보한다.[27]

이 과정에서 소에지마는 일본 주재 미국 공사 찰스 드롱의 적극적인 조언과 지지를 받는다. 드롱은 중국 푸젠성 샤먼시(廈門, 하문)의 미국 영사였던 찰스 르장드르(Charles William (Guillaum) Joseph Émile Le Gendre, 1830.8.26.~1899.9.1.)를 소에지마에게 소개한다. 샤먼의 영사로서 대만도 담당하고 있던 르장드르는 「로버호 사건(Rover Incident)」과 류큐 표류민 살해 사건을 다루면서 대만에 대한 전문 지식을 쌓는다. 「로버호 사건」은 1867년 3월 미국의 상선

찰스 드롱

「로버호」가 대만 근해에서 난파되어 미국 선원 모두가 대만 원주민들에게 피살당한 사건이었다. 소에지마는 대만 정벌에 앞서 르장드르를 외무성 자문관으로 고용한다. 일본 정부가 외국인을 정부의 공식 자문으로 임명한 최초의 사례다.

드롱과 르장드르는 소에지마에게 대만 정벌에 나설 것을 적극 권한다. 대만의 원주민들이 살고 있는 지역은 국제법적으로 아무도 소유하지 않는 곳이기 때문에 일본이 점령해도 아무 문제가 없을 것이라고한다. 또한 일본이 대만을 차지할 경우 서구 열강들은 대만을 다른 서구 국가가 차지하는 것보다 오히려 바람직하다고 생각해 개입하지 않을 것이라고도 한다. 르장드르는 특히 미국은 일본의 대만 개입을 전혀 반대하지 않을 것이라고 한다. 그리고 대만뿐 아니라 조선도 그 전략적 중요성에 비추어 볼 때 러시아나 다른 서구 열강이 차지하기 전에 일본이 차지해야 한다고 충고한다.[28]

이때 「마리아 루즈 사건」이 터진다. 1872년 7월 9일, 마카오를 출

찰스 르장드르. 르장드르는 1890년 3월 고종의 자문관이 된다. 1899년 사망 후 양화진 외국인 묘지에 묻힌다.

양화진 외국인 묘지의 르장드르 묘

발하여 페루로 향하던 페루 선적의 상선 「마리아 루즈(Maria Luz)」가 폭풍을 만나 파손된 배를 수리하기 위해 요코하마에 입항한다. 선박 수리 도중 승선하고 있던 중국인 노동자가 배를 탈출하여 바다에 몸을 던지자 영국의 군함이 발견하고 구조하여 가나가와 현 관원들에게 넘긴다. 중국인은 일본 관원들에게 자신과 그 외 231명의 중국인들이 「마리아 루즈」에서 비인간적인 대우를 받고 있다며 보호해 줄 것을 호소한다.

일본 측은 「마리아 루즈」의 선장을 초치(招致)하여 승선하고 있는 중국인 노동자들을 인간적으로 대하라고 경고하고, 특히 탈출을 시도한 중국인을 벌하지 않을 것을 강력하게 요구하면서 탈출했던 중국인 선원을 선장에게 인도한다. 그러나 「마리아 루즈」의 선장은 탈출을 시도한 중국인을 심하게 벌했을 뿐 아니라 나머지 중국인들도 계속해서 학대했다. 당시 일본 주재 영국 공사 대행이었던 왓슨(R.G. Watson)은 이 소식을 듣고 직접 「마리아 루즈」에 승선하여 중국인 노동자들이 참혹한 대우를 받고 있음을 직접 확인한 후, 이를 당시 일본 외무대신인 소에지마에게 알리고 조사를 요구한다.[29]

소에지마는 곧바로 「마리아 루즈」가 요코하마에서 출항하지 못하도록 명령하고 조사를 시작하여 이 배의 장교들이 마카오에서 글을 모르는 중국인들을 속여서 노예 계약에 서명하도록 한 후 배 선창에 가둬 페루로 이송 중임을 알아냈다. 예비 공판을 통해 페루의 선사가 잘못했다는 결정이 내려지고 모든 중국인들은 배에서 내릴 수 있게 된다. 1872년 8월 27일, 공식 재판부도 같은 결정을 내린다.

당시 이 사건을 담당했던 재판장은 오오에 타쿠(大江卓, 1847.11.2.~1921.9.21.)였다. 오오에는 도사 한의 사무라이 집안 출신으로 사카모토 료마가 설립한 일본 최초의 주식회사 「카이엔타이(海援隊(해원대))」에서 일했으며 바쿠후 타도에 적극 가담한다. 훗날 동경증권시장 회장을 지내고 조선의 경부선 철도 건설을 주도한다.[30]

오오에의 판결 후 일본 정부는 일본 주재 외국 공관에 이번 사건의 전말을 알리고 의견을 묻는다. 그러나 영국만 일본의 결정을 지지한다. 미국 영사는 자국과 관련이 없는 사건이기 때문에 의견을 내지 않았고, 다른 나라 대표들은 모두 일본 측의 결정에 반대하였다. 반대한 나라들은 일본이 1867년 10월 요코하마의 외국인 거주 지역을 치외법권 지역으로 인정하였기 때문에 일본 재판부는 이 지역에서 일어난 일에 대해 결정을 내릴 수 있는 권한이 없다고 주장한다. 오오에가 소에지마에게 이 사실을 알리지만 소에지마는 오오에의 판결을 따를 것임을 선언한다. 1872년 8월 30일, 오오에는 중국인을 모두 석방시키라는 판결을 내리고 「마리아 루즈」의 선장은 곤장 100대를 맞아야 하나 사정을 봐서 일단 배와 함께 요코하마에서 추방하도록 명령한다.[31]

그러자 페루 선사는 곧 항소한다. 페루 정부는 당시 영국의 변호사이자 일본 문학을 영어로 번역하여 명성을 날리던 프레드릭 디킨즈(Frederick Victor Dickins, 1838.5.24.~1915.8.16.)를 고용한다. 일본어를 유창하게 구사했던 디킨즈는 페루가 비록 노예 계약을 한 것이라 할지라도 일본 내에서 창녀 매매가 합법이듯 페루인들이 노예를 파는 것도 합법이라는 주장을 편다.

오오에 타쿠

디킨즈의 변론에 놀란 오오에는 일본에서 비록 창녀를 사고파는 노예 제도가 있다 하더라도 이들을 해외에 파는 것은 금지되어 있으며, 따라서 페루가 중국인을 페루에 팔려고 하는 것은 경우가 다르다고 강변한 후 1872년 9월 26일 황급히 재판을 종결시킨다.[32] 그러자 「마리아 루즈」의 중국인들은 모두 탈출하고 선장은 배를 버리고 상하이로 도망친다. 이 사건은 후에 러시아의 차르 알렉산더 2세(1818.4.29.~1881.3.13. 재위: 1855~1881)가 중재를 맡아 1873년 6월 일본 법원의 손을 들어준다.[33]

중국인들을 모두 석방시킨 오오에는 일본에서 아직도 인신매매가 이루어지고 있다는 사실이 얼마나 창피한 일인지 일본 정부에 설명하면서 모든 인신매매를 즉시 금지할 것을 권고한다. 그 결과, 1872년 11월 1일 일본 정부는 인신매매를 일체 금지하는 법령을 공표한다. 모든 창녀들은 기존의 계약에서 벗어났으며 「게이샤(藝者)」들과 창녀들이 진 빚은 모두 탕감된다.[34]

1873년 3월 13일, 소에지마는 르장드르와 두 명의 통역관과 함께 두 척의 초계함, 「류조(龍驤)」와 「츠쿠바」를 이끌고 요코하마 항을 떠난다. 「청일수호조약」 비준서를 교환하고 청의 동치제 (同治帝, 1856.4.27.~1875.1.12. 재위 1861~1875)에게 메이지 천황의 친서를 전달하기 위해서였다. 일본의 전함이 해외에 파견된 첫 경우다. 소에지마를 일

알렉세이 대공

본 해군의 가장 강력한 전함에 태워 보낸 것은 물론 점증하는 일본의 실력을 청에 과시하기 위해서였다.[35]

소에지마는 중국에 보내는 사신으로는 최적격자였다. 그는 일본 정부 내 최고의 명필로 정평이 나 있었다. 또한 중국의 역사와 철학에도 정통했다. 더구나 바로 전해에는 「마리아 루즈 사건」을 해결하면서 노예로 끌려가던 중국인 232명을 석방시켜준 바 있었다.

소에지마는 가고시마에 들러 사이고 다카모리를 만난다. 「류조」와 「츠쿠바」는 나가사키를 거쳐 3월 31일 상하이에 입항한다. 상하이에서는 러시아의 알렉세이 대공(Grand Duke Alexei Alexandrovich, 1850.1.2.~1908.11.14.) 주최 연회에 참석한다. 러시아의 차르 알렉산드르 2세의 넷째 아들이었던 알렉세이 대공은 1년 전인 1872년 11월 일본 방문 당시 외무대신 소에지마의 융숭한 대접을 받은 바 있었다.[36]

소에지마는 4월 8일 상하이를 출발하여 톈진으로 향하지만 기관 고장 등으로 톈진에는 4월 20일에나 도착한다. 4월 22일 소에지마는 직

례총독 이홍장을 만난다. 이홍장은 「마리아 루즈」의 중국인 선원들을 구출해 준 것에 대해 거듭 고마움을 표한다. 소에지마는 이홍장과 그 전해에 서명한 「청일수호조약」 비준서를 교환한다.

당시 소에지마 옆에 있었던 르장드르는 이홍장이 소에지마를 「냉대」했으며 「나에게는 매우 무례하게 굴었다」고 한다. 소에지마가 이홍장에게 르장드르를 소개하자 이홍장은 「우리는 과거에도 이런 조약을 체결하였지만 외국인의 자문이 필요한 적은 없었다」면서 「왜 이번에는 필요한가?」라고 물었다. 동시에 이홍장은 소에지마 사절단 중 서양 복장을 한 일본 관리들을 비판한다. 그러자 소에지마는 다음과 같이 답한다.

각하, 외국인의 옷은 아름답지는 않겠지만 매우 실용적입니다. 특히 외국식으로 건조된 전함에서는 말입니다. 우리의 옛 옷을 입고는 배를 운항할 수도, 전투를 할 수도 없을 것입니다. 그러나 우리는 복식을 바꾼 이후 아주 잘 적응하고 있으며 얼마나 적응이 빠른지 이번에 우리가 타고 온 철갑선과 초계선에는 외국인 승무원이 단 한 명도 없습니다.[37]

다음날 이홍장을 다시 만난 소에지마는 본인의 중국 고전 실력을 동원하여 외국을 무시하고 경시하는 것은 잘못되었으며 중국 고대 선현들의 가르침과도 어긋나는 일임을 지적한다. 이홍장이 조선에 대한 일본의 입장을 묻자 소에지마는 일본은 조선에 대해서는 우의만 있을 뿐 무력을 사용할 의도가 전혀 없다고 답한다. 이홍장은 만일 일본이 조선을 압박한다면 이는 청일수호조약을 위반하는 것이라는 점을 강조한다.[38]

소에지마는 5월 5일 상하이를 출발하여 이틀 후인 5월 7일 베이징에 도착한다. 그가 베이징에 도착했을 때는 다른 나라의 공사들이 동치제를 어떤 방식으로 알현할 것인지를 놓고 청 정부와 지루한 실랑이를 벌이고 있던 참이었다. 당시 동치제는 생모인 서태후(西太后, 1835~1908)가 섭정을 거둬 친정(親政)을 갓 시작한 때였다.[39]

총리아문은 외교사절들이 황제에게 「삼궤구고두례(三跪九叩頭禮)」를 행할 것을 요구한다. 「삼궤구고두례」란 세 번 무릎을 꿇고 무릎을 꿇었을 때마다 3번 머리를 바닥에 대는 예로서 인조가 삼전도에서 청태종에게 행한 바로 그 예다. 청은 이것이 중국의 관습이라고 한다. 실제로 강희제(康熙帝, 재위 1661년~1722년) 이후 모든 외교사절들은 동-서양을 막론하고 청의 황제 앞에 「삼궤구고두례」를 행해야 했다. 총리아문은 청의 외교사절들이 주재국에 갔을 때는 그 나라의 관례를 따르듯이 청 주재 외교사절들은 중국의 관례를 따라야 한다고 한다.

그러나 베이징 주재 외국 공사들은 동치제가 다른 나라의 국가 원수들과 마찬가지로 일어 선채 외교 사절들을 맞이할 것을 요구한다. 양측은 팽팽히 맞선다.[40]

결국 러시아 공사가 양보한다. 그는 동치제 앞에 나가 「삼궤구고두례」를 행한다. 그날따라 비가 내리고 있었다. 러시아 공사는 빗속에 무릎을 꿇었고 동치제는 지붕이 있는 단 위의 옥좌에 앉아 있었다.[41] 그러나 다른 외교사절들은 여전히 「삼궤구고두례」를 거부한다.

소에지마는 베이징에 도착하자마자 중국이 시대가 바뀌었음에도 불구하고 여전히 중국이 세계의 중심이라는 착각 속에서 외교사절들에게 굴욕적인 예법을 요구하고 있다고 비난한다. 그러나 소에지마 본인은 불과 1년전 일본에서 유사한 상황이 발생했을 때는 전혀 다르게 행동했다. 1872년 4월 주일 영국 대리공사 왓슨(R. G. Watson)이 도쿄에 부임하여 천황에게 신임장 제정을 요청한다. 그는 외무대신 소에지마에게 천황도 외교사절들을 옥좌에 앉은 채 맞이하는 대신 서양의 관례에 따라 서서 맞이함으로 써 상호존중의 모습을 보여줄 것을 요청한다. 그러나 소에지 마는 외교사절은 주재국의 관 습을 따라야 한다며 일언지하 에 거절한다. 그리고 천황이 선 채로 자신을 맞아줄 것을 요구 하는 이상 왓슨은 천황을 알현 할 수 없다고 한다. 왓슨은 아 무 말도 하지 않고 일어서서 가 버린다.[42]

소에지마 타네오미

그로부터 얼마 후 주일 러시 아 공사 뷰초프(Evgenii K. Biutsov)가 당시 일본과 러시아 간의 현안이 었던 사할린 협상과 관련하여 천황을 알현할 것을 요청한다. 그는 천 황이 자신을 어떤 방식으로 맞이할 것인지는 천황에게 맡기겠다고 한 다. 이에 소에지마는 뷰초프가 천황을 알현할 수 있게 한다. 뷰초프가 메이지를 만나러 들어가자 메이지는 일어서서 뷰초프를 맞이한다. 뷰 초프 본인은 물론 시위해 있던 일본 대신과 관료들도 모두 놀란다.[43]

이 소식을 전해들은 영국 대리공사 왓슨은 자신의 경직된 태도를 뉘 우치면서 다시 한번 천황을 만나게 해 줄 것을 소에지마에게 요청한 다. 이번에는 천황이 어떤 방식으로 자신을 맞이하든지 상관하지 않겠 다고 한다. 메이지는 일어서서 왓슨을 맞이한다. 이는 메이지 본인의 결정이었다. 그는 자신이 공인된 국제관례를 따를 의향이 얼마든지 있 음을 보여주고 싶어했다. 다만 구미열강의 외교사절이 자신들의 관례 를 따를 것을 요구하지 않는다는 것이 전제였다. 이 일이 있은 이후 왓 슨은 강력한 친일파가 된다.[44]

그러나 소에지마는 동치제에게 「삼궤구고두례」를 하는 것에는 서양 외교관들 못지 않게 강력하게 반대한다. 그에게는 국제관례를 따르는 것 보다 일-청 관계를 재설정 하는 것이 더 중요했기 때문이다. 그는 더구나 일본이 중국보다 선진국임을 확신하였고 따라서 일본인이 중국 황제를 대할 때 경외심과 공포심을 가질 필요가 없다고 생각했다. 소에지마가 「삼궤구고두례」를 극구 반대한 이유다.

소에지마는 5월 24일 총리아문 관리들을 만난다. 그의 첫 질문은 자신과 같이 바쁜 사람을 황제를 접견하기 위해서 이토록 오래 기다리도록 하는가였다. 청 관료가 총리아문의 총 책임자인 공친왕 혁흔(恭忠親王, 愛新覺羅 奕訢, 1833.1.11.~1898.5.29.)이 와병 중이어서 그렇다고 답한다. 그러면서 청 조정이 유럽과 미국의 외교사절들이 황제를 알현하는 예식에 관하여 제출한 제안서들을 검토하고 있다고 한다. 그러자 소에지마는 왜 청 조정이 중국의 예법과 관련하여 외국인들의 의견을 들을 필요가 있느냐고 반문한다.

> 외국의 외교사절을 어떤 방식으로 맞이할 것인가는 우리가 결정하고 그들이 오기를 기다린다. 따라서 빠른 경우에는 외교사절이 도착한 바로 다음날 천황을 접견할 때도 있다. 우리는 그들의 방해나 이견을 용납하지 않는다. 그렇게 함으로써 천황의 권위를 확실하게 세운다.[45]

소에지마는 부채를 꺼내 들고 청의 황제가 외교사절을 어떻게 맞이하는 것이 좋은지에 대한 자신의 견해를 붓글씨로 써온 것을 읽어 내려간다. 그는 중국 고전들을 인용하면서 외교사절을 맞이할 때는 친구를 맞이하듯이 진실하게 상호 존중의 정신에 입각해서 해야 한다고 주장한다. 그리고 예식은 외교사절단이 대표하는 나라의 것을 따라야 한다고 한다. 일본에서 자신이 외무대신으로 보인 입장과 정반

대의 입장이었다.[46]

6월 1일, 공친왕이 소에지마를 숙소로 찾아간다. 공친왕은 중국 고전에 통달한 소에지마가 오히려 중국 황제에게 「삼궤구고두례」를 하는 것에 대해서 별다른 이견이 없을 것으로 확신한다고 한다. 그러자 소에지마는 격분하면서 메이지 천황의 사신으로 청 황제 앞에 무릎을 꿇는 것은 치욕적인 일이라고 한다.

다음날 총리아문은 서구열강의 외교사절단이 제안한 대로 「삼궤구고두례」 대신 5번 허리만 숙여서 예를 갖추는 것을 허용하겠다고 발표한다. 그러자 소에지마는 총리아문에 그런 예법을 따를 의향이 전혀 없으며 만일 자신이 황제에게 허리를 숙인다면 황제 역시 똑 같이 허리를 숙여 답례를 해야 할 것이라는 편지를 쓴다. 르장드르는 그런 답변은 오히려 청 측을 자극해서 문제를 더 어렵게 할 소지가 있다며 답변을 하지 말 것을 종용하지만 소에지마는 오히려 자신의 극단적인 반응이 효력을 발휘할 것이라면서 편지를 보낸다.[47]

협상은 계속됐다. 소에지마는 동치제가 일본 천황의 칙사인 자신을 대등한 입장에서 접견해야 한다는 고집을 꺾지 않는다. 그는 또한 자신은 외무대신이기 때문에 직급상 공사인 여타 구미열강의 사절들보다 먼저 황제를 만나야 한다고 주장한다. 처음에는 청 측도, 서양 외교관들도 모두 소에지마의 의견에 반대하였지만 결국은 소에지마가 이긴다. 청은 결국 소에지마가 서양 외교관들에 앞서 동치제를 따로 접견하도록 하겠다고 통보한다. 구미 열강의 외교관들도 소에지마를 축하해준다. 7주에 걸친 논쟁은 이렇게 끝난다.[48]

6월 29일, 소에지마는 서방의 외교관들보다 먼저 단독으로 동치제를 알현하여 신임장을 제정한다. 그는 청 황제에게 3번 허리 숙여 인사한다.

러시아, 영국, 미국, 프랑스와 네덜란드의 공사들은 소에지마가 별도로 황제를 만난 후에 단체로 황제를 만날 수 있었다. 이들은 13년 전인 1860년부터 베이징에 공사관을 설치하고 상주하기 시작하였지만 청 황제에게 신임장을 제정한 것은 이번이 처음이었다. 모두 소에지마 덕분이었다.

신임장 제정 후 모든 외교사절들은 중국의 관습에 따라 공식 연회에 초청 받았지만 무더운 날씨 때문에 서방 외교관들은 모두 사양한다. 청 측이 소에지마에게도 참석을 못하냐고 묻자 중국의 예법을 잘 아는 소에지마는 「무슨 소리냐. 기꺼이 초청에 응한다」고 답한다. 중국의 관리들은 역시 소에지마가 동양의 예법을 안다며 칭송하는 한편 황제의 초청을 거절한 서양 외교사절들의 모욕적인 행동을 비난한다.[49]

서방 외교관들 역시 소에지마에게 고마움을 표한다. 영국 공사 웨이드(Thomas Francis Wade, 1818.8.25.~1895.7.31.)는 소에지마가 베이징을 떠나기 전 그를 찾아가 외교단의 골치 아픈 문제를 해결해준 것에 감사를 표한다. 청 역시 소에지마에게 고마움을 표한다.[50]

소에지마는 1873년 6월 21일, 야나기와라를 톈진으로 보내 총리아문의 고위 관리들을 만나도록 한다. 야나기와라는 조선과 대만에 대한 중국의 입장을 떠본다. 중국의 관리들은 조선이 비록 청에 조공은 바치나 대내 문제나 대외 문제에 있어서 조선은 독립적으로 결정해왔고, 중국은 전쟁과 평화에 관련한 사항에서도 결코 조선의 결정에 개입하지 않는다고 답한다. 대만에 대해서도 중국 관리들은 대만이 비록 중국의 영토이지만 일부 원주민 부족들이 사는 지역은 중국의 행정력이 미치지 못하고 있음을 시인한다. 이로써 야나기와라는 일본이 조선과 대만을 처리하는 데 청이 개입하지 않을 것이라는 확신을 얻는다.[51]

1873년 7월 8일, 소에지마 본인도 일본으로 돌아가는 길에 톈진에 들러 이홍장을 다시 만난다. 이홍장은 소에지마에게 도요토미 히데요시 같은 천재적인 전술가도 조선을 정복하는 데 실패했음을 상기시키면서 조선 사람들은 성인(聖人)들의 후손이며 동방예의지국이고 하늘이 조선을 만들었기 때문에 일본이 멸망시켜서는 안 된다고 한다. 조선 사람들은 아직도 임진왜란을 잊지 않고 있으며 만일 일본이 조선을 상대로 무력을 사용하게 된다면 청과 일본의 우호적인 관계도 끝날 것이라고 경고한다.[52] 그러면서도 소에지마가 톈진을 출발할 때 다쿠 포대는 21발의 예포를 발사한다. 중국이 외국인을 위하여 발사한 최초의 예포였다.[53]

소에지마는 태정관에 올린 보고서에서 일본이 조선에 사절단이나 군사를 보내도 청이 개입하지 않을 것이라는 것이 확실하다고 한다.[54]

제 4 장
사이고 다카모리의 「정한론」

제4장

사이고 다카모리의 「정한론」

「정한론」은 일차적으로 메이지 유신 세력들 간의 권력 투쟁의 산물이었다. 가장 큰 문제는 원래 계획보다도 1년이나 더 해외에 체류하고 있던 이와쿠라 사절단을 어떻게 국내 정치에 다시 편입 시키는가였다.[1] 2년 가까이 외국을 다니면서 서구의 선진 문물을 직접 목격한 사절단원들과 국내에서 급변하는 혁명적인 상황에 대처하면서 정치적으로 진화할 수 밖에 없었던 「루스 정부」 인물들의 상황 인식과 정치적 이해관계는 벌어질 대로 벌어져 있었다. 오쿠보 도시미치, 기도 다카요시, 이와쿠라 토모미, 이토 히로부미 등 유신 세력의 핵심들이 2년에 가까운 공백을 딛고 국내 정치에 복귀하는 과정은 순조로울 수 없었다. 누군가는 그 동안 힘들게 다져온 권력과 차지한 자리를 내놓아야만 했기 때문이다.

오쿠보의 경우가 대표적이었다. 그는 이와쿠라 사절단 중에서 가장 먼저 귀국한다. 기도보다는 2개월, 이와쿠라와 이토보다는 거의 4개월 먼저 귀국한다. 그는 귀국한 직후에는 「정한론」에 전혀 개입하지 않는다. 오쿠보는 사절단의 일원으로 떠나기에 앞서 대장성을 만들고 자신의 심복인 이노우에 가오루에게 맡겼었다. 그러나 오쿠보가 귀국했을 때는 이노우에가 예산 문제로 에토 신페이와 다투다가 대장상을 사임한 후였다. 에토는 오쿠보가 귀국하기 한 달 전인 1873년 4월 19

일, 자신을 지지하던 오키 다카토(大木 喬任, 1832.3.23.~1899. 9.26.)를 새로 참의로 앉힌 후 예산을 비롯한 국가의 모든 재정을 대장성이 아닌 태정관에서 직접 담당하도록 한다. 대장성이 모든 실권을 박탈당하자 이노우에는 즉각 사임한다. 따라서 귀국한 오쿠보는 되돌아 갈 자리도, 아무런 실권도 없었다.

「정한론」은 오쿠보가 권력을 되찾는 결정적인 계기였다. 오쿠보는 사이고 다카모리와 에토 신페이 등「루스 정부」의 핵심 세력들이 주장한「정한론」을 무산시킨 후, 내무성이란 막강한 부처를 신설하여 권력을 장악한다. 그리고 이에 반기를 든 에토가 주도한「사가의 난(佐賀の 乱, 1874)」과 사이고가 주도한「세이난 전쟁(西南戦争, 1877)」을 진압한다. 에토는 처형당하고 사이고는 자결한다.

보다 근원적으로「정한론」은 메이지 유신을 전후로 건설되는 일본 근대 국가의 정체성에 대한 논쟁이었다.「도쿠가와 바쿠후」라는 봉건 체제를 무너뜨리고 새로운 정치 체제와 국가를 건설하는 과정에서 고비마다「정한론」이 등장한다. 수백 년을 이어온「한」체제가 급격히 붕괴하고 그를 대체할 체제에 대한 이견과 혼란 속에서 나라를 하나로 묶고 골치 아픈 대내 문제로부터 대외 문제로 여론을 돌릴 수 있는 가장 효과적인 방법이「정한론」이었다.

기도 다카요시의 경우가 이를 가장 극명하게 보여준다. 기도는 이와쿠라 사절단의 일원으로 해외 순방길에 오르기 전까지 메이지 정부의 가장 집요한「정한론」자였다. 판적봉환과 폐번치현 등 급진 개혁 정책에 대한 강력한 반발과 분열상이 노정되면서 기도는 대내 정치의 돌파구로 스승이었던 요시다 쇼인의「정한론」을 붙잡는다. 그리고 이를 관철시키기 위해 조선 특사로 임명 받도록 백방으로 노력하여 성공한다. 그가「정한론」을 실천으로 옮기지 못한 것은 오쿠보의 반대와 자신의 건강 문제 때문이었다.

그러나 2년 후, 이와쿠라 사절단에서 돌아온 그의 입장은 완전히 달라져 있었다. 그는 이와쿠라, 오쿠보와 함께 사이고가 주도한 「정한론」을 강력히 반대하고 결국 무산시킨다. 그러나 그가 「정한론」을 포기한 것은 결코 아니었다. 때가 아니라고 생각했을 뿐이다. 폐번치현, 징병제, 사법 제도 개혁, 조세 개혁, 교육 개혁 등이 성공적으로 진행되고 있고 이와쿠라 사절단의 일원으로 국제 사회의 세력 균형과 국제법적 질서의 중요성을 절감한 그에게 외국과의 전쟁은 무모할 뿐 아니라 국력 낭비로 보였기 때문이다.

기도와 사이고의 「정한론」을 모두 저지시킨 오쿠보 역시 「정한론」자였다. 일본에 「무례」하게 군 조선의 죄를 물어야 한다는 「정한론」의 필요성과 명분에 대해서는 오쿠보 역시 이견이 없었다. 그러나 그는 당시의 상황에서는 조선과의 전쟁 대신 외교를 통해 오히려 더 많은 것을 얻을 수 있다고 확신했다. 오쿠보의 지극히 현실적인 세계관과 사고방식은 그가 사이고의 「정한론」을 꺾은 직후 추진한 대만 정벌과 「강화도 조약」 체결에서 확연히 드러난다.

1. 사이고 다카모리의 「정한론」

쓰시마가 중계하던 조선과의 무역 관계가 붕괴한 이후, 조선과 일본 간에는 양국 관계를 규정하는 아무런 공식적인 규범이 없었다. 그 틈을 타서 조선과 일본 사이의 불법 무역은 번창하고 있었고 동래(東萊)에는 수많은 일본 상인들이 장사를 하고 있었다. 그러자 동래부사 정현덕은 일본과의 모든 「밀무역」을 금지한다. 그는 포고문을 통해 쓰시마의 상인들만 부산에서 무역을 할 수 있었음을 상기시키고 그 이외의 무역을 불법으로 규정한다.[2]

근일 피아의 상지(相持, 서로 양보하지 않고 대치함)는 한 마디로 타파할 수 있다. 우리는 300년 약조를 따르는데 저들은 바꿀 수 없는 법을 바꾸고 있으니 이는 유독 무슨 마음인가? 일이 만약 전례에서 벗어난다면 설령 본국에서라도 억지로 시행하기 어렵거늘, 하물며 인국(隣國)에 가서 오직 이를 시행하는 데 뜻을 둘 수 있겠는가? 저들이 비록 타국인에게 제압당했다고는 하나, 그 형체를 변하고 풍속을 바꾼 것[變形易俗]을 부끄러워하지 않는다. 그렇다면 이는 일본인이라고 할 수 없으니, 우리 경내에 왕래하는 것을 허락할 수 없다. 또한 그 타고 온 선박이 만약 일본의 옛 모양이 아니라면 우리 경내에 들어오는 것을 허락할 수 없다. 대마도 인이 우리와 교역하는 것은 본래 일정해서 바꿀 수 없는 법이다. 다른 섬사람이 교역하는 것은 우리나라의 법이 결코 허락하지 않으며, 잠화(潛貨, 밀수품)를 범하는 것은 양국이 똑같이 금지하고 있다. 근래 저들의 소행을 보니 무법지국(無法之國)이라고 할 만하거늘, 또한 이를 수치스럽게 여기지 않는다. 우리나라는 법령이 따로 있어서 우리 경내에서 시행하고 있으니, 왜관에 있는 자들이 약조 내의 일을 행하고자 한다면 모두 응당 들어줄 것이나, 법외(法外)의 일을 행하고자 한다면 영원히 이뤄질 날이 없을 것이다. 비록 물건 하나라도 잠매(潛賣)하려 한다면 그 길이 끝내 열리지 않을 것이니, 우리가 경전(經典)을 지키고 법을 받드는 데 저들 또한 아마 다른 말이 없을 것이다. 반드시 이러한 뜻을 저들의 두령에게 분명히 타일러서 망발(妄發)한 행동으로 사단을 빚어 후회에 이르지 않게 하라. 그리고 너희는 기찰(譏察) 군교(軍校)와 함께 낮에는 비밀리에 염탐하고 밤에는 수륙 곳곳에서 순행하라. 수직(守直, 건물 등을 지킴)해서 다시는 전과 같은 해이한 폐단이 없게 하되, 만약 근면하게 거행하지 않아서 발각되는 날엔 당당한 삼척지법(三尺之法, 형벌)을 먼저 너희들에게 시행할 것이다. 진실로 너희 목을 보존하고 싶다면 각별히 두렵게 생각하라.[3]

1873년 6월, 정현덕의 포고문이 모리야마의 보고를 통해 일본 정부에 알려지면서 일본 내에서 「정한론」이 다시 일기 시작한다. 특히 「무법지국」이라는 표현이 일본을 자극했다.[4] 메이지는 산조 사네토미에게 이 사안을 직접 맡을 것을 명한다.[5]

6월에 열린 태정관 회의에서 산조는 일본과 조선간에 있었던 불쾌했던 사건들을 정리하여 태정관에 보고한다. 1871년 일본 정부가 부산에 사신을 보내 「폐번치현」이 일어났으며 이러한 변화가 양국간에 가져올 영향에 대해서 논하고자 하였으나 왜관훈도(안동준)는 자그마치 20번이나 몸이 아프다는 핑계로 일본 사신을 만나는 것 조차 거부했다. 결국 한양에 다녀온 후에는 정부에서 결정이 내려야만 만나줄 수 있다면서 기다릴 것을 종용했다고 한다. 일본 사신이 얼마나 기다려야 할지 묻자 왜관훈도는 6년 내지 10년이 걸릴 것이라고 답했다고 한다. 정현덕의 포고문은 바로 이와 같은 맥락에서 가장 최근에 일어난 사건이라고 한다.[6]

산조는 일본이 앞으로 또 조선으로부터 어떤 굴욕을 당할지 모르는 일이라고 한다. 일본의 유신 이후 줄곧 이웃 조선과 우호적인 관계를 맺고자 하였으나 모욕만 당했다면서 우선 소수의 육군과 해군 병사들을 보내 조선에 살고 있는 일본인들을 보호할 것을 제안한다.

그러자 사이고 다카모리가 발언한다. 그는 파병에는 반대한다. 그럴 경우 조선은 일본이 조선을 침략하려는 의도가 있는 것으로 생각하고 더 일본의 의도에 대한 의심만 깊어질 것이라고 한다. 따라서 일본은 그럴 의도가 없음을 보여주기 위해서라도 우선 특명전권대사를 보내서 일본의 진정한 의도를 전해야 한다고 한다. 만일 그들이 대사의 말을 듣기를 거부하고 모욕을 준다면 그들의 잘못이 만천하에 공개될 것이고 그런 다음에 공격을 해도 늦지 않을 것이라고 한다. 그리고 자신을 전권대사로 보낼 것을 제안한다.[7]

대부분의 회의 참석자는 사이고의 제안에 동의한다. 그러나 산조는 망설인다. 그는 해외순방중인 이와쿠라에게 전보를 쳐서 즉시 귀국하여 이 문제를 함께 논하도록 할 것을 제안한다.[8] 태정관은 임시로 사이고의 제안을 받아들이지만 「청일수호조약」 비준서 교환을 위해 청나라를 방문중인 외무경인 소에지마 타네오미가 돌아올 때까지 최종 결정을 유보한다.[9]

소에지마는 7월 말 도쿄로 돌아온다. 그는 일본이 조선 정벌에 나서도 중국이 개입하지 않을 것이며 러시아도 개입할 의사가 없음을 확인하였다고 공언한다. 그리고 외무경인 자신을 조선에 사절로 보내야 한다고 주장한다. 청과의 외교에 성공한 여세를 몰아 조선과의 외교 관계 수립도 본인이 관철시키고 싶어했다.

그러자 사이고는 7월 29일 이타가키에게 편지를 보내 자신이 조선 사절로 갈 수 있도록 밀어줄 것을 부탁하면서, 외교관으로서는 소에지마가 출중하지만 자신은 조선에 가서 목숨도 바칠 수 있다고 한다. 8월 3일에는 산조 사네토미에게도 편지를 보내 태정관의 결정을 집행하는데 망설이지 말 것을 종용하고 아무런 답이 없자 8월 16일에는 산조를 직접 찾아가 다시 한번 보다 강한 어조로 태정관의 결정을 집행할 것을 요구한다.

사이고는 만일 이와쿠라가 돌아올 때까지 기다린다면 절호의 기회를 놓칠 것이라고 한다. 그는 일본의 사신이 조선에 도착하면 조선사람들이 그를 죽일 것이 분명하고 그렇게 되면 군대를 보내 조선을 벌할 수 있는 합당한 이유가 생길 것이라고 한다. 그는 일본 내에서는 불만이 팽배하고 있고 이러한 불만이 폭발하기 전에 이를 외부로 돌리는 동시에 해외에 일본의 국위를 떨칠 수 있을 것이라고 한다.[10] 사이고는 소에지마도 개인적으로 만나 자신에게 조선 사절 자리를 양보해줄 것을 부탁한다.

사이고를 말릴 방법이 없음을 깨달은 산조는 8월 17일 태정관 회의를 열어 사이고를 조선 사절에 임명한다.[11] 쿠로다 기요타카 만이 반대하였다. 쿠로다는 러시아와 사할린 문제를 해결하는 것이 더 시급하다고 하는 동시에 조선에 사이고 대신 자신을 보내줄 것을 요청한다.[12]

산조는 8월 19일 피서차 미야노시타(宮ノ下)에 간 천황을 찾아간다. 그리고 23일까지 그곳에 머물면서 매일 천황을 알현한다. 태정관에서 사이고를 조선에 전권대사로 파견할 것을 결정하였지만 산조는 이와쿠라가 하루속히 귀국하기를 바랐다. 메이지와 산조의 대화 내용은 구체적으로 전하지 않지만 메이지는 이와쿠라가 귀국할 때까지 모든 결정을 유보하라는 명령을 내린다. 모든 결정은 숙의 끝에 내려야 할 것이며 자신에게 보고할 것을 명한다. 산조는 곧바로 도쿄로 되돌아가 사이고에게 천황의 뜻을 전한다.[13]

사이고가 왜 갑자기 조선 사절로 파견되는 것을 그토록 원했는지에 대해서는 역사가들의 해석이 분분하다. 산조에게 보낸 8월 3일자 편지에서 사이고는 자신이 조선에 가고자 하는 이유가 「우호 관계를 위해서가 아니라 다른 목적을 달성하기 위해서」라고 하였고, 이타가키에게 보낸 8월 14일자 편지에서는 「만일 우리가 전쟁을 일으킬 수 있는 이 기회를 잃는다면 다시는 이런 기회가 오지 않을 수도 있다」고 하였다. 8월 17일 다시 이타가키에게 보낸 편지에는 조선이 일본의 사절을 분명히 죽일 것이고 그렇게 된다면 「나라 전체가 조선을 정벌해야 할 필요가 있음을 절감할 것이며 우리의 계획이 성공하려면 이러한 사태는 반드시 일어나야 한다」고 하였다. 사이고의 목표는 자신이 조선에서 죽음으로써 일본이 조선을 상대로 전쟁을 일으킬 수 있는 명분을 제공하는 것이었다.[14]

사이고는 기도 다카요시를 비롯한 대부분의 「정한론」자들과 마찬가지로 조선과의 전쟁이야말로 메이지 유신 이후 기득권을 상실하면서 분노하기 시작한 사무라이들을 달래고 분열하기 시작한 일본을 다시 하나로 뭉칠 수 있게 하는 가장 효과적인 방법이라고 생각하였다. 그러나 사이고가 추구하는 궁극적인 목표는 기도와는 달랐다. 기도는 메이지 유신이 만들어 내고 있는 근대 국가로의 진화 과정을 촉진하는 촉매로서 「정한론」을 주장하였다. 그러나 사이고는 메이지 유신이 진행될수록 개혁의 방향과 목표에 대해 회의를 갖기 시작했다. 특히 신분제 폐지를 통한 사무라이 계층의 해체를 두고 사이고는 번민하였다.

사이고는 일본에서 가장 존경받는 사무라이였다. 그는 사쓰마의 사무라이들을 이끌고 바쿠후를 타도하고 메이지 유신을 성공시켰다. 하지만 이제 자신의 손으로 사무라이를 없애는 일에 앞장서고 있었다. 1871년의 「폐번치현」과 1873년 선포된 징병제를 통한 근대군 창설은 사무라이의 존재의 이유를 무너뜨렸다. 사무라이들은 특히 징병제에 강하게 반발하였다. 그 중에서도 사이고의 고향인 사쓰마 사무라이들의 반발이 가장 심했다. 도쿠가와 바쿠후군에 맞서서 메이지 유신을 성공시킨 천황 군대의 주축을 맡았던 사쓰마의 사무라이들이었다. 전쟁에서 패한 사무라이들이 목숨을 잃거나 재산을 몰수당하고 신분을 상실하는 것은 당연한 일이었다. 그러나 사쓰마의 사무라이들은 사이고의 진두지휘하에 눈부신 승리를 거둔 정예군이었다. 그랬던 그들이 목숨을 바쳐 세운 정부에 의해 「토사구팽(兎死狗烹)」 당하고 있었다. 분명한 것은 사이고 자신도 이 모든 과정에서 결정적인 역할을 했다는 사실이다.

더구나 사이고의 주군이었던 사쓰마의 마지막 다이묘 시마즈 히사미쓰는 「폐번치현」을 끝까지 반대하고 있었고, 이를 주도한 사이고를 끝없이 괴롭혔다. 이러한 상황에서 사이고는 자신이 정예 사무라이군을 이끌고 조선 정벌에 성공할 수 있다면 다시 한번 사무라이의 수월성과 필요성을 증명할 수 있는 기회가 될 수 있다고 생각하였다. 그가 꿈꾼 일본은 메이지 천황에 충성하는 사무라이들이 이끄는 강력한 통일국가였다.[15] 그는 사무라이였다. 다만 도쿠가와 바쿠후라는 이상한 체제를 따르는 사무라이가 아닌 천황 친정 국가의 사무라이가 되기를 바랐을 뿐이다.

2. 오쿠보 대 사이고

이때 이와쿠라 사절단이 귀국한다. 산조 사네토미는 1873년 1월 6일 오쿠보 도시미치에게 보낸 편지에서 사절단이 하루속히 귀국해 줄 것을 요청한 바 있다. 산조는 대장상 이노우에 가오루와 교육상 에토 신페이 간의 알력, 야마가타 아리토모가 이끄는 군부의 부패 스캔들, 대만 사태와 조선 사태, 중국과의 수교 등 수많은 사건과 사고를 혼자 힘으로는 도저히 감당할 수 없다고 호소한다. 이어서 일본 정부는 1월 19일 사절단의 귀국을 명하는 공문을 보낸다.

산조의 편지와 정부의 귀국 명령이 도착했을 때는 이와쿠라 사절단도 심각한 내홍을 겪고 있을 때였다. 오쿠보가 미국 순방 기간 동안 갑자기 미국과의 조약을 재협상하겠다며 재협상 자격을 받으러 일본에 돌아갔다가 빈손으로 돌아온 사건 이후로 오쿠보와 기도의 관계에는 금이 가고 있었다.[16] 며칠간 이어진 격론 끝에 사절단은 각자 따로 귀국하기로 한다. 오쿠보는 곧바로 귀국길에 올라 5월 26일 일본에 도착한다. 기도는 러시아, 이탈리아, 오스트리아, 스위스를 거쳐 7월 23일 귀국한다. 이와쿠라는 이토 히로부미를 비롯한 사절단의 나머지 수행원들과 함께 스리랑카, 사이공, 홍콩과 상하이까지 거쳐 9월 13일에야 귀국한다.[17] 21개월 만의 귀국이었다.[18]

먼저 귀국한 기도와 오쿠보는 「정한론」 논쟁에 개입하지 않는다. 참의였던 기도는 8월 17일의 태정관 회의에 당연히 참석했어야 하나 일부러 불참한다. 오쿠보는 표면적으로는 참의가 아니라는 이유로 태정관 회의에 참석하지 않았을 뿐만 아니라 「정한론」에 전혀 개입하지 않았다.

그러나 이와쿠라는 도착하자마자 곧바로 「정한론」 논쟁에 뛰어든다. 그는 우선 오쿠보를 참의에 임명한다. 사이고와 사쓰마의 동향이자 친한 친구로서 태정관에서 사이고에 맞설 수 있는 정치력과 권력 기반을 가진 것은 오쿠보 뿐이었다. 그러나 오쿠보는 처음에는 참의 자리를 고사한다. 자신이 참의가 되는 순간 사이고의 적이 된다는 것을 잘 알고 있었기 때문이다. 그러나 이와쿠라는 이토 히로부미와 함께 그를 적극 설득한다.

10월 10일, 오쿠보는 마침내 참의직을 수락한다. 오쿠보는 이와쿠라와 산조에게 보낸 편지에 「목숨을 걸고 자리를 수락한다」고 하였다. 아들에게 보낸 편지에는 「나 말고는 이 책임을 질 사람이 없기 때문에 목숨이 걸린 일이지만 받아들인다. 내가 죽더라도 나에게는 영예로운 죽음이 될 것이다. 내가 죽은 후 아버지의 애국심을 이어받고 나라에 유용한 사람이 되고 열심히 노력하는 사람이 되거라」라고 썼다.[19]

이와쿠라는 소에지마도 참의에 임명한다. 「정한론」을 지지하는 소에지마를 임명함으로써 오쿠보와 균형을 맞추는 모습을 보이기 위해서였다. 그러나 이 역시 오쿠보를 태정관에 참여시키기 위한 방편이었을 뿐이다.

이로써 「정한론」을 둘러싼 전선이 형성된다. 태정관의 참의 중 도사(土佐) 출신의 이타가키 다이스케와 고토 쇼지로, 히젠(肥前) 출신의 소에지마 타네오미와 에토 신페이는 「정한론」을 적극 지지한 반면, 우대신 이와쿠라 토모미와 참의였던 조슈의 기도 다카요시, 사쓰마의 오쿠보 도시미치, 히젠의 오쿠마 시게노부와 오키 다카토는 반대하였다.

고토 쇼지로

산조는 오쿠보에게 자신은 「정한론」을 반대한다고 하였지만 이미 사이고와 약속한 바가 있기에 어떻게든 타협안을 찾고자 한다.[20] 10월 12일, 산조는 이와쿠라에게 사이고를 조선 사절로 보내는 것은 이미 결정되었으니 번복할 수는 없고, 그 대신 시기만 지연해볼 것을 권한다. 10월 13일, 산조와 이와쿠라는 함께 오쿠보를 만난다. 그러나 오쿠보는 산조의 이러한 입장을 듣고 벌컥 화를 낸다. 그는 더 강하고 직접적으로 전쟁을 반대해야 한다며 산조와 이와쿠라의 방법이 유약하다고 비판한다.[21]

10월 14일, 태정관에서 「정한론」을 둘러싼 본격적인 논쟁이 시작된다. 양측은 한 치의 양보도 없었다. 구체적인 안건은 「정한론」이었지만 논쟁의 핵심은 메이지 유신의 성격과 새로운 국가의 미래였다. 참석자들은 모두 함께 목숨을 걸고 바쿠후를 타도하고 새로운 정치 체제를 탄생시킨 혁명 동지들이었다. 혁명과 나라의 미래에 대한 이견에 개인적인 배신감과 권력 투쟁이 얽히면서 격론이 벌어진다.

사이고는 8월 회의의 결정대로 자신을 조선 사절로 임명할 것을 요구한다. 오쿠보는 국내 문제를 우선 해결해야 한다며 반대한다. 오키와 오쿠마도 오쿠보의 의견을 지지한다. 산조는 사이고의 임명이 이미 결정되었던 것이 사실이며, 따라서 이를 번복할 수는 없다고 한다. 그러자 오쿠보는 참의직을 사임하겠다고 한다.

격론이 이어지자 오쿠마는 다른 약속이 있다며 자리를 뜨려고 한다. 사이고가 어디 가느냐고 묻자 오쿠마는 요코하마에 외국인들과 만찬 약속이 있다고 한다. 사이고는 이처럼 중요한 회의를 외국인과의 만찬 때문에 일찍 일어난다는 것은 창피한 일이며 오쿠마에게 과연 참의 자격이 있느냐고 힐문한다. 이에 오쿠마는 다시 자리에 앉는다.[22] 이날 회의는 결론 없이 끝난다.

그날 밤 산조는 이와쿠라에게 편지를 보내 자신의 난처한 입장을 설명하면서, 사이고의 조선 사절 임명을 번복할 수는 없지만 자신이 육군과 해군의 사령관으로 임명되면 군사 작전을 막을 수는 있을 것이라고 한다. 10월 15일, 다시 회의가 열렸지만 사이고가 불참하면서 산조에게 편지를 보내는 것으로 대신한다. 이 회의에서도 산조는 또다시 사이고를 조선 사절로 보내는 결정을 번복할 수는 없다고 한다. 10월 17일, 이와쿠라, 오쿠보, 기도 등은 산조에게 자신들의 사직서를 보낸 후 회의에 불참한다.[23]

이때 오쿠보는 「정한론에 관한 의견서」를 제출한다.

무릇 국가를 다스리고 강토와 인민을 보호하기 위해서는 깊이 숙려하고 널리 살피지 않으면 안 된다. 따라서 나아감과 물러남, 취함과 지킴은 반드시 그 기세를 보아 움직이며 불가함을 보면 멈춘다. 치욕을 느껴도 참으며 의리가 있어도 취하지 않는다. 이것이 그 경중을 따지고 시세에 비추어 후일에 크게 기대하는 이유이다. 금한에 조선 사절에 대한 논의가 있다. 아직 급히 서둘러서 안 된다고 보는 것은 돌아보고 두텁게 살펴야 할 점이 있기 때문이다. 따라서 그 취지를 아래에 들었다.

제1조
황상의 지극한 덕에 의해 천운을 만회하여 비상한 공과 업적을 세워 오늘날의 성대함을 이루었다고 할지라도 천황의 친정이 아직 오래되지 않았다. 정부의 기초가 아직 확립되지 않았다. 또한 일단 번을 폐지하고 현을 설치하는 등 실로 고금에 드문 대변혁이며, 지금 수도의 상황을 가지고 말하자면 이미 그 일이 마무리 지어진 것처럼 보여도 사방 구석구석에 이르러서는, 이 때문에 땅을 잃고 생업을 빼앗겨 크게 불만을 품은 도당들이 실로 적지 않을 것이다. 허나 정부의 기초에 있어서는 극심한 변동이 아직 없으며 또한 진대(상비육군)가 설립되어 그 대비가 엄격하기 때문에 기세를 누그러트려 틈을 살피고 있어 중대한 환난이 아직 발생하지 않았다고 하여도, 만일 그 사이에 편승할 만한 기세가 있다면 일단 뜻하지 않는 변을 형성한다고 해도 전혀 헤아리지 못할 것이다. 그런데도 단지 눈앞에 그러한 조짐이 없다고 보아 걱정할 필요가 이제는 없다고 한다. 후환을 염려하는 것은 잊어서는 안 되는 일이다. 또한 유신 이래로 새로운 법령이 다수 반포되어 구 법령과 완전히 달라진 것이 적지 않기 때문에, 전국의 인심이 아직 안도에 이르지 못하고 있다. 항시 의구심을 품고 있어 한 법령이 반포되어도 바로 그 취지를 제대로 이해하지 못한다. 길가에서 방향을 잃고 있는 상황이다. 즉, 재작년부터 금년에 이르기까지, 혹은 반포된 법령의 의미를 오해하고, 혹은 조세 증가하려는 것을 의심하여 변방의 어리석은 인민이 쉽게 고무되고 선동되어 소란을 일으킨 이래, 이를 막지 못하고 선혈을 땅에 흘린 일이 이미 몇 차례나 되었다. 이는 실로 잘 고려해야 할 점이며 조선과의 전쟁을 아직 서둘러서는 안 된다는 첫 번째 이유이다.

제2조
오늘날 정부의 비용이 이미 막대하여 세입이 항시 세출을 감당하지 못하는 우환이 있다. 하물며 지금 재난의 시초를 열어 수만 병사를 외국에 보내게 되면 하루에 거만의 재를 소비하고 전쟁이 오래될 때에는 그 비용 또한 막대해질 것이다. 혹은 중세를 거두거나, 혹은 변제의 보장이 없는 외채를 빌리거나, 혹은 감당할 수 없는 지폐를 대량으로 발행할 수밖에 없다. 그렇게 된다면 그 수가 증가함에 따라 그 가치가 점차 하락되면 일용에 필요한 물품 교환에 있어서 자연히 분란과 착란이 발생되어 인민이 심히 불만을 품게 되어 결국에는 요란을 빚어 말로 할 수 없는 국해를 끼칠 것이다. 실로 고려하지 않을 수 없다. 또한 현재 우리나라의 외채가 이미 500만 이상으로 상환의 방법에 있어서도 아직 확연한 예산이 없으며, 또 예산이 있다고 하더라도 조선 출병의 일거로 인해 심히 목적의 차질을 빚어 구제 불가능한 재난을 초래하게 될 것이다. 이는 심히 우려할 점으로 조선과의 전쟁을 아직 서둘러서는 안 된다는 두 번째 이유이다.

제3조

지금 정부가 여러 사업을 일으켜 부강의 길을 꾀하고 있는 대다수의 사업은 수년 후를 기다려 성공을 기대하는 것으로 즉, 해륙, 문부, 사법, 공부, 개척 등과 같은 여러 사업은 모두 일조일석에 효과를 나타나는 것이 아니다. 반드시 약간의 세월을 두고 순서를 밟아 그 성공을 거두는 것에 전력을 다하지 않으면 안 된다. 그러나 지금 불필요한 전쟁을 일으켜 헛되이 정부의 심력을 허비하여 거만의 세비를 증대하고, 수많은 생명을 다치게 하여 서민의 고통을 더하고 종국에는 다른 일을 돌보지 못하게 될 때에는, 정부 창조의 사업이 전부 중도에 폐기되고 재차 착수할 때에는 다시 새로이 사업을 일으키지 않으면 안 된다. 그렇다면 지금 창조의 사업이 전쟁으로 인해 물거품이 되는 것이며, 그 성공의 늦고 빠름을 논하자면 수십 년의 차이를 낳을 것이며, 후일에 이르러 크나큰 후회를 하게 될 것이다. 이 또한 잘 고려해야 할 점으로 조선과의 전쟁을 아직 서둘러서는 안 된다는 세 번째 이유이다.

제4조

우리나라의 수출입의 총계를 살펴보면 수출액에 매년 대략 백만 량의 결핍이 있다. 그 결핍은 즉 금화로써 이를 상환하는 것이다. 만일 이렇게 금화가 해외에 유출될 때에는 국내의 금화도 이에 따라 감소할 것이다. 그리고 현재 국내에서 유통되는 것은 금화와 지폐이다. 지금 그 근본이 빈곤해지고 그 실질을 결여할 때에는, 자연히 정부의 신용이 떨어지며 지폐는 점차 그 가치를 잃어 민간의 불만을 크게 일으켜 후일 도저히 회복할 수 없는 지경에 이를 것이다. 또한 제조 산물은 많은 이들의 손을 거쳐서 수출로 이어지기 때문에 혹은 이것을 제조하고, 혹은 이것을 타인에게 운송함으로써 나라 사람이 그 덕분에 금전을 얻어 의식주를 구입할 수 있다. 그뿐만 아니라 이로 인해 대단한 부를 이루는 자도 다수 존재한다. 따라서 수입품을 금화로 교환할 것이 아니라 이미 제조된 산물로 교환한다면 비로소 무역이 한 나라의 부강의 기초가 됨을 알 수 있다. 따라서 지금 국내의 빈부 격차를 무시하고 또한 병력의 강하고 약함을 구체적으로 고려하지 않고 홀연히 전쟁을 개시한다면, 국내의 장정들은 밖으로는 고통받고 안으로는 징집되어서 이들 부모 된 자들은 걱정으로 혼란스러워져 근면하게 일에 종사할 뜻이 없어지고, 따라서 국내의 산물이 감소되며 또한 선함, 탄약, 총기, 군복 등의 대부분을 외국에 의지하지 않을 수 없다. 그렇게 된다면 전년의 내란 기간과 같이 더욱 수출입의 비례에 큰 차이가 생겨서 국내의 피폐를 심히 조장하게 될 것이 분명하다. 이 또한 우려할 점으로 조선과의 전쟁을 아직 서둘러서는 안 된다는 네 번째 이유이다.

제5조

외국의 관계를 논할 때, 우리나라에 있어서 제일 중요한 상대는 러시아와 영국이다. 러시아는 북방에 위치하며 군대를 보내 사할린을 점령하고 있으면서 일거에 남정하려는 조짐이 있다. 그 뿐만 아니라 현재 불쾌한 사변이 발생하여 러시아와 우리나라의 관계가 양호하지 않다. 무역의 논의가 절반 정도이고 결국 어떻게 결정될지는 알 수 없다. 가령 당장에 그 결국에 이르러서 홀연히 국가의 큰 우환을 일으키지는 않더라도, 원래 우리나라에는 독립불패의 확연한 불가침의 기초가 있기 때문에 후일에 그 재난을 피할 수 없음은 세상 사람들이 잘 알고 있는 바이다. 따라서 지금 군대를 일으켜 조선과 전쟁을 한다면 바로 휼방지쟁(鷸蚌之爭)과 같은 상태로 러시아는 어부지리를 얻으려고 할 것이다. 이는 깊이 주의할 점으로 조선과의 전쟁을 아직 서둘러서는 안 된다는 다섯 번째 이유이다.

제6조

아시아 대륙 중에서 영국은 특히 강성하며 여러 대륙에 식민지를 점유하고 국민을 이주시키고 군대를 주둔하고 함대를 띄워 돌연히 뜻하지 않은 변에 대비하여, 호시탐탐 아침에 고하면 저녁에 나타나는 기세가 있다. 게다가 지금 우리나라의 외채의 대부분은 영국에 의존하고 있다. 만일 지금 우리나라에 뜻하지 않은 재난이 발생하여 창고가 비어버리고 인민이 빈약에 빠져 그 부채를 감당하지 못하게 된다면 영국은 반드시 이를 구실로 삼아 결국에는 우리의 내정에 간섭하는 재난을 초래할 것이며 그 폐해는 말로 다할 수 없을 것이다. 이 점에 대해서는 깊이 심사숙고 하지 않으면 안 된다. 인도가 영국의 식민지가 되었을 때 처음에는 영국 국민의 무역 회사를 다수 설립하여 오로지 인도 지방과 무역을 하여, 점차로 그 이익을 얻음에 따라 무역회사의 세력이 강성해져서 육상에 군대를 주둔시키고 해상에 함대를 띄움으로써 한 나라의 군주와 같은 모습을 하고 있다. 그 당시 인도의 제후는 서로 간에 적대시하며 서로 이빨을 드러내고 있는 상태로 혹은 도움을 그 무역회사에 요청하고, 무역회사는 그 사이에 편승하여 상대를 꺾고 이쪽을 도와 점차 강대한 세력을 얻게 되어 결국에는 인도 전국이 그 술수에 빠져 불패독립을 잃고 가련한 영국의 식민지가 되었다. 우리나라에 있어서는 이 점에 주의하여 속히 국내의 산업을 일으켜 수출을 증가하여 부강의 길에 전념하여 부채를 상환할 것을 계획해야 할 것이다. 이는 실로 현재의 급선무이며 조선과의 전쟁을 아직 서둘러서는 안 된다는 여섯 번째 이유이다.

제7조

우리나라가 구미 각국과 이미 체결한 조약은 본래 평균을 얻지 못한 것으로 조약 대부분이 독립국의 체재를 잃은 것이 적지 않다. 그 때문에 속박을 받고 있으며 이익이 되는 부분에서도 오히려 손해를 입는 경우가 있다. 그뿐만 아니라 영국과 프랑스의 경우에는 우리나라의 내정이 아직 마련되지 않아 그들의 국민을 보호하는 데 부족하다는 구실로 현재 육지에 병영을 설치하여 군대를 주둔시키는 등, 우리나라를 보는 눈이 자신의 식민지를 보는 듯하다. 아아, 밖으로는 외국에 대해 안으로는 우리나라에 대해 심히 부끄럽지 않은가. 또한 그 조약 개정의 시일이 이미 가까워져 있다. 나라의 대신은 심사숙고하여 그 속박을 풀고 독립국의 체재를 다하기 위한 방책을 세우지 않으면 안 된다. 이 또한 현재의 급선무이며 조선과의 전쟁을 아직 서둘러서는 안 된다는 일곱 번째 이유이다.

앞의 글에서 이미 조선과의 전쟁을 서둘러서는 안 될 것을 논하였다. 여기에서는 바로 조선을 정벌하는 것에 대한 논의에 대해 논하겠다. 조선이 우리의 국령에 개의치 않으며 방만하고 무례하게 구는 것은 절대 묵과할 수 없는 사태이다. 그러나 지금 군대를 보내 이를 정벌하는 데 분명한 명분이 없기 때문에, 현재 특히 특명 사절을 파견하여 그 접대의 태도에 따라서 전쟁을 일으키려는 논의가 있다. 지금 조선이 우리나라에 대하는 것과 미국의 사절에 대한 행동을 보면 그 접대가 좋지 않을 것은 당연하다. 따라서 사절을 보낸다고 한다면 먼저 개전 준비를 결정하지 않으면 안 된다. 그러한 때는 밖을 정벌하고 안을 지키는 군대를 적어도 십만 이상 모집해야 한다. 또한 그 사역에 수반되는 수만 명의 정민을 소집하여 탄약, 총기, 선함, 운송 그 외 각종 막대한 비용에 대해 미리 예산을 세우기 어렵다고 하더라도 지금 이를 대략 계산해보면 하루에 약 일만 량으로 계산해야 할 것이다. 만일 전쟁으로 인해 즉시 이익을 얻는다고 하더라도 얻을 수 있는 액수는 잃는 액수를 아마도 감당하지 못할 것이다. 하물며 전쟁 기간이 길어짐에 있어서는 비록 결과적으로 승리를 얻어 혹은 전국을 점령하거나 혹은 화의를 맺어 배상을 요구한다고 하더라도 수 년간 항시 군대를 주둔시키면서 요소를 지키면서 그들의 위약을 예방하지 않으면 안된다. 더욱이 전국을 점령하게 될 때에는 반드시 나라에 불평 분자들이 많이 생겨 사방에서 늘 소란을 일으켜 국토를 보유하는 남은 날이 얼마 없는 지경에 이를 것이다. 그렇다면 지금 정벌과 보위에 드는 비용을 계산해보면 아마도 조선 전국의 물품으로도 이를 감당하기에 부족하다. 또한 러시아나 중국의 한 두 사람 관료의 약속이나 혹은 묵과에 의해서 조선 사건에 간섭하지 않음을 논하고 있지만 이를 확정하는 실증이 있는 것이 아니다. 비록 실증이 있다고 해도 양국 정부는 모략을 꾀해 틈을 타서 그 기세에 편승하여 돌연히 뜻하지 않은 재난을 초래하는 일이 있을 가능성을 검토하지 않으면 안된다. 그리고 앞서 약속을 맺을 때 성명을 요구하는 것은 실로 어려운 일이 아니다. 그러한 것을 막연히 생각하면서 이에 대하고 있다. 졸지에 큰일을 행하는 것은 장래에 커다란 후회를 낳을 것이다. 무엇보다 러시아는 북방에서 우리나라와 인접하고 있으면서 이미 종종 분쟁이 발생되고 있으며 우리나라에 재난을 일으키는 일이 실로 적지 않다. 따라서 지금 조선의 땅을 침략하여 더욱 러시아와 인접해진다면 현재의 국내의 형세로 보아 논한다면 실로 득책이 아니다.

조선이 우리나라를 모욕하는 분개를 참아서는 안 된다는 논의가 있으나 현재 논의되고 있는 사절에 의해 일어날 바를 살펴보면, 지금 특명 사절을 보내서 그 접대가 만일 방만하고 무례하다면 이를 이유로 군사를 일으키는 것은 확연한 명분을 부여하는 것이므로 정벌을 하여 그 죄를 묻는다라는 의미일 것이다. 만일 과연 그렇다면 우리나라의 명예를 더럽히고 국체에 관련되는 부득이한 사정 때문에 다른 일을 돌아볼 여유도 없이 전쟁을 일으키려는 것이 명백하다. 그러나 현재 국가의 안위를 돌아보지 않고 인민의 이해를 고려하지 않으며 기꺼이 사변을 일으켜 굳이 물러감과 나아감의 기세를 상세히 살피지 않는 것은 실로 양해할 수 없는 점이며, 따라서 이 전쟁을 일으키려는 논의에 수긍할 수 없는 이유이다.[24]

10월 18일 오전, 반전파와 호전파 사이에서 갈팡질팡하던 산조가 신경쇠약으로 쓰러진다. 메이지는 곧 바로 두 명의 독일 의사들을 포함한 어의들을 보낸다. 그리고 산조를 집으로 찾아가 문병한다. 산조를 문병한 메이지는 이와쿠라의 사저로 가서 이와쿠라에게 산조 대신 태정대신을 맡으라는 명령을 내린다.[25]

우대신 이와쿠라는 태정대신 대행을 맡고 자신과 오쿠보, 기도의 사표를 수리하지 않는다. 10월 22일, 사이고, 이타가키, 에토와 고토는 이와쿠라를 찾아가 태정관 회의의 결정을 이행할 것을 요구한다. 그러나 이와쿠라는 일언지하에 거절한다.

10월 23일 「정한론」에 관한 태정관의 마지막 회의가 열린다. 이와쿠라는 다음날 천황을 알현하고 사이고를 조선 사절로 파견하는 8월의 결정을 번복할 것을 건의하겠다고 선언한다. 에토는 이와쿠라가 쓰러진 산조의 대행이기 때문에 산조의 결정을 따라야 한다고 항변하며 「천황께 두 가지 상반된 의견을 올리는 것은 불충」이라고 한다. 이에 이와쿠라는 「나는 내 의견을 전임 태정대신의 의견과 함께 올릴 것이다. 나는 내 견해가 최선의 정책이라고 확신한다」라고 한다. 이에 사쓰마 사무라이로 당대 최고의 검객이었으며 보신전쟁의 영웅이었던 기리노 도시아키(桐野利秋, 1838.12.11.~1877.9.24.) 제국 군 장군이 칼을 뽑아 이와쿠라를 겁박하지만 이와쿠라는 꼼짝도 않고 「내 눈에 흙이 들어가도」 안 된다고 거절한다.[26] 그러자 이번에는 사이고와 「정한론」을 지지한 참의들이 사표를 제출한다.

기리노 도시아키. 정한론을 끝까지 지지하다 사이고와 함께 서남전쟁을 일으키고 함께 전사하고 함께 묻힌다.

이와쿠라는 곧바로 천황에게 가서 회의록을 보이고 정부가 우선적으로 할 일은 내정을 튼튼히 하는 것이라고 한다. 일본은 우선 국력을 키워야 열강들로부터 평등한 대우를 받을 수 있으며 왕정복고를 이룬 지 4, 5년 밖에 안된 시점에서 외국과 전쟁을 한다는 것은 있을 수 없는 일이라고 한다. 그는 조선에 사신을 보내기 전 우선 일본이 강해져야 한다고 한다. 그렇지 않으면 참사가 일어날 것이라고 한다.[27]

10월 24일 메이지 천황의 결정이 태정관에 도착한다. 「정한」은 무기한 연기되고 사이고, 이타가키, 에토, 고토, 소에지마의 사표는 수리된다. 사이고는 천황의 결정이 내려지기도 전에 사쓰마로 낙향한다. 10월 24일 반전파 인사들은 오쿠마 집에 모여 앞으로의 정책 방향을 논의한다. 데라지마 무네노리가 소에지마의 후임으로 외무경에 임명되고 이토 히로부미가 산업경에, 오쿠마는 대장경에, 가쓰 가이슈는 해군경에 임명된다. 이로써 사이고 다카모리가 주도한 「정한론」 논쟁은 막을 내린다.[28]

「정한론」논쟁

3. 「사가의 난」

「정한론」의 여파는 오래간다. 1874년 1월 14일, 퇴청 후 황궁을 나서던 이와쿠라가 자객들의 공격을 당해 부상을 입는다. 이타가키의 추종자들이었던 자객들은 구속된 후 처형된다. 같은 시기에 사가(히젠), 후쿠오카, 나가사키 지역의 사무라이들이 「정한론」이 무산된 것에 대한 불만을 품고 「정한당(征韓黨)」을 결성하여 정부 허락이 없더라도 조선을 정벌할 것을 천명한다.[29]

사가 출신인 에토 신페이는 참의직을 사임한 후 도쿄에 머문다. 정부에 계속 남아 있으라는 명령이 있었기 때문이다. 에토는 법무상 재임 시 시작한 개혁들을 챙긴다. 비록 「정한론」 논쟁에서는 패했지만 「유신」을 통하여 근대국가를 건설하려는 그의 열정은 조금도 식지 않은 듯 했다. 1월 17일에는 이타가키 다이스케, 고토 소지로, 소에지마 다네오미 등과 함께 「민선의원설립건백서」를 제출함으로써 자유민권운동의 시작에도 일조한다.[30] [자유민권운동에 대해서는 제 III권, 제 7장, 3.자유민권운동 참고].

그러나 「건백서」가 제출되기 나흘 전인 1월 13일, 에토는 갑자기 정부의 명을 어기고 도쿄를 떠나 사가로 낙향한다. 「정한당」을 결성한 사가의 사무라이들이 에토에게 자신들의 지도자가 되어줄 것을 요청하였기 때문이다. 당시 그의 동지들, 특히 이타가키 다이스케는 그가 「정한당」에 합류하는 것을 극구 말렸다. 「정한당」은 소에지마 타네오미에게도 자신들과 합류해줄 것을 요청하였지만 소에지마는 이타가키가 말리자 낙향하지 않는다. 그러나 에토는 이타가키의 만류에도 불구하고 사가로 낙향하여 「정한당」에 합류한다. 에토처럼 지적이고 진보적인 세계관을 갖고 있던 사람이 왜 그토록 시대착오적인 운동에 합류하였을지는 아직까지도 설명이 잘 되지 않고 있다.[31]

에토는 이타가키와 고토에게 사가로 낙향하는 이유가 「정한당」의 열혈분자들을 진정시키기 위한 것이라고 하였다고 한다. 어떤 사람들은 그가 「두 번째 유신」의 때가 왔다고 말했다고도 한다. 어찌 되었건 에토는 처음부터 정부에 대한 무장봉기를 기획한 것은 아니었지만 그가 사가에 도착했을 때 절정에 달하고 있던 「정한론」 분위기에 휩쓸렸을 가능성도 있다.[32]

오쿠보는 사가의 사태가 점점 심각해지고 있다는 보고를 속속 접한다. 그는 직접 규슈로 내려가서 상황을 장악하기로 한다. 2월 10일 천황은 오쿠보를 불러 만찬을 함께 한다. 그리고 13일 다시 한번 오쿠보를 불러 사가의 상황에 대해 논의한다. 같은 날 에토는 성명을 발표하고 만일 일본을 모욕한 조선을 정벌할지 않으면 다른 나라들도 일본을 얕잡아 볼 것이며 그는 천황과 수천만 일본인들을 대표하여 목숨을 바쳐서라도 이 모욕을 씻을 것이라고 한다. 그리고 정부가 진압군을 보내고 있다는 소식을 들었기에 자신들은 개전을 할 수 밖에 없으며 과거에 조슈가 바쿠후를 상대로 전쟁을 일으켰듯이 자신들도 정부를 상대로 전쟁을 할 수 밖에 없다고 한다.[33]

2월 14일 에토는 사가성(佐賀城)의 정부군을 공격하는 동시에 새 정부를 출범시킬 것을 결정한다. 그는 사쓰마와 도사의 사무라이들도 합류할 것으로 생각했던 것 같다. 2월 16일, 에토와 「정한당」의 반란군들은 사가성의 현 사무소를 공격한다. 수적으로 열세였을 뿐만 아니라 무기도 제대로 갖추지 못하고 있던 정부군은 2월 18일까지 버티다가 일부는 포위망을 뚫고 탈출에 성공한다. 이것은 「사가의 난」 중 반란군의 유일한 승리였다.

에토는 사쓰마와 도사의 사무라이들이 일단 반란이 시작되면 자신을 도울 것이라고 생각했던 것이 오판이었음을 깨닫는다. 2월 17일 산

사가성의 샤치 문과 쓰즈키 망루

조 사네토미는 정부군 장교들에게 사가의 반군이 인근 현의 사무라이들의 도움을 받을 것을 기대했지만 완전히 실패했다는 훈령을 내려 보낸다. 가고시마도 조용했고 소문에도 불구하고 도사가 반군에 가담한다는 것은 아무런 근거가 없는 헛소문이라고 한다.[34]

1873년 정부 조직 개편을 통하여 내무성을 신설하고 초대 내무경이 된 오쿠보는 반란 진압에 나선다. 오쿠보는 1874년 2월 14일, 군함 두 척과 정부군 2개 연대를 직접 인솔하여 요코하마항을 떠나 사가로 향한다.[35] 2월 19일, 오쿠보는 하카타에 도착하여 진압군 본부를 차린다. 20일, 정부군은 사가현으로 진주한다. 오쿠보는 2월 22일부터 시작된 전투를 진두 지휘한다.

22일 후쿠오카와 사가의 접경지대에서 벌어진 전투에서 정부군은 반군의 방어선을 돌파한다. 23일, 저항을 계속하는 것은 사상자의 숫자만 늘릴 것으로 판단한 에토는 「정한당」의 군대를 해산한다고 발표한다. 그리고 자신은 가고시마로 가서 원군을 요청할 것이라고 한다. 만일 가고시마에서 원군을 얻는데 실패한다면 도사로 갈 것이고 거기에서도 실패한다면 또 다른 계책이 있다고 한다. 그날 밤 에토는 7명의 부하들과 함께 작은 고기잡이 배를 타고 가고시마로 향한다. 사이고 다카모리를 만나 함께 반란을 도모하기 위해서였다.[36]

에토가 떠나자 반군의 사기는 급격히 떨어진다. 그러나 반군은 저항을 계속한다. 2월 27일, 사가 반란의 가장 큰 전투가 벌어진다. 역시 정부군의 승리였다. 정부군은 3월 1일 사가성에 무혈 입성한다. 3월 3일, 오쿠보는 다이조칸(태정관)의 세이인(正院, 정원)에 반란군이 진압되었음을 알리는 전보를 보낸다.

3월 1일, 에토의 자세한 인상착의와 함께 그에 대한 수색과 체포영장이 발부된다. 일본의 경찰제도를 창설한 에토가 자신이 만든 경찰에 쫓기는 신세가 된다. 그러나 정부의 최 고위 인사들 사이에서도 에토에 대한 동정론이 지배적이었다.

에토와 그의 부하들은 2월 27일 가고시마에 도착한다. 다음날 사이고를 찾아가지만 사이고는 우나기 온천에 가 있었다. 3월 1일, 에토는 우나기 온천에서 사이고를 만난다. 둘은 3시간 동안 대화를 나눈다. 저녁 9시경 에토는 일어나지만 다음날 다시 한번 사이고를 찾는다. 둘의 대화는 4시간 정도 계속된다. 때로는 밖에서 들릴 정도로 고성이 오간다. 대화의 내용은 전해지지 않지만 사이고는 에토를 도와 반란을 일으키는 것을 거절한다.

3월 3일, 에토는 또다시 작은 고기잡이 배를 타고 가고시마를 떠난다. 그러나 바다에 풍랑이 일자 그들은 사쿠라지마에서 밤을 지낼 수밖에 없었다. 다음날 그들은 오비(飫肥)로 가서 오구라 쇼헤이(小倉処平, 1846~1877.8.18.)를 만난다. 오비번 무사 집안 출신이었던 오구라는 이와쿠라 사절단 일원으로 런던에서 3년간 유학 한 후 1873년 귀국하지만 「정한론」을 지지하였다. 그는 에토와 그의 부하들을 반기면서 숨겨준다.

3월 10일 에토 일행 9명은 도사를 떠난다. 에토는 고치에 도착하여

하야시 유조(林有造, 1842.9.21.
~1921.12.29.)를 만난다. 도사
사무라이 집안 출신 하야시는
1870년 오야마 이와오(大山 巖)
등과 함께 프로이센-프랑스 전
쟁 참관을 다녀오지만 「정한
론」을 지지하면서 사직하고 낙
향해 있었다. 그러나 하야시는
에토를 냉정하게 대한다.

오구라 쇼헤이

에토는 그날밤 고치를 떠나
사흘 밤낮을 추위와 빗속에서
산속을 헤맨다. 에토는 도쿄로
돌아가서 옛 동료들에게 사가
의 난에 대한 자신의 입장을 피
력하고자 한 것 같다. 그리고
만일 그들도 자신이 죄를 지었
다고 하면 자결할 생각이었다.

3월 28일, 그는 산에서 내려
와 도사와 아와현의 경계에 있
는 곤우라라는 작은 어촌에 모
습을 드러낸다. 그는 도쿄로 가
는 뱃길을 찾았지만 결국 경비

하야시 유조

병에게 발각된다. 경비병이 그
에게 신분증을 요구하자 에토는 오사카에서 온 상인이라고 한다. 그
러나 이내 말을 바꿔 사실은 이와쿠라 토모미를 암살하려고 했던 범인
들을 체포하기 위해 정부가 보낸 밀정이라고 한다. 그리고 경비병에게

편지를 주면서 이와쿠라 토모
미에게 전달해 줄 것을 부탁한
다. 3월 27일자 편지는 경계가
삼엄하여 도사에서 도쿄로 가
지 못하고 있으며 자신이 도쿄
로 갈 수 있도록 명령을 내려줄
것을 부탁하는 내용이었다.[37]

사가의 난 실패 후 피신 중인 에토 신페이와 시마 요시타케

편지를 열어본 경찰관은 에
토의 정체를 알게 된다. 그러나 최근까지도 정부의 참의를 지낸 에토
를 어떻게 체포해야 할지 망설인다. 경찰관은 에토에게 바둑을 둘 것
을 제안한다. 에토는 백을, 경찰관은 흑을 든다. 각자 한 수를 두고 두
번째 돌을 내려 놓으면서 경찰관은 갑자기 「에토돈노, 에토돈노(殿)」
라고 소리친다. 그러자 옆 방에 있던 무장 경찰들이 들이닥쳐 에토를
포박한다. 에토는 저항하지 않는다.[38]

경찰은 에토에게 친절하게 대한다. 고치까지 가는 길은 보통 사흘이
걸렸다. 그러나 에토를 호송하는 경찰은 천천히 닷새에 걸려 고치까지
간다. 에토가 생에 마지막 여정이라는 것을 알았기 때문이다. 고치에
서 에토와 그의 부하 2명은 군함과 육로로 사가로 호송된다. 4월 4일
사가에 도착한 에토는 임시로 지은 감옥에 수감된다.[39]

에토와 그의 수하들에 대한 재판은 8일 시작되어 이튿날 끝난다. 오
쿠보는 사건을 속히 종결 짓기 위하여 서둔다. 에토가 유죄 판결을 받
을 것이라는 것은 처음부터 자명했다. 사건 담당 판사는 에토가 아끼
던 고노 도가마(1844~1895)였다. 그러나 도가마는 재판 중 에토에게
매몰차게 대한다. 에토는 「도가마, 네가 어떻게 감히 내 앞에 나타나느
냐!」고 소리친다. 이에 고노는 머리를 숙인다.

그러나 4월 13일 고노는 에토에게 사형을 언도한다. 옛 법전에도,

에토가 만든 새 법전에도 반란을 일으킨 자들에 대한 죄목과 형량은 규정되어 있지 않았다. 고노는 청의 법을 적용하여 사형을 언도한다. 에토의 사무라이 신분을 박탈하고 참형에 처할 것, 그리고 효수된 후에는 목을 공개할 것을 언도한다.

사가의 난

형이 언도되자 에토는 재판관에게 호소하려 한다. 그러나 그는 말을 마치기도 전에 끌려나간다. 에토는 그날 처형된다. 반군에 가담하기 위하여 도쿄를 떠난 지 정확히 3개월 후였다. 참수는 원래 천민 망나니가 하였지만 정부군의 사령관이었던 히가시후시미노미야 요리히토 친왕(東伏見宮依仁親王)은 사무라이로 하여금 에토의 참형을 집행하도록 한다.

사가의 난 중의 에토 신페이

사가 한의 대표적인 「존황양이파」 사무라이로 메이지 유신 후 「에도」를 「도쿄」로 개칭할 것을 제안하였고, 사법경으로 신분제 타파, 경찰 창설 등 일본 사법 제도의 근대화에 앞장섰던 에토는 자신이 세우는 데 일조한 메이지 정부에 항거하다 혁명 동지였던 오쿠보의 손에 비참하게 죽는다. 에토의 목은 사흘간 공개 된다. 에토의 나이 40이었다.[40]

4. 「일본의 비스마르크」, 오쿠보의 대외 정책

사이고가 모든 관직을 사임하고 사쓰마로 낙향한 후 메이지 정부의 권력은 오쿠보에게 쏠린다. 기도는 정부에 머물렀지만 성격상 복잡한 정부 현안들을 챙기지 못했고 건강도 더욱 악화되고 있었다. 오쿠보는 1873년부터 1878년 암살당할 때까지 거의 절대적인 권력을 행사하면서 일본을 이끌었다. 이때를 「오쿠보 체제」라고 한다.

당시 일본이 직면한 외교 안보 현안은 사할린과 대만, 그리고 조선이었다.[41] 사할린과 대만은 영토 문제였다. 일본은 서구의 「만국공법」을 받아들이면서 「베스트팔렌(Westfalen) 체제」에 적극 가입하고자 한다. 「베스트팔렌 체제」가 요구하는 「민족국가」를 건설하는 것이 메이지 유신 지도자들, 특히 오쿠보의 목표였다.

근대 민족국가는 무엇보다도 명확한 영토를 갖고 있어야 했다. 도쿠가와 시대에 일본의 영토는 4개의 본 섬으로 구성되어 있었다. 그 외에는 영유권이나 경계가 모호한 영토들이었다.[42] 만국공법, 즉 근대 국제법 이전에는 영토와 영유권 개념이 없었기 때문이다. 그러나 근대 국가를 건설하는 데 있어서 명확한 영토 획정의 중요성을 깨달은 메이지 정부의 지도자들은 곧 국경을 명확히 하는 작업에 나선다. 러시아의 경계 협정과 대만 정벌이 그 결과다.

조선과의 현안은 근대적인 외교 관계의 설정이었다. 조선과 도쿠가와 일본이 맺은 관계는 「화이질서」에 입각한 관계였다. 근대 국제 질서에 가입하고자 한 일본은 조선과도 「화이질서」가 아닌 근대 「베스트팔렌 체제」에 입각한 관계를 설정하고자 하였다. 그러기 위해서는 무엇보다도 국가 간에 근대적인 수교 조약을 체결하는 것이 필요했다. 그러나 조선은 이를 거부한다. 당시 조선을 이끌던 대원군이나 위정척사파들은 근대 국제 질서에 대한 이해가 전무하였을 뿐만 아니라 중국 중심의 「화이질서」에서 벗어날 생각이 추호도 없었다.

조선을 근대 국제 질서로 끌어내기 위해서는 「조공 관계」로 맺어진 조-청 관계를 정확히 규정하고 정리해야 했다. 조선이 청의 「속국」임을 자처하는 것이 근대 국제 관계상 어떤 의미를 갖는지 명확히 할 필

일본의 비스마르크, 오쿠보 도시미치

요가 있었다. 조선이 중국의 속국이기 때문에 일본은 조선과 별도의 국가 대 국가 간 수교 조약을 체결할 필요가 없는 것인가? 아니면 속국이란 개념은 근대 국제 관계상으로는 무의미한 전통적인 특수 관계일 뿐인가? 이는 일본뿐만 아니라 조선과의 수교에 관심을 갖고 있던 모든 서구 열강들이 가진 공통된 질문이었다. 그러나 조선과 청의 관계가 정확히 어떤 것인지를 문의하는 모든 나라들에게 조선과 청은 애매한 답변만 하고 있었다.

러시아와의 현안은 홋카이도와 사할린, 쿠릴열도 등의 영토 문제였다. 19세기 중반까지만 해도 이들 영토에는 소수의 러시아인들과 일본인들이 살고 있었다. 일본인들은 대부분 어부였다. 어디까지가 일본의 영토이고 어디서부터가 러시아의 영토인지 모호했다. 사할린까지 모두 일본의 영토라고 주장하면 러시아와의 마찰은 불가피하게 되고, 그렇게 된다면 일본은 과연 사할린을 무력으로 지킬 힘이 있는지 불확

실했다. 더구나 이미 홋카이도
를 개발하기 위해 막대한 예산
을 쓰고 인구를 이주시키고 있
는 상황에서 더 많은 영토를 편
입시키고 지키는 것은 쉬운 일
이 아니었다.[43] 현실주의자였
던 오쿠보는 러시아의 사할린
침탈에 대해 철저하게 협상을
통해 대응한다. 비록 사할린의
역사적 주권에 대해서는 일본
이 유리한 입장이었으나, 오쿠
보는 일본이 러시아에 무력으
로 맞설 힘이 없다고 판단했다.

에조 공화국의 대통령 에노모토 타케아키. 사면된 후 일본
과 러시아가 체결한 상트페테르부르크 조약과 중국과 체결
한 톈진조약을 협상하는 데 절대적인 역할을 하고 메이지
정부의 농상대신, 문부대신, 외무대신을 역임한다.

오쿠보는 러시아와의 영토
협정을 에노모토 다케아키에
게 맡긴다.[44] 도쿠가와 가문의
직속 사무라이 집안에서 태어
난 에노모토는 란가쿠를 공부
하고 1862~1867년 네덜란
드에서 유학하면서 영어와 네
덜란드어를 유창하게 구사하
게 된다. 그는 1867년, 바쿠후
의 주문으로 네덜란드가 건조
한 「간린마루(咸臨丸)」를 타고
귀국한다. 귀국 후에는 31세의

1869년의 에노모토 다케아키, 앞줄 오른쪽

나이에 바쿠후 정부에 의해 해군 부총재에 임명된다. 도쿠가와군이 보

하코다테 해전

신전쟁에서 패배한 후 에노모토는 항복을 거부하고 자신의 휘하에 있는 8척의 증기선 군함을 이끌고 홋카이도로 가서 에조 공화국을 수립하여 메이지 정부로부터 독립을 선언한다. 그러나 1869년 5월 20일~6월 20일 벌어진 「하코다테 해전」에서 패한 에노모토는 반역죄로 재판을 받고 수감된다. 그러나 그의 지식과 재주를 높이 산 메이지 정부는 1872년 그를 사면한다.

　오쿠보는 1874년 에노모토를 제국 함대의 부 제독에 임명하는 동시에 러시아와 영토 협상의 중책을 맡긴다. 같은 해 메이지 정부는 사할린에 거주하고 있는 일본인들을 모두 소개(疏開)시키기로 결정한다. 사할린을 러시아의 영토로 인정하는 대신 쿠릴열도를 일본의 영토라고 주장한다. 1875년, 일본과 러시아는 「상트페테르부르크 조약」을 체결한다. 러시아는 사할린 섬 전체를 영토로 확보하고 그 대신 쿠릴열도를 일본의 영토로 인정한다. 이 조약은 일본이 서구 열강을 상대로 굴욕적인 양보 없이 원래의 목적을 달성한 최초의 평등 조약이었다.[45]

　러시아와 영토 조약을 체결함으로써 일본은 러시아의 침공에 대한 걱정을 덜 수 있게 된다. 오쿠보는 사이고의 「정한론」를 반대하는 이유 중 하나로 「러시아는 북방에 위치하며 군대를 보내 사할린을 점령하고 있으면서 일거에 남정(南征)하려는 조짐이 있다」면서, 「지금 군대를 일으켜 조선과 전쟁을 한다면 (…) 러시아는 어부지리를 얻으려고 할 것이다. 이는 깊이 주의할 점으로 조선과의 전쟁을 아직 서둘러서는 안 된다」라고 주장한 바 있다. 상트페테르부르크 조약을 체결하는 와중에도 에노모토는 러시아가 조선 문제에 개입할지 여부를 판단하는 데 많은 노력을 기울인다. 에노모토는 일본과 조선 사이에 전쟁이 일어나더라도 러시아가 개입하지 않을 것이라는 결론을 내리고 이를 외무성에 보고한다.[46]

오쿠보는 조선과의 관계에 대해서도 철저한 현실주의자였다. 그는 일본이 조선을 무력으로 침공할 경우 조선이 강력하게 저항할 것은 물론, 러시아와 중국이 개입할 것으로 확신하였다.[47] 「병인양요(1866)」와 「신미양요(1871)」는 사이고 등의 「정한론」자들이 주장하듯 조선이 일본군에게 호락호락 무너지지 않을 것임을 보여줬다. 소에지마 등이 중국에서 이홍장 등을 만나고 와서 일본이 조선을 침공하더라도 중국이 개입하지 않을 것이라는 아전인수격 해석을 내놓았을 때도 오쿠보는 믿지 않았다. 따라서 그는 조선을 상대로도 무력 사용의 가능성은 열어 두되 협상을 우선으로 하기로 결정한다.

5. 오쿠보의 대만 정벌

대만 문제도 영토 문제의 일환이었다. 일본은 류큐 왕국을 일본의 영토로 편입시키고자 하였다. 1871년 대만에 난파한 류큐인 학살 사건이 벌어지자 일본은 류큐인을 일본의 국민으로 규정하고 이들에 대한 보상과 사과를 청에 요구한다. 그러나 청은 「야만인」들이 저지른 일은 청이 책임질 일이 아니라면서 일본과의 협상을 거부한다. 2년여에 걸

친 협상이 무위로 돌아가자 일본은 대만 정벌을 결정한다.[48]

오쿠보는 대만의 원주민들을 정벌하는 것은 군사적으로도 쉬울 뿐 아니라 서구 열강이 개입하거나 중국 편을 들지 않을 것임을 확신하였다. 더구나 자신이 앞장서서 꺾은 「정한론」자들의 울분을 해외로 돌릴 수 있는 돌파구가 절실한 상황이었다. 에토 신페이가 일으킨 「사가의 난」과 이와쿠라에 대한 암살 시도는 해외 파병의 필요성을 여실히 보여줬다. 특히 죽마고우인 사이고와 그를 추종하는 사쓰마의 사무라이들에게 전쟁의 기회를 제공해 줘야만 했다. 대만은 안성맞춤이었다. 비록 「정한론」을 꺾고 그를 추종한 세력을 정부에서 완전히 축출한 오쿠보였지만 그는 곧바로 대만 정벌을 추진한다.[49] 기도는 대만 정벌도 반대한다. 그러나 오쿠보는 자신과 힘을 합쳐 사이고의 「정한론」을 꺾었던 기도의 반대에도 불구하고 대만 정벌을 밀어붙인다.

1874년 1월, 「사가의 난」 와중에도 태정관은 내무경 오쿠보 도시미치와 대장경 오쿠마 시게노부에게 대만 문제에 대한 해결책을 제안하라고 명한다. 오쿠보와 오쿠마는 1874년 2월 초, 미국인 군사 고문관 르장드르의 도움으로 작성한 보고서에서 대만 원주민들을 벌하기 위한 파병을 권고하였고, 청이 원주민에 대한 통치권을 확립하지 못하고 있기 때문에 국제법적으로도 문제가 없을 것이라고 한다. 태정관은 2월 6일 이들의 제안을 받아들인다.[50]

그러나 기도는 이 모임에 참석하지 않는다. 그는 해외파병을 반대하였다. 3월, 오쿠마 시게노부, 참의 겸 외무경을 맡은 데라시카 무네노리, 주청 공사 야나기와라 사키미츠, 육군상 사이고 쓰구미치 등은 오쿠마의 집에 모여 대만정벌을 논한다. 아직 계획을 실행에 옮기기 전인 4월 3일, 메이지 천황이 오쿠마를 불러 정벌 계획에 대해서 묻는다. 이때 「사가의 난」이 평정된다. 대만원정을 실행에 옮길 수 있는 여지가 생긴다.[51]

4월 6일, 메이지는 사이고 쓰구미치에게 대만의 원주민들을 정벌할 것을 명한다. 사이고 쓰구미치에게 보낸 별도의 명령서에 천황은 원정의 목적을 다음과 같이 규정한다.

우리가 정벌에 나서는 이유는 야만인들에게 문명을 전수하고 우리국민들의 마음을 안정시키는 것이다. 그대는 이를 유념하여 단호하면서도 연민의 마음을 갖고 임무를 수행하라. 일단 야만인들을 복속시키고 나면 그들에게 교육을 제공하여 계몽의 방향으로 이끌라. 그들도 우리 정부와 협력하여 생산적인 일들을 하도록 격려하여야 할 것이다.[52]

그러나 기도는 다시 한번 대만 정벌을 공개적으로 비판한다. 그는 「사가의 난」이 평정 된지 며칠 안되었음에도 또 다시 대만 침공을 논한다는 것이 놀랍다고 한다.

국력을 해외에 과시하고 해외에 우리의 영토를 확보하는 것을 반기지 않을 사람이 누가 있겠나? 그러나 정부의 임무는 내외, 중앙과 주변을 구분할 줄 아는 것이다. 일에는 느린 것과 빠른 것, 이른 것과 늦은 것 등 우선순위가 있는 법이다. 현재 우리국민 3천만명은 아직도 정부의 보호를 못 받고 있다. 무지하고 가난에 찌든 사람들은 아직도 권리를 갖고 있다고 할 수 없다. 우리 나라는 나라답게 행동하지 못하고 있다는 것을 인정할 수 밖에 없다.[53]

기도는 어떤 면에서는 현재의 정부가 과거 봉건체제만도 못한 점이 있다고 한다. 사람들은 정부를 믿지 못하고 있는데 그럴 만 한 충분한 이유가 있다고 한다. 왕정복고 이후 한 해도 반란이 없었던 해가 없다. 자신의 건의는 무시되고 장교들은 이미 해외원정을 위해 파견되었다

고 한다. 이처럼 자신의 견해와
다른 견해를 갖고 있는 정부에
자신이 어떻게 남아 있을 수 있
는가? 이는 자신을 속이고 세
상을 속이는 것이 아닌가? 자
신의 지병이 아니라도 자리에
남아 있을 수 없을 텐데 하물
며 몸까지 아픈 마당에 어떻게
정부에 남아있을 수 있는가 자
문한다.[54]

사이고 쓰구미치

그러나 기도의 반대에도 불
구하고 대만정벌 계획은 중
단되지 않는다. 곧바로 300명의 사쓰마 사무라이를 포함한 3,000
명 규모의 대만 정벌군이 편성된다. 정벌군의 총사령관에는 사이
고 다카모리의 친동생 사이고 쓰구미치(西鄕従道, 일명 사이고 주도,
1843.6.1.~1902.7.18.)가 임명된다. 르장드르는 고문으로 위촉된다.
1871년 「신미양요」에도 참전하게 되는 미 해군 장교 더글라스 카
셀(Douglas R. Cassel, 1845~1875.6.15.)과 미 육군 중위 제임스 와센
(James R. Wassen)은 사이고의 부관으로 임명된다. 일본군을 대만으
로 수송하는 역할은 미국과 영국의 해군 함정들이 맡기로 한다.[55] 사
이고 쓰구미치와 오쿠마 시게노부는 나가사키로 가서 대만으로 출병
할 준비를 한다.

그러나 미국과 영국의 주일 공사들은 오쿠보의 대만 정벌 계획에
제동을 건다. 당시 주일 영국 공사는 해리 파크스(Harry Parkes)였다.
1841~1864년 중국에서 영사 및 공사로 재직하면서 제1, 2차 아편

전쟁 중 결정적인 역할을 한 파크스는 1864년 주일공사로 도쿄에 부임한다. 파크스는 일본의 파병이 대만 원주민을 벌하는 것에 그치지 않고 대만을 부분적으로 또는 전체적으로 점령하려는 의도가 있다고 보았고, 이는 중국과의 전쟁을 유발할 것이라고 판단했다. 그는 또한 대만이 일본에 복속되는 것보다는 청이 계속 관리하는 것이 영국에게 유리하다고 생각했다. 파크스는 1874년 4월 13일, 외무경 데라지마에게 영국의 군인들과 배가 파병에 참여할 수 없음을 통보한다.

미국 공사 존 빙엄(John A. Bingham)도 1874년 4월 18일, 데라지마에게 미국인들과 미국 함정이 대만 파병에 투입되는 것을 금지한다는 서신을 보낸다.[56] 대만 파병에 적극적이었던 드롱의 후임으로 1873년 5년 31일 부임한 빙엄은 일본의 대만 정벌에 반대하고 르장드르가 정벌에 개입하는 것도

해리 스미스 파크스. 주중 공사, 주일 공사를 역임하고 1883년에는 영국을 대표하여 「조영수호통상조약」에 서명하고 1884년에는 주 청 공사와 함께 주조선 공사를 겸임하게 된다.

존 빙엄. 1873~1885년까지 주 일본 공사를 역임한다. 빙엄은 일본에 부임하기 전 미 연방 하원의 오하이오주 공화당 의원 출신으로 링컨 대통령 암살자들에 대한 재판의 재판관을 역임하고 노예에서 해방된 흑인들과 그 후손들에게 시민권을 포함한 권리를 보장한 미국 「수정 헌법 제14조」의 초안을 작성했다.

금한다.

예상치 못한 미국과 영국의 반대에 놀란 오쿠보는 나가사키에서 출항을 앞두고 있던 정벌군 사령관 사이고 쓰구미치에게 출항 중지를 명하고 오쿠마를 도쿄로 소환한다. 사이고는 이에 강력하게 항의하면서 군사들은 출병할 준비가 되어 있으면 더 이상 지체하는 것은 사기에 악영향을 미칠 것이라고 한다. 이는 사가의 난 보다 더 나쁜 영향을 미칠 것이라고도 한다. 그리고 만일 출병을 금지할 경우 자신은 천황이 하사한 군권을 반납하고 사병을 이끌고 야만인들을 정벌하여 정부가 개입되는 것을 막을 것이라고 한다. 오쿠마는 그를 말리려고 하였지만 아무 소용이 없었다. 그날 밤 사이고는 명령을 무시하고 파병을 강행한다. 오쿠마는 다이조칸에 군사들의 사기가 충천하여 자신은 더 이상 출병을 막을 길이 없다는 전보를 보낸다.[57]

1874년 4월 27일, 군 수송선 한 척이 출항하고 5월 2일 카셀과 와센이 승선한 수송선 두 척이 더 출발한다. 「사가의 난」을 평정하기 위해 규슈에 머물다 막 도쿄로 돌아왔던 오쿠보는 다시 사이고 쓰구미치를 직접 만나기 위해 나가사키로 향한다. 5월 3일, 오쿠보와 만난 사이고는 만일 정벌이 취소된다면 군사들의 행동에 대해 자신도 책임질 수 없다며 강하게 반발한다.[58]

군사를 되돌리기엔 늦었음을 깨달은 오쿠보는 오쿠마, 사이고와 함께 영국과 미국의 반대를 무마할 방안 마련에 골몰한다. 다음날 오쿠보와 오쿠마, 사이고는 공동 명의로 파병에 참가한 미국인 3명을 제외시키기로 결정했음을 공표한다. 사이고는 파병 목적이 원주민들을 벌하기 위한 것임을 밝힌 후, 중국과의 협상 결과를 기다리겠다고 약속한다. 도쿄로 돌아온 오쿠보는 나가사키 사태의 혼란에 대해 자신이 책임을 질 것이며, 중국이나 서방 국가들과의 관계가 어려워질 경우 자신이 직접 나서서 해결하겠다고 한다. 5월 19일, 태정관은 대만 파

일본 군함 류조호

사이고와 대만 정벌군

병을 공식 발표한다. 동시에 야나기와라를 청에 즉시 파견하여 파병의
목적을 설명하도록 한다.[59]

　1874년 5월 22일, 대만에 도착한 사이고 쓰구미치는 약속한 대로
미국인들을 되돌려 보낸다. 6월 말에는 대만 남부의 원주민 부족들이

대부분 일본군에 항복한다. 일본군은 청의 관리들이 관할하고 있는 지역에서는 작전을 펼치지 않는다. 그리고 사이고는 야나기와라와 중국 간의 담판 결과를 기다린다.[60]

청의 총리아문이 일본의 대만 파병 첩보를 처음 접한 것은 1874년 4월 중순 베이징 주재 영국 공사 토마스 웨이드(Sir Thomas Francis Wade, 중국명 威妥瑪(위타마), 1818~1895)를 통해서였다. 그러나 혼란스러운 첩보들이 들어오는 상황에서 이홍장을 비롯한 중국의 지도부는 일본의 대만 파병을 믿으려 하지 않았다. 이홍장은 일본이 조선을 침공할 가능성은 충분히 있다고 믿었지만 대만 침공의 가능성은 없다고 봤다. 그러나 청 조정은 5월 11일 대만으로 향하던 일본의 군 수송선이 푸젠성 샤먼에 들렀다는 첩보를 접한다.

총리아문은 즉각 일본 정부에 항의 서한을 보낸다. 청이 원주민 거주 지역을 포함한 대만 전체에 대한 소유권을 갖고 있으며 파병에 앞서 청과 상의하지 않았음을 강하게 비판한다. 청은 심보정(沈葆楨, 1820~1879)을 대만 담당 흠차대신(欽差大臣)에 임명한다. 5월 21일에는 반위(潘霨, 1816~1894)를 심보정의 부 대신으로 임명하여 상하이로 보내 야나기와라와 담판하도록 한다.[61]

1874년 6월과 7월에 걸쳐 야나기와라는 상하이에서 판웨이와 담판을 벌이지만 아무

심보정

런 합의점에 도달하지 못한다. 판웨이는 이어서 대만에서 사이고와도 담판을 벌이지만 역시 아무런 결론도 내리지 못한다. 한편 대만에서의 승전보를 전해 받은 오쿠보는 7월 9일, 중국과의 전쟁을 불사하더라도 대만 침공을 통해 얻고자 한 목표를 모두 달성할 것임을 천명한 후 육군과 해군 장성들에게 청과의 전쟁 계획을 수립할 것을 명한다.

토마스 웨이드. 영어로 된 최초의 중국어 교본을 저술하였고 대표적인 중국어 영문 표기법인 웨이드-자일스(Wade-Giles) 표기법을 개발하였다.

7월 15일, 일본 정부는 첫째, 일본군이 점령한 대만의 원주민 거주 지역은 국제법적으로 어느 나라에도 귀속되지 않은 영토이며 둘째, 파병의 목적은 영토 확장이 아니라 원주민들을 복속시키고 개화시키기 위한 것이며 셋째, 만일 청이 충분한 보상을 해준다면 일본군을 철수시킬 수 있다는 일본의 입장을 야나기와라를 통해 청 측에 다시 전달한다. 야나기와라에게 보낸 별도의 전문에서는 정부의 지시대로 강경한 입장에서 협상을 진행하다 중국과의 전쟁이 발발하게 되더라도 야나기와라 본인에게 책임을 묻지 않겠다고 한다.[62]

그러나 오쿠보의 호언과는 달리 일본의 실제 사정은 매우 어려웠다. 육군경 야마가타 아리토모는 일본군이 매우 약하고 해외에서 전쟁을 치를 정도의 실력이 없음을 수 차례 보고한다. 특히 국내 정정(政情)이 불안한 상황에서 대규모 해외 파병을 감행하는 것은 무모하다는 사실을 거듭 지적한다. 대만에 출병한 일본군의 상황 역시 걷잡을 수 없이 악화되고 있었다. 원주민들과의 전쟁에서는 이겼지만 여름이 되면서 말라리아 등의 풍토병으로 사상자가 속출하기 시작했다. 전투에서 전사한 군인은 12명에 불과했지만 풍토병으로 죽은 병사는 530명에 달했다. 병력 보충과 시설 확충, 유지 등에 드는 출병 비용 역시 기하급수적으로 늘기 시작했다. 대만 담당 흠차대신에 임명된 심보정은 대만에 강력한 청군을 결집시키고 있었고 서양 정부들의 입장도 결코 우호적이지 않았다.[63]

오쿠보는 결국 본인이 직접 청과의 협상에 나서기로 한다. 1874년 8월 1일, 오쿠보는 중국 특명전권대사로 임명되어 8월 6일 르장드르와 법무성 자문관으로 고용된 프랑스인 봐쏘나드(Gustave Émile Boissonade de Fontarabie, 1825~1910)를 대동하고 중국으로 향한다. 오쿠보가 정부로부터 받은 지침은 중국과의 평화를 유지하기 위한 협상을 진행하는 것이었지만 경우에 따라서는 전쟁을 선포할 수 있는 권한까지 부여 받는다.[64] 오쿠보는 앞서 도착했던 야나기와라와 총리아문 간의 협상이 난항을 겪고 있을 때 베이징에 도착한다.

청은 표류한 류큐인들이 중국의 조공국 사람들이며, 따라서 이들을 살해한 대만 원주민을 벌할 권한은 중국 측에 있다고 주장한다. 뿐만 아니라 1871년의 「청일수호조약」을 어기고 청과 사전 상의도 하지 않은 채 대만에 파병한 일본을 강하게 비판하면서 즉시 철군할 것을 요구한다. 야나기와라는 1년 전에 소에지마 외무경과 베이징에 함께 왔을 때 만났던 총리아문의 관리들에 의하면 대만 원주민들이 살고 있는 지역에는 청의 실질적인 행정력이 미치지 않고 있으며, 따라서 일본은 국제법적으로도 이 지역의 원주민들을 정벌할 권한이 있다고 주장한다.[65] 오쿠보는 중국이 대만의 원주민 지역에 대한 실질적인 통치권을 행사하고 있다는 증거를 대라고 하면서 총리아문이 제시한 증거는 부족하다고 거절한다.

일본이 중국의 국내 문제에 불법적으로 간섭한다면서 청이 더 이상의 협상을 거절하자 오쿠보는 10월 5일 베이징을 떠나겠다고 협박한다. 그러자 총리아문은 다시 한번 협상 날짜를 잡기로 한다. 이때 오쿠보는 베이징 주재 영국 공사 웨이드에게 일본은 대만 영토에 대한 아무런 야심이 없으며 청이 일본의 피해와 비용에 대한 충분한 보상만 약속한다면 철군하겠다고 귀띔한다.

문상

이 소식이 군기대신(軍機大臣)과 총리아문대신(和總理衙門大臣)을 겸하던 문상(文祥, 1818.10.16.~1876.5.26.)에게 전해지자 문상은 웨이드에게 일본이 철군할 경우 더 이상 문제삼지 않고 일본에 보상할 용의가 있음을 전한다. 그러나 보상은 일본 정부에 대한 보상이 아니라 살해당한 류큐인들의 가족에 대한 보상이어야 한다고 말한다. 오쿠보가 보상금으로 3백만 달러와 이를 보장하는 각서를 요구하자 총리아문은 거절한다. 10월 23일, 오쿠보는 일본이 이미 점령한 지역을 공식적으로 일본 영토에 편입시키겠다면서 베이징을 떠나겠다고 협박한다.[66]

그러자 웨이드가 직접 중재에 나선다. 10월 25일, 중국은 50만 냥의 보상금을 내기로 하고 이 중 10만 냥은 살해당한 류큐인들의 가족에게, 40만 냥은 일본이 대만에 남겨 두고 갈 시설물에 대한 보상이라고 한다. 오쿠보는 이 중 절반을 철군 이전에 받고 나머지를 철군 후에 받는 것에 합의한다. 10월 31일, 청일 양국은 합의 문서에 공동 서명하고 웨이드도 청이 일본에 배상금을 제공하기로 한 문서에 서명한다.[67]

오쿠보는 다음날 베이징을 떠나 귀국길에 대만에 들러 사이고 쓰구미치에게 협상 결과를 알리고 철군 준비를 명한다. 오쿠보는 일본 국민의 열렬한 환영 속에 11월 7일 도쿄로 금의환향한다. 12월에 사이고는 대만에 주둔하고 있던 일본군을 철수시킨다.

대만 정벌은 일본 내에서 대단한 성공으로 평가 받았다. 그러나 실제로는 자칫 일본 정부에 막대한 재정적 부담만 안기고 실패할 수 있었던 위험한 모험이었다. 예상했던 파병 비용은 50만 엔이었지만 실제 비용은 그 7배가 넘는 3백6십만 엔에 달했다. 미국과 영국의 수송선을 사용하지 못하게 됨으로써 군 수송선을 구입하는 데 사용한 비용만 4백만 엔이었다. 1874년 일본 정부가 9백만 엔에 달하는 재정 적자를 기록한 주된 원인은 대만 파병이었다. 웨이드의 중재 없이 협상이 장기화되었다면 일본군은 속수무책으로 대만의 습지대에 발이 묶일 수밖에 없는 상황이었다.[68]

그럼에도 불구하고 대만 파병은 일본의 군사력을 만방에 과시할 수 있는 계기가 되었다. 1875년 영국과 프랑스가 요코하마에 주둔하고 있던 자국 병력을 철수하기로 결정하는 데도 대만 파병을 통해 보인 일본군의 실력이 결정적인 역할을 했다. 또한 일본은 대만 파병을 통해 청의 속방이었던 류큐에 대한 일본의 영유권을 굳힌다. 청이 류큐에 대한 영유권을 포기한 것은 중국 중심의 화이질서가 무너지기 시작했음을 알리는 첫 신호였다.

제 5 장
후쿠자와의
「문명개화론」

제5장

후쿠자와의「문명개화론」

메이지 정부는 세계로 향한 문을 활짝 연다. 대부분의 일본사람들은 큰 변화가 불어 닥칠 것은 예상하고 있었다. 그러나 어떤 변화일지, 그리고 그 변화로 인하여 개인과 사회, 나라의 모습과 일상이 어떻게 바뀔지 아무도 몰랐다. 미래에 대한 희망과 불안이 교차하는 순간이었다.

도쿠가와 바쿠후를 몰락시킨 새 정부의 지도부는 전통가치와 제도의 한계를 절감하고 있었다. 그러나 하루아침에 권력을 잡게 된 새 지도자들 역시 나라를 어느 방향으로 이끌고 나가야 할지 막막했다. 바쿠후를 무너뜨리는 과정에서 놀라운 효력을 보인「손노조이(존황양이)」,「토바쿠(討幕, 막부 토벌)」 등의 구호는 왕정복고가 이루어지고 바쿠후가 사라지자 모든 동력을 상실한다.

새로운 정치체제를 수립하는데 봉건제를 없애고 권력의 중앙집권화가 필요하다는 점에서는 의견의 일치를 보았지만 구체적으로 어떻게 해야 하는지는 아무도 몰랐다. 메이지가 1868년 선포한「오개조의 서문」제 1조의「널리 회의를 열어, 공론에 따라 나라의 정치를 정한다」는 원칙과 제 5조의「지식을 세계에서 구하여」라는 원칙에도 대개 동의 하였지만 이러한 원칙들을 어떻게 실현해야 할지는 아무도 몰랐다.[1]

1871년 「이와쿠라 사절단」이란 전대미문의 국가지도부 장기 해외 유학을 단행한 이유도 자신들의 앞에 놓인 과제가 「거의 신의 조화라 해도 좋을 정도로 인간이 하기는 어려운」 것임을 절감하였기 때문이다. 개혁의 방향조차 잡을 수 없는 상황에서 우선 구미 선진국의 발전상을 직접 보고 배워 이를 기반으로 「내정의 원칙을 정한 뒤 외교에 관한 기본 방침도 정하기 위해」서였다.[2]

이처럼 절박한 심정으로 유학 길에 오른 메이지 정부의 지도부는 산업혁명을 통하여 경이롭게 발전하고 있는 미국과 유럽의 문물을 2년에 걸쳐 샅샅이 돌아 보고 귀국 후에는 자신들이 보고 배운 것에 따라 각 부문을 개혁하기 시작한다.

「부국강병」이라는 구호도 채택한다. 그러나 「부국강병」 역시 새로운 개념이 아니었다. 유교 담론에 기반하고 있는 지극히 익숙한 개념이었을 뿐만 아니라 주자학이 추구하는 「왕도정치」에 반하는 지극히 부정적인 개념이었다. 전통적인 세계관에 의하면 유가를 부정하고 박해한 법가들의 이상이자 공자의 「사문(斯文)」을 부정하고 무너뜨리는 「야만」, 「오랑캐」들이나 추구하는 것이 「부국강병」이었다.

더구나 「사가의 난」, 「세이난 전쟁」과 같이 전통체제와 가치의 보전을 요구하는 세력들의 끊임 없는 반대와 저항 속에서 왜 근대 제도와 체제를 도입해야 하는지, 왜 재래의 것들은 나쁜지, 왜 서양의 것이 더 좋은 것인지, 어떤 기준에 의거해서 판단을 해야 하는지 알 수가 없었다.

문제는 「문(文)」을 새롭게 해석하는 일이었다. 오랜 세월 「화이질서」 속에서 살아온 일본 사람들에게 왜 공자(孔子), 주자(朱子)가 설정한 문명의 정점인 「사문」과 「중화질서」가 잘못 된 것이고 새 질서는 무엇인지, 그리고 그 질서는 어떤 기준에 의거해서 우월한 것인지를 설득할 수 있어야 했다.

이때 등장하는 것이 후쿠자와 유키치의 「문명개화론」이다. 「문명개화론」은 새 일본이 추구해야 할 질서가 서양이 추구하는 근대문명임을 보여준다. 문명이란 「발전」을 통하여 이룩하는 것임을 가르치고 각 발전 단계에 있는 사회의 모습이 어떤지 구체적으로 묘사하면서 당시 일본이 어느 발전 단계에 머물고 있는지 보여준다. 「문명개화」를 이룬 사회는 어

후쿠자와 유키치. 1862년 파리에서.

떻다는 것을 보여주고 일본도 그 발전 단계에 도달하기 위해서는 무엇을 해야 하는지를 제시한다. 그리고 「중화문명」이 진정한 「문명」이 아니고 중국이 문명의 중심이 아니라는 것을 보여줌으로써 「중체서용」, 「동도서기」, 「화혼양재」 등의 절충주의 사고를 극복하는 새로운 사관을 제공한다.

1868년에 출간된 『서양사정 외편』과 1869년에 출간된 『세계국감(世界国尽)』은 국가가 야만에서 문명으로 발전해 나가는 과정을 보여줌으로써 일본이 서양국가들에 비하여 뒤쳐진 이유를 설명한다. 서양은 일본이 발전해 나갈 경로를 보여주는 교과서였다. 1866년에 출간된 『서양사정 초편』과 1870년에 출간된 『서양사정 3편』은 서양 각국의 역사, 정부형태, 군사, 재정, 교육체제 등에 대한 자세한 묘사를 통해서 구체적인 개혁의 청사진을 제시했다. 『서양사정』은 수십 만권 팔린다.

1. 「문명개화론」의 기원

후쿠자와가 「문명」이란 개념을 처음 사용한 것은 1862년이었다. 당시 「분큐 유럽 사절」의 일원으로 유럽을 여행 중이던 후쿠자와는 수첩에 네덜란드어로 「문명」을 뜻하는 「beschaving」이라는 단어를 적고 문명을 규정하는 다섯 가지 조건을 역시 네덜란드어로 적어놨다. 런던에서 작성한 것으로 추정되는 수첩내용은 대부분 일본어와 영어로 적혀있지만 유독 이 단어만은 네덜란드어로 적었다. 런던에서 네덜란드 의사의 강연을 들으면서 필기한 것이라는 설도 있고 네덜란드 잡지를 보고 적은 것이라는 설도 있다.[3]

「문명」이란 단어가 후쿠자와의 글에 두 번째 나타나는 것은 1864년 『서양사정 초편』의 초고에서다. 초고는 「유럽에서 문명의 정치란 다음의 5가지 조건을 갖추고 있다」라고 시작한다. 「문명(文明, 분메이)」은 원래 1469-1487년의 연호다. 이때는 「오닌 전쟁(1467~1477)」이 끝나고 쇼군 아시카가 요시마사(足利義政, 1436.1.20.~1490.1.27. 아시카가 바쿠후의 8대 쇼군. 재위: 1449~1473)가 교토에 「히가시야마 문화(東山文化)」를 건설한 시대다. 후쿠자와는 일본의 전통적인 개념이자 특정시대를 지칭했던 개념을 전혀 새로운 맥락에 적용한다.[4]

1866년 『서양사정 초편』을 출판하면서 후쿠자와는 「개화(開化)」라는 개념도 처음 사용한다. 「개화」는 일본의 9대 천황(B.C. 158~98)의 이름이다. 후쿠자와는 『초편』에 실은 미국, 네덜란드, 영국의 간략한 역사를 *Lippincott's Pronouncing Gazetteer: A Complete Pronouncing Gazetteer Or Geographical Dictionary of the World* 에서 빌려온다. 이 책에는 「civilization」이란 단어가 두 번 등장한다. 후쿠자와는 첫 번째 「civilization」은 「개화」로, 두 번째는 「문명」으로 번역한다. 「Enlightened」라는 개념은 아직 등장하지 않는다.

후쿠자와는 이때부터 「문명」과 「개화」를 동시에 사용하기 시작한다. 1866년 11월 7일 영국에 유학중인 제자인 와다 에이노스케에게 보낸 편지에 후쿠자와는 일본의 정치 상황을 언급하면서 만일 다이묘들이 연맹을 이룬다면 「우리 나라의 문명개화는 일어나지 않을 것」이라고 한다. 그 이듬해 보낸 편지에는 당시 에도의 상황을 묘사하면서 「문명개화가 곧 일어날 것이다」고 한다. 1868년 버튼의 『정치경

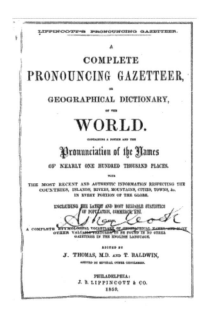

『리핀코트 프로나운싱 가제티어』(1859년) 표지

제』를 번역하여 『서양사정 외편』이란 제목으로 출판할 때는 원전의 「civilization」을 「문명개화」로 번역한다.[5]

후쿠자와의 「문명개화론」은 당시 서양에서 유행하던 「문명발전단계론」에 기반하고 있다. 후쿠자와가 「문명발전단계론」을 처음 접한 것은 미국의 지리 교과서들을 통해서다. 1862년 샌프란시스코를 여행할 당시 구입한 것으로 추정되는 이 교과서들은 인류 사회가 「야만(savage)」 「미개(barbarous)」, 「반(半)문명(half-civilized)」, 「문명(civilized)」 등의 네 단계로 나뉘어져 있다고 설명한다. 「문명개화」, 「civilization and enlightenment」라는 용어는 후쿠자와가 보유하고 있던 당시 미국의 대표적인 지리교과서인 『미첼의 지리교과서(Mitchell's School Geography)』에 등장한다.

「문명발전단계론」은 애덤 스미스(Adam Smith, 1723.6.5.~1790.7.17.), 애덤 퍼거슨(Adam Ferguson, 1723.7.1.~1816.2.22.), 데이비드 흄(David Hume, 1711.4.26.~1776.8.25.) 등 근대 정신의 정립과 확산, 그리고 근대 사회의 형성에 결정적인 역할을 한 「스코틀랜드 계몽주주의(Scottish Enlightenment)」 사상가들의 이론이다. 후쿠자와가 일본에 소개한 「문명개화론」은 「스코틀랜드 계몽주의」 사상이다.

2. 후쿠자와의 삶

후쿠자와 유키치는 1835년 1월 오사카에서 2남 3녀의 막내로 태어난다. 부친은 부젠(豊前)국 나가츠(中津) 번(藩)의 하급 무사 출신으로 오사카의 나가츠번 「쿠라야시키(蔵屋敷)」에서 회계를 보는 하급 관리였다.[6] 「쿠라야시키」란 각 번의 다이묘들이 에도와 오사카에 유지하던 큰 창고가 딸린 저택들이었다. 특히 상업의 중심지인 오사카의 「쿠라야시키」는 번의 쌀과 특산물을 판매하고 번에서 필요로 하는 물품을 구매하는데 사용하였다.

그러나 후쿠자와가 1살반 때 그의 부친이 44세의 나이에 세상을 떠나자 그의 어머니는 고향인 나가츠 번으로 아이들을 데리고 돌아간다. 규슈 동북쪽에 위치해있던 나가츠는 그리 크지도 작지도 않은 번으로 후다이 다이묘(譜代大名, 세키가하라 전투 이전부터 도쿠가와 가문에 충성하면서 에도의 중앙 정치에 참여할 수 있는 다이묘)였다.

아버지가 없는 후쿠자와 식구들은 가난했다. 후쿠자와는 짚신을 짜는 등 허드레 일을 하면서 가계를 돕는다. 학교 다닐 돈도 없어서 보통 아이들보다 10년 늦게 14살이 되어서야 학교 공부를 시작할 수 있었다.[7]

당시 학교는 사무라이 집안 출신 남자아이들을 위한 학교와 평민들을 위한 학교로 나뉘어져 있었다. 사무라이 집안 출신 아이들은 5~7살부터 서당에서 유교경전을 배우기 시작했다. 중학 교육은 사립학교나 「번교(藩校)」, 즉 번에서 운영하

오사카의 옛 후쿠오카 번 쿠라야시키 정문

는 학교들이 담당하였다. 18세기 중반이면 규모가 큰 번들은 대부분 자체적으로 번교를 설립한다. 나가츠 번에도 번교가 있었으나 하급 무사계급이었던 후쿠자와는 다닐 자격이 없었다.[8]

학교는 늦게 시작하였지만 후쿠자와는 뛰어난 학생이었다. 교과서를 암기하는 오전 수업 시간대에는 뒤떨어졌지만 책 내용을 토론하는 오후 수업에는 발군이었다고 한다. 그러나 일본은 여전히 철저한 계급 사회였다. 학교에서는 아무리 공부를 잘해도 바깥에 나가면 그는 여전히 하급 사무라이 출신이었다. 어려서부터 상급 사무라이출신 또래들의 차별을 경험한 후쿠자와는 신분제에 기반한 봉건체제를 증오했다.

만일 일본의 쇄국이 지속되고 봉건체제가 그대로 유지되었다면 후

오사카 쿠라야시키들이 즐비한 광경

쿠자와는 아버지처럼 번의 말단 관료나 서당 훈장으로 일생을 마쳤을 수 밖에 없다.[9] 그러나 후쿠자와가 18세가 되던 해인 1853년, 페리 제독의 함대가 우라가(浦賀) 만에 나타난다. 「구로후네(黑船, 흑선)」의 출현은 큰 충격이었다.

아버지의 직책을 이어받은 유키치의 형 산노스케는 유키치에게 나가사키로 가서 네덜란드어와 서양의 포술을 배울 것을 제안한다. 나중에 번에서 봉직할 수 있는 기술을 배우기 위해서였다. 네덜란드에 대해서도, 외부세계에 대해서 아무것도 몰랐던 유키치는 다만 고향을 떠나고 싶은 생각에 형의 제안을 기꺼이 받아들인다.[10]

두 형제는 「일미화친조약(日米和親条約, 일명 「가나가와 조약」)」이 체결되기 1달 전인 1854년 2월 고향을 떠나 나가사키로 향한다. 나가사키에서 후쿠자와는 나가츠 다이묘 후계자의 「가로(家老, 다이묘를 보좌하는 최 고위 사무라이)」의 시종이 된다. 「가로」역시 포술을 배우기 위하여 나가사키에 와 있었다.

후쿠자와는 곧 포술 전문가에게 배속되지만 그 전문가가 일본인이었기에 네덜란드어는 잘 못했다. 뿐만 아니라 「가로」 아들은 후쿠자와를 시샘하여 후쿠자와의 어머니가 병이 났다는 가짜 편지를 보이면서 후쿠자와에게 고향으로 돌아갈 것을 종용한다. 후쿠자와는 이것이 거짓이라는 것을 알았지만 나가사키를 떠나기로 한다. 그는 관리의 서명을 위조하여 번의 돈을 인출하여 에도로 향한다.

후쿠자와는 에도로 향하는 길에 형이 있는 오사카에 우선 들린다. 나가사키에서 오사카는 배로 2주가 걸렸다. 항구로부터 걸어서 오사카의 나가츠 한 「쿠라야시키」로 가서 형을 만난다. 그의 형은 후쿠자와에게 에도로 가는 대신 오사카의 「데키주쿠(適塾)」에서 공부할 것을 제안한다.[11]

「데키주쿠」는 의사이자 「난학자(蘭學者)」인 오가타 고안(緖方洪

庵, 1810.8.13.~1863.7.25.)이 1838년에 설립한 사립 학교 였다. 빗추국(豊後国) 아시모리한(足守藩)의 하급무사 출신 인 오가타는 1825년부터 오 사카에서 「란가쿠(난학)」를 배 우고 1836년에는 나가사키 로 돌아가 네덜란드 의사 니만 (Erdewin Johannes Niemann, 1796~1850)으로부터 의학을 배운다.

오가타 고안

1838년 오사카로 돌아온 오가타는 의사로 활동을 시작하는 한편 「데키주쿠」를 설립하여 그 후 24년간 의학, 자연사, 화학, 물리학 등 을 가르친다. 그는 특히 자신이 소장하고 있던 네덜란드어-일어 사전, 네덜란드 백과사전 등 네덜란드 과학 서적들을 학생들에게 널리 읽힌 다. 1849년부터 종두법을 도입하여 에도와 큐슈에 186곳의 우두접종 센터를 개설하고 1858년에는 정부의 공식인가를 받는다. 1858년 일 본에서 콜레라가 창궐했을 때는 급히 유럽의 책들을 섭렵하여 콜레라 치료법에 관한 책을 출판한다.[12]

「데키주쿠」에서 수학하던 중 유키치와 그의 형 산노스케는 모두 병 에 걸려 고향 나가츠로 요양 차 돌아간다. 그러나 산노스케는 끝내 죽 는다. 후쿠자와는 형의 뒤를 이어서 나가츠 성의 성지기를 맡아야 했 다. 그는 어머니에게 「데키주쿠」로 돌아갈 수 있도록 허락해줄 것을 요청하고 결국 번의 허가를 받아 「데키주쿠」로 복학한다. 후쿠자와는 물리학, 화학, 의학을 공부하고 요새의 축조에 관한 네덜란드 책을 동

데키주쿠

료학생들과 함께 번역한다.「데키주쿠」의 우등생이었던 후쿠자와는 3
년간 수학하면서 네덜란드어를 유창하게 구사하게 된다.[13]

1858년 가을 후쿠자와는 나가츠번의 네덜란드어 교사로 임명된다.
그의 임지는 에도의 나가츠 번 번저였다. 후쿠자와는 드디어 수도인
에도에 입성한다.

1859년 일본은 그 전해에 체결된「일미수호통상조약」의 후속조치
로 시모다, 하코다테, 가나가와(요코하마)등을 개항한다. 후쿠자와는
개항한 가나가와를 찾는다. 그러나 그는 그곳에서 네덜란드어를 사용
하는 외국인은 극히 드물고 그 대신 영어가 널리 통용된다는 것을 알
고는 낙담하면서도 이내 영어를 배우기 시작한다. 그러나 선생도, 제
대로 된 사전도 찾을 수 없어 그의 영어 공부는 별다른 진척을 이루
지 못한다.[14]

이때 후쿠자와는 미국을 방문할 수 있는 절호의 기회를 잡는다.
1860년, 바쿠후는「일미수호통상 조약」의 비준서 교환을 위하여 미국

에 「견미사절단」을 파견한다. 후쿠자와는 「군함봉행(軍艦奉行)」으로 「간린마루」의 사령관에 임명된 기무라 요시타케(木村芥舟, 1830.2.27.~1901.12.9.)의 수행원으로 자원하여 사절단에 합류한다.

「간린마루」의 함장 기무라 요시타케

37일 간의 항해 끝에 2월 26일 샌프란시스코에 도착한 후쿠자와는 1개월간 머문다. 이 때 후쿠자와는 그곳 사진관의 딸과 사진을 찍고 『웹스터 영어사전』 등 영어 서적들을 구입하여 귀국한다.[15]

후쿠자와는 바쿠후의 번역사(「幕府外国方、御書翰掛、翻訳方」)에 임명되어 외교문서들을 번역한다. 그는 귀국한 해 샌프란시스코에서 구입한 광동어-영어 숙어사전에 일본어 발음을 추가하여 『증정화영통어(增訂華英通語)』를 출판한다. 후쿠자와의 첫 출판물이었다. 그는 요코하마에서 발행되는 영자 신문의 기사들을 번역하여 정부 내 관료들에게 회람시키기도 한다. 그 이듬해 후쿠자와는 나가츠 번의 상급 사무라이의 딸 오킨과 결혼한다.[16]

1862년 바쿠후는 「분큐 유럽 사절(文久遣欧使節)」을 파견한다. 일본은 1858년 유럽 각

샌프란시스코에서 사진사의 딸과 함께 사진을 찍은 후쿠자와 유키치

영국 전함 「오딘(HMS Odin)」

「분큐 유럽 사절」의 여정

1862년 「분큐 유럽 사절」의 통역관 후쿠자와(오른쪽에서 두 번째)

국과 맺은 수호통상조약으로 5개항을 개항하기로 합의하였으나 존황양이파의 극렬한 반대 등으로 인하여 개항을 연기하고자 유럽에 협상단을 파견하여 조약을 재협상한다. 후쿠자와는 이때 통역관에 임명되어 38명으로 구성된 사절단에 합류하여 유럽으로 향한다.

「분큐 사절단」은 1862년 1월 21일 영국 군함 「오딘(HMS Odin)」을 타고 시나가와 항에서 출항한다. 나가사키에 잠시 들렸다가 홍콩, 싱가폴, 실론(스리랑카), 예멘을 거쳐 이집트 수에즈에 상륙한 사절단은 철도편으로 카이로를 거쳐 알렉산드리아로 간다. 알렉산드리

1859년 첫 주 일본 영국 영사관으로 사용된 「도센지」

아에서는 다시 배를 타고 지중해를 건너, 몰타를 거쳐, 4월 3일 마르세이유에 도착한다. 4월 7일 철도편으로 파리에 도착한 사절단은 프랑스와 교섭을 하지만 프랑스는 일본 측의 개항연기 요청을 받아주지 않는다.

사절단의 다음 행선지는 영국이었다. 칼레에서 도버 해협을 건너 4월 30일 런던에 도착한 사절단은 초대 주 일본 영국 영사로 임명되어 1858년부터 일본에 상주하고 있던 앨콕(Sir John Rutherford Alcock, 1809.5.25.~1897.11.2.)이 영국으로 일시 귀국하는 것을 기다린다. 영국에 도착하여 사절단과 합류한 앨콕은 당시 일본의 극렬한 반외세주의자들이 개항에 반대하고 있음을 본국 정부에 설명한다. 실제로 앨콕의 통역사는 1860년 당시 도쿄의 「도센지(東禅寺, 동선사)」에 위치한 영국 영사관 정문에서 존황양이파들에게 살해당한다. 앨콕 본인도 1861년 7월 5일 미토한의 존황양이파 로닌들의 공격을 받는다. 앨콕은 이 때 직원들과 함께 전투 끝에 로닌들을 격퇴한다.

일본의 사정과 입장을 잘 아는 앨콕의 도움으로 사절단은 6월 6일 효고, 니가타, 에도, 오사카의 개항을 1868년 1월 1일까지 5년 연기한다는 내용의 「런던 각서(London Protocol)」를 체결한다.

1861년 7월 5일 영국 영사관에 난입한 로닌들과의 결투 장면

런던 사우스 켄싱턴의 만국 박람회장

런던 만국 박람회장 내부 사진

박람회에 전시된 기관차(London and North Western Railway Lady of the Lake class locomotive No. 531)

박람회에 전시된 계산기(Babbage's Analytical Machine)

　성공적인 협상 후 사절단은 런던에 1주일간 더 머물면서 당시 개최 중이던 「런던 만국 박람회(1862 *International Exhibition*. 일명 *Great London Exposition*. 1862.5.1.~11.30.)」를 관람한다. 일본 전시관에는 앨콕이 일본에서 수집한 일본의 풍물들이 전시되어 있었다. 후쿠자와에게는 산업혁명을 주도하면서 세계경제를 견인하던 영국의 국력을 직접 경험해 볼 수 있는 기회였다.

사절단은 이어서 암스테르담과 베를린에 들러 네덜란드(6월 13일), 프로이센(7월 18일)과도 개항을 5년간 유예하는 각서를 체결한다. 8월 8일에는 러시아의 상트페테르부르크에 도착한다. 러시아와는 개항 재협상이 아닌 사할린 국경 획정에 관한 협상이 목적이었지만 합의에 이르지는 못한다.

후쿠자와 유키치. 1862년 네덜란드 위트레히트에서.

귀국 길에는 카우나스(Kaunas, 오늘의 리투아니아의 도시), 프로이센, 프랑스, 포르투갈, 지브롤터를 거쳐 1863년 1월 30일, 시나가와 항에서 출항한지 1년만에 귀국한다.

이 여행을 계기로 후쿠자와는 1864년부터 『서양사정(西洋事情)』을 집필하기 시작하여 1866년에 『초편(初編, 제 1권)』을 출간한다.[17] 후쿠자와는 유럽 번영의 비밀은 기술의 진보에 있다고 봤다. 그는 사람들의 지식과 사고의 수준이 혁명적으로 변하는 것이 사회발전의 필수조건이라는 사실도 절감한다. 사절단 일원으로 런던에서 체류하고 있는 동안 친구에게 보낸 편지에 그는 일본의 가장 시급한 일은 「기계와 무기를 사는 것 보다 젊고 유능한 인재들을 기르는 것」이라고 한다.[18]

그리고 1867년 다시 한번 미국을 방문할 기회를 잡는다. 이번에는

1862년 에도 쓰키지(築地)에 있던 나가츠 번저 내의 「난학숙」, 「게이오 대학」의 발상지다. 좌측 언덕 아래 평지

일본이 미국으로부터 전함을 구입하는 문제를 협상하기 위해서 처음으로 워싱턴과 뉴욕을 방문한다. 후쿠자와의 가장 큰 목표는 서적들을 구하는 것이었다. 그는 가져간 모든 돈을 책 사는데 사용한다.[19]

귀국 후 후쿠자와는 번숙 운영에 본격적으로 뛰어든다. 1867년에는 학생 숫자가 100명으로 는다. 그러나 난학숙 운영은 실제로 한 달에 6일만 일하는 것이었기 때문에 나머지 시간은 책을 읽고, 쓰고, 가르치는데 사용한다.[20]

이때 후쿠자와의 공부는 일대 전환점을 맞는다. 『서양사정 초편』은 미국과 영국, 네덜란드를 다뤘다. 『제 2편』은 러시아, 프랑스, 포르투갈, 프로이센 등을 다룰 예정이었다. 그러나 『제 2편』을 준비하던 중 후쿠자와는 갑자기 계획을 바꿔 2권을 쓰는 것을 미룬 채 버튼(J.H. Burton)의 『정치경제(Political Economy)』를 번역한다.[21] 후쿠자와가 본격적으로 서양을 공부, 분석, 이해하고 그것을 일본의 맥락에서 해석하면서 메이지 시대의 이데올기를 정립하기 시작한다. 그리고

1868년과 1870년에 각각 2권과 3권을 출간한다.

메이지 유신 이후에는 거듭되는 유신정부의 종용에도 불구하고 정부에 참여하지 않는다. 유신 이후에도 후쿠자와는 꾸준히 서양의 서적들을 번역하여 출판한다.[22] 1870년부터는 번역보다는 본인의 저서 집필에 집중한다. 1872년에는 『학문의 권유(學問のすすめ)』, 1875년에는 『문명론의 개략(文明論之概略)』을 출간한다. 『학문의 권유』는 1872년에서 1876년 사이에 쓴 글들을 모은 것이다. 이로써 후쿠자와의 「문명개화론」은 완성된다.

3. 스코틀랜드 계몽주의와 「문명발전 단계론」

스코틀랜드 계몽주의자들에게 가장 큰 영향을 끼친 사상가들은 토마스 홉스(Thomas Hobbes, 1588.4.5.~1679.12.4.), 르네 데카르트 (René Descartes, 1596.3.31.~1650.2.11.), 존 로크(John Locke, 1632.8.29. ~1704.10.28.), 휴고 그로티우스(Hugo Grotius, 1583.4.10.~1645.8.28.), 사무엘 푸펜도르프(Samuel von Pufendorf, 1632.1.8.~1694.10.13.) 등이었다.

그 중에서도 가장 중요한 것은 존 로크였다. 로크는 1689년에 출간한 『제2 시민정부론(Second Treatise of Government)』에서 「자연의 상태」라는 개념을 이용하여 정부가 시민들을 통치할 수 있는 권한, 즉 「정통성(legitimacy)」을 어떻게 획득할 수 있는지 설명한다.

로크에 의하면 인간은 「사회」를 건설하기 전에는 「자연의 상태」에 머물고 있었다. 「자연의 상태」에서의 인간은 신이 부여한 동등한 생존권, 자유권, 재산권을 갖고 있었다. 신이 모두에게 동등한 자유를 부여한 이유는 인간을 사랑하기 때문이다. 「모두의 주인이신 그분은 누구를 다른 사람보다 높은 지위에 놓지 않으셨으며」 따라서 「모든 사람은 자연히 완벽한 자유의 상태에 있다」고 한다. 신이 인간들에게 부과한 유일한 제한은 「자연법(Law of Nature)」이다. 자연법은 「신의 목소리(Voice of God)」이며 인간의 이성으로 충분히 알 수 있다고 한다.[23]

「자연의 상태」라는 개념은 17세기 말부터 북미 신대륙 원주민들의 「원시 사회」의 모습이 유럽에 전해지기 시작하면서 태동된다. 당시 북미 대륙을 다녀온 사람들의 목격담에 의하면 그곳 원주민들의 사회는 당시까지 알려졌던 인류 사회 중 가장 「원시적」인 사회였다. 『구약 성경』에서 가장 원시적인 사회는 아담과 하와가 「에덴 동산」에서 쫓겨나서 만든 사회였다. 구약에 의하면 아담과 하와의 큰 아들인 가인은 가축을 길렀고 작은 아들 아벨은 농사를 지었다. 그러나 당시 유럽에 전해진 바로는 아메리칸 인디언들은 가축도 없었고 농사도 짓지 않았다.

로크는 자신이 전해들은 북미대륙의 원시사회의 모습에 기반하여 「태초에는 모든 세계가 아메리카와 같았다」고 한다. 인디언들은 법도 제도도 없었고 따라서 신분과 재산도 없었다. 이러한 상황에서 인디언들은 개개인이 자신의 삶과 재산을 책임졌다. 만일 생명이나 재산에 위해가 가해졌다면 각 개인은 가해자를 벌할 수 있는 권한이 있었다. 로크는 법이나 경찰, 법원이 없는 「자연의 상태」에서의 인간은 각자가 판사요 사형집행자라고 한다.[24]

「자연의 상태」에서의 삶은 「불편(inconvenient)」하였다. 약자는 강자에게 당할 수 밖에 없었고 생명과 자유, 재산은 「매우 위태로웠다 (very insecure)」. 따라서 먼 옛날, 사람들은 모여서 「시민 사회(civil society)」를 결성하였다. 물론 이에 대한 기록은 찾아볼 수 없지만 로크는 이를 추론할 수 있는 흔적들은 곳곳에서 발견할 수 있다고 주장한다.[25]

「시민 사회」를 결성하기 위해서 사람들은 「사회 계약」을 맺는다. 그들은 개인들이 단죄하고 처벌할 수 있는 권리를 포기하고 그 대신 사회의 보호를 받기로 한다. 개인들이 원하는 보호장치를 제공하기 위해서 사회는 정부를 수립하고 법을 제정하고 이를 집행할 수 있는 사람들을 임명한다.

그러나 사람들은 「자연권」을 포기한 것은 결코 아니다. 오히려 「시민 사회」에서는 생명, 자유, 재산 등의 천부인권(天賦人權)이 인간이 만든 「시민법(civil law)」보다 근본적인 것으로 간주된다. 「시민법」은 「천부인권」을 보호하기 위한 도구다. 따라서 천부인권을 보호하는 정부는 정통성이 있는 정부이고 이를 침해하는 정부는 정통성을 상실한다. 시민들에게는 자신들을 억압하고 천부인권을 보호하지 못하는 전제적인 정부는 전복시키고 천부인권을 지켜주는 정부로 대체할 수 있는 권리가 있다. 정부의 정통성은 천분인권인 자유와 평등, 사유재산권을 보호할 때만 생긴다.[26]

애덤 스미스

애덤 스미스는 로크의 「자연의 상태」 이론을 계승, 발전시킨다. 그리고 그 과정에서 「경제발전 단계론」을 만들어낸다.

스미스는 스코틀랜드 파이프(Fife)의 커칼디(Kirkcaldy)에서 태어난다. 버그 중학교 (Burgh School of Kirkcaldy)에서 라틴, 수학, 역사, 수사학을 공부한 스미스는 14세가 되던 1737년 글래스로우 대학

애덤 스미스(1790년)

글래스고우 대학

에 입학하여 스코틀랜드 계몽주의의 태두라 일컫는 프랜시스 허치슨 (Francis Hutcheson, 1694.8.8.~1746.8.8.) 밑에서 도덕철학을 공부하고 1740년부터는 장학금을 받아 옥스포드 대학 밸리올 칼리지(Balliol College, Oxford)에서 「대학원(post-graduate studies)」 과정을 밟는다.

옥스포드에서 6년간 공부를 마친 스미스는 1751년 글래스고우 대학 논리학 교수에 임용되고 그 이듬해에는 도덕철학 교수에 임명된다. 1778년에는 스코틀랜드 세관 청장(commissioner of customs)에 임명된다.

스미스는 글래스고우 대학에서 「윤리학(ethics)」, 「정치경제(political economy)」, 「자연신학(natural theology)」, 「법과 사회(law and society)」 등의 과목을 가르친다. 1759년에는 「윤리학」 강연록을 정리해서 『도덕감성론(Theory of Moral Sentiments)』을 출간하고 1776년에는 「정치경제」 강연록을 정리하여 『국부론(The Wealth of Nations)』을 출간한다. 그러나 「자연신학」이나 「법과 사회」의 강연록들은 생전에 출

애덤 스미스가 세관청장에 임명된 후 1778~1790년 어머니와 함께 살았던 팬뮤어하우스(Panmure House)

라피토우 신부

간하지 못한다. 다행히 스미스의 사후에 그의 학생들이 필기한 강연록들이 발견되어 출간된다. 스미스의 「경제 발전 단계론」은 그의 「법과 사회」 강연록에 담겨있다.[27]

스미스의 「경제 발전 단계론」 역시 로크의 경우와 마찬가지로 당시 유럽에 전해지기 시작한 아메리카 인디언들의 원시사회에 대한 정보에 기반하고 있다. 그러나 로크는 비록 「태초에 모든 세계는 아메리카와 같았다」고 했지만 실제로는 아메리카 대륙 원주민들의 사회에 대한 정확한 정보는 없었으며 그의 「자연의 상태」에 대한 묘사 역시 유추일 뿐이었다. 반면 스미스는 예수회 신부 요셉-프랑스와 라피토우(Joseph-Francois Lafitau, 1685.5.31.~1746.7.3.)의 글

을 접할 수 있었다.[28]

라피토우는 예수회 신부로 1711~1717년까지 6년간 캐나다의 이로쾨(Iroqois) 인디언들과 살면서 전교활동을 벌인다. 「최초의 인류학자」라 일컫는 라피토우는 이로쾨 인디언들의 사회에 대한 상세하고 과학적인 관찰을 1천 페이지에 담은 『원시시대의 관습과 비교한 아메리카 인디언들의 관습(Moeurs des Sauvages Amériquains, Comparées aux Moeurs des Premiers Temps)』이라는 책을 1724년 파리에서 출간한다.[29]

라피토 책에 실린 당시 아메리칸 인디언들의 생활상 삽화

스미스는 친구 윌리엄 로버트슨(William Robertson, 1721.9.19.~1793.6.11.)과의 학문적 교류를 통해서도 아메리칸 인디언들의 사회에 대해서 보다 정확한 정보를 얻을 수 있었다. 로버트슨은 1777년 『아

윌리엄 로버트슨

메리카의 역사(The History of America)』라는 책을 출간한다. 이 책에서 로버트슨은 「고대 그리스와 로마의 학자들은 인류가 다양한 사회단계를 거쳐서 발전해 왔다」는 사실에 대하여 「제한적인 이해」만 갖

고 있었다고 한다.

시민사회가 형성되었던 곳에서는 많은 발전이 이루어졌지만 그 단계에 도
달하기 전에 사라진 부족들도 있었다. 스키타이족과 게르만족에 대해서
는 고대의 학자들이 우리에게 믿을 만한 얘기를 전해주었는데 이들은 가
축 떼를 소유하였고 다양한 종류의 재산들을 소유하였고 인간의 원시적
인 상태에 비교한다면 상당한 수준의 문명을 이룩하였다고 할 수 있다.[30]

고대의 학자들과 근대의 학자들의 차이는 아메리카 대륙의 발견에
서 기인한다. 아메리카의 발견 이후에도 「거의 2세기가 지나서야 그
곳 원주민들의 삶의 양태가 학자들의 제대로 된 관심의 대상이 되었
다.」고 한다.
이러한 정보를 바탕으로 스미스는 아메리칸 인디언들이 그때까지 알
려진 것 보다 훨씬 더 인류 사회발전의 초기단계에 있다고 결론 내린다.

5세기 초에 유럽을 침략하기 시작한 북부 부족들(northern nations)의
사회는 오늘날의 아메리칸들의 사회보다 한 단계 더 발전된 사회였다. 아
메리카 인디언들은 아직도 가장 투박하고 야만적인 수렵의 단계에 머물
고 있는 반면 다른 사회에서는 목동과 심지어는 약간의 농업도 하고 있었
다. 이 두 단계 사이의 발전이야 말로 사회 발전의 가장 중요한 단계다.[31]

그러면서 스미스는 인류가 「자연의 상태」에서 「사회계약」을 통하여
「시민사회」로 일거에 이동하였다는 로크의 사회계약론을 부정한다.
그 대신 인류 사회가 가장 원시 상태였던 수렵사회에서 서서히 발전해
나왔다는 가설을 세운다.
스미스는 아메리카 인디언들에 대한 연구를 접하면서 원시사회에

대한 이해를 도모하는 한편 당시의 유럽이 과거와는 다른 차원의 경제발전을 이룩하고 있다는 사실을 감지하기 시작한다. 잉글랜드와 남부 스코틀랜드가 상업과 산업의 발달로 급격하게 변하는 모습을 목도한 스미스는 이를 설명하기 위해 골몰한다. 이 과정에서 그는 원시, 목축, 농업, 그리고 상업사회, 산업사회를 하나의 틀에 넣어서 설명하는 「경제발전단계론」을 완성한다.[32]

스미스의 글래스고우 대학 「법과 사회」 강연은 그의 4단계 「경제발전단계론」으로 시작한다.

> 역사의 4단계는 수렵, 목축, 농업, 그리고 상업이다. 만일 난파선의 생존자들이 무인도에 도달한다면 그들이 먹을 수 있는 것은 땅이 자연스럽게 제공하는 과일들과 자신들이 잡을 수 있는 야생동물일 것이다. 그러나 때로는 이것만으로는 부족하게 될 때가 있을 것이고 그렇게 되면 야생 동물들을 길들여서 항상 잡아먹을 수 있게 할 것이다. 시간이 지나 이마저도 부족하게 되면 땅이 자연스레 상당량의 채소를 생산해내는 것을 보고는 그것을 경작하여 더 많이 생산하도록 할 것이다. 그렇게 탄생하는 농업은 그 나라의 주요 산업이 될 때까지 상당한 세련화 과정을 거쳐야 한다.[33]

사회가 발전할수록 처음에는 개인들이 자신의 복지를 위하여 필요한 만큼 사용하던 여러 기술들이 분업화되기 시작한다. 어떤 사람은 자신이 하고 싶은 한가지를 발전시키는데 집중하고 다른 사람들은 다른 것들을 개발한다. 그들은 각자가 자기가 필요한 것 이상으로 생산한 것을 자신들이 필요하지만 생산하지 않은 물품들과 교환할 것이다. 이러한 상품 교환은 같은 사회내의 구성원들 사이에서만 일어나는 것이 아니라 다른 나라들의 구성원들과도 이루어질 것이다. 우리는 프랑스에 직물, 철공, 기타 작은 물품들을 보내고 그들의 와인과 교환한다. 상업의 시대는 이렇

게 대두하게 된다.[34]

스미스는 그 다음 각 발전 단계에 대한 자세한 논의를 전개한다. 특히 재산권에 대한 권리와 보호를 강력하게 주장한다. 스미스는 재산의 성격이 그 사회의 법과 정부의 성격을 결정한다고 생각했다. 가장 원시적인 수렵 단계에서는 개인의 소유 이외의 재산이라고는 없었기에 정부가 필요 없었다. 「재산이 생기기 전에는 그 설립목적이 부의 보호이고 부자들을 가난한 사람들로부터 보호하는 것이 그 존재이유인 정부도 없다.」[35]

진정한 의미에서의 「정부」는 목동의 시대(the age of shepherds)에 출현한다.

가축 떼와 무리가 생기면서 소득의 불균형을 낳고 이것이 정부의 탄생으로 이어진다⋯.. 이 목동들의 시대에는 한 사람이 500두의 소를 소유하고 다른 사람은 한 마리도 없을 경우, 그 재산을 보호해 줄 수 있는 정부가 없다면 그가 소들을 소유하도록 내버려두지 않을 것이다.[36]

또 다른 강의록에서 스미스는 다음과 같이 말한다.

가축 떼를 기르기 시작하면 재산이 급격히 는다. 그렇게 되면 서로를 해칠 수 있는 기회들이 많이 생기고 그런 해는 당하는 사람에게는 치명적인 것이다. 이러한 상태에서는 많은 법과 규정들이 만들어져야 한다. 도둑질과 강도질이 쉽게 일어나기에 그만큼 더 철저하게 처벌해야 될 것이다.[37]

목가적인 시대가 지나면 농업과 상업의 시대가 온다. 이 시대에는 법들이 더 많이 생기지만 그 대신 불법에 대한 처벌은 오히려 가벼워진다.

농업의 시대에는 그 전 단계처럼 도둑질과 강도질에 노출되지는 않지만 재산을 소유하는 사람들의 숫자가 늘어날수록 재산권을 침해하는 방법도 점차 많아진다. 목동들의 시대에 비해서 법의 숫자는 많아지지만 그 처벌 강도는 오히려 약화된다.[38]

상업의 시대에는 법이 더 많아진다.

상업의 시대에는 재산을 갖고 있는 사람들이 급격히 늘면서 그에 상응하여 법도 증가할 수 밖에 없다. 사회가 발전할수록, 그리고 사회구성원들의 생계를 유지하는 방식들이 다양해질수록 정의를 보장하고 재산권에 대한 침해를 방지하기 위한 법률과 규정은 늘어나기 마련이다.[39]

스미스는 로크와 달리 「자연권」이나 「신부적인 권리」에 대해서 말하지 않았다. 스미스의 경제발전 단계론에서는 「사회계약」을 통한 「자연의 상태」에서 「시민사회」로의 급격한 전환, 정부와 사회의 결성도 일어나지 않는다. 그 대신 「생존수단(means of subsistence)」이 바뀌면서 재산을 소유한 사람들의 이해관계는 자연스레 정부수립으로 이어지고 법은 재산이 가축 떼, 농토, 상품과 생산기계냐에 따라 달라진다.[40]

애덤 퍼거슨

애덤 퍼거슨 역시 문명 발전 단계론을 설파한 스코틀랜드의 학자다. 스미스가 경제학자였다면 프거슨은 사회, 정치학자였다.

퍼거슨은 스코틀랜드 하이랜드(Highlands)의 작은 마을에서 태어났다. 그의 아버지는 장로교 목사였고 퍼거슨 역시 목사가 되고자 하

였다. 그는 세인트 앤드루 교
구의 학교를 졸업하고 에딘버
러 대학에서 수학한다. 1745
년에 대학을 졸업한 퍼거슨은
1745~1757까지 영국군의
「블랙 워치 대대(Black Watch
Regiment)」에서 교목으로 복
무한다. 1757년 34살의 나이
에 데이빗 흄의 뒤를 이어 「대
율사도서관(Advocates Library)」
의 관장으로 취임한다. 2년 후,

애덤 퍼거슨

그는 에딘버러 대학의 자연철학 석좌교수에 임명되고 5년 후에는 심
리철학과 도덕철학 석좌교수에 취임한다. 그 후 1785년 퇴임할 때까
지 26년간 에딘버러 대학에서 가르친다.[41]

에딘버러의 대율사 도서관(Advocates Library)

에딘버러 대학교

퍼거슨은 1767년 『시민사회사(An Essay on the History of Civil Society)』를 출간한다. 스미스가 존 로크의 「자연의 상태」이론과 「사회계약론」 비판에서 출발하여 자신의 경제 발전 단계론을 개진하였다면 퍼거슨은 루소(Jean-Jacques Rousseau, 1712.6.28.~1778.7.2.)의 「자연의 상태 이론」과 「사회계약론」 비판에서 출발한다.

루소는 1762년 출간된 『사회계약론』과 1765년에 출간된 『불평등기원론』에서 인간은 「자연의 상태」에서만 진정으로 인간다울 수 있다고 주장한다. 루소에 의하면 자연의 상태에서 사는 인간은 「고귀한 야만인(noble savage)」으로 자립적이면서 타인들과 조화롭게 살 수 있는 존재다. 반면 「문명인」은 문명의 가식 때문에 타인에 의존적이게 되고 자신의 많은 잠재력마저도 문명에 의해서 사장된다고 주장한다.

퍼거슨은 스미스처럼 우선 「자연의 상태」의 존재를 부정한다. 퍼거슨은 가장 원시적인 인간도 공동체의 일원이었으며 「자연의 상태」에 홀로 남겨져 있던 인간은 없었다고 한다. 반면 가장 세련된 문명도 가장 야만적인 상태와 똑같이 「자연스러운 것」이라고 한다.

> 인간사를 논하는데 있어서 사용하는 용어들 중 「자연적」, 「부자연적(인위
> 적)」만큼 그 의미가 모호한 것은 없다. 만일 누가 「자연의 상태」를 어디에
> 서 찾을 수 있는지 묻는다면 우리는 「바로 여기다」고 얘기할 수 있다. 그
> 리고 그것이 영국이라는 섬이든, 희망봉이든, 마젤란 해협이든 어디든 아
> 무런 상관없다……야만인이 처한 환경이나 시민이 처한 환경을 보면 인
> 간의 작위(作爲)의 근거를 수 없이 찾아볼 수 있다. 그리고 어느 상태이든
> 그것은 고정된 것이 아니고 지나갈 수 밖에 없는 여정의 한 단계일 뿐이
> 다. 궁전이 인위적인 것이라면 오두막 역시 마찬가지다. 반면 고도로 세련
> 된 정치적, 도덕적 지식도 가장 기본적인 감정이나 이성에 비하여 더 인위
> 적인 것이 결코 아니다.[42]

　그러면서 퍼거슨은 인간의 본성에 대한 분석에서부터 자신의 이론
을 개진한다. 그는 자신이 처한 조건을 향상시키고자 하는 것이 인간
의 본성이라고 한다.

> 우리는 작위를 자연과 구별하고자 한다. 그러나 작위 자체가 인간에게는
> 자연스러운 것이다. 인간은 처음 태어나서부터 발명하고 고안하면서 자
> 신의 틀, 자신의 운명을 인위적으로 창조하도록 운명 지워진 존재다. 자
> 신이 하고 있는 일을 항상 더 잘 할 수 있는 방법을 모색하고 어디를 가든
> 지 이러한 의도를 갖고 다닌다. 인구가 많은 도시의 거리를 지나든지, 아
> 니면 가장 깊은 밀림에서도…… 동굴 속에서 살고 있다면 오두막으로 향
> 상 시키고자 한다…… 그를 상징하는 것은 고여있는 웅덩이가 아니라 흘
> 러가는 냇물이다.[43]

인간이 동물들과 다른 점이다. 동물들의 역사는 새끼들이 각기 태어나서 자라는 것에 그친다. 그러나 인간은 「개인만 영아에서 성인으로 성장하는 것이 아니라 인간이라는 종 자체가 투박한 상태에서 문명으로 성장한다.」[44]

퍼거슨은 스미스의 「경제발전단계론」을 받아들인다. 야만인들(savages)은 수렵을 하였고 미개인(barbarian)들은 목축도 하였지만 일부 농사도 지었다. 세련된 국가들은 대부분 발전된 상업 사회를 이루고 있다. 그러나 퍼거슨은 경제가 모든 것을 결정짓는다고는 생각하지 않았다.

그는 경제와 정치는 각자의 영역이 있었고 서로 어느 정도 독립된 영역이었지만 상호 밀접하게 연관되어 있다고 생각했다.

> 극히 드문 경우를 제외하고는 상업과 정치는 함께 발전한다. 유럽에서는 경제와 정치는 서로 얽혀있기 때문에 어떤 것이 먼저였는지, 서로 주고받는 영향에 의해서 어느 것이 더 이득을 보았는지 알 수 있는 방법이 없다.[45]

「정치」란 인민들의 정신, 시민의식(civic virtue), 정부의 형태를 통틀어 일컫는 말이다. 인민이 활기차고 용감하고 공적인 정신을 갖고 공동체 의식이 강하다면 그 나라는 강하다. 그러나 사회가 시민의식을 상실하고 비겁해지고 타락한다면, 또는 부를 맹목적으로 추구하고 부로 사회적 지위의 척도를 삼는다면 그 사회는 쇠락한다. 그러한 쇠락은 문명발전의 어느 단계에서도 일어날 수 있다.[46]

『시민사회사』의 마지막 장들은 사회의 부패와 쇠락과 관련된 주제들을 다룬다. 그는 야만과 미개사회도 부패와 쇠락으로부터 결코 자유롭지 않다고 한다. 야만과 미개 사회도 「나약하고 겁 많은」 사회일 수 있으며 사회 전체를 부유하게 하기 위해서 약탈을 자행하는 것이 아니라 약탈 그 자체를 위해서 하게 될 때 그 사회는 쇠락할 것이라고 한다. 그럼에도 불구하고 대부분의 야만사회와 미개한 사회들은 활기차며 강한 공동체 의식으로 엮여있다고 한다.[47]

보다 높은 발전 단계에 있는 강국도 시민의식이 약해지면 쇠락할 수 있다. 「한때는 그토록 호전적이었던 그리스의 도시국가들은 그 활력이 완화되면서 한때 동방의 군주들과 다투던 패권을 무명의 국가에 빼앗기고 말았다.」 로마 역시 마찬가지였다.[48]

역사는 세련된 국가들이 영광을 유지하는 것이 쟁취하는 것 보다 훨씬 어렵다는 것을 보여준다.

> 인간의 덕성/수월성(virtue)은 자신들의 목적을 달성한 이후가 아니라 그 목적을 달성하기 위한 투쟁의 과정에서 빛난다. 그 목표들은 덕성/수월성을 통해서만 쟁취할 수 있지만 많은 경우 부패와 부도덕의 원인을 제공한다. 인간은 자신이 속한 나라의 행복을 증진시키기 위해서 노력하는 과정에서 자신들의 본성을 향상시키는데 집중하기 보다 부를 증진시키는데 더 노력한다. 그들은 「문명화」, 「세련화」의 미명하에 자신들을 숭배하기 시작한다. 이를 부끄럽게 여기는 대신 그들은 번영이 조장한 태만함에 빠지고 만다.[49]

그리고 아무리 자유롭고 안정된 사회도 오히려 완벽에 도달하는 순간 도덕적으로 쇠락하기 시작할 수 있다.

> 자유의 완성을 위하여 고안된 국가의 제도들이 시민들에게 능동적으로 행동할 것과 자신들의 권리를 손수 지킬 것을 요구하는 대신 그의 관심과 노력이 없이도 그에게 안전을 제공하기 시작한다면 겉으로 보기에 완벽한 정부도 사회의 결속력을 약화시키고 다양한 계층들간의 화합을 도모하

는 대신 독립이라는 미명하에 그들을 갈라놓고 소원하게 만들 수 있다.[50]

퍼거슨은 건강한 시민사회를 유지하기 위해서는 어느 정도의 위험과 고난, 투쟁은 필수라고 생각했다.

4. 미국의 지리 교과서와 『서양사정』

스코틀랜드의 계몽주의 사상은 스코틀랜드에서 미국, 독일, 이탈리아, 러시아 등지로 퍼졌고 18세기 후반에는 대학가를 벗어나 교육 수준이 높은 일반인들 사이에도 확산된다. 19세기 초에 이르면 인간 사회가 발전단계를 거친다는 생각은 교과서를 통하여 널리 퍼지고 19세기 중엽이 되면 구미의 일반 대중들은 대부분 「문명발전단계론」을 상식으로 받아들이게 된다.[51] 스코틀랜드 계몽주의 사상가들이 사회계약론을 극복할 수 있는 「원시 사회」의 원형을 제공하였던 미국에서는 특히 이들의 「문명발전단계론」을 적극 받아들인다.

1800년대 초반까지만 해도 독립한지 20여년 밖에 안된 미국 인구의 절반은 미국이 아직 영국식민지였을 당시에 태어난 사람들이었다. 대부분은 『구약 성경』에 나오는 「창조론」을 믿는 기독교 근본주의자들이었다. 그러나 이들은 스코틀랜드 계몽주의 사상을 접하면서 세계에는 서로 다른 발전단계에 있는 사회들이 있다는 사실도 인지한다.[52]

미국 최초의 지리 교과서는 「미국 지리학의 아버지」로 불리는 모스(Jedidiah Morse, 1761.8.23.~1826.6.9.)가 1801년에 출간한 『지리학 기초(Elements of Geography)』다. 모스는 「창조론자」였던 동시에 초기

「문명발전단계론자」였다. 그 는 천지가 창조된 해를 기원전 4004년으로 계산하였다. 「노 아의 홍수」는 천지가 창조 된 지 1656년이 지난 시점에 일 어났으며 홍수 이전의 지구의 인구는 13조 7천억이었고 인 간의 수명도 현재보다는 10배 나 길었다고 한다. 그러나 이 인구의 대부분은 홍수에 휩쓸 려 버렸고 오늘의 사회는 살아

제다이아 모스. 그의 아들은 유명한 화가이자 모스 부호를 발 명한 새뮤엘 모스(Samuel Morse, 1791.4.27.~1872.4.2.)다.

남은 자들의 후손들로 구성되어 있다고 한다. 그런데 이들은 다양한 발전 단계의 사회에 살고 있다.[53]

유럽은 가장 작지만 가장 향상(improved)되고 문명화(civilized)되었다.

모스의 지리교과서에 실린 1824년 경의 미국 지도

아프리카는 가장 야만적이고 가장 덜 알려져 있다. 아시아는 가장 부유하고 가장 오래 전부터 사람들이 살고 있었고 가장 흥미로운 일들이 벌어지는 곳이다. 미국은 가장 크고, 웅장한 산과 강을 갖고 있지만 인구가 가장 적고 가난할 뿐만 아니라 아직도 가장 덜 탐험되었다.[54]

조셉 에머슨 워체스터

「문명발전단계론」을 구체적으로 묘사한 최초의 교과서는 1819년 조셉 워체스터(Joseph Emerson Worcester, 1784~1865)였다. 필립스 아카데미 앤도버(Phillips Academy, Andover)를 졸업하고 1811년 예일대학을 졸업한 워체스터는 여러 학교에서 지리 교사를 역임한다. 그는 『지리의 요소: 고대와 근대(Elements of Geography, Ancient and Modern)』라는 교과서에서 「인류는 야만(savage)과 미개(barbarous), 반(半) 문명적(half-civilized) 그리고 문명적(civilized) 단계에 존재하고 있다고 한다. 웨체서터는 애덤 스미스를 따라 경제체제를 문명 발전의 단계를 구별하는 기준으로 보았다.[55]

「문명발전단계론」이 뿌리 내리기 시작하면서 창조론은 점차 그 지위를 상실한다. 1830년에서 1870년 사이에 미국에서 출판된 지리 교과서에는 「문명발전단계론」이 단골로 등장한다. 어떤 교과서는 가장 발전된 단계를 「문명화되었다(civilized)」라고 하였고 다른 교과서들은 「개화되었다(Enlightened)」고도 하였다. 그러나 1880년대부터는 교과서들이 더 이상 「문명발전단계론」을 소개하지 않는다. 그러한 사관, 사고방식이 사라진 것은 아니었다. 오히려 인간 사회가 야만의 단계에서 문명의 단계로 발전해나 간다는 개념은 일반 대중의 인식에 깊이 뿌리내리면서 너무나 당연한 것으로 받아들여졌기 때문이다.[56]

새뮤엘 미첼

후쿠자와가 참고한 지리서 가운데 그에게 가장 큰 영향을 끼친 것은 새뮤엘 미첼(Samuel Augustus Mitchell, 1790~1868.12.20.)의 『미첼의 지리교과서(Mitchell's School Geography)』다. 미첼은 19세기 미국의 가장 인기 있는 지리학 교과서 저자였다. 수 대에 걸친 미국인들이 그의 지리 교과서를 공부했다.

미첼의 아버지는 미국 독립혁명이 일어나기 3년전 스코틀랜드에서 미국으로 이주해 왔다. 미첼은 학교 선생이었지만 당시 사용하던 지리학 교과서가 불만족스러워 자신이 직접 쓰기로 한다. 1839년 초판이 나온 후 1866년까지 필라델피아의 버틀러(E.H. Butler) 출판사에서 출판한 그의 지리서는 1년에 40만부가 팔리기도 한다.[57]

후쿠자와가 참고한 또 하나의 지리서는 새라 코넬(Sarah Sophie Cornell, ?~1875)의 『코넬의 고등학교 지리(Cornell's High School Geography』였다. 커네티컷 주 뉴런던시 출생인 코넬은 15세에 교사가 되어 오랫동안 공립학교 교장을 역임한다. 그리고는 교과서 저자로 나선다. 그의 지리서는 1856년에 초판이 출판된다. 미첼의 책과 같이 간단 명료한 설명과 함께 수많은 그림, 지도, 도표, 그리고 동판을 이용하여 그린 세계 각지의 장면들을 싣고 있었다.[58]

(왼쪽) 코넬의 고등학교 지리

후쿠자와는 1866년 『서양사정 초편』을 집필하고 있을 당시 미첼과 코넬의 지리 교과서를 모두 보유하고 있었다. 『서양사정 초편』의 첫 페이지에는 미첼의 지리서에 있는 기차가 돌다리 밑을 지나고 있는 그

『서양사정 초편』 첫 페이지

『서양사정 초편』 둘째 페이지

『세계국감』에 실린 『미첼의 새 학교 지리』의 삽화들

Interior View of Appleton's Book Store, 346 & 348 Broadway, New York.

뉴욕의 애플턴 서점(1856년 삽화)

림과 네덜란드 안트베르펜(Antwerpen)의 시가지를 스헬더강(Schelde) 건너편에서 바라보는 광경을 그대로 옮겨왔다. 두 번째 페이지는 『코 넬의 고등학교 지리』에 나오는 인류의 5가지 인종을 그린 그림을 그 대로 옮겨왔다.

1868년 후쿠자와는 버튼의 『정치경제』를 서양사정 『외편』으로 출 간하고자 번역하면서 다시 한번 미첼의 지리서를 인용한다.[59] 1869년 에는 초등학생들을 위한 지리서를 출간한다. 책 제목은 『세계국감(세 카이 쿠니즈쿠시, 世界国盡)』였다. 이 책은 후쿠자와가 1867년 미국을 방 문했을 당시 뉴욕의 「애플튼 서점(Appleton's)」에서 구입한 미첼의 최 신 판 『미첼의 새 학교 지리(Mitchell's New School Geography)』와 코 넬의 교과서에 기초하고 있다.[60]

5. 버튼의 『정치경제』와 『서양사정 외편』

후쿠자와는 1866년 『서양사정 초편(初編)』을 출간한 후 곧 이어 출간할 계획이던 『2편(二編)』 집필을 미루고 그 대신 버튼의 『정치경제』를 번역하여 1868년 『서양사정 외편(外篇, 가이헨)』이란 제목하에 출간한다. 원래 계획에는 없던 『외편』을 우선 출판하게 된 이유를 후쿠자와는 책의 「서문」에서 다음과 같이 설명한다.

> 내가 『서양사정 초편』에 실린 전체목차의 계획을 그대로 따랐다면 그것은 각 나라의 역사, 정치제도 등에 대한 지식만 담을 수 있었을 뿐 서구가 공통으로 갖고 있는 것을 제대로 반영하지 못했을 것이다. 이는 마치 집의 구조와 서까래, 기초, 지붕, 벽은 알지도 못하면서 여러 방만 들여다 보는 것과 마찬가지였을 것이다.[61]

버튼의 『정치경제』는 미국의 지리 교과서들이 제공하지 못한 두 가지를 제공한다. 첫째는 철학적인 틀이다. 버튼은 인간의 잠재력을 새롭게 발현해 나가는 것이 역사의 발전단계라고 설명한다. 그리고 이는 우주를 창조한 신의 의도에 따른 것이라고 설명한다. 둘째, 버튼은 각 발전 단계의 사회제도와 그 역사적인 맥락을 구체적인 예를 들어 설명하고 사회가 상위 단계로 발전할 때마다 사회구성원들의 행태도 어떻게 변하는지 설명한다.[62] 후쿠자와는 버튼의 『정치경제』를 통해서 처음으로 서구의 문명사회를 지탱하는 무형의 틀, 즉 가족, 사회, 경쟁, 정부, 교육, 법, 국제법 등에 대한 이해를 도모한다.

버튼(John Hill Burton, 1089~1881)은 스코틀랜드 애버딘에서 태어나서 애버딘 대학을 장학생으로 졸업한다. 졸업 후에는 에딘버러로 가서 변호사 시험에 합격한다. 에딘버러에서는 당시 스코틀랜드 철학의 대가였던 윌리엄 해밀턴(Sir William Hamilton, 1788.3.8.~1856.5.6.) 밑에서 공부한다. 그의 두 번째 부인에 의하면 버튼은 해밀턴의 과목들을 들으면서 「특히 도덕철학과 형이상학에서 두각을 나타냄으로써 본인을 포함한 많은 사람들이 그를 해밀턴 교수의

존 힐 버튼

조교로, 그리고 후임자로 심각하게 고려하였다.」고 한다.[63]

변호사 개업을 한 버튼은 결국 변호사업에 실패하고 생계를 위하여 작가로 전향할 수 밖에 없었다. 초기에는 역사, 시, 탐정소설 등 다양한 책들을 썼다. 그러나 점차 보다 학술적인 글들을 쓰기 시작했고 저명 학술지에도 글을 싣는다. 제레미 벤담(Jeremy Bentham)의 저작을 편집하고 데이빗 흄(David Hume)의 전기를 쓰고 1873년에는 『스코틀랜드사(History of Scotland)』를 쓰면서 학자로서의 명성을 굳힌다.[64]

1849년 아직 학자로서의 명성을 굳히기 전 수 많은 저작들을 쏟아내고 있을 때 그는 에딘버러의 출판사 「윌리암 앤 로버트 체임버스(William and Robert Chambers)」의 촉탁으로 『정치와 사회경제: 그 실질적인 적용(Political and Social Economy: Its Practical Application)』이라는 책을 쓴다. 책이 잘 팔리자 출판사는 버튼에게 같은 내용의 책을 보다 쉽게 써 달라고 요청한다. 그 결과가 『학교와 개인교습을 위한 정치경제(Political Economy for Use in Schools, and for Private Instruction)」였다. 그는 원고료로 50파운드 스털링을 받는다. 책은 1852년에 저자의 이름도 없이 출판된다.[65]

버튼의 『정치경제』는 「사회경제」라는 제목하의 14개 장, 「정치경제」라는 제목하의 22개 장 등, 총 36개의 짧은 장으로 구성되었다. 「사회경제」의 장들은 「가족」, 「개인의 권리와 책무」, 「문명」, 「경쟁체제로서의 사회」, 「민족으로 나뉜 인류」, 「정부의 기원」, 「인민의 교육」 등의 주제를 다루고 있다.

후쿠자와는 「사회경제」의 14개 장 중 13개 장을 「인간관계의 학」이라는 제목하에 번역한다. 반면 「정치경제」의 22개 장 중에서는 4개 장만 「경제의 학」이라는 제목하에 번역한다. 서문에는 그의 친구인 간다 고헤이(간다 다키하라, 神田孝平, 1830.10.31.~1898.7.5.)가 얼마 전 경제학 책을 번역하여 출간하였기 때문에 중복을 피하기 위해서라고 한다. 『정치경제』를 번역하여 출판한 1868년 당시 후쿠자와는 33세였다.[66]

인간

버튼의 『정치경제』는 「인간관」에서 시작한다. 「조물주(Divine Creator)」는 인간을 창조하여 지상이라는 한시적인 존재의 장에서 살면서 번성할 수 있는 능력과 성격을 부여 했다고 한다.

인간에게 주어진 존재의 조건 속에서 행복이란 그가 우연히 일어나는 상황에 얼마나 잘 적응하는지, 그리고 그러한 상황을 개선하기 위해서 동원할 수 있는 그의 능력에 달려있다. 그에게는 마음 내키는 대로 살 수 있는 수단은 주어지지 않았지만 정신적, 육체적 노력을 통해서 자신의 필요를 충족시키고 자신의 취향을 만족시킬 수 있는 것을 자신에게 공급할 수 있다는 사실을 깨달을 것을 종용한다. 이는 조물주가 인간을 적극적인 존재로 고안했음을 암시하는 것이다. 인간은 즐기기 위해서는 일을 해야만 한다. 그를 사방에서 위협하는 모든 위험 요소들도 인간이라는 경이로운 기계가 제대로 작동할 수 있도록 일부러 고안 된 것처럼 보인다. 우리는 난관에 부닥쳐 투쟁하고 그 투쟁을 통하여 좋은 결과를 얻는다.[67]

결혼

버튼은 이어서 결혼에 대하여 논한다.

결혼생활은 행복을 낳고 사회에 선한 영향을 끼친다. 하등 동물 사이에서는 새끼가 즉시로 부모로부터 독립하기 때문에 짝이라는 게 없다. 반면 새끼가 연약한 상태로 태어남으로써 양 부모의 보호가 필요할 경우에는 아무리 짧은 기간 동안이라도 짝을 맺는다. 따라서 이는 자연의 섭리이거나 신의 뜻일 가능성이 높다. 어린 인간은 영아 때 매우 연약하며 오랜 동안 그러한 상태에 있다. 따라서 우리가 확신할 수 있는 것은 이러한 경향은 자연이 특별하게 심어 놓은 것이라는 사실이다.[68]

이처럼 자연스러운 애정의 결과로 인간은 자식의 양육과 보호, 그리고 행복에 깊은 관심을 갖는다. 부모는 자식에 대하여서는 전혀 이기적이지 않다는 것이 자연의 법칙이다……인간은 세계의 다른 모든 것과 경쟁하면서 자신의 이익만을 추구하는 경향이 있다. 그러나 가정이라는 울타리 안에서는 그러한 생각은 없다. 그곳에서는 신성한 자애로움과 친절함만이 빛을 발한다. 마치 인류의 보다 나은 미래를 예시하듯.[69]

사회

그러나 사회는 가정과는 전혀 다르다. 버튼에 의하면 사회는 자연스러운 것이고, 경쟁의 장이며 문명의 단계에 따라 다른 행태를 보인다.

남자와 여자들이 민족이나 국가라는 이름 하에 보다 큰 사회를 결성하기 위해서 어울리는 것은 남자와 여자가 가족이라 불리는 작은 공동체를 형성하는 것만큼 자연스러운 일(dictate of nature, 후쿠자와는 天の道, 덴노미치로 번역)이다. 어떤 동물들은 홀로 다니고……다른 동물들은 집단을 이루어 산다. 인간은 본능적으로 사회적이다. 그는 사회를 통하여 다른 인간들과의 함께 있는 것을 즐기는 한편 사회생활을 통하여 다른 방법으로는 얻을 수 없는 자신에게 많은 유익을 가져다 줄 수 있다.[70]

버튼은 스미스, 퍼거슨 등 스코틀랜드 계몽주의자들의 후예답게 「사회계약론」을 거부한다. 인간은 본래 사회적인 동물이고 사회를 결성하기 이전의 「자연의 상태」라는 것은 없다고 한다.

경쟁

그 다음 버튼은 「경쟁」의 문제를 다룬다. 그는 「사회와 경쟁체제」라는 장에서 다음과 같이 말한다.

이해관계를 따지지 않는 애정과 서로를 위하여 희생을 두려워하지 않는 의지는 가정이라는 울타리의 특징이지만 그 울타리를 벗어난 일반적인 사회에서 일어나는 교류에는 적용되지 않는다. 사회에서는 각자가 자신의 길을 추구하고 자신의 노력에만 의지하고 자신의 목적을 달성하고자 한다. 그 과정에서 정도의 차이는 있지만 모두가 서로 경쟁한다. 따라서 사회는 경쟁이라는 원칙에 기반하고 있다. 이는 인간의 본성을 볼 때 매우 다행스러운 일이다. 왜냐하면 인간들끼리 서로를 모방하고자 하는 경향과 개개인이 최선을 다하려는 동기가 없다면 많은 소중한 일들이 이루어지지 않을 것이기 때문이다.[71]

경쟁은 자연스러운 것일 뿐만 아니라 좋은 것이다. 버튼은 인간의 경쟁적인 본성은 신의 계획의 일부라고 한다. 그리고 경쟁은 사회의 발전단계에 따라 다른 형태를 띤다.

저속하고 불완전한 사회에서는 인간이 자신을 내세우기 위하여 다른 사람들을 희생시킨다. 때로는 정복과 약탈을 통해(정복자들은 보다 스케일이 큰 도둑일 뿐이다), 때로는 사람들을 노예로 삼으면서, 다시 말해서 강제로 남들의 노동의 과실을 빼앗음으로써……그러나 인간의 본성이 순화되고 그들의 능력이 교화를 통하여 개발된 다음에는 전혀 달라진다. 문명의 상태에서는 인간이 자신을 향상시킴으로써 다른 인간들에게도 이익을 가져온다……그는 남들이 생산한 것을 빼앗아 부유해지는 것이 아니라 자신이 생산함으로써 부유해진다.[72]

1899년 출간된 『자서전(福翁自伝 후쿠오지덴, 복옹자전, 1899)』에서 후쿠자와는 1860년대에 『정치경제』의 초고 목차를 당시 바쿠후 재무성의 고위 관리에게 보여주었던 일화를 적고 있다. 그 고위 관리는 후쿠자와가 「사회라는 경쟁체제(Society a Competitive System)」를 번역하는데 「경쟁」이란 단어를 사용한 것에 이의를 제기한다. 그는 상인들이 이윤을 내기 위해서 서로 경쟁한다는 것은 인정하지만 「쟁(爭)」이란 글자가 「평화롭게」 들리지 않는다고 이유로 쓰지 못하도록 한다. 후쿠자와는 다른 용어로 번역할 방법이 없기 때문에 차라리 지워버리고 번역하지 않겠다고 답한다. 그는 이 일화가 당시 도쿠가와 정부의 정신이 얼마나 썩어 있었던가를 보여주었다고 자서전에 적고 있다.[73]

문명 대 자연

버튼은 퍼거슨을 따라 문명 역시 야만의 상태 못지 않게 「자연스러운 것」이라는 점을 강조한다. 특히 당시 루소와 그의 아류들이 야만의 상태가 가장 「자연스러운」 상태이고 문명은 「인위적」인 것이라고 주장하는 것을 의식적으로 비판한다.

> 어떤 사람들은 야만의 상태가 자연스러운 것인 반면 문명은 인위적인 것이라고 한다. 그러나 이는 인위라는 단어의 오용이다. 인간이 문명의 상태에서 발휘하는 자질은 야만의 상태에서 보여주는 것 못지 않게 자연스러운 것이다. 인간이 문명과 그 제도들을 도입하고 가벼운 제약들에 복종하게 되는 것은 순전히 그들의 본능적인 경향들의 결과다. 그리고 원시적인 야만인들이 자연스러운 것이라고 할 수 있을지는 몰라도 그러한 상태에 계속 머무는 것은 발전을 가로막는 외부로부터의 방해가 있었기 때문이라고 밖에 할 수 없다.[74]

버튼은 퍼거슨 보다 한걸음 더 나가 문명이 야만 못지 않게 「자연스러운 것」이라는 것을 주장하는데 그치지 않고 문명이 야만보다 우월하다는 점을 강조한다. 야만적이고 미개한 사회에서는 저급한 본능이 판을 침으로써 「여성들은 남편의 동반자인 대신 노예」이며 「강자가 약자에게 폭력을 휘두른다」. 반면 「문명의 상태에서는 악한 본능들은 제어되고 도덕적인 감정이 개발됨으로써 여성들은 자신들의 당연한 지위를 찾고 약자들은 보호받는다」고 한다. 따라서 문명은 야만의 상태와 마찬가지로 「자연스러운 것」이지만 비교할 수 없이 나은 상태라고 한다.[75]

루소가 말하는 야만인들은 사막을 마음대로 헤매고 다닐 수 있는 「무제한의 자유」를 갖고 있지만 실제로 야만인들이 소유하고 있는 자유는 「굶어 죽을 수 있는 자유」에 불과하다. 진정한 자유는 문명이 발달되어 법이 평등하게 적용되기 시작할 때 비로소 나타난다. 그리고 아무리 야만인이라고 해도 「아무도 더러운 것이 자연스러운 느낌이라고 하는 사람은 없을 것이다」고 한다.

반대로 야만인들이라고 해서 인위적인 것이 전혀 없는 것도 아니다. 어떤 부족들은 어린아이들의 머리에 나무판을 대어서 머리를 납작하게 만드는 풍습을 갖고 있다. 또 「미개한 중국인들은 작은 쇠 신발을 여자 영아들에게 신겨서 작은 공간 속에 묶어 놓는다. 진정한 문명은 이처럼 자연의 섭리를 노골적으로 방해하는 짓은 하지 않는다.」[76]

그런데 후쿠자와는 문명이 야만의 상태보다 오히려 더 자연스럽다고 번역한다. 그는 「문명사회에서 일어나는 일들은 그 어느 것 하나도 자연으로부터 오지 않는 것이 없다…. 문명사회는 인간이 하늘로부터 받을 수 있는 것의 지극한 표현이다(人生 天稟 の 至誠)」라고 하는 반면 야만사회는 「대부분의 관습을 자연으로부터 받는다」고 한다.[77]

만국공법

버튼은 그러나 서양의 문명도 완벽한 것은 아니라고 한다. 가장 고도로 발달된 문명사회도 아직도 완전하지 않으며 더 발전할 수 있다고 한다. 그러면서 당시 서양 문명의 가장 큰 허점은 「참혹한 전쟁」이라고 한다.

오늘의 나라들은 여전히 서로의 이견을 갈등을 통해서 해결하려고 한다는 점에 있어서 야만적인 암흑시대의 인간들과 거의 같은 위치에 있다……유럽은 문명을 자랑하지만 아직도 여차하면 군대들이 휩쓸고 다닐 수 있으며 전쟁이라는 야만적인 목표를 추구하는데 골몰한다.

물론 발전은 하고 있다.

만국공법이라는 체제가 만들어졌고… 비록 국가들로 하여금 따르게 하도록 강제할 권위는 없지만 그래도 어느 정도의 영향이 있다. 왜냐하면 어김으로 인해서 적을 만들기 때문이다.」[78]

자유무역과 번영이 확대되면서 국가들은 서로의 선의에 의존할 수밖에 없게 되고 따라서 「우리는 전쟁이 사라지고 끝없는 평화가 이어질 것을 볼 수도 있다.」고 한다. 후쿠자와는 「만국공법」부분을 번역하는데 「복종하지 않는 나라는 하나도 없다」라고 번역한다. 일본이 그만큼 서양의 법제도를 받아들여야 한다는 것을 강조하고 싶었기 때문이다.[79]

정부

버튼은 문명이 올바른 정부의 기반이라고 한다.

페르시아와 같이 완전히 무지몽매한 사회는 폭군의 통치를 받을 수 밖에 없다……반면 유럽 사람들처럼 계몽되고 도덕적인 사람들은 정부도 계몽되고 도덕적일 것을 요구한다. 그리고 정부는 대중의 지지를 받기 위해서 그렇게 되어야만 한다.[80]

영국의 정부는 「그 형태보다는 사람들의 올바른 상식에 대한 신념에 기반하고 있다. 개인들의 자유를 마음껏 허용하는 이유는 그 자유가 남용되지 않을 것을 믿기 때문이다.」[81]

교육

문명의 또 다른 핵심적인 요소는 교육이다. 버튼은 애덤 스미스 같이 교육을 공공재(public good)로 간주한다. 교육은 범죄를 막고 빈곤을 줄인다. 국가는 교육을 제공할 의무가 있고 시민들은 세금을 냄으로 교육을 뒷받침해야 한다. 고등교육에 들어가는 비용도 정부가 당연히 제공해야 하는 것으로 보았다. 정부가 가족의 일상에 개입하는 것에 반대하지만 교육에 있어서 만큼은 정부의 개입이 정당화될 수 있다고 본다. 교육은 사람들로 하여금 자신들의 권리가 무엇이고 정부에 대한 의무가 무엇인지를 인식할 수 있게 한다. 그리고 「도덕과 지성이 발전하는 나라일수록, 문명이 발전할수록 왕정을 제한하고 대의제를 확대하고자 하는 경향이 있다」고 한다.

미국의 정치에 대해서 버튼은 다음과 같이 말한다.

민주적인 정치체제를 갖고 있는 나라가 무엇보다 필요한 것은 잘 교육받은 시민이다. 왜냐하면 그렇지 않고서는 시민들이 자신들의 정치적 임무를 제대로 수행할 수 없기 때문이다. 미국에서는 교육이 정치에 필수적인 요소로 간주되고 있음을 알 수 있다.[82]

후쿠자와는 특히 이 장은 전체를 샅샅이 번역한다. 후쿠자와에게는 교육, 서양교육이 다른 그 무엇보다도 시급하고 중요한 과제였다. 1868년 4월, 후쿠자와는 「란가쿠주쿠(蘭学塾, 난학숙)」의 이름을 「게이오기주쿠(慶應義塾, 경응의숙)」로 바꾼다. 그 해 7월 4일 캠퍼스에서 얼마 안되는 거리에서 바쿠후군과 유신군과의 전투가 벌어지고 있었다. 평소 100명 정도였던 학생 숫자는 그날은 18에 불과하였다. 「이 나라에서 무슨 일이 일어나든지, 어떤 전쟁이 우리 나라를 휩쓸더라도 우리는 서양의 학문을 결코 놓지 않을 것이다. 우리 학교가 존재하는 한 일본은 세계 문명국의 하나다.」[83]

후쿠자와는 캠퍼스 이전 기념 강연에서 서학(西學)이 진리에 기반한 것이라는 자신의 신념을 다시 한번 피력한다.

> 서학이 다른 모든 배움과 다른 점은 자연에 기반하고 있다는 점이며 자연법을 밝히고 도덕을 가르치며 개인들과 사회의 관계를 규정한다. 거짓의 흔적이 없는 진리이며 크고 작은 모든 지식을 포괄하고 있다. 인간의 가능성을 모두 발휘하기 위해서는 서학을 배워야 한다면 이야말로 하늘의 진리를 배우는 학문 (텐신 노 가쿠, 天眞 の 學)이라 할 수 있지 않은가. 서학을 공부하는 우리 학자들은 여러 해 동안 공부해 왔지만 아직도 피상적으로만 알고 있을 뿐이다. 우리는 그 수많은 영역의 방대함에 직면하여 한숨을 내쉴 수 밖에 없다. 이것이야말로 우리의 위대한 과업이어야 한다.[84]

6. 과학기술

『서양사정 초편』은 1866년에 출간된다. 첫 장은 후쿠자와가 1862년 「분큐유럽사절(文久遣欧使節)」의 일원으로 유럽을 방문했을 당시 가장 인상 깊게 보았던 유럽문명의 산품, 제도 24개에 대한 간략한 묘사들로 시작한다. 5 항목은 학교, 신문, 도서관, 박물관, 박람회 등 교육과 관련된 것들이었고 7항목은 정치체제, 세법, 국채, 지폐, 외교, 군사, 회사 등 정치와 정부, 경제와 관련된 것들, 6개는 「구빈원(救貧院, poorhouse)」, 병원, 학교, 그리고 정신박약자, 정신병자, 맹인, 청각장애인, 벙어리 등을 위한 「보호소(asylum)」에 관한 것들이었다.

이러한 제도들을 볼 때 「문명」은 나라를 부강하게 할 뿐만 아니라 인간에 대한 보다 깊은 이해와 고도의 도덕성을 가능케 했다.[85] 9년후 출간하게 되는 『문명론의 개략』에는 이를 다음과 같이 말하고 있다.

> 인간의 본성과 행태[세이시츠 도 하타라키: 性質 と 働き]를 탐구한 결과 그들(서양 학자들)은 인간 본성의 법칙 [데이소쿠, 定則]를 점차 이해하게 되었고 이를 다룰 수 있는 체제를 고안하기에 이르고 있다. 예를 몇 개 들자면: 그들의 법은 세밀하여 억울하게 처벌받는 사람은 드물다. 상법은 명료하고 편리하다⋯...세법은 능숙하게 고안되었기에 자신의 재산을 잃는 사람은 드물다. 전쟁에 관한 법은 상세하기에 비록 살상의 방법을 논하고 있지만 그 덕분에 죽는 사람의 숫자는 줄어들었다. 국제법은 느슨하고 쉽게 어길 수 있지만 전쟁의 가능성을 어느 정도는 줄인다⋯⋯점차 더 상세하고 광범위한 규정들은 보다 나은 도덕 질서 [다이도쿠 노 고토, 大德 の 事]를 만들어간다.[86]

1897년에 출간한 전집의 「서문」에서 후쿠자와는 처음 유럽을 방문하였을 때의 느꼈던 경이로움을 다시 떠올린다.

> 병원, 구빈원, 맹인과 청각장애인을 위한 학교들, 정신 병원들, 박물관과 전람회들은 모두 우리는 처음 보는 것들이었으며 그 기원과 작동방식을 배워갈수록 우리는 매료되었다. 우리가 느꼈던 것은 오늘날 일본을 방문하는 조선사람들이 보고 듣는 것 마다 놀라는 것과 같았다. 그러나 대부분의 조선사람들은 그저 놀라서 돌아가는 반면 우리는 놀라기만 한 것

이 아니라 부러워했고 이러한 제도들을 일본에도 설립해야겠다는 욕망이 생겼다.[87]

24개 항목 중 나머지 5 항목은 각기 증기기관, 기관차, 증기선, 전보, 가스등 등 5개의 기술을 다룬다.

후쿠자와는 증기기관에 대해서는 물이 끓으면 증기로 변하면서 원래 부피의 1700배로 늘면서 실린더에 들어가는 증기가 엔진을 움직인다고 설명한다.

초기에는 서양이 일본이나 중국처럼 생산에 인력을 사용하였다. 1720년 류폴드(Jacob Leupold, 1674.7.22.~1727.1.12.)라는 독일인이 스팀으로 인력을 대신 할 수 있을 것이라는 이론을 제시하고 1769년에서 1785년 사이에 영국인 와트(Watt)가 스팀엔진을 만드는데 성공하였다.

그 결과 「장인들은 기계가 제대로 작동 하는지 만 신경을 쓰면 되었을 뿐 자신의 손과 발을 사용하지 않고도 한 명이 백 명의 일을 할 수 있게 되었다.」[88]

기관차에 대해서는 1784년에 영국인 윌리엄 머독(William Murdock)이 비록 장난감 같은 것이었지만 첫 기관차를 만들었고 20년이 지난 1802년 리차드 트레트픽(Richard Trethefik)이 보다 나은 엔진을 설계도를 만들었지만 실질적으로 활용처를 찾지 못했다고 설명한다. 그러다가 1813년 조지 스티븐슨(George Stephenson)이 석탄을 나를 수 있는 기관차를 발명하는데 성공하고 드디어 1825년 스티븐슨이 영국 북부의 마을인 스탁튼(Stockton)과 달링턴(Darlington) 사이에 세계최초의 철로를 놓는다. 기관차는 곧 많은 사람들이 따라 해서 유럽과 미국 곳곳에 철도가 부설되기에 이르렀다고 설명한다.[89]

후쿠자와는 기술 혁신이 결코 쉬운 일이 아니고 때로는 오랜 시간이 걸리지만 일단 혁신이 일어나면 새 기술은 급속히 확산된다는 것을 전하고자 한다. 전보 역시 프랑스인 르사지(Lesage)가 최초로 전기 실험을 하고 모르스가 1844년 워싱턴과 볼티모어 사이에 세계 최초의 전보선을 부설할 때까지 무려 70년이 걸렸다는 사실을 알린다. 그러나 그 이후로 전보는 급격하게 확산되기 시작하여 1851년에는 도버해협에 해저 케이블이 부설되어 영국과 프랑스를 연결하였고 1858년에는 영국과 미국을 잇는 해저케이블이 깔렸다는 사실을 알린다.[90] 이러한 기술의 혁신은 인류의 삶을 근본적으로 바꾼다.

> 서양에서는 전보선이 거미줄처럼 사방으로 땅과 바다를 건너 퍼져있다. 그들은 뉴스와 급한 소식들을 수천 마일 떨어져 있는 사람들과 나눈다. 서양사람들은 전보의 발명으로 지구가 작아졌다고 하는데 이는 결코 과장이 아니다.[91]

후쿠자와는 과학기술의 발전의 역사, 특히 발명의 역사를 기술하는 데 많은 지면을 할애한다. 『서양사정 초편』의 「문학과 기술」이라는 장에서는 유럽에서 과학과 기술이 발전하는데 얼마나 오랜 시간을 걸렸는지 보여주기 위하여 알렉산더 타이틀러(Alexander Fraser Tytler, Lord Woodhouselee, 1747.10.15.~1813.1.5.)의 『일반역사의 원리(Elements of General History)』 중 3개의 장을 번역한다. 타이틀러는 에딘버러 대학에서 보편역사, 고대 그리스와 로마사를 가르친 스코틀랜드 계몽주의 학자였다.

후쿠자와는 타이틀러가 과학, 문학, 역사, 음악, 미술 등을 다루는 장들에서 과학에 관련된 부분들만 선정하여 간략하게 번역한다. 다음은 타이틀러의 본문이다.

유럽에서 배움을 복원시킨 것은 아랍인들이었다. 그들은 아시아를 정복하는 과정에서 고대 그리스의 작가들을 발견하고 그로부터 얻을 수 있는 지식과 삶의 향상이 무엇인지 알았다. 칼리프들은 동로마 제국의 황제들로부터 고대 문헌들을 입수하여 특히 수학, 물리학, 형이상학에 관련된 내용들

알렉산더 타이틀러

을 아랍말로 정성스럽게 번역한다. 그들은 이 지식을 정복을 통하여 전파하였고 자신들이 복속시킨 곳에 학교와 대학들을 설립하였다. 서유럽의 왕국들은 고대의 학문을 아랍의 번역을 통하여 접하게 된다.[92]

후쿠자와는 이를 다음과 같이 축약하여 번역한다.

그리스의 학문이 쇠락하자 그것을 부활시킨 것은 아랍인들이었다. 그들은 특히 수학 [測量學, 소쿠료가쿠], 의학, 물리학/형이상학 [理學, 리가쿠]을 특히 중시했다. 그 후의 유럽의 학문과 기술의 발달은 모두 아랍인들의 선물이다.[93]

그리고는 다음 부분을 번역한다.

13세기 중반에 저명한 천재가 출현하니 영국 수도승 로저 베이컨이다. 종합적인 사고를 한 그는 고대의 학문을 모두 섭렵하고 있었으며 흙속의 진주를 알아보는 예리한 판단력을 갖고 있었으며 자신이 공부하는 모든 과

학 분야의 발전을 가져올 수 있는 발명 능력을 갖고 있었다. 그는 학교에서 가르치는 철학이 부족함을 알았고 처음으로 실험과 자연에 대한 관찰을 통해서 지식을 축적할 것을 권고한다. 그는 천문학, 광학, 화학, 의학, 기계학 등에서 중요한 발견을 하였다. 달력을 개량하고 갈릴레오 이후로 잊혀졌던 망원경의 렌즈를 만드는 방법을 다시 발명하고 화약을 만드는 방법을 알기 쉽게 남겼다. 그러나 이 최고의 천재도 삶을 연장할 수 있는 영약(elixir)을 발견할 수 있고, 연금술이 가능하고 별자리를 읽음으로 사람의 운명을 알 수 있다고 믿었다.[94]

후쿠자와는 문학을 다루는 그 다음 7개 문단은 번역하지 않는다. 다만 타이틀러의 다음 문장은 번역한다. 「비록 이 시대(15세기)에 시가 상당한 정도의 훌륭한 수준에 도달하였지만 일반 문학과 과학에는 거의 발전이 없었다.」 후쿠자와는 이를 다음과 같이 번역한다. 「이때부터 1400년대까지 배운 사람들은 시와 소설을 즐겼지만 실학(實學)에 정진하는 사람들은 몇 안 되었다.」[95]

그 다음 후쿠자와는 인쇄술의 발명, 아리스토텔레스의 철학과 신학의 관계, 프란시스 베이컨과 데카르트의 실험과학, 그리고 갈릴레오의 발견 등에 관한 부분들을 번역한다. 그는 갈릴레오가 코페르니쿠스의 지동설을 지지하다가 처벌을 받았다는 부분은 삭제하고 케플러와 네이피어에 대한 부분도 빼지만 하비(Harvey)가 혈액이 순환한다는 사실을 발견한 것과 뉴튼의 천재성에 대한 부분은 포함시킨다. 반면 로크, 스펜서, 밀턴, 셰익스피어, 드라이덴, 코르네이, 라씬, 몰리에르, 마키아벨리와 그 외의 문학작가들과 영국 역사가들에 대한 부분은 번역하지 않는다.[96]

타이틀러의 제 3장의 제목은 「18세기에서 현재까지 유럽의 문학과 과학, 예술의 발달」이었다. 이 장에서 저자는 당대 영국, 독일, 프

랑스의 대표적인 시인, 작가, 희곡작가, 음악가, 철학가, 화가 등을 총
망라하지만 후쿠자와는 번역하지 않는다. 그 대신 「새롭고 귀한 발전
과 발명」이라는 제목하에 중요한 과학기술 발명품의 목록은 상세히
번역한다.

> 증기엔진, 증기선, 증기와 기압 철도, 전보, 백신, 린넨과 면 직물 제작, 방
> 에서 사용하는 종이, 비단 패턴과 양탄자, 다축방적기(spinning jenny),
> 회전 프레임 (spinning frame), 역직기(power loom), 연판(stereotype
> printing), 석판 인쇄(lithography), 악보 타이프라이터 (musical type-
> writer), 이렉트로타이핑(electrotyping), 피뢰침, 구명보트, 광산용 램프
> (safety lamp), 전보, 가스등(gas lights), 기구, 그외 전기, 갈바니 전지
> (galvanic), 기동력학(pneumatic), 광학, 천체관찰용 기구들 등이 있다.[97]

후쿠자와는 일본 독자들에게 과학의 역사를 알려주고자 하였다. 그
래서인지 버튼의 『정치경제』를 번역하는 과정에서뿐만 아니라 『서양
사정』 1권과 3권에 서양국가들의 역사를 번역한 번역, 소개하는 과정
에서 소위 「비실용적」인 분야에 대한 서술은 모두 제외시킨다. 서양의
문학과 철학, 시와, 소설, 희곡에 대한 소개는 일절 이루어지지 않는다.

7. 저작권과 특허

1868년 후쿠자와는 서양의 발명품들에 대한 소개와 발명의 역사
소개에서 한 걸음 더 나아가 「발명의 사회학」에 관심을 갖기 시작한
다. 버튼의 『정치경제』를 번역하는 중에 그는 증기 엔진을 발명한 제
임스 와트와 증기 기관차를 발명한 조지 스티븐슨의 전기를 중간에 삽

입한다. 이 전기는 『신 미국 백과사전(New American Cyclopaedia)』에서 가져 온다.[98]

그 다음에는 다시 버튼의 『정치경제』로 돌아간다. 후쿠자와가 버튼의 『정치경제』 중에서 번역한 마지막 부분은 재산권에 관련된 부분들이었다. 재산의 기원, 성격, 재산을 보호하는 방법, 이윤을 보호하는 방법 등에 대한 것이었다. 버튼은 「재산에 대한 감각」은 「모든 생물체에게 본능처럼 널리 퍼져있다」면서

> 새들은 새집의 재산을 누리고……인디언들의 활과 화살은 그의 재산이다. 만일 아니라면, 그래서 그가 부족의 다른 사람에게 그것을 줘야 한다면 그는 그것을 만드는 귀찮은 일을 절대로 하지 않을 것이다. 따라서 처음부터 재산의 중요성은 모두가 알았다. 재산은 인간이 재산이 없었다면 만들지 않은 것을 만들게 함으로써 모두의 환경을 증진시킨다.[99]

문명인들 사이에서는 재산이 보다 복잡해진다. 버튼은 집이나 땅 같이 「물려받을 수 있는 재산(heritable property)」, 즉 「부동산」과 돈, 가구, 그림, 주식처럼 「움직일 수 있는 재산(movable property)」, 즉 「동산」을 구분한다.

재산 중에서도 후쿠자와가 특히 깊은 관심을 갖고 소개한 것은 「저작권」과 「특허」였다.

> 이보다 더 세밀하고 복잡한 재산의 종류가 여럿 있다. 특허와 저작권이 바로 그 예다. 우리는 사람들이 자신들의 부지런함으로 재산을 만들도록 장려하기 위해서 법으로 재산을 보호한다는 것을 알 수 있다. 발명품들은 인류에게 큰 혜택을 가져다 준다. 따라서 사람들이 발명가가 되도록 유도하기 위해서 특허법은 그들에게 자신들이 발명하는 발명품을 일정 기간 동

안 그들만이 사용할 수 있도록 한다. 어떤 사람이 직물을 방수할 수 있는 방법을 발명하고 그가 특허를 받는다면, 그래서 일정 기간 동안 그만이 자신이 발명한 방법으로 직물을 방수 처리할 수 있도록 하게 한다면 이것이 바로 재산이다. 이것은 독점(monopoly)이다. 독점은 갖고 있는 사람에게는 유익하지만 공중(public)에게는 손실이다. 그러나 발명가는 귀중한 발명을 함으로써 이러한 손실을 충분히 보상하고도 남는다. 책을 쓰는 저자들이나 디자인을 하는 미술가들 역시 이와 같은 재산을 갖고 있으며 이를 이름하여 「저작권(copyright)」이라 한다.[100]

후쿠자와는 특히 저작권이 왜 그토록 중요한지, 그리고 발명가들과 저자들이 저작권을 보호받기 위해서는 어떤 법적 조치가 필요한지 강조한다. 이를 위해서 침례교 목사이자 경제학자로 미국의 브라운대학교(Brown University) 총장을 역임한 프랜시스 웨이랜드(Francis Wayland, 1796.3.11.~1865.9.30.)의 『정치경제의 원리(The Elements of Political Economy)』라는 책 중에서 「인간의 생산성의 다양한 형태(The Different Forms of Human Industry)」라는 부분을 번역하면서 후쿠자와는 특허와 지적 재산권 문제에 대한 보다 깊은 이해를 구한다.

웨이랜드는 우선 「유형의 제품」을 만드는 「육체노동」과 「무형의 제품(immaterial products)」을 만드는 「정신노동(mental labor)」을 구분한다. 유형의 제품들은 「수요와 공급, 비용과 임금 등의 기본적인 원리」가 적용된다. 그러나 정신적인 노동의 산물들은 그렇지가 않다. 무형의 제품들의 가장 중요한 특징은 - 「지적인 제품(intellectual products)」 - 이라고도 한, 「가장 특출한 재능의 발휘가 필요할 뿐만 아니라 장시간의 비싼 노동」이 필요한 것임에도 불구하고 일단 발견되거나 발명되면 「가장 평범한 재능을 갖고 있는 사람들」에 의해서도 재생산될 수 있다는 점이다. 「따라서, 그 지식을 가장 먼저 창조하는 사람은 그것을 독점할 수 있는 방법이 없다. 그리고 상품가치(ex-changeable value)를 유지할 수 있는 방법도 없다.」[101]

프랜시스 웨이랜드

그러나 지적인 노동의 결과물들은 육체노동의 산물들만큼이나 공동체의 안녕을 위해서 필요하다. 왜냐하면 그것들이 없으면 「우리는 모두 야만인이 될 수 밖에 없기 때문이다.」 따라서 시민 사회는 「이러한 노력이 보상받을 수 있도록 해줄 수 있는 방법들을 고안한다. 저작권과 특허제도는 바로 그러한 것이다.」[102]

특허에 관한 부분은 『신 미국 백과사전』의 「특허 법(Patents, Law of)」 항목을 번역한다. 『백과사전』에 의하면 특허란 유럽과 미국에만 있으며 그마저도 최근에야 생겼다고 한다. 또한 특허법은 관습법이나 자연법 보다는 계약법에 가깝다고 한다: 「발명가가 자신이 발명한 것을 비밀로 갖고 있기 보다 그것을 다 공개하게 하는 대신 새롭고 유용한 것은 일정 기간 동안 그에게 부여되는 권리이며 재산이라는 것을 대중이 동의하는 것」이라고 한다. 후쿠자와는 이를 「특허법의 목적은 유용한 기기에 대한 독점권을 인정함으로써 넉넉한 보상이 이루어짐으로써 공공선을 위한 발명을 독려하려는 것」이라고 번역한다.[103]

그 다음 후쿠자와는 특허신청을 내는 방법에 대해서 구체적으로 소개한다. 특허청에 발명품의 그림을 포함한 신청서를 보내고 필요할 때면 모형을 보내는 것이 가장 효과적이라고 쓴다. 후쿠자와는 실제로 1867년 5월 30일 미국 워싱턴 D.C.의 특허청을 방문한 바 있다.

이 사무실에는 온갖 종류의 기기와 기계, 필기도구와 무기, 옷과 장식품, 직물과 디자인 등등이 있었고 특허를 신청한 사람들이 보낸 수천 개의 그림과 모델들이 즐비하였다.[104]

저작권에 관해서는 백과사전의 내용만 사용한다. 이 항목에서는 재산이 원래는 「물질적」인 것만 뜻하다가 「근대 사회」가 「지적 재산」도 법의 대상이라는 것을 깨닫는데 오랜 시간이 걸렸다고 한다. 후쿠자와는 이것이 일본처럼 「지적 재산권」이 무엇인지를 모르는 사회에 중요한 것이라고 생각했다.

나머지 부분은 각 나라에서 특허 기간이 얼마인지를 기술하고 있다. 영국에서는 저작권이 42년 또는 저자의 평생, 미국에서는 28년이고 연장할 경우 14년 추가, 영국과 벨기에서는 저자의 일생에 20년 추가, 바바리아, 뷔르템베르크, 독일연방에서는 일생+30년, 러시아에서는 일생 + 25년 등이라고 일일이 기술한다. 미래에 일본에서 법을 만들 때 입법자들이 참고할 정보를 제공하기 위해서였다.[105]

후쿠자와는 영어공부를 시작한지 10년도 안된 시점에서 이러한 글들을 번역하고 있었다. 서양의 역사를 본격적으로 번역하기 시작한 것은 버튼의 『정치경제』를 번역하기 시작하기 불과 2~3년 전이었다. 일본에는 서양 사회나 역사를 공부하는 전통이 전혀 없었다. 란가쿠가 있었다지만 후쿠자와의 작업에는 아무런 도움을 줄 수 없었다. 그가 서양의 사회와 역사를 공부할 수 있는 지적 기반은 자신이 읽은 책의 서양 저자들의 이해방식을 그대로 채용할 수 밖에 없었다. 그 과정에서 후쿠자와는 기술이 서양 역사의 중요하고 역동적인 요소라는 사실을 깨닫는다.[106]

그가 번역하는 정치, 경제, 사회, 과학기술과 법, 제도 등은 일본에는 없는 것들뿐이었다. 그러나 후쿠자와는 일본사람들이 사고방식을 바꾸고 법체계를 도입하여 법의 보호를 받을 수 있다면 서양 못지 않은 위대한 발명을 할 수 있다고 생각했다. 그는 일본이 얼마나 뒤졌는가를 한탄하기 보다 일본이 앞으로 발전하기 위해서 따라야만 하는 변화가 무엇인지 가르치고 그것을 따르도록 용기를 북돋고자 하였다. 아시아의 다른 나라의 지식인들은 물론 일본의 지식인들도 여전히, 「중체서용」「동도서기」, 「화혼양재」 운운하고 있을 때 후쿠자와는 전혀 다른 답을 제시한다.[107] 19세기에 서양의 외부에서 후쿠자와 같은 분석과 결론에 도달하고 있던 사상가는 없었다.

8. 『문명론의 개략』

후쿠자와는 1874년 2월 23일 친구에게 보낸 편지에 다음과 같이 쓴다.

> 나는 이제 더 이상 번역은 안 할 생각이네. 올해부터 나는 수백 가지 자질구레 한 일들에 대해 신경 쓰지 않고 읽고 쓸 생각이네. 건강도 좋아지고 있고 더 공부하지 않으면 지식도 바닥이 날 거네. 한 일년간은 공부만 할 생각이네.[108]

페리가 도착한 후 도쿠가와 정부가 외세와 조약을 체결하는 정부의 행태를 보면서 대중들은 정부가 얼마나 바보이고 약한지를 처음 알게 되었다. 또한, 외국인들과 접촉하고 그들의 말을 듣기 시작하고 서양의 책들과 번역서들을 읽으면서 지식이 점차 넓어지면서 그들은 「귀신」의 정부도 인간의 힘으로 전복될 수 있다는 사실을 깨달았다. 마치 귀먹고 장님인 사람이 갑자기 귀가 열리고 눈이 뜨인 것처럼 자신들이 소리를 들을 수 있고 색깔을 볼 수 있음을 알게 된다……역사상 처음으로 서양인들을 만나면서 일본사람들은 마치 어두운 침묵과 칠흑 같은 밤에서 왁자지껄한 난투극이 벌어지는 한 낮에 갑자기 나온 듯한 기분이었다. 모든 것이 생소했고 아무것도 자신들의 선입견에 맞는 것은 없었다.[109]

『문명론의 개략』은 1875년에 출간된다. 후쿠자와가 40세 되던 해였다. 그의 다른 책들은 일반 대중의 계몽을 위하여 쓰여졌던 반면『문명론의 개략』은 일본 지식인들을 대상으로 하였다. 당시 일본에서는 서양의 모델과 문명을 적극도입 할 것을 주장하는 지식인들도 있었던 반면 근대 문명을 도입하는 것에 여전히 소극적이거나 노골적으로 반대하는 사람들도 많았다.

『문명론의 개략』 초판(1875년)

　『문명론의 개략』의 글은 학술적이고 따라서 쉬운 글이 아니다. 그러나 책의 주장은 명료했다. 개인의 독립과 나라의 독립이었다. 「문명」은 곧 독립의 방법인 동시에 그 결과였다.

　버튼의『정치경제』를 출간한 1868년은 모든 것이 불확실한 시대였다. 바쿠후의 붕괴로 후쿠자와는 외무성 직책도 잃는다. 물론 1868년 메이지 유신 이후 새 정부로부터 여러 직책을 제안 받지만 모두 거절한다. 그는 자신만의 길을 가기로 한다. 그러나 자신이 설립한 번숙이 과연 새 시대에 적응할 수 있을지, 저술 활동만으로 생활이 가능할지 모두가 불분명했다.

그러나 1875년이 되면 모든 불확실성은 사라진다. 그는 재정적인 안정을 찾았고 그의 명성은 이미 굳혀졌다. 학교의 재정이 어려울 때는 저술활동으로 버는 돈으로 학교재정을 보조할 수 있었다. 1873년 친구에게 보낸 편지에서 후쿠자와는 「나는 꽤 부자가 되었다. 돈 문제라면 나는 나라의 장관들도 하나도 부러울 것이 없다」고 한다. 생활이 안정되면서 그의 글도 더 편하고 자신감이 있고 그의 유머 감각도 드러나기 시작한다.[110]

일본도 변했다. 「삿초동맹」이 승리하면서 메이지 유신이 일어나자 후쿠자와는 「존황양이파」가 권력을 잡은 것으로 생각하고 비관한다. 그러나 놀랍고 다행스럽게도 새 정부는 존황양이파들을 제거하고 서구화에 적극 매진한다. 과거 도쿠가와 정권과는 달리 새 정부는 외국과의 조약들을 철저하게 준수하고자 한다. 「폐번치현」을 단행하고 사무라이 계급도 철폐한다. 모두 일본의 근대화를 막고 있는 「봉건의 잔재」들이라고 후쿠자와가 그토록 비판하던 제도들이었다.[111]

1875년에 이르면 후쿠자와가 보기에 정부가 위로부터 할 수 있는 근대화는 거의 다 이루어졌다. 앞으로의 개혁의 성패여부는 일본사람들이 배움과 교육을 통해서 얼마나 변할 수 있느냐에 달렸다. 「문명론의 개략」은 당시 일본에 처한 상황에 대한 후쿠자와의 분석과 진단에 기반한다.

일본 사람들은 서양의 문명을 흡수함으로써만 진보할 수 있었다. 그러나 동시에 일본의 독립도 유지해야 했다. 책의 모든 주장은 이 하나로 집약될 수 있다. 후쿠자와는 서양을 존경하였고 일본이 서양의 성취를 배워야 한다고 생각했지만 서양에 홀린 것은 결코 아니었다. 그의 관심사는 「서양에 먼저 출현한 문명」이었지 「서양 문명」이 아니었다.

그가 서양의 문학, 미술, 음악, 종교 등에 대하여 아무런 관심을 보이지 않은 것도 그가 봤을 때 서양의 이러한 측면들은 「문명」을 이루는데 필수 요건이 아니라고 생각했기 때문이다. 그가 학교, 도서관, 병원, 청각과 시각장애인들을 위한 학교, 구빈원(poor house) 등에 관심이 있었던 것도 이런 것들은 엔진처럼 문명의 일부인 동시에 일본을 문명의 길로 인도할 수 있는 것이라고 생각했기 때문이다.[112]

『문명론의 개략』 제 2장에서 후쿠자와는 문명발전의 「단계(요와이, 齢, 영)」를 소개한다. 가장 원시적인 단계는 아직도 호주나 아프리카에서 발견된다.

첫 단계에서 인간들은 일정한 주거지도 일정한 식량보급 방식도 갖추지 않고 있다. 필요에 의해서 같이 행동하고 필요가 없어지면 흔적도 없이 흩어진다. 한곳에 정착하여 농업과 어업에 종사하고 생필품에 부족함이 없더라도 이들은 여전히 기계에 대해서는 무지하다. 그들은 글이 있을 수 있지만 축적된 학문은 없다. 그들은 자연의 힘을 두려워하고 타인들의 자의적인 호의나 심판에 의존할 수 밖에 없고 자신들을 위하여 능동적으로 행동하는 대신 우연한 행운이나 액운을 기다릴 수 밖에 없다. 문명으로부터는 멀리 떨어져 있다.[113]

두 번째 단계는 일본이나 중국, 터키와 같은 아시아 국가들이 속해 있는 「미개(half-civilized)」한 단계다.

문명의 두 번째 단계에서는 농업이 잘 발달되어 있고 기본적인 필수품은 확보되어 있다. 주택들이 지어지고 도시와 마을이 생기고 국가의 외형적인 모습은 갖춘다. 그러나 조금만 깊이 들여다보면 수 많은 허점들이 보인다. 학문이 번성하고 있지만 실질적인 학문을 하는 사람은 드물다. 인간관계에 있어서도 불신, 의심, 시기가 깊이 뿌리내려 있고 사물의 원리에 대한 논의를 할 때에도 이의를 제기하거나 오류를 수정할 수 있는 용기는 없다. 장인들은 모방에는 능숙하지만 새로운 것을 창조하는 데는 서투르기 짝이 없다. 오래된 것들을 가꾸는 데는 능하지만 개선시키는 방법은 모른다. 사회는 규칙(規則, 기소쿠)이 없는 것은 아니지만 관습에 의해서 압도당하고 제대로 된 법체계는 갖추지 못한다. 이 단계는 반개(半開, 반카이)라고 부르며 아직도 문명의 단계에 도달하지 못한 상태다.[114]

가장 높은 단계인 3단계는 「문명」이다.

세 번째 단계에서 인간은 슬기롭게 우주의 법을 만들지만 그 안에서 자유롭게 살아간다. 그들의 성격은 개방되고 밝으며 구습에 맹목적으로 따르지 않는다. 자율적이며 다른 사람들의 임의적인 호의에 의존하지 않는다. 자발적으로 자신들의 덕성을 키우고 지식을 배양한다. 과거에 대한 향수에 젖지도 않고 현재에 안주하기도 않는다. 작은 이익에 만족하지 않고 미래의 큰 일을 도모한다. 앞으로 전진하고 후퇴하지 않으며 목표를 달성했다고 정지하지 않는다. 그들의 학문은 실체가 비어있지 않다. 그들은 발명의 기반을 발견했기 때문이다. 제조업과 상업은 날마다 성장하면서 인간행복의 원천을 더욱 깊게 한다. 지식은 오늘 사용되고 사용하지 않은 것은 미래를 계획하는데 사용된다. 이것이 야만과 미개의 단계를 훨씬 넘어서 진보한 문명의 단계다.[115]

그는 「문명, 미개, 야만의 호칭은 세계에서 통용되며 모든 사람들이 받아들인다. 왜 받아들이는가? 왜냐하면 그것은 사실이기 때문에, 의

심의 여지가 없게 증거로 뒷받침되기 때문이다.」고 한다.[116]

책의 후반부에 후쿠자와는 「미개」한 일본과 「문명화」된 서양을 비교한다. 그리고 서양이 모든 면에서 일본에 앞서있다고 결론 내린다.

일본사람과 서양사람들의 지식을 비교한다면, 그것이 공부, 기술, 상업, 산업을 보면 가장 큰 것에서 가장 작은 것에 이르기까지, 100개 중에 하나도, 1000개 중 하나도 우리가 우월한 것은 단 하나도 없다. 우리는 서양의 학문을 반대할 수도 없고 그럴 생각조차 할 수 없다. 이 땅의 가장 바보 같은 사람들을 제외하고는 아무도 우리의 공부, 기술, 상업, 산업이 그들의 것과 대등한 수준이라고 생각하는 사람은 없다. 누가 감히 우리의 마차와 그들의 증기기관차를, 우리의 칼과 그들의 장총을 비교할 수 있나? 우리가 음양오행설을 운운하고 있을 때 그들은 60개의 원소를 발견하였다. 우리가 별자리를 보면서 길일과 흉일을 예측하고 있을 때 그들은 유성의 항로를 계산하고 태양과 달의 구성을 탐구하고 있다. 우리가 움직이지 않는 납작한 지구에서 산다고 할 때 그들은 지구가 둥글고 움직인다는 것을 안다. 우리는 일본이 가미들의 신성한 섬들이라고 간주하고 있을 때 그들은 전세계를 다니면서 새로운 땅을 발견하고 새로운 나라들을 세우고 있다……이 모든 것을 볼 때 서구와 비교 했을 때 우리가 내 놓을 만한 것은 아무것도 없다. 우리 일본사람들이 자랑할 수 있는 것은 자연적인 산품과 우리의 산과 바다의 경치뿐이다.[117]

후쿠자와는 「따라서 나라가 문명을 향하여 발전하기를 바라는 사람들은 유럽의 문명을 그 목표로 해야 하며 모든 사안을 판단하는데 있어서 기준으로 삼아야 할 것이다.」라고 결론 내린다. 그럴 때에만 일본이 발전하는 동시에 독립을 유지할 수 있을 것이라고 한다.[118]

후쿠자와는 프랑스와 기조(François Pierre Guillaume Guizot, 1787.10.4.~1874.9.12.)의 『유럽 문명의 보편사(Histoire générale de la civilisation en Europe, 1828. 2e édition Langlet et Cie, 1838)』를 인용한다.

프랑스와 기조

문명은 거대한 극장과 같다. 정치제도, 문학, 상업 등등이 배우들이다. 각 배우는 자신의 특별한 능력을 발휘하면서 극의 공연에 자신의 역할을 담당한다. 훌륭한 배우는 그 작품의 의도에 맞게 진정한 감정을 보여줌으로써 관중들을 즐겁게 한다. 어색한 배우는 자신의 사인을 못 알아보고, 대사를 망치며, 웃음도 가짜로 들리고 흐느낌도 아무런 감정이 없음으로 인하여 그 작품이 의미를 잃도록 한다.[119]

문명의 각 부분은 각자 작품의 극적인 의도나 「정신」에 맞아야만 그 문명은 고유의 맛을 발휘할 수 있다.

그 다음 후쿠자와는 정신적 일관성을 강조한다.

이 「정신(精神, 세이신)」이란 무엇인가? 그것은 인민의 기풍(氣風, 기후)이다. 기풍은 살수도 팔 수도 없으며 인간의 노력으로 급조할 수도 없다. 그것은 한 국가의 인구 전체에 팽배한 것이며 국가의 일상을 통하여 드러나지만 눈에는 그 형체가 보이지 않고 정확히 어디에 있는지 알기도 힘들다.

그럼에도 불구하고 나는 이것을 어디에서 찾을 수 있는지 말해보고자

한다. 만일 학자들이 세계사를 널리 읽고 오늘의 아시아와 유럽을 비교하고 지리나 산물, 규정과 법, 학문과 기술의 수준, 종교적 차이 등을 무시한다면 그들은 두 대륙의 차이는 무형의 물체(無形 の 物, 무케이 노 모노)와 같다. 이것이 무엇인지 묘사하기는 매우 어렵다. 잘 배양하면 지구상의 모든 것을 포괄 할 때까지 클 수 있다. 억압한다면 흔적도 없이 사라질 수 있다. 진보하던 후퇴하던, 커지던 작아지던 끊임 없이 변한다. 그럼에도 불구하고 비록 도깨비불 같지만 오늘날 아시아와 유럽에서 그것이 발현된 것을 본다면 우리는 그것이 환상이 결코 아님을 알 수 있다.[120]

만일 이 물체에 이름을 붙이고 싶다면 우리는 한 나라의 인민의 기풍이라 할 수 있다. 시간적으로 보면 「시세(時勢, 지세이)」라고 할 수 있고 사람으로 본다면 「인심(人心, 진신)」이며 나라로 본다면 「국속(國俗, 고쿠소쿠)」 또는 「국론(國論, 고쿠론)」이라 할 수 있다. 「문명의 정신」이란 이것들의 합이다. 아시아를 유럽과 다르게 하는 것은 이 「문명의 정신」이다.[121]

후쿠자와는 일본이 문명을 이룩하려면 근대식 건물만 짓고 철제 다리와 전함만 건조할 것이 아니라 유럽 문명의 「정신」을 배워야 한다고 한다.[122] 『문명론의 개략』 출간 후 10년이 지난 1885년 갑신정변 직후에 쓴 「탈아입구론」 역시 후쿠자와의 문명론의 논지를 그대로 담고 있다.

후쿠자와가 소개한 문명론은 처음으로 일본과 세계의 다른 나라들 간의 비교를 가능케 했다. 그리고 일본의 미래에 대한 예측을 가능케 함으로써 방향성을 제시했다. 후쿠자와는 일본의 현재 속에 남아 있는 과거를 당시 유럽 문명과 비교함으로써 일본의 나아갈 바를 밝혔다.

후쿠자와는 1875년에 출간한 『학문의 권유(學問のすすめ)』의 한 장

으로 출간한 글에서 일본의 사무라이와 프로이센-프랑스 전쟁(1870~1871) 중의 프랑스 군인들의 행태를 비교한다. 이마가와 요시모토(今川義元, 1519~1560.6.12.)는 일본 전국시대의 다이묘로 「도카이도 제일 무사」, 「천하에 가장 가까운 남자」로 불리면서 일세를 풍미한 무장이었다. 그는 1560년 오다 노부나가(織田信長, 1534.6.23.~1582.6.21.)와의 전투에서 생포되어 참수된다. 그러나 그가 오다에게 생포되어 참수되자 그의 부하들은 「작은 거미들처럼 흩어졌다.」 이마가와의 막강했던 영지는 「하루밤에 무너지고 흔적도 없이 사라졌다.」

이미가와 요시모토(今川義元)

반면 프로이센-프랑스 전쟁 중에는 프랑스의 황제 루이 나폴레옹이 전쟁 초반에 프로이센 군에게 생포되지만 프랑스 군인들은 조약이 체결 될 때까지 용맹하게 싸움으로써 프랑스라는 국가가 지속될 수 있었

루이 나폴레옹

다. 핵심적인 차이는 일본의 봉건 군대와 프랑스의 시민군의 차이였다. 봉건 군대는 지도자에 대한 개인적인 충성은 하지만 나라에 대한 충성심은 없는 반면 시민군은 나라를 지키는 책임을 자신들이 진다. 「문명화」된 프랑스는 「독립의 기력(獨立の氣力, 도쿠리쓰 노 기료쿠)」이 있었던 반면 이마가와의 부하들은 없었다. 문제는 후쿠자와가 볼 때 1875년의 일본은 여전히 독립의 기력이 없었다.[123]

주신구라(忠臣蔵)의 호리베 야헤이와 호리베 야스베이 초상

후쿠자와는 일본 사람들이 사무라이 정신의 정수를 보여주는 가장 감동적이고 아름다운 이야기로 꼽는 「주신구라(忠臣蔵, 충신장)」도 오히려 사무라이 정신이 얼마나 나약한지를 보여주는 일화로 재해석한다. 수 많은 가부키극, 인형극, 소설을 통해서 일본 사람들의 사랑을 받던 이 이야기를 분석하는데 있어서 후쿠자와는 통계를 제시한다.

후쿠자와는 왜 주군에 대한 충성심이 최고조에 달해 있었던 시대에 주군이 억울한 죽음을 당하자 7만의 번 인구 중 고작 47명이 끝까지 충성심을 보였는지 묻는다. 후쿠자와는 이어서 이 비율을 1875년 당시 일본의 인구에 적용할 경우를 든다. 우선 충신장 사건이 일어났던 1700년대에 비해서 일본인들의 충성심이 30%는 줄어들었다고 가정을 하더라도 일본이 전쟁을 할 경우에 나설 사람은 고작 14,100명이라고 계산한다. 「이런 숫자로 과연 일본을 지킬 수 있을까? 3살짜리 어린아이도 셈을 할 수 있다.」봉건 영주에 대한 충성은 자신들의 안녕을 국가의 운명과 동일시 하는 교육을 받은 독립적인 시민들의 정신을 결코 대신 할 수 없다고 한다.

> 우리 나라를 외국으로부터 보호하기 위해서는 나라 전체가 자유와 독립정신을 세워야 한다. 귀천, 상하, 배운 사람과 무지한 사람, 눈이 보이는 사람 눈이 먼 사람, 각자가 제각기 자발적으로 시민으로서의 의무를 다해야 한다. 영국사람들은 자신들의 고향인 영국을 사랑한다. 일본 사람들은 일본을 자신들의 것으로 사랑한다. 국토는 우리의 것이고 다른 사람들의 것이 아니기 때문에 우리의 집을 사랑하듯이 나라를 사랑한다. 우리 나라를 위해서 우리는 우리의 재산뿐만 아니라 목숨도 바칠 각오가 되어 있어야 한다. 이것이야말로 「보국(輔國)」의 원칙이다.[124]

후쿠자와는 천황제에 대해서도 비판한다. 천황은 「미개」또는 「반개」한 일본의 사회가 만들어낸 제도로 이성적인 문명과는 어울리지 않는 제도다. 그러나 그는 천황제가 미묘한 주제임을 잘 알았기에 다각도로 이문제 접근한다. 우선 그는 천황제가 모두 나쁜 것은 아니라고 한다.

그는 왜 일본은 전통체제를 일소하고 새로운 문명건설의 길로 접어든 반면 중국은 그렇게 하지 못하고 있는가 하는 질문을 제기한다. 중국과 일본은 모두 전제주의 체제하에서 출발했다. 「왕권신수설」, 「천명설」에 기반한 일종의 「신정체제」였다. 중국에서는 그 체제가 여전히 지속되고 있다. 천자는 여전히 가장 강력하고 가장 신성한 존재로 받들어지고 있다.

그러나 일본에서는 가마쿠라 시대부터 권력과 신성은 분리되어 왔다. 쇼군이 권력을 잡고 있는 반면 천황은 「신성」을 유지했다. 쇼군과 천황의 역할 분담은 역사의 우연이 가져다 준 행운이었다. 쇼군과 천황간의 긴장과 갈등이 반체제적인 사고와 이성의 유희를 가능케 했기 때문이다. 그리고 일부 번의 연맹이 천황을 이용하여 바쿠후를 전복시키면서 메이지 유신을 성공시킬 수 있는 여지를 제공했다.

후쿠자와는 「그러한 긴장관계가 없었다면 오늘의 일본은 없었을 것이다」고 한다. 같은 맥락에서 일본은 중국보다 서양의 문명을 받아들이는 것이 쉬웠다. 그러나 그는 「어용 학자」들이 원하는 대로 천황이 정치적인 권력과 종교적 권력을 모두 장악하게 된다면 역사의 행운은 사라질 것이라고 경고한다.[125]

천황제에 대한 두 번째 비판은 천황을 신화적인 존재로 간주하는 것에 대한 것이었다. 이는 근대 「문명」과는 양립할 수 없는 개념이라고 한다. 그는 특히 고쿠가쿠(국학)파의 히라타 아쓰타네(平田篤胤, 1776.10.6.~1843.11.2.)와 미토학파의 신토와 유교를 합한 개념들을 공격한다. 히라타는 유교를 철저하게 반대했지만 천황이 아마테라스 여신의 후예로 간주하는데 있어서는 의견의 일치를 본다. 그리고 이 신성한 혈통이 천황의 통치를 정당화시켜주고 일본 신민들의 정치적 의무의 근거를 제공한다고 한다.

일본의 국민들과 천황, 신토의 가미(신)들의 관계를 일컬어 「고쿠타이(國體, 국체)」라고 하였다. 후쿠자와의 목적은 천황으로부터 신토적인 요소들을 제거하고 근대적인 군주로 재 탄생시키는 것이었다. 이를 위하여 후쿠자와는 천황제를 언급하는데 있어서 황가의 신성함에 대한 언급은 일절 피한 채 천황제를 국체, 정통성, 혈통 등 세가지 관점에서 접근한다.[126]

「국체」는 독립된 국가의 국민들을 하나로 엮어 준다. 그러한 국체를 갖고 있는 것은 일본만이 아니다. 모든 독립국가들은 다 갖고 있다. 그러나 독립을 상실하는 나라는 동시에 국체도 잃는다. 인도는 영국의 식민지가 되면서 국체를 잃었다. 아메리카 인디언들은 백인들에게 땅

히라타 아쓰타네

을 빼앗기면서 국체를 상실하였다.

「정통성」이란 통치를 하기 위해서는 모든 정부에 필수적인 요소다. 무력을 통하여 수립되었던 평화로운 방식으로 수립되었던 국민들이 정통성 있는 정부로 받아들인다면 상관이 없다. 정통성의 근거는 봉건제, 왕정제, 의회, 종교 등 시대에 따라 변할 수 있다. 그 나라가 외세에 복속되지 않는 한 국체를 정당화시키는 근거가 변해도 국체에는 아무런 영향을 끼치지 않는다. 예를 들어 영국은 윌리암 3세 이후로 독립을 유지했다. 국체를 정당화시키는 논리가 획기적으로, 그러나 너무나 오랜 세월에 걸쳐서 발전시켰기에 아무도 인식하지 못했다.[127]

「혈통」은 생물학적인 문제다. 한 왕조에서 승계의 원칙은 아버지에서 아들로, 형에서 동생으로, 또는 다른 인척을 통해서일 수도 있다.

승계의 정통성 문제는 전세계에 흔히 일어나는 일이다.[128] 이 원칙들을 일본에 적용할 경우 일본 황실의 혈통은 오래되었고 끊기지 않았다. 이는 「특별한 것」이지만 그리 중요한 것은 아니다.

일본 정부의 정통성은 시대에 따라 변해 왔고 앞으로도 변할 것이다. 이는 모든 정부에게 공통적이다. 따라서 중요한 것은 아니다. 중요한 것은 일본이 한번도 외세에게 정복 당하지 않았다는 사실이며 「국체」를 잃어버린 일이 없다는 사실이다. 이 독립을 유지하기 위해서는 일본이 서구가 성취한 문명을 하루빨리 받아들임으로써 강해져야 한다는 점이다.

두 번째로 후쿠자와는 천황제를 근대적인 군주제로 변환시킬 것을 주장한다. 그리고 셋째, 그는 천황제가 그리 중요한 것은 아니라고 한다.[129]

오늘날 인민을 통치할 수 있는 유일한 방법은 이성에 기반한 계약을 만들고 진정한 권위를 갖고 있는 정부를 통해서 이를 보호하는 것뿐이다. 오늘날 제단을 쌓고 기우제를 지낸다고 해서 7년간의 가뭄을 끝내줄 비는 내리지 않는다는 것을 안다. 통치자가 풍년을 위해서 제사를 지내더라도 화학의 법칙은 바뀌지 않는다. 인간의 기도가 수확량을 단 한 톨도 증가시키지 못한다는 것은 어린 학생들도 아는 사실이다.[130]

후쿠자와는 일본이 따라야 할 모델은 영국이라고 생각했다. 보다 이성적인 시대에 접어들면서 영국은 전통적인 전제주의에서 국민의 권리를 강조하는 정부로 형태를 바꾼다. 이는 왕실의 생존을 가능케 하였을 뿐만 아니라 영국의 독립도 보장했다.[131]

9. 『학문의 권장』

『학문의 권장(學問のすすめ)』은 1872년에서 1876년 사이에 걸쳐서 출간되었다. 『문명론의 개략』과 마찬가지로 『학문의 권장』도 번역이 아니라 후쿠자와가 직접 집필한 책이다.

『학문의 권장』은 다음 문장으로 시작한다.

> 하늘은 사람 위에 사람을 만들지 않았고, 사람 밑에 사람을 만들지 않았다. 지혜로운 자와 어리석은 자를 가르는 기준, 부자와 가난한 사람을 가르는 기준은 결국은 교육이다.[132]

후쿠자와는 자신의 교육철학을 「실학(實學)」이라 명명한다. 「실학」이란 실질적이고 보통 사람들이 필요로 하는 배움이다. 후쿠자와에 의하면 「실학」이란 일본의 문자인 가나와 회계, 사물의 무게 등을 재는 방법, 그리고 지리, 물리, 역사, 경제학, 윤리학 등을 뜻했다. 일본 문자와 회계, 등은 에도시대에 초등교육을 담당했던 「데라코야(寺子屋)」에서 익혔다. 원래는 불교 사찰들이 설립한 학교였지만 17세기부터는 불교적인 정체성이 옅어지면서 점차 일반 백성들과 하급 사무라이들의 자식들의 교육을 담당하게 된다. 「데라코야」의 선생들은 몰락한 사무라이, 촌장, 카누시(神主, 신토 사제) 등이었다. 「데라코야」는 19세기 초부터 급격히 늘어난다.(제1부, 「3. 에도 시대의 사상과 교육」 참조) 그러나 지리, 물리, 역사, 경제학, 윤리학 등은 일본에서는 발달하지 못했다.

그는 일본의 전통교육을 신랄하게 비판한다. 고대문헌을 암송하고 시를 짓는 등 모두 비실용적인 학문이라고 생각했다. 그는 필요한 것은 서양학문이며 어린 학생들도 글자를 배우면 곧바로 번역된 서양 교과서들을 읽을 것과 교육 수준이 높아질수록 서양 언어를 배울 것을

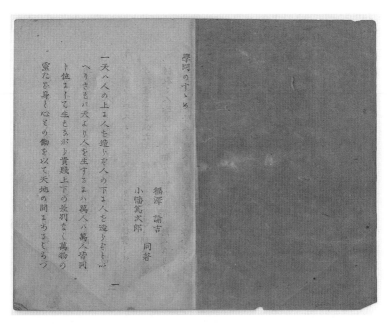
학문의 권장 초판(1872년)

종용한다. 게이오기주쿠에서 사용한 교과서는 모두 서양 저자들의 것
이었고 1890년부터는 외국인 선생들을 고용하기 시작한다.[133]

후쿠자와는 「실학」이야말로 독립된 개인을 만들 수 있다고 생각했
다. 그러나 「자유와 독립은 개인에게만 해당되는 것이 아니고 국가에
도 해당되는 것」이라고 한다.

> 각 개인과 각 국가는 자연 이성의 원칙에 따라 모든 속박으로부터 자유롭
> 다. 따라서 한 국가의 자유를 침해할 수 있는 위협이 있다면 그 나라는 전
> 세계를 상대로라도 싸우는데 주저해서는 안될 것이다.[134]

후쿠자와의 글쓰기는 완전히 새로운 것이었다. 과거의 책들은 일반
대중이 읽기 힘든 한문으로 쓰여졌다. 후쿠자와는 일반인들도 쉽게 이

해할 수 있는 구어체를 사용하였다. 일본어가 대중연설에는 적합하지 않다는 지적이 있자 그는 대중연설과 공개토론회를 시작한다. 게이오 기주쿠의 미타 캠퍼스에는 선생과 학생들이 자유롭게 공개토론을 벌이고 연설할 수 있는 「미타엔세츠칸(三田演説館)」을 세운다.[135]

서양에서의 「계몽」 또는 「개화」는 종교혁명과 과학혁명, 산업혁명의 결과였다. 서구 근대문명은 서구인들이 의식적으로 「문명개화」를 꾀하는 과정에서 일어난 것이 아닌 서양 역사 발전의 자연스러운 결과였다. 스코틀랜드의 계몽주의 사상가들은 이러한 문명이 어떻게 도래하였고 작동하는지 그 원리들을 밝혔다. 그들이 서양문명을 접근 하는 방식은 어디까지나 자신들의 의지나 노력과는 별도로 이미 도래한 사회를 심층 분석하는 것이었다.

반면 개국 이전의 일본에는 종교혁명도, 과학혁명도, 산업혁명도 일어나지 않았다. 「란가쿠(난학)」가 있었지만 식물학, 의학 등 서구 과학의 극히 일부분만 소개 되었을 뿐 서구에서 일어난 과학혁명에 필적할 만한 것은 결코 아니었다. 에도 시대의 상업발달 역시 조선이나 중국에 비해서는 그 규모나 내용에 있어서 단연코 앞선 것이었지만 서구 근대의 자본주의, 특히 산업혁명에는 결코 비교할 수 있는 수준이 아니었다.[136]

일본에서의 계몽 또는 개화는 서양의 군사, 경제, 사상적 도전에 응하여 후쿠자와가 일으킨 「문명개화」운동의 결과였다. 일본에서는 「개화사상」이라는 혁명이 먼저 일어났고 메이지 시대의 과학, 산업, 사회, 정치, 경제혁명은 그 결과였다. 그런 의미에서 후쿠자와의 개화사상은 지식인 운동에 그친 것이 아니었다. 동시대의 조선과 청은 물론, 서구에서도 후쿠자와와 유사한 역할을 한 지식인은 없었다. 후쿠자와가 독보적인 이유다.

「미타엔세츠칸」

엔세츠칸 내부

　「문명개화운동」은 1870년대 초반부터 일기 시작하여 1880년대 중반까지 지속된다. 그 이후로는 서양을 절대적인 기준으로 보는 경향은 약화되면서 보다 차별화되고 세련된 시각으로 서양을 바라보게 된다. 그럼에도 불구하고 후쿠자와의 문명개화론은 일본의 각계각층에 지속적인 영향을 끼치면서 국가발전의 방향을 제시하고 의미를 제공한다.

1899년 자신의 3차 내각이 무너진 직후 이토 히로부미는 고향인 야마구치현(구 조슈번)을 방문하여 중학생들을 대상으로 강연을 한다.

[유신] 이후 오늘까지 일본은 문명(文明, 분메이)을 그 목표로 삼고 유럽의 학술(学術, 가꾸주츠)을 그 방법으로 채택하여 왔습니다. 그러나 유신 이전의 우리의 배움은 매우 달랐기 때문에 우리는 시간이 부족하였고 따라서 우리의 발전은 아직도 유럽이나 미국을 따라가지 못하고 있습니다. 따라서 우리는 보다 더 빠른 발전을 꾀해야 하며 우리의 학업(学業, 가꾸교)은 필히 우리 사회의 실질적인 문제에 적용되어야 합니다. 세계의 문명국들의 사정을 볼 때 그들의 최근 발전은 실로 눈 부실뿐만 아니라 그들 사회가 발전시킨 다양한 사업들은 모두 배움에 기초하고 있다는 사실을 알 수 있습니다.

며칠 후 또 다른 강연에서는 다음과 같이 말한다.

「개국」이라는 일본의 국가정책은 외국과 외교관계를 맺는다는 것만을 뜻하는 것이 아닙니다. 세계의 많은 나라들은 대부분 개국은 하였지만 여전히 야만적인 관습에 빠져 있고 문명의 단계로 나아가기 위해 필요한 개혁과 수정에 실패하고 있습니다. 이 나라들은 문명국의 반열에 오르지 못하고 있으며 야만 국으로 취급 받습니다. 우리의 국가정책은 처음부터 우리나라를 문명을 향하여 개방시키고 만방의 일원이 되는 동시에 유럽이나 미국과 같은 문명국의 지위에 오르는 것이었습니다. 「오른다」는 곧 「일원이 된다」라는 뜻입니다. 우리는 이러한 지위가 수반하는 권리와 의무가 무엇인지 생각해봐야 합니다. 문명국은 특정한 「권리」를 보호합니다. 문명국의 일원이 되려면 해야 하는 일입니다. 일반적으로 중국과 일본을 포함한 동아시아의 국가들은 외국 것을 혐오하고 자신의 것을 높이는 경향이 있습니다. 그러나 문명의 권리에 따라 다른 나라들과 교류할 때 각 나라는 같은 예의를 갖춰야 하며 상대방을 혐오하지도, 자만하지도 않고 자신을 혐오하고 상대방을 높이지도 않습니다. 독립국가들은 서로를 같은 권리와 의무를 지닌 나라로 대등하게 대해야 합니다. 이것이 바로 국제법이 자세하게 명시하고 있는 내용입니다.[137]

당시 일본에 살고 있던 독일인 의사 어윈 벨즈(Erwin Baelz, 1849.1.13.~1913.8.31.) 역시 「문명개화론」의 맥락에서 일본의 눈부신 변화를 바라본다.

벨즈

> 하룻밤 사이에……그리고 단 한번의 도약을 통해서 일본은 유럽이 5세기에 걸쳐서 이룩한 발전을 따라잡고자 하고 눈 깜짝할 사이에 서양 문명의 최첨단 성취를 흡수하려고 한다.

이 나라는 거대한 문화 혁명의 와중에 있다. 「진화」라는 말이 이처럼 빠르고 근본적인 변화를 표현하기에는 부족하다. 나는 이처럼 흥미진진한 실험의 목격자가 될 수 있었던 것을 행운이라고 생각한다.[138]

스코틀랜드 계몽주의 사상가들이 탄생시킨 「문명발전단계론」에 기반한 후쿠자와의 「문명개화론」은 인류 역사가 어떻게 전개되어 왔고 「문명」이란 무엇이고 어떻게 달성하는 것인지를 설명한다. 왜 서양을 배워야 하는지, 일본이 겪고 있는 근대화의 과정이 어떤 문명사적인 맥락에서 이루어지고 있는 것인지, 메이지 일본이 추구해야 되는 변화의 내용은 무엇이고 그러한 변화가 이루어지면 어떤 사회에 도달할 수 있는지 구체적인 방법과 방향과 목표를 제시한다. 그리고 이 새로운 문명관은 중국이 「미개」한 나라이며 오히려 일본이 더 「문명」에 근접한 나라임을 보여준다. 메이지 일본은 후쿠자와의 「문명개화론」을 통하여 「화이질서관」을 극복한다.

이동인은 1880년 4월경 후쿠자와를 처음 만난다. 김옥균은 1882년 6월 1일 후쿠자와를 처음 만난다. 후쿠자와는 조선사람들에게도 이 혼돈의 시기에 어떤 일이 일어나고 있고 그것이 무엇을 뜻하는 것이고 무엇을 어떻게 해야 좋을지, 중화질서를 어떻게 이해하고 극복하고 근대로 나갈 수 있는지 가르쳐 준다.

제 6 장
개국 아닌 개국:
「강화도 조약」

제6장

개국 아닌 개국: 「강화도 조약」

1854년 일본이 미국과 「미일화친조약(가나가와 조약)」을 맺을 당시, 조선은 안동 김씨 척족의 세도가 극에 달하고 있던 철종(哲宗, 1831.7.25.~1864.1.16. 재위 1849~1864) 재위 기간이었다. 1868년, 일본에서는 메이지 유신이 일어나던 해에 조선에서는 흥선대원군의 섭정(1864~1873)하에 천주교 박해와 쇄국 정책이 절정에 달하고 있었다. 1871년 「이와쿠라 사절단」이 서구 열강과의 불평등 조약 재협상 여부를 타진하고 서구의 선진 문물을 시찰하기 위하여 2년에 걸친 대장정에 오를 당시, 조선에서는 흥선대원군에 대한 친중위정척사파의 본격적인 비판이 이어지고 있었다. 1873년 일본에서는 「이와쿠라 사절단」이 귀국하여 오쿠보 도시미치(大久保利通)와 이와쿠라 토모미(岩倉具視)가 사이고 다카모리(西鄕隆盛)의 「정한론」을 꺾고 있을 때, 조선에서는 대원군이 물러나고 고종의 친정(親政)이 시작되고 있었다.

친정을 시작한 후 부친 흥선대원군의 정책들을 뒤집기 시작한 고종은 대외 관계에서도 새로운 시도를 한다. 1874년 2월, 고종은 부산에 암행어사를 파견하여 대원군 시절 초량진(草梁津) 왜관에서 일본과의 관계를 어떻게 다루어 왔는지 조사하도록 하고 일본과의 관계를 재점검한다.[1] 고종은 조-일 관계가 「서계(書契) 문제」로 한 치도 앞으로 나가지 못했던 것에 대한 책임을 물어 안동준을 처형한다. 이로써 조-일 관계에 새로운 돌파구가 열리는 듯하였다. 이 소식을 들은 오쿠보는 다시 외교관을 파견하여 조선과의 근대 조약 체결 여부를 타진한다. 사이고의 「정한론」을 무산시킨 오쿠보의 입장에서는 무력이 아닌 외교를 통해 조선을 열 수 있다는 것을 보여야 하는 입장이었다. 「청일수호조약」을 체결한 것도 조선을 외교적으로 열기 위한 포석이었다.

그러나 조선 조정은 일본이 모리야마 시게루(森山茂, 1842.10. ~1919.2.26.)를 통해 보낸 외교문서를 접수하는 문제와 일본 외교관들을 대하는 형식적인 문제로 다시금 내분에 빠지면서 아무런 결정을 내리지 못한다. 박규수(朴珪壽, 1807.10.27.~1877.2.9.)는 형식 문제에 구애 받지 말고 일본과 조약을 체결할 것을 강력히 주장하지만 대부분의 조정 중신은 위정척사파의 반대가 무서워 아무런 의견도 내지 않는다.

결국 조선의 입장에 아무런 변화가 없는 것을 확인한 오쿠보는 실력 행사를 결정하고 초대 주중공사에 임명된 모리 아리노리(森有礼)로 하여금 이홍장(李鴻章)을 찾아가도록 한다. 모리는 이홍장에게 일본이 조선에 군함과 군대를 보낼 것이며 이는 조선을 공격하기 위해서가 아니라 일본 외교관을 호위하기 위한 것이라고 통보한다. 이홍장은 일본이 조선에 대해 무력을 행사하는 것을 반대한다. 그러나 이홍장은 개입할 의사도, 힘도 없었다. 이를 확인한 오쿠보는 「운요호 사건(1875)」을 일으킨다.

1876년 1월, 일본은 「구로다 사절단」을 대규모 함대와 함께 조선으로 파견한다. 이홍장은 조선 조정에 편지를 보내 일본과 마찰을 일으키지 말고 조약을 맺을 것을 강력하게 종용한다. 조선 조정은 판중추부사 신헌(申櫶, 1810~1884)을 접견대신으로 파견하여 강화도에서 구로다 기요타카(黑田清隆, 1840.11.9.~1900.8.23.)와 협상하도록 한다. 신헌은 구로다에게 「조약」이라는 것이 무엇이냐고 묻는다. 그러나 조선은 결국 1876년 2월 27일, 일본과 「강화도 조약」을 맺는다.

친중위정척사파는 강화도 조약에 강하게 반발한다. 면암 최익현(崔益鉉, 1833~1906)은 「병자척화소(丙子斥和疏)」를 올려 「왜」와의 관계를 확대하는 것은 조선을 일본과 서구의 문물에 오염시키는 한편 천주교를 더욱 확산시킬 것이라고 주장한다. 한편, 조선 조정은 「강화도 조약」의 의미를 이해하지 못했다. 여전히 「중화 질서」의 틀을 벗어나지 못하고 있던 조선의 위정자들은 근대 국제 질서가 무엇인지, 조약이 무엇인지, 통상이 무엇인지도 알지 못했고 알려고 하지도 않았다. 조정은 쓰시마 문제로 한 동안 껄끄러웠던 조-일관계가 예전의 상태로 되돌아 간 것으로밖에 이해하지 못했다. 조선 조정은 아직 「개국」의 개념조차 이해하지 못하고 있었다. 「강화도 조약」은 「개국」이 아니었다.

1. 고종의 새로운 대외 정책

1874년 5월 15일, 「사은 겸 동지정사(謝恩兼冬至正使)」로 베이징에 다녀온 정건조(鄭健朝, 1823~1882)가 고종을 알현한다. 정건조는 청의 동치제가 일본의 소에지마 다네오미(副島種臣, 1828.10.17.~1905.1.31.)를 친견하였고, 일본의 사절이 서구 열강의 사절들과 동등한 대우를 받았으며[2] 베이징에 곧 일본 외교관이 상주하게 될 것이라는 놀라운 소식을 전한다.[3] 7월 14일, 청의 총리아문은 예조를 통해 조선 조정에 비밀 통문을 보낸다. 일본이 대만 정벌을 끝내고 철수시킨 군사 5천 명이 나가사키에 주둔하고 있으며, 어쩌면 이 군사를 동원하여 조선 정벌에 나설 수도 있고, 그럴 경우 「병인양요」와 「신미양요」에서 조선을 개항시키는 데 실패했던 프랑스와 미국도 일본을 지지할 수 있다는 내용이었다. 그러면서 조선은 이 세 나라를 동시에 상대할 힘이 없

으니 교역을 요구하는 서양인들과 조약을 체결하고 친선 우호 관계를 맺으라고 충고한다.[4]

그러나 8월 7일 어전 회의에서 영의정 이유원(李裕元, 1814.8.12.~1888.9.5.)은 청이 보내온 비밀 통문을 강력히 비판한다.

> 베이징(北京)에서 온 자문(咨文)은 변경(邊境)에 대한 급보(急報)입니다. 일본이 서양 나라들과 교통(交通)한다고 하지만 그 깊은 내막을 우리나라는 정확히 모르고 있습니다. 만일 불의(不意)의 변고(變故)가 일어날 경우 최근에는 무기도 정예하고 포(砲)도 서로 바라볼 정도로 설치하였으며 군량(軍糧)을 저축한 것도 몇 해 동안의 수요는 지출할 수 있습니다. 그러나 문제는 편안한 때에도 위태로울 것을 잊지 말아야 한다는 원칙에 있는 것입니다. 안으로는 미리 잘 준비하고 밖으로는 변경 방어(邊境防禦)를 튼튼히 하도록 더욱 신칙하여야 하는 것입니다.[5]

그리고는 청이 서양 오랑캐들에게 침략을 당한 것은 나약한 모습을 보였기 때문이며 그들과 조약을 체결하라는 것은 조선이 얼마나 강한 군사를 갖고 있는지 몰라서 하는 말이라며 청의 제안을 일축한다.[6]

그러나 박규수는 조선만이 서양과의 교역을 거부하기 때문에 문제가 일어나고 있다고 한다. 일본은 천주교의 확산은 막으면서도 서양과 오랫동안 교역을 해왔는데, 이제 서양 모델을 받아들여 중국과의 교역을 꾀하고 있다고 분석하고 서양과의 교역 자체는 문제가 없으나 간교한 서양인들이 진정으로 교역만을 원하는지는 확신할 수 없다고 한다.[7]

1874년 8월 11일, 어전회의에서 영의정 이유원은 안동준의 잘못을 비판한다.

우리나라는 일본과 이웃해 있으면서 통신사(通信使)가 왕래한 지 300년이나 되었지만 한 번도 분쟁이 없이 언제나 사이 좋게 지낸 것은 예의로 서계(書契)를 보내고 제때에 예물을 주면서 털끝만치도 서로 잘못한 것이 없었기 때문입니다. 그런데 갑자기 3년 동안 까닭 없이 관계가 단절되어 지금은 관계를 폐쇄하고 약조(約條)를 폐기한 것과 다름없이 되었습니다. 그런데도 우리나라는 아직 그 이유를 모르고 있습니다. 다만 한 훈도(訓導)의 말만 믿고 그가 하는 대로 내버려두니, 저들은 스스로 의기양양하여 제멋대로 방자하게 굴면서 가옥을 넓게 차지하고 읍내에서 편안히 살고 있으며 삼남(三南)의 온갖 물건을 도매(都賣)로 사들이고 있으면서 왜관(倭館)에 발길조차 돌리지 않은 지 몇 년이 되었습니다. 이것은 참으로 법에 어긋납니다. 그리고 별차(別差)가 왜관에 들어가는 것도 막고 있으니, 일이 갑작스럽고 의도를 헤아릴 수 없는 정도가 그지없습니다….신의 생각에는 부산(釜山)의 전 훈도 안동준(安東晙)을 의금부(義禁府)의 나장(羅將)을 보내어 잡아다가 엄격히 신문하여 죄를 다스리고, 별정 도해관(別定渡海官)을 내려 보내어 그 연유를 캐낸 뒤에 등문(登聞)하게 하며, 그 공사(公私)로 농간질한 물건은 도신으로 하여금 하나하나 조사하여 전부 관청에 넘겨 군수(軍需)에 보태어 쓰도록 하는 것이 어떻겠습니까?[8]

고종은 그리하라고 하교한다.

　그러자 박규수는 적극적으로 일본과 대화를 할 것을 주청(奏請)한다.

지난번에 안동준을 우선 그 자리에 두고 일을 맡아보게 하라는 하교가 있었지만, 그가 이미 법에 어긋나는 짓을 하여 온 도가 원망하고 지금까지 저지른 죄상이 낱낱이 드러났습니다. 게다가 변경에서 일어난 말썽을 가지고 말하면 일본 황제가 바쿠후(幕府)를 내쫓고 나라의 정사를 총괄한다는 것은 그가 과장한 말입니다. 대마도주가 「황제(皇帝)」요 「칙서(勅書)」요한 것은 바로 그들 자신이 높여서 부른 것이지 결코 우리나라에서 「황제」
요 「칙서」요 하고 불러달라는 요구는 아닙니다. 또한 대마도주의 작위(爵
位)를 전과 달리 부르는 것은 그가 겸임(兼任)으로 벼슬을 더 받을 수도 있
는 만큼 괴이할 것은 없을 것입니다. 그런데 격식을 어겼다고 하여 대뜸
그의 편지를 거절한 지 이제는 여러 해가 되었으나 원인을 해명하지 않고
있습니다. 해외가 풍속이 다르나 어찌 나쁜 감정이 생기지 않겠습니까? 보
통 친구 간이라고 해도 남이 보낸 편지를 거절하고 받지 않으면 반드시 감
정을 사게 되는데, 더구나 이웃 나라로서 사이 좋게 지내자는 처지에서야
더 말할 게 있습니까? 영의정이 아뢴 것은 과연 시급한 문제에 속합니다.
그리고 안동준에게는 단호히 해당 형률(刑律)을 시행해야 할 것입니다.[9]

이틀 후인 1874년 8월 14일, 영의정 이유원은 안동준을 제대로 관
리하지 못한 책임을 물어 그의 직속 상관들에 대한 죄를 물을 것을 주
청한다.

신이 일전에 안동준의 죄목을 대강 들어서 삼가 아뢰어 윤허를 받은 만큼
잡아 가두고 엄하게 신문하여 실정을 알아낸 다음 법조문대로 감처(勘處)
하기를 기다렸는데, 이 문제와 관련하여 개탄을 금할 수 없습니다. 변방의
일은 관계되는 것이 얼마나 중대합니까? 감사(監司)와 수령(守令)으로 있
는 사람들이 오랫동안 그 관직에 있었으니 응당 일에 따라 규찰했어야 했
습니다. 그런데 도리어 함께 흐트러져서 오직 안동준의 말이면 옳은 것으
로 받아들이고 사적인 안면에 익숙하여 감히 물리치지 못하고 간사하고
교활함에 빠져 감히 적발하지 못하고 덮어두는 데에만 매달려 변경의 말
썽을 일으키게 되었으니, 직분으로 지켜야 할 바를 생각하면 게으리 한 책
임을 면할 수 없습니다. 전 경상감사(慶尙監司) 김세호(金世鎬)는 견파(譴
罷)를 시행하고, 전 동래부사(東萊府使) 정현덕(鄭顯德)은 더욱 관대하게

용서하기 어려우니 곧바로 찬
배(竄配)하는 처벌을 시행하는
것이 어떻겠습니까?[10]

김세호는 파면, 정현덕은 함
경도 문천으로 귀양간다.[11] 왜
관훈도 안동준은 일본과의 관
계를 파탄에 빠뜨린 죄로 1875
년 4월 9일 참형에 처해진다.

유치선

전교하기를, 「안동준이 범한
죄는 너무나 분통하다. 조정을
속이면서 여러 해 동안 공미(公米)와 공목(公木)을 가지고 농간을 부렸고,
심지어 백성들의 원망이 낭자하고 변방의 정세가 소란스러워진 것도 모
두 여기에서 연유한 것이니, 어떻게 용서할 수 있겠는가. 동래부의 정배죄
인 안동준을 부사로 하여금 바로 그 경상(境上)에서 군민(軍民)을 많이 모
아 놓고 효수(梟首)하여 대중을 경계시키라고 묘당에서 삼현령(三懸鈴)으
로 행회하라.」 하였다.[12]

고종은 유치선을 새 경상관찰사로, 박제관을 동래부사로 임명하고
현석운(玄昔運, 1837~?)을 왜관훈도로, 현제선을 별좌로 임명한다.[13]

2. 일본의 반응

1874년 초, 메이지 정부는 대만 정벌로 조선에 신경 쓸 겨를이 없었

다. 그러나 「정한론」을 무산시킨 오쿠보와 이와쿠라 등은 조선에 대한 정책 대안을 내놓아야 하는 입장이었다. 이들은 우선 온건책을 낸다. 외무성이 일본의 대외 관계를 총괄하게 되면서 폐지되었던 쓰시마의 대(對)조선 중계 역할을 일시적으로 부활시키는 동시에 조선과 중국의 「특별 관계」도 일단 인정하기로 한다.[14] 「정한론」을 지지했던 소에지마의 후임으로

데라시마 무네노리

외무경에 임명된 데라시마 무네노리(寺島宗則, 1832.6.21.~1893.6.6.)는 조선과의 관계를 담당하고 있던 모리야마의 건의를 받아들여 쓰시마를 통한 조선과의 교섭을 허락한다.

바로 그때 조선에서 대원군이 실각했고 왜관훈도였던 안동준이 처형됐다는 소식이 온다. 1874년 5월 15일, 일본 외무성은 모리야마에게 부산에 가서 상황을 살피고 올 것을 명한다.[15] 6월 중순 부산에 도착한 모리야마는 현석운과 접촉한다. 1874년 9월 4일, 현석운은 조선 관료로는 처음으로 왜관을 공식 방문한다. 모리야마는 쓰시마가 더 이상 조선과 일본 간의 중계를 맡지 않을 것임을 알리는 일본 정부의 공문을 조선 정부에 곧 보낼 것이며, 만일 용어상의 문제가 있다면 조선의 입장을 충분히 반영하여 문구를 수정할 용의도 있음을 전한다.[16]

영의정 이유원은 모리야마의 제안을 받아들일 것을 건의하고 고종은 이를 받아들인다.[17] 현석운과 모리야마는 조선과 일본의 관계를 정상화하기 위한 세 가지 방안을 논한다. 첫째는 조선이 1872년

쓰시마의 다이묘였던 소 요시아키라가 보내온 서계를 받아들이는 것, 둘째는 일본 외무경이 조선의 예조판서에게 새 서계를 보내 동래부사를 통해 전달하는 것, 그리고 셋째는 조선이 일본에 사절단을 파견하여 다른 방안을 모색하는 것 등이었다.[18]

현석운의 보고를 받은 이유원은 고종과 상의하여 두 번째 안을 받아들이기로 결정한다.

쓰시마의 마지막 다이묘 소 요시아키라. 그의 양자 소 다케유키는 덕혜옹주의 남편이다.

방금 부산훈도 현석운의 보고를 보니, 그 동안 왜관의 관수인 일본인과 만나서 이야기하였는데 그가 세 가지 문제를 간청하였습니다. 그 한 가지는 우리가 먼저 서계를 만들어 가지고 사신을 청해서 오게 해 달라는 문제였습니다. 몇 해 전에 서계를 받아들이지 않은 상황에서 이번에 거론하는 것은 부당합니다. 사신을 청해서 오게 하는 문제는 인색하게 할 일은 아니지만 서계를 다시 고쳐 가지고 오겠다고 하였으니 서로 좋게 지내자는 뜻을 여기서 볼 수 있습니다. 우리나라의 후의(厚誼)를 잘 효유(曉諭)하여 수정하여 가지고 오도록 한 만큼, 만약 일이 순조롭게 되면 다시 이웃 간의 관계를 좋게 가지게 될 것이며, 만약 따르기 어려운 말들이 있으면 다시 물리치더라도 안 될 것은 없을 듯합니다. 특별히 파견하는 역관(譯官)과 도해관(渡海官)에 대해서는 잠시 회답을 기다려보고 품처(稟處)하는 것이 어떻겠습니까?[19]

며칠 후 모리야마는 현석운을 통해 조선 조정이 두 번째 안을 받아들이기로 결정했음을 통보받는다. 1874년 10월 6일, 모리야마는 부산을 떠난다.[20]

도쿄로 돌아간 모리야마는 조선의 긍정적인 반응을 외무성에 보고한다. 외무경 데라시마는 분위기가 무르익었다고 판단하여 1875년 1월 10일, 모리야마를 정사로, 왜관의 장을 지낸 히로쓰 히로노부(廣津弘信, 1819~1883)를 부사로 하는 공식 사절단을 파견, 조선이 그 동안 일본을 무시한 것에 대한 사과를 받아내고 조선과 중국 간의 관계를 시험해 보기로 한다. 그러나 조선 측을 불필요하게 자극할 필요는 없다고 하여 공식 문건을 쓰시마의 다이묘였던 소 요시아키라의 명의로 보내기로 한다.[21]

조선으로 출발하기에 앞서 모리야마는 주일 영국 공사 파크스를 만나 일본의 새로운 조선 정책에 대한 영국의 지지를 요청하는 한편, 러시아가 개입할 경우 영국이 일본의 입장을 지지해 줄 것도 요청한다. 모리야마는 자신이 조선을 개국시키고자 하는 것은 20년 전 페리 제독이 일본을 개국시킨 것에 비견되는 일이며, 만일 협상을 통해 조선이 개국을 거부할 경우 평화로운 방식으로 조선을 개국시키기는 어려울 것이라고 말한다. 일본이 이미 무력으로라도 조선을 개국시킬 것을 결정했음을 암시하는 대목이다.[22]

1875년 2월 10일 도쿄를 출발한 모리야마와 히로쓰는 2월 24일 초량진에 도착하여 왜관훈도 현석운과 협상을 벌인다.[23] 이때 모리야마는 두 통의 국서를 지참했다. 하나는 외무경 데라시마가 조선의 예조판서에게 보내는 국서였다. 내용은 천황의 칙령에 따라 모리야마를 조선에 보내며 일본은 두 나라 간의 전통적인 우의가 이어질 것을 바란다는 내용이었다.

다른 한 통은 전 쓰시마 다이묘이자 당시 외무성 차관이었던 소 요시아키라의 이름으로 작성된 서한으로, 일본에서 왕정복고가 일어나고 천황이 친정을 시작함으로써 자신의 집안이 맡아오던 조선과의 중계 역할은 종식되었음을 알리는 동시에 조선 조정이 지난 수년간 자신의 교신을 받아들이지 않음으로써 일본 내에서 많은 반(反)조선 여론이 들끓고 있다는 내용이었다. 다행히 조선 조정이 뒤늦게나마 양국 간의 교신이 일부 관료들에 의하여 의도적으로 차단되었다는 사실을 발견하고 이들을 벌했다는 소식을 듣고, 앞으로 모리야마 사절단이 임무를 성공적으로 완수하여 조일 관계가 다시금 정상으로 돌아갈 수 있기를 바란다고도 하였다. 그러면서 소는 조선 정부가 사쓰마의 다이묘에게 준 인장을 편지와 함께 반환한다.[24]

이 두 통의 국서는 순 한문 대신 히라가나와 한문을 혼용하여 작성되었다. 또한 일본 천황을 「아방황제(我邦皇帝)」로 표현하고 그의 영을 「조칙(詔勅)」이라고 칭하였다. 조선 조정은 강하게 반발한다. 그러면서도 일단 잘못된 문구들을 고치도록 하고, 수고한 것을 고려하여 일본 사절단에게 연회를 베풀어 줄 것을 명한다.

지금 동래부의 장계(狀啓)에서 근거한 훈도(訓導)와 별차(別差) 등의 수본(手本)을 보니, 그들이 서계에서 약간의 글자를 산거(刪去)하는 수정을 하였다고 하지만 결국 온당치 못한 곳이 있고, 또 원본에 한문과 언문(諺文)을 섞어 쓴 것은 300년 이래로 있지 않았던 일인데 통역을 담당한 사람에게 먼저 보이려고도 하지 않고 해부(該府)와 면대해서 논의하겠다고 하는 것은 조약 외의 일로서 매우 온당치 못할 뿐 아니라 뒷날의 폐단도 우려되는 만큼 이것은 엄격히 막아버려야 할 것입니다. 그러나 여러 해 동안 서로 막혀 있던 차에 저들이 이 일을 위하여 수고롭게 멀리 바다를 건너와 교린(交隣)의 우호를 닦았으니 우리의 성신(誠信)의 도리에 있어서는 규례를 초월하여 일 처리를 해야 할 것입니다. 부사가 관소에 가서 별도로 연향을 베풀게 함으로써 조정에서 위로하는 두터운 뜻을 보여주게 하소서. 그 이른바 부본 서계(副本書啓)를 한문으로 번역해 놓았다고 하니 그 자리에서 받아보고 만일 규례에 어긋나는 곳이 있으면 조목에 따라 자세히 검토하여 이치에 근거하여 물리칠 것입니다. 만일 모두 다 고쳐가지고 와서 바치겠다고 하면 그때마다 받아들임으로써 옛날의 우호를 다시 회복하도록 관왜(館倭)에게 거듭해서 타이르고 그 후의 형세를 신속히 치문(馳聞)하도록 통지하는 것이 어떻겠습니까?[25]

며칠 후에는 일본 측에서 옛 인장을 반환하고 새로운 인장을 사용했다는 보고를 접한다.

얼마 전에 동래부(東萊府)의 장계로 인하여 일본 사람들이 고쳐 가지고 온 서계 가운데 격식을 어긴 것은 연향을 베풀 때 보고 사리에 근거하여 경책하여 물리치도록 복계(覆啓)하여 행회(行會)하였습니다. 지금 또 해당 부사(府使) 황정연(黃正淵)의 장계를 등보(謄報)한 것을 보니, 훈별(訓別) 등의 수본(手本)을 하나하나 들면서, 「서계의 원본과 부본을 그들이 베껴서 보여준 것을 이제 올려 보냅니다. 그런데 그 글의 내용을 보면, 도서(圖書)를 도로 납입하고 스스로 새 인장을 찍겠다는 말이 있고 노인(路引)의 격식도 고쳐 가지고 왔습니다. 그러므로 모두 책유(責諭)하게 하소서.」라고 하였습니다. 저 나라의 관제가 변경되었다고 하지만 도서를 만들어주는 것은 비단 서로 믿기 위해서일 뿐 아니라 이미 고칠 수 없는 규례가 되었기 때문이니 애초에 두 나라가 강정(講定)하지도 않았는데 이제 와서 갑자기 새로 행하려고 한단 말입니까? 노인(老印)을 가지고 말하더라도 형식을 고치는 것 또한 격식에 어긋나는 것이니 모두 좋은 말로 타일러서 다시는 시끄럽게 굴지 않도록 하며 그 정형을 바꾸어 보고하도록 통지하는 것이 어떻겠습니까?[26]

또 다른 문제도 터진다. 조선 조정은 과거 쓰시마인들에게 베풀었던 전통적인 방식의 연회를 베풀어 주도록 황정연에게 명하였으나 일본 측은 이를 거부하고 서양식 제복을 입고 서양식 리셉션을 열 것을 요구한다. 조선 조정은 거부한다.

지난달에 왜인에게 연회를 베풀어 주는 서계의 격식이 어긋나면 돌려주는 문제, 새 인장을 사용하는 문제, 노인(路引)의 격식을 고치는 등의 문제를 가지고 연달아 품의하여 복계 한 후에 행회하였습니다. 방금 동래부사 황정연의 장계를 보니, 훈도와 별차의 수본을 낱낱이 들면서, 「관문의 내용대로 하나하나 타일러주었더니 저 왜인이 연향하는 날에 여러 가지 의식을 미리 강정(講定)하자고 합니다. 이것은 모두 옛 규례에 어긋나는 것이고 또한 예측할 수도 없습니다. 그리고 본 부사와 면대하여 이야기하겠다는 말로써 왜관 밖으로 뛰쳐나오겠다고 위협하는 계책을 삼고 있으니, 뒷날의 폐단과 관계되기 때문에 갑자기 연회를 베풀기는 어렵습니다. 다시 묘당으로 하여금 품처하게 하소서」라고 하였습니다. 별도의 연향을 베풀어 주는 것은 사실 먼 데 사람을 배려해 주는 지극한 뜻에서 나온 것인데, 300년 동안의 오랜 규례를 내버리고 네다섯 가지의 새로운 규례를 함부로 말하니, 일의 놀라움이 이보다 더 심한 것은 없습니다. 대개 조정의 처분이 전에 저들에게 신의를 잃은 것이 무엇이 있었기에 이번에 조약(條約)을 변환(變幻)하고 태도를 바꾸어가면서 일부러 맞서려고 하는지 그 의도를 참으로 알 수 없습니다. 임역배(任譯輩)가 잘 처리하지 못하여 나라를 욕되게 하는 일이 그치지 않고 있으니, 사체에 크게 어긋납니다. 마땅히 엄하게 감처(勘處)해야 하겠으나 우선은 죄를 진 채로 거행하도록 하소서. 해당 부사로 말하면 변방에 대한 정사를 이처럼 게을리 하였으니 그대로 둔 채 묻지 않을 수 없습니다. 엄하게 추고하는 법을 시행하소서. 연향 등 제반 문제는 옛 규례대로 시행하라고 엄하게 신칙하도록 행회하는 것이 어떻겠습니까?[27]

모리야마는 조선 조정이 일본국의 대사신인 자신에게 지체가 낮은 쓰시마의 다이묘가 입었던 예복을 입고 연회에 참석하라는 것은 일본을 모독하는 행위라며 거부한다.[28]

1875년 6월 13일, 고종은 어전회의를 소집한다. 1년을 넘게 끌어온 사안에 대해 결론을 내고자 하지만 조정의 의견은 다시 한번 갈린다. 판중추부사 홍순목(洪淳穆, 1816~1884)은 서계를 받을 것을 주장한다.

지금 이 일은 이웃 나라끼리 강화(講和)를 닦자는 것이니 포용하는 것이 마땅하지 굳이 우리가 먼저 트집을 만들 필요는 없습니다. 어떤 사람들은 「이 문자는 크게 격식을 어겼으니 갑자기 받아들이기를 허락해서는 안 된다.」고 하지만, 아직도 귀일된 의견은 없습니다.[29]

판중추부사 박규수 역시 받아들일 것을 주장한다.

저들의 서계에서 칭호를 참람하고 망령되게 한 것은 몹시 놀라운 일입니다만, 과군이니 폐읍이니 하는 예양(禮讓)하고 겸공(謙恭)하는 말을 저들에게 갖추기를 요구하기는 어려울 듯합니다. 그 나라에서 황제라고 칭한 것은 대체로 주(周) 나라의 평왕(平王) 때부터라고 하니, 지금 이미 수천년이 된 셈입니다. 저들의 서계에서 본 국이 칭하는 대로 따른 것은 또한 신하로서 그렇게 하지 않을 수 없는 것이니, 성상께서 어떻게 포용하는가에 달려 있는 것입니다. 저 사람들이 스스로 나라와의 제도를 변경하여 크게 이웃 나라의 우호를 닦자고 말한 것이 지금까지 저지당하고 보니, 반드시 한스럽게 여기는 바가 있을 것입니다. 그러므로 문제를 일으킬 만한 단서와 앞날의 폐단에 대해서 실로 염두에 두어야 할 것입니다만, 그때 가서 거절하는 데에는 그 방법이 없지 않을 것입니다. 지금의 사단은 저들이 반드시 말을 물고 늘어질 것이니, 구구한 우려가 실로 여기에 있습니다.[30]

그러나 우의정 김병국(金炳國, 1825~1905)은 강하게 반대한다.

서계는 글자 모양의 한 점이나 한 획이라도 전의 규례와 같지 않으면 곧바로 물리치는 것이 바로 규례입니다. 지금 이 서계 가운데 몇 구절은 한 점한 획에 비교할 수 없으니, 지금까지 서로 버텨온 것은 이 때문이었습니다. 지난번에 먼 지방의 사람을 친절히 대우하는 뜻에서 연향하라는 처분을 내렸는데, 의복과 정문(正門) 등의 일을 야기하여 지금까지 질질 끌고있는 것은 진실로 그 뜻이 어디에 있는지를 모르겠습니다. 지금 만약 받아들인다면 목전의 말썽은 생기지 않는다 하더라도 또 따르기 어려운 청이없을지 어찌 알겠습니까?[31]

고종은 결론을 내리지 못한다.

내가 여러 사람들의 말을 들어보고 재결하려고 하였는데, 오늘은 날이몹시 더우니 물러가고 빈청과 여러 재신들이 서로 의논하여 정론(正論)을 세우라.[32]

조정은 서계를 받는 여부에 대한 결정을 보류한 채 결국 일본 측을위해 연회를 여는 것도 취소한다. 다만 협상이 완전히 깨지는 것은 방지하고자 역관을 보내기로 한다.

변경의 정사와 관련된 일이므로 매우 신중히 처리해야 하니, 단지 훈도(訓導)로 하여금 계속 책유(責諭)하게 해서는 안 됩니다. 따로 일을 잘 아는 역관을 보내어 조목조목 바로잡고 속히 등문(登聞)한 다음 다시 품처(稟處)하는 것이 어떻겠습니까?」하니, 윤허하였다.[33]

고종이 아무런 결론을 내지 못하자 박규수는 답답한 나머지 흥선대원군에게 편지를 쓴다.

대저 처음부터 지금에 이르기까지 각하(閣下, 대원군)의 심우원려(深憂遠慮)는 오로지 일본이 바야흐로 양(洋)과 더불어 한데 합침에 있고, 오로지 이 서계를 받는 것은 곧 약점을 보인다는 것에 있으며, 소생의 심우원려가 또한 왜양(倭洋)의 합침에 있어, 고로 우리가 틈을 보여서는 안 된다고 말하는 것이며, 또한 곧 약점을 보이는 것에 있으므로 고로 서계를 받아서는 안 된다고 말하는 것입니다. (…) 진실로 이와 같으니 서계를 받지 않는 것이 과연 강점을 보이는 것이 되겠습니까, 약점을 보이는 것이 되겠습니까? 강약은 서계의 받고 안 받고에 달려 있는 것이 아니고, (서계를 받지 않는 것은) 저들이 구실을 잡아서 군사력을 동원하는 명분으로 삼기에 족할 따름입니다. 무릇 강약의 세는 단지 사리의 옳고 그름에 있을 따름입니다. 우리의 처사가 남을 대접함에 예가 있고, 이(理)가 그르면 비록 강하더라도 반드시 약해집니다.[34]

박규수는 쇄국주의자 흥선대원군에게 개방 정책을 책임져 달라고 한다. 우유부단한 고종을 설득하는 것보다는 대원군의 생각을 바꾸는 것이 차라리 쉬울 것이라고 생각한 듯 하다.[35] 박규수는 이최응에게도 편지를 보낸다.

동래부 연회에서 일본 측이 양복, 예복을 착용한다고 트집을 잡아 쓸데없이 분쟁을 야기하는 것이 얼마나 무모한 일인가? 역관을 일본에 파견한다는데 대마도로 갈 것인가? 도쿄로 갈 것인가? 도쿄에 가서 무슨 일을 의논할 것인가? 다시 대마도를 복건하라고 일본에 요청할 것인가? 그리고 동래부사는 한낱 변경의 관리인데 어찌 일본 외무경의 서한을 접수하느냐 안 하느냐를 말하고 답변할 수 있겠는가?[36]

3. 일본의 실력 행사: 「운요호 사건」

박규수가 예측한 대로 조선이 세계를 거절하자 일본은 실력 행사를 결정한다. 1875년 6월 24일, 조선 조정의 결정을 전해들은 모리야마는 협상을 중단하고 부사인 히로쓰를 도쿄로 보내 차후 절차에 대한 훈령을 요청한다. 7월 말 조선 조정이 보낸 역관이 부산에 도착하나 모리야마는 그를 만나기를 거부하면서 자신도 본국 정부로부터 귀국하라는 명령을 받았다고 전한다.[37]

고종은 다시 조정 대신들을 부른다. 이때 마침 대원군이 별장에서 한양으로 돌아온다.[38] 위정척사파들은 줄곧 대원군에게 한양으로 돌아올 것을 종용하고 있었다. 자신들이 축출한 대원군이었지만 고종이 일본과의 수교 문제로 우왕좌왕하자 차라리 대원군을 다시 불러들이는 것이 좋다고 결론을 내렸던 참이었다. 그렇지 않아도 일본 측의 서계를 받지 말아야 한다는 의견이 다수인 상황에서 대원군마저 나타나자 일본의 서계를 받자는 주장은 수그러든다. 결론은 역시 서계를 수정해 오도록 일본을 다시 설득해 보는 것이 어떻겠느냐는 것이었다.

동래부사로 하여금 먼저 우선 연향을 베풀고 서계를 취하여 보고서 즉시 등서(謄書)하여 올려 보내도록 해야 할 것입니다. 그런데 서계 중에 이른바 칭호(稱號)를 스스로 높인 것은 비록 그 나라 신하로서의 말이라고 하더라도 교린 문자는 겸손과 공손을 귀하게 여기는 법이니, 저들이 먼저 예모(禮貌)를 잃은 것이고 우리도 받아들이는 데에는 걸리는 점이 있습니다. 지금 가져다 볼 본(本)이 전의 것과 같다면 수정해 오게 하고, 저들이 또 듣지 않는다면 잘못이 저들에게 있으니, 이것은 물리치지 않을 수 없습니다. 이런 내용으로 먼저 개유(開諭)하도록 분부하는 것이 어떻습니까? 하니, 윤허하였다.[39]

그러나 더 이상 모리야마를 설득할 수 없다는 것을 잘 알고 있었던 동래부사 황정연은 불가능한 명을 받드는 대신 9월 5일 사임한다. 9월 20일, 모리야마는 본부로부터 협상을 중단하고 귀국하라는 훈령을 받는다. 모리야마는 다음날 부산을 떠난다.[40]

오쿠보는 본격적으로 조선에 대한 무력 행사를 준비한다. 그는 우선 국내 정정(政情)을 안정시키기 위하여 대만 정벌에 반대하면서 정부 직책을 사임한 기도를 다시 정부로 불러들인다. 기도의 고향 후배이자 친구인 이토 히로부미와 이노우에 가오루를 통하여 기도에게 화해의 손길을 내민 오쿠보는 1875년 2월 「오사카 회의」를 개최하여 기도는 물론 1873년 「정한론」으로 사임한 이타가키 다이스케(板垣 退助, 1837.5.21.~1919.7.16.)와도 화해한다. 이타가키는 정부를 떠난 후 「자유민권운동」을 일으켜 대의 민주주의 제도 도입을 주장하고 있었다.

오쿠보는 기도와 이타가키를 설득하기 위해 원로원(元老院)을 새로 만들고 독립적인 대법원을 창설할 것을 약속한다. 이는 모두 오쿠보의 절대 권력을 제어하기 위한 장치였다. 당시 오쿠보는 태정관의 참의인 동시에 내무대신을 맡음으로써 국내 정치를 완전히 장악하고 있었다. 오사카 회의에서는 참의들이 정부 부처의 대신을 맡는 것을 금지함으로써 태정관과 내각을 분리하기로 합의한다. 해외에 군대를 파견하기에 앞서 어떻게든 국내 여론을 통일하고자 한 오쿠보는 이들의 요구를

받아들인다. 이로써 사쓰마-조슈-도사 연합이 재건된다.[41]

1875년 4월 7일에는 「상트페테르부르크 조약」이 체결되면서 러시아와의 관계도 정상화된다. 1875년 5월, 일본은 류큐 왕국이 청에 조공을 바치는 것을 금지하고 7월에는 류큐와 청 간의 모든 관계를 단절시킨다. 이로써 류큐는 완전히 일본에 복속된다. 그러나 청은 아무런 반응을 보이지 않는다.[42]

오쿠보는 이제 조선 문제에 전념할 수 있게 된다. 그는 외무경 데라시마에게 해군성과 협의하여 군함 3척을 조선으로 파견하게 한다. 5월 25일, 일본 해군의 「운요호(雲揚)」가 아무런 예고 없이 부산에 도착한다. 2주 후에는 또 한 척의 일본 군함이 부산 앞바다에 도착한다. 조선 측이 항의하자 모리야마는 자신들에게 협상을 빨리 진행하라는 명령을 전달하기 위해 군함이 왔다는 핑계를 댄다. 6월 14일, 현석운이 배를 검사하겠다고 하자 모리야마는 조선 측 관인들을 군함에 승선시킨다. 조선 관원들이 배에 오르자마자 군함들은 일제히 함포 사격 연습을 개시하며 화력을 과시한다. 6월 20일, 「운요호」는 부산을 떠나

「운요호」

영흥만에 들렀다가 다시 부산으로 돌아온 후 7월 1일 나가사키로 귀항한다.[43]

한편, 일본에서는 「오사카 회의」의 정치적 타협이 흔들리며 오쿠보에 대한 이타가키 등의 반대 세력이 다시 커지기 시작했다. 오쿠보는 기도와 이타가키와의 정치적 화해가 필요했기에 「오사카 회의」의 결정에 동의하였지만 이를 실천에 옮기는 것을 차일피일 미루고 있었다. 이에 대해 기도는 별다른 반응을 보이지 않았지만 이타가키는 격렬하게 항의하였다.[44]

동시에 사쓰마의 다이묘였던 좌대신 시마즈 히사미쓰 역시 오쿠보를 비난하였다.[45] 시마즈는 「판적봉환」과 「폐번치현」을 강력하게 비난해 왔다. 그는 메이지 유신의 핵심인 오쿠보와 사이고의 주군이었다. 시마즈 히사미쓰의 지속적인 메이지 유신 반대는 오쿠보와 사이고에게 사적으로나 정치적으로 큰 부담이었다.[46] 이런 상황에서 대외적으로 러시아와의 영토 문제가 해결되고 류큐를 복속시킨 것에 대한 청의 반응이 없음을 확인한 오쿠보는 국내의 반대 세력을 무마하기 위해서 조선 문제를 밀어붙이기로 한다.

1875년 9월 12일, 운요호가 다시 나가사키를 출항하여 부산으로 향

일본 화가가 그린 영종도 전투 장면

한다. 9월 20일에는 한강 어귀의 강화도 포대 앞에 도착한다. 함장 이노우에 요시카(井上良馨, 1845~1929)는 사쓰마 출신이었다. 요시카는 이 지역이 외국 선박의 접근이 금지된 지역이라는 사실을 알면서도 작은 배를 타고 먹을 물을 구한다는 구실하에 상륙을 시도한다. 강화도 포대가 예상대로 포문을 열자 「운요호」는 단숨에 강화도 포대를 초토화시킨다. 「운요

「운요호 사건」 당시 「운요호」의 함장이었던 이노우에 요시카

호」는 바다로 나가 영종도에 있는 작은 진지도 공격한다. 갑작스러운 일본군의 공격에 영종도의 조선 군사들은 속수무책으로 수십 명이 전사하거나 부상당한다. 영종도의 진지를 약탈하고 불태운 일본 해병과 해군은 9월 28일 나가사키로 회항한다.[47]

「운요호 사건」 소식을 접한 사이고 다카모리의 첫 반응은, 이것이 오쿠보가 자신의 정권이 붕괴하는 것을 막아보려는 「몸부림」이라고 하였고, 육군경 야마가타 아리토모는 해군성 내의 사쓰마파가 저지른 일이라고 비판하였다.[48] 9월 28일, 강화도 사건에 대한 이노우에의 보고를 받은 오쿠보는 다음날 비상 내각회의를 소집한다. 메이지 천황도 참관한 이 회의에서 일본 정부는 부산에 있는 일본인들을 보호한다는 미명하에 군함을 보내기로 결정한다. 9월 30일 부산에서 돌아온 모리야마는 부산의 일본인과 일본 관사를 지키라는 명령을 받고 10월 2일 군함 「가스가마루(春日丸)」에 올라 다음날 부산에 도착한다.[49]

1875년 10월 3일의 내각회의에서 오쿠보파였던 태정관 산조 사

「가스가마루(春日丸)」

네토미는 국가 비상사태 시에는 태정관과 내각 사이의 긴밀한 협력이 필요하다면서 태정관 참의들이 내각의 대신직을 겸임하지 못하도록 합의한 「오사카 회의」 합의를 보류할 것을 제안한다. 이와쿠라도 산조의 제안에 찬성한다. 이타가키와 시마즈는 당연히 격렬하게 반대한다. 모든 것은 기도에게 달렸다. 기도는 오쿠보와 이타가키 모두와 사이가 안 좋았다. 「오사카 회의」의 합의를 깨는 오쿠보를 역겨워했고, 줄기차게 급진 개혁을 요구하는 이타가키에 대해서도 환멸을 느끼고 있었다.

그러나 원래 「정한론」자였던 기도는 「운요호 사건」을 전해 듣자 오쿠보를 지지하기로 결정한다. 10월 9일 내각회의에서 산조의 제안은 이타가키를 제외한 모든 참의들의 동의를 얻는다. 10월 19일, 메이지 천황은 조선 사태가 진행되고 있는 한 내각에 대한 개혁은 없을 것임을 선포한다. 10월 27일 이타가키와 시마즈는 사임한다. 그러나 오쿠보와 기도 사이의 사쓰마-조슈 연맹은 유지된다.[50]

이타가키가 사임한 이유는 오쿠보의 조선 정책에 대한 불만 때문이 아니었다. 이타가키는 사이고 못지않은 열렬한 「정한론」자였고, 사이고의 「정한론」이 무위에 그치자 사이고와 함께 정부 직책을 사임한 바 있다. 오쿠보, 기도, 사이고, 이타가키 등 당시 메이지 정부의 지도자들은 모두 「정한론」자들이었다. 일본이 국력을 떨치고 팽창하기 위해서는 조선 반도를 장악하는 것이 필수라는 점에도 모두 동의하고 있었다. 이타가키가 사임한 것은 오쿠보의 권력 독점 때문이었다.[51]

1875년 10월 9일 외무경 데라시마는 도쿄 주재 영국과 프랑스 공사에게 「강화도 사건」을 설명하면서 모든 것이 조선 측의 잘못이라고 한다. 10월 17일에는 도쿄 주재 모든 외국 주재국에 같은 내용의 공문을 발송한다.

구로다 기요타카. 사쓰마 출신으로 삿초동맹을 이끌어내는 데 역할을 하였고 보신전쟁과 세이난 전쟁에서 공을 세우면서 오쿠보와 함께 사쓰마를 대표하는 정치인이 되고 홋카이도를 개발한다. 이와쿠라 사절단에 참가할 여성들을 모집한 것도 구로다. 일본 제국의 제2대 내각 총리대신(1888~1889)을 역임하고 백작 칭호를 받고 추밀원 원장을 역임한다.

기도는 조슈의 후배 이토 히로부미, 야마가타 아리토모, 이노우에 가오루와 협의 한 후, 10월 5일 천황에게 상소를 올려 자신을 조선에 보낼 사절단장으로 임명해 줄 것을 요청한다. 조선의 잘못은 비록 벌하여 마땅하나 당장 군대를 동원하기보다는 일단 평화적으로 접근할 것을 제안하면서 조선의 종주국인 청이 조선의 이번 행동에 대한 책임을 질 것인지를 물을 것도 촉구한다. 만일 청이 책임이 없다고 한다면 조선과 직접 교섭하여 사과를 받아내야 한다고 한다.[52]

10월 말 경에 오쿠보와 산조는 결국 기도의 요구를 받아들이기로 한다. 그러나 11월 13일, 기도가 뇌출혈로 쓰러진다. 이어 사쓰마파와 조슈파 사이에 누가 조선 사절단의 단장이 될 것인지를 놓고 격론이 벌어진다. 12월 9일, 당시 개척성 장관으로 홋카이도 개발을 책임지고 있던 사쓰마 출신 구로다 기요타카가 조선 특명전권대사로 임명되고 부 대사에 조슈의 이노우에 가오루가 임명된다.[53]

4. 다시 한번 청의 의중을 떠보는 일본

1875년 11월 10일, 일본의 초대 주미공사를 역임한 모리 아리노리가 주 베이징 공사에 임명된다. 기도가 조선에 사절단을 파견하기 전에 중국의 의중을 떠볼 필요가 있다고 해서 이루어진 인사다. 당시 일본의 지도자 중 모리는 가장 개방적인 사고방식의 소유자였다. 사쓰마의 사무라이 집안 출신인 모리는 18세에 영국의 유니버시티 칼리지 런던(University College London)에 유학하여 수학, 물리학, 해양 측량 등을 전공했고, 메이지 유신 초기에 귀국하여 24세에 초대 주미공사로 부임한다. 그의 친한 친구였던 이토 히로부미가 그를 보고 「일본에서 태어난 서양인」이라고 할 정도로 모리는 완전히 서구적인 사고방식과 국제관을 가졌다.

그는 산조 등 정부의 수뇌부에게 조선을 독립 국가로 간주할 것을 종용하였고, 조선이 일본과의 수교를 거절한 것은 독립 국가로서 충분히 할 수 있는 일이며 강화도 사건도 조선의 잘못이 아니라고 한다. 조선과의 관계를 정상화시키기 위해서는 청의 도움이 필요하지만 이는 청이 조선의 종주국이어서가 아니라 조선의 이웃이기 때문이라고 한다. 청을 설득하는 데 있어서는 만일 조선을 서양 열강이 점령하면 청이나 일본 모두에게 치명적일 것이기 때문이라는 논리를 사용해야 한다고도 했다.

1876년 1월 초 베이징에 부임한 모리는 1월 10일 청의 총리아문에 강화도 사건의 전말을 요약한 공문을 보낸다. 그리고 일본이 조선에 특명전권대사를 보내기로 결정하였으며 군함이 호위하고 가지만, 이는 사절단의 보호를 위한 것이라고 한다. 만일 조선이 일본의 사절단을 받아준다면 일본과 조선은 친선관계를 맺을 것이나, 조선이 사절단을 거절한다면 이는 큰 실수 가 될 것이라고 하면서 이러한 사실을 미리 중국에 알리는 것도 일본이 중국과의 우호관계를 중시하기 때문이라고 한다.

3일 후 총리아문은 답신을 보내 조선은 일본의 영토를 침

모리 아리노리. 1875년 히토쓰바시(一橋) 대학의 전신인 쇼호코슈조(商法講習所)를 설립하였고 초대 주미 공사, 초대 주중 공사, 초대 문부성 대신을 역임하였으며 기독교 신자였다. 1889년 메이지 헌법이 선포되던 날 극우파에게 암살된다. 암살범은 모리가 일본 신도의 본산인 이세신궁을 방문했을 때 신발을 벗지 않는 등 서양식으로 행동하며 신도의 예법을 따르지 않았기 때문에 암살했다고 했다.

략하지도 않았고 아무런 잘못도 없으며 일본하고만 국교를 맺기를 거부한 것도 아니고 어느 나라와도 왕래를 거부하고 있음을 지적한다. 또한 청은 조선의 안녕이 몹시 우려되나 그렇다고 해서 조선의 대외 관계에 간섭할 수는 없다고 한다. 그 대신 일본에게 조선을 상대로 무력을 행사하지 말 것과 1871년 「청일수호조약」의 상호불가침 조항을 준수할 것을 요구한다. 총리아문은 조선이 내치와 외교 관계에 있어서는 독립 국가이지만 청의 속국으로서 청을 종주국으로 받들고 조선의 왕은 청 황제의 책봉을 받기 때문에 조선도 「청일수호조약」의 적용을 받는다고 한다.[54]

1월 24일, 모리는 데에네(鄭永寧) 서기관을 통역으로 대동하고 즈리(直隷)성의 수도인 바오딩(保定)으로 즈리총독 이홍장을 찾아간다. 이홍장은 성찬을 베푼다. 술잔이 도는 가운데 모리, 데와 대화를 나눈다.

모리는 이홍장에게 일본이 조선과의 우호 관계를 수립하는 데 청의 도움을 청하러 왔다며 이홍장이 총리아문을 설득해 줄 것을 요청한다.

모리: 고려와 인도는 똑같이 아시아에 있지만 중국의 속국에 속하지 않는다.

이홍장: 고려는 정삭(正朔)을 받는데 어째서 속국이 아닌가?

모리: 각국에서 모두 말하길, 고려는 조공을 바치고 책봉을 받는 데 불과하며, 중국은 그 전량(錢糧)을 거두지 않고 다른 정사에 관여하지 않으니 이 때문에 속국에 속하지 않는다고 한 것이다.

이홍장: 고려가 수천 년 동안 속국이었음을 누군들 모르겠는가? 화약(和約)에서 언급한 「소속방토 (所屬邦土)」에서, 「토(土)」자는 중국의 각 직성(直省)을 가리키는 것으로 이는 내지(內地)니, 내속(內屬)이 되어 전량을 거둬들이고 정사(政事)를 관장한다. 「방(邦)」자는 고려와 다른 나라들을 가리키는 것으로 이는 외한(外藩)이니, 외속(外屬)이 되어 전량과 정사를 예로부터 해당 국가의 경리(經理)에 귀속시켰다. 역래(歷來)로 이와 같아서 본조(本朝)에서 시작된 것이 아닌데, 어째서 속국에 포함되지 않는다고 하는가?

모리: 일본이 고려와의 화호(和好)를 극력 요구하는데 고려에서 일본과의 화호를 꺼린다.

이홍장: 귀국과의 화호를 꺼리는 것이 아니라, 저들은 스스로 나라가 작음을 알기 때문에 근수(謹守)해서 감히 응수하지 못하는 것이다. 각국에 대해서 모두 그러하니 비단 일본에만 그런 것이 아니다.

모리: 일본과 고려는 인국(隣國)이니 이 때문에 통호(通好)가 필요한 것이다. 그런데도 고려는 어째서 꺼리는 것인가?

이홍장: 다이라노 히데요시(平秀吉)가 고려에서 요란을 일으킨 이후로 아마 의려(疑慮)가 없지 않을 것이다.

데 서사 (鄭 署使): 다이라노 히데요시 이후 일본과 고려는 왕래를 했는데 중간에 갑자기 단절됐다. 그러다가 몇 년 전에 고려와 사신을 접대하기로 약정했다. 그런데 그 후 일본이 의관을 개변(改變)하고 국서(國書)의 자체(字體)도 고친 것을 이유로 저들이 끝끝내 받지 않았다.

이홍장: 그것은 자연스러운 일이다. 고려가 감히 서국(西國)과 상통(相通)하지 못하는데 일본이 서양 제도로 고쳤으니, 저들이 저절로 의심을 품어서 일본과 왕래하면 다른 나라가 바로 그 뒤를 따라서 들어올까 두려워한 것이다.

데: 전에는 사절을 거부하는 데 불과했다. 그런데 근래 일본 병선이 고려 해변에서 담수(淡水)를 구하는데 저들이 갑자기 대포를 쏴서 우리 선척(船隻)을 상괴(傷壞)했다.

이홍장: 그 병선은 고려 해구(海口)로 가서 수심을 측량했다. 『만국공법(萬國公法)』을 살펴보면 해안가 10리 이내의 땅은 본국의 경지(境地)에 속한다고 되어 있다. 일본이 아직 통상을 시작하지 않았으니 본래 그곳에 가서 측량해서는 안 되는 것이다. 고려의 개포(開砲)에는 이유가 있다.

모리: 중국과 일본, 그리고 서국(西國)은 『만국공법』을 인용할 수 있지만,

고려는 아직 입약하지 않았으니 공법을 인용할 수 없다.

이홍장: 비록 그렇더라도 일본이 그곳에 가서 측량을 해서는 안 되는 것이었으니, 이는 일본의 실책이 앞선 것이다. 고려가 갑자기 대포를 쏜 것에 작은 실책이 없지 않지만, 일본이 또 해안에 상륙해서 그들의 포대를 훼손하고 사람들을 살상했으니 이는 또 일본의 실책이다. 고려는 자요(滋擾)를 일으키지 않고, 일본이 오직 소요를 빚은 것이 아닌가?

데: 일본의 신민들이 모두 분한(憤恨)을 품어서 고려와의 타장(打仗)을 주장한다.

모리: 전부터 고려가 근수(謹守)해서 외국과 상통하지 않음을 보아 왔다. 오히려 이는 아껴주어야 할 나라니, 이제 안타까울 뿐이다.

이홍장: 이미 그 나라를 아껴주어야 한다는 것을 안다면 그곳에서 소요를 일으킬 필요가 없다. 일본은 대국이니 다른 소국을 포용해야 한다.

데: 모리 대인도 그러한 뜻을 가졌기 때문에 본국에서 용병(用兵)하지 않게 억누르고, 자칭해서 중국에 오신 것이다. 고려는 중국의 속국이니 반드시 상책(上策)을 마련해서 고려로 하여금 일본과 화호를 맺게 해줄 것이라고 생각하셨다.

이홍장: 고려가 일본과 화호를 맺기를 원치 않음은 아니나, 다만 각국이 뒤따라 들어오는 것을 두려워하는 것이다. 중국이 만약 일본을 대신해서 설항(說項)한다면 앞으로 각국이 모두 중국에 대신 말해달라고 부탁할 것이니, 이 때문에 고려가 반드시 답응(答應)하지는 않을 것임을 알 수 있다.

떼: 모리 대인이 중국에 와서 세 가지 실망한 일이 있다. 첫 번째는 고려와의 화호(和好)를 주장하는 의사를 보전하지 못한 것이요, 두 번째는 총리아문이 화호를 바라는 심사(心思)를 명백히 하지 않은 것이요, 세 번째는 본국 신민이 중국에서 관리하지 않음을 알고 고려와의 타장(打仗)을 요구할까 우려된다는 것이다.

이홍장: 총서에서 명백히 하지 않은 것이 아니요, 실제로 화호를 바라는 의사를 갖고 있다. 하지만 모든 일은 단순히 강함에만 의지해서는 안 되니, 만약 강함에만 의지하려고 한다면 사람은 피할 수 있지만 하늘은 피할 수 없을 것이다. 하늘을 두려워하지 않고 땅을 두려워하지 않는다면 끝내 천지 사이에서 용납되지 않을 것이다.

떼: 모리 대인이 여기 온 의도는 본래 중국이 잘 설득해서 일본과 고려를 무사하게 해주길 바랐던 것이다.

이홍장: 고려는 결코 고의로 사단을 빚지 않았으니, 일본도 일을 만들어서는 안 된다.

떼: 일본이 이제 또 고려에 사신을 파견한다. 겨우 사신 1명이 가서 그들과 상량(商量)할 것이다. 그들이 어떻게 나오는지 봐서, 만약 과연 상의할 만하면 절대 그들과의 통상도 요구하지 않을 것이고 일도 만들지 않을 것이다. 단지 세 가지 안건만을 의정할 것이니, 하나, 고려가 이후로 우리 사신을 접대하는 것, 하나, 혹시 풍랑을 만난 일본 선척이 있으면 대신 보살펴주는 것, 하나, 상선(商船)이 해안과 암초를 측량할 수 있게 하는 것이다. 이는 쟁론할 필요가 없는 것들이다. 만약 사신이 그곳에 갔을 때 다시받아들이지 않고 그 사신이 본국에 돌아온다면 반드시 무사치 못할 것이

다. 반드시 군대를 움직이게 될 것이다.

이홍장: 파견한 사신을 받아들이지 않는 것은 옛날에도 있었던 일이다. 원나라 때 두 차례 일본에 사절을 보냈지만 일본이 받아들이지 않았고, 호조 도키무네(北條時宗)가 원나라 사신을 살해한 일이 있다.

모리: 그 후에 아마 타장(打仗)을 면치 못했을 것이다.

이홍장: 고려와 일본은 모두 아시아 주에 있다. 만약 군대를 일으킨다면, 고려는 중국의 속국이다. 그대들이 조약을 명백히 위반한 이후에 중국이 어떻게 조처해야겠는가? 아무르 강[俄們] 일대에서 저절로 의흔(疑衅)이 생겨날 것이니 어찌 구라파의 비웃음을 받지 않겠는가?

데: 모리 대인은 총서에서 중국이 고려의 내정을 관리하지 않는다고 말했기 때문에 속국이 아니라고 의심하는 것이다.

이홍장: 조약에서 명언한 「소속방토(所屬邦土)」가 고려를 가리키는 것이 아니라면 어떤 나라를 가리키는 것이겠는가? 총서의 설은 잘못되지 않았다.

모리: 조약에 비록 「소속방토」라는 글자가 있지만 그 말이 함혼(含混)하다. 고려가 속방이라는 말을 분명히 기재한 적이 없으니, 일본 신민들이 모두 이는 중국의 18성(省)을 가리켜서 한 말이며, 고려가 「소속」의 안에 포함되지 않는다고 생각하는 것이다.

이홍장: 장래 수약(修約)할 때, 「소속방토」라는 자구 아래 「18성 및 고려, 류큐」라는 글자를 첨가할 수 있다.

데: 모두 총리아문에 요구해서, 이중당(李中堂)과 계획하여 고려로 하여금 일본 사신을 접대하게 하라.

이홍장: 일본은 포선(礮船)이 피격되었으니 당연히 불평(不平)한 기운이 있을 것이요, 고려 또한 포대(礮臺)가 훼손당하고 병사들이 피살되었으니 참으로 불평한 기운이 있을 것이다. 고려는 비록 나라가 작지만 그 신민의 기(氣)가 하나다. 마침 기두상(氣頭上)에 있으니, 옆 사람이 해설한들 무익할 뿐이다. 나는 일본에 이 일의 논의를 늦출 것을 권한다. 1, 2년 정도 피차의 기운이 평온해지길 기다렸다가 다시 통호(通好)해도 늦지 않을 것이다.[55]

이홍장은 조선이 당연히 중국의 「속방」이고 따라서 「청일수호조약」이 조선에도 적용된다고 한다. 조선이 청의 「속방」이라는 가장 확실한 증거는 조선이 중국의 「정삭(正朔)」을 받고 있는 것이라고 한다. 「정삭」이란 중국에서 새로운 왕조가 세워지면 음력 정월을 새로 정함으로써 새로운 달력을 채택하는 관습이었다. 조선은 초기에는 명의 「정삭」을 받아들였고 병자호란으로 청의 「정삭」을 받아들인다. 청이 천주교 선교사들이 만든 「시헌력」을 채택하자 조선도 효종 때 이를 채택한다. 다시 말해서 「정삭」을 받아들인다는 것은 새로운 시대를 여는 중국의 왕조의 시간관을 비롯한 모든 질서를 받아들인다는 뜻이었다.

그러나 모리는 조선과 청의 관계가 전통적으로 어떠하든 조선은 내치와 외교 관계를 독립적으로 행사하기 때문에 국제법에 의하면 독립국가임이 분명하며 따라서 「청일수호조약」은 조선에는 해당되지 않는다고 주장한다.[56]

베이징으로 돌아온 모리는 다시 한번 총리아문에 청과 조선의 관계에 대한 명확한 답을 요구하지만, 총리아문은 조선에 대한 청의 책임은「조선의 어려움을 덜어주고, 분쟁을 해결해 주며, 안전을 지켜주는 것」이라며 조선의 안전을 지키기 위해 청은 무엇이든 할 준비가 되어 있다고 답한다. 결국 청은 일본이 조선과의 조약을 체결하는 데 돕는 것을 거부한다.[57]

1876년 1월 9일, 모리를 만나기 2주 전 이홍장은 조선의 영의정을 역임한 이유원으로부터 한 통의 편지를 받는다. 이유원은「주청사(奏請使)」의 정사(正使)로 베이징을 다녀가는 길이었다. 1874년 3월 25일 민중전이 왕자(순종)를 순산한다. 고종과 민중전은 돌도 채 안된 왕자를 세자로 책봉 받고자 청에「주청사」를 파견한다.[58] 이유원은 이홍장을 만나고자 하였으나 이홍장이 바오딩에 머물고 있어 여의치 않자 편지를 보낸다.

이유원의 편지는 겉으로는 안부를 묻는 개인적인 편지였지만 실제로는 대외 관계에 대한 이홍장의 자문을 요청하는 내용이었다. 이홍장은 곧바로 이유원에게 답신을 하여 조선이나 청은 더 이상 쇄국을 고집하면 안 된다고 충고한다. 이홍장은 일본의 의도가 일단은 평화적인 것으로 보았지만 만일 조선과 일본 사이에 무력 분쟁이 발생할 경우 청은 임진왜란 때와 같이 조선을 도울 수밖에 없고, 그럴 경우 청의 군사력이 부족할 것이라고 한다.

이홍장은 총리아문에 보내는 1월 19일자 편지에서「청일수호조약」만으로는 일본의 조선 침략을 막을 수 없으며 만일 일본이 조선을 점령하게 된다면 만주도 심각한 위협을 받을 것이라고 경고한다. 그리고 총리아문이 조선 정부로 하여금 일본에 사절단을 파견하여「운요호 사건」을 설명하고 더 이상의 마찰이 일어나지 않도록 조심해서 일본을 대하라고 충고할 것을 종용한다.[59] 청의 예조는 이홍장의 제안을 받아들여 일본에게 심하게 대하지 말 것을 충고하는 서계를 조선 조정에 보낸다. 동시에 총리아문은 선양(沈阳, 심양), 지린(吉林, 길림), 헤이룽장(黑龙江, 흑룡강)의 군 사령관들에게 러시아의 군사 행동에 대비하라는 명령을 하달한다.[60]

5. 신헌과 구로다의 강화도 담판

1876년 1월 13일, 구로다 사절단은 쓰시마에 집결한다. 사절단은 수십 명의 관리, 육해군 장교, 250명의 육해군, 해병대 병사 등 총 600여 명으로 구성되었다. 이들은 6척의 전함에 올라 쓰시마로 향한다. 쓰시마에 들른 후 부산으로 향할 계획이었다. 메이지 정부가 조선으로 향하는 구로다에게 보낸 비밀 훈령은 일본이 얼마나 치밀하게 조선과의 조약을 준비해 왔는지 보여준다. 다음은 구로다 훈령의 첫 세 조항이다. [부록1. 「구로다 훈령」 전문 참조]

1. 우리 정부는 오로지 조선국과 오랜 친교를 지속시키고 화친을 돈독하게 하길 바라는 것을 주지로 삼고 있기 때문에, 조선이 우리의 서한을 거절하고 우리 이사관(理事官)을 응대하지 않았음에도 불구하고 여전히 평화로운 방법으로 좋은 결말을 얻기를 기했는데, 누가 짐작이나 했겠는가. 갑자기 운양함(운요호)이 포격을 당하는 일이 발생했다. 위와 같은 폭력과 위해는 당시 상응하는 방어전을 했다 해도 우리 국기(國旗)가 받은 오욕에 대해서는 응당 상응하는 배상을 요구해야 한다.

1. 그럼에도 조선 정부는 아직 노골적으로 서로 끊겠다는 말을 하지 않고 있으며, 우리 인민 중에 부산에 있는 자들에 대한 대우도 예전과 다르지 않다. 또 그 포격은 과연 저들 정부의 명령이나 의지에서 나온 것인지, 지

방관이 마음대로 군사를 출동시킨 것인지도 아직 모르기 때문에, 우리 정부는 굳이 친교를 완전히 끊은 것으로 간주하지 않는다.

1. 따라서 나의 주지는 친교를 지속시키는 데 있으므로, 지금 전권사절(全權使節)은 강화조약을 맺는 것을 위주로 해, 저들이 우리의 친교를 받아들이고 무역을 확대하자는 요구를 능히 따를 때는, 이것을 운양함의 배상으로 간주하고 승낙할 것을 사신에게 위임한다.[61]

훈령은 조선이 조약 체결에 동의할 경우 조약의 주요 내용이 무엇이 되어야 하며, 조선이 일본 측의 사신을 능욕하고 폭력을 행사할 경우, 능욕하거나 폭력은 사용하지 않지만 일본 측을 상대하기를 거부할 경우, 그리고 먼저 청에게 상의하기 전에는 결정할 수 없다는 등의 지연 작전을 쓸 경우에 대해 상세하게 대응 방법을 알려준다. 끝으로 훈령은 다음과 같이 결론을 내린다.

저쪽이 그 설을 주장하거나 겉으로 꾸며 우리가 필요로 하는 요구와 희망에 도저히 응하지 않음에 이를 때는, 설령 노골적인 폭거와 능욕을 행하지 않는다 해도, 사절은 양국의 평화·우호의 가망성이 이미 끊겨 우리 정부는 따로 처분이 있을 수 있다는 취지로 결절(決絶)의 서한을 보내고, 신속히 귀항(歸航)해 후명(後命)을 기다림으로써 사절의 체면을 지켜야 한다. (…) 유신 이래 조선에 대한 우리 정부의 정략은 오로지 오랜 친교를 지속시키고 화친을 돈독하게 하는 것을 바라는 데 있었다. 그 때문에 저들이 우리 서한을 거절하고 우리 이사관(理事官)을 응대하지 않았음에도 불구하고, 항상 평화로운 수단으로 좋은 결말을 얻고자 노력했다. 하지만 이번에 불행히도 일이 이 지경에 이르렀다 해도, 우리나라의 정략은 여전히 평화를 주로 하는 데 있으며, 이 사절을 파견함에 그에게 주어진 훈령(訓

令)에는 이 뜻을 잃지 말고, 저들이 우리의 친교를 능히 받아들이고 무역을 넓히자는 요구를 따를 때는, 이것으로 운양함 포격의 배상으로 간주하고 승낙해야 함을 우리 사신에게 분명히 위임했다.[62]

조선 조정에서는 또다시 일본의 서계를 받을지 여부를 놓고 격론이 벌어진다. 그러나 조선은 결국 1875년 12월 12일 서계를 받기로 결정한다.

좌의정 이최응(李最應)이 아뢰기를, 「일본의 서계를 받는가 받지 않는가 하는 문제는 오직 법을 지키고 약조를 따랐는가에 달린 것입니다. 그런데 지금 그들의 서계가 이전의 규정과 크게 다른데 갑론을박을 벌이면서 의견이 일치되지 못하고 있습니다. 그 전에 없던 내용인데 지금 있다고 해서 문제를 삼아 지적해서 따진다면 누가 안 된다고 하겠습니까? 그러나 애당초 정본(正本)을 뜯어보지 않고 등본(謄本)만 가지고 가부를 논하는 것은 기분이 편치 않습니다. 서계 중에 몇몇 글자는 그 나라 신자(臣子)들이 스스로 그들의 왕을 높이는 호칭에 불과하니, 우리에게 무슨 손해가 있겠습니까? 교린(交隣) 문서에서 겸손한 표현을 쓰지 않는 것은 잘못이 그들에게 있고 망녕 된 행동도 그들에게 있습니다. 그런데도 이 일로 여러 해 동안 거부하면서 버티는 것은 도리어 우리 스스로를 모멸하는 꼴이 되고 상호 신뢰에도 흠이 됩니다. 신이 비록 식견이 부족하지만 옛날 문서를 상고해 보아도 아직 이런 예는 보지 못하였습니다. 뒷날 사람들이 지금의 일을 논한다면 무어라고 하겠습니까? 원본 서계를 해당 부사(府使)로 하여금 조정에 봉납(捧納)하게 하고, 답장을 보내거나 물리치는 것을 공명정대하게 처리하는 것이 우리 쪽의 체면에 합당할 것으로 여겨집니다.」하니, 하교하기를, 「이 일로 아직까지 버티고 있는 것은 그들을 회유하려는 의도가 아니다. 아뢴 대로 원본 서계를 받아본 뒤에 배척할 내용이면 배척하

는 것이 좋겠다.」 하였다.[63]

바로 그 다음날인 12월 13일, 왜관에서는 중무장한 일본 해방대(海防隊) 58명이 왜관의 관문과 설문을 돌파한 후 부산진으로 향하면서 주민들과 충돌하는 사건이 벌어졌다.[64]

경상감사 박제인(朴齊寅)이 올린 장계에, 「동래부사 홍우창(洪祐昌)의 등보(謄報) 내용에, 「이달 16일 오시(午時)에 화륜선(火輪船)을 타고 온 일본인 가운데 두령(頭領) 1명이 말을 타고 각자 총과 칼을 가진 부하 58명을 거느리고 왜관(倭館)에서 나와, 두 개의 문을 부수고 곧바로 두모포(豆毛浦)와 개운포(開雲浦) 지역으로 향하였습니다. 본진(本鎭)에서 군교(軍校)와 백성들을 많이 풀어서 길을 막고 좋게 타일러 전진할 수 없게 하였더니, 그들은 발악하면서 칼을 빼들고 총을 쏘았는데 우리나라 사람 12인(人)이 부상을 입었습니다.」라고 하였습니다. 뒤이어 도착한 훈도(訓導)와 별차(別差) 등이 보내온 수본(手本)에는, 「왜관에 머물고 있는 일본인 모전허(牟田許)에게 여러 방법으로 책유(責諭)하니, 그들이 일제히 발길을 돌려 신시(申時)에 관소(館所)로 되돌아갔습니다. 그들이 함부로 뛰쳐나왔을 때 처음에는 사람을 직접 만나 아뢸 것이 있다고 말하더니 나중에는 유람하러 나왔다고 말하며 시종 말을 바꾸었으니 그 정상(情狀)이 놀랍고 괴이합니다. 그래서 다시는 함부로 경계를 넘지 말라는 내용으로 관수(館守)에게 엄하게 책유하였습니다.」라고 하였습니다.[65]

그러나 조선 조정은 이 무력 도발에 대해 아무런 조치를 취하지 않는다. 며칠 후 히로쓰가 왜관에 도착하여 왜관훈도 현석운에게 구로다 사절단의 파견 소식을 전한다. 그러자 현석운은 조정이 일본의 서계를 받아들이기로 하였으며 연회에서 일본의 복식도 자유롭게 해도 된다는 결정을 내렸음을 전하면서 구로다 사절단 파견을 취소할 것을 요청한다. 히로쓰는 쓰시마로 되돌아가 부산으로 출항을 준비하고 있던 구로다와 이노우에를 만나 이 소식을 전하지만 사절단을 되돌리기에는 이미 늦었다.[66]

구로다 사절단은 1876년 1월 15일 부산 초량진에 도착하여 동래부사에게 자신들이 곧 강화도로 향할 것이며 그곳에서 조선 정부의 고위 관리들을 만날 수 없다면 한양으로 직행할 것이라고 경고한다.

동래부사 홍우창이, 「12월 19일 일본의 사신 배 7척이 흑암(黑巖) 앞바다에 와서 닿았는데, 4척은 강화도를 향하여 떠났고 3척은 아직 그곳에 머물러 있습니다. 왜관을 지키는 일본 사람의 구두 진술서 등본(謄本)을 올려 보냅니다.」라고 아뢰었다. 왜관을 지키는 일본 사람의 구두 진술서 등본에, 「우리 조정에서 변리 대신(辨理大臣)을 귀국(貴國)에 파견하는 문제에 대해서는 전한에 우리 외무경(外務卿)이 이사관(理事官)을 파견하여 미리 알린 바입니다. 이제 우리의 특명전권변리대신(特命全權辨理大臣)인 육군 중장(陸軍中將) 겸 참의개척장관(參議開拓長官) 구로다 기요타카(黑田淸隆)와 특명부전권변리대신(特命副全權辨理大臣)인 의관(議官) 이노우에 가오루(井上馨)가 대마도(對馬島)에서 강화도로 가서 귀국의 대신(大臣)과 만나서 의논하려고 합니다. 나와서 접견하지 않으면 아마도 곧바로 경성(京城)으로 올라갈 것입니다. 다만 때는 바야흐로 몹시 추운 겨울철이고 풍랑으로 길이 막히기 때문에 강화도까지 도달하려면 아마 7~8일의 기간은 걸려야 할 것입니다. 상기의 내용을 다시 경성(京城)에 전달해 주기를 바랍니다. 명치(明治) 9년 1월 15일 관장대리 외무 4등 서기생(館長代理外務四等書記生) 야마노조 유조(山之城祐長)」 하였다.[67]

1876년 1월 29일, 강화유수는 일본 배가 강화도 근해에 도착했음

강화도로 향하던 일본 함대가 부산에 정박 중인 모습

을 알리는 장계를 올린다.

> 강화유수(江華留守) 조병식(趙秉式)이, 「일본국 군함 「맹춘호(孟春號)」가
> 바다의 수심을 측량하기 위하여 강화부(江華府) 남쪽 바다에 와서 정박하
> 였는데, 함장은 해군소좌(海軍少佐) 가사마 고오슌(笠間廣盾)이며, 판관
> (判官) 박제근(朴齊近)과 군관(軍官) 고영주(高永周)가 함께 그 배에 들어가
> 서 사유를 물어보았습니다.」라고 아뢰었다.[68]

조선 조정은 1월 30일 판중추부사 신헌을 접견대신으로, 예조참판
윤자승을 부관으로 임명하여 일본 측과 협상하도록 한다. 2월 10일,
구로다와 이노우에는 400명의 군사를 대동하고 강화도에 상륙한다.
협상은 2월 11일 시작된다.

> 접견 대관(接見大官)이 이달 17일에 일본국(日本國)의 특명전권변리대신
> 구로다 기요타카, 부대신 이노우에 가오루와 군영(軍營) 안의 연무당(鍊武
> 堂)에서 회견하고 주고받은 말을 개록(開錄)하여 치계(馳啓)하였다.[69]

대화는 일본이 전권 대신을 파견한 이유로 시작된다.

> 일본 전권 대신이 말하기를, 「두 나라에서 각각 대신(大臣)을 파견한 것은

강화도에 상륙한 일본군. 미국 남북전쟁 당시 개발된 세계 최초의 기관총인 개틀링 건(Gatling Gun) 4대가 보인다.

곧 큰 일을 처리하기 위한 것이고, 또 이전의 좋은 관계를 다시 회복하기 위한 것입니다」라고 하니, 대관(大官)이 말하기를, 「300년 간의 오랜 좋은 관계를 지금 다시 회복해서 신의를 보이고 친목을 도모하는 것은 참으로 두 나라 간의 훌륭한 일이므로 매우 감격스럽고도 감격스럽습니다」라고 하였습니다.[70]

그러나 양측은 곧 조선이 오랫동안 일본의 서계를 받지 않은 것과 강화도에서 운요호에 포격을 한 것에 대한 격론을 벌인다. 날이 저물자 다음날 협상을 계속한다.

일본 전권 대신이 말하기를, 「꼭 귀국 조정의 확실한 대답을 받아가지고 돌아가는 것이 바로 우리의 직무인 만큼, 바라건대 조정에 전달하여 우리들이 돌아가서 보고할 말이 있게 하여준다면 아주 다행한 일이겠습니다」라고 하니, 대관이 말하기를, 「조정에 알리기는 하겠습니다」라고 하였다.[71]

그리고 구로다는 준비해온 조약 초안을 신헌에게 건넨다.

> 일본 전권 대신이 말하기를, 「이번에 귀국과 종전의 좋은 관계를 회복하
> 는 것은 실로 두 나라의 다행한 일입니다. 그런데 신의와 친목을 강구하
> 는 데서 특별히 상의해서 결정할 한 가지 문제가 있으니 초록(抄錄)한 13
> 개 조목의 조약을 모름지기 상세히 열람하고 귀 대신이 직접 조정에 나가
> 임금을 뵙고 품처(稟處)해 주기를 간절히 바랍니다」라고 하면서 이어 책
> 자를 꺼내 보였습니다.[72]

　그러자 신헌은 「조약이라고 하는 이것이 무슨 일입니까?」라고 묻는
다. 구로다는 「귀국 지방에 관(館)을 열고 함께 통상하자는 것입니다」
라고 답한다.[73] 이에 신헌은 다음과 같이 답한다.

> 우리나라는 바다 동쪽에 치우쳐 있어 갈대만 무성하고 척박한 땅으로서
> 단 한 곳도 물품이 집결되는 곳이 없습니다. 토산물로 말하더라도 곡식과
> 무명뿐이며 금·은·진주·옥 같은 보물이나 능라(綾羅)나 금수(錦繡) 같은 사
> 치품은 전혀 없습니다. 나라의 풍속이 검박하여 옛 습관에 푹 빠져 있고
> 새로운 법령을 귀찮아하니 설사 조정에서 강제로 명령을 내려 실행하도
> 록 하더라도 반드시 따르지 않을 것입니다. 이제 만약 물품을 서로 무역
> 하여 곳곳으로 분주하게 나돌게 된다면, 어리석은 백성들은 법을 어겨 반
> 드시 이 일로 하여 한잡스럽게 될 것입니다. 그리하여 지금 영원토록 좋
> 은 관계를 맺으려던 계획이 다른 때에 가서는 화목을 깨뜨리는 계기로 쉽
> 게 뒤바뀌지 않으리라고 어찌 알겠습니까? 귀국에는 별로 이로울 것이 없
> 고, 우리나라에는 손해가 클 것입니다. 뒷날의 이해관계를 생각해보면 이
> 전과 같이 수백 년 동안 이미 실행해오던 동래부 왜관(倭館)에서 교역하는
> 것만 못할 것임을 알 수 있습니다.[74]

구로다는 다음과 같이 답한다.

두 나라의 관계가 그간에 막혔던 것은 바로 조례(條例)가 분명하지 못하였기 때문입니다. 조약을 체결해서 영원히 변치 않는 장정(章程)으로 삼지 않을 수 없으니, 그렇게 된다면 두 나라 사이에는 다시 교류가 끊어질 일은 없게 될 것이며 또 이것은 모두 없앨 수 없는 만국의 공법(公法)입니다. 이렇게 결정하는 것이 좋을 것입니다.[75]

이에 신헌이 답한다.

지금 관을 열어 통상하자는 이 같은 논의는 우리나라로서는 아직 있어본 적이 없는 일이며, 우리 백성들은 아직 듣도 보도 못한 일이니, 이와 같이 중대한 일을 어떻게 백성들의 의향을 들어보지 않고 승낙할 수 있겠습니까? 비록 우리 정부라 하더라도 즉시 자의로 승인하기는 어렵겠는데 하물며 파견되어 나온 사신이야 말할 것이 있겠습니까?[76]

그러자 구로다가 「귀 대신이 전권을 행사할 수 없다면 대사를 토의하여 결정하는 것이 아무래도 늦어지게 될 것입니다. 귀국의 정권을 잡은 대신이 와서 만나 본 이후에야 결정할 수 있을 것입니다」라고 한다. 이에 신헌은 얼굴을 붉히면서, 「나 역시 대관인데, 이미 대신을 만나고 있으면서 어째서 다시 다른 대신을 청하여 와서 만나자는 것입니까? 결코 들어줄 만한 일도, 시행할 만한 일도 아니니, 다시는 이런 말을 하지 마십시오」라고 한다.[77] 결국 신헌은 일본 측의 조약 초안을 조정에 보내고 답을 기다리기로 한다.

6. 최익현의 도끼 상소

1876년 2월 12일, 「주청사」로 베이징을 다녀온 이유원이 귀국한다. 며칠 후 청의 사신이 세자 책봉 칙서를 갖고 한양에 도착한다. 그들은 칙서 이외에도 이유원에게 보내는 이홍장의 답신도 가지고 온다.[78] 고종은 1876년 1월 20일, 대신들을 모두 불러 어전회의를 연다. 그러나 의견만 분분할 뿐 아무런 결정을 내리지 못한다. 이때 일본과의 협상 자체를 반대하는 위정척사파의 상소가 올라오기 시작한다. 1월 20일(음력), 전 지평(持平) 이학년(李學年)의 상소가 도달한다.

> 지금 종묘사직의 위급한 형세가 눈앞에 닥쳤는데 신이 어찌 감히 입을 다물고 말을 하지 않을 수 있겠습니까? 이양선(異樣船)은 연해에 가득하고 섬 오랑캐들(일본 왜구)은 심도(沁都, 강화도의 별칭)에 함부로 들어와 있습니다. 대개 국가에 있어서 심도라는 것은 사람의 목구멍과 같은 곳인데, 사나운 무리들이 거리낌 없이 들어와도 연해를 지키는 군사나 열읍(지방)의 훈련된 병졸들은 감히 화살 한 발 쏘지 못하고 포 한 방 쏘지 못하니 천해의 요충지가 저들의 소굴이 될 위험에 처했음은 이루 다 말할 수 없습니다. 적병들은 노략질이나 하는 해적에 불과합니다. 우리가 10년 동안 길러온 병력을 일거에 사용하여 기일(期日)에 공격하여 멸절시켜야 합니다. 저들과 같은 교악한(교룡과 악어와 같은 잔인하고 비열한) 무리들은 끝도 없이 세력을 키워서 근거지(窟宅)를 이미 정하였기에 갑자기 토벌하여 멸절시키기 어렵습니다. 삼가 바라건대 임금의 밝은 지혜[聖明]로써 혁연히 성을 내시어 장수를 임명하고 군사를 뽑아 며칠 안으로 토벌하시어서 흉악하고 더러운 무리들로 하여금 감히 우리의 경계(영토)에 뒤섞여 살지 않도록 하옵소서.[79]

1월 22일, 최익현은 그 유명한 「도끼 상소」를 올려 개항이 가져 올 5가지 폐단을 들어 일본과 조약을 체결하는 것을 반대한다. 첫 번째 이유는 조선이 자신을 방어할 힘이 없어서 어쩔 수 없이 강화 조약을 맺는다면 이를 아는 일본이 끊임없이 더 많은 것을 요구하게 될 것이고 결국은 하나라도 거절하면 그것을 구실로 침략해 올 것이기 때문에 조약을 체결하는 것은 아무런 의미가 없다는 주장이다.

우리가 편하게 지내느라 방비가 없고 두렵고 겁이 나서 강화를 청하니 목전에 닥친 일을 우선 종식시키려는 계책을 세우는 것을 사람들이 모두 보고 있으니, 비록 속이려고 하지만 될 수 없습니다. 저들은 방비가 없고 약점을 보이는 실지를 알고 있는데 우리와 강화를 맺는다면, 향후에 한없는 욕심을 무엇으로 채워 주겠습니까? 우리의 물건은 한계가 있지만 저들의 요구는 끝이 없을 텐데, 한 번이라도 부응하지 못하면 사나운 노기(怒氣)가 뒤따르며 침략하며 유린하여 앞에 세웠던 공로를 모두 버리게 될 것이니, 이는 강화가 난리와 멸망을 부르는 까닭이 되는 첫째 이유입니다.[80]

두 번째 이유는 조선에서 일본과 서구의 상품들이 팔리기 시작한다면 백성들이 사치품에 눈이 멀어 자신들의 곡식과 포목 등 생필품을 팔아서 사치를 하기 시작할 것이고, 그렇게 된다면 경제적으로 파탄이 나는 것은 물론 근검절약의 정신도 사라지면서 정신적, 도덕적으로 타락할 것이라고 경고한다.

어느 날 강화를 맺고 나면 적들이 욕심 내는 것은 물화(物貨)를 교역(交易)하는 데에 있습니다. 저들의 물화는 대부분 지나치게 사치하고 특이한 노리개이니, 손에서 생산되어 한이 없습니다. 우리의 물화는 대부분 백성들의 생명이 달린 것으로 땅에서 생산되니, 한계가 있는 것입니다. 한계가 있는 진액(津液)과 고유(膏腴)는 백성들의 생명이 달린 것을 갖고서 한없이 사치하고 기괴한 노리개와 바꾸니, 마음을 좀먹고 풍속을 해치는 것인데, 해마다 반드시 거만(巨萬)으로써 헤아리게 될 것입니다. 그러면 수년후에는 동토(東土) 수천 리에 황량한 땅과 쓰러진 집들이 있게 되니, 다시지탱하여 보존하지 못하여 나라는 반드시 뒤따라 멸망하게 될 것입니다. 이는 강화가 난리와 멸망을 부르는 까닭의 둘째 이유입니다.[81]

세 번째 이유는 일본이 서양의 앞잡이이고 따라서 일본에 나라를 열면 인륜을 저버린 사학인 천주교가 더 기승을 부리게 될 것이며, 그렇게 되면 조선 사람들은 모두 금수로 변할 것이기 때문이라고 한다.

저들이 비록 왜인(倭人)의 이름을 칭탁하였으나 실은 양적(洋賊)입니다. 이 일이 한 번 이루어지면 사학(邪學)의 서책과 천주(天主)의 초상이 교역하는 속에 뒤섞여 들어오게 되고 조금 지나면 전도사(傳道師)와 신자가 전수를 받아 온 나라에 두루 가득할 것입니다. 포도청에서 기찰하여 체포하고 처벌하려 한다면 저들이 사납게 노하고 게다가 강화한 지난 맹세가 허사로 돌아갈 것입니다. 내버려 두고 불문에 부치게 되면 조금 지나서는 집집마다 사학(邪學)을 하고 사람마다 사학을 하게 되니, 아들은 아비를 아비로 여기지 않고 신하는 인군을 인군으로 여기지 않게 됩니다. 그러면 의상(衣裳, 예의)은 시궁창에 빠지고 인류는 변하여 금수(禽獸)가 될 것입니다. 이는 강화가 난리와 멸망을 부르는 까닭의 셋째 이유입니다.[82]

네 번째 이유는 나라를 열면 외국인들이 국내에 거주하게 될 것이고 그렇게 되면 이들이 사람들을 죽이고 부녀자들을 겁탈하여 사회 질서가 무너질 것이기 때문이라고 한다.

강화가 이루어진 뒤에는 저들은 육지로 내려와 서로 왕래하고 혹은 집을 짓고 강토에서 살려고 할 것인데, 우리가 이미 강화하였으므로 거절할 말이 없습니다. 거절할 수 없어서 내버려 두면 재물이나 비단과 부녀(婦女)들의 양탈(攘奪)을 하고 싶은 대로 할 것이니, 누가 그것을 막을 수 있겠습니까. 또한 저들은 사람의 얼굴을 하고 있는 짐승으로 조금만 뜻에 맞지 않으면 사람을 죽이거나 잡아 넘기는 데 기탄이 없습니다. 열부(烈婦)나 효자가 애통스러워 하늘에 호소하며 복수하여 주기를 구하지만 위에 있는 사람들은 강화를 깨뜨릴까 두려워 감히 송사를 처리하지 못할 것입니다. 이와 같은 따위는 온종일 말하여도 모두 열거할 수 없습니다. 사람의 도리가 깨끗하게 없어져 백성들이 하루도 살아가지 못할 것입니다. 이는 강화가 난리와 멸망을 부르는 까닭의 넷째 이유입니다.[83]

다섯 번째 이유는 일본과 서양은 기본적인 인륜이 없는 진정한 금수이기 때문에 청나라의 오랑캐만도 못하다는 것이다.

이 말을 주창하는 사람들이 걸핏하면 병자호란 때의 남한산성 일을 끌어다가 말하기를, 「병자년에 강화한 뒤에 피차가 서로 좋게 지내어 삼천리 강토가 오늘에 이르도록 반석 같은 안정을 보존하였으니, 오늘날 그들과 강화를 맺어 우호하는 것이 어찌 유독 옳지 않다고 하는가.」하는데, 신은 이들의 말이 아동들의 소견과 다름이 없다고 여깁니다. 병자년의 강화는 크게 의리를 해친 것입니다. 그러므로 예의를 아는 사람은 천지 사이에 행세할 수가 없었습니다. 이러므로 문정공(文正公) 신 김상헌(金尙憲)과 충정공(忠正公) 신 홍익한(洪翼漢) 등이 배척을 주창하여 여러 번 죽는다 해도 고치지 않았습니다. 그러나 청 나라 사람들의 뜻은 중국의 황제가 되어 사해(四海)를 무마(撫摩)하는 데에 있었기 때문에 오히려 대략이라도 중국의 패주(覇主)들을 모방하고 인의(仁義)에 근사한 짓을 가장하였으니, 이는 다만 이적(夷狄)일 뿐입니다. 이적들도 사람입니다. 그러므로 도리(道理)가 어떠함은 물을 것이 없고 작은 것으로 큰 것을 섬기기만 하면 피차가 모두 사이가 좋아져서 지금까지 왔습니다. 비록 그들의 뜻에 맞지 않는 것이 있더라도 관대하게 받아들이는 아량이 있어 침해하거나 학대하는 염려가 없었습니다. 저 외적(外賊)들로 말하면, 재화와 여색만 알고 다시 조금도 사람의 도리가 없으니, 진실로 금수일 뿐입니다. 사람과 금수가 강화를 맺어 우호를 이루어 같이 떼 지어 있으면서 근심과 염려가 없기를 보장한다는 것을, 신은 무슨 말인지 알 수 없습니다. 이는 강화가 난리와 멸망을 부르는 까닭이 되는 다섯째 이유입니다.[84]

그 외에도 전 사간(司諫) 장호근(張皓根),[85] 우통례(右通禮) 오상현(吳尙鉉),[86] 부호군(副護軍) 윤치현(尹致賢)[87] 등이 개국 반대 상소를 올린다.

7. 「강화도 조약」

2월 17일, 고종은 청의 칙사들을 접견한다. 고종은 일본이 세계 문제로 군사들을 보내와 조약을 맺자고 하는데 이에 대해 총리아문이 자문을 해줘서 고맙다는 말을 전하고, 칙사들은 그 소식을 들어서 알고 있다면서 조선이 일본과 큰 문제를 일으키지 않는 것이 좋다고 한다.[88] 청의 칙사들은 이틀 후 귀국길에 오른다. 같은 날 조정은 일본과의 조약을 맺을 것을 결정하고 접견대관 신헌에게 이를 통보한다.

의정부(議政府)에서 아뢰기를, 「수호(修好)하고 통상(通商)하는 일로 계품(啓稟)하고 관문(關文)을 띄웠습니다. 조규(條規) 등 모든 강정(講定)을 매번 번거롭게 묘당(廟堂)에 공문(公文)을 올려 보내니 자연 날짜가 지연됩

니다. 그러니 백성들에게 편리
하고 나라에 이익이 있다면 전
결(專結)하여도 괜찮을 것입니
다. 옛 가르침도 그러하니, 편
리한 대로 일에 따라 재량하여
처리하도록 접견 대관(接見大
官)에게 통지하소서.」 하니, 윤
허하였다.[89]

1870년에 그려진 작자 미상의 신헌 초상

 일주일 후인 1876년 2월 27
일, 조선과 일본은 「조일수호
조규(朝日修好條規)」, 일명 「강화
도 조약」을 맺는다. 「강화도 조
약」의 서문은 다음과 같이 시
작한다. [부록2. 「강화도 조약」전
문 참조]

 대일본국은 대조선국과 본디 우의(友誼)를 두터이 하여온 지가 여러 해 되
 었으나 지금 두 나라의 정의(情意)가 미흡한 것을 보고 다시 옛날의 우호관
 계를 닦아 친목을 공고히 한다.[90]

 12개의 항목으로 구성된 조약의 제1조는 다음과 같다.

 조선국은 자주 국가로서 일본국과 평등한 권리를 보유한다. 이후 양국은
 화친의 실상을 표시하려면 모름지기 서로 동등한 예의로 대해야 하고, 조
 금이라도 상대방의 권리를 침범하거나 의심하지 말아야 한다. 우선 종전

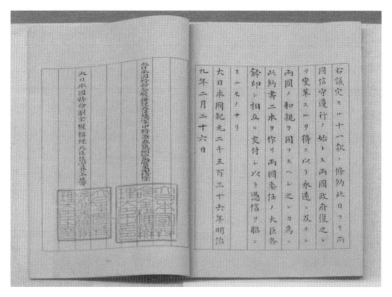

강화도 조약

의 교제의 정을 막을 우려가 있는 여러 가지 규례들을 일체 혁파하여 없애고 너그럽고 융통성 있는 법을 열고 넓히는 데 힘써 영구히 서로 편안하기를 기약한다.[91]

강화도 조약은 일본 메이지 정부 외교의 승리였다. 일본은 서양과의 불평등 조약을 재협상하는 데는 실패하였지만 조선을 상대로 서구 근대 국제법에 기초한 불평등 조약을 관철시킨다. 일본은 조선을 「자주 국가」로 인정함으로써 수백 년을 이어온 조선과 중국 간의 전통적인 조공 관계를 뿌리째 흔들기 시작하는 한편, 조선을 근대 국제 질서 속에 편입시킴으로써 전통적인 「화이질서」를 대신할 서구식 근대 국가 질서를 동아시아에서 주도적으로 구축하기 시작한다.

총리기무아문과 이홍장 등 청의 수뇌부는 강화도 조약의 의미를 충분히 알고 있었다. 그러나 청은 이를 막을 힘이 없었다. 조선으로 하여

금 일본의 요구를 거부하게 하
는 것은 일본과의 전쟁을 불사
하는 일이었다. 더구나 청은 당
시 산시(陝西, 섬서), 간쑤(甘肅,
감숙), 신장(新疆, 신강)의 이슬
람 회족들의 「동치회변(同治回
變, 일명 둥간반란)」을 진압하는
데 여념이 없었다. [둥간 반란에
대해서는 III권, 제 6장, 9. 해양방어
대 내륙방어 참조].

어거스터스 레이몬드 마가리

　영국과는 「마가리 사건」으로 심각한 갈등을 겪고 있었다. 영국의 외
교관이자 탐험가인 어거스터스 레이몬드 마가리(Augustus Raymond
Margary, 1846~1875)는 중국과 인도를 연결할 수 있는 육로를 탐험하
고자 상하이를 출발하여 쓰촨(四川, 사천), 궤이저우(歸州, 귀주), 윈난
성(雲南省, 운남성)을 거쳐 오늘날의 버마를 탐험한다. 그러나 상하이로
돌아오는 길에 윈난성 텅충(騰冲, 등충)에서 1875년 2월 21일 현지인
들 손에 피살된다. 이 사건을 계기로 이홍장과 주중 영국 공사 토마스
웨이드는 「옌타이 조약(煙臺條約, Chefoo Convention)」을 체결한다. 이
는 영국인들의 치외법권, 조약항에서의 「이금세」 징수 금지 등의 조항
이 포함된 한층 강화된 불평등 조약이었다.[92]

　여기에 조선과 일본 간의 전쟁이 발발할 경우 러시아의 개입도 거의
확실한 상황이었다. 청은 「강화도 조약」으로 인하여 중국이 조선 반도
에서 수백 년 동안 행사해 오던 영향력이 급격하게 감소하게 되었다는
사실을 알면서도, 오히려 조선으로 하여금 일본과 수교하도록 적극 권
장할 수밖에 없었다.[93]

　「강화도 조약」으로 오쿠보는 러시아와 청을 상대로 조선에서 외교

적, 전략적 우위를 차지하는 데 성공한다. 국내 정적들의 「정한론」을 꺾고 중국과 대등한 관계에서 근대 조약을 체결하고 「운요호 사건」을 일으켜 조선과 전쟁 없이 근대 조약을 체결한다.

오쿠보는 「정한론」을 중단시킴으로써 불필요한 국력 낭비를 막고 국제 여론의 비판을 피해 나갈 줄도 알았다. 반면, 대만에서와 같이 정치적으로 꼭 필요하다면 군사 행동도 서슴지 않았다. 그는 이처럼 주도 면밀하게 일본의 국익을 지키고 확대해 나갔다. 비스마르크가 독일 통일을 위해 이웃과의 전쟁을 적절히 이용하면서도 불필요한 확전을 피하는 전략을 펼치면서 국내 정적들을 굴복시키고 프러시아의 국위를 떨친 것과 거의 동시대에 벌어진 일이었다.[94] 오쿠보를 「일본의 비스마르크」라고 부르는 이유다.

제 7 장
쇄국과 개국 사이에서

제7장

쇄국과 개국 사이에서

강화도 조약은 일본이 기대한 만큼의 변화를 가져오지 않는다. 조선과 일본은 정식 국교를 맺은 것도 아니었고, 조약으로 인해 조선의 개혁, 개방이 촉발된 것도 아니었다. 조선 조정은 강화도 조약의 의미를 이해하지 못했다. 조선은 단순히 「서계(書契) 문제」가 대두되기 이전의 조일 관계가 회복된 것으로 생각했다. 쓰시마의 중계 역할이 사라졌을 뿐 여전히 일본과의 교역은 부산을 비롯한 삼포로 국한되어 있었고, 간헐적으로 수신사를 주고받으면 되는 것으로 이해하였다.[1]

제1차 수신사로 일본에 파견된 김기수(金綺秀, 1832~?)는 철저한 주자성리학자였다. 그는 일본의 근대화를 직접 목격하고도 일본이 겉치레만 화려한 서양 오랑캐의 문물에 눈이 어두워 서양의 모든 것을 흉내 내고 있는 것으로 간주하였다. 일본 측의 간절한 요청에도 근대 문물을 시찰하는 것을 모두 거부한다. 전보나 가로등, 일본에 거주하는 외국인들을 목격하고 놀라기도 했지만, 그는 메이지 일본이 추진하고 있는 부국강병책을 이해할 의지도, 식견도 없었다.

한편 조선과 일본은 강화도 조약의 후속으로 통상 조약을 체결한다. 이때도 조선은 일본 측이 가져온 조약 초본을 아무런 수정 없이 그대로 받아들인다. 국제 통상에 무지했던 조선 측은 처음 몇 년간은 조선과 일본 간의 무역에 관세를 부과하지 말자는 일본 측의 제안을 그

대로 받아들인다. 「조일통상조약」이 다른 어떤 조약보다도 불평등 조약이 된 이유다. 다른 한편 일본에서는 사이고 다카모리가 「세이난 전쟁(西南戰爭)」을 일으키면서 일본 정부는 반란 진압에 집중하느라 조선 문제에 신경 쓸 겨를이 없었다. 1877년 말 사이고의 자살로 끝이 난 「세이난 전쟁」의 후유증으로 1878년 오쿠보가 암살된다. 그 사이 조선의 대외 정책은 쇄국도, 개국도 아닌 상태에서 표류한다.

조선은 수신사를 보내고 부산을 개항한 이후로는 강화도 조약을 더 이행하려는 노력을 하지 않는다. 일본이 강화도 조약 이행을 위한 추가 사항들을 요구할 때면 그때그때 임기응변으로 대할 뿐, 궁극적으로 조일 관계를 어떻게 끌고 나갈지에 대한 정책도 비전도 없었다.[2] 일본이 새로운 요구를 할 때마다 조정은 지루한 논쟁을 벌였고, 아무런 결론도 내리지 못하고 상황에 끌려가는 무기력한 모습만 보였다. 조정 대신들은 아무도 일본과의 관계를 개선시키는 데 일조했다는 소리를 듣고 싶어하지 않았다. 모든 책임을 다른 대신들에게 미룰 뿐이었다. 이 와중에 우유부단했던 고종 역시 아무런 결정을 내리지 못한다.

조선 조정의 무(無)정책을 더욱 부채질한 것은 위정척사파의 거센 저항이었다. 원산과 인천을 개항 하기로 한 결정은 전국적으로 쇄국주의자들을 분노케 한다. 이러한 상황에서 조정의 중신들은 아무도 개항을 지지하지 않으면서 책임 회피에만 급급했다. 저항은 거센데 정책도 없고, 책임지는 대신도 없는 상황에서 조선의 대외 정책은 표류한다.

1. 「리델 신부 사건」

조선이 강화도 조약의 의미를 전혀 인식하지 못하고 있다는 사실을 적나라하게 보여준 것은 같은 해 일어난 천주교 리델 신부 사건이었다. 1876년 초, 리델 신부(Félix-Clair Ridel, 1830.7.7.~1884)가 조선에 잠입하려다 국경에서 체포되는 사건이 벌어진다. 10년 전인 1866년 병인박해 당시 조선에서 포교 활동을 하다가 베이징으로 간신히 탈출했던 리델 신부는 또다시 조선에 들어오려다 붙잡힌다. 프랑스는 리델 신부의 구명을 위해 청과 일본에 동시에 도움을 요청한다. 청이 먼저 움직였다. 1878년 5월, 청의 예부는 조선에 리델 신부를 석방해서 청에게 인도해 달라는 공문을 보낸다.

> 의정부(議政府)에서 아뢰기를, 「방금 중국 도경(都京) 예부(禮部)의 자문(咨文)을 보니, 「총리아문(總理衙門)에서 황제에게 올린 보고에 의하면, 조선에서 프랑스 교사(敎士) 이약망(理若望)을 체포 구금한 것과 관련하여 그 나라의 사신 백라니(白羅呢)가 간절하게 주청(奏請)하기를, 「조선에 신칙해서 무엇 때문에 체포 구금하였는지 명확히 조사해 즉시 중국의 우장(牛莊) 해구(海口) 또는 기타 해구로 석방하여 보내줄 것이며, 그가 도착할 때를 기다려 즉시 신칙해서 본국으로 돌려보내 사단이 일어나지 않도록 해달라.」고 하였다. 그러므로 유지(諭旨)로 자문을 급히 보내니 참작하여 처리하라.」는 내용이었습니다.[3]

조선 조정은 리델을 청에 넘겨주기로 결정한다.

우리나라는 프랑스와 비단 지리적으로 멀리 떨어져 있을 뿐 아니라 애초부터 서로 소식도 통하지 않았습니다. 우리나라에서 500년 동안 숭상하고 강론한 것은 오직 정학(正學)뿐이니, 여기서 벗어나 이단을 추구하면 반드시 엄격히 막고 철저히 금지시켜 법에 의해 다스리되 결단코 용서할 수 없습니다. 지난번에 현장에서 붙잡힌 사람은 프랑스 사람이라고 들었는데 우리나라의 범법자들을 철저히 조사한 다음에 조처해야 할 것입니다만, 그 나라 사신의 간절한 호소로 인해 이제 예부의 급한 자문도 있었으니, 해당 교사 이약망을 즉시 석방하여 의주부(義州府)에 데려다주어 봉성(鳳城)으로 들여보내어 차차 전해지도록 하겠다는 내용으로 문임(文任)으로 하여금 회답 자문을 지어내게 하여 속히 역마(驛馬)를 띄워 내려 보내는 것이 어떻겠습니까?」 하니, 윤허하였다.[4]

그로부터 1달 후, 일본 외무경 데라지마의 서신이 조선 조정에 도착한다. 리델 신부를 석방해서 부산 주재 일본 영사를 통해 일본 측에 인도해 달라는 내용이었다. 조선 조정은 이미 청을 통해 리델 신부를 석방하였음을 알린다.[5] 문제는 조선 조정이 보낸 서계였다. 조선은 일본 측에 상황을 설명하면서, 「상국(上國)」의 지도에 따라 청의 관리들에게 리델을 넘겼다고 썼다. 청이 일본보다 먼저 손을 써서 리델 신부 문제를 해결함으로써 프랑스에게 인심을 썼다는 사실도 당황스러웠던 차에, 조선이 청을 「상국」이라고 칭하자 데라지마는 조선의 서계의 접수를 거부한다.

10월, 하나부사는 조선의 서계를 돌려보내면서 항의 서한을 동봉한다. 일본은 조선이 강화도 조약 제1조에 「자주국」임을 천명하였기에 조약을 맺었는데, 이제 조선이 청을 「상국」이라고 하고 그 「지도」를 받는다니 이는 강화도 조약의 정신에 어긋나는 일이라고 비판하면서 조선은 「자주국」의 자격이 없다고 한다. 이에 조선 조정도 발끈한다.

의정부(議政府)에서 아뢰기를, 「지금 일본에서 온 서계(書契) 두 통을 받아 보았는데, 「하나는, 보내온 편지에서 「큰 나라의 지휘[上國指揮]」라고 한 말은 병자 조약(丙子條約)에 위반된다는 것이었고, 다른 하나는, 함흥(咸興) 등 네 고을의 개항(開港)이 덕원(德源)의 원산포(元山浦)와 다를 것이 없는데 보내온 편지에서 불편하다고 하였으니 수심을 측량하기를 기다렸다가 다시 토의하자는 것이었다.」그 하는 말이 일의 원칙에 크게 어긋나므로 그렇지 않다는 것을 명백히 말해주지 않을 수 없습니다. 회답 서계는 괴원(槐阮)으로 하여금 말을 만들어 속히 동래(東萊)의 왜관(倭館)에 내려 보내도록 하소서. 지금 이 서계에 대해서는 이치에 근거하여 추궁할 것이 진실로 한 가지만이 아닌데도 오로지 입을 다물고 전례대

1866년 상하이에서 리델 신부가 조선인 신자 3명과 찍은 사진

로 봉납(捧納)하였으니, 변방에 대한 정사로 헤아려 볼 때 매우 경솔한 일입니다. 동래부사 윤치화(尹致和)는 엄하게 추고하는 벌을 시행하고 판찰관(辦察官)과 역관(譯官)도 모두 엄하게 처벌해야 하겠으나 우선 죄를 진채 일을 보게 하는 것이 어떻겠습니까?」하니, 윤허하였다.[6]

그리고 조선은 이를 곧 청에 보고한다. 조선의 입장에서는 강화도 조약으로 인해 변한 것은 아무것도 없었다.

구로다가 강화도에 와서 조약을 맺고 간 것에 대한 「답방」으로 조선 조정이 일본에 파견한 제1차 수신사 역시 변치 않은 조선의 인식을 그대로 보여준다. 조선 조정은 1876년 2월 22일(음력) 김기수를 수신사로 파견하기로 한다.

의정부에서 아뢰기를, 「지난번에 일본 사신의 배가 온 것은 전적으로 우호를 맺기 위한 것이었으니 선린(善隣)하려는 우리의 뜻에서도 마땅히 이

제 전권 사신(全權使臣)을 파견하여 신의를 강조해야 하겠습니다. 사신의 칭호는 수신사(修信使)라고 할 것이며 응교(應敎) 김기수를 특별히 가자(加資)하여 차하(差下)하되 따라가는 인원은 일에 밝은 사람으로 적당히 선택하여 보낼 것입니다.[7]

조선이 수신사를 과거 도쿠가와 바쿠후에 파견하던 「통신사」와 대동소이한 것으로 간주하였다는 사실은 의정부의 이어지는 제안에서 드러난다.

그런데 이것은 우호를 맺은 뒤 처음 있는 일이니, 이번에는 특별히 당상(堂上)이 서계를 가지고 들어가도록 하고, 이후부터는 서계를 종전대로 동래부에 내려 보내어 강호(江戶)에 전달하게 하는 것이 어떻겠습니까?」 하니, 윤허하였다.[8]

뿐만 아니라 조선 조정은 수신사 파견을 청의 예조에 곧바로 보고한다.

승문원(承文院)에서 아뢰기를, 「전에는 일본에 사신을 보낼 때 중국에 자문(咨文)을 보내는 규례가 있었습니다. 이번에도 수신사를 차임(差任)해 보내게 된 이유를 괴원(槐院)으로 하여금 자문을 만들어 만부(灣府)에 내려 보내어 봉성(鳳城)에 전해주고 다시 베이징(北京)에 전달하도록 하는 것이 어떻겠습니까?」 하니, 윤허하였다.[9]

김기수는 수신사 임무를 기꺼워하지 않았다. 조선의 전통 관료였던 그는 조선 문명의 우월성에 대해 추호도 의심하지 않았다. 나라의 명을 받아 일본에 가지만 그는 일본을 배울 생각도, 새로운 것을 보고 올 생각도 없었다. 그저 전통적인 예법에 따라 새로운 조약 체결과 구로 다의 방문에 대한 답방으로 어쩔 수 없이 갈 뿐이었다.

나는 재주가 없고 학식도 없는 사람이라, 비록 예사로운 사명(使命)이라도 그 적임자가 아닌 것이 두려운데, 이제 단발문신(斷髮文身)은 내 눈으로 보지 못한 것이고, 험한 물결은 내 발로 건너보지 못한 것이다. 오랑캐의 괴상한 말을 따라서 해야 되고, 강하고 억센 무리들을 대항해야 되니 그것을 두려워하고 움츠러들지 않을 사람은 거의 없을 것이다. 그러나 사대부가 벼슬하여 임금을 섬기게 되니, 임금을 위해서는 자기 몸을 잊고, 나라를 위해서는 자기 집을 잊어야 될 처지이다. 힘든 일은 거절하고 쉬운 일만 받아들이며, 험한 곳은 사피(辭避)하고 평탄한 곳에만 나아가는 것은 의리상 감히 할 수 없는 일이다. 다만 외국에 가는 사신으로서 내가 그 적임자가 아닌 것만 두려워할 뿐이지, 험한 길을 발섭(跋涉)하는 것쯤이야 다시 말할 수가 없는 일이다.[10]

반면 고령의 박규수는 강화도 조약의 의미와 수신사 파견의 중요성을 알고 있었다. 박규수는 일본에 가는 김기수를 부러워했다.

기꺼이 낙지(樂地)에 가듯이 한즉, 거센 풍랑을 사람들은 도리어 부러워하는 이도 있었다. 환재(瓛齋) 박상국(朴相國)은 글을 보내어, 「내가 나이와 작위가 공연히 이같이 되어, 이번의 장유(壯游)를 드디어 그대에게 양보하게 된 것이 유감스럽다.」 하였다.[11]

베이징을 두 번이나 다녀오면서 청의 「양무운동」을 직접 보고 그것을 조선에서도 시행해 보고자 노력했던 박규수로서는 청보다 더 급격한 근대화를 이루고 있는 일본을 직접 보고 싶어했다. 대원군의 쇄국 정책에 홀로 맞섰고 일본과의 관계 개선을 주장하던 박규수는 노구라도 이끌고 일본을 보고 싶었을 것이다.

박규수는 끝내 일본을 보지 못하고 1877년 눈을 감지만 그의 문하생들은 일본을 보고 배우면서 개화파로 거듭난다. 1880년 그의 문하 김홍집(金弘集, 1842~1896.2.11.)이 2차 수신사로 임명되고, 그 후 김옥균, 박영효, 서재필, 홍영식 등이 수신사 등을 통해 일본을 방문하기 시작한다. 그러나 김기수는 「북학」에도, 청의 「양무운동」에도, 일본의 「메이지 유신」에도 관심이 없었다.

2. 「제1차 수신사」 김기수의 일본 방문

조선이 일본에 마지막 통신사를 보낸 것은 1810년이었다. 1876년 4월 초, 왜관훈도 현석운은 동래에서 왜관의 일본 관리관 야마노조 스케나가(山之城祐長)와 만나 수신사의 도일(渡日) 준비를 협의한다. 조선은 제1차 수신사의 일본 행과 관련한 제반 준비를 일본 측에 맡긴다. 일본은 증기선 「고류마루(黃龍丸)」를 수신사 일행에게 제공하기로 하고 일체의 비용도 대기로 한다.[12]

김기수 일행은 1876년 4월 27일, 고종에게 하직 인사를 한다. 수신사에는 현석운과 역관들, 군인, 화가 등이 포함되었다. 5월 19일 부산에 도착한 수신사 일행은 대기하고 있던 「고류마루」에 오른다. 김기수는 이 날 일기에 「이런 배를 탈 것이라고는 꿈에도 상상하지 못했다」고 쓴다.[13] 5월 22일 부산을 출항한 수신사 일행은 5월 29일 요코하마에 도착하여 기차를 타고 도쿄로 이동한다.

김기수는 도쿄에 도착한 이튿날인 5월 30일, 데라지마 일본 외무경을 만난다. 일본 측에서는 주 독일 공사를 역임한 사메지마 나오노부(鮫

島尚信, 1845.4.16.~1880.12.4.), 조선 문제를 담당하던 외교 대승(大丞) 미야모토 고이치(宮本小一, 1836.4.15.~1916.10.18.), 권대승(權大丞) 모리야마 시게루, 권소승(權小丞) 후루사와 가게히로(古澤經範) 등이 배석한다.

인사를 나눈 뒤 일본 측은 메이지 천황이 조선의 수신사를 접견하고 싶어한다는 소식을 전한다. 김기수는 「이 사람이 올 때 처음부터 국서(國書)가 없었으니, 실로 귀국의 황상을 배견할 명분이 없습니다. 이는 우리 주상의 명을 받지 못한 까닭입니다. 내 마음대로 배견하는 것은 옳지 않을 듯 합니다」라고 답한다. 그러자 일본 측은 「그렇지 않습니다. 우리 황상께서는 수신사가 온다는 소식을 듣고 날짜를 헤아려 가며 기다리셨습니다. 그러므로 조금 전에 수신사가 당도했다는 뜻으로 주달(奏達)하였더니 우리 황상께서는 며칠 안으로 접견하시겠다고 분부하셨습니다」라고 답한다. 이에 김기수는 제안을 받아들인다.[14]

황궁 내의 정원인 「어화원(御花苑)」에서 술 한잔 하는 자리에서 김기수와 모리야마 시게루는 다음과 같은 대화를 나눈다.

삼산무(森山茂, 모리야마 시게루)는 말하기를, 「여관에서 매우 적적하실 터인데, 나와서 함께 놀며 울적한 마음을 조금 풀지 않으시렵니까?」 하므로, 나는 대답하기를, 「이 사람은 성품이 본디부터 고요한 것을 좋아하여 실로 울적한 것이 고통이 되는지는 알지 못하므로, 놀고 구경하는 일에는 흥미가 없습니다.」 하였다. 삼산무는 말하기를, 「답답하게도 공은 끝내 나의 고심함을 알지 못하십니까 누가 공에게 구경만 시키려는 것입니까. 지금에 와서 두 나라는 한집안이 되고 말았는데, 우리나라는 사면이 모두 바다이므로, 외적이 이르게 되면 대적해낼 수가 없어서 오늘날의 지경에까지 이르게 되었습니다. 그러나 또한 한결같이 남에게 제어만 받을 수 없는 까닭으로, 부국강병의 술책을 다 써서 군대를 많이 두고 기계를 편리하게 만들기를 앞세워 지금에 와서는 병졸도 정예하고 양식도 풍족하며 기

영국 신문에 실린 수신사 김기수 일행의 모습

계도 아주 새롭게 되었으니 거의 믿고 외적을 막을 수 있을 것입니다. 내가 생각건대, 귀국 산천의 험준한 것은 우리나라보다는 훨씬 낮다고 하겠으나, 오히려 근해(近海)에 외적이 들이닥칠 걱정이 많으니 전혀 방비가 없어서는 안 될 것입니다. 우리들이 구경하라고 누누이 말하는 것은 군제(軍制)를 두루 살펴보아서 좋은 것은 개혁하는 것이 한 가지 일이요, 기계를 자세히 보아서 편리한 것을 모방하는 것이 두 가지 일이요, 풍속을 두루 살펴보아서 채용할 것은 채용하는 것이 세 가지 일입니다. 귀국에 돌아가시거든 확실하게 의논을 정하여 부국강병을 도모하여서 두 나라가 입술과 이처럼 서로 의지하여 외환을 방어하는 것이 우리들의 소망입니다.」하므로, 나는 대답하기를, 「대단히 감사합니다. 귀국의 성의는 모르는 바가 아닙니다. 이번 걸음에 또한 재주 있는 사람 몇 명을 데리고 와서 제도는 입으로, 기기(器機)는 손으로 모방하고, 풍속은 귀와 눈으로 기억하고자 하였으나, 다만 두 나라가 오랫동안 의심하여 멀리하던 끝에 다행히 봄의 일(강화도 조약 체결을 말함)이 있게 되었으니 일찍 와서 사례하지 않을 수 없습니다. 6개월 후에는 반드시 귀국의 사신이 우리나라에 올 것이므로, 우리 조정에서는 이보다 먼저 수신(修信)하고자 하여 갑자기 행장을 차렸던 것이니 실로 이러한 일에는 생각이 미칠 겨를이 없었습니다. 또 우리나라의 성규(成規)는 신의를 앞세우고 사공(事功)은 뒤로 하기 때문에 먼저 수신하기에만 서둘렀던 것입니다. 이 사람은 또한 산중의 빈사(貧士)로서 견문이 넓지 못하고 재식(才識)이 전혀 없으니, 비록 손으로 기물(器物)을 잡고 종일토록 만지더라도 실로 어떤 것이 편리하며 어떤 것이 무딘지도 알 수 없으며, 일행의 수행원들도 모두 몸가짐이 근신하고 옹졸하여, 다만 득죄하지 않는 것만으로 준칙을 삼게 되니 그들도 또한 이 사람과 비슷할 뿐입니다. 비록 날마다 유람하고 구경하더라도 다만 몸만 수고로울 뿐 아무런 이익이 되는 점은 없을 것입니다. 이번은 현재 맡은 일만 마치고 우리나라에 돌아간 후에 잘 의논 하겠사오며, 또 귀국의 사신이 우리나라에 오면 다시 확실히 의논할 날이 있을 것이니 하필 구차스럽게 눈앞의 충고만 따라서 갑자기 책임만 얼버무려, 우리에게도 소득이 없으면서 당신들의 후의만 저버리겠습니까?」하였다. 삼산무는 말하기를, 「공의 말씀 또한 옳습니다.」[15]

모리야마는 김기수에게 일본이 처한 외교안보 상황에 대한 인식과 일본의 대처 방법에 대해 설명하면서, 일본의 군사와 산업 시설 시찰을 간곡히 제안하지만 김기수는 모두 사양한다. 김기수의 소극적인 태도는 당시의 조선의 치자(治者)와 식자(識者)들이 얼마나 무지하고 안이한 상황 인식을 갖고 있었는지를 단적으로 보여준다. 그는 「비록 날마다 유람하고 구경하더라도 다만 몸만 수고로울 뿐 아무런 이익이 되는 점은 없을 것」이라면서 일본의 근대화 과정을 보고 배울 수 있는 기회를 애써 마다한다.

며칠 후 이노우에 가오루가 김기수의 숙소로 찾아온다.

일본에서의 김기수 일행

도쿄의 우치다 사진관에서 찍은 김기수 사진

1880년의 이노우에 가오루

　정상형(井上馨, 이노우에 가오루)은 봄에 강화도에 왔던 부관(副官)이었
다. 관소(館所)로 와서 방문하고 나에게 말하기를, 「러시아[魯西亞]가 동병
(動兵)할 징조가 있다는 것은 내가 강화도에서 이미 말한 적이 있는데, 우
리나라 사람이 저 러시아의 땅에 갈 때마다 그들이 날마다 병기를 만들고

흑룡도(黑龍島)에 군량을 많이 저장하는 것을 보게 되었는데 그것이 장차 무엇을 할 것인지, 귀국에서는 마땅히 미리 대비하여 기계를 수선하고 병졸을 훈련시켜 방어의 계책을 강구하는 것이 좋을 것입니다. 저들이 혹시 올 때에도 귀국에서는 절대로 대포는 쏘지 마십시오. 그들의 온 뜻이 어떤 것인지도 알지 못하면서, 갑자기 먼저 대포를 쏜다면 그것은 귀국의 실책입니다.」하므로, 나는 대답하기를, 「이것은 섬 군사들이 아무 일도 모르고 함부로 행동하는데 불과한 것이니 어찌 상시 이 같은 일이 있겠습니까? 우리를 이미 이렇게 깨우쳐 주시니 대단히 감사합니다. 다만 저 러시아를 막는 방도는 반드시 무기를 예리하게 하고 군복을 간편하게 하는 그것입니다. 무령왕(武靈王)이 그 의복을 변경하고 공수(工倕, 옛날 중국의 공인)가 그 제작을 정교하게 하는 것을 처음부터 배울 수 없는 것은 아니지만, 우리나라의 예전 규칙은 선왕(先王)의 말이 아니면 말하지 않고 선왕의 의복이 아니면 입지 아니하여, 이것을 한결같이 전수한 지가 벌써 5백 년이나 되었습니다. 지금은 비록 죽고 망하는 한이 있더라도 기이(奇異)하고 과도한 기교를 부려 남과 경쟁하기를 원하지 않으리라는 것은 공(公)도 또한 거의 알 것입니다.」[16]

김기수는 일본의 근대화를 견학하고 배울 생각이 전혀 없었다. 오히려 「기이하고 과도한 기교를 부린」 서양 야만인들의 과학 기술을 배우려는 일본을 경멸하였다. 다만 수신사로 극진한 대접을 받으면서 예의상 겸양의 말로 일본의 근대 문물 시찰 제안을 물리칠 뿐이었다. 문부성을 방문해서는 구키 류이치(九鬼隆一, 1852.9.12.~1931.8.18.)와 다음과 같은 대화를 나눈다. 구키는 후쿠자와 유키치의 제자였으며 훗날 주미 일본 대사를 역임한다.

문부성의 문학료(文學寮)에서 대승(大丞) 구귀융일(九鬼隆一, 구키 류이치)은 극진히 나를 접대하였다. 술자리에서 나에게 묻기를, 「귀국의 학문은 전적으로 주자(朱子)만 숭상합니까? 아니면 다른 학문도 숭상하는 것이 있습니까?」 하므로, 나는 대답하기를, 「우리나라의 학문은 5백 년 동안 다만 주자만 숭상하였을 뿐입니다. 주자를 어기는 사람은 바로 난적(亂賊)이란 죄목으로 처단하였으며, 과거(科擧)보는 문자까지도 불가(佛家)·도가(道家)의 말을 쓰는 사람은 귀양 보내어 용서하지 않았습니다. 이렇게 국법이 매우 엄중했던 까닭으로 상하

구키 류이치. 그의 아들 구키 슈조(九鬼周造, 1888~1941)는 일본의 저명한 철학자다. 그는 1910년대 8년간 독일과 프랑스에서 유학하면서 당대의 철학자 마르틴 하이데거, 에드먼드 훗설, 앙리 베르그송, 장 폴 사르트르와 교류한다. 귀국 후 교토대학에서 교편을 잡고 일본 미학의 고전인 『이키의 구조(「いき」の構造)』 등을 출판한다. 구키 슈조의 「이키」 개념에 대한 하이데거의 탐구는 그의 On the Way to Language에 실린 「A Dialogue on Language between a Japanese and an Inquirer」라는 글에 수록되어 있다.18

와 귀천이 다만 주자만 숭상하였습니다. 그러므로 군주는 군주의 도리(道理)대로, 신하는 신하의 도리대로, 아버지는 아버지의 도리대로, 아들은 아들의 도리대로, 형은 형의 도리대로, 아우는 아우의 도리대로, 남편은 남편의 도리대로, 아내는 아내의 도리대로 하여, 한결같이 공자·맹자의 도리만 따랐으니, 다른 갈림길이 엇갈릴 수도 없으며, 다른 술수(術數)가 현혹시킬 수도 없었습니다.」 하니, 구귀융일은 머리를 끄덕거렸다.[17]

김기수는 일본 측의 적극적인 신 문물 시찰 제안을 모두 거절한다. 사진, 기차, 전보 등의 기술을 보고 놀라긴 했지만, 이조차도 연구와 습득의 대상으로 보기보다는 단순한 호기심 차원에서 바라본다.

고베(神戸)에서 난생 처음 서양인들을 본 김기수는 그들의 긴 코와 깊은 눈을 보고 놀랐고, 그들이 머리에 비해 눈이 흐리고 총기가 없다고 쓴다.

신호(神戸市, 고베)에 도착하니 벌써 각국 사람들을 많이 볼 수가 있다. 구라파의 여러 나라 사람, 러시아 사람, 미국 사람은 모두 눈이 깊숙하고 코가 높직하며 머리는 누르고, 의복 제도도 대략 같아서, 구라파 사람과 러시아 사람을 끝내 분별하기 어렵다. 성년(成年)하지 않은 여자는 머리를 풀어헤치고 다니는데 한 무더기 누른 빛깔이 마치 텁수룩한 개 꼬리 같다. 여자의 치마는 서너 너덧 자락뿐인데, 올라갈수록 짧고 겹겹으로 포개어 이상스럽고 빛깔은 희기도 하며 누르기도 하다. 얼굴은 엷은 비단 족두리로 가리웠는데 이는 먼지를 피하기 위한 것이지만, 보기에 더욱 괴상스럽다. 또 코는 모두 높직하나 남녀를 물론하고 눈은 모두 음침하고 정채(精彩)가 없어 마치 죽은 사람이 눈을 미처 감지 않은 것과 같다. 사람의 재주와 슬기는 모두 손에 있는 법인데, 이제 이 구라파 여러 나라 사람들의 재주와 슬기는 바로 대자연을 정복할 만한데도 그들의 눈은 이렇게도 정채가 없으니 알 수 없는 일이다. 베이징인(北京人)도 많이 끼여 있는데, 수염은 길어서 창과 같고 땋은 머리는 아래로 드리워서 바로 발꿈치까지 닿았으니 놀라운 일이다.[19]

서양 사람들이 일본 도처에 살고 있으며 집도 짓고 일본의 관직도 갖고 있는 것, 그리고 일본 여자와 결혼한다는 사실에 대해서도 놀라면서 적는다.

서양(西洋)에서 와 머물고 있는 사람들이 나라 안에 두루 펴져 있었으니, 대개 가권(家眷)을 거느리고 가옥(家屋)도 만들었으며, 녹(祿)을 타 먹고 벼슬도 하여 본국인(本國人, 일본인을 지칭)과 다름이 없었다. 또한 혹시 혼인도 맺고 노복도 교접(交接, 서로 접촉함)시켜 문득 친속(親屬)과 같았으나, 한 가지 처사(處士)의 횡의(橫議, 비판 논의)는 오히려 매우 까다로워서 이들과 서로 합하지 않았다.[20]

전보를 보고 놀란 소감도 적는다.

이른바 전선(電線)이란 것은 자세히 살펴보아도 형용할 수가 없다. 전에 어느 사람의 말을 들으니, 「전선이 만 리나 되는 장거리에 소식을 전하는 데 저쪽과 이쪽은 다만 반(盤) 한 개에만 의거한다. 반 가운데에는 침(針)이 있고 사방 둘레에는 글자가 있는데 침이 돌면서 글자를 가리키므로, 그 가리키는 데 따라 기록하여 드디어 한 폭의 글이 되니, 「(元)」·「형(亨)」·「이(利)」·「정(貞)」을 지적하면 원·형·이·정을 아는 것과 같다. 이쪽에서 이 침이 돌아갈 때 저쪽에서도 침이 돌아간다」고 하는데, 나는, 「이 법은 믿을 수가 없다. 침체(針體)가 비록 빠르다고 하더라도 한 번에 한 글자를 돌아서 10자(字), 1백 자의 많은 글자까지 이르게 되면 시각이 또한 오래 걸리게 될 것이다.」고 생각한다. 공부성에서 이것을 살펴보니 전신선(電信線) 끝이 집안에 들어가 있는 것이 마치 우리나라의 설렁줄[舌鈴索]이 집안에 들어가 있는 것과 같다. 평상에 내려뜨려 놓고 평상 위에는 기계를 설치하였는데, 기계 옆에는 궤(櫃)와 같은 기구가 있고, 그 속에는 전기가 있다. 손으로 그 기계를 두드리니 전기가 궤에서 발생하여 번쩍번쩍하고 빛이 나면서 바로 선을 타고 올라간다. 옆에는 또 기구 한 개가 있는데 우리나라 목수의 먹통과 비슷하다. 통 속에 막대가 있어 이것이 돌고 있는데, 옆에는 또 종이 두루마리가 있어, 한쪽 끝이 곧바로 막대 위로 올라가서 이것을 두르면[圍] 종이 위에 글자가 나타난다. 옆의 종이를 또 펼치니 역시 글자가 나타나는데 이는 이쪽에서 저쪽에 통보하기 위한 글이었다.

막대기에 둘린 종이의 글자가 곧 기구 옆에 펴놓은 종이의 글자이니, 한 자 한자 자체(字體)의 구별은 없어도, 누가 옮겨 썼는지 문득 저쪽에 나타나 있다. 앞에 가서 보니 종이가 막대에 오르기 전에는 글자가 없다가 막대에 오르자마자 곧 글자가 나타나는데, 이 막대와 종이는 선(線)과는 아무런 관계가 없다. 이것은 모두 잠깐 동안의 일이었다. 이때 저쪽은 천 리만 리를 헤아릴 것도 없이 전선의 저쪽 집에 들어간 것은 선에서 문득 전기가 발생하게 되면 통 속의 막대는 돌게 되며, 막대가 돌면 종이의 둘린 것은 풀려 내려오게 되고, 내려오면 글자가 나타나게 되니, 곧 이쪽 막대에 둘린 종이의 글자인 것이다. 저쪽 일은 보지 않아도 이쪽 것으로 저쪽 것을 미루어본다면 또한 이와 같을 것이다. 이것이 만 리나 되는 장거리에 전신하더라도 다만 같은 시간에 되는 것이다. 전선을 연락하는 기둥은 곳곳의 도로에 있는데, 곧은 나무가 3~4장(丈)씩이나 된다. 위에 자기(瓷器) 잔을 얹고 신문지상에 나타난 것이다. 선을 자기 잔에 걸쳐 놓았다. 한 기둥의 선도 그 수효는 하나뿐이 아니다. 이쪽 저쪽에, 장소도 한곳뿐만이 아니다. 많기도 하고 적기도 하며, 멀고 가까운 것도 고르지 않으니 이것 또한 그렇지 않을 수 없는 일이다. 산과 들을 만나면 이것을 높이기도 하고 낮추기도 하여 마음대로 하는 것이다. 큰 바다를 만나면 바로 물 밑에 가라앉혀서 이를 통과시켰다 한다. 이것은 모두가 내가 보고 들은 것이므로 들은 것도 상세히 듣고 본 것도 똑똑히 보았으니, 감히 그것을 거짓이라고 말할 수는 없는 것이다.[21]

가로등도 처음 본 김기수는 이에 대해 미야모토 고이치에게 그 작동 원리를 물어보지만 조선에도 설치해 보라는 권고를 듣고는 조선에는 기름도 없고 또 사람들을 놀라게 하고 싶지 않다면서 거절한다.

가로(街路) 위에는 5간(間)과 10간 거리에 이따금 한 개의 등대(燈臺)를 세워 위에는 유리등(琉璃燈)을 켰으니, 기운 데도 없고 틈도 없이 천연적으로 만들었다. 등속에는 잔(盞)도 있고 심지도 있었는데, 심지는 저절로 서 있어도 기름은 없었다. 날이 어두워 등불을 켤 때는 사람이 한 한 기계를 움직이면, 기계가 어디 있는지 그 곳을 알 수가 없었다. 등불이 저절로 켜져 날이 샐 때까지 꺼지지 않으며, 사람이 또 기계를 움직이면 등불이 저절로 꺼진다고 한다. 그러므로 밤이 깊어 길을 가더라도 사람들은 등을 들지 않았다. 정상형(이노우에 가오루)의 집에서 궁본소일(미야모토 고이치)에게 이야기하자, 그는 나에게 이 법을 쓰도록 권고하였으니, 이것은 대개 지고(地膏)를 끄집어내는 방법이었다. 아무리 취하여도 금하지 않고 아무리 쓰더라도 없어지지 않으며, 또한 인력을 더는 한 가지 묘방(妙方) 이었지만, 나는 우리나라에 기름이 넉넉하고 사람들도 또한 재주가 없으므로, 이러한 술외(術外)의 술로써 사람들을 놀라게 하고 싶지는 않다고 이것을 사절하였다.[22]

메이지 천황에 대한 인상은 다음과 같이 적는다.

그들의 이른바 황제는 나이 지금 25세인데, 보통의 체구(體軀)였습니다. 얼굴은 희나 조금 누르고 눈에는 정채(精彩)가 있었으며, 천연적으로 생김새가 고왔습니다. 정력을 다하여 정치(政治)에 힘쓰고, 매우 부지런하여 관백(關白)도 폐지하는 것이 좋으면 이를 폐지하고, 제도도 변경하는 것이 좋으면 이것을 변경했습니다. 다리에 딱 붙는 바지와 반신(半身)의 옷이라도 군대(軍隊)를 부리는 데 이로울 만한 것은 비록 서양인의 옷일지라도 서슴없이 옛날 것을 버리고 이것을 따랐으나 사람들은 감히 다른 주장을 할 수가 없었으며, 옛날의 관백도 지금은 종4위(從四位)의 관직으로서 봉록(俸祿)만 받고 강호(江戶)에 있으나 또한 감히 원망하는 기색과 윗사람을 엿보는 마음은 없다고 합니다. 이 사람(일본 천황을 가리킴)은, 이미 중국 군주(君主)의 처지로서는 논할 수도 없는 것이며, 단발 문신(斷髮文身)과 조제 칠치(雕題漆齒)도 서양인의 의복보다 나을 것이 없으니, 이것(일본 풍속을 가리킴)으로써 저것(서양 풍속을 가리킴)을 바꾸어도 그다지 다를 바가 없습니다. 그러나 대개 그가 영명(英明)하고 용단성(勇斷性)이 있어 인재를 가려 임용하는 것은 취할 만한 점이 많은 것 같았습니다.[23]

그러나 김기수는 일본의 부국강병책에 대해서는 부정적인 결론을 내린다.

그 이른바 부국강병의 술책은 오로지 통상을 일삼는 것이었는데, 통상도 자기 나라만 이익을 보는 것이 아니고 반드시 피차 간에 거래가 있어, 이쪽에서는 저쪽에 가서 통상을 하고 저쪽에서는 이쪽에 와서 통상을 하게 되었습니다. 지금 일본이 세계 각국에 통상을 하는 것이 그 수효가 매우 많지마는, 가서 통상을 하는 나라는 일본 한 나라뿐이고, 와서 통상을 하는 나라는 세계의 여러 나라인데, 일본에서 생산되는 것이 반드시 세계 각국보다 10배나 되지는 않을 것이니, 생산하는 사람은 하나뿐이고 소모하는 사람은 여럿이 되면 물가가 등귀(騰貴)하는 것은 현세가 그렇기 때문인 것입니다. 이에 날마다 전폐(錢弊)를 만들어 이것을 당해 내게 되니, 돈은 천하게 되고 물건은 귀하게 되므로 이것은 반드시 실패하는 도리입니다. 하물며 교묘하지 않은 기술이 없고 정교하지 않은 기예(技藝)가 없이 대자연의 이치를 다 이용하여 다시 여지(餘地)가 없게 되었으니, 겉모양을 본다면 위에 진술한 여러 조목과 같이 이보다 더 부강할 수는 없지마는, 가만히 그 형세를 살펴본다면 또한 장구(長久)한 술책이라고는 할 수가 없습니다.[24]

김기수는 국제 무역이 어떻게 국부를 쌓는 데 도움이 될 수 있는지에 대한 이해가 전무했다. 전형적인 주자학자였던 김기수에게 서양의 근대 부국강병책은 논리적으로 이해가 되지 않았다. 그가 보기에 자신이 일본에서 본 것들은 겉으로는 화려하지만 바람직스럽지도, 지속 가능하지도 않은 술책에 불과했다.

김기수는 6월 18일 도쿄를 출발하여 6월 28일 부산을 경유하고, 7월 21일 한양에 도착해 고종을 알현한다.

> 「이번의 사행은 부득이해서였지만, 그래도 사행 중에 그 법에 대해 들은 것이 있는가?」 하니, 김기수가 아뢰기를, 「이번의 사행은 저들의 강청(强請)에 따라 부득이 사행하게 되었다는 뜻을 보이기 위하여 이러한 여러 기술에 대해서는 하나도 물어보지 않았습니다.」[25]

이날의 대화에서 고종은 호기심을 갖고 김기수에게 일본에 대해 많은 질문을 한다. 그러나 김기수는 피상적인 답으로만 일관한다. 그는 일본의 신식 문물에 대한 과도한 관심을 보이는 것 자체를 수치스러운 일로 간주하였다.

7월 26일, 강화도 조약의 부속 조항과 통상 조약을 체결하기 위하여 미야모토 고이치가 이끄는 일본 대표단이 인천에 도착하고 7월 30일 한양에 입성한다. 임진왜란 이후 한양에 발을 들여놓은 첫 번째 일본인들이었다.[26] 미야모토는 8월 1일 고종을 알현하고 5일부터 강수관(講修官) 조인희(趙寅熙)와 협상을 시작한다.[27]

조일수호조약 제2조는 「일본국 정부는 지금부터 15개월 뒤에 수시로 사신을 파견하여 조선국 경성(京城)에 가서 직접 예조판서(禮曹判書)를 만나 교제 사무를 토의하며, 해사신(該使臣)이 주재하는 기간은 다 그때의 형편에 맞게 정한다」고 명시하였다. 일본 측은 이를 한양에 일본 외교관들과 그 가족들이 상주할 수 있음을 뜻하는 것으로 해석하였다. 또한 일본의 외교관들이 조선 국내를 자유롭게 여행하는 것과 한양에서 베이징을 왕래하는 것에 합의할 것을 요구한다.[28] 조선은 이를 일거에 거절한다. 일본의 외교관이 한양을 방문하러 와서 오래 머무는 것은 문제가 없지만, 이들이 한양에 상주하는 것에 동의한 적은 없다고 한다. 그리고 일본의 외교관들이 조선 내에서 여행을 할 때는 조선 측이 사전에 허락한 길로만 다녀야 한다고 하였다. 한양-베이징을 왕래하는 문제는 일본 외교관들이 한양에 상주하지 않을 것이기 때문에 무의미할 뿐 아니라, 이러한 사항은 조선이 단독으로 정할 수도 없다고 한다. 부산 등 일본과의 통상이 허락된 항구 도시에 일본인들 거주지역의 면적에 대해서도 의견이 팽팽하게 대립한다.[29]

3주에 걸친 협상 끝에 조인희와 미야모토는 강화도 조약의 부록과 통상조약을 체결한다. 조인희는 일본 외교관의 한양 상주 요구를 끝까지 거부한다. 그러면서도 일본 상인들이 조선과 교역할 때 일본 화폐를 사용할 수 있도록 허용한다(「조일수호조규」의 부록 제7조). 상업과 무역, 화폐의 중요성을 모르던 조선 측은 이 조항의 중요성을 전혀 인식하지 못하였다.[30] [부록3. 「조일수호조규」의 부록 참조]

조인희는 미야모토에게 별도로 양국이 외교 문제를 다룰 때만 상대국의 수도에 외교관을 파견할 것과 통상 문제는 무역항에 주재하는 영사들을 통해 다룰 것이라는 협약서(memorandum)에 서명할 것을 요구한다. 미야모토는 자신이 이러한 합의에 서명할 권한이 없다며 일본으로 돌아가서 회답을 하겠다고 한다. 그러나 조인희는 미야모토가 합의한 것으로 생각한다.[31]

조선은 일본이 제시한 통상 조약 초안을 아무런 이의 없이 그대로 받아들인다. 미야모토는 조선이 요구할 경우 일본 상품에 대한 관세를 5%까지 받아들일 수 있다는 훈령을 받고 왔다. 그러나 조인희는 양국 간의 교역을 장려하기 위해 처음 몇 년간은 아무런 관세를 부과하지 말자는 미야모토의 제안을 그대로 받아들인다. 무역과 관세의 의미나 중요성을 전혀 이해하지 못하고 있던 조선 측은 이로써 일본 상품의 조선 진출 문을 활짝 열어준다. 이 때문에 강화도 조약은 일본이나 중국이 서구 열강과 맺은 그 어느 불평등 조약보다도 더 불평등한 조약이 된다.[32]

8월 25일 한양을 떠난 미야모토는 9월 21일 도쿄에 도착한다. 조선의 예조판서 김재현은 일본 외무경에게 편지를 보내 미야모토의 협약서를 비준할 것과 부록에 첨부할 것을 요구한다. 일본 정부는 부록과 통상조약은 비준하지만 미야모토가 조인희에게 써주고 온 협약서의 비준은 거부한다. 11월 13일, 미야모토는 데라지마의 훈령을 받고 조인희에게 협약서를 받아들일 수 없음을 알리는 편지를 보낸다. 미야모토는 조선과 일본이 워낙 가까운 이웃이기 때문에 상대국의 수도에 외교관을 상주시켜야만 한다고 주장한다. 뿐만 아니라 일본 외교관들은 한양을 오가는 길을 자유롭게 정할 수 있어야 한다고 한다.[33]

이에 대해 조인희는 조선과 일본이 가까운 이웃이기 때문에 오히려 상대국의 수도에 외교관을 상주시킬 필요가 없다고 답한다. 일본의 외교 사절단이 조선 정부가 지정해주는 길로 여행을 하는 것은 조선 정부의 재정을 절약해주는 일이며, 청의 사신들조차 조선 정부가 지정하는 길로 입경한다는 사실을 상기시킨다.[34] 일본은 결국 타협안으로 곤도 마스키(近藤眞鋤, 1839~1892)를 부산에 영사로 상주시키기로 결정한다. 조선 조정은 부산훈도 현석운의 직위를 판찰관(辦察官)으로 올려 곤도를 상대하도록 한다.[35]

조선 조정의 입장에서 볼 때 강화도 조약으로 무역항을 한두 개 더 개방하기로 한 것 외에는 변한 것이 없었다. 일본의 주재관이 부산에

상주하는 것이나 부산이 여전히 조선과 일본 간의 무역의 중심이 되는
것은 과거에도 마찬가지였다.

3. 사이고의 반란과 오쿠보의 암살

1877년, 사이고 다카모리는 자신이 세운 메이지 정부를 상대로 「세
이난 전쟁」을 일으킨다. 일본은 강화도 조약 체결 직후 불어닥친 정치
적 격변 때문에 조선 문제에 집중할 수 없었다.

「정한론」이 좌절되면서 사이고는 「폐번치현」 이후 「가고시마 현(鹿
兒島県)」으로 이름이 바뀐 사쓰마로 낙향한다. 귀향한 사이고는 영웅이
었다. 급진적인 근대화 개혁을 밀어붙이고 있던 오쿠보의 정권에 비판
적이었던 모든 사람들이 사이고의 휘하에 몰려든다. 그러나 정작 사이
고야말로 메이지 정부 수립에 가장 큰 공을 세웠을 뿐만 아니라 정부
의 가장 급진적인 개혁들을 적극 밀어붙인 장본인이었다. 사무라이의
봉급 제도를 없애고 채권으로 대체함으로써 무사들의 경제적 기반을
무너뜨렸을 뿐만 아니라 징병제를 도입함으로써 무장으로서의 사무라
이의 존재 이유를 없애버렸다. 그러나 역설적으로 사쓰마의 사무라이
들은 사이고를 전통 사무라이 가치와 반정부 운동의 상징적 인물로 추
앙하기 시작한다. 사쓰마의 지역주의를 경멸하던 사이고는 이제 사쓰
마 지역주의의 상징이 된다.[36]
　낙향한 사이고는 후학 양성에 전념한다. 루스 정부 당시 함께 각료로
일했고 함께 「정한론」을 주장했던 에토 신페이가 사가의 난을 일으킨
후 사이고에게 도움을 요청하지만 거절한다. 역시 정부에서 함께 일하
였고 「정한론」을 지지했던 이타가키 다이스케가 오쿠보 정권을 상대

로 민권 운동을 전개하지만 사이고는 아무런 관심을 보이지 않는다. 후학 양성 이외에 사이고는 사쓰마의 명승지를 순례하고 시를 읊고 사냥을 하면서 여가를 즐긴다.

그가 유일하게 한 일은 「시가코(私學校, 사학교)」 운영이었다.[37] 「시가코」는 사이고가 낙향할 때 함께 내려온 사쓰마의 사무라이들을 위해 설립한 학교였다. 「시가코」는 보병과 포병 두 과로 나뉘어 있었고, 군사 훈련과 유교 경전 교육에 주안점을 두었다. 설립 후 2년 만에 「시가코」 분교가 사쓰마 각지에 우후죽순처럼 세워진다. 모든 「시가코」는 사이고를 정신적 지주로 받들었고, 그의 친필 교훈이 모든 학교에 걸렸다. 사이고가 직접 운영에 참여했던 「쇼텐가코」는 군사 훈련과 유교 경전 외에도 영어, 프랑스어, 독일어도 가르쳤다. 사이고는 외국인 교사들을 채용하고 유학생들을 선발하여 유럽에 보내기도 했다.[38]

사이고가 낙향하면서 메이지 정부와 가고시마의 관계는 악화일로를 치닫는다. 그렇지 않아도 가고시마 현은 중앙 정부의 개혁 정책을 번번히 무시해오던 참이었다. 1870년, 정부가 사무라이들 간의 등급을 모두 폐지할 것을 명하지만 가고시마는 전통적인 사무라이들 간의 계급을 고수한다. 가고시마는 토지 사유제 확립을 위하여 중앙 정부가 추진한 국가 토지세 징수도 거부한다. 1873년 조세를 위한 토지 측량을 명하지만 가고시마는 이 역시 거부한다. 신분에 상관없이 평민 출신에게도 관직을 부여함으로써 뿌리 깊은 신분제를 타파하려는 중앙 정부의 시책에도 불구하고 가고시마에서는 여전히 대부분의 관직을 사무라이들이 차지한다. 사쓰마의 특별한 기여와 지위를 인정한 중앙 정부가 특별히 현지 사쓰마 출신인 오야마 쓰나요시(大山綱良, 1825~1877)를 현 지사에 임명하지만 오야마는 거의 모든 중앙 정부의 개혁 정책을 반대한다.[39]

1875년, 「시가코」는 학생들이 가고시마를 떠나 도쿄나 외국에 유학가는 것을 금한다. 많은 선생들과 학생들이 이에 격렬하게 항의하고 결국 사이고를 불러 중재를 요청하지만 사이고는 아무 말도 하지 않는다. 사쓰마의 지역주의를 강하게 비판했던 그였지만 이번에는 침묵을 지킨다. 이는 사이고가 가고시마의 쇄국 정책을 묵인하는 것으로 받아들여진다.[40]

반면 메이지 정부는 사무라이 계급 해체 정책에 박차를 가한다. 1876년 3월 28일, 정부는 모든 국가 행사에 군과 경찰 장교들을 제외한 그 누구도 칼을 소지하는 것을 금하는 영을 내린다. 8월에는 모든 사무라이 봉급을 30년짜리 채권으로 대체한다. 그때까지는 봉급과 채권 중 선택의 여지가 있었으나 이제 사무라이들은 강제로 채권을 받아야 했다. 채권의 이자율은 5~7%였다. 사무라이들의 수입은 30% 줄어든다. 가고시마 현의 오야마 지사는 이 시책의 집행을 거부한다. 중앙 정부가 오야마를 해임하지만 현 정부 관리 전원이 동반 사퇴하겠다며 항의하자 중앙 정부는 물러설 수밖에 없었다.[41]

1875년 10월 24일, 「신푸렌의 난(神風連の乱)」이 일어난다. 당시 구마모토(熊本) 현에는 다양한 존황양이파 사무라이 단체들이 있었다. 「신푸렌」도 그 중 하나였다. 이들은 서양문물 수용을 일체 거부하였고 근대화를 추진하는 메이지 정부를 격렬하게 비판한다. 이들은 서양 옷과 달력 사용을 거부하고 전깃줄 밑을 지나갈 때는 서양의 영향을 받기 싫다면서 부채를 펴서 머리를 가리고 지나갔다. 심지어는 돈도 서양의 것이라고 생각하여 지폐를 받을 때 젓가락을 사용하는 사람도 있었다.[42] 이들은 근대식 무기를 사용하는 것도 거부한다.

구마모토 현에 주둔하는 정부군은 사가의 난을 평정하는 데 대거 투입된 후 병력도 줄고 지쳐있었다.[43] 「신푸렌」의 사무라이 180명은 이틈을 타 난을 일으킨다.[44] 이들은 밤에 정부군 진지를 습격하여 300명

다네다 마사아키 장군을 공격하는 「신푸렌」. 도요하라 지카노부(楊洲斎周延, 1838~1912)의 그림(1876)

군사 법정에 선 오야마 쓰나요시

에 가까운 평민 출신 군사들을 무차별 학살하고 구마모토 현 지사 야스오카 료스케(安岡良亮), 군 사령관 다네다 마사아키(種田政明) 장군 등을 죽인다. 그러나 정부군은 곧 대오를 갖추고 반격을 시작하여 결국 「신푸렌」을 격퇴한다. 거사 당시 10대이거나 20대 초반이었던 「신푸렌」 사무라이 대부분은 전사하거나 할복 자살한다.[45]

10월 26일에는 「신푸렌」과 연락을 취하고 있던 아키즈키 한(秋月藩)의 사무라이 200명이 구마모토에서 벌어지고 있는 전투에 참여하고자 출발한다. 그러나 정부군이 곧 이들을 따라잡고 교전이 벌어지면

서 사무라이들은 패하고 지도
자들은 자결한다. 10월 29일에
는 야마구치 현(山口県)으로 이
름이 바뀐 조슈에서 마에바라
잇세이(前原一誠, 1834~1876)가
「하기의 난(萩の乱)」을 일으킨
다. 마에바라는 요시다 쇼인의
수제자였으며 메이지 유신의
핵심 인물로 메이지 정부에서
상교에 임명되고 오무라 마스
지로 암살 후 병부대보(兵部大
輔, 국방부 차관)를 역임하지만

「하기의 난」 지도자 마에바라 잇세이

징병제에 반대하면서 사직하고 낙향한다. 「신푸렌」의 난의 소식을 들
은 마에바라도 수백 명의 사무라이를 이끌고 하기의 난을 일으키지만
난은 곧 진압되고 마에베라는 체포되어 참수된다.[46]

한편 중앙 정부와 가고시마의 관계가 악화일로를 걷자 「시가코」 학
생들은 공개적으로 정부와의 전쟁을 종용하기 시작한다. 1877년 1월,
정부는 배를 보내 가고시마의 무기와 탄약을 수거하기로 한다. 이 정
보를 들은 「시가코」 학생들은 1월 30일 밤 소무타(草牟田) 탄약창을 습
격한다. 1월 31일에는 이소에 있는 병기고와 조선소를 습격한다. 거
의 같은 때 나카하라 히사오라는 「시가코」 학생이 정부가 보낸 밀정이
라는 사실이 발각된다. 나카하라는 같은 「시가코」의 학생인 다니구치
도고로에게 자신이 밀정임을 고백했고, 다니구치는 나카하라가 「시가
코」를 교란하고 사이고를 암살하기 위한 조직을 만들고 있다고 상부
에 보고한다. 체포된 나카하라는 2월 5일 고문 끝에 다니구치의 보고
내용이 모두 사실이라고 자백한다.[47]

1877년 2월 9일, 사이고는 직접 도쿄로 가서 정부에 항의할 것을 선언한다. 그렇지 않아도 사이고는 이미 1873년부터 오쿠보가 자신을 제거하려 한다고 믿고 있던 참이었다. 그러나 천황에 대한 충성심이 누구보다도 강했던 사이고는 천황 정부를 향해 반기를 들 수 없었다. 그렇다고 가만히 있을 수도 없었다. 가고시마는 본격적으로 전쟁 준비를 시작한다.[48]

첫 전투는 2월 21일 구마모토성에서 3km 떨어진 가와시리(川尻)에서 벌어진다. 사이고의 반란군은 2월 23일과 24일 구마모토성을 공격한다. 그러나 사쓰마의 반군은 일본 최대 요새 의 하나인 구마모토성을 쉽게 함락시키지 못한다. 한편, 사이고의 주력 부대가 구마모토성을 공격하고 있을 사이, 정부군은 가고시마에 상륙하여 탄약고를 탈환하고 현 지사 오야마 쓰나요시를 체포한다. 그리고 정부는 반군에게 포위되어 있는 구마모토성에 원군을 보낸다. 3월 3일, 정부의 원군과 사이고의 군대는 구마모토성 외곽 20km 지점에 있는 다바루자카(田原坂)에서 격돌한다. 양측은 각각 1만 명의 군사를 투입한다. 처절한

구마모토성

전투가 이어지면서 양편의 전사자와 부상자가 각각 4천 명에 이른다. 3월 20일, 결국 정부군이 승리한다. 이어 4월 15일, 정부군은 구마모토성을 포위하고 있던 사이고의 주력 부대를 격파한다.

벳푸 신수케

5월 27일, 사이고의 반군은 쫓기기 시작한다. 사이고의 군대는 수적 열세와 탄약, 무기 부족에도 불구하고 신출귀몰하는 게릴라전을 펼치면서 정부군의 추격을 따돌린다. 3개월에 걸친 추격전 끝에 9월 1일 사이고의 잔군은 정부군이 점령하고 있는 가고시마에 잠입한다. 고향인 가고시마로 돌아온 사이고와 그를 마지막까지 따르던 반군 300명은 가고시마 시가지가 내려다 보이는 시로야마산(城山)에 진을 치고 마지막 전투를 준비한다.[49] 야마가타 아리토모가 지휘하는 정부군 3만 명은 9월 24일 새벽 3시 55분, 마지막 공세를 시작한다. 전투 중 부상한 사이고가 도쿄의 황궁을 향해 무릎을 꿇고 고개를 숙이자 그의 부관 벳푸 신수케(別府晋介, 1847~1877.9.24.)가 그의 목을 내려친다.[50] 「마지막 사무라이(Last Samurai)」 사이고가 죽으면서 사무라이들의 마지막 반란인 「세이난 전쟁」도 끝난다.

오쿠보 역시 사쓰마 출신이었다. 그는 사이고와 절친한 친구였으며, 메이지 유신의 대업을 이룩할 때까지는 둘도 없는 동지였다. 그러나 「정한론」으로 둘은 최대의 정적이 된다. 사이고는 사쓰마의 영웅이 된 반면, 오쿠보는 사쓰마의 배신자로 낙인 찍히며 증오의 대상이 된다.

시로야마 전투

시로야마 전투 당시 정부군의 진지

「세이난 전쟁」 중 사쓰마인들은 오쿠보의 생가를 불태운다. 그러나 오쿠보는 지역주의에 빠지지 않는다. 사이고는 결국 지역주의에 함몰되어 사쓰마의 독립과 사무라이 계층의 이해를 위해 자신이 세운 메이지 정부를 향해 반란의 기치를 들지만, 오쿠보는 자신의 고향을 배신하면

서까지 지역주의를 버리고 국가를 택한다.[51]

오쿠보는 메이지 정부의 지도자 중 가장 인기가 없었지만 가장 뛰어났다. 1873년 이와쿠라 사절단의 일원으로 미국과 유럽을 시찰하고 온 오쿠보는 일본을 서구 선진국들에 필적할 만한 강대국으로 키우는 데 투신한다. 철저한 현실주의자였던 그는 때로는 고압적이고 무자비한 방법으로 반대파를 제거하고 자신의 목표를 관철시켰다. 이로 인해 그는 많은 정적을 만들었다. 극우는 「정한론」을 무산시킨 오쿠보를 미워하였고 이타가키 다이스케를 비롯한 민권운동가들이 주도하는 좌익은 오쿠보의 독재가 국민들의 참정권을 막고 있다고 비판하였다. 그러나 오쿠보가 없는 근대 일본은 상상할 수 없다.[52]

1878년 5월 14일 아침 6시, 오쿠보는 가스미가세키(霞が関)에 있는 자택에서 야마요시 모리스케(山吉盛典, 1835~1902) 후쿠시마 현(福島県) 지사를 만난다. 오쿠보는 야마요시에게 정부의 목표를 달성하는 데에는 30년이 걸릴 것이라고 한다. 첫 10년은 이 계획의 초석을 놓는 기간이라고 한다. 다음 10년은 내치를 다지고 부국강병을 완성하는 시기인데 일본은 이제 막 그 시기로 접어들고 있다고 하면서 이 목표를 달성하기 위해 어떤 장애물이라도 극복할 것이라고 다짐한다. 마지막 10년은 지혜로운 차세대 지도자들에 의해 그 동안의 성과가 계승, 발전되는 시기라고 했다. 놀라운 혜안이었다. 그러나 이것이 오쿠보 생전의 마지막 대화였다.[53]

오전 8시, 오쿠보는 자택을 출발하여 말 두 필이 끄는 마차를 타고 황궁으로 향한다. 날씨는 흐렸지만 거리는 한산했다. 오쿠보는 서류를 검토하고 있었다. 마차가 시미수다니(清水谷)를 지날 때, 길가의 건물 뒤에 숨어있던 칼을 든 자객들이 뛰어들어 마차를 끌던 말을 내리친다. 마부를 죽인 자객들은 오쿠보를 마차에서 끌어내려 무참하게 살해한다. 도망쳤던 마부 조수가 사람들을 데리고 돌아왔을 때는 이미 자객들이 사라진 다음이었다. 오쿠보의 시신은 사이고 다카모리의 동생이자 대만 정벌을 주도했던 사이고 쓰구미치가 안고 오쿠보의 자택으로 돌아간다.[54]

오쿠보를 암살한 사무라이 6명 중 5명은 카가(加賀) 한(이시카와 현(石川県)) 출신이었고, 1명은 시마네 현(島根県) 출신이었다. 이들은 모두 사이고 다카모리의 열렬한 추종자들이었다. 이중 초쓰라히데(長連豪, 1856~1878)는 가나자와에서 가고시마까지 두 번이나 가서 사이고를 만나고, 그가 설립한 「쇼텐가코」에서 수학하였다.[55] 6명의 암살자들은 오쿠보의 시신 옆에 자신들의 칼을 가지런히 내려놓은 다음 황궁으로 가서 자수하면서 오쿠보를 암살한 이유를 적은 성명서를 경찰에 제출한다.

1) 공의(公議)를 두절(杜絶)시키고 민권(民權)을 억압(抑壓)시켜서 정사(政事)를 사사롭게 한 것이 첫 번째 죄. 2) 법령(法令)을 지나치게 많이 시행했을 뿐만 아니라 청탁(請託)과 공행(公行, 공무)을 자기 마음대로 해서 위복(威福, 위압과 복덕)을 떨친 것이 두 번째 죄. 3) 급하지도 않은 토목공사를 일으키고 쓸데없는 건축을 일삼아 지음으로써 국가의 재정[國財]을 헛되이 허비한 것이 세 번째 죄. 4) 강개(慷慨)와 충절(忠節)의 사무라이를 배척[疏斥]하고 우국(憂國)과 적개(敵愾)의 무리[徒]를 싫어하고 꺼려서[嫌忌], 내란(內亂)을 양성(釀成, 조성)한 것이 네 번째 죄. 5) 외국교제(外國交際, 국제정치)의 도(道)를 잘못해서 국권(國權)을 실추시킨 것이 다섯 번째 죄.[56]

오쿠보의 장례는 5월 17일, 일본 역사상 최초의 국장(國葬)으로 엄수된다. 전국에 조기(弔旗)를 게양하고 전함들은 일제히 21발의 예포를 발사하였다. 모든 장례는 전통적인 불교 예법이 아닌 신도(神道)의 예법을 따랐다.[57] 오쿠보의 암살자들은 7월 27일 처형된다. 오쿠보의 후임으로 그와 가장 철학이나 성격적으로 잘 맞았으며, 그의 밑에서 내무성 차관을 맡고 있던 이토 히로부미가 임명된다. 오쿠보의 정책 기조를 유지하기 위한 인사였다.

오쿠보의 가장 큰 유업은 근대 일본의 완전한 통일이었다. 그가 메이지 유신 이후에도 마지막까지 독자적인 길을 고집하던 사쓰마를 무력으로 제압함으로써 중앙 정부에 대항하는 세력은 완전히 사라졌다. 그는 사이고의 사무라이군을 상대로 농민들을 징집하여 만든 정부군을 이끌고 승리를 거둠으로써 근대식 군대와 조직의 수월성을 증명하였다. 오쿠보의 죽음은 일본이 헌정을 보다 속히 도입하는 계기도 되었다. 오쿠보의 암살은 새 나라의 정치에 참여하고자 하는 각계각층의 욕구가 얼마나 강한 것인지를 보여줬다. 오쿠보 자신도 암살되기 직전에 지방 의회 설립을 결정한 바 있었다. 오쿠보의 죽음 직후 메이지 천황도 사쓰마, 조슈, 도사 출신 인사들이 정부 요직을 독점하는 관행을 시정할 것을 명한다.

시로야마산 기슭에서 자결할 당시 사이고는 49세였다. 기도 다카요시는 「세이난 전쟁」이 한창이던 1877년 5월 26일, 오랜 지병으로 죽는다. 43세였다. 죽마고우이자 혁명 동지였던 사이고를 「세이난 전쟁」에서 죽이고 메이지 정부의 절대 강자로 떠오른 오쿠보 도시미치는 1878년 5월 14일 암살당한다. 48세였다. 1년 사이에 메이지 유신을 이끈 「유신 삼걸」이 모두 죽는다. 이로써 메이지 유신 1세대가 무대 뒤로 사라지고 이토 히로부미, 이노우에 가오루, 야마가타 아리토모, 마쓰타카 마사요시, 모리 아리노리 등 유신 2세대가 전면에 등장하게 된다.

4. 표류하는 조선

일본 외무성은 「세이난 전쟁」 와중에도 강화도 조약의 조속한 이행을 위한 조치들을 취한다. 조일 관계의 새로운 장을 여는 실무는 과거에도 조일 관계를 담당했던 하나부사 요시모토에게 맡긴다. 하나부사는 1873년 주러시아 일본 공사관의 서기로 파견됐었다. 당시 주러시아 일본 공사는 호카이도에 에조 공화국을 세워 메이지 정부에 끝까지 저항하다 체포된 후 사면된 에노모토 다케아키였다. 하나부사는 에노모토를 도와 「상트페테르부르크 조약」을 성사시켜 사할린과 쿠릴 열도의 일-러 간 국경 문제를 해결한다.

3년간의 러시아 임무를 마치고 하나부사는 조선 문제 담당을 자임한다. 에노모토는 데라지마 외무경에게 편지를 써서, 일본이 조선 반도에 대한 영향력을 확대하기 위해서는 한양에 일본 외교관을 상주시키는 것이 필수이며 하나부사야 말로 이 역할을 수행할 적임자라면서 적극 추천한다. 데라지마는 에노모토의 건의를 받아들여 하나부사를 주조선 대리공사에 임명한다.[58] 하나부사의 임명으로 일본의 조선 정책은 조선과의 근대 조약을 맺는 것을 넘어 조선 반도에서 일본의 전략적 이해를 적극적으로 도모하는 정책으로 전환한다.[59]

하나부사는 1876년 9월 말 부산에 도착하여 곤도 마스키가 부산 영사로 부임하는 것을 지휘한 후 11월 25일 한양에 도착한다. 그의 임무는 조선이 새로 개항하기로 약속한 두 개의 항구를 선정하는 것과 한양에 일본 외교관의 상주를 허락하도록 조선을 설득하는 것이었다. 일본 외무성은 하나부사에게 일본 공사관은 원칙적으로는 한양에 위치해야 하지만 만일 조선이 극구 반대하면 강화도나 인천에 임시로 두는 것으로 합의해도 좋다고 한다. 또한 일본 외교관들이 한양을 오갈 때 길을 마음대로 택할 수 있도록 조선 측을 설득하되, 처음 몇 년간은 조선이 정해주는 길로 다니는 것에 동의해도 좋다고 한다. 2달 동안 이러한 내용을 조선 측과 협상해 보고 아무런 결과가 없을 경우에는 일단 철수했다가 다음 봄에 다시 시도하도록 한다.[60]

하나부사가 한양에 온다는 소식을 들은 조선 조정은 논의 끝에 그의 방문을 허가하기로 한다.

> 의정부(議政府)에서 아뢰기를, 「일본 외무대승(外務大丞) 하나부사 요시타다(花房義質)가 호남(湖南) 개항지대의 수심(水深)을 측량한 뒤에 이어 한양으로 올라오고 있다고 합니다. 개항지역을 지적하는 것은 비록 약조(約條)에 들어 있긴 하지만 통상하는 일로 수도에 주재하는 것에 대해서는 아직 허락한 일이 없습니다. 그래서 동래부(東萊府)에서 여러 번 타일렀지만 그들은 기어코 올라오려고 하는데 우호(友好)를 지속시키려면 또한 강하게 거절하기도 어렵습니다. 접대하는 절차는 각 아문(衙門)으로 하여금 작년의 전례로 참작해서 시행하도록 하고 예조참판(禮曹參判) 홍우창(洪祐昌)을 반접관(伴接官)으로 차하(差下)하고 통진부사(通津府使) 이규원(李奎遠), 김포군수(金浦郡守) 이중윤(李重允), 양천현령(陽川縣令) 이민선(李敏善)을 모두 연접관(延接官)으로 차하해서 역참(驛站)마다 교대로 호위하게 할 것이며 본국으로 돌아갈 때에는 이어 호송관(護送官)을 그대로 겸하게 하도록 모두에게 분부하는 것이 어떻겠습니까?」하니, 윤허하였다.[61]

1876년 11월 27일, 하나부사는 예조판서 조영하(趙寧夏)를 만난다. 12월 1일에는 전 동래부사 홍우창과 협상을 시작한다. 하나부사는 함경도 영흥만의 문천(文川)을 새 항구로 지정할 것을 제안한다. 당시 조선의 동북 지방은 경제적으로 매우 낙후된 지역이었다. 일본이 이곳과의 무역을 통해 얻을 수 있는 경제적 이익은 거의 없었다. 일본이 문천을 새 개항 항으로 지정할 것을 요청한 것은 러시아의 남하를 견제하

기 위해서였다. 하나부사는 홍
우창에게 러시아와 영국이 모
두 울릉도와 영흥만을 탐하고
있으며, 따라서 문천을 개항하
여 일본과의 교역을 확대하고
한양에 일본 외교관을 상주시
키면 비상사태에 조선과 일본
이 신속하게 공동 대응을 할 수
있을 것이라고 설득한다.

조영하

그러나 조영하는 하나부사의
제안을 받아들이지 않는다.[62]
조선이 문천을 거부한 이유는
영흥이 태조 이성계의 고향으
로, 태조의 선조들의 묘가 있었기 때문이었다. 결국 하나부사는 조영
하를 설득하는 데 실패한다. 다만 조선 연안에 증기선의 연료인 석탄
을 공급받을 수 있는 저탄장을 설치해도 좋다는 합의만 받아낸다.[63] 하
나부사는 12월 20일 귀국길에 오른다.

1878년 여름, 일본 해군은 외무성의 요청으로 조선 연안에 대한 광
범위한 측량을 실시한다. 외무성은 1877년부터 추가로 개항하기로 한
두 개의 항구로 어디가 적합한지 알기 위해 제국 해군에게 군함을 파
견하여 조선 해안을 측량해 줄 것을 지속적으로 요청하였지만 「세이
난 전쟁」 진화에 여념이 없던 해군은 외무성의 요구를 들어주지 못했
었다. 난이 평정되자 해군은 곧바로 측량선을 조선에 파견한다. 그 결
과 일본은 원산과 인천을 강화도 조약에서 합의한 새로 개항할 두 항
구로 결정한다.

이즈음, 조선 조정은 강화도 조약에서 관세 부과를 무기한 유예한 것

이 실수였음을 깨닫고 일방적으로 일본 상인들과 교역하는 조선 상인들에게 관세를 부과하기로 결정한다.

의정부에서 아뢰기를, 「부산항(釜山港)을 개항한 지 이미 여러 해가 됩니다. 무릇 화물이 들어오고 나가는 곳에는 원래 세액(稅額)이 있으니, 이것은 바로 통용되는 규정입니다. 만부(灣府)에서는 불과 한 해에 세 번 출입하게 하는데 부산의 경우에는 오랫동안 서로 매매하고 있으니 만부에 비하여 분수(分數)를 증가하지 않을 수 없습니다. 나가고 들어오는 모든 화물의 양을 서로 참작해서 각각 세목(稅目)을 정하고 따로 책자를 만들어서 동래부에 내려 보내어 각별히 준수하여서 시행하도록 할 것입니다. 지금 시작한 초기에 진실로 변방의 정사를 엄숙히 하고 규정을 엄격히 하지 않으면 몰래 운반하고 세금에서 빠져나가는 폐단이 장차 전혀 막을 수 없는 지경에 이르게 될 것입니다. 그것이 어찌 이웃 나라에 신의를 보이는 것이 되며 우리 백성들에게 법을 세우는 것이 되겠습니까?[64]

관세는 1878년 9월 28일부터 거두기 시작한다. 부산의 무역은 곧바로 마비되었고 대부분 쓰시마 출신의 일본 소상인들은 막대한 타격을

일본 해군의 「히에이마루」

입는다. 10월 9일, 135명의 일본 상인들이 동래부로 가서 부사 윤치화(尹致和, 1821~?)에게 관세 철폐를 요구하는 시위를 벌인다. 윤치화는 이들의 요구를 일언지하에 거절한다.[65] 일본 정부는 하나부사를 조선으로 급파한다. 하나부사는 군함 히에이(比叡)와 함께 11월 29일 부산에 도착한다. 일본 측은 도착한 즉시 동래부사 윤치화에게 관세 철폐를 요구하는 서신을 보내는 한편 일본인 지역에서 군사 훈련을 실시하고 함포 사격 훈련을 한다.[66]

놀란 윤치화가 이를 곧 조정에 보고하자 조정은 관세를 철폐하기로 결정하고 이를 12월 26일 일본 측에 통보한다. 하나부사는 일본 정부가 일본 상인들이 입은 손해에 대한 보상을 조선 정부에 요청할 것임을 통보한다. 두 달 후 일본 정부는 하나부사를 다시 조선에 보낸다. 하나부사는 군함 「타카오마루」에 올라 3월 31일 도쿄를 출발, 또 다른 배와 함께 조선의 서해안을 측량하면서 인천을 통해 6월 13일 한양에 입성한다.[67]

하나부사의 상대는 홍우창이었다. 하나부사는 원산과 인천의 개항을 요구했고 조선은 원산은 태조의 선영(先塋)과 너무 가깝다는 이유로, 인천은 한양과 너무 가깝다는 이유로 거절한다. 몇 주를 끌던 협상 끝에 조선 조정은 원산을 개항하기로 결정한다. 그러나 위정척사파의 강력한 반대에 부딪친 조정은 10월에서야 원산항을 1880월 5일 이후 개항하기로 일본 측과 합의한다.[68]

그 외에도 조선은 일본인들이 동래와 부산에서 자유롭게 왕래하면서 장사를 하였고, 일본의 화폐를 자유롭게 사용하도록 한다. 또 조선 사람들이 조-일 간의 무역뿐만 아니라 국내에서 거래를 하는 데도 일본 배를 사용할 수 있도록 하였고 조선 사람들의 일본에 관광, 유학을 허용하기로 한다.[69] 또한 일본은 원산에 특별 조차지(租借地)를 얻고 일본인들에 대한 치외법권 조항도 관철시킨다. 그 대신 하나부사는 일본 상인들에 대한 손해 배상이나 일본 외교관의 한양 상주 문제는 거론하지 않는다.

한편 조선에서는 민씨의 세도정치가 고개를 들기 시작하면서 대원군과 민중전 간의 정치적 갈등과 암투가 고조되고 있었다. 조선의 지도층은 강화도 조약과 그 후속 조약들의 의미를 전혀 이해하지 못하고 있었고 세계 정세에 놀랍도록 무지하고 무관심했다. 일본은 강화도 조약을 1854년 미국과 일본이 맺은 「가나가와 조약(미일화친조약)」과 비교하면서 조선의 「개항」이 페리 제독이 일본을 개항시킨 것과 마찬가지의 효과를 가져올 것을 기대했다. 그러나 「가나가와 조약」 체결 이후 일본이 개혁과 개방의 길을 간 것과 달리 「강화도 조약」 이후의 조선에서는 아무런 변화도 일어나지 않는다.

5. 이홍장과 청의 「신(新) 조선 정책」

조선의 표류가 동북아시아의 국제 정세와 청의 국익에 얼마나 큰 위협인지를 직감한 것은 청의 이홍장이었다. 증국번을 도와 태평천국의 난을 평정하면서 서양식 군제와 무기를 일찌감치 도입하고, 그 후 청의 개항지들을 총괄하면서 서구 열강과 부상하는 일본을 상대해 온 이홍장이었다. 서구 열강이 말하는 「조약」이 무엇이고 「통상」이 무엇인지, 「만국공법(근대 국제법)」과 「균세(均勢) 이론(세력 균형 이론)」, 「부국강병론」이 무엇인지 터득한 그였다. 이홍장은 국제 정세가 급변하고 있으며 조선에 대한 영향력을 유지하는 것이 얼마나 중요하고 힘든 일인지 깨닫기 시작한다.

러시아가 1860년 청으로부터 연해주를 할양 받고 블라디보스토크를 건설한 후, 청은 러시아의 남하정책을 가장 큰 안보 위협으로 간주하였다. 특히 러시아가 조선 반도를 차지할 경우 청은 황실의 고향인 만주를 지키기 어려워 질 것이라고 생각하였다. 청은 조선 반도를 러시아에 내줄 수 없었다.

일본에 대한 이홍장의 생각도 바뀌고 있었다. 1871년 청일수호조약을 맺을 당시만 하더라도 일본의 의도가 순수함을 강조하면서 일본과의 근대 조약 체결을 적극 지지하던 이홍장이었다. 1877년 일본에서 「세이난 전쟁」이 일어나자 이홍장은 일본 정부에 탄창 10만 정을 빌려주는 등 적극적으로 돕는다. 일본 정부는 이에 대한 답례로 당시 산시(山西, 산서)와 허베이(河北, 하북), 허난(河南, 하남), 산둥(山東, 산동) 지방을 강타한 대기근 구호에 적극 동참한다.[70]

그러나 1879년 일본이 류큐 왕국을 합병하면서 양국 관계는 급속히 냉각된다. 청 내부에서도 이를 좌시해서는 안 된다는 주장이 제기되었고, 당시 중국을 방문 중이던 미국의 전직 대통령 그랜트(Ulysses S. Grant, 1822~1885)에게 중재를 부탁한다. 그러나 청일 간의 협상은 결국 결렬되고 일본은 류큐를 강제로 합병한다. 이로서 류큐는 중국에 조공을 바치던 속국 중 최초로 중국과의 관계를 끊고 일본에 흡수된다.[71] 청은 일본이 조선도 합병하는 것을 막고자 조선에 대한 정책을 근본적으로 재점검하기 시작한다.

조선이 얼마나 시대에 뒤떨어져 있으며 조선의 위정자들이 국제 정세에 얼마나 무지하고 안이한지를 절감한 이홍장은 결국 조선 문제에 직접 개입하기로 결정하고, 1876년부터 조선에 대한 청의 정책을 근본적으로 수정한다. 청이 서구 열강 사이에서 그나마 살아남을 수 있었던 것이 여러 나라들과 조약을 맺었기 때문이란 사실을 깨달은 이홍장은 조선과 서구 열강 간의 조약을 적극 중재 하기 시작한다.

1876년 말, 이홍장은 이유원에게 편지를 보내 조선이 서구 열강과

조약을 맺을 것을 권장한다. 이
유원이 1878년 9월 답신을 보
내오자 이홍장은 이에 답하면
서, 미국과 영국은 주로 무역에
관심이 많지만 러시아는 이웃
나라들의 영토를 침탈하는 나
라라면서 조선이 원산을 개항
하고 영국과 조약을 맺어 러시
아의 야욕에 대비할 것을 권한
다.[72] 같은 시기 이홍장의 심복
이자 장쑤성(江蘇, 강소)과 푸젠
성(福建, 복건)의 성장을 역임한
정여창(丁汝昌, 1836~1895)도
조정에 상소를 올려 조선으로
하여금 서구 열강과 조약을 맺
게 함으로써 조선에 대한 일본
의 야욕을 견제해야 한다고 주
장한다. 당시 주중 영국 공사인
토마스 웨이드 역시 조선이 서
구 열강과 조약을 체결하지 못
하면 조선도 류큐와 같은 운명
에 빠질 것이라고 총리아문에
경고한다.[73]

정여창

이홍장의 막료였던 마건충(馬建忠, 1845~1900). 1877년
프랑스로 유학을 떠나 중국인 최초로 프랑스 고등학교 졸
업시험(Baccalaureat)를 치르고 프랑스의 최고 엘리트 양
성기관인 그랑제꼴(Grandes Ecoles)의 하나인 파리정치
대학(Science Po)에서 국제법을 전공하고 졸업한다. 파리
유학 중에는 초대 주불 중국공사 곽숭도의 비서 역할도 수
행한다. 마건충은 이때 이홍장에게 「세력 균형 이론」을 설
명하는 글을 보낸다.

　1879년 8월 21일, 총리아
문은 청의 조선 정책을 획기적으로 바꿀 상소를 올린다. 당시 청이 자
력으로는 러시아를 견제할 수 없다고 생각한 총리아문은 조선과 서구

웨이하이웨이(威海衛) 해전에서의 패배 후 자결하는 정여창

열강 간의 수교를 권고할 것을 주청한다.

새로운 조선 정책이 결정되자 총리아문은 조선 문제를 이홍장에게 맡길 것을 황제에게 건의한다. 동치제는 이홍장에게 조선 문제에 대한 전권을 주면서 조선을 지도하여 서구 열강과 조약을 체결하도록 한다. 총리아문이 조선 문제를 직접 다루지 못하고 이홍장에게 맡긴 것은 조선이 청의 「속방」이었기 때문이다. 총리아문은 외국과의 관계, 즉 외교를 책임지는 기관이었다.[74] 그러나 「속방」과의 관계는 「외교 관계」가 아니었다. 그렇다고 전통적으로 조선과의 관계를 책임져온 예부(禮部)가 외교적, 안보적으로 점차 복잡해지고 중요해지는 조-청 관계를 책임질 수도 없는 노릇이었다.

더구나 원래 「속방」의 내정이나 외교에 간섭하지 않는 것이 원칙이었다. 따라서 청은 병자호란 이후 처음으로 조선의 내정에 직접 관여하기 시작하면서도 여전히 조선 문제에 불간섭한다는 원칙을 지키는 것처럼 보이고자 했다. 청은 조선이 서구 열강과 조약을 맺어야 한다는 정여창의 제안을 정여창 개인의 것으로 포장하여 조선 측에 전달하도록 한다.[75] 이홍장도 조선을 지도하는 것을 이유원과의 개인적인 서신을 주고받는 형태로 가장함으로써 청이 조선 문제에 직접 개입하는 모습을 보이지 않고자 했다.

이홍장은 이유원에게 조선에 대한 일본과 러시아의 야심이 커지고 있다고 경고하면서, 조선이 영국, 독일, 미국과 조약을 체결하는 것이 일본과 러시아의 위협을 막을 수 있는 유일한 방법임을 설득한다. 한편, 황제에게 상소를 올려 조선이 서구 열강과 조약을 체결하게 될 경우 서양법과 관습을 모르는 조선을 대신하여 청이 중재와 협상을 대신해줘야 한다고 보고한다.[76]

이홍장의 편지가 당도했을 당시 이유원은 이미 관직에서 물러나 있었다. 당시 조선에서는 강화도 조약 이후 쇄국주의가 극에 달하고 있었다. 위정척사파는 일본을 서양 오랑캐의 앞잡이로 여겼고 서양과의 교류를 극렬하게 반대하였다. 한때 대원군을 축출하는 데 앞장섰던 위정척사파들은 다시 대원군을 지지하기 시작한 반면 민중전과 민씨 척족의 권력이 점차 강화되면서 대원군과의 갈등은 더욱 노골화되고 있었다. 강화도 조약의 이행을 요구하는 일본의 목소리가 커질수록 반일 감정은 고조되는 한편 1877년 박규수가 세상을 떠나면서 조정에서 그나마 개국을 주장하던 목소리는 사라졌다. 조선의 대외 정책은 표류하고 있었다.

이런 와중에 일본의 배들이 조선의 연안을 본격적으로 측량하기 시작하고 하나부사가 오랫동안 한양에 체류하면서 원산과 인천의 개항을 요구한다는 사실이 알려지자 반일 감정이 폭발한다. 1879년, 조정이 원산을 개항하기로 결정하자 이 지역의 위정척사파들은 반대 상소를 올리면서 격렬하게 저항한다.

의정부(議政府)에서 아뢰기를, 「병자년(1876) 수호조규(守護條規)에 경기(京畿)와 북도(北道), 삼남(三南) 지방 중 두 곳에 개항하기로 약속한 것은 조정에서 처음부터 신중히 토의하고 결재를 받아 처리하지 않은 것이 아니었으니, 지금 덕원(德源)에 항구를 개방하기로 허락한 것은 바로 그 약속을 이행하는 데 지나지 않습니다. 지난번에 부호군(副護軍) 김두연(金斗淵)이 개항 문제를 가지고 상소를 진달하였는데 구사한 말에 경솔하게 함부로 한 말이 많았으나 특별히 일을 논한 글이라고 해서 너그럽게 용서해 주었습니다. 방금 덕원, 안변(安邊), 문천(文川) 세 읍(邑)의 유생들의 통문(通文)이 전파된 것을 보니, 전편(全篇)의 취지가 모두 의심스럽고 혼란스러우며 말단의 문구는 더욱 흉측하니 그 정상을 따져보면 심상히 처리할 수 없습니다. 이상 세 읍에서 통문을 낸 우두머리는 곧 형조(刑曹)로 하여금 잡아다가 엄하게 형신(刑訊)하고 원배(遠配)하게 할 것입니다. 또 근래 잡된 무리들이 서로 부언(浮言)을 퍼뜨리면서 혹은 장소를 정해놓고 상소문을 짓는가 하면 혹은 사람들을 유인하여 통문을 만들어 사람들의 마음을 미혹시키고 온 나라를 소란케 하므로 앞으로의 근심이 그칠 날이 없습니다. 안으로는 성균관(成均館)에서, 밖으로는 감영(監營)과 고을에서 철저히 살피고 통금(通禁)하여 백성들의 마음을 안정시키고 조정의 기강을 엄숙하게 하는 것이 어떻겠습니까?」 하니, 윤허하였다.[77]

당시 영중추부사였던 이유원은 이 모든 사태에 대한 책임을 지고 사퇴한 후 고향에 머물고 있었다. 이때 이홍장의 편지가 도착한다. 이홍장은 이유원에게 거듭 당시의 동아시아 정세를 상세히 설명하면서 러시아와 일본의 위협으로부터 조선을 지키기 위해서는 서구 여러 나라들과 조약을 맺는 것이 필요하다고 한다. 또한 조선이 비밀리에 「자강(自强)」을 시작하여 군사력을 기를 것을 권유한다.[78]

그러나 이유원은 당시 상황으로 볼 때 이홍장의 서신을 조정에 보내는 것은 오히려 역효과가 날 것으로 판단하여 전하지 않고 직접 답신을 보내면서 이홍장의 구체적인 제안에 대해서는 언급을 회피한다. 그리고는 별도의 비밀 서신을 통해 이홍장이 제시한 「이이제이」 전략

톈진 기기제조국 전경

은 중국처럼 큰 나라는 사용할 수 있을지 몰라도 조선같이 작은 나라
는 오히려 화만 불러올 수 있다고 한다. 류큐의 경우를 봐도, 작은 나
라로서는 국제법도 믿을 수 있는 것이 못 된다고 한다. 따라서 조선은
늘 해왔듯이 중국에게 의지하는 방법밖에 없다고 한다.[79]

또한 「자강」은 일본의 경우와 같이 나라의 재정난만 가중할 것이라
고 하고 조선은 외국인들이 원하는 아무런 산물이 없기 때문에 외국
과의 교역은 조선에게도, 외국에게도 아무런 이득을 가져다 줄 수 없
을 것이라고 한다. 2달 후에 보낸 두 번째 공식 답신에서 이유원은 「서
학(西學)」에 대한 반대의 목소리를 높이는 한편, 조선은 가난하고 힘이
없기 때문에 외국의 상선들을 많이 들어오게 하는 것은 불가능하다고
한다. 이때 이유원은 이홍장의 편지를 처음으로 고종에게 전한다.[80]

이유원이 자신의 제안을 거부하자 이홍장은 이 사실을 총리아문에
보고하면서 조선은 여전히 전통 속에 갇혀 있어서 청이 조선을 위해
조심스럽게 구상한 전략도 이해하지 못하고 거부하고 있으며, 조선을
국제 사회에 끌고 나오는 작업은 하루아침에 이루어질 수 없을 것 이
라고 한다.[81] 그럼에도 불구하고 이홍장은 이유원과 17회에 걸쳐 서신
을 주고받으면서 조선의 개국을 거듭 종용한다.[82]

1880년(고종 17년) 가을에는 변원규(卞元圭, 1837~?)가 별뢰자관(別賚 咨官)으로 청나라에 파견된다. 그는 조선 조정이 군비 문제에 대해 청의 예부에 자문을 구하는 청자문(請咨文)을 지참한다.

　생각건대 이 작은 나라는 오랫동안 황제의 덕화(德化)를 입었습니다. 멀리 떨어진 나라를 어루만져 주는 덕과 작은 나라를 사랑하는 은혜는 아무리 어두운 곳이라도 밝혀주지 않는 것이 없어서 소원이 있으면 반드시 성취시켜 줍니다. 지금 자잘한 소원이 있는데도 단지 조심하고 두려워하는 마음만 품은 채 전문(轉聞)할 것을 생각하지 않는다면 어찌 옳다고 하겠습니까?

　대체로 듣건대, 무기란 100년 동안 쓰지 않을 수는 있지만 하루라도 준비하지 않을 수는 없다고 합니다. 돌아보건대 작은 이 나라는 중국을 병풍처럼 에워싸고 있으니 그 보위의 요체가 군비에 있지 않겠습니까? 하물며 또 강한 이웃 나라들이 엿보며 잠복해 있는 근심이 많으니, 바로 지금이 모름지기 불의의 변고를 경계하며 군비(軍備)를 크게 쓸 때에 대처할 때입니다.

　다만 생각건대, 작은 이 나라는 풍속이 순박하고 졸렬하여 노는 데 빠지는 것이 습관이 되어 모든 무기를 만드는 일을 둔한 장인(匠人)들에게 내맡기고 있으니, 저도 모르게 한심해집니다. 온 나라의 여론이 모두 중국은 무기가 정밀하고 예리하여 천하에 위력을 떨치고 있는데, 천진창(天津廠) 등처는 바로 사방의 정교한 공인들이 모이는 곳이자 각국의 신기한 기술이 집중된 곳이니 빨리 재간 있는 인원을 뽑아 보내어 무기 제조법을 배우기를 진정으로 원하는 것이 오늘의 급선무라고 합니다.

　이어 삼가 생각건대, 황제의 위엄은 온 천하에 미치고 혜택은 모든 지역에 흘러 넘치는데 우리나라는 항상 정성 어린 가르침에 감화되는 은택을 입었으니, 진실로 황제가 우리들의 심정을 알게 된다면 은혜를 베푸는 것을 아끼지 않을 것이지만 외람될까 두려워서 감히 갖추어 아뢰지 못하고 먼저 부당(部堂)의 대인(大人)에게 모두 아뢰는 바입니다. 우러러 바라건대 간곡하게 살펴 황제에게 고해 주어 특별히 융숭한 명령을 내려 작은 나라 장인과 공인들로 하여금 천진창에 가서 무기제조술을 배울 수 있도록 해주소서.

또 일 처리에 능한 인원을 뽑아서 혹은 변방 외곽의 경우에 따른 방편을 가르쳐주어 마침내 성과가 있게 되면 안으로는 변방 나라로서의 직분을 다하고 밖으로는 적의 침입을 막는 방도를 극진히 하여 우리나라 수만 명의 백성들이 영원히 이에 힘입어 편안하게 되어 황제의 힘을 칭송하고 떠받는 것이 어찌 천지와 더불어 무궁할 뿐이겠습니까? 성심으로 간절히 축원해 마지않습니다.

부사직(副司直) 변원규를 파견하여 자문을 가지고 가서 올리도록 하니, 환히 살펴보고 황제에게 보고하여 처리토록 해주시기 바랍니다.[83]

변원규는 이홍장과 조선 유학생 파견에 합의하고 4개조로 된 「조선국원변래학제조조련장정(朝鮮國員辨來學製造操練章程)」을 체결한다. 이홍장은 변원규에게도 러시아의 위협을 강조하면서, 조선이 하루빨리 미국을 비롯한 서구 열강들과 조약을 체결할 것을 촉구한다. 1880년 10월 25일의 필담에서 변원규가 서구 열강과는 원한이 있어서 화해가 어렵다고 하자, 이홍장은 프랑스와 미국 같은 나라들은 통상만을 요구하기 때문에 문제가 없고 다만 러시아는 위험하다고 강조한다. 또한 영흥 일대에서 러시아가 도발을 할 경우, 청의 해군은 조선을 도울 능력이 없으니 조선은 하루빨리 자강을 도모하는 한편 러시아와도 조약을 맺을 것을 종용한다.[84]

6. 조미수교 중재에 나서는 이홍장

이홍장은 특히 조선과 미국의 수교를 중시하였다. 청의 입장에서 볼 때 미국은 서구 열강 중 「유일하게 이기적으로 행동하지 않는 국가」였다. 미국에 의해 개국을 이룬 일본 역시 서구 열강 중 미국을 가장 신뢰하면서 조선과 미국의 수교가 조선 반도에 대한 러시아의 위협을 견제할 수 있는 가장 확실하고 안전한 대안이라고 생각했다. 따라서 청과 일본은 경쟁적으로 조선에게 미국과 수교할 것을 종용하면서 적극적으로 중재에 나선다.

1871년 신미양요 이후 조선에 대한 관심을 보이지 않던 미국도 1876년 강화도 조약 이후 조선과의 수교를 다시 모색하기 시작한다. 1878년, 미 해군성은 로버트 슈펠트 제독(Commodore Robert W. Schufeldt)을 조선을 위시한 몇 개의 나라에 외교 사절로 파견하기로 한다. 1878년 12월, 슈펠트 제독은 「티콘도로가호(USS Ticonderoga)」를 이끌고 아프리카와 중동을 거쳐 1880년 4월 일본에 도착한다. 슈펠트가 일본에 도착하기 전 주일 미국 공사 빙엄은 워싱턴의 훈령에 따라 이노우에 가오루 외무경을 만나 조선에 슈펠트 제독을 소개하는 추천서를 써줄 것을 부탁한다. 그러나 조선과 힘든 협상을 벌이고 있던 이노우에는 미국의 청을 거절한다. 그 대신 주 부산 일본 영사인 곤도에게 슈펠트를 소개하는 편지를 보내기로 한다.[85]

슈펠트는 5월 3일 나가사키를 출발하여 다음날 부산에 도착한다. 곤도는 슈펠트가 고종 앞으로 쓴 편지를 동래부사 심동신(沈東臣, 1824~?)에게 전하면서 조정에 올릴 것을 부탁한다. 그러나 심동신은 일본을 제외한 어떤 나라로부터도 공문을 접수하는 권한이 없다면서 편지 받기를 거부한다. 슈펠트는 빈손으로 일본으로 돌아간다.[86]

일본으로 돌아간 슈펠트는 빙엄과 함께 다시 이노우에 외무경을 찾

아가 고종에게 자신을 소개하
는 편지를 써주면 자신의 편지
와 함께 동봉해서 보내겠다고
한다. 이에 이노우에는 5월 말
조선의 예조판서 윤자승에게
미국의 청을 받아들일 것을 권
고하는 편지를 써서 슈펠트의
편지와 동봉한다. 그러나 윤자
승은 슈펠트의 편지를 개봉하
지도 않은 채 7월 21일 이노우
에에게 돌려 보낸다. 윤자승은
이노우에에게 보낸 답신에 슈
펠트의 편지가 격식을 어겼을

슈펠트 제독

뿐만 아니라 조선은 일본을 제외한 어떤 나라와도 교류할 생각이 전
혀 없다고 한다.[87] 슈펠트와 빙엄은 윤자승의 태도가 모욕적이라고 생
각한다.

빙엄은 일본이 조선과의 교역을 독점하기 위해 미국과 조선 간의 교
섭 타결에 적극 나서지 않을 것으로 예상하면서도, 9월에 다시 한번 이
노우에를 찾아가 이번에는 한양에 있는 일본 공사를 통해 조선 조정에
슈펠트의 편지를 전달해 줄 것을 요청한다. 그러나 이노우에는 거절한
다. 그는 조선이 또다시 거절하면 미국과 조선의 관계 개선이 더욱 어
려워질 뿐만 아니라 조일 관계 역시 악화될 것을 우려했다.[88]

한편 이유원은 이러한 사실을 이홍장에게 알린다. 이홍장은 그렇지
않아도 슈펠트의 동향을 청의 주 일본 공사 하여장과 주 나가사키 영
사 여휴(余瓗, 1834~1914) 등을 통해 보고받으면서 마음이 급해지고 있
던 참이었다. 비록 자신도 조선에게 미국과의 수교를 종용하고 있었지

슈펠트 제독의 티콘도로가호

만 일본의 중재로 조선과 미국이 수교를 하는 것은 어떻게든 막아야 했다. 이홍장에게는 조선 반도에 대한 서구 열강의 영향력을 차단하는 것 못지 않게 일본의 영향력을 차단하는 것도 중요했다.

더구나 청은 당시 「이리(伊犁) 사건」으로 인해 러시아와 전쟁 위기 상황으로 치닫고 있었다. 이리 사건은 중국 서북 지방의 이슬람 교도들이 일으킨 둥간 반란(東干反亂, 1862~1877)을 틈타 러시아가 청의 영토인 신장의 이리강(伊犁河) 유역을 점령한 사건이었다. [이리 사태에 대한 자세한 논의는 III권, 제 6장, 「9. 해양방어 대 내륙방어」 참조.] 당시 서구 열강은 물론 일본과 청은 이 사건이 러시아가 본격적으로 아시아 팽창 정책을 구사하기 시작한 증거로 받아들여졌다. 전운이 감돌자 러시아는 1880년 함대를 극동에 파견하였고, 이 함대는 조선 반도의 항구를 찾을 것으로 예측되었다. 해군력이 전무한 청이 조선 반도를 러시아로부터 지키고 조선에 대한 영향력을 유지할 수 있는 유일한 방법은 조선으로 하여금 미국을 위시한 다른 서방국들과 조약을 체결하도록 하는 것이었다.[89]

이홍장은 1880년 7월 23일, 슈펠트를 톈진으로 정중하게 초청하는 서한을 보낸다.[90] 8월 9일, 이홍장의 편지를 받은 슈펠트는 그의 초청을 받아들인다. 청의 나가사키 영사 여휴는 조선과 서구 열강들 간의 조약 체결을 추진하는 이홍장의 계획을 슈펠트에게 사전에 얘기해 놓은 상태였다. 마침 슈펠트는 조선이 일본의 중재를 거부했다는 소식을 접한다. 슈펠트는 8월 19일 나가사키를 출발하여 8월 25일 톈진에서 이홍장을 만난다.[91]

이홍장과 슈펠트는 장시간의 대화를 나눈다. 슈펠트는 러시아가 조선을 점령할 가능성이 있다면서, 청이 영향력을 행사하여 미국과 조선이 우호 조약을 체결할 수 있도록 도와줄 것을 요청한다. 이홍장은 최대한 노력할 것을 약속하고 조선 정부의 답을 받는 대로 주 베이징 미국 공사에게 알리겠다고 한다. 슈펠트는 흡족해 하면서 9월 워싱턴으로 돌아간다.[92]

제 8 장
개화파와 일본의 만남

제8장

개화파와 일본의 만남

친일개화파는 조선의 「비주류」들로 형성되었다. 훗날 친일개화파를 형성하는 젊은 인재들을 길러낸 박규수는 관직에 있을 당시 조정 내에서 유일하게 일본과의 조약 체결을 지지한 인물이었다. 박규수를 통해 김옥균(金玉均, 1851.2.23.~1894.3.28.) 등과 만나면서 청의 신식 문물을 전해준 오경석(吳慶錫, 1831.3.5.~1879.10.7.)은 중인 출신 역관이었고, 박규수 사후 친일개화파를 지원한 유대치(劉大致, 본명은 홍기(鴻基), 1831~1884?) 역시 중인 출신 한의사였다. 김옥균은 안동 김씨 출신이며 「알성시(謁聖試)」에 장원 급제했고 고종의 총애를 받았지만, 그가 과거에 급제했을 때에는 안동 김씨 척족의 세도가 이미 끝난 후였고 정국의 실권은 여흥 민씨 척족의 손으로 넘어가고 있었다. 김옥균과 일본을 연결해 준 신비의 인물 이동인(李東仁, 1849?~1881)은 조선의 신분 질서상 가장 비천한 계층에 속했던 불교 승려였다. 김옥균과 이동인은 당시 조선 사회의 주류가 금기시하였던 「일본 배우기」에 나선다. 주류가 아니었기에 가능한 일이었다.

한편 조선 조정은 「강화도 조약」의 의미를 뒤늦게 깨닫기 시작한다. 특히 조일 간의 무역이 급증하자 관세 징수가 정부 재원 조달의 중요한 방편이 될 수 있다는 사실을 깨달으면서 「조일통상조약」의 무관세 조항을 수정하고자 한다. 「강화도 조약」 체결 4년 후인 1880년에 제2차 수신사를 파견하게 된 이유다. 2차 수신사 김홍집은 1차 수신사 김기수보다는 개방적인 인물이었다. 그는 일본에 체류하는 기간 동안 일본의 근대 문물을 배우고자 한다.

그러나 그 역시 김기수와 마찬가지로 일본 주재 서양인들과의 만남을 주선하겠다는 일본 정부의 제안은 거절한다. 다만, 1870년 청일수호조약 체결 이후 도쿄에 처음 상주하기 시작한 주일 청국 공사 하여장(何如璋, 1838~1891)과 참찬관(參贊官) 황준헌(黃遵憲, 1848.5.29.~1905.3.28.)과는 수 차례 만난다. 「숭명반청」 사상에 젖어 있던 조선 사람들이었지만 서구와 일본의 도전에 직면하자 청과 동병상련을 느끼면서 청에 의존하기 시작한다. 이들과의 만남을 통해 당시의 국제 정세와 조선이 처한 위치를 깨닫기 시작한 김홍집은 이 같은 내용을 조선 조정에 전달할 필요성을 절감하고 황준헌에게 정리를 부탁한다. 황준헌은 며칠에 걸쳐 자신이 생각하고 있던 동북아의 정세와 조선의 대응 방안을 정리하여 귀국하는 김홍집에게 건네주니, 이것이 바로 『조선책략(朝鮮策略)』이다.

김홍집은 일본 체류 기간 동안 이동인도 만난다. 이동인은 김옥균과 박영효의 지원으로 1년전 일본에 밀항하여 일본말을 배우고 일본 승려가 된 후 일본의 주요 인사들은 물론 일본 내의 외국인들과도 교류를 넓히고 있었다. 급속히 근대화하는 일본의 문물을 직접 목격하고 개화의 중요성을 깨닫기 시작한 김홍집은 이동인이란 뜻밖의 인물을 만나 감격한 나머지 그를 귀국길에 대동하여 민영익(閔泳翊, 1860~1914)과 고종에게 소개시킨다. 이는 고종이 개국과 개화 정책을 적극 채택하는 기폭제가 된다.

1. 김옥균

박규수는 1874년 11월 4일 우의정직을 사직한다.[1] 사직한 박규수는 재동(齋洞) 사저의 사랑방에 김옥균, 박영효(朴泳孝, 1861.6.12.~1939.9.21.) 등의 젊은 사대부들을 모아 조부 박지원(朴趾源, 1737.3.5.~1805.12.10.)의 『연암집(燕巖集)』, 위원(魏源, 1794.4.23.~1857.3.26.)의 『해국도지(海國圖志)』 등을 강의한다.

> 금릉위(錦陵尉, 철종의 사위) 박영효의 말을 듣건대 자기가 김옥균 씨를 처음 만나게 된 것은 이 박 정승집 사랑이었는데, 그때 박 정승은 벼슬을 내놓고 집에 한거하여 찾아오는 청년들이 있으면 즐겨 외국 형편과 시국 담화를 하여주므로 뜻이 있는 이는 그 사랑에 모여들었으며, 김옥균 이하 갑신개혁당의 신지식이 그 대부분은 이 사랑에서 박 정승에게 배워 얻은 것이라 한다. 또 구당(榘堂) 유길준(兪吉濬) 씨의 말에 의하면 자기가 일본에 유학하게 된 동기는(1881년 게이오기주쿠(慶應義塾)에 유학) 이 박 정승의 권유에 의한 것으로 14~15세 때에 동배들과 한시를 지어가지고 박 정승에게 매김을 받을 제, 하루는 구당의 시 말구에 「唯恐晚生花不實 幹天旋地入薰陶」라 한 것을 박 정승이 보고 크게 칭찬하여 작자를 불러 이르되, 기상이 좋고 재주가 뛰어나니 왜 이 같은 천품을 가지고 시무(時務)의 학(學)을 공부하지 아니하는가 하고 권유하였다. (…) 이로부터 외국에 유학할 생각이 비로소 싹터 마침내 고종 18년(1881)에 12관신(官紳)의 1인인 어윤중(魚允中) 씨를 따라 동경에 건너가 유학하게 되고, 한미통상조약이 체결됨에 또다시 보빙대사(報聘大使) 민영익의 수행원으로 미국에 건너가 유학하게 되었다 한다. 이로 보면 조선 최초의 개혁당인 김옥균, 박영효뿐 아니라 조선 최초의 유학생인 유길준도 박규수의 감화에서 일어났다 해도 과언이 아닐 것이다. 영선사(領選使)로 톈진에 가서 이홍장과 한미조약을

상의하던 운양(雲養) 김윤식(金允植) 같은 분도 이 박 규수에게 받은 감화가 많은 것을 보면 박 규수로서 근대 개화당의 원조로 삼는 것이 마땅하다.[2]

김옥균. 1882년 일본 나가사키에서 찍은 사진

그러나 박규수는 1877년 세상을 떠난다. 박규수 타계 후 개화파 사대부 청년들에게 바깥 세상에 대한 정보를 제공해 주고 개화와 개국의 중요성을 깨닫도록 지속적인 자극을 준 것은 오경석과 유대치였다. 오경석은 중인 출신 역관으로 베이징을 12차례 다녀왔고, 그 중 두 번 (1861, 1872)은 박규수를 수행했다. 오경석의 친구였던 유대치는 중인 출신 한의사였다. 유대치는 오경석이 연행에서 가져온 각종 외국 서적들을 탐독하면서 개화의 필요성을 절감한다. 오경석과 유대치는 김옥균 등 양반 청년들을 설득한다.

김옥균은 1851년 2월 23일 충청도 회덕군에서 김병태의 장남으로 태어난다. 어머니는 은진 송씨였다. 그의 부친 김병태는 과거 합격에 실패하고 무관 말직을 지냈다. 김옥균이 태어난 지 얼마 안되어 그의 부모는 인근의 다른 마을로 이사를 간다. 그곳에서 김병태는 서당 훈장을 하고 부인 송씨는 삯바느질로 생계를 이어 나갔다. 김옥균은 누이가 둘 있었던 것으로 알려졌는데, 모두 가난한 은진 송씨 집안으로 시집을 갔지만 둘의 생년월일은 전하지 않는다. 김옥균의 남동생 김각균은 옥균이 7세 때 태어난다. 정확한 날짜는 알려지지 않았으나 김옥

조선 사절단의 수석 역관으로 중국 베이징에 온 오경석을 베이징의 프랑스 공사관 서기관 매휘립(梅輝立)이 촬영한 사진(1872)

균은 먼 친척인 김병기(金炳基, 1814~1891)의 양자로 입양된다.[3]

　김병기는 1846년 「사마시(司馬試)」에 합격하고 문과에 여러 번 응시하였으나 모두 낙방한다. 그 후 종9품인 광릉(光陵, 세조의 능) 참봉(參奉)을 시작으로 벼슬길에 올라 옥과현감, 금성현령, 옥천군수, 양양부사, 강릉부사, 가평현감 등 지방 관직을 역임한다. 양양부사와 강릉부사를 역임할 때에는 그의 벼슬이 종3품에 이른다. 그가 문과에 급제하지 못하고도 지방 관직을 제수 받은 것은 그의 네 누이 중 둘째 누이가 조병구(趙秉龜, 1801~1845)와 결혼하였기 때문이다. 조병구는 조대비의 오빠였다. 또 조병구의 동생 조병기의 장인은 안동 김씨 세도의 핵심 인물인 김조순(金祖淳, 1765~1832)이었다. 김조순의 딸은 순조의 비 순원왕후(純元王后, 1789~1857)였으며 조병기의 부인은 김조순의 아들이자 순원왕후의 오라비인 김유건의 셋째 딸이었다.[4]

　김옥균은 1872년 3월 12일, 「알성시」에 장원 급제한다. 「알성시」란 임금이 문묘에 참배할 때 성균관 유생을 대상으로 왕이 직접 실시하는 시험이었다. 1414년 최초로 치러진 「알성시」는 조선조 역사를 통틀어

85번밖에 치러지지 않았고, 한 번 치를 때마다 급제자도 3~9명에 불과했다. 19세기에는 11번밖에 치러지지 않았다.[5] 「알성시」에 장원 급제할 당시, 김옥균은 21살이었다. 그는 곧바로 정6품 관직인 「성균관 전적(成均館典籍)」에 임명된다. 그러

오세창

나 그가 「알성시」에 급제하고 관직에 나아갈 즈음 안동 김씨 세도가 끝난다. 대원군이 물러나고 고종이 친정을 시작하면서 여흥 민씨의 세도가 시작된다. 김옥균의 벼슬이 오랫동안 종5품에 머무르게 된 것도 그의 집안의 정치적 몰락 때문이었다.

김옥균은 과거에 급제할 당시 이미 박규수의 문하에서 외국 사조와 문물에 눈뜨기 시작한다. 오경석의 아들이자 개화사상가, 독립운동가이며 저명한 서화가였던 오세창(吳世昌, 1864.8.6.~1953.4.16.)은 부친과 유대치, 김옥균의 관계를 다음과 같이 서술하고 있다.

부 오경석이 중국으로부터 신사상을 품고 돌아오자 평상 가장 친교가 있는 우인 중에 대치(大致) 유홍기(劉鴻基)라는 동지가 있었다. 대치는 학식, 인격이 아울러 고매·탁월하고 또 교양이 심원한 인물이었다. 오경석은 중국으로부터 가지고 온 각종 신서를 그 사람에게 주어 연구를 권하였다. 이래 두 사람은 사상적 동지로서 결합되어 서로 만나면 자국의 형세가 실로 풍전의 등화와 같은 위험에 닥쳤음을 장탄식하고 언젠가는 일대 혁신을 일으키지 않으면 안 된다는 것을 상의해오고 있었다. 어느 때 유대치는 오경석에게 묻기를, 우리나라의 개혁을 어떻게 하면 성취할 수 있겠는가, 라고 하였다. 오가 대답하기를, 먼저 동지를 북촌(北村, 한양의 북부로 당시

상류 계급이 있었던 구역)의 양반 자제 중에서 구하여 혁신의 기운을 일으키는 데에 있다고 하였다. 그리고 얼마 안되어 한국 개조의 목탁 오경석은 병을 얻어 죽었다. 유대치는 오경석보다 몇 년 아래였는데 오가 죽은 이후 북촌 방면에 교제를 넓히고 노소를 묻지 않고 인물을 물색하여 동지를 모으고 있었다. 때마침 우연히 김옥균과 서로 만나 세상 이야기를 나누어 보매 이 청년의 비범함을 알고, 사상, 인격, 학재(學才)가 우뚝 솟아 무리에서 빼어나고 장래 반드시 큰 일을 도모함에 충분한 인물임을 통찰하고, 오로부터 얻은 세계 각국의 지리, 역사 번역본과 신서사(新書史)를 김옥균이 읽도록 모두 제공하였다. 또 열심히 천하의 대세를 설명하고 한국 개조가 시급하다는 것을 역설하였다. 오경석은 중국에서 감득한 신사상을 유대치에게 전하였고, 유는 이것을 김옥균에게 전하여 이에 김옥균의 신사상이 태어나기에 이른 것이다. 오는 한국 개조의 예언자이고 유는 그 지도자였다. 김옥균은 그 담당자가 되었다.[6]

친일개화파 형성에 또 다른 매개 역할을 한 것은 불교였다. 김옥균은 사대부이면서도 유난히 유교를 배척하고 불교를 받아들였다.[7]

김옥균이 유대치로부터 배운 사상 감화 이외에 특기해야 할 것은 대치의 불교 신앙이다. 대치는 조선 학사(學士)들이 의례(儀禮)에는 능하지만 도념(道念)에는 얇은 것을 탄식하여, 김옥균을 권하여 불교 연구를 하게 하였다. 대치의 불교 신앙은 참으로 두터웠는데 그 인물 됨이 무욕염담(無欲恬談, 욕심이 없이 마음이 깨끗하고 담담함)한 것은 신앙의 힘이었다고 생각된다. 김옥균이 다른 사람들과 달리 청년시대부터 불전(佛典)의 문구나 불설(佛說)을 자주 입에 올린 것은 유대치의 감화에 비롯된 것이었다.[8]

박영효 역시 김옥균이 불교에 심취하였음을 증언하고 있다.

이동인

김옥균과 내가 처음 사귀게 된 것은 불교 토론에서 비롯되었소. 김옥균은 불교를 좋아해서 불교 이야기를 했는데 나는 그것이 재미가 나서 김옥균과 친하게 되었소. 내 백형(朴泳敎)이 김옥균과 사귀라고 해서 사귀게 되었지마는 그때에 김옥균은 27세, 나는 17세였소.[9]

불교와 근대 문물에 심취하기 시작한 김옥균은 유대치를 통하여 개화승 이동인을 만난다. 김옥균과 이동인의 만남은 친일개화파 형성에 중요한 계기가 된다. 이동인은 동래 범어사(梵魚寺) 출신이었다.[10] 그 외의 그의 가계에 대해서나 개화파들을 만나기 이전까지의 행적은 알려진 바가 없다. 이동인은 1878년 무렵부터 일본을 공부하면서 일본의 책과 요지경(瑤池鏡) 같은 문물들을 입수하였다.[11] 이동인이 김옥균을 처음 만난 것은 1879년 봄, 오늘의 봉원동의 「봉원사(奉元寺, 일명 「새절」)」에서였다.[12] 서재필(徐載弼, 1864.1.7.~1951.1.5.)은 김옥균과 함께 「봉원사」에서 이동인을 만나 개화사상에 심취하기 시작했던 상황을 다음과 같이 회상하고 있다.

그때 가져온 책이 여러 권인데 역사도 있고 지리도 있고 물리, 화학 같은 것도 있어 이것을 보려고 서너 달 동안 그 절(「봉원사」)에 다니다가 그때는 이런 책을 보다 들키기만 하면 사학(邪學)이라 하여 중벌을 받게 되므로 한 군데서 오랫동안 볼 수가 없어 그 다음에는 동대문 밖 그게 무슨 절이더라? (…) 「영도사」로 가서 얼마 동안 보다가 다시 「봉원사」로, 이렇게 하기를 1년 이상이나 걸려서 그 책을 다 읽었지. 그때 그 책이 일본말로 쓴 것인데 우리가 한문은 대개 짐작하니까 한 문자만 연달아 읽어 보면 뜻은 모두 통한단 말이야. 그래서 그 책을 다 읽고 나니까 세계 대세를 대강 짐작할 것 같거든. 그래서 우리나라도 다른 나라처럼 인민의 권리를 세워보자는 생각이 났단 말이야. 이것이 우리가 개화파로 첫 번 나서게 된 근본이 된 것이야. 다시 말하면 이동인이라는 중이 우리를 인도해 주었고, 우리는 그 책을 읽고 그 사상을 가지게 된 것이니 「새절(봉원사)」이 우리 개화파의 온상이라고 할 것이야.[13]

2. 불교, 부산과 개화사상

불교는 조선 왕조 내내 지속된 탄압으로 제도권 종교로서의 모습을 완전히 상실하고 오랜 세월 쇠락의 길을 걸었다. 그러나 제도적인 뒷받침이 없는 상황에서도 가르침을 유지하던 불가의 승려들이 있었다. 조선 후기에도 유명한 유학자들이 당대의 고승들과 교류하는 경우가 많았다는 사실이 이를 보여준다. 예를 들어 추사 김정희(秋史 金正喜, 1786.6.28.~1856.11.7.)는 초의선사 의순(艸衣禪師 意恂, 1786~1866), 왕실 후손인 백파 긍선(白坡 亘璇, 1767~1852) 등의 승려들과 깊은 학문적 교류를 이어갔다.[14] 평민들 사이에서도 불교 신앙은 사라지지 않았다. 오히려 조선 후기에 들어서면서 정치적, 사회적 혼란상이 가중될수록 백성들은 「만일염불회(萬日念佛會)」와 같은 결사를 통해 미륵신앙에 심취한다.[15] 이들은 불교의 철학이나 교리에 대한 이해는 깊지 않았지만

「히가시혼간지 부산 별원」

격동의 시대를 살면서 내세에 대한 갈망을 담은 신앙을 갈구한다.[16]

조선에서 천대받던 불교 승들이 일본의 개화에 관심을 갖게 된 것은 어찌 보면 당연한 일이었다. 일본은 불교 국가였다. 그런 일본에서 본격적인 근대화와 물결이 일고 있었다. 이는 불교와 근대화가 상호보완적임을 보여주었다. 반면 조선은 불교를 탄압하는 유교 국가였다. 그런데 조선에서는 친정위중척사파를 필두로 한 국가 엘리트들이 근대 문명을 야만으로 규정하고 개화에 극구 반대하고 있었다.

불자의 입장에서 봤을 때 개화는 위정척사파들이 지키고자 하는 조선의 완고한 유교 체제를 무너뜨리고 새로운 국가를 건설하는 길이었다. 이 과정에서 개화사상과 친화적인 불교도 역할을 할 수 있었다. 그리고 만일 불자들이 조선의 개화에 기여할 수 있다면 개화된 조선에서도 불교가 다시 융성할 수 있을 것이라고 생각했다. 이동인과 무불 탁정식(無不 卓挺植, ?~1884)과 같은 불교승들이 개화사상을 주도적으로 받고 퍼뜨리며 일본과의 교류에 적극 나선 이유다.

이동인, 탁정식 등의 개화승들이 근대 일본의 문물을 최초로 접한 곳은 일본 「정토진종(淨土眞宗)」의 본산인 「히가시혼간지(東本願寺)」의 부

산 「별원(別院)」이었다. 오늘날
의 부산 「대각사(大覺寺)」의 전
신인 이 절은 당시 갓 개항한
부산이 조-일 무역의 중심으
로 떠오르면서 일본 거주민들
이 급격히 늘자 이들의 종교 생
활을 위해 부산에 문을 연 최초
의 일본 절이었다. 이 절의 개
원은 개화파의 역사에도 중요
한 역할을 했을 뿐 아니라 조-
일 간 경제교류사의 중요한 단
면을 보여준다.

오쿠라 기하치로. 오쿠라는 도쿄의 유명한 「오쿠라 호텔」을 짓
고 「오쿠라 상업학교(동경 경제대학의 전신)」를 설립한다. 그
는 1917년 일본 최초의 사설 박물관인 「오쿠라 슈고칸(大倉集
古館)」을 설립하여 자신이 소장한 동양 미술품들을 기증한다.

강화도 조약 이후 일본은 조
선 최초의 개항 항구인 부산을 통한 무역 활성화에 진력한다. 특히 이
와쿠라 사절단의 일원으로 미국과 유럽의 선진국을 둘러보면서 국
제통상 및 무역의 중요성을 절감한 오쿠보 도시미치는 조선과의 교
역을 활성화시키고자 거상 오쿠라 기하치로(大倉喜八郎, 1837.10.23.
~1928.4.5.)를 투입한다. 니가타(新潟)의 농부의 아들로 태어난 오쿠라
는 18세에 도쿄로 올라와 식료품 가게를 시작했고 1865년에는 무기
상이 된다. 보신전쟁에서 정부군에 무기를 제공하여 거부(巨富)가 된
오쿠라는 1873년, 「오쿠라구미쇼카이(大倉組商会)」를 창업하고 일본
의 「대만 정벌」, 「청일전쟁」과 「러일전쟁」을 통해 일본 최대의 부자
가 된다.

오쿠보의 부탁으로 오쿠라는 1876년 8월 동래에 도착하여 비단, 양
모, 인도의 솜으로 만든 옷가지와 생활용품을 팔기 시작한다. 오쿠라
가 부산에 가져간 물품은 며칠 안에 품절된다. 당시 부산 사람들을 놀

The Front Gate of The Okura-Shukokwan with The Shizendo at Right.

간토 대지진(1923)으로 불타기 전의 「오쿠라슈고칸(大倉集古館)」 정문. 오른쪽에 경복궁에서 가져간 「자선당(資善堂)」의 모습이 보인다. 「자선당」 역시 도쿄 대지진으로 불타고 그 유구만 남아 있다가 1995년 환수하여 경복궁에 옮겨 놓았다.

「오쿠라슈고칸」 내의 「자선당」 유구

라게 한 것은 상품의 높은 질뿐만 아니라 각 상품에 붙어있는 가격표였다. 모든 물품의 가격을 흥정하는 것에만 익숙했던 조선 사람들은 이때 최초로 「정가제(定價制)」를 경험한다. 오쿠라의 성공을 계기로 일본 상품의 경쟁력에 대한 자신을 얻은 일본 정부는 조선과의 무역을 확대한다. 산조 사네토미는 1876년 10월 14일, 조선과의 무역 개시를 공식 선포하였고 이때부터 일본 사람은 누구나 여권만 받으면 조선

「오쿠라호텔」에서 환수해 온 경복궁 후원의 「자선당」 유구

오늘날의 「오쿠라슈고칸」

과의 무역에 뛰어들 수 있게 된다. 일본 정부는 조선과의 교역을 일본 내의 교역과 같이 무관세로 하겠다고 하고, 1876년 11월에는 「미쓰비시 상사」에 연간 5천 엔의 정부 지원을 약속하고 한 달에 한 번 나가사키와 부산을 왕복하는 증기선을 투입하도록 한다.[17]

일본의 적극적인 투자로 부산은 급격하게 성장한다. 원래 동래부에 속해있던 부산진에는 수군 진영이 있었고 초량진의 왜관은 그로부터 3km 떨어져 있었다. 1870년대 후반 동래부에는 약 5천 가구가 살

앉고 동래부에서 10km 남쪽에 위치한 부산진에는 약 2천 명의 조선 상인들이 살고 있었다. 이들은 주로 생선, 식용 개구리, 미역, 석류, 도기, 대나무 화살, 소금 등을 팔았다. 구로다 기요타카의 보고서에 의하면 1876년 2월 당시 초량진에 거주하는 일본 상인은 70명에 불과했고 모두 쓰시마 출신이었다. 그러나 그 해 11월 곤도 마스키가 작성한 보고서에 의

도쿄의 「오쿠라호텔」 전경

하면 부산진의 일본 상인의 숫자는 이미 100명이 넘었고 일본 배도 12척이나 항구에 정박해 있었다. 그로부터 반년이 지난 1877년 중엽에 이르면 부산진에는 200개가 넘는 일본 상회가 장사를 하고 있었다.[18]

부산에 거주하는 일본 상인의 수가 급증하자 이들을 위한 주택과 창고가 들어서기 시작한다. 새로운 거리가 생기고 1876년 11월에는 우체국이, 이듬해 봄에는 해군 군의관과 몇 명의 의료진을 갖춘 작은 병원인 「제생의원(濟生醫院)」이 문을 열었다. 제생의원은 일본인은 물론 조선인 환자도 받기 시작했다. 제생의원은 조선 최초의 서양식 의료기관이었다. 1878년 초에는 재판소도 문을 열었다. 초량진의 일본인 지역은 자치위원회에 의해 운영되었다.[19]

일본인 거주 지역이 급격히 확장되면서 일본인들의 종교 생활을 위한 불교 사찰들이 생겨나기 시작했다. 가장 먼저 부산에 별원을 연 사찰은 일본 「정토진종」의 본산인 「히가시혼간지(東本願寺)」였다. 메이지

제생의원

유신 이후 신도가 국교로 자리잡으면서 불교가 탄압받기 시작하자 일본의 불교 사찰들은 해외 포교에 적극 나선다.[20] 신도는 비록 국교였지만 메이지 정부가 새롭게 발명한 종교였다. 따라서 아직 불교에 비하면 일본 대중들 사이에 깊이 침투하지 못했다. 해외에서 생활하고 있는 일본인들에게 필요한 것은 불교 사찰이었다. 메이지 정부도 서구 열강이 「함포외교(gunboat diplomacy)」와 함께 기독교 선교사들을 앞세워 식민지를 개척하는 방법을 모방하고자 일본 불교의 해외 선교를 적극 권장하였다. 이 같은 배경에서 내무경 오쿠보 도시미치와 외무경 데라지마 무네노리는 일본 불교 최대 종파 중 하나인 「정토진종」의 본산인 「히가시혼간지」에 조선 포교를 부탁한다.

「히가시혼간지」는 오쿠무라 엔신(奧村圓心, 1843~1913)에게 조선 포교를 명한다. 오쿠무라가 임명된 것은 그의 집안이 조선과 각별한 인연이 있었기 때문이다. 일본 전국시대 말기, 오다 노부나가(織田信

長, 1534~1582)의 신하였던 오
쿠무라 카몬노스케(奧村掃部介)
는 오다의 사후 불교승이 되어
「죠신(淨信)」이라는 법명을 받
고 1588년(선조 21년) 「혼간지
(本願寺)」 10대 주지 교뇨쇼닌
(教如上人)으로부터 황금 불과
아미타여래 등을 받아 조선으
로 건너와 부산에 「고덕사(高
德寺)」라는 절을 창건한다. 이
러한 인연으로 에도 시대에 조
선 조정이 일본에 보낸 통신사
는 자주 교토와 도쿄의 「히가

오쿠무라 엔신

시혼간지」를 숙소로 사용하였다.[21] 엔신은 죠신의 후손이었다.

1877년 9월 28일 부산에 도착한 오쿠무라 엔신은 1877년 11월 5
일 「히가시혼간지」의 부산 별원을 설립하고 초대 원주로 부임한다. 오
쿠무라는 별원을 방문하는 조선인 방문객들에게 정토진종의 가르침
을 전하고 매주 토요일 설법을 하였다. 1878년 12월에는 새 건물을
완성하여 공식적으로 「부산 혼간지」로 명명한다. 조선 사람들을 모으
기 위해 설법과 함께 각종 약품을 나눠주기도 하였다. 또한 방문하는
조선 사람들을 부산항으로 안내하여 정박해 있는 일본의 신식 군함들
을 구경시켜주기도 했다. 오쿠무라의 열정적인 포교로 「부산 혼간지」
는 부산에 거류하는 일본인들뿐만 아니라 각지의 조선인들이 다녀가
는 종교 중심지로 부상한다.[22] 오쿠무라는 「한어학사(韓語學舍)」라는 학
교도 세워 조선에 포교할 인재들을 양성하고 일본에서 온 어학 연수
생들도 뒷바라지한다.

이동인이 일본의 개화에 관심을 갖게 된 것은 오쿠무라 엔신과의 만남을 통해서다. 동래 출신인 이동인은 당시 새로 문을 연「히가시혼간지」부산 별원을 찾는다. 이동인이 오쿠무라를 찾아와 교류하게 된 경위는「히가시혼간지」의『조선 포교사』에 상세히 기록되어 있다.

부산 별원이 개설된 다음 해인 메이지 11년(1878) 12월 1일, 살을 에이는 추운 아침이었다. 통도사의 승(僧)이라고 하는 이동인이 은근히 오쿠무라의 지도를 받겠다고 별원을 방문하여 왔다. 품격도 있고 문필도 뛰어나 지금까지 오쿠무라가 만난 승려와는 취향이 달라서 오쿠무라도 씨(동인을 지칭)를 정중히 맞아, 한동안 얘기를 하고 씨는 갔다. 그 후 씨는 오쿠무라의 후의에 힘입어 자주 내방하고 혹은 별원에서 수일간도 체재하는데, 언제나 시사를 말하고 국제간의 정세를 말하지 불교는 말하려 하지 않는다. 오쿠무라는 날로 더욱 씨가 보통의 승려가 아니라는 것을 알고 몰래 씨의 참 모습을 간파하려고 하였으나 씨는 용이하게 마음을 드러내지 않았다. 그런데 반 년이 지나갔다. 메이지 12년(1879) 초여름부터 경성에 간다고 말하고는 일시 소식이 끊어졌다.[23]

이동인은 오쿠무라와의 대화와 그가 보여주는 일본 서적, 사진 등 각종 진기한 물품들을 통해 일본의 개화와 국제 정세에 대해 배운다. 근대에 대해 처음으로 눈을 뜬 이동인은 이 소식을 전하고자 한양으로 향한다. 이동인이 김옥균과 박영효, 서재필 등을「봉원사」에서 만나 일본의 각종 서적과 문물을 보여주면서 개화의 중요성을 전한 것은「1879년 초여름 경성에 간다고 말하고는 일시 소식이 끊어졌다」고 한 때다.

3. 이동인의 일본 밀항

이동인으로부터 일본의 급격한 근대화와 급변하는 국제 정세에 관한 놀라운 소식을 접한 김옥균과 박영효는 이동인에게 직접 일본에 건너가 볼 것을 제안한다. 김옥균과 박영효로부터 여비를 받은 이동인은 다시 부산으로 내려가 오쿠무라를 찾아 자신을 일본에 보내달라고 한다.

> 8월 중순이 되자 홀연히 경성에서 내방하여 사람들을 멀리하고는 지금까지 속마음을 말하기 꺼려 하였으나 이제야 그 시기가 도달하였다고 하고는 …. 씨는 박영효, 김옥균 양씨의 의촉(依囑)을 받고 일본의 정세 시찰에 몸을 바치기로 결심했음을 말하고, 차제에 일본의 태도를 시찰하고 문물을 연구함으로써 조선의 문화 개혁에 공헌하고 싶다고 말하며, …. 또한 박영효, 김옥균 양씨가 여비로 주었다고 하는 이촌(二村)이 넘는 순금의 봉 4개를 보이면서 여행의 준비를 상담하였다.[24]

오쿠무라는 부산 관리관으로 파견된 마에다 겐키치(前田献吉, 1835.12.14.~1894.12.20.), 부산에 출장 와있던 교토 「히가시혼간지」의 와다 엔쥬(和田圓什) 등과 이동인을 일본으로 밀항시키기로 결정한다.[25] 조선에서는 일반인이 도일(渡日)하는 것은 여전히 금지되어 있었다. 여권 등 일반 백성이 해외 여행을 할 수 있는 제도도 물론 없었다. 이에 이동인은 일본인 벙어리로 행세하며 1879년 6월 일본으로 밀항한다.

일본에 도착한 이동인은 1880년 4월까지 교토의 「히가시혼간지」에 머물면서 일본어를 배우고, 일본 승려가 되기 위한 준비를 한다.[26] 조선 최초의 일본 유학생이었다. 1880년 3월, 오쿠무라 엔신은 교토의

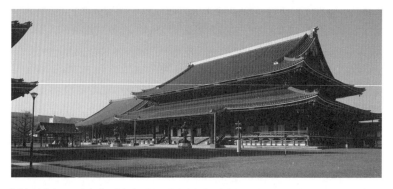

「히가시혼간지」 교토 본원. 이동인이 머물렀을 뿐만 아니라 에도 시대에는 조선 통신사 일행이, 메이지 유신 초기에는 메이지 천황도 교토를 방문하면 거처로 사용했다.

「히가시혼간지」 본원을 방문하여 원산에 별원을 개설하는 문제를 논의하고 이동인을 데리고 도쿄로 가 「아사쿠사(浅草) 별원」에 그를 소개한다.[27] 1880년 4월 5일, 교토 본원에서 득도식을 마친 이동인은 이때부터 「아사노 도진(朝野東仁)」이라는 일본 이름을 사용한다. 「아사노」란 「조선의 야만」이란 뜻이다. 문명을 모르는 조선의 야만인 또는 조선에서 주류가 아닌 야인이란 뜻이다. 그리고 이동인은 도쿄 「아사쿠사 혼간지」의 주지 스즈키 케이준(鈴木惠淳)의 도움으로 도쿄로 간다. 이동인은 이때부터 일본을 본격적으로 배우는 한편 광범위한 인맥을 구축하기 시작한다.

이동인은 「아사쿠사 별원」에서 이시카메(데라다) 후쿠지(石亀福寿)라는 일본 승려를 만난다. 데라다 후쿠지는 후쿠자와 유키치가 1873~1876년 오사카에 「게이오기주쿠(慶應義塾) 별원」을 운영할 당시 그 학교에서 공부하였고, 그 인연으로 후쿠자와 가족의 종교 제례를 전담하고 있었다. 데라다는 이동인을 후쿠자와에게 소개한다.[28] 이로써 「문명개화론」을 정립하면서 일본의 근대화에 결정적인 기여를 한 사상가이자 교육자 후쿠자와 유키치와 조선 개화파의 만남이 시작된다. 이동인과 후쿠자와의 만남은 김옥균과 후쿠자와의 만남을 가능케 하였고, 곧이어 파견된 신사유람단을 통해 유길준(兪吉濬, 1856.11.21.~1914.9.30.), 변수(邊燧, 1861~1891.10.22.), 윤치호(尹致昊, 1865.1.23.~1945.12.6.) 등 수많은 조선 유학생들이 일본에서 유학할 수 있는 길을 연다.

후쿠자와와의 만남 이후 이동인은 개화의 중요성을 더욱 절감하고 일본의 수많은 인사들을 만나면서 조선의 개화를 도와줄 것을 요청한다. 이동인이 만난 인물 중에는 주일 영국 공사관의 어니스트 새토우(Sir Ernest Mason Satow, 1843.6.30.~1929.8.26.) 영사도 있었다. 1862년 영국의 유니버시티 칼리지 런던(University College London)을 졸업한 새토우는 곧바로 영국 외교부에 고용되어 일본에 부임한다. 그는 당시 19세였다. 그 후 새토우는 바쿠후의 몰락과 메이지 정부 형성 과정을 현장에서 목격한다. 영국 상인 리차드슨(Charles Lennox Richardson)이 사쓰마의

새토우

새토우의 일본인 아내 다케다 카네(1870). 김기수가 일본에서는 외국인들도 일본 여자들과 결혼한다면서 놀라움을 금치 못했던 것도 새토우와 같은 서양의 외교관들이 일본인 아내를 맞는 일이 흔했기 때문이다. 위정척사파가 맹위를 떨치면서 쇄국 정치를 고집하고 서양인을 금수로 여기던 당시 조선에서는 상상도 할 수 없는 일이었다.

사무라이들에게 피살된 「나마무기 사건(生麦事件, 1862)」당시에도 현장에 있었고, 「시모노세키 전쟁」중에는 영국에서 급거 귀국하여 사쓰마와 서양 4개국과의 중재를 모색했던 이토 히로부미와 이노우에 가오루를 만났고 사이고 다카모리와도 친했다. 일본어를 유창하게 구사했을 뿐만 아니라 서예에 능했으며, 「Asiatic Society of Japan」의 창립 회원으로 일본의 문화, 역사, 언어를

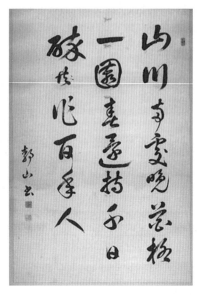

당(唐) 시인 왕발(王勃, 647~674)의 시를 쓴 새토우의 글씨

연구하고 서구에 전파하는 데 기여한다. 새토우가 자신의 일기를 바탕으로 쓴 *A Diplomat in Japan*(일본의 외교관)은 1862~1869년 일본이 바쿠후에서 메이지 정부로 전환해 가는 과정을 생생하게 담고 있다.

이동인과의 첫 만남을 새토우는 다음과 같이 일기에 적고 있다.

오늘 아침 아사노(朝野)라는 이름을 가진 조선인의 예방을 받다. 그는 아사노가 「조선의 야만」을 또한 의미한다고 기지에 차게 설명하고 자신은 자기 나라 사람들을 계몽시킬 목적으로 세계를 보기 위해 이곳에 몰래 왔노라고 말하다. 그는 서툰 일본어를 구사하였으나 우리는 서로 의사를 소통할 수 있었다. 그는 유럽의 건물들과 기계들 그밖에 가장 인상적인 것들의 사진들을 사고 싶다고 하면서 이들을 갖고 가서 외국의 위대함에 관한 얘기가 자신이 만든 것이 아니란 것을 인식시키고 싶다고 하고 또한 영국을 방문하고 싶다고 말하다…. 다음 일요일 아침 다시 오겠노라고 약속하다.[29]

4. 「제2차 수신사」 김홍집과 황준헌의 만남

강화도 조약 체결 이후 조선과 일본의 무역은 급증한다. 만성 적자에 허덕이던 조선 조정은 새로운 조세원을 찾고 있었고, 일본과의 무역에 관세를 부과하는 것이 가장 손쉽고 효과적으로 재정을 충당할 수 있는 방법이란 사실을 뒤늦게 깨닫는다. 원산 개항 직후인 1880년 5월, 조선 정부는 일본에 수신사를 파견하여 조일 무역에 대한 관세 조약을 체결하기로 한다. 김기수에 이은 두 번째 수신사에는 김홍집이 임명된다.[30]

60명의 수신사 일행은 1880년 6월 한양을 출발하여 부산에서 배를 타고 8월 11일 도쿄에 도착한다. 과거 여느 통신사나 1차 수신사 때와 마찬가지로, 김홍집은 예조판서의 서계를 일본 외무경에게 전달한다. 서계의 내용은 일본이 보낸 사절단에 대한 답방으로 수신사를 보낸다는 것과 강화도 조약이 관세를 유예한 것은 임시 조치였기에 이번에 관세에 대한 협상을 진행하기를 희망한다는 것이었다.[31]

8월 13일, 김홍집이 일본 외무성 차관 우에노 가게노리(上野景範, 1845.1.8.~1888.4.11.)를 만나 관세 협상을 언급하자 우에노는 관세 협정 초안을 갖고 왔는지 묻는다. 김홍집은 초안을 갖고 오지 않았으며 자신은 새 협정을 협상할 권한도 없다면서 양국 정부가 일단 관세 도입에 동의하면 부산포의 양국 대표들이 구체적인 안을 협상

우에노 가게노리

하면 된다고 하였다. 그러자 우에노는 관세 조약처럼 중요한 사항은 전권대사들이 협상해야 할 일이라고 답한다. 김홍집이 일본과 중국이 맺은 것과 똑같은 관세 조약을 체결하면 되지 않느냐고 하자 우에노는 그렇게 할 수는 없으며 하나부사와 만나 협의해 보라고 한다.[32]

8월 16일, 김홍집은 데라지마 후임으로 외무경에 임명된 이노우에 가오루를 만난다. 이노우에는 어느 나라도 쇄국 정책을 유지할 수 없다는 사실을 자신도 경험을 통해 깨달았다면서 조선이 서구 열강들에게 나라를 개방할 것을 종용한다.[33]

우리나라 또한 15년 전의 경상(景象)은 지금 귀국과 다르지 않았습니다. 저는 그때 야마구치(山口) 현에 있었는데 바로 폐관절약(閉關絶約)의 논의를 극력 주장하였습니다. 그런데 어찌 국세(國勢)가 날로 약해지는 것을 보고 충분(忠憤)을 억누를 수 있겠습니까? 이에 목숨을 아끼지 않고 금령을 범하면서까지 탈출해서, 외국에 가서 천하대세를 깊이 살피고 눈으로 직접 각국의 병계(兵械)를 보았습니다. 그리고는 환하게 깨닫고 조정에 돌아와 아뢰어서 바로 오늘날의 일을 이룰 수 있었습니다. 감히 스스로 공을 세웠다고 생각하는 것은 아니나, 귀국을 위해 한번 말씀 드립니다. 우리나라의 병계(兵械)가 비록 서양만 못하지만, 그 제조한 것이 매우 많습니다. 어찌 다른 나라 사람과 전쟁하기를 좋아하는 사람이 있겠습니까? 참으로 동양의 나라들이 오랫동안 쇠약해서 떨쳐 일어나지 못하는 까닭에 그렇게 하는 것입니다. 제가 대사(大使)께 상람(賞覽)을 권하는 것은 자랑하기 위함이 아니요, 귀국이 이를 계기로 감오(感悟)해서 속히 변비(邊備)를 갖춰 우리와 함께 순치상의(脣齒相依)의 형세를 이뤄서, 구라파로부터 모멸을 당하지 않기를 간절히 바라기 때문입니다.[34]

김홍집이 일본에 한 달간 체류하는 동안 일본 측은 김홍집에게 일본 주재 서양 외교관들을 만나볼 것을 종용한다. 김홍집은 모두 거절한다. 그러나 당시 일본에 주재하고 있던 청의 초대 주일 공사 하여장과 참찬관 황준헌과는 여섯 차례나 만난다. 김홍집에게 서양 사람들을 만나는 것은 금기시되었고 두려운 일이었지만 청의 관리들을 만나는 것은 마치 「옛 친구」를 만나는 것 같았다. 청의 외교관들 역시 마찬가지였다. 8월 20일, 황준헌은 김홍집과의 첫 만남에서 다음과 같이 반가움을 표한다.

> 우리 조정과 귀국은 즐거운 일과 괴로운 일을 서로 함께 나누고 슬픔과 기쁨을 같이 하였는데, 근래 형편을 보면 서양의 여러 나라가 날이 갈수록 넘보고 위협하니 우리 두 나라는 마땅히 더 친밀해져야 할 것입니다. 저희는 3년 동안이나 도쿄에 머무르면서 다른 무리들과 서로 교제하여 보았지만, 이제 선생이 오시니 참으로 타향에서 옛 친구를 만난 것 이상으로 기쁜 마음을 이루 다 말할 수가 없습니다.[35]

이에 김홍집은 다음과 같이 화답한다.

> 중국에 대한 저희 나라의 의리는 속방(屬邦)과 같으니 근일 바깥 일이 어지러운 만큼 구하고 바라는 바가 더욱 간절합니다. 「타향에서 만난 옛 친구」란 말씀은 바로 저의 생각과 같습니다.[36]

서양에 대한 무지에서 비롯된 극도의 불편함과 일본에 대한 불신으로 인해 「상국(上國)」인 청 외교관들을 만나지만, 하여장과 황준헌과의 만남은 김홍집에게 개국과 개화의 중요성을 인식시키는 계기가 된다. 하여장과 황준헌은 오쿠보 도시미치가 기도 다카요시의 「정한론」을 꺾으면서 밀어붙인 「청일수호조약」의 일환으로 일본에 상주하게 된 최초의 중국 외교관들이었다. 이홍장의 수하였던 하여장과 황준헌은 일본에 상주하는 동안 일본의 놀라운 발전상을 직접 목격하는 한편, 주일 서양 외교관들과 접촉하면서 청이 상대적으로 얼마나 허약하고 지정학적으로도 불리한 위치에 처해 있었는지를 절감하고 있었다. 이홍장과 마건충을 통해 「균세론」, 즉 「세력 균형 이론(Balance of Power Theory)」를 알게 되었고, 이를 통해 당시 동아시아의 판도를 읽으면서 조선을 청의 영향권 하에 두는 것이 얼마나 중요한지도 절감하고 있었다. 그러나 이홍장이 이유원에게 보낸 편지에서 토로하였듯이 임진왜란 때와 같이 중국이 조선을 무력으로 지킬 힘은 없다는 사실도 잘 알고 있었다.

당시 러시아와 「일리 사태」를 겪고 있었고, 또 1860년에 연해주를 러시아에 할양할 수밖에 없었던 청은 러시아를 가장 큰 위협으로 봤다. 서구 열강과 일본은 오히려 러시아의 야욕을 꺾을 수 있는 방편으로 생각하고 있었다. 전통적인 「이이제이」 전략인 동시에 「세력 균형 이론」이기도 했다. 이들은 모두 이홍장과 마찬가지로 조선으로 하여금 일본과 서구 열강과 조약을 체결하는 한편, 조선이 「자강(自强)」을 도모하게 함으로써 조선을 청의 영향하에 둘 수 있다고 보았다. 하여장과 황준헌은 김홍집에게 이러한 자신들의 전략 구상을 전달한다.

첫 만남에서 황준헌은 우선 김홍집에게 국제 정세의 엄중함을 설명한다.

> 지금 대세는 실로 4천 년 이래 처음 있는 일이고, 요(堯)·순(舜)·탕(湯)·무(武)도 미처 생각하지 못하였던 것입니다. 옛 사람의 처방을 가지고 오늘날의 병을 치료한다는 것은 불가능한 일입니다.[37]

김홍집이 「오직 믿는 것은 중국이 비호(庇護)하여 주는 힘뿐입니

하여장

황준헌

다.」[38]라고 하자 황준헌은 「귀국에 대한 중국의 은의(恩義)가 매우 굳은 것은 천하만국(天下萬國)에 그 유례가 없는 일입니다. 그러나 이 은의를 만세(萬世)에 끝없이 보전할 생각이시라면, 오늘날의 급선무는 「자강」을 도모하는 데 힘쓰는 것뿐입니다.」[39]라고 한다.

조선이 중국의 「속방」임을 자처하고 중국의 도움을 기대하는 것은 좋으나, 조선을 지켜줄 힘이 없다는 사실을 잘 알고 있던 황준헌은 조선이 「자강」으로써 힘을 기르는 것만이 오히려 중국과의 각별한 관계를 유지하는 길임을 강조한다.

8월 23일, 김홍집은 다시 하여장과 황준헌을 찾는다. 황준헌이 통상의 중요성을 말하자 김홍집은, 「우리나라는 통상의 이해를 전혀 알지 못하니 대단히 민망스럽습니다」라고 한다. 하여장이 「이곳 실정으로 보아 결국 귀국에서 누군가가 이곳에 오래 머무르면서 서서히 정세를 살펴볼 필요가 있을 것 같습니다. 그렇게 되면 자연히 일 처리가 용이

할 것입니다」라고 하자, 김홍집은 「저희 나라는 아직 중국의 30년 전의 사대부들과 같아 외국 사정을 알지 못하기 때문에 그런 일을 하기가 극히 어렵습니다. 이 점이 걱정스럽고 민망할 따름입니다」라고 한다.[40] 김홍집은 조선의 사고방식이 시대에 뒤떨어졌다는 것을 깨닫기 시작한다. 그러자 하여장은 서양의 「균세(均勢)」, 즉 세력 균형 이론을 설명하면서 조선이 서구 열강들과 수교를 함으로써 러시아의 남하 정책에 대비할 것을 종용한다.

> 근일 서양 각국에는 「세력균형(勢力均衡)」이라는 법칙이 있어, 만약 한 나라가 강국과 인접하여 후환이 두려우면 다른 나라들과 연합하여 견제책(牽制策)을 강구하고 있습니다. 이것 또한 이전부터 내려온 부득이한 외교의 한 방법입니다.[41]

김홍집은 마틴의 『만국공법』에서 균세 이론을 접해보았으며, 이들의 충고를 곧바로 조선 조정에 상달(上達)할 것을 약속한다.[42]

8월 26일, 다시 만났을 때 하여장은 김홍집에게 일본과의 관세 조약에 대해 조언도 한다.

> 어제 보내주신 사본을 보니 귀국과 일본이 체결한 조약에는 세법에 관한 사항이 전혀 언급되어있지 않았습니다. 지금은 그대로 두고 있다가 다른 항구의 개항 문제를 의논할 때 세법도 함께 제정하고, 또 그럴 경우에는 지난번에 서양 사람들과 의논하여 개정한 법대로 하자고 하면 그들도 자연히 함부로 윽박지르지 못할 것이니, 이것이 제일 좋은 기회일 것입니다.[43]

그러면서 블라디보스토크에 해군 기지를 건설하고 있는 러시아의 의

도가 무엇인지 알 수 없다면서 조선이 러시아의 위협에 대비해야 한다고 경고한다.

현재 서양 사람들은 공리(功利)를 다투고, 러시아 또한 횡포스럽기가 마치 호랑이와 이리 같은 전국시대의 진나라를 닮았습니다. 들으니, 그들은 근년에 도문강(圖們江, 두만강) 일대에 온갖 수단을 다하여 군사시설을 하고 또 금년에는 다시 동해의 해군을 증설할 것이라 하니, 이 일이 크게 염려됩니다. 대책을 늦추면 변이 생길 것이니, 우리나라와 귀국은 정의상 손발과 같고 한집안과 같은지라 이를 막연히 보고만 있을 수 없습니다.[44]

김홍집이 당시 청과 러시아 사이에 발생한 일리 사태에 대해 물어보자, 하여장은 「중국 서쪽 변경의 일은 근래의 정세로써 추측해 보건대 러시아 사람과 더불어 분쟁이 생긴 것이 아니나 그들의 군함이 잇따라 동쪽으로 와서 모두 도문강 어귀에 정박하고 있는 것으로 보아 그들의 속마음을 헤아리기 어려워 두렵습니다.」라고 답한다.

그리고 이어 이홍장이 이유원에게 보낸 편지들에 대한 조선 조정의 반응을 물어본다. 김홍집은 조선 사람들이 모두 이홍장을 존경하지만 조선은 아직도 옛 성현의 가르침을 따르기 때문에 하루아침에 변할 수 없다고 한다.

지난해에 이백상께서 보내신 서한에 근일의 정세를 상세히 서술하고 우리나라를 위해 많은 계책을 알려주신 데 대해 온 국민이 칭송하고 있습니다. 그러나 우리 조야(朝野)의 기풍은 앞에서 말씀 드린 바와 같이 오로지 경학(經學)을 고수하는 것만을 정도(正道)로 여기고 있습니다. 따라서 이것을 하루아침에 열어젖힐 수 없으니 어찌해야 하겠습니까? 백상의 서신에서도 각하께서 보내신 편지를 들어 일깨워주고 동양의 공정을 언급하셨

으니, 저희 나라가 각하의 걱정을 끼친 지 이미 오래입니다.[45]

그러자 하여장은 다시 한번 러시아의 위협을 강조하면서, 조선이 「서구 열강 중 유일하게 이기적으로 행동하지 않은 미국」과 조약을 체결할 것을 권유한다.

제 견해로는 러시아 사건은 자못 긴급합니다. 현재 해내(海內) 각국 중 오직 미국만이 민주주의 국가이며 또 그 국세가 부강합니다. 미국은 여러 국가와 외교 관계를 맺고 있기 때문에 아직도 신의를 강조하고 극단적으로 자신의 편리만을 도모하거나 독차지하려고 하지 않습니다. 이때에 그들이 찾아와서 호의적으로 통상을 요구하니, 만약 일본에서 개정하려는 조약과 비슷한 초안으로 조약을 체결하고자 한다면 그들이 반드시 기꺼이 응할 것입니다. 이렇게 되면 타국에서 통상하러 오는 자도 반드시 미국과의 조약을 참조하여 혼자의 의견대로 하지 못할 것이니, 일체의 통상 권리를 모두 내 마음대로 조종할 수 있게 됩니다. 만국과 더불어 교섭하는 것은 이익은 있으나 손해는 없습니다. 이것은 만세(萬世)에 한 번밖에 없는 기회인 만큼 놓쳐서는 안 됩니다. 만약 굳이 관문을 닫고 거절하려다가 다른 날(他日)에 뜻하지 않은 파란이 생겨 일이 다급해졌을 때 조약을 체결하면, 그때에는 엄청나게 큰 손해를 입을 것입니다.[46]

8월 30일, 김홍집은 도쿄의 문묘를 방문한 후 메이지 천황을 만난다. 9월 7일, 김홍집과 이노우에는 다시 만난다. 이노우에는 러시아가 블라디보스토크에 군함 16척을 집결시켰음을 알리며 만일 러시아가 부동항을 찾는다면 당연히 중국이나 조선에 눈독을 들일 것이고, 조선은 서양 국가들과 아무런 조약도 맺지 않았고 국제법도 준수하고 있지 않기 때문에 조선이 러시아의 공격을 받더라도 아무도 개입할 수 없을 것이라고 한다. 따라서 조선은 미국과 같은 서방 국가들이 조선과의 조약 체결 여부를 타진해 오면 물리치지 말라고 한다. 김홍집이 이노우에가 한 말을 조선 조정에 보고하기 위해 글로 써줄 것을 요청하자 이노우에는 곧 정리해서 준다.[47]

9월 6일, 김홍집이 귀국하기 이틀 전 황준헌은 김홍집에게 자신이 집필한 『조선책략』을 선물한다. 황준헌은 자신과 하여장이 며칠간 조선이 처해 있는 상황을 고민했으며 몇 번의 만남을 통해서는 도저히 모든 얘기를 할 수 없었기에 글로 정리해서 준다고 한다. 김홍집은 『조선책략』을 귀국할 때 반드시 갖고 갈 것을 약속하며, 조선을 이토록 걱정해 주는 「상국」의 대신들에게 감사의 말을 전한다.[48]

『조선책략』은 러시아의 동방 팽창 정책을 설명한 후, 조선이 동아시아의 핵심적인 위치에 있기 때문에 러시아가 눈독을 들이고 있다고 한다. 그리고 이러한 위협에 맞서기 위해 「친중국(親中國)·결일본(結日本)·연미국(聯美國)」하여 「자강」을 도모할 것을 종용한다.

아! 러시아가 낭진(狼秦, 이리 같은 진나라)처럼 영토 확장에 주력해 온 지 3백여 년, 그 첫 대상은 유럽이었고 다음은 중앙아시아였으며 오늘날에 이르러서는 동아시아로 옮겨졌으니, 그 첫 번째 대상이 마침 조선이 되어 그 피해를 입게 된 것이다. 그렇다면 오늘날 조선의 입장에서는 러시아를 막는 일보다 더 급한 일이 없을 것이다. 러시아를 막을 수 있는 조선의 책략으로는 어떤 것이 있을까? 그것은 오직 중국과 친하고 일본과 맹약을 맺으며 미국과 연계함으로써 자강을 도모하는 길뿐이다.[49]

『조선책략』은 중국이 러시아를 가장 큰 위협으로 생각했다는 사실을 잘 보여준다. 반면, 황준헌은 「오늘날의 일본은 겉으로는 강대한 듯하나 속은 허약하며 조야가 괴리되고 정부의 금고가 비어서 제 나라

도 돌볼 겨를이 없음에랴!」라고 하면서 일본의 근대화 노력을 평가절
하한다.[50] 무엇보다도 『조선책략』은 당시 이홍장과 그의 휘하에 있던
청의 지식인과 관료들이 서양의 세력 균형 이론을 본격적으로 배우고
적용하기 시작하면서 국제 정치에 있어서도 근대적인 사고를 시작하
였음을 보여준다.

9월 8일, 이노우에는 김홍집에게 일본이 곧 사절을 파견하여 한양에
일본 외교관들을 상주시키는 문제를 다시 협상할 것임을 통보한다. 김
홍집은 자신이 귀국하여 조정에 보고하고 논의 할 때까지 사절단 파견
을 지연해줄 것을 요청하지만, 이노우에는 당시 청과 러시아 간의 「일
리 사건」으로 국제 정세가 급박하게 돌아가고 있다면서 비록 조선은
바깥세상에서 일어나는 일에 대해 무관심하지만 일본은 그럴 수 없다
고 한다.[51] 러시아의 남하 정책에 대해 극도로 불안해하던 일본은 청과
마찬가지로 조선에게 서구 열강과 조약을 맺을 것을 적극 권유한다.

5. 김홍집과 이동인의 만남

김홍집은 이때 도쿄에 체류하고 있던 이동인을 만난다. 정확한 기록
은 없지만 8월 25~31일 사이였던 것으로 추정된다.[52] 김홍집 수신사
일행의 도쿄 숙소는 아사쿠사의 「히가시혼간지」별원이었다. 4월에
교토에서 도쿄로 온 이동인 역시 같은 곳에 머물고 있어 이들의 만남
은 자연스럽게 이루어졌다. 김홍집과 이동인이 만나게 된 정황에 대해
서는 오쿠무라가 일기에 다음과 같이 묘사하고 있다.

수신사 일행은 이 별원을 여관으로 삼게 되어 김홍집을 위시하여 친근해
졌고 특히 일행 중 이조연, 강위와 같은 사람과는 크게 친분이 생겨 만사

도쿄 아사쿠사의 「히가시혼간지」 별원. 현재의 건물은 1939년 재건된 것

가 잘 되었으니 안심하시오. 조야생(朝野生, 이동인을 가리킴)도 이번에
여러 가지로 궁리하던 중 마침 수신사와 이조연을 설복하여 드디어 심정
을 토로하여 비밀리에 잘 진력하였으므로 쌍방이 크게 정실이 상통하였
으니 과연 그렇거니 생각되었습니다.[53]

이 내용은 원래 아사쿠사 「히가시혼간지」 별원장인 스즈키 케이준이
원산의 일본인 거주지에 포교차 가있던 오쿠무라에게 보낸 편지에 있
던 내용이다. 이 편지는 이동인이 오쿠무라에게 직접 전했다.

　당시 일본 측에서는 김홍집에게 인천을 개항할 것을 설득하고자 했
으나, 김홍집은 이를 거부하고 있었다. 그러자 이동인이 자신이 직접
김홍집에게 인천 개항을 건의하겠다고 나선다. 스즈키와 하나부사는
그렇게 되면 이동인이 밀항해서 일본에 체류하고 있다는 사실이 밝혀
지며 그가 위험에 처할 수 있다고 반대했지만, 이동인은 나라를 위해
나서겠다고 했다고 한다.

　동인이 말하기를 내가 일본에 들어온 것은 국은(國恩)에 보답하고 불은(佛

恩)에 부응코자 하는 것인데 나라를 위해서라면 어떠한 조치가 있어도 우려하지 않으니 바라건대 수신사를 배알토록 하여 달라고 하다. 하나부사, 스스키 모두 탄복하여 수신사에게 면회토록 하였다. 동인이 일본 옷을 입고 조선말을 하니 수신사가 괴상히 여겨 자세한 것을 물었다. 동인이 무릎을 가까이하여 지난 해 나라를 위해 이곳에 와 교토, 도쿄에 있으면서 일본의 귀관은 물론이고 재야에 뜻 있는 사람들을 접하여 그 의도하는 바를 탐지하여보니 조선에 대하여 다른 뜻이 있는 것이 아니고 다만 우리나라를 개명(開明)에 이르게 하는 것뿐이라고 말하다. 그런데 이번에 하나부사의 말을 용납하여 수신사께서 귀국한 후에 적절한 주선이 있기를 바란다고 온갖 말을 다하여 설득하다. 수신사 무릎을 치며 「오호라 여기에 기남아(奇男兒)가 있어 국은에 보답하려 하니 감명스러운 바이다」라고 하다. 이때부터 친밀히 되었고 만사가 뜻과 같이 되니 그 후로는 하나부사가 크게 나를 신임하게 되다.[54]

낯설고 의심스럽기만 한 일본을 이토록 잘 알고 있으며, 일본의 관계와 학계는 물론 외국인들과도 광범위한 인맥을 형성하고 있는 이동인을 만난 김홍집은 마치 천군만마를 만난 듯이 기뻤다. 김홍집은 「한편으로는 놀랍고, 한편으로는 기뻐서, 그의 손을 잡고 눈물을 흘리면서 그의 뜻을 칭찬하고, 우리나라에도 이와 같이 훌륭한 남아가 있는가라고 부르짖었다.」[55]

이동인은 새토우에게 윤웅렬(尹雄烈, 1840.5.18.~1911.9.22.)도 소개한다. 윤치호의 부친이며 조선 최초의 근대식 군대인 별기군 창설에 중추적인 역할을 하게 되는 윤웅렬은 「별군관(別軍官)」으로 수신사 김홍집을 수행하였다. 윤웅렬은 일본 체류 기간 동안 이동인의 주선으로 「흥아회(興亞會)」에 참석하였고 주일 영국 공사 새토우와도 만난다. 새토우는 1880년 9월 2일자 일기에 윤웅렬과의 만남을 기록하고 있다.

아사노는 점심 때 윤웅렬이라는 아주 점잖은 조선 사람을 데리고 왔다. 그는 40세 정도며 중군장(대령)으로 특명전권대사를 수행하고 있다. 그는 조선말 외에는 베이징 말을 몇 마디밖에 할 줄 몰랐으나 칼과 포크를 아주 능숙하게 다뤘다. 외모는 일본 사람과 비슷한 데가 많았다. 내가 그에게 내 사진과 은으로 된 접히는 펜과 연필을 주자 그는 매우 기뻐했다. 그는 진보당의 일원인 것 같았지만 자신이 외국인을 만났다는 사실이 일본 신문에 보도 되는 것에 대하여 매우 신경을 썼다.[56]

김홍집은 이동인을 귀국길에 대동한다. 이동인은 「히가시혼간지」로부터 천 엔을 빌려 등유등불(kerosene lamp), 성냥, 시계 등의 물건을 사는 한편 일본의 근대화 과정에 대한 정보를 수집한다. 귀국 후 일본의 근대화에 대해 설명하기 위해서였다.[57] 오쿠무라는 이동인이 김홍집과 함께 귀국을 결정한 정황을 다음과 같이 묘사하고 있다. 「그런데 이때에 한 번 극비로 귀국해야 할 사정을 말하고 머지않아 다시 오겠노라고 하니 말릴 수도 없는 일이어서 지난 날 수신사 일행과 같은 배를 타고 출발하였습니다.」[58]

당시 일본 신문은 이동인에 대해 다음과 같이 보도하고 있다.

작년 9월 다녀간 조선 사람 이동인은 귀국했다. 그는 단발을 하고 유럽 옷을 입었다. 그는 일본말을 유창하게 하고 자기나라 사람들을 계몽시키고자 한다 ···. 지난 9월부터 일본에 머무르고 있으며 조선의 문명화를 누구보다고 강력하게 주장하는 이동인은 「치토세 마루」를 타고 12월 1일 부산에 도착하여 육로로 한양으로 향했다. 유럽 옷을 입고 허리에는 번쩍이는 금 시계줄을 차고 머리도 유럽식으로 한 그는 ···.. 일본 사람처럼 도쿄 사투리를 쓴다. 아무도 그를 조선 사람으로 보지 않을 것이다 ···.. 그는 매우 지적이고 고매한 정신을 가진 사람이다.[59]

제 9 장
급진 개국과 대미 수교

제9장

급진 개국과 대미 수교

김홍집은 1880년 10월 2일 고종에게 귀국 보고와 함께 『조선책략』을 올린다. 또, 함께 귀국한 이동인을 민영익에게 소개한다. 민중전이 각별히 총애하는 조카이자 민씨 척족의 지도자로 떠오른 젊은 민영익은 김옥균 등의 개화파와도 가깝게 지내고 있었다. 그는 일본에 대해 해박한 이동인을 각별하게 대하면서 자기 집 사랑채에 머물게 하였다. 그리고 이동인으로 하여금 고종을 알현케 하여 일본과 국제 정세에 대해 상세히 보고하도록 한다.[1] 김홍집의 보고와 황준헌의 『조선책략』, 이동인의 등장은 고종이 흥선대원군의 쇄국 정책과 위정척사파의 반외세 사상을 극복하고 새로운 대외 정책을 추진하는 계기를 마련한다.

그렇지 않아도 이유원을 통해 서구 열강과의 조약 체결과 자강을 종용하는 이홍장의 편지를 받은 고종은 청의 「무비자강(武備自强)」을 배우기로 하고 1879년 여름, 역관 출신 이용숙(李容肅)을 「헌서재자관(憲書賫咨官)」으로 청나라에 보내 조선 유학생 파견을 교섭하도록 한 참이었다.[2] 이용숙은 1876년 4월 수신사 김기수를 수행하여 20일간 일본을 다녀왔고, 1880년 「별견한학당상(別遣漢學堂上)」으로서 제2차 수신사 김홍집을 수행하여 한 달 동안 도쿄에 머물며 일본의 발전상을 돌아보고 온 인물이었다. 특히 주일 청국 공사 하여장(何如璋)과 6차에 걸쳐 회담하며 세계의 대세, 통상상의 실무 문제, 그리고 조선의 외교 정책의 진로 등에 대해 식견을 넓히고 돌아온 바 있다.[3] 이용숙은 고종의 의중을 담은 이유원의 밀서를 이홍장에게 전달하고, 병기 제조와 군사 훈련 등 「무비자강」 문제에 대한 자문과 지원을 요청하여 약속을 받아낸다.[4] 1880년, 청의 예부는 이를 청 황제에게 올리고 동치제는 이를 허락한다.[5]

청의 근대화 경험을 조심스럽게 학습하고자 하던 고종은 제2차 수신사의 귀국 보고를 계기로 본격적인 개국, 개혁 정책을 추진하기로 한다. 청의 자강운동뿐만 아니라 일본의 급진 개혁도 학습하는 것은 물론 이홍장이 종용해 오던 미국과의 수교도 결행하기로 한다. 이러한 결정을 청에 알리고 청의 협조를 구하기 위하여 고종은 이동인과 탁정식을 일본에 밀사로 파견하여 도쿄의 하여장 주일 청국 공사를 만나도록 한다.

고종의 밀명을 받은 이동인과 탁정식은 청국의 외교관을 만나는 외에도 일본의 지인들에게 조선이 드디어 개화 정책을 채택하였음을 알리는 한편, 곧 대규모 사절단을 일본에 파견할 계획이란 사실도 전한다. 그리고 조선 사절단이 일본을 방문했을 때 방문할 장소, 만날 인물 등, 세부 일정을 일본 측과 협의한다. 이동인은 후쿠자와 유키치에게 조선의 유학생을 받아줄 것도 부탁한다.

1881년 초, 이동인이 일본에서 귀국하자 고종은 인천 개항을 결정하고 「통리기무아문」을 설치한다. 청의 「총리아문」을 모방한 「통리기무아문」은 개국과 개혁을 총괄하도록 한다. 청의 「자강운동」을 배우고 일본의 「메이지유신」을 학습하면서 서구 열강과의 수교를 추진하기 위해서였다. 통리기무아문의 첫 번째 정책은 청으로 「영선사」를 파견하고 일본에는 「신사유람단」을 파견하는 한편 이홍장을 통하여 본격적으로 미국과의 수교를 교섭하는 것이었다.

그러나 귀국한 이동인은 「신사유람단」의 파견을 보지 못하고 행방불명이 된다. 일본과의 교류와 개화를 주장하는 것이 당시 얼마나 위험한 일이었는지 여실히 보여주는 사건이었다. 이동인이 사라지자 그와 함께 일본과의 교류를 주선하고 있던 또 다른 개화승 무불 탁정식이 「신사유람단」의 도일(渡日)을 돕는다. 김옥균 자신은 「신사유람단」에는 참여하지 않지만 유람단이 일본을 다녀온 후 곧 일본 방문길에 오른다. 조선의 본격적인 일본 배우기가 시작된다. 한편, 조선 조정이 미국과의 수교를 적극 모색하기 시작했다는 소식을 들은 청의 이홍장은 조선과 미국 간의 조약 체결을 중재하여 성사시킨다. 이로써 조선의 진정한 개국이 이루어진다.

1. 고종의 개국 결정과 이동인의 밀사 파견

1880년 10월 11일, 조정회의에서 고종은 『조선책략』에 대한 대신들의 의견을 묻는다. 영의정 이최응(李最應, 1815.2.17.~1882.6.10.)은 황준헌이 「여러 조항으로 분석하고 변론한 것이 우리의 심산(心算)과 부합」된다면서 적극 수용할 것을 주장한다. 그는 러시아가 「먼 북쪽에 있고 성질이 또 추운 것을 싫어하여 매번 남쪽을 향해 나오려고 한다」라면서, 다른 나라들은 무역을 통해 장사를 하고자 하지만 「러시아 사람들이 욕심 내는 것은 땅과 백성」이라고 지적한다.[6]

우리나라의 백두산(白頭山) 북쪽은 바로 러시아의 국경입니다. 비록 큰 바다를 사이에 둔 먼 곳이라도 한 척의 돛단배로 순풍을 타면 오히려 왕래할 수 있는데, 하물며 두만강(豆滿江)을 사이에 두고 두 나라의 경계가 서로 접한다면 더 말할 것이 있겠습니까? 보통 때에도 숨 쉬는 소리까지 서로 통할 만 한데 얼음이 얼어붙으면 비록 걸어서라도 건널 수 있을 것입니다. 바야흐로 지금 러시아 사람들은 병선 16척을 집결시켰는데 배마다 3,000명을 수용할 수 있다고 합니다. 만약 추워지게 되면 그 형세는 틀림없이 남쪽으로 향할 것입니다. 그 의도를 진실로 헤아릴 수 없으니, 어찌 대단히 위태롭지 않겠습니까?[7]

고종이 「일본 사람들의 말을 보면, 그들이 두려워하는 바는 러시아로서 조선이 대비하기를 요구하는 듯하지만, 사실은 조선을 위한 것이 아니라 그들 나라를 위한 것이다」라고 하자 이최응은 이에 동의하며, 「조선이 만일 방비하지 않으면 그들 나라가 반드시 위태롭기 때문입니다」라고 한다. 그러면서도 「비록 그렇더라도 우리나라야 어찌 러시아 사람들의 뜻이 일본에 있다고 핑계대면서 심상하게 보고만 있겠습니까?」라고 한다.[8] 그리고 이어서 「방비 대책에 대하여 우리 스스로가 어찌 강구한 것이 없겠습니까마는, 청나라사람의 책에서 논한 것이 이처럼 완벽하고 이미 다른 나라에 준 것은 충분한 소견이 있어서 그런 것입니다. 그 중 믿을 만한 것은 믿고 채용해야 할 것입니다」[9]라고 한다.

미국에 대해서도 파격적으로 다른 제안을 한다.

지난 6월에 미국(米利堅) 사람들이 동래부(東萊府)에 왔었는데 본래 원수진 나라가 아니었으므로 그들이 만약 서계(書契)를 동래부에 바친다면 동래부에서 받아도 잘못될 것은 없으며, 예조(禮曹)에 바친다고 한다면 예조에서 받아도 역시 괜찮았을 것입니다. 그러나 서양 나라라고 해서 거절하고 받지 않았기 때문에 이내 신문지상에 널리 전파되어 마침내 수치가 되고 모욕을 당하게 된 것입니다. 미국에 대해 무슨 소문을 들은 것이 있어서 원수 진 나라라고 하겠습니까? 먼 지방 사람을 회유하는 의리에 있어서 불화가 생기지 않도록 해야 할 듯합니다.[10]

고종의 변화 역시 놀랍다.

「우리나라의 풍습이 본래부터 이러하므로 세계의 웃음거리가 된다. 비록
서양 나라들에 대해 말하더라도 본래 서로 은혜를 입은 일도 원한을 품
은 일도 없었는데 애당초 우리나라의 간사한 무리들이 그들을 끌어들임
으로써 강화도(江華島)와 평양(平壤)의 분쟁을 일으켰으니, 이는 우리나라
가 스스로 반성해야 할 바이다. 몇 년 전에 서양 사람들을 중국에 들여보
낸 것은 중국의 자문(咨文)에 의하여 좋게 처리하였다. 대체로 양선(洋船)
이 우리 경내에 들어오기만 하면 대뜸 사학(邪學)을 핑계 대는 말로 삼지
만, 서양 사람이 중국에 들어가 사는데도 중국 사람들이 모두 사학이라고
말하는 것은 아직 들어보지 못하였다. 이른바 사학이란 배척해야 마땅하
지만 불화가 생기게까지 하는 것은 옳지 않다.」 하였다.[11]

고종과 조정 대신들이 10월 11일 회의에서 미국과의 수교를 결정
하자 김홍집은 도쿄의 하여장에게 보낼 친서 사본과 「제대신 헌의」 사
본, 10월의 조정 회의록 등을 이동인에게 보낸다. 한편, 김옥균과 박영
효는 오쿠무라 엔신에게 이동인과 탁정식의 일본 밀항을 도와줄 것을
요청하는 편지를 보낸다.[12] 또한 이들의 밀항 자금으로 천 엔을 빌려줄
것도 요청한다. 오쿠무라는 이동인과 탁정식이 「히가시혼간지」로부
터 천 엔을 빌릴 수 있도록 도울 뿐 아니라 자신의 돈 300엔도 내놓는
다.[13] 이 때 오쿠무라는 조선의 개화파를 돕는 것이 자신의 포교 활동
에 도움이 될 것이라고 생각하여 부산의 조슈 출신 상인들과 유대치를
연결시켜 줌으로써 유대치가 이들과의 무역을 통해 거금을 벌 수 있도
록 도와주기도 한다.[14] 이동인과 탁정식은 위정척사파의 위협을 피해
부산 대신 새로 개항한 원산을 통해 일본으로 가기로 한다. 이동인은
10월 15일, 탁정식은 11월 2일에 원산에 도착하여 미리 와있던 유대

치와 만나 도일 준비를 한다.[15]

11월 5일, 이동인과 탁정식은 원산에서 일본 군함을 탄다.[16] 고베에 도착한 탁정식은 영국 영사 애스턴의 집으로 향했고, 이동인은 도쿄로 향하여 11월 15일 새토우를 만난다. 새토우는 일기에 이렇게 적고 있다.

아사노(東仁, 동인)가 지금 막 (도쿄에) 도착하여 여행 가방을 들고 밤늦게 갑자기 나타났다. 그리고 그는 국왕이 계몽되었다는 좋은 뉴스를 전하면서 국왕으로부터 받은 여권을 소지하고 있었다. 국왕은 그의 나라가 러시아에게 노출된 위험을 잘 인식하고 있으며 수주일 이내에 자유당(liberal party)이 현재의 쇄국내각(anti-foreign ministry)을 전복할 것이라고 한다. 영국이 (조선에) 위엄을 갖춘 많은 함대를 파견하길 그는 희망한다. 그런 함대를 파견하는 것은 무슨 충돌을—그럴 위험은 없는데—예방하려는 것도 아니고 (이런 함대의) 원정이 (영국) 정부가 승인한 것이지 어떤 함장 개인의 원정이 아니라는 것을 명백히 하기 위해 그렇다고 한다. 일본은 독일정책이 러시아정책과 반대되고 있어서 조선이 독일과 조약을 체결토록 항상 권유하고 있고 미국으로부터는 아무런 도움도 조선이 얻지 못한다고 여기고 있다. 케네디와 내가 엊그제 그(이동인)에 관해 얘기한 것은 이상한 일치였다.[17]

새토우는 이동인이 머물 수 있는 방을 제공한다.[18] 11월 16일, 이동인은 이와쿠라 토모미를 만나러 가지만 부재중이라 만나지 못한다.[19] 다음날 이와쿠라를 만난 이동인은 그에게 조선을 방문해 줄 것을 요청한다. 이동인이 이와쿠라를 초청한 것은 이와쿠라가 당시 메이지 정부의 최고 지도자였을 뿐만 아니라 그가 오쿠보와 함께 사이고의 정한론을 꺾은 장본인이라는 사실이 조선 조정에도 알려져 있었기 때문이다. 이와쿠라는 조선과 청, 일본 등 동양 3국이 동맹을 맺는 것을 오랫동안 바래왔고 이를 위해서 언젠가는 조선을 방문할 의향이 있지만, 현재는 조선 내의 반외세 감정이 너무 강하기 때문에 자신이 조선을 방문하더라도 별다른 효과가 없을 것이라고 한다. 그러나 그럼에도 불구하고 조선을 방문하고 싶다면서, 조금 더 생각해 보겠다고 한다.[20][21]

이와쿠라를 만나고 온 날, 이동인은 새토우에게 자신이 김홍집이 하여장에게 보내는 밀서의 사본을 갖고 있음을 밝힌다. 그 내용은 조선과의 수교를 위하여 청국을 통해 접촉을 시도하고 있던 슈펠트 제독에게 그 동안 조선이 접촉을 거부한 것을 청이 대신 사과해주고 만일 슈펠트가 다시 온다면 조선이 그의 서계를 접수하고 조약을 맺을 용의가 있음을 전해달라는 것이었다. 이동인은 새토우에게 사본을 보여주기는 했지만, 원본이 아직 도착하지 않은 상태에서 복사를 해줄 수는 없다고 했다.[22]

새토우는 고종이 서양과의 조약 체결을 적극 고려하기 시작했다는 내용을 상관인 주일 영국공사 케네디에게 보고한다. 이동인이 새토우에게 전한 내용은 케네디 대리 공사(John Gordon Kennedy, 1836~1912)가 본국의 그랜빌 외상(Granville George Leveson-Gower, 2nd Earl Granville, 1815.5.11.~1891.3.31.)에게 보낸 보고서에 상세히 나와 있다.

수신자: 그랜빌 외상

지난 7월 27일에 보내드린 기밀문서 131번과 관련하여 외상께 보고 드립니다. 최근 믿을 만한 소식통으로부터 얻은 정보이며, 조선의 왕과 정부가 외세에 대한 태도에 상당한 변화가 있다는 내용입니다. 조선 정부는 자신들과 외교 관계를 맺고 싶어 찾아오는 강국의 외교 사절 및 소식통을 이제는 우호적으로 받아들이려는 듯 합니다. 이 정보는 지난 한 보

존 고든 케네디 대리공사   조지 그랜빌 외상

내 드린 문서에서 언급한 조선인으로부터 Satow 서기관을 통해 저에게
전달되었습니다. 이 조선인은 조선 정부가 공식 파견한 밀사로 현재 일본
에 체류 중 입니다.

이 조선인은 최근 조선 왕을 비롯한 정부가 외국인을 대하는 태도를 바
꾸게 된 핵심 원인을 다음과 같이 제시하고 있습니다. 주일 청국공사가 일
본을 방문한 조선 외교 사절단(2차 수신사)에게 보낸 서한; 일본 제2총리
와 일본 외상이 동일한 사절단에게 건넨 조언으로, 조선과 일본이 개국을
통해 얻게 될 이익을 위해 추후 정책 방안을 모색해야 한다는 내용; 마지
막으로 가공할 만한 러시아 함대가 조선 동해상에 출몰함에 따른 조선 왕
의 불안감 때문이라고 조선인은 전하고 있습니다.

세 가지 원인 중에서도 마지막 원인이 거의 틀림없이 조선의 태도 변
화에 가장 결정적이었던 것으로 보여집니다. 하지만 주일 청국공사 Mr.
Ho(하여장)가 사절단에게 보낸 서한 역시 어느 정도 영향이 있었음을 알
수 있습니다. 조선인 밀사는 사절단이 Mr. Ho에게 보낼 답신 내용을 저에
게 보여주었는데, 주요 대목에서 다음과 같이 서술하였습니다.

「조선이 러시아에 대항하기 위해 미국을 비롯한 외세와 외교 관계를 맺는 것은 좋은 제안이나, 예로부터 조선은 외국과 교류하지 않는 것이 관행이었습니다. 게다가 그들은 조선과 멀리 떨어져 있기에 그들이 곤경에 처했을 시 도움을 얻기 위해 조선에 동맹을 맺자고 감히 성급하게 접근할 수 없을 것 입니다. 하지만 외국 선박이 서한을 갖고 온다면, 조선은 서한을 받고 정중히 회신할 것입니다. 그리고 만약 외국 선박 항해사가 곤란에 처해 도움을 요청한다면 조선은 힘이 닿는 한 어떠한 방법으로든 도울 것입니다. 이런 방식으로 조선은 환대의 의무를 이행할 것이고, 이후 그 나라 (미국)는 후하게 대접받은 것에 대해 언급하며, 자신들과 외교 관계를 맺는 것을 제안할 것입니다.」

사절단의 답신은 청나라, 일본, 조선의 국익이 이 계획의 성공 여부에 달려있으며, 평화와 안정의 꿈에 만족할 만한 시기가 아니라는 견해를 밝히며 내용을 마무리 합니다. 끝으로 내용을 맺습니다.

조선인 밀사는 Mr. Satow 에게 자신의 신분을 증명하고자 조선 왕실의 인장이 새겨진 여권을 보여줬습니다. 여권에는 이 여권 소지인이 조선 정부의 기밀 업무 수행을 위해 여행하는 사람이며, 조선 당국의 추천을 받았다고 명시되어 있습니다.

또한 밀사는 Mr. Satow 에게 일본으로 밀항하기 위해 기회를 엿보며 부산항에서 기다리던 중, 최근 중앙 정부로부터 받은 두 통의 서한을 Mr. Satow 에게 보여주었습니다.

첫 번째 서한은 조선 왕실에서 회의가 열렸으며, 조선 왕의 시각이 많이 변했고, 주 조선 일본공사 하나부사의 요구 사항들을 수용할 것이라는 내용입니다. 이는 조선이 일본공사 관저를 한성에 짓는 건, 전국에 일본인들이 자유롭게 이동할 수 있도록 하는 건, 인천항을 개항하는 건, 그리고 머지않아 조선 쌀 수출을 허용하는 건 입니다.

두 번째는 서한은 총리대신의 아들이 보내온 것입니다. 총리대신의 아들도 밀사에게 조선 왕과 조정의 시각이 많이 달라졌음을 언급하고 있으며, 그가 바라는 바는 일본의 주요 인사가 조선을 예방해주면 좋겠다라는 것입니다. 또한 그는 이와쿠라 제2총리와 이토 내무상에게 자신이 말한 내용을 전달하고, 미래의 안위를 위해 현재의 불편함을 감내해줄 것을 설득하라고 밀사에게 간곡히 요청했습니다.

밀사는 Mr. Satow에게 상기 서신을 보여주며 더 이상 지체하지 말고 통상우호조약을 체결하는 데 모든 권한을 부여받은 영국 특사를 2~3척의 군함과 함께 조선 왕실로 파견할 것을 본국에 요청하라고 강력히 권고했습니다.

밀사는 자신의 제안을 뒷받침하기 위해 러시아 함대 존재에 대한 이야기를 넌지시 꺼내며, 조선 정부는 이러한 위험으로 압박을 받고 있어 (만약 영국이 통상우호조약을 제안하면) 아마 순조롭게 협상할 수 있을 것이라고 말했습니다. 반면, 몇 개월이 지나면 러시아 함대가 물러나거나 아니면 조선을 공격할 수 있기에 (영국이 협상의) 기회를 놓치게 될 것이라고 했습니다.

또한, 밀사는 자유주의 정신에 입각한 통상우호조약 초안을 내보이며 수입품의 주요 조항에 관세는 고정 관세 10퍼센트로 할 것을 제안했습니다.

밀사는 제가 알고 있는 일본 주재 청국 및 독일 외교 사절과도 교류하고 있으나 그들과 이 사안에 대해 어디까지 이야기를 주고 받았는지 저로서는 알지 못합니다. 그리고 영국 공사관과 조선인 밀사와의 교류는 Mr. Satow만을 통해 이루어 있습니다. 저 또한 밀사의 존재에 대해 아는 척하지 않으며, 그에 대해 문의하는 것을 삼가고 있습니다.

이탈리아 공관에서 근무하는 직원은 조선의 개항에 개입하고자 하는 의지를 저에게 피력했습니다. 또한 그는 영국, 이탈리아, 프랑스, 독일, 미국이 힘을 합쳐 조선이 개항하도록 영향력을 행사하기를 희망 했습니다.

독일 공관에서 근무하는 직원도 본국으로부터 이 사안에 대한 지령을 기다리고 있다고 합니다. 일본에 있는 외국 공관들은 전반적으로 조선이 곧 개항할 것으로 생각하고 있으며, 그 중 일본인과 미국인이 조선의 개항에 대해 유독 확신하고 있습니다.

저는 조선이 영국의 국익 측면에서 봤을 때 상업적으로 그리 중요하지 않은 나라라고 보여집니다. 하지만 러시아와 청나라의 복잡한 이해관계를 고려할 때, 조선은 동아시아에서 교역하는 나라들에 대해 정략적으로 지극히 중대한 의미를 지닌 나라로 보여집니다.

발신자: J.G. Kennedy[23]

이동인은 11월 18일에는 「흥아회(興亞會)」에 참석한다. 「흥아회」는 「아시아주의」를 표방하는 단체였다. 일본 정부의 지원을 받아서 만들어진 「흥아회」는 조선, 청, 일본이 힘을 합쳐 서양 열강의 도전에 맞설 것을 주장하고 있었다. 「흥아회」는 김홍집이 2차 수신사로 도일했을 당시에도 김홍집에게 초청장을 보낸 적이 있었고, 비록 김홍집 본인은 참석하지 못했지만 그를 수행했던 이조연(李祖淵, 1843~1884), 윤웅렬, 강위(姜瑋, 1840.5.2.~1884.4.5.) 등은 참석했던 것으로 보인다. 당시 「흥아회」 회장이 김홍집에게 보낸 「흥아회」의 취지문은 다음과 같다.

우리 3국(일본, 청, 조선)은 상교(相交)한다고 하고 또한 사신(使臣)과 예물(禮物)이 왕래하고 있지만 옛날의 사실을 좇음에서 그치고, 문자(文字)가 비록 같지만 말이 통하지 않고 비록 역관(譯官)을 두었지만 치지도외(置之度外)하였다. 때문에 사람들이 잊고서 익히지 않음으로써 전주(全州, 아시아주)의 형세와 사정을 망연히 알지 못하게 되었다. 저 구라파 각국 같은 데서는 그렇지 않다. 위에서는 회맹(會盟)하고 초대하여 잔치하며, 밑에서는 통상하여 서로 거래하고 완급(緩急)을 서로 구원하며 유무(有無)를 서로 구제하니 그 형세와 사정을 서로 환하게 알고 서로 매고 서로 제약하여 순망치한(脣亡齒寒)의 형세를 이룬다. 이것이 저들이 날로 강성을 더하여 세계를 제압할 수 있는 이유이다. 아시아주의 떨치지 못함이 어찌 그렇지 않은 것에 말미암지 않겠는가?

우리들이 이것을 개탄하고 인하여 「흥아회」를 창립하고 사방(四方)의 뜻있는 인사들과 더불어 같이 서로 강습하고 학문을 닦아 아시아 여러 나라의 정세와 언어 문장의 학문을 연구하여 생도들을 가르치려고 한다. 지금 청국인으로 입회한 자가 이미 여러 명인데 주일청국공사 하여장(何如璋)도 역시 회원이다.[24]

하여장, 황준헌 같이 일본을 배워가던 청국의 관리와 지식인들, 그리고 이동인처럼 처음으로 근대화와 서구 열강의 도전에 눈뜨기 시작한 조선의 지식인들에게 「흥아회」의 소위 「아시아주의」는 매력적이었다. 이동인은 「흥아회」에 참석하면서 아시아주의에 눈뜨기 시작했고 익명으로 기부금과 편지를 보내기도 했다.

(a) 연못 속의 물고기는 천백 번을 빙빙 돌아도 소견이 연못 안에 지나지 않고, 꿈을 꾸는 사람은 천만 번을 생각하고 궁리해도 계획하는 바가 꿈속을 벗어나지 못한다. 어찌 꿈꾸는 사람과 물고기만 그렇겠는가? 좁은 견해에 갇혀서 스스로 분발하지 못하는 자들이 모두 그렇다. (…) 천하의 변화는 무궁하니, 성인의 법도 또한 그에 따라 무궁하다. 이것이 이른바 대역지도(大易之道, 주역의 도)이니, 수시변역(隨時變易, 시세에 따라 변통함)하여 그 시대에 맞는 도(道)를 따르는 것이다. 만약 오래도록 변통하지 않으면 막히고 쇠락해지니, 쇠락하면 폐해가 생겨난다. 이러한 이치는 고

금에 차이가 없는데, 주공(周公)과 공자(孔子) 이후로는 다시 신농씨와 황제 같은 인물이 한번 나와서 변통한 적이 없었다.

(b) 지금 우리 아시아 주가 쇠퇴해서 분발하지 못하고 서구인들에게 곤욕을 당하는 것은 다른 이유에서가 아니다. 좁은 견해에 안주해서 남에게서 좋은 점을 취하지 못하여 변통해야 할 때 변통하지 못하기 때문이다. 해외에서 구미의 권력이 강한 것은 다른 이유가 아니다. 모두 교집군거(交集群居, 교집은 서로 다른 것들이 직물을 짜듯이 섞여 있다는 뜻)해서 서로 그 장점을 배워 시대에 맞게 변통하여 그 편리한 점을 따르기 때문이다. 그러므로 우리는 갈수록 더욱 곤궁해지는데 저들은 더욱 강해지는 것이니, 아아! 통탄스럽다!

(c) 영국인이 처음 아편을 제조해서 우리 아시아 주의 이익을 거둬들이고 아시아 주의 인민을 해치려고 할 때 청국인이 그것을 불태웠으니, 이는 실로 부득이한 일이었다. 만약 청국인이 불태우지 않았더라면 반드시 그것을 다른 나라로 싣고 가서 인명을 해쳤을 것이다. 영국인이 아편을 제조한 것은 단지 이익을 거두려는 간계(奸計)에서 나온 것이요, 청국인이 그것을 불태운 것은 실로 사람을 사랑하는 선심(善心)에서 나온 것이니, 양자 간에 사(邪)와 정(正)을 구분할 수 있다. 그런데도 저들은 도리어 이 일로 혐극(嫌隙)을 빚어서 군대를 연합하여 공격하고, 또 우리 무고한 수만 명의 인명을 창과 화살촉 아래서 살육했다. 그 전에는 또 아무 이유 없이 흔단(釁端)을 만들어서 우리 인도(印度)의 여러 나라를 협박해서 빼앗았다. 그 강함만을 믿고 약한 나라를 업신여긴 죄는 실로 정법(正法)과 공안(公案) 앞에서 용서할 수 없는 것인데, 강약의 형세의 차이에 굴복해서 그 죄를 다스리지 못하고 있으니, 어찌 차라리 빨리 죽기를 바라지 않겠는가?

(d) 그러나 저들이 부강(富强)함으로 스스로 뽐내는 데 기대는 것은 대체로 상공(商工)의 이익과 함포(艦砲)의 정밀함에 불과하다. 몇 년 뒤에 우

리 인민들이 모두 그 기술을 깨닫는다면 저들이 장차 무엇에 기대어 우리를 업신여기겠는가?

(e) 미국의 워싱턴이 농민으로 일어나 농기를 들고 흉악한 칼날을 제압해서 한번 그 방자하고 포학한 습성을 응징하니, 지금 여러 주(洲)의 많은 약소국들까지도 그 은혜를 얻고 있다. 저 워싱턴도 처음엔 일개 지사(志士)에 불과했다. 우리 아시아 주의 수많은 인사(人士)들을 옛날 아메리카주의 세력과 비교해보면 그 난이(難易)에 또한 차이가 있다. 그런데도 스스로 분발하지 못하니, 어찌 우리 아시아주에 인사(人士)가 있다고 할 수 있겠는가? 전에 살펴보니 다섯 주(洲)의 인구가 대략 10억 명 남짓이었다. 그런데 우리 아시아주의 인구가 7억 남짓을 차지한다. 7억 명이나 되는 많은 인구로 인사(人士)가 없다는 비난을 받는다면 어찌 크게 탄식하지 않겠는가?

(f) 도쿄에 갔을 때 처음 이 「흥아회」가 창설된 사실을 알고 땅에 엎드려 박수를 쳤다. 나도 모르는 사이에 감격의 눈물이 얼굴을 적셨다. 학자금 30금(金)을 털어서 창설 비용에 보탰다. 물방울 하나가 대해(大海)에 아무 보탬이 되지 않음은 잘 알지만, 혹시라도 이 말로 인해 분기(奮起)하는 사람이 있어서, 신농씨와 황제의 옛 공적을 따르되 그것을 더욱 넓히고, 정법(正法)을 주장해서 한번 대국(大局)을 바로잡아 우리 아시아주가 수억 명의 이 세상에서 으뜸가는 주(洲)가 되게 한다면 보탬이 전혀 없진 않을 것이다.

메이지 13년 4월 ?일
동쪽으로 파견된 본원사(本願寺) 유학생 모(某)
본회 회장님 귀하.[25]

세계 인구의 70%를 갖고 있는 아시아가 서구 열강에 짓밟히고 있다는 사실을 깨달으면서, 이동인은 조선이 아닌 「아시아인」으로서의 정체성에 눈뜬다. 일본의 후쿠자와 유키치에서 중국의 쑨원(孫文, 손문, 1866.11.12.~1925.3.12.), 인도의 타고르(Tagore, 1861.5.7.~1941. 8.7.), 조선의 김옥균과 안중근(安重根, 1879.9.2.~1910.3.26.)에 이르기까지, 아시아의 수많은 지식인들을 열광시킨 「아시아인」이라는 새로운 정체성에 대해 조선에서는 이동인이 가장 먼저 눈을 뜬다. 아시아주의는 훗날 일본의 「대동아 공영권(大東亞共榮圈)」 논리로 왜곡되면서 주변국들을 짓밟는 일본 제국주의의 논리로 변질되지만, 출발점에서는 수많은 아시아 지식인들을 열광시켰다.

이동인은 12월 1일 귀국길에 오른다. 이동인은 이때에도 「히가시혼간지」에서 2만 엔을 빌려 다양한 근대 물품들을 사서 귀국한다.[26] 떠나기 전 새토우와 나눈 마지막 대화는 조선의 가장 진보적인 인사들로 구성된 사절단을 일본으로 파견하여 외국 대표들과 조약을 체결하는 계획에 대한 것이었다. 새토우는 이동인과의 마지막 만남을 이렇게 기록하고 있다.

> 아사노는 오늘 아침 조찬 후 떠났다. 그의 가장 최신 구상은 조선에서 가장 앞선 인사들로 구성된 사절단을 이곳에 데리고 와서 외국사절들과 조약을 맺는 것이다.[27]

이동인은 이미 「신사유람단」 파견을 구상하고 있었다.[28]

이동인이 떠난 바로 다음날인 12월 2일, 고베에서 애스턴 집에 머물면서 그에게 조선어를 가르쳐주고 있던 탁정식이 새토우를 찾아온다.[29] 탁정식은 도쿄에 머물면서 12월 22일 중국 공사관을 찾아, 미국이 다시 사신을 보내면 조선이 거절하지 않을 것이며 이것이 국왕의 밀명(密命)이라는 것도 전한다.[30] 1880년 11월 19일, 도쿄의 하여장과 황준헌은 조선이 미국과 조약을 체결하기로 결정했다는 소문을 듣는다. 이는 곧 김홍집의 편지를 받음으로써 확인 되었다. 하여장은 곧바로 이 사실을 총리아문에 보고하면서 조선이 마음대로 다른 나라들과 조약을 체결할 경우, 조선에 대한 청의 종주권을 상실하게 될 것이라며 총리아문이 조선의 외교를 장악할 것을 권고한다. 하여장은 또 조선 국왕이 서양과 조약을 체결할 때는 청 조정의 명령으로 한다는 것을 명시하도록 조선 측에 주지시킬 것도 권고한다. 12월 말, 하여장은 도쿄의 미국공사 빙엄을 만나 청이 조선 정부를 설득하고 있다고 한다.[31]

하여장은 12월 30일, 김홍집의 서신 원본을 받는다. 내용은 『조선책략』의 내용을 모두 조선 조정에 보고했다는 것과 조선에서는 외세에 대한 불신이 여전히 팽배하고 있지만 조금씩 나아지고 있으며 좋은 방책을 알려달라는 것 등이었다.[32] 하여장은 총리아문(總理衙門)에 중국이 조선을 뒤에서 비밀리에 조종하는 것이 필요하며 이동인과 탁정식에게도 이를 비밀로 하라고 수 차례 당부하였다고 보고한다. 이로써 이홍장은 조선이 새로운 외교 정책을 채택하기 시작했으며 미국과의 수교를 원한다는 사실을 알게 된다.[33]

1881년 1월 4일, 이동인이 밀사로 일본을 다녀온 직후 고종은 청 조정이 청에 조선학생들을 보내는 것에 동의했음을 조정 중신들에게 알리고 해외에 수련생들을 파견하는 일은 물론 청과 일본의 관계, 군사 문제, 국경 문제 등을 전담할 별도의 정부 기구 설립을 명한다. 1월 20일, 통리기무아문이 설치된다.[34] 통리기무아문의 요직은 김홍집과 같이 수신사로 일본을 다녀온 개화파들이 맡았다. 이동인은 통리기무아문 참모관(參謀官)에 임명됨으로써 처음으로 공직에 진출한다. 유학자도 아닌 불교승이, 그것도 국법을 어기고 일본에 밀항을 했던 자가 국가 기구에 공식 임명되었다는 사실은 당시로서는 파격이었다. 고종과 개화파가 개국과 개화의 필요성을 절실하게 느끼고 있었다는 증거다. 동시에 개화파와 이동인에게 적대감을 품은 자들이 얼마나 많았을지 짐작할 수 있다.

1881년 1월 16일에는 인천을 개항한다. 힘겨운 협상을 예상했던 일본이 오히려 놀란다. 이동인의 역할이 얼마나 컸을지 짐작할 수 있다. 고종은 일본에도 시찰단을 파견하기로 결정한다. 일본은 그 동안 여러 차례 조선에게 자강을 모색할 것을 종용하였고, 이를 위한 도움을 제공할 것을 약속하기도 하였다. 그러나 고종은 일본의 도움을 번번히 거절해왔다. 일본에 대한 뿌리 깊은 불신 때문이었다. 그럼에도 불구하고 고종이 일본에 시찰단을 보내기로 결정한 것은 이동인의 설득이 있었기에 가능한 일이었다.

> 그(이동인)는 일본 국정에서부터 세계 형세에 이르기까지 한결같이 상주하였는바, 국왕은 그 이론에 감동되고 느끼는 바가 많아 고종 18년 신사 (1881)에 12관신 시찰단을 일본에 파견하게 된 동기도 실은 여기에 있었다고 한다.[35]

이동인은 통리기무아문에서 사절단을 조직하는 일을 맡는다. 결과는 「신사유람단」이었다.

2. 「신사유람단」과 본격화되는 일본 배우기

모든 것은 극비리에 추진되었다. 위정척사파와 대원군이 개국을 격렬하게 반대하고 있었기 때문이다. 사절단은 명칭도, 아무런 공식적인 임무도 없이 단지 몇몇 「신사」들이 「유람」을 하러 가는 단체라고 하여 「신사유람단(紳士遊覽團)」으로 이름을 붙인다. 공식적인 조정 회의를 거치지 않고 결정되고 추진되었던 일이기에 공식기록은 남아 있지 않다. 다만 이동인을 통해 이러한 사절단이 일본을 방문할 것이라는 귀띔을 받은 하나부사 공사가 김홍집에게 편지와 사람을 보내 사절단의 내용을 수 차례 문의하는 과정에서 남겨진 기록들이 있을 뿐이다.

하나부사는 1881년 2월 3일, 이동인으로부터 「신사유람단」 파견에 대한 얘기를 듣는다.[36] 2월 18일, 하나부사는 김홍집을 만난다. 이때 김홍집은 하나부사에게 비밀리에 일본에 사절단을 파견할 계획이 있는데 일본 정부와 국민의 반응이 어떨지 묻는다. 하나부사는 환영의 뜻을 표하고 만일 사절단 파견이 결정되면 어떤 방식으로든 일본 측에 공식적으로 통보할 것을 종용한다.[37]

그러나 그 후에도 조선측으로부터 「신사유람단」에 대한 아무런 공식 연락이 없자 하나부사는 공사관의 이시바타 사다(石幡貞, 1839~1916)를 김홍집에게 보낸다. 이시바타는 2월 24일 김홍집과 이조연을 찾아, 조선의 「신사유람단」이 군함을 구하는 일로 이미 일본으로 떠났다고 들었으며 유람단의 명단과 관직은 정확히 모르지만 9명으로 구성되어 있다고 들었다면서, 어떻게 일본으로 건너갈 것이며, 어떤 임무로 가는지를 물었다. 그리고 하나부사 공사를 통해 도쿄에 연락하여 사절단의 편의를 봐주겠다고 제안한다.

이에 김홍집은 사절단이 몇 명인지는 극비이며 이는 일본 때문이 아니라 국내 정황 때문이라고 설명하면서, 사절단의 목적은 견문을 넓히기 위한 것일 뿐 군함을 구입하는 계획은 없다고 한다. 이조연은 군사를 구하러 간다는 얘기는 이동인이 퍼뜨린 것으로 보이지만 「신사유람단」과는 아무런 관련이 없는 것이라고 부연 설명한다. 김홍집은 사절단의 명단과 직책 등은 일부러 숨기려는 것이 아니라 정말로 모른다고 한다. 그러면서 하나부사가 일본 정부에 「신사유람단」 파견을 통

보해주면 좋겠다고 한다.[38] 조
선 정부가 일본공사관에 「신사
유람단」 파견을 공식으로 통보
한 것은 5월 5일(음력)이었다.
그러나 이때는 「신사유람단」이
이미 도쿄에 도착한 후였다.[39]

유길준

　1881년 3월, 이동인이 행방
불명 된다. 대원군 또는 김홍
집이 암살했다는 소문이 돌았
다. 조선에서 일본을 가장 잘
알고 근대화의 중요성을 그 누
구보다도 절감하여 이를 위해
백방으로 노력하던 이동인이었다. 「신사유람단」을 최초로 기획하고
조선 개화파가 일본 각계각층의 인사는 물론 일본에 거주하는 서구 열
강의 외교관들과도 교류할 수 있도록 다리를 놓았던 것도 이동인이었
다. 조선 최초의 친일개화파 이동인은 이렇게 허무하게 역사에서 사
라진다.

　이동인이 행방불명되자 「신사유람단」은 무불 탁정식의 안내로 일
본으로 건너간다. 홍영식(洪英植, 1856.2.5.~1884.12.7.), 어윤중(魚允
中, 1848~1896) 등 12명의 사절과 유길준, 이상재(李商在, 1850.10.26.
~1927.3.29.) 등의 수행원을 포함한 62명의 시찰단은 경상도 동래지방
민정 시찰을 위한 암행어사라는 명목으로 부산에 집결하여 극비리에
일본으로 건너갔다.[40] 시찰단은 1881년 5월 8일 나가사키에 도착하
여 나가사키, 오사카, 교토, 고베, 요코하마를 거쳐 6월 1일 도쿄에 도
착하여, 8월 15일까지 일본에 머문다.[41]

　이들은 분야를 분담하여 도쿄는 물론 나가사키, 고베, 오사카, 교

유길준, 유정수가 유학할 당시 「게이오기주쿠」 정문

토, 요코하마 등을 방문하
고 일본의 정계와 관계, 학계
의 주요 인사들을 만났다. 참
판 박정양(朴定陽, 1841~1904)
은 내무성과 농상무성, 어윤중
은 대장성 재정제도, 조준영
(趙準永, 1833~1886)은 문부성
을 맡았다. 승지 강문성(姜文馨,
1831~?)은 공무성, 이헌영(李鑢
永, 1837~1907)은 세관, 엄세영
(嚴世永, 1831~1900)은 사법부,
민종묵(閔種默, 1835~1916)은

임오군란 후 일본에 망명중인 부친 윤웅렬과 윤치호

외무성, 홍영식은 육군과 군제를 맡는다.[42]

어윤중은 11월 초순까지 일본에 체류한다. 수행원으로는 유
길준(兪吉濬, 1856.11.21.~1914.9.30.), 유정수(柳正秀, 1857.(음)
4.11.~1938.(양)4.17.), 김양한(金亮漢, 1850~1924), 윤치호(尹致昊,

1865.1.23.~1945.12.6.) 등을 데
리고 갔다. 그는 유길준과 유정
수를 후쿠자와 유키치가 세운
「게이오기주쿠(慶應義塾, 경응의
숙, 게이오대학의 전신)」에, 윤치
호를 어학 연구를 위해 「동인사
(同人社)」에, 김양한을 조선소에
입학시킨다.[43] 실제로 이들 네
명은 명목상으로는 수행원이
었지만 원래부터 유학생으로
일본에 남길 계획이었다. 유길
준과 유정수가 「게이오기주쿠」

윤치호가 유학한 「동인사」를 설립한 마사나오 나카무라(中
村 正直, 1832.6.24.~1891.6.7.)

에 입학한 날짜는 도일한 지 2주 만인 6월 8일이었다. 사전에 미리 협
의가 이루어졌음을 알 수 있다.[44]

어윤중은 6월 12일, 후쿠자와 유키치를 만난다.

이 사람(후쿠자와 유키치)은 다른 사람들[國人]보다 먼저 구미(歐美)의 여
러 나라들을 두루 돌아다녀서[遊歷], 외국의 정세와 상황에 대해서는 잘
알고 있었다. 하지만 관직에 나아가지 않고 재야에 있으면서 의숙(義塾)을
열어 인재를 가르치고 길렀는데, 이룩한 것이 아주 많았다. 일찍이 유정
수, 유길준 두 친구가 그에게서 도움을 받았다.[45]

6월 22일에는 일본의 신문사를 시찰하고 오후에는 「흥아회」 주최 환
영회에 참석한다. 환영회에는 일본의 정치가와 학자, 하여장을 포함
한 청 외교관 등 44명이 참석하였다. 어윤중은 당시의 분위기를 한시

로 표현했다.

衣冠會三國 萬里卽同隣 共益綢繆策 何優禦外人 (의관을 갖추고 세 나라[조
선, 중국, 일본] 사람이 한 데 모이니, 온 세상이 다 가까운 이웃이라. 빈틈
없이 꼼꼼하게 준비하는 계책을 다같이 모색한다면, 서양 외국인들을 방
어하는 데 무슨 걱정이 있으랴.)[46]

6월 29일에는 태정대신 산조 사네토미를 예방(禮訪)하고 7월 12일
에는 참의 야마다 아키요시(山田顯義, 1844~1892)를 만난다. 청 공사관
의 공사 여서창(黎庶昌, 1837~1891), 참찬관 황준헌도 만난다.[47]

어윤중은 10월 23일, 3차 수신사로 일본에 파견된 조병호(趙秉鎬,
1847~1910)를 만나 미국과의 수호조약 체결을 결정했다는 고종의 밀
명을 전달받는다.[48] 그리고 11월 2일 상하이로 향한다. 상하이에서 중
국의 관리, 학자들과 접촉한 후 12월 1일 톈진에서 이홍장, 주복(周馥,
1837~1921) 등을 만난다. 그리고 2주 후에 다시 일본 나가사키에 들
렀다가 귀국한다.

「신사유람단」의 시찰 보고서와 함께 송헌빈(宋憲斌, 1841~?)의『동경
일기(東京日記)』, 강진형(姜晉馨)의『일동록(日東錄)』등의 일본 견문록은
급격한 근대화를 추진하는 일본의 실상과 국제 정세를 조선에 알리는
역할을 한다. 조병직(趙秉稷, 1833~1901)을 수행하던 중 일본에서 츠다
센(津田仙, 1837.8.6.~1908.4.24.)을 만나 근대 농법에 눈뜬 안종수(安宗
洙, 1849~1896)는 일본의 농서를 구입하여 서양식 농법을 조선에 처음
소개한『농정신편(農政新編)』을 출간하기도 한다.[49]

1881년 1월에는 이용숙이 재자관(賫咨官)으로 재차 청나라에 파견
되어 이홍장에게 무기 제조를 배우는 것과 세제·세율·세관 설치 등에
대한 동의와 자문을 요청, 중국 측의 지원 약속을 받아내는 데 성공

한다.[50] 이때 이용숙은 이홍장에게 고종은 미국과의 조약 체결을 원하지만 국내의 반대가 심하다고 전한다. 이홍장은 한양에 일본 외교관이 상주하는 것을 허락할 것과 인천을 개항할 것을 촉구한다. 또, 외국과의 교역은 조정의 수입을 올리는 좋은 방법이며 이를 통해 방비를 튼튼히 할 수 있는 재정을 마련할 수 있을 것이라고 한다. 일본 천황의 호칭문제에 대해서도 서양에서는 황제나 왕은 모두 같은 것이라면서 일본이 자국의 군주를 「황제」라는 칭호를 사용하는 것을 허락할 것을 종용 한다. 물론 조선의 왕과 일본의 천황이 같은 급이라

츠다 센. 사쿠라 한(佐倉藩)의 사무라이 집안 출신으로 15세 때부터 영어와 네덜란드어를 배웠고 에도에서 「란가쿠」를 배웠다. 그는 1860년 후쿠자와 유키치와 함께 미국을 방문하여 근대화와 여성 교육의 중요성을 깨달은 그는 「이와쿠라 사절단」에 친딸 츠다 우메코(津田梅子, 1864~1929)를 보낸다. 1873년 오스트리아 빈 만국박람회를 참관한 츠다는 인공수정 등 첨단 서양 농법을 배우기 시작하였고 귀국 후 옥수수 등 서양의 작물을 처음으로 재배한다. 기독교 신자였던 그는 「아오야마 가쿠인 대학(靑山學院大學)」, 「도시샤 대학(同志社大学)」, 일본 최초의 맹인과 청각 장애인을 위한 학교 등의 설립에 앞장서고 이수정(李樹廷, 1842~1886)에게 기독교를 전교한다.

는 뜻이었을 뿐, 일본의 천황과 청의 황제가 동급이란 뜻은 아니었다.[51]

이홍장은 이용숙에게 미국과의 조약 체결을 다시 한번 종용하면서, 「조미수호통상조약」의 초안을 건네준다. 초안은 프랑스 유학을 다녀온 이홍장의 막료 마건충이 작성하였다. 마건충의 초안은 청이 근대 국제법을 점차 이해하기 시작하고 국제법과 조약 체계를 이용하여 조선에 대한 청의 전통적인 영향력을 강화하려는 의도를 드러내고 있다. 10개 항으로 구성된 조약 초안은 상인이 영사를 겸임하지 못하도록 하는 것과 아편을 금지하고 조선과 서양이 대등한 지위에 설 수 있도

록 보장하면서 특히 조선의 조세권 확보에 주안점을 두었다. 반면 서구 열강과 공식적인 외교 관계를 수립하는 것과 관련된 조항은 일체 없었다. 그대신 조선과 조약을 체결하는 서양 국가는 조선의 개항 항구에 총영사를 두고 모든 외교 문제를 베이징에 주재하는 자국 공사에게 보고하도록 하였다.[52]

3. 「조미수호통상조약」

1881년 여름, 슈펠트는 다시 중국으로 돌아온다. 그러나 조선으로부터 아무런 소식이 없다. 1881년 7월 1일, 슈펠트를 만난 이홍장은 슈펠트에게 기다려줄 것을 부탁한다. 2주 후, 이홍장은 자신이 조선에 편지를 다시 한번 보냈으며 90일 이내에 답신을 받을 것이라면서 슈펠트에게 톈진을 떠나지 말라고 종용한다.[53]

1882년 1월, 김윤식(金允植, 1835.10.29.~1922.1.21.)이 도착한다. 박규수의 문하(門下)였던 김윤식은 김홍집 처럼 개국과 개화의 중요성에 대해 인식하기 시작한 조선의 젊은 관료 중 하나였다. 김윤식이 청에 파견된 이유는 명목상으로는 「톈진 기기국」에서 훈련 받을 조선 학생들을 인솔하기 위해서였다. 그러나 실제 임무는 조선이 미국과 체결할 조약을 이홍장과 상의하기 위해서였다. 김윤식은 「영선사」로 파견된 배경에 대해 다음과 같이 회고하고 있다.

경진년(1880) 겨울, 톈진 해관도(海關道, 해관을 관장하는 관리) 정조여(鄭藻如)가 소전(少筌, 이홍장)의 뜻에 따라 우리나라 연공사신(年貢使臣)에게 편지를 주어 우리 조정에 전하게 했는데, 연미(聯美)에 7가지 이익이 있음을 논한 것이었다. 또 말하길, 「조선이 이미 일본에 통상을 허락했으니, 각국이 반드시 이 전례를 끌어대며 몰려올 것입니다. 만약 전부 사절할 능력이 있다면 금일의 논의는 참으로 군더더기 말이 될 것입니다. 만약 그것이 절대 불가능하다는 것을 알진대, 기어코 훗날을 기다렸다가 별도로 지절(枝節, 곡절, 예상치 못한 문제)이 생긴 뒤에 허락하기보다는 차라리 금일 허락해서 형적(形跡, 혐의)을 없애는 것이 낫고, 기어코 여러 나라가 한갈아 침범하기를 기다리기보다는 차라리 그중에 비교적 친할 만한 나라를 골라서 먼저 끌어들여 우방으로 삼는 것이 낫습니다. 부디 학생을 톈진에 유학시킨다는 명목을 내세워서, 사리를 이해하는 대신을 선발하여 톈진으로 보내 상의해서 처리하게 하십시오. 이 기회를 놓쳐선 안 됩니다. 이 논의는 반드시 신중히 비밀을 지켜서 다른 이웃나라가 알게 하지 마십시오.」라고 했다. 주상께선 이 논의를 가납(嘉納)하셨다. 하지만 흉흉한 국론이 서양과 화친하는 것을 그르다고 하여 억지로 막을 수 없었으니 어찌하겠는가?

이듬해 신사년(1881) 봄 3월에 처음 「영선사」 파견의 명이 내렸다. 그리고 같은 해 7월에 이르러 나는 외람되게 「영선사」의 관함(官銜)을 받게 되었다. 그때 나는 호남 순천의 부임지에 있었는데, 명을 듣고 행장을 꾸려 한양으로 올라왔다. 그리고 「톈진 기기국」에서 유학할 학도 70여명을 인솔해서 섣달 그믐께 톈진에 도착했다. 여러 차례 소전을 뵈어서 필담한 종이가 산처럼 쌓였는데, 조약 문제를 논의한 것이 열에 여덟 아홉이요, 기기 제조 학습에 관한 것은 한둘에 불과했다. 톈진에 도착한 후 소전의 지도에 따라 여러 한 조약 건으로 전사(專使, 특정한 임무를 주어 파견하는 사신, 심부름꾼)를 시켜 서한을 전달했다. 그런데 우리 국사(國事)가 본디 바로 처리하지 않고 미루는 것이 많고, 또 부론(浮論, 공허한 말)에 지장을 받아서 일이 많이 지체됐다. 나는 이 때문에 대담할 때마다 항상 군색해져서 바보처럼 단지 좋은 말로 사례할 따름이었다.[54]

1882년 1월 17일, 즈리(直隸)의 수도인 바오딩(保定)에서 이홍장과 첫 회담을 한 김윤식은 청 황제가 조선의 국왕에게 미국과의 조약을 체결하라는 칙령을 내릴 것을 제안한다. 국내 위정척사파들의 반대를 꺾기 위해서였다. 그러나 이홍장은 그렇게 되면 조선이 미국과 협상할 입지가 좁아질 것이라면서 오히려 반대한다. 이홍장은 김윤식에게 고종으로 하여금 조약 협상의 특명전권을 가진 고위 관리를 비밀리에 톈진으로 파견하여 슈펠트와 조약을 협상하도록 하라고 종용한다.[55]

그러나 이홍장이 1882년 3월 중순 톈진에 도착할 때까지도 조선으로부터 아무런 전갈이 없었다. 당시 고종은 김윤식의 보고를 받지만 결정이 늦어지면서 4월 4일에야 어윤중과 이조연을 「문의관(問議官)」으로 톈진에 파견하기로 결정한다.[56] 톈진으로 떠나는 어윤중과 이조연에게 고종은 다음과 같이 분부한다.

「지금 그대들을 보내는 것은 다른 일 때문이 아니라 통상(通商)과 외국에 관한 일을 위해서이다. 일찍이 「영선사(領選使)」에게 이미 교시한 뜻이 있었는데, 또 이번 자문(咨文)에서도 극진하게 갖추어 말을 하였다. 그러나 그대들이 모름지기 천진(天津)에 가거든 통상 대신(通商大臣)과 함께 이해 관계를 상의하여 잘 처리하도록 하라.」 하니, 어윤중이 아뢰기를, 「신이 외람되게 재주도 없이 이 명에 응하게 되었으니, 삼가 마땅히 힘써 받들어 거행하겠습니다.」 하였다. 상이 이르기를, 「무관은 현재 거느린 병졸들이 없으므로 오래 머무르게 할 필요가 없으니, 「영선사」와 상의하여 곧 환국시키도록 하고, 학도(學徒)와 공장(工匠)들도 역시 일일이 대조하고 살펴, 실제 병이 있거나 아무런 실효가 없는 자도 또한 무관을 따라서 마찬가지로 내보내게 하라.」 하니, 어윤중이 아뢰기를, 「삼가 마땅히 분부대로 하겠습니다.」 하였다. 상이 이르기를, 「사대(事大)하는 의절은 더욱 마땅히 삼가야 할 것이다. 그리고 문식(文飾)에 구애되어 백성과 나라에 폐단을 끼치는 자에 대해서는 옛 관례대로 너그럽게 처리하는 데에 그쳐서는 안 될 것이다. 사신(使臣)과 북도의 호시(互市)에 관한 일은 일일이 총리각국사무아문(摠理各國事務衙門)과 통상 대신에게 상의하여 편의한 방향으로 처리하도록 힘쓰라.」하니, 어윤중이 아뢰기를,「삼가 마땅히 분부대로 하겠습니다.」하였다. 상이 이르기를,「이미 일본과는 개항하여 통상(通商)하기를 허락하였는데, 중국에 대해서는 아직도 해금(海禁)을 지키고 있으니, 중국과 친하려는 뜻에 어긋난다. 중국과 우리나라가 이미 각 항구를 열었으니, 서로 무역을 하며 거리낌 없이 왕래를 하면서 힘써 약속한 사항을 지키라는 뜻으로, 역시 총리각국사무아문과 통상 대신에게 나아가 의논하도록 하라.」하니, 어윤중이 아뢰기를,「삼가 마땅히 분부대로 하겠습니다.」하였다. 상이 이르기를,「근래에 외국에서 몰래 엿보려는 뜻이 있다고 한다. 일에 앞서 미리 대비하지 않을 수 없으니, 통상 대신과 천진에 머물러 있는 사신에게 가서 상의하여, 무릇 국가에 유익한 것이라면 각별히 강구하여 확정하도록 하라.」하니, 어윤중이 아뢰기를,「삼가 마땅히 분부대로 하겠습니다.」하였다. 상이 이르기를,「중국에 머무르는 동안 떠나고 머무르며 오고 가는 것을 편의에 따라서 하고, 되돌아올 때에는 뱃길이나 육로 중 편리할 대로 행하라.」하니, 어윤중이 아뢰기를,「삼가 마땅히 분부대로 하겠습니다.」하였다. 상이 이르기를,「정원으로 하여금 통리아문에 알려서 절목(節目)을 만들어 주도록 하라.」하니, 윤상만이 아뢰기를,「삼가 마땅히 분부대로 하겠습니다.」하였다. 상이 이르기를,「중도에서 만약「영선사」(領選使)의 장계가 있게 되면, 일의 기미를 살펴보아 긴급하게 의논할 만한 일인 경우에는 두 관원 중에 한 사람은 곧바로 되돌아와서 상의하여 결정하도록 하라.」하니, 어윤중이 아뢰기를,「삼가 마땅히 분부대로 하겠습니다.」하였다. 상이 이르기를,「영구(寧口)에서 천진(天津)까지는 며칠 일정인가?」하니, 이조연이 아뢰기를,「배를 타면 이틀 거리라고 합니다.」하였다. 상이 이르기를,「배로 출발하면 내일 저녁에 도착할 수 있겠는가?」하니, 이조연이 아뢰기를, 「그렇습니다.」하였다. 상이 이르기를, 「이홍장(李鴻章)이 우리나라의 일을 위하여 진심으로 주선을 해주었는데, 지금 또 「영선사」 일행을 편안하게 잘 접대해 주었다. 일찍이 동지사 편에 감사의 뜻을 표하였으나, 너희가 만나게 되면 역시 감사의 뜻을 표하도록 하고, 또 예부(禮部)에도 감사의 뜻을 전하도록 하라.」하니, 어윤중이 아뢰기를, 「삼가 마땅히 분부대로 하겠습니다.」하였다. 상이 이르기를, 「천진을 왕래하는 데 육로로는 40일 거리라고 하던데, 수로로는 절반이면 갈 수 있겠다. 하지만 어느 때에 돌아올지 모르겠구나. 그리고 문의관(問議官)이 비록 당하관이라고는 하나 임무가 크고 책임도 막중하니 일에 따라 선처하고, 먼 길을 무사히 잘 다녀오라.」하니, 이조연이 아뢰기를, 「왕령(王靈)이 도우시어 아마도 아무 탈 없이 다녀올 것 같습니다.」하였다. 상이 사관에게 자리로 돌아가라고 명하고, 이어 문의관에게 먼저 물러가라고 명하였다. 또 물러가라고 명하니, 승지와 사관이 차례로 물러나왔다.[57]

그러나 어윤중과 이조연은 슈펠트와 이홍장이 「조미수호통상조약(朝美修好通商條約)」을 타결한 지 거의 1달이 지난 5월 15일에야 톈진에 도착한다.[58]

그러는 사이 조선의 사신이 오기를 기다리다 못한 슈펠트는 본인이 직접 조선으로 가서 조약을 협상하겠다고 한다. 그러자 이홍장은 조선을 대신하여 자신이 직접 슈펠트와 조-미 조약 체결을 협상하기로 결정한다. 3월 말, 이홍장과 슈펠트의 협상이 시작되었다. 당시 김윤식은 톈진에 머물고 있었고 이홍장에게 자문은 해주었지만 협상에 직접 참여하지는 않았다.[59]

한 달에 걸친 협상을 통해 이홍장은 조선을 위하여 청이 서양이나 일본과 체결한 조약보다 훨씬 유리한 조약을 체결하였다.[60] 그러나 이홍장은 조선에 대한 청의 종주권(suzerainty)을 인정하는 조항을 넣는 데는 실패한다. 이홍장은 「조선은 비록 청 제국의 속방이지만 지금까지 내치와 외교에 있어서 자주권을 행사해왔다」라는 조항을 넣고자 하였다. 그러나 슈펠트는 이를 거부한다. 슈펠트는 이 문제를 워싱턴에 보고하고 의견을 받겠지만, 본인은 미국은 독립된 주권국인 조선과 이 조약을 체결하는 것이고 조선과 청의 관계가 무엇이든 조선과 미국과의 관계와는 아무런 상관이 없다고 한다. 미국 정부가 자신이 제안한 조항에 동의할 가능성이 없다고 판단한 이홍장은 타협안으로 조선의 국왕이 미국 대통령에게 보내는 별도의 선언문에 같은 내용을 넣을 것을 제안한다. 슈펠트는 그런 선언문이 있다면 미국 대통령에게 전달은 하겠다고 한다.[61]

1882년 4월 16일, 조선 통리기무아문을 책임지고 있는 영의정 이최응의 편지를 지참한 사신이 톈진에 도착한다. 이홍장이 조선 고위 관리의 공식 문서를 받는 첫 경우였다. 이최응은 이홍장이 이유원과의 서신을 통해 조선을 지도해준 것에 감사하면서, 미국과의 조약을 체결하는 데 있어서도 이홍장에게 전적으로 의지한다고 썼다. 이에 이홍장은 곧바로 답신을 쓴다. 이홍장은 조선과 미국의 조약은 조선에 대한 일본의 야욕을 제어하는 데 효과적일 것이며, 조선이 청의 속방이라는 조항이 조약에 포함되지 않을 경우 고종이 미국 대통령 앞으로 보내는 별도의 문서에 이 사실을 명기하는 것이 중요하다는 점을 강조한다. 그는 또한 슈펠트가 조선으로 향할 것이며 슈펠트와 김윤식의 부탁으로 마건충과 북양 함대의 정여창 제독이 동행하여 조선과 슈펠트 간의 협상을 도울 것이라고 한다. 이홍장은 자신의 답신을 지참한 조선 사신을 청의 군함으로 압록강 어귀까지 호송해 준다.[62]

마건충과 정여창을 태운 3척의 청 군함은 5월 3일 톈진을 떠나 5월 8일 인천에 도착한다. 슈펠트를 태운 미국의 전함 「스와타라(Swatara)」

Photo # NH 44611   USS Swatara at the New York Navy Yard, 14 May 1874

스와타라호

는 5월 11일 인천에 도착한다. 소식을 접한 일본의 주조선 공사 하나부사도 청과 미국 사절들에 앞서 인천에 도착한다.

　조선 조정은 신헌을 전권대관으로, 김홍집을 부관, 서상우(徐相雨, 1831~1903)를 종사관으로 임명하여 미국과의 협상에 임하도록 한다.[63] 5월 14일 신헌과 김홍집은 마건충과 정여창과 첫 대면을 한다. 정여창의 기함에 오른 신헌과 김홍집은 우선 베이징을 향하여 「삼배구고두례(三拜九叩頭禮)」의 예를 행한다. 그리고는 함께 슈펠트를 만나러 「스와타라호」로 간다. 이어진 협상에서 조선은 이홍장과 슈펠트가 만든 협상안 초안을 거의 그대로 받아들인다. 유일하게 수정을 요구한 것은 인천항으로부터 쌀 수출을 금지하는 조항이었으며 슈펠트는 이를 받아들였다. 조선이 청의 속국임을 명시하는 조항은 미국의 반대로 결국 삭제된다.[64]

　「조미수호통상조약」은 1882년 5월 22일 조인된다.[65] [부록4. 「조미수호통상조약」 전문] 제1조는 「이후 대조선국 군주와 대미국 대통령 및 그 인민은 각각 모두 영원히 화평하고 우애 있게 지낸다. 타국의 어떠한 불공평이나 경멸하는 일이 있을 때에 일단 통지하면 서로 도와주며, 중간에서 잘 조처하여 두터운 우의를 보여 준다」라고 하였다. 이는 이홍장이 조선에 대한 일본과 러시아의 도발이 발생할 것을 염두에 두고 삽입하였다.[66]

제2조는 「이번에 통상 우호 조약을 맺은 뒤 양국은 병권대신(秉權大臣)을 서로 파견하여 피차의 수도에 주재시킬 수 있으며, 아울러 피차의 통상 항구에 영사 등의 관리를 두는데 서로 그 편의를 들어 준다. 이들 관원이 해당국의 관원과 교섭하기 위하여 왕래할 때에는 서로 같은 품급(品級)에 상당하도록 하는 예로 대한다. 양국 병권대신과 영사 등 관원들이 받는 갖가지 우대는 피차 최혜국(最惠國)의 관원과 다름이 없다」라고 하였다.[67] 마건충의 초안과 달리 조선과 미국 양국 간의 전면적인 외교 관계 수립의 길을 열어 놓았다.

제4조는 「미국 인민이 상선이나 항구를 막론하고 모욕하거나 소란을 피워 조선 인민의 생명과 재산에 손해를 주는 등의 일이 있을 때에는 미국 영사관이나 혹은 미국에서 파견한 관원에게 넘겨 미국 법률에 따라 조사하고 체포하여 처벌한다」라고 함으로써 조선에 거주하는 미국인들의 치외법권을 인정한다. 하지만 「조선이 이후에 법률 및 심의 방법을 개정하였을 경우 미국에서 볼 때 본국의 법률 및 심의 방법과 서로 부합한다고 인정될 때에는 즉시 미국 관원이 조선에서 사건을 심의하던 권한을 철회하고, 이후 조선 경내의 미국 인민들을 즉시 지방관의 관할에 귀속시킨다」라고 함으로써, 조선이 법률 개혁을 통해 미국과 동등한 수준의 근대법 체제를 갖추게 되면 치외법권을 폐기할 것을 약속한다.[68]

제5조는 「미국 상인과 상선이 조선에 와서 무역할 때 입출항하는 화물은 모두 세금을 바쳐야 하며, 그 수세하는 권한은 조선이 자주적으로 한다. 입항세·출항세에 관한 항목과 해관이 금지해도 탈루하려는

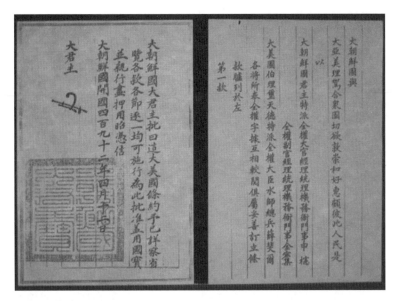

「조미수호통상조약」

모든 폐단에 대해서는 모두 조선 정부에서 제정한 규칙에 따른다」라고
함으로써 조선에게 관세 징수에 관한 자주권을 인정한다.[69]

　제7조는 「조선국과 미국은 피차 논의 결정하여 조선 상인이 아편을
구입 운반하여 미국 통상 항구에 들여 갈 수 없고, 미국 상인도 아편을
구입 운반하여 조선 항구에 들여 갈 수 없으며, 아울러 이 항구에서 저
항구로 운반하는 경우에도 아편을 매매하는 무역을 일체 허락하지 않
는다」라고 함으로써 아편의 수입을 금지하고 있다.[70]

　제8조는 인천항을 통한 쌀의 수출을 금지한다. 제12조는 「지금 조
선국이 처음으로 조약을 제정 체결한 조관은 아직 간략하나 조약을 준
수해야 한다」라고 한다.[71] 조선으로서는 「조미수호통상조약」이 외국
과 맺은 최초의 근대 조약이다. 조선의 관점에서 강화도 조약은 근대
조약이 아니었다.[72]

　조약 체결 2일 후, 청의 권고대로 조선은 슈펠트에게 고종이 미국 대

통령에게 조선이 청의 속국임을 강조하는 짧은 문건을 전한다.

대조선국 국주(國主)가 조회합니다.

생각건대 조선은 본디 중국의 속방(屬邦)이지만 내치와 외교는 예로부터 대조선국 국주의 자주(自主)에서 나왔습니다. 이제 대조선국과 대미국이 상호 입약(立約)했으니, 이치상 평행(平行, 평등)하게 서로 대해야 할 것입니다. 대조선국주(大朝鮮國主)는 장차 조약 내의 각 조관을, 반드시 자주(自主)의 공례(公例, 일반적 관례, 규범)에 따라 승인하고 준수할 것을 분명히 윤허했습니다. 대조선국이 중국의 속방이 되는 문제와 관련해선, 그 분수에 따라 응당 행해야 하는 각 사항은 모두 대미국과는 조금도 관계가 없습니다. 위원을 파견해서 조약을 체결하는 것 외에 문서를 갖추어 조회하니, 조회(照會)하시기 바랍니다.

이상과 같이 대미국 대통령에게 조회함.
대조선국 개국 491년(중국 광서 8년 4월 ?일)[73]

5월 27일, 「조미수호통상조약」을 체결한 지 5일 후, 영국의 중국 함대(China Station) 사령관 조지 윌스(George Willes, 1823.6.19.~1901.2.18.) 제독이 인천에 도착한다. 그는 마건충으로 하여금 조선과 영국의 조약 체결을 중재하라는 청 조정의 명령서를 지참하고 왔다. 그때까지 조선에 머물고 있던 마건충은 조선과 영국 간의 조약에 조선이 청의 속국임을 천명하는 조항을 삽입하고자 하였으나 영국의 반대로 실패한다.

1882년 6월 6일, 조선과 영국은 마건충의 중재로 「조영수호통상조약(Treaty of Friendship and Commerce Between Great Britain and

Corea)」을 체결한다. 조약의 내용과 형식은 「조미수호통상조약」과 완전히 일치하였다.[74]

마건충은 5월 29일 조선을 떠나면서 조선 측에 다른 나라들이 조약 체결을 요청할 경우, 조선이 외교에 대해 잘 모르기 때문에 톈진으로 먼저 가서 청의 북양통상대신에게 조선으로 관리를 파견하여 조선이 외국과 진행하는 조약 협상을 관리하도록 하라고 이른다. 실제

「조독수호통상조약」을 체결한 본 브란트

로 6월 말, 마건충은 주 청 독일공사 막시밀리안 본 브란트(Maximilian August Scipio von Brandt, 1835.10.8.~1920.8.24.)와 함께 「조독수호통상조약」 체결을 중재하기 위해 조선으로 돌아온다. 「조미수호통상조약」과 내용이 완벽하게 같은 「조독수호통상조약」은 1882년 6월 30일 체결된다. 조선은 영국, 독일과 조약 체결 이후에도 조선이 청의 속국임을 선언하는 공식 문건을 영국 왕과 독일 황제 앞으로 보낸다.[75]

이로써 조선은 진정한 개국을 이룬다. 1860년대와 1870년대 초 프랑스와 미국이 「병인양요」와 「신미양요」를 통해 시도했지만 실패하였고, 1876년 일본이 「강화도 조약」으로 부분적으로 조선을 개국시키는 데 성공하지만 조선의 진정한 개국은 청의 적극적인 개입과 종용 및 주선하에 1880년대에 들어서야 이루어진다.

조선이 미국, 영국, 독일과 거의 동시에 맺은 조약들은 모두 청의 적극적인 제안과 주선에 따라 청의 각본대로 맺어졌다. 조약을 맺게 된 전략적인 고려도 조선에 대한 청의 종주권을 유지, 강화하고자 하는

청의 계책에 따른 것이었고, 조약의 초안과 최종 본까지 모두 청의 관리들이 작성하여 미국, 영국, 독일과 먼저 협상한 내용이었다. 조선은 추후에 서명만 한 셈이다. 불행 중 다행인 것은 조선에 대한 일본과 러시아의 야심을 꺾고자 청이 조선에 상대적으로 유리한 조항들을 집어넣었다는 사실이다. 조선이 미국, 영국, 독일과 맺은 최초의 근대 계약은 역설적으로 조선이 청의 속국을 자임했음을 보여준다. 조선이 청의 속국이라는 사실을 명시적으로 조약에 포함하자는 청의 제안을 조선은 적극적으로 받아들이고 이행하려고 하였으나, 오히려 미국, 영국, 독일 측이 거부하면서 무산된다.

4. 김옥균의 첫 일본방문

김옥균이 「신사유람단」 파견에 관여한 것은 분명하다. 1881년 3월, 부산의 일본영사가 도쿄에 보낸 보고서에 의하면 6명의 조선 관리들이 부산에 도착하여 일본으로 떠났다. 보고서에 등장한 이름은 홍영식과 어윤중이었다. 영사는 이어서 김옥균도 비밀 지령을 받고 일본으로 건너가게 되어 있으며, 6명이 먼저 일본에 도착했다는 전갈을 받으면 김옥균도 뒤이어 일본으로 떠나기로 되어 있다고 하였다. 영사는 김옥균이 일본으로 출발하기 전에 한양의 하나부사 공사와 이야기를 나누고 소개장도 받고 가는 것이 좋을 것이라고 썼다.[76] 그러나 김옥균은 결국 「신사유람단」에 합류하지 않는다. 정확한 이유는 알 수 없지만 건강상의 문제가 생겼던 것으로 보인다.[77]

김옥균은 「신사유람단」 본대가 일본에서 귀국한 지 6개월이 지난 1882년 3월 중순, 서광범(徐光範, 1859~1897?), 유길준과 함께 처음 일본을 방문한다. 당시 부산의 일본인들이 발행하던 『조선신보(朝鮮新

報)』는 3월 15일자 기사에 김옥균의 도일 계획을 보도한다.

「김옥균, 왕명을 받아 일본에 - 일행의 여비 2만 엔은 차금(借金) 조달」

조선개화당(朝鮮開化黨)의 유명한 김옥균 씨는 이번에 왕명(王命)을 받아 우리나라에 도항하려는 준비 중이며, 며칠 전에 경성에서 내려와 현재 구관(舊館-옛 왜관)의 객사에 머물고 있다. 그 왕명이 무엇인지는 거의 알려지지 않았는데, 계속 상세한 내용을 파악해서 실을 것이다. 또 그의 일행은 수십 명 정도라고 하는데, 불일간(不日間) 경성에서 육로 또는 우리 군함 세키(淸輝)호를 타고 온다고 한다. 이 일행의 여비는 대략 2만 엔 정도가 될 전망으로, 어떤 상회(商會)에 차금(借金)을 의뢰했는데, 이 상회는 예전부터 지금까지 연체된 대금(代金)이 많기 때문에 이번에는 그 의뢰에 응할 수 없을지 모른다는 이야기다.[78]

김옥균과 서광범, 유길준은 「히가시혼간지 부산 별원」에서 조선말을 배운 일본인 학생을 통역으로 대동하고, 3월 17일경 부산에서 「치토세마루호(千歲丸)」를 타고 나가사키로 출발한다. 3월 17일자 『조선신보』는 이들의 여정에 대해 다음과 같은 기사를 싣고 있다.

이전에 우리 지상에 보도한 바와 같이 조선개화당의 영수(領首)인 김옥균 씨는 일본 유력(日本遊歷)을 하려고 요사이 나가사키에 도착하여 아직 동항(同港)에 체류 중이다. 원래 김 씨는 우리 무역상회의 가이 군지(甲斐軍治)씨와 동행하여 도항했으나, 군지 씨는 어떤 지급한 볼일이 있어서 부산으로 가고 볼일을 끝낸 다음에 또 나가사키에 귀항하게 되면 그 때에는 다시 김옥균과 일당의 유오위(柳五衛)씨도 동행할 것 같은데, 이 양씨의 도항의 일에 대해서는 여러 가지 소문이 있다. 이미 지난 일자 발행의 「조선신보」 등에는 양씨 (氏)의 일본 행은 전적으로 국왕(國王)의 내명(內命)을 받들어서 국채모집(國債募集)을 위함이 다라고 게재되었다. 양씨는 이 신문을 보고 크게 놀라서 당혹한 모습으로 다음과 같이 다른 사람에게 말하였다. 금일 우리들의 일본 행은 결코 관용(官用)의 의(義)를 띤 것이 아님은 우리 조정의 실정을 보아도 명료한 것인데, 어떻게 하여 이러한 와언(訛言)이 전해졌는가. 그렇지 않아도 우리 반대당은 이것저것 무설(誣說)을 지어내고 여러 가지 의념(疑念)을 품어서 우리들에게 대항하려고 하는 세(勢)에 있는데, 이제 이 신문이 한한 그들의 눈에 띄어 우리들의 일본 행은 이러한 것이 사실이라고 생각하면, 우리들이 귀한(歸韓)의 후에 어떠한 변사(變事)가 몸에 미칠지 알 수 없다. 원래 우리의 이번 걸음[此行]은 一 반대당의 기염(氣焰)을 피하고, 一 일본 근사(近事)의 내정(內情)을 시찰하여 향후 일본과의 관계를 위하여(隣交內地)참고에 충당하려는 의도 외에 없는 것이라고 하여 심하게 동 신문(同新聞)의 오전(誤傳)에 미혹(迷惑)하고 있다더라.[79]

나가사키에서는 일본인 사업가 가이 군지의 안내로 현(縣) 정부, 도서관, 세관, 학교, 병원, 공장 등을 시찰하고 일본 인사들을 만난다.[80] 5월 12일에는 교토로 가서 「히가시혼간지」를 방문하여 주지를 만나고 성대한 환영식에 참석한다. 교토에 머무는 동안에는 궁궐, 「긴가쿠지(銀閣寺)」, 「히라노진자(平野神社)」, 「기타노진자(北野神社)」 등의 신사들과 사찰, 공장들을 견학한다.[81]

이때 오쿠무라 엔신은 후쿠자와를 돕고 있던 이이다 산지에게 조선에서 김옥균이라는 사람이 불교를 공부하기 위해 일본에 왔으며 일본의 대학자인 후쿠자와 유키치로부터 가르침을 받길 원한다면서 김옥균에게 후쿠자와를 소개해줄 것을 요청한다. 이이다는 후쿠자와에게 이를 전했고 후쿠자와는 김옥균 일행을 만나기로 한다.[82] 얼마 후 교토의 「히가시혼간지」에서 김옥균 일행이 교토에 도착했다는 전갈이 오자 후쿠자와는 자신에게 이동인을 소개했던 데라다를 교토로 보내 김옥균과 서광범을 도쿄로 데리고 오도록 한다.[83] 김옥균은 1882년 6월 1일 도쿄에 도착하여 후쿠자와를 처음 만난다.

후쿠자와를 만난 김옥균은 어윤중의 편지를 전한다.

신사년 섣달 20일에 어윤중이 인사를 올립니다. 함께 해내(海內)에 태어나고 또 서로 만날 수 있어서 이미 다행이었으니, 만나서 기쁘고 이별해서 서운하다는 말씀을 구구하게 드릴 필요는 없을 것입니다. 귀하께서는 평안하신지, 그리고 유길준 군은 귀하의 보살핌으로 잘 지내고 있는지 부디 알려주시기 바랍니다. 저는 청나라에 건너갔다가 다시 나가사키에서 귀국했습니다. 조만간 다시 가르침을 청할 것입니다. 우리나라의 김옥균·박영효·서광범 세 사람은 모두 저의 절친한 벗입니다. 또 이번에 귀국에 도항하는 것은 선생의 명성을 들었기 때문이니, 마땅히 즉시 찾아가서 인사를 드릴 것입니다. 부디 일마다 주선해서 곤궁에 빠지지 않게 하시길 바랍니다. 모든 것은 직접 뵙고 말씀드릴 것입니다. 이와 같이 말씀드립니다.[84]

후쿠자와는 조선을 개화하려는 김옥균을 적극 돕겠다고 한다. 당시 동석했던 이이다에 의하면 김옥균은 후쿠자와의 말을 경청한 후 조선의 개화를 위해서는 무엇보다도 인재 양성이 중요하다는 결론을 내렸다고 한다. 이이다는 또 김옥균이 불교 신자이긴 하지만 불교를 공부한다는 것은 일본에 오기 위한 핑계였다고 한다.[85] 그러나 후쿠자와는 김옥균이 매우 성격이 급하며 자신의 입장이 언제나 옳다고 생각하고 자신과 생각이 다른 사람들을 용서하지 않는 성격이라고 진단한다. 그리고 김옥균은 아무런 공식 직책도 없었지만 마치 대단한 권한을 갖

고 있는 듯이 행동했다고 회상한다.[86]

그러나 후쿠자와는 김옥균을 만난 후 조선의 개화파들을 적극 도왔고, 이들을 일본의 지도자들인 이노우에 가오루, 오쿠마 시게노부, 시부사와 에이치(澁澤榮一, 1840.3.16.~1931.11.11.), 오쿠라 기하치로(大倉喜八郎, 1837.10.23.~1928.4.5.) 등에게 소개한다. 후쿠자와의 소개로 김옥균은 6월 말 「흥아회」 모임에 참석한다. 그 외에도 일본 육군성, 병원, 우체국 등을 방문한다.[87]

김옥균 일행은 당시 일본에 체류 중이던 미국의 유명한 학자 에드워드 모스(Edward S. Morse, 1838.6.18.~1925.12.20.)박사도 만난다. 훗날 유길준의 미국 유학을 주선하고 미국에서의 공부를 지도해 주는 모스 박사는 일기에 조선 사람들과의 첫 만남을 다음과 같이 기록하고 있다.

전날 밤 조선인들 여러 명이 단선생의 인솔로 관측소에 찾아왔다. 나는 그 일행에게 소개되었고 그들은 곧바로 고개를 숙여 인사를 하고 우리는 서로 명함을 교환했다. 조선 사람들은 관측소에서 본 것들에 대해 많은 관심을 표했고 모두 멋져 보이는 일행이었다. 그들의 옷은 비단으로 만들어졌으며 일본보다는 중국의 의복과 더 비슷했다. 그들의 모자는 귀 뒤에 리본으로 매어있었고 앞쪽의 긴 장신구로 연결되어 있었는데 마치 모기장으로 만들어진 것처럼 보였으나 말총으로 만들어졌으며 그 속에 머리를 상투를 튼 것을 볼 수 있었다. 그들의 언어는 일본어와 중국어를 섞어 놓은 것처럼 들렸다. 나는 영어를 할 줄 모르는 일본어 통역을 통해서 그들과 대화를 나눠야 해서 내가 우선 단 선생에게 영어로 말하면 그가 내 말을 일어로 통역을 하고 통역사가 그 말을 다시 조선어로 통역하였다. 나는 또 내 제한된 일어로 그들과 직접 대화를 하기도 했는데 그들은 잠시 일본에 있는 동안 벌써 나만큼은 일어를 할 수 있었다. 그들은 정중하고 악수를 하고 떠났다.[88]

7월 초, 일본 언론은 김옥균 일행이 일본에 더 오래 체류할 예정이었지만 도쿄-요코하마 지역에 도는 전염병 때문에 일찍 귀국할 예정이며 다음 해 봄에 다시 도일할 예정이라고 보도하고 있다.[89] 실제로 김옥균은 다른 일행보다 먼저 도쿄를 떠나 고베에 들른 후 나가사키에 도착하여 귀국준비를 한다. 출항 예정 날짜는 1882년 7월 31이었다.

에드워드 모스

그러나 나가사키에서 귀국준비를 하고 있던 김옥균 일행은 조선에서 임오군란이 일어났다는 청천벽력 같은 소식을 듣는다. 7월 30일, 하나부사 공사와 그의 일행이 임오군란을 피해 간신히 조선을 탈출하여 나가사키에 도착한다. 8월 1일, 김옥균과 서광범은 하나부사를 만난다.[90] 이어서 외무경 이노우에가 8월 7일 시모노세키에 도착한다. 김옥균과 서광범은 이노우에에게 조선으로 군대를 보내 대원군의 군란을 진압할 것을 종용한다.[91] 대원군이 다시 권력을 잡았다는 것은 개국, 개혁정책의 끝임을 이들은 잘 알았다.

제 10 장
위정척사파의 반격과
청의 제국주의

제10장

위정척사파의 반격과 청의 제국주의

위정척사파와 대원군의 끊임없는 반대와 방해에도 불구하고 고종과 개화파는 개국과 개화 정책을 숨가쁘게 밀어붙인다. 인천 개항을 결정하고 일본 외교관의 인천 상주를 허용하고 일본에는 「신사유람단」, 청에는 「영선사」를 파견하고 미국, 영국, 독일과 잇달아 조약을 맺는다. 모두 1880년 10월, 김홍집이 황준헌의 『조선책략』을 지참하고 이동인을 대동하여 귀국한 후 불과 1년 반 만에 이루어진 일들이었다. 일본의 근대화를 목격한 조선의 개화파들이 고종을 설득한 결과였다. 이로써 대원군이 권좌에서 물러난 지 6년 만에 그의 쇄국 정책은 완전히 폐기된다.

- 1879년 8월, 이용숙(李容肅)이 「무비자강(武備自强)」을 위한 유학생 파견을 청과 교섭
- 1880. 8. 11. 「2차 수신사」 김홍집 도쿄 도착
- 1880. 8. 25. 슈펠트가 톈진에서 이홍장을 만난다
- 1880. 9. 8. 「2차 수신사」 김홍집 귀국
- 1880. 10. 6. 이동인을 밀사로 일본에 파견
- 1880. 10. 11. 어전회의에서 『조선책략』 논의
- 1880. 10. 25. 변원규(卞元圭) 「별뢰자관(別賚咨官)」으로 청나라에 파

견되어 톈진에서 이홍장과 신식 무기 제조와 군사훈련 상의.
- 1881. 1. 4. 이동인 일본에서 귀국
- 1881. 1. 16. 인천 개항 결정
- 1881. 1. 20. 「통리기무아문」 설치
- 1881. 2. 9. 「신사유람단」 파견
- 1881. 5. 20. 「별기군」 설치
- 1881. 10. 22. 「신사유람단」 귀국
- 1881. 11. 17. 청에 「영선사」 파견
- 1882. 3월 중순 김옥균의 첫 일본방문
- 1882. 5. 22. 「조미수호조약」 체결
- 1882. 6. 6. 「조영수호조약」 체결
- 1882. 6. 30. 「조독수호조약」 체결
- 1882. 7. 19. 「임오군란」 발발

그러나 고종과 친일개화파가 추진한 급격한 개국정책은 위정척
사파의 강한 반발에 부딪쳐 실패하고 만다.[1] 「영남만인소(嶺南萬人疏)」
가 촉발한 반일, 반(反)개화, 반(反)개국 운동은 홍재학을 비롯한 전국
각지의 유생들의 상소를 부른다. 근대 국가 건설의 필요성을 이해하지
못하고 국제 정세에 무지했던 위정척사파와 대부분의 일반 백성들은
개국과 개화에 반대하고 있었다. 이들은 홍재학(洪在鶴, 1848~1881)의
말처럼 서양의 학문은 「천리(天理)를 문란하게 하고 인륜(人倫)을 멸하
는 것」이며 서양의 문물은 「음탕한 것을 조장하고 욕심을 이끌며 윤리
를 망치고 사람의 정신이 천지와 통하는 것을 어지럽히는 것」이라고
굳게 믿었다. 이들은 급변하는 세계 정세에 뒤늦게나마 따라가려는 고
종과 개화파의 몸부림을 전혀 이해하지 못했다. 이들은 임진왜란 이후
부터 구조적 모순에 빠진 조선 경제의 파탄, 왜곡되고 고착화된 신분

질서와 당파싸움, 세도정치로 마비된 국정을 근본적으로 개혁하려는 어떠한 시도도 외면한 채 모든 것을 외세와 이에 결탁한 탐관오리들의 음모로 규정하고 격렬하게 반대하였다.

1874년 권좌에서 밀려났던 대원군은 고종의 개국과 개화 정책에 반대하는 위정척사파를 이용하여 권력을 되찾고자 한다. 안기영 역모사건(1881)은 대원군의 수하들이 대원군의 적극적인 관여와 지휘 아래 획책한 대표적인 쿠데타 음모였다. 그러나 안기영이 주도한 정변 시도는 주모자들의 무능으로 인하여 결국 사전에 발각되고 대원군의 추종자들은 처형되거나 유배된다. 그러나 안기영의 역모가 실패로 돌아간 지 불과 1년 만에 우발적으로 촉발된 임오군란(1882)으로 대원군은 다시 권력을 잡는다.

그러나 이미 세상은 너무나 많이 변해 있었다. 대원군의 쇄국 정책을 다시 받아들일 세력은 위정척사파 외에는 아무도 없었다. 대원군의 귀환을 위협으로 느낀 것은 개화파만이 아니었다. 대원군의 복귀로 인하여 정책에 가장 큰 차질을 빚게 된 것은 오히려 청이었다. 이홍장은 조선에 대한 청의 영향력을 유지할 수 있는 유일한 방법은 조선으로 하여금 서구 열강과 조약을 체결하도록 하는 것이라는 결론을 내리고 조선과 미국, 조선과 영국, 조선과 독일 간의 수호조약을 적극 주선한 바 있다.

그러나 이러한 청의 조선책략은 쇄국 정책을 주장하는 대원군의 복귀로 위기에 처하게 된다. 이에 청은 군대를 파견하여 임오군란을 평정하고 대원군을 톈진으로 압송하고 민씨 척족 주도의 친청파를 앞세워 조선을 직접 통치하기 시작한다. 시대착오적인 위정척사파의 준동은 결국 그때까지 서로의 눈치만 보고 있던 청과 일본이 직접적으로 군사 개입을 하게 되는 계기를 제공했고, 조선이 청의 직할지, 식민지로 전락하는 결과를 가져온다.

1. 「영남만인소」와 「홍재학 상소」

1881년 3월 25일, 영남의 유생들은 「영남만인소」를 올린다.

방금 수신사(修信使) 김홍집이 가지고 온 황준헌(黃遵憲)의 『사의조선책략(私擬朝鮮策略)』이라는 1권의 책이 유포된 것을 보니, 저도 모르게 머리털이 곤두서고 가슴이 떨렸으며 이어서 통곡하면서 눈물을 흘렸습니다.

그 말에 의하면, 「조선의 오늘날 급선무는 러시아를 방어하는 것보다 우선시되는 것이 없는데, 러시아를 방어하는 대책으로는 중국과 친교를 맺고 일본과 결속하고 미국과 연합하는 것보다 좋은 방법이 없다.」라고 하였습니다.

중국으로 말하면 우리가 번국(藩國)으로 자처해 왔고 신의(信義)로 교류한 지 거의 200년의 오랜 시일이 지났습니다. 그런데 하루아침에 「황제(皇帝)」요, 「짐(朕)」이요 하면서 두 존칭(尊稱)을 태연하게 사양하지 않고 받으며 그런 말을 한 사람을 용납하고 그런 사람의 글을 받아두었다가 만일 중국에서 이것을 가지고 따지면서 시끄럽게 떠든다면 무슨 말로 해명하겠습니까?

일본으로 말하면 우리가 견제해야 할 나라입니다. 국경 요새지의 험준하고 평탄한 지형을 그들이 이미 잘 알고 있으며 수로와 육로의 요충지를 그들이 차지하고 있는 터에 우리의 대비가 없는 것을 엿보고 함부로 돌격한다면 어떻게 막아내겠습니까?

미국으로 말하면 우리가 원래 잘 모르던 나라입니다. 그런데 공공연히 그의 부추김을 받아 우리 스스로 끌어들여서 바다를 건너고 험한 길로 미국에 가서 우리 신료들을 지치게 하고 우리나라의 재물을 썼는데도 만일 그들이 우리나라의 허점을 알고서 우리가 힘이 약한 것을 업신여겨 따르기 어려운 청으로 강요하고 댈 수 없는 비용을 떠맡긴다면 장차 어떻게 응대하겠습니까?

러시아로 말하면 우리와는 본래 아무런 혐의도 없습니다. 그런데도 공연히 남의 이간술에 빠져 우리의 위업을 손상시키면서 먼 나라와 사귀고 이웃 나라를 도발하게 하는 전도된 행동을 하다가 헛소문이 먼저 퍼져 이것을 빌미로 삼아서 병란의 단서를 찾는다면 장차 어떻게 수습하시렵니까?

또 게다가 러시아나 미국, 일본은 모두 같은 오랑캐들이니 후하고 박한 차이를 두기가 어렵고, 러시아는 두만강(豆滿江) 한 줄기로 국경이 맞닿아 있는데 이미 실시한 일본과의 규례를 따르고 새로 맺을 미국과의 조약을 끌어대면서 와서 거주할 땅을 요구하고 물화를 교역하기를 요청하면 장차 어떻게 막겠습니까?

또 더구나 세상에는 일본이나 미국과 같은 나라가 헤아릴 수 없이 많은데 각 나라들이 서로 이 일을 본보기로 하여 땅을 요구하고 화친을 청하기를 일본과 같이 한다면 또한 어떻게 막겠습니까? 허락하지 않는다면 지난날의 성과는 다 없어지고 원수가 되며 여러 나라의 원망이 몰려들어 적이 되어버리는 것이 러시아 한 나라에 그치지 않을 것이며, 허락한다면 세계의 한 모퉁이인 청구(靑邱)에 장차 수용할 땅이 없게 될 것입니다.

진실로 황준헌의 말처럼 러시아가 정말 우리를 집어삼킬 만한 힘이 있고 우리를 침략할 뜻이 있다고 해도 만 리 밖의 구원을 앉아 기다리면서 혼자서 가까이 있는 오랑캐 무리들과 싸우겠습니까? 이것이야말로 이해관계가 뚜렷한 것입니다. 지금 조정에서 무엇 때문에 백해무익(百害無益)한 일을 굳이 해서 러시아 오랑캐에게는 본래 생각지도 않았던 일을 생각하도록 만들고 미국에서는 원래 계책으로 삼지도 않은 일을 계책을 삼게 하여 병란을 초래하여 오랑캐를 불러들이게 합니까?

그는 또 말하기를, 「서학(西學)」에 종사하고 재물 모으기에 힘쓰고 농사를 장려하는 데 힘쓰며 상공업에 힘써야 한다.」 하였습니다. 당요(唐堯),

우순(禹舜) 때에는 집집마다 어진 사람이 살았고 성주(成周)에서는 집에는 식량을 쌓아두고 여행할 때면 전대를 걸머지고 다녔으며 한(漢)나라에서는 창고에 곡식이 붉게 썩어갈 정도이며 돈꿰미는 썩어났으니, 이것으로 하여 백성들은 용감하면서도 나아갈 방향을 알게 되었습니다. 그러니 무엇 때문에 선왕의 도리를 버리고 다른 묘책에 힘을 쓰겠습니까? 더욱 분통스러운 것은 저 황준헌이라는 자는 중국에서 태어났다고 말하면서도 일본에서 연사(演士)로 행세하고 예수를 믿어 자진하여 사문난적(斯文亂賊)의 앞잡이가 되고 짐승과 같은 무리가 되어 버렸으니, 고금천하(古今天下)에 어찌 이런 이치가 있습니까?

엎드려 바라건대 전하께서는 깊이 생각하고 판단해서 그런 말을 하는 사람은 우선 쫓아버리고 그 책은 물이나 불 속에 집어 던져 호오(好惡)를 명백히 보이며 중외(中外)에 포고(布告)해서 온 나라의 백성들로 하여금 전하의 뜻이 무엇인가를 알게 하고 주공과 공자, 정자와 주자의 가르침을 더욱 밝혀 사람들이 모두 임금을 위하여 죽을 각오를 가지게 하며 백성들의 마음으로 성(城)을 삼아서 더럽고 요사스런 무리들이 간계를 부릴 여지가 없게 한다면 우리나라의 예절 있는 풍속을 장차 만대에 자랑하게 될 것입니다.

고종은 다음과 같이 답한다.

간사한 것을 물리치고 바른 것을 지키는 일에 어찌 그대들의 말을 기다리겠는가? 다른 나라 사람의 『사의조선책략』의 글은 애당초 깊이 파고들 것도 없지만 그대들도 또 잘못보고 지적함이 있도다. 만약 이것에 빙자하여 또다시 번거롭게 상소하면 이는 조정을 비방하는 것이니, 어찌 선비로 대우하여 엄하게 처벌하지 않을 수 있겠는가? 그대들은 이 점을 잘 알고 물러가도록 하라.[2]

고종은 이만손(李晚孫, 1811~1891)과 강진규(姜晉奎, 1817~?)를 귀양 보낸다. 그러나 고종이 「영남만인소」에 강력히 대응하자 전국의 위정 척사파들이 개국과 개화에 더욱 격렬하게 반대하는 상소를 올린다. 강원 유생 홍재학의 「척왜소(斥倭疏)」가 대표적이다.

대체로 갈아도 닳지 않고 검은 물을 들여도 검어지지 않는 것은 오직 성현(聖賢)이라야만 할 수 있습니다. 그렇지 못한 사람은 사물에 의하여 변천되지 않을 수 없습니다. 이렇기 때문에 성현들이 사람들을 가르칠 때에 반드시 말하기를, 「눈으로는 정당하지 않은 글을 보지 말고 귀로는 예가 아닌 소리를 듣지 말라.」라고 하였고, 반드시 말하기를, 「차라리 한 해 동안 글을 읽지 않을지언정 하루라도 소인을 가까이해서는 안 된다.」라고 하였습니다. 고 참판(故參判) 이항로(李恒老)의 말에, 「사는 곳을 삼가야 하는 바 사는 곳에 따라 모습이 비슷해지기 때문이다. 가까이하는 것을 삼가야 하는 바 가까이하는 데 따라 기질이 닮아가기 때문이다. 지키는 일을 삼가야 하는 바 지키는 일에 따라 마음이 비슷해지기 때문이다. 모습이 비슷해진다는 것은 무엇인가? 물고기는 물에서 살기에 그 비늘이 물결모양 같고 사슴은 산에서 살기에 그 뿔이 삐죽해졌으며 거북과 자라는 바위 위에 살기에 그 등갑이 바위처럼 험해졌다. 기질이 닮는다는 것은 무엇인가? 철을 묻어두면 돌도 지남철로 되고 나무를 물에 담그면 나무도 미끄러워진다. 마음이 비슷해진다는 것은 무엇인가? 화살을 만드는 사람은 사람이 상하지 않을까 근심하고 갑옷을 만드는 사람은 사람이 상할까 봐 근심하게 된다.」라고 하였으니, 이는 절실하고 지극한 말입니다. 오늘날 온 나라에서 입는 것은 서양 직물이고 서양 물감을 들인 옷이며 온 나라에서 쓰는 것은 서양 물건입니다. 접견하는 사람도 서양 사람이고, 탐내어 침 흘리는 것도 서양의 기이하고 교묘한 것들입니다. 사는 것과 가까이하는 것과 지키는 일이 다 서양의 것이니 형체와 기질과 마음이 어찌 다 서양 것으로 변화되지 않겠습니까?

대체로 서양의 학문이 원래 천리(天理)를 문란하게 하고 인륜(人倫)을 멸하는 것은 더 말할 것도 없이 심합니다. 서양의 문물은 태반이 음탕한 것을 조장하고 욕심을 이끌며 윤리를 망치고 사람의 정신이 천지와 통하는 것을 어지럽히니, 귀로 들으면 내장이 뒤틀리고 눈으로 보면 창자가 뒤집히며 코로 냄새 맡거나 입술에 대면 마음이 바뀌어 본성을 잃게 됩니다. 이것은 마치 그림자와 메아리가 서로 호응하고 전염병이 전염되는 것과도 같습니다.

이른바 『중서문견(中西聞見)』, 『태서문견(泰西聞見)』, 『만국공법(萬國公法)』 등 허다한 그들의 요사스런 책들이 나라 안에 가득 차 있습니다. 그런데 이른바 명사(名士)와 석유(碩儒)들은 새 것을 좋아하고 기이한 것을 숭상하여 거기에 빠져 들어가서 즐기면서 돌아올 줄을 모르고 번갈아 찬미하자 이름있고 지위 있는 사람도 하루가 못 되어 휩쓸립니다.

....

그들이 말하는 「견문을 넓히고 흉금을 틔운다[廣見聞而開胸襟]」라는 말이 이미 공자(孔子)가 말한 육예(六藝)가 아니니, 이것은 남모르는 것을 알아내어 괴이한 행동을 하며 이단과 불경한 짓을 한다고 말하는 것이 아니겠습니까?

예로부터 이교(異敎)는 대개 사이비(似而非)를 발전시켜서 사람의 마음을 현혹시켜 마침내는 짐승을 이끌고 사람을 잡아먹는 지경에 이르는데도 사람들은 깨닫지 못하게 되는 것입니다. 묵자(墨子)는 아버지를 무시하였는데도 「인(仁)」에 가깝다고 하였고 양자(楊子)는 임금을 무시하였는데도 「의리(義理)」에 가깝다고 하였으며 향원(鄕愿)은 덕을 어지럽히면서도 「중용(中庸)」에 유사하다고 하였습니다. 예수(耶蘇), 마테오 리치(利瑪竇, Matteo Ricci)의 심보로 토설한 것과 웅삼발(熊三拔), 만제국(萬濟國)의 뱃속에서 나온 말들은 유사하기로는 분전(分錢)만큼이고 그 화(禍)는 산악과 같으며, 가깝기로는 터럭 끝만큼이고 그 어긋나기로는 연(燕)나라와 월(越)나라처럼 멉니다. 이런 것을 가지고 견문을 넓히고 흉금을 틔우는 데 도움으로 삼는다고 하니, 어찌 독약을 먹고 갈증을 풀려고 하며 독초를 먹고 굶주림을 면하려 하는 것과 다르겠습니까?

이른바 황준헌(黃遵憲)의 책자를 가지고 돌아와서 전하에게도 올리고 조정 반열에도 드러내 놓으면서 하는 말에, 「여러 조목에 대한 그의 논변은 우리의 심산(心算)에도 부합됩니다. 서양 사람이 중국에 거주하지만 중국 사람들이 다 사학을 믿는다는 말은 듣지 못하였습니다.」라고 하였으니, 이것이 과연 하늘을 이고 땅을 밟고 사는 사람의 입에서 나온 말입니까? 이것이 과연 자기가 한 일과 척촌(尺寸)의 간격이라도 있다 하겠습니까?

………

중국이 시궁창에 빠지자 온 세상에 짐승냄새가 풍긴 지 300년이나 되었습니다. 한 줄기 봄이 유독 우리나라에만 붙어있는 것은, 비유하면 천지에 숙살(肅殺)의 기운이 가득할 때 큰 과일 한 개가 높이 달려서 생기가 가지 끝에 남아 있는 것과 같으니 이것은 천지가 애호하는 것이고 사람들이 소중히 의지하는 것입니다. 어찌 차마 이것까지 없애버려서 음(陰)만 있고 양(陽)이 없는 세상으로 만들겠습니까? 만물을 생산하는 천지의 마음이 결코 이렇듯 어둡지는 않을 것입니다.

………

무릇 신하로서 멋대로 의견을 내세워 윗사람과 아랫사람들을 위협하며 뜬소문을 꾸며내어 멀고 가까운 사람들을 현혹시키는 자들은 목을 베어 거리에 매달도록 하고, 사교에 빠져 들어가서 호랑이 앞잡이인 창귀 노릇을 하기 좋아하는 자들을 죽여 버림으로써 우리나라 삼천리 경내에 쉽게 뿌리내리지 못하게 하며, 강화(江華)·덕원(德源)의 여관(旅館)에 머물러 있는 서양 사람과 성 안팎을 무시로 드나드는 서양 사람들을 모조리 몰아내어서 우리나라 예의의 풍속을 어지럽히지 못하게 하소서.

홍재학은 개국과 개화에 반대하는데 그치지 않고 고종을 노골적으로 비판한다.

> 전하는 무슨 까닭에 온 나라 사람들의 입으로 한결같이 말하는 공론(公論)을 이처럼 굳게 거절하는 것입니까?
>
> ....
>
> 전하는 따르지 않았을 뿐만 아니라 형을 가하고 유배를 보냈으니, 이것이 간언(諫言)을 따르는 성주(聖主)의 일이라고 하겠습니까, 말세에 간하는 말을 거절하는 것이라고 하겠습니까? 이것이 겸손하게 선(善)을 받아들여 대업을 이룩하는 것입니까, 오만하게 자기 스스로 성인인 체하는 것입니까? 이 한 가지 일만 해도 이미 상서로움을 초래할 수 있는 일이 못 되는데, 지난번 경상도(慶尙道) 유생들의 상소에 대한 비답과 요즘 전교하신 일은 더욱 심한 것이 있으므로 조목조목 진달하겠습니다.
>
> ....
>
> 지금 동래·덕원·도하(都下)에 있는 서양 사람들이 여전하고, 새것을 좋아하고 기이한 것을 숭상하며 화의(和議)를 주장하는 무리들이 여전하며, 서양 기술을 연습하고 서양 물건을 교역하는 일도 여전합니다. 이와 같은 데도 덕을 세운다고 말하겠으며 정도(正道)를 시행할 수 있겠습니까?
>
> ....
>
> 대체로 지난날에도 척화를 주장하다 전하에게 죄를 받은 자들은 그 죄를 용서하고 그 계책을 썼는데, 어찌하여 문서만 만들어 가지고 만 사람의 입을 틀어막고 만 사람의 눈을 가리우는 것으로 좋은 계책을 삼습니까?

설사 자기 같은 사람들을 몇을 죽여도 모든 백성이 들고 일어날 것이고 그렇게 되면 고종도 「제지하지 못할 것」이라고 한다.

신들을 비롯한 소두(疏頭) 몇 명에 대하여서는 전하의 힘으로 사구(四寇)에서 형벌을 가할 수도 있고 영남(嶺南)의 해변에 찬배(竄配)할 수도 있으며 저자 거리에서 찢어 죽일 수도 있을 것이지만, 온 나라의 백성들이 집집마다 원망하고 사람마다 분노하는 것은 전하의 힘으로써도 제지하지 못할 것입니다.

고종이 공부도 제대로 하지 않고 「이치에 밝지 못하고」 「사심을 이기지 못한다」고도 한다.

전하께서 이처럼 전에 없던 지나친 조치를 취하고도 막연히 깨닫지 못하는 것은 다른 까닭이 아니라 학문을 일삼지 않으므로 아는 것이 이치에 밝지 못하고 마음은 사심을 이기지 못하며 안일에 빠진 것을 달게 여기고 참소로 권하는 것을 즐기기 때문입니다.

전하께서 배우지 않는 것은 어찌 다른 까닭이 있겠습니까? 재상 이하의 미웁스럽고 이익만 즐기고 염치없는 무리들이 전하의 학문과 덕행이 전진하면 반드시 앞으로 어진 사람을 등용하고 간사한 사람을 물리치게 될 것이므로 모든 정사에서 자기 무리들이 그 사이에 발을 붙이고 하고 싶은 대로 하지 못하게 될 것을 깊이 우려했기 때문입니다. 그러므로 처음부터 지금까지 경연(經筵)을 쓸데없는 것이라고 하고 어질고 준수한 사람들을 내쳐버리며 도학(道學)을 썩은 선비의 무용지물(無用之物)로 삼고 속류(俗流)들을 재주 있고 부릴 만한 사람이라고 하면서 억누르거나 추켜세우고 권한을 주거나 빼앗는 것을 한결같이 자기 뜻대로만 하였습니다. 전하의 총명을 이토록 극도로 흐리게 하였으니 그 죄악을 이루 다 말할 수 있겠습니까?」[3]

홍재학은 고종의 격분을 사서 참수 된다.

한편, 한때 최대의 정적이었을 뿐 아니라 자신을 권좌에서 밀어낸 위정척사파가 자신을 적극 지지하는 자세로 돌아서자 흥선대원군은 이들과 손잡고 다시 권력을 되찾는 방법을 적극 모색하기 시작한다.

2. 대원군의 반격: 「안기영 역모사건」과 「임오군란」

1881년 8월 28일, 「안기영 역모사건」이 일어난다. 일명 「이재선 역모사건」이라고도 불리는 이 사건은 대원군의 추종자들이 그의 적극적인 지원 하에 정변을 일으켜 고종을 폐위하고 대원군의 서장자(庶長子)인 완은군 이재선(完恩君 李載先, 1842~1881)을 왕위에 옹립하려는 역모였다.

안기영(安驥泳, 1819~1881)은 대원군 집권 당시 형조참의를 역임했고 최익현이 대원군의 실정을 비판하는 상소를 올리자 이에 맞서 최익현 탄핵 상소를 올렸던 인물이다.[4] 안기영과 함께 역모를 주도한 권정호(權鼎鎬)는 승지를 지냈으며, 역시 대원군의 측근이었다. 이들은 안기영의 심복인 이철구(李哲九), 강달선(姜達善), 이두영(李斗榮), 이종학(李鐘學) 등과 함께 1881년 5월부터 거사를 준비하기 시작하여 수 차례의 회합 끝에 8월 21일을 거사일로 정한다. 이들은 위정척사 운동을 지지하는 유생들을 동원함은 물론, 함경도에서 군사 2천 명, 영남, 호남, 호서에서 장사 수백 명을 모집하고자 사람을 파견하기도 하였다. 강화도 출신인 이철구는 강화도의 군대도 동원하고자 하였다.[5]

그러나 자금 조달에 실패하고 거병에도 실패하면서 8월 21일의 거사 계획은 수포로 돌아간다. 그러자 대원군은 역모가 발각될 것을 염려하여 미리 손을 쓴다. 그는 강달선, 이두영, 이종학 등을 체포하여 형조에 넘기고 다른 죄목을 붙여 이들을 멀리 유배 보내고 역모에 가담했던 나머지 인물들도 해산시키고 함구할 것을 명한다.

그러나 안기영 등은 대원군의 명령을 어기고 다시 8월 29일을 거사일로 잡지만 상황이 여의치 않자 역모에 가담했던 광주산성장교(廣州山城將校) 이풍래(李豐來)가 8월 28일 포도청에 역모 사실을 고변(告變)하면서 일당 30여 명이 체포되고, 안기영, 권정호, 강달선, 이두영, 이종학, 이철구, 이종해, 이연응 등은 처형된다.

이재선

이재선은 1881년 9월 의금부에 투옥되었다가 제주도에 위리안치(圍籬安置)된 후 1881년 10월 27일 사사(賜死)된다. 이재선은 죽을 때까지 자신이 무슨 일로 사사되는지도 몰랐다고 한다. 대원군이 역모에 직접 연루된 것은 공공연한 사실이었다. 그러나 국왕의 친부인 관계로 아무런 벌을 받지 않는다. 그 대신 그의 측근 세력은 철저하게 제거된다.

개국과 개화에 대한 불만은 결국 임오군란으로 터진다. 조선 역사의 흐름을 바꾼 이 사건의 발단은 사소했다. 1882년 7월 19일, 병조판서 겸 선혜청(宣惠廳) 당상(堂上) 민겸호(閔謙鎬)는 도봉소(都捧所)에서 13개월 동안 밀린 무위영(武衛營)과 장어영(壯禦營) 등 구식 군대의 군졸들에 대한 군료(軍料) 중 한 달 분의 녹봉미(祿俸米)를 지급했다. 그런데 그마저도 겨와 모래가 절반 이상이나 섞인 것이었다. 그렇지 않아도 평소 일본인 교관에 의해 훈련되던 신식 별기군에 비해 차별 대우를 받는 것에 대한 분노가 폭발한다.

밀린 군료를 지급받기 위해 모여 있던 군인들은 수령을 거부하고,

포수 김춘영(金春永), 유복만(柳卜萬), 정의길(鄭義吉) 등은 고직(庫直, 창고 수위)과 격투를 벌였다. 민겸호가 포도청에 명하여 이들을 체포하고 처형하려 하자 7월 23일 김춘영의 부친 김장손(金長孫), 유복만의 동생 유

청수관 천연정

춘만(柳春萬)은 각 영(營) 병사들의 동조를 얻어 민겸호의 집을 습격하고 운현궁으로 몰려가 대원군에게 호소한다.[6]

안기영 역모사건 이후 또다시 재기의 기회를 엿보고 있던 대원군은 곧 이들을 지휘하기 시작한다. 대원군은 이들에게 궁궐 습격과 민씨 척족 주살(誅殺), 그리고 일본 공사관 습격을 명한다. 반란군은 무기고를 습격하여 무기를 탈취한 후, 포도청을 습격하여 옥에 갇혀 있던 김춘영, 유복만 등을 구출하고 의금부를 습격해 구속되어 있던 위정척사파 887명을 석방한다.[7] 이 과정에서 한양 이태원 및 왕십리의 빈민들이 반란군에 합류한다.

7월 23일, 구식 군대와 성난 폭도 수백 명이 한양 외곽의 「청수관」에 있던 일본 공사관을 습격한다. 하나부사와 공사관 직원들은 조선 관군이 구출하러 오지도 않고 폭도들이 건물에 불을 지르자 저항을 포기하고 날이 저문 후 포위를 뚫고 한양으로 향한다. 그러나 한양의 도성문이 잠겨있어 할 수 없이 인천으로 도피한다. 반란군은 별기군을 훈련시키던 일본군 교관 호리모토 레이조(掘本禮造) 소위와 조선어를 배우러 와있던 일본 육군 어학생, 그리고 일본인 경찰 1명을 살해한다.

다음날 오후, 군란 소식이 인천에도 전해지자 인천의 군인들이 하나부사와 일본 공사관 직원들을 공격하여 일본인 6명을 살해한다. 생존자들은 제물포로 퇴각하여 배를 타고 월미도로 피신하던 중 우연히 그

일본 공사관

임오군란 당시 일본 공사관 습격장면

곳을 지나던 영국의 측량선 「플라잉피쉬(The Flying Fish)」에 의해서 구
출되어 나가사키로 귀국한다.[8]

7월 24일, 반란군은 영돈녕부사(領敦寧府事) 이최응(李最應, 대원군의
형)을 죽이고 왕궁으로 쳐들어가 민겸호와 당시 경기도 관찰사였던
김보현(金輔鉉)을 죽인다. 민중전은 궁녀로 변장하고 탈출하여 무예별
감 홍계훈(洪啓薰, 1842~1895)의 호위를 받으면서 충주(忠州) 장호원(長
湖院)의 민응식(閔應植, 1844~1903.3.22.) 집으로 피신한다. 7월 25일,

하나부사의 피신 과정을 그린 도요하라 치카노부(豊原周延)의 목판화

작은 배를 타고 월미도로 피신하는 하나부사와 일본 공사관 직원들

고종은 대원군에게 전권을 위임할 것을 선포한다. 대원군은 큰아들
이자 고종의 친형인 이재면(李載冕)에게 훈련대장, 호조판서 및 선혜
청 당상을 겸하게 하여 군사권과 재정권을 장악하는 한편, 「통리기무
아문」을 폐지하고 「삼군부(三軍府)」를 부활시킨다. 군제(軍制)도 별기군
을 폐지하고 종래의 「오영(五營)」을 부활시키고 유배 중이던 이만손(李
晩孫, 1811년~1891), 강진규(姜晉奎), 김평묵(金平默, 1819~1891)등 위정
척사파들을 석방하는 한편 전 동래부사 정현덕(鄭顯德, 1810~1883)도
석방하여 중용한다.[9] 대원군은 권력에서 물러난 지 8년 만에 다시 한

번 권력을 잡는다.

3. 청의 신제국주의

조선을 간신히 탈출하여 7월 29일 나가사키에 도착한 하나부사는 임오군란에 대한 첫 보고를 도쿄에 보낸다. 하나부사의 보고서를 받은 이노우에 가오루 외무상은 7월 31일 긴급 각료회의를 소집한다. 이 회의에서 조선에 사과와 배상금을 요청할 것, 하나부사는 곧바로 전권대사 자격으로 군사들의 호위 하에 한양으로 돌아갈 것, 이노우에가 직접 시모노세키로 가서 하나부사를 만나 지시를 내릴 것, 군함들을 부산과 원산으로 급파하여 일본인 거주민들을 보호할 것 등을 결정한다.[10] 8월 5일, 조선 문제를 담당하던 미야모토 고이치를 시모노세키로 보내 하나부사에게 앞으로의 계획을 설명하도록 하고, 2일 후 이노우에도 시모노세키에 도착한다. 그러나 하나부사가 인솔해가는 군사와 군함은 공격용이 아닌 호위용이라는 것을 분명히 한다. 그 외의 문제에 있어서는 상황에 따라 하나부사가 결정할 수 있는 권한을 준다.[11]

한편 청 조정은 임오군란 발발 소식을 당시 도쿄에 갓 부임한 신임 주일 청국공사 여서창의 보고를 통해 처음 접한다. 7월 31일, 일본 외무성으로부터 소식을 접한 여서창은 곧바로 장수성(張樹聲, 1824~1884) 양광(兩廣)총독에게 전보를 보낸다. 회군 장군 출신으로 이홍장의 막우였던 장수성은 당시 임시로 즈리총독도 겸하고 있었다. 1882년 4월 모친상을 당해 안후이(安徽, 안휘)로 귀향한 이홍장을 대신해서였다.[12]

8월 1일, 여서창은 장수성에게 또다시 전보를 쳐서 일본 정부가 조선 파병을 결정했음을 알리면서 청 조정도 하루빨리 군대를 조선으로 보내 사태를 파악할 것을 종용한다. 장수성은 자신의 휘하인 정

여창 제독에게 군함을 이끌고
조선으로 출병할 준비를 하라
고 명하고 곧바로 총리아문에
게 이를 허락해줄 것을 요청한
다. 동시에 장수성은 톈진 세관
의 도태(道台)를 맡고 있던 주복
(周馥)에게 그때까지 톈진에 머
물고 있던 김윤식과 상의할 것
을 명한다.[13]

장수성

주복은 8월 1일 저녁 김윤
식과 만나고 다음날 아침에도
만난다. 두 번째 만남에는 「조
미수호통상조약」 협상에 참여
하고자 하였으나 5월 15일에
야 톈진에 도착하여 머물고 있
던 어윤중도 동석한다. 김윤식
과 어윤중은 직감적으로 이번
사건을 조정한 것이 대원군이
란 것을 알았다. 안기영 역모사
건이 일어난 지 1년도 안된 시
점이었기 때문이다. 김윤식과

여서창

어윤중은 반란을 진압하고 일본이 조선에 대한 보복으로 군사 행동을
하는 것을 사전에 막기 위해 청이 군함과 군사 1천을 조선에 시급히
파견할 것을 건의한다.[14]

8월 3일, 장수성은 일본 육군 700명과 수군 700명을 실은 일본 군
함들이 조선으로 출항했다는 여서창의 전보를 받는다. 여서창은 일본

정부가 전쟁을 결정한 것은 아
니지만 일본 국내 여론이 격앙
되어 있으며 전쟁 준비가 이미
시작되었다면서 청군을 하루
빨리 조선에 보낼 것을 종용한
다. 사태의 심각성을 인식한 장
수성은 다시 한번 정여창 제독
을 조선으로 보내 조선 국내의
상황과 일본의 동향을 살피도
록 허락해 줄 것을 총리아문에
요청한다. 동시에 조선 정부가
군란을 평정하지 못할 경우, 휘

정여창

군 2천 명을 파병할 것도 제안한다. 총리아문은 일단 8월 5일, 정여창
을 옌타이(煙臺, 연태)로 보내 마건충과 합류토록한다.

총리아문은 광서제(光緖帝, 재위 1874~1908)에게 상소를 올려 조선에
군함과 군사를 파병하는 것을 허락해달라고 요청한다. 총리아문은 일
본이 오랫동안 조선에 대한 영향력을 확대하려고 시도해왔으며 많은
조선인들이 일본과 협조하고 있다면서 일본이 조선 정부를 도와 군란
을 진압하게 된다면 조선의 친일파들이 조선 정부 내에서 권력을 장악
하게 될 것이라고 한다. 따라서 청은 군사와 군함을 보내 조선을 지키
고 1871년의 청일수호조약에 따라 중국 영토 내의 일본인들을 보호
할 것을 주장한다. 광서제는 8월 7일 이러한 계획을 허락한다. 동시에
광서제는 상중(喪中)인 이홍장에게 톈진으로 복귀할 것을 명한다.[15] 8
월 9일, 마건충과 정여창은 어윤중과 함께 전함 3척을 끌고 옌타이를
출항해 다음날 밤 인천에 도착한다. 인천 앞바다에는 그날 호우에 이
미 도착한 일본 전함 한 척이 정박해 있었다.[16]

어윤중   김윤식

 정여창과 어윤중이 조선으로 출항한 날, 주복은 김윤식과 다시 만나 조선의 사태를 논의한다. 김윤식이 다시 한번 이번 반란의 주모자가 대원군임을 강조하자, 주복은 대원군이 겉으로는 반일적인 태도를 견지하면서도 실제로는 자신의 자리를 공고히 하기 위해 일본과 공모할 가능성이 있지 않냐고 묻는다. 그러자 김윤식은 그런 일은 상상도 할 수 없으며 대원군이 이번 사태를 해결하기 위해 일본이 요구하는 조건을 들어줄 리 없으며 일본은 분명히 군란 진압의 명분하에 군대를 보낼 것이라고 한다. 그리고 군란이 진압된 후에도 일본은 계속해서 조선 내정에 간섭할 것이라고도 한다. 바로 이러한 사태를 방지하기 위해서라도 청은 군대를 조선에 파견해야 하며 청만이 이번 사태를 해결할 수 있을 것이라고 한다.[17]

 8월 10일 인천에 도착한 마건충은 어윤중을 인천 화도진(花島鎭) 별장(別將) 김광신(金宏臣)에게 보내 정보를 얻어올 것을 부탁한다. 김광신을 만나고 온 어윤중은 대원군이 난의 주모자이며 난을 하루빨리 진압해야 한다고 마건충에게 보고한다.[18] 다음날 아침 곤도 마스키(近藤眞鋤)가 마건충과 정여창을 예방한다. 1876년 강화도 조약 체결 이후 최초의 주 부산 영사로 부임한 곤도는 임오군란 당시 일본으로 피신했다가 일본군 선발대와 같이 다시 인천으로 돌아와 있었다. 곤도는 마건충과 정여창에게 민중전이 피살되었으며 대원군이 권력을 잡았다고 전한다.

주복

마건충은 어윤중과 오랜 숙의를 거친다. 어윤중은 다시 한 번 대원군이 오랜 세월 동안 정권을 잡기 위해 획책해 왔으며, 왕의 부친이라 아무도 건드릴 수 없다는 점을 이용해 왕궁에 불을 지르기도 하고 왕의 충신들을 살해했으며 무지몽매한 백성들을 반외세의 구호로 미혹시켜왔다고 한다. 그는 1년 전 실패한 안기영의 역모 때 이미 계획하였듯이, 이번 군란을 일으켜 왕의 심복들을 살해하고 왕궁을 공격하여 중전을 제거하고 일본 사람들을 죽인 것이라고 하였다. 왕은 비록 왕위는 유지하고 있지만 궁에 갇힌 포로에 불과하며 외교를 담당하던 대신들은 모두 살해되었다고 한다. 만일 청이 재빨리 손을 쓰지 않을 경우 일본은 대규모 반격을 할 것이고 대원군이 이에 저항하기

시작하면 조선 백성은 참혹한 피해를 입을 것이며 왕실의 운명도 위태로워질 것이라고 한다.[19]

어윤중이나 김윤식은 객관적인 사실을 확인하지 않은 채 대원군에 대한 자신들의 선입견과 상상력을 기반으로 청의 관리들에게 상황을 설명한다. 마건충은 어윤중과의 대화를 바탕으로 보고서를 작성하고 정여창으로 하여금 청으로 되돌아가 장수성에게 직접 보고하도록 한다. 정여창은 8월 12일 조선의 상황을 직접 보고하기 위해 톈진으로 돌아가 8월 14일, 장수성에게 마건충의 보고서를 전한다. 이 보고서에서 마건충은 청군 6개 대대와 군함들을 조선에 속히 파병하여 한양을 점령하고 주모자를 체포할 것을 촉구한다.[20] 그러나 장수성은 마건충의 보고를 받아보기도 전에 이미 조선 개입을 결정하고 8월 7일 산둥에 주둔하고 있는 회군 6개 대대를 지휘하고 있는 오장경(吳長慶, 1834~1884.7.13.) 장군에게 조선에 출병할 것을 명한다.[21]

이제 남은 문제는 대원군을 어떻게 처리할 것인가였다. 김윤식은 청군이 대원군의 집을 포위하고 대원군의 죄를 묻고 사형에 처하는 조대비의 조칙을 받아낼 것을 제안한다. 그러나 이홍장의 막우였던 설복성(薛福成, 1838.4.12.~1894.7.21.)은 대원군을 체포하여 청으로 압송할 것을 제안한다.[22] 설복성은 조선이 류큐와 같이 일본의 손에 넘어가는 것을 막으려면 청이 일본에 선제적으로 대응해야 한다면서, 청이 재빨리 움직일 것을 종용했다.

한편, 하나부사는 8월 13일, 일본 군함 4척과 수송선 3척, 그리고 육군 1개 대대를 대동하고 인천에 도착하여 조영하와 김홍집의 영접을 받는다. 하나부사는 시간을 달라는 조선 정부의 요청을 무시하고 대규모 호위군사를 이끌고 8월 16일 한양에 입성한다. 8월 20일, 고종을 알현한 하나부사는 다음의 요구 사항들을 내놓는다.

- 15일 이내에 주모자들을 처벌할 것
- 희생자들을 위해 후히 장례를 치를 것
- 죽거나 부상당한 일본인 가족에게 각 50만 엔씩 보상할 것
- 일본인과 일본인 재산에 끼친 피해를 보상하고 일본군 유지 비용을 부담할 것
- 인천과 부산, 원산에 일본인이 자유롭게 왕래할 수 있는 거리를 100리로 넓히고 양화진을 새로운 시장으로 개방할 것, 일본의 상인들이 함흥과 대구까지 교역을 할 수 있도록 허락할 것
- 일본공사와 영사, 그들의 수행원들과 가족들이 조선의 내륙까지 자유롭게 여행할 수 있도록 허락할 것
- 앞으로 5년간 일본 공사관의 보호를 위해서 일본군 대대가 주둔할 수 있도록 허락할 것

다음날, 하나부사는 조선조정이 일본에 사죄 사절단을 파견하라는 요구 사항을 하나 더 추가 하고 3일 이내에 일본측의 요구에 대한 답변을 하라며 돌아간다.[23] 하나부사는 이어 대원군의 요청으로 대원군과 만난다. 대원군은 하나부사에게 과거의 쇄국 정책으로는 돌아가지 않을 것이라고 설득하려고 한다.[24] 그 직후 하나부사는 영의정 홍순목이 군란 중 피살된 것으로 알려진 민중전의 장례에 참석하고자 한양을 떠났으며, 일본 측과의 협상은 그가 귀경할 때까지 미뤄질 것이라는 소식을 접한다. 이에 하나부사는 조선 조정에 무시를 당했다면서 8월 23일 아침 조선 조정의 부당한 대우에 항의하는 의미에서 인천으로 돌아가 버린다.[25]

한편 인천에서 오장경의 군대가 도착하기를 기다리던 마건충은 어윤중과 조선 정부가 이번 사태 수습을 위해 대관과 부관으로 임명한 조영하와 김홍집을 여러 차례 만난다. 마건충의 일기에 의하면

당시의 필담 내용은 모두 폐기되었다. 그러나 그는 조선 측과 만남이 거듭될수록 군란을 일으킨 폭도들의 유죄가 확실해졌다고 적고 있다. 마건충은 하나부사와 함께 온 다케조에 신이치로(竹添進一郎, 1842.4.25.~1917.3.31.)를 접견한다. 다케조에는 마건충에게 일본의 여론이 격앙되어 있지만 20년 전 일본이 최초로 서구 열강에 나라를 열었을 때의 경험을 생각해 볼 때, 일본 정부는 조선 정부와 이번 사태를 평화롭게 해결하고 싶어한다고 하였다. 그는 일본 정부가 조선의 영토에 대해 아무런 탐욕이 없다고도 한다. 마건충은 조선의 빈곤과 불안한 정국을 감안할 때 일본 정부가 조선 정부를 대하는 데 있어서 보다 관용을 베풀 것을 종용한다.[26]

8월 20일, 오장경과 정여창은 청군 2천 명을 거느리고 도착한다. 일본 함대가 이미 인천에 닻을 내리고 있기에 이를 피하여 청 함대는 남양만에 정박한다.[27] 김윤식은 이때 청 함대와 함께 귀국한다. 이들을 맞이한 것은 마건충과 조영하, 김홍집 등이었다.

8월 21일, 마건충은 대원군으로부터 긴급 전갈을 받는다. 일본이 최후 통첩을 했으며 마건충이 한양으로 와서 조선 정부와 일본 정부 사이를 중재해 줄 것을 요청하는 내용이었다. 마건충은 조영하와 함께 8월 22일 출발하여 23일 한양에 도착한다. 하나부사가 조선 조정과의 협상 지연에 대해 화를 내면서 인천으로 돌아간 직후였다. 대원군은 직접 마건충을 만나 필담을 나눈다.[28]

8월 24일, 마건충은 인천으로 가서 하나부사와 만난다. 마건충은 하나부사에게 재고를 요청하면서 대원군이 권력을 잡고 있는 한 조선 정부와의 의미 있는 협상은 불가능하니 고종의 친정을 회복시켜야 한다고 한다. 그리고는 청이 대원군을 제거할 것이라는 사실을 밝힌다.[29]

8월 25일, 마건충은 한양으로 돌아간다. 같은 날 오장경과 정여창은 군사를 이끌고 한양에 입성한다. 그들은 아무런 저항도 받지 않는다.

8월 26일, 마건충과 오장경, 정여창 등은 대원군의 사저로 대원군을 예방한다. 그날 늦은 오후 대원군은 청군 사령부로 답방을 간다. 대원군과 마건충은 다시 한번 필담을 나눈다. 필담 중 마건충은 갑자기 대원군에게 청의 황제가 책봉한 고종의 왕위를 찬탈하였다며 곧바로 톈진으로 가서 황제의 영을 기다릴 것을 통보한다. 그리고는 대원군을 밤중에 강제로 가마에 태워 남양만에 정박해있던 청국 군함에 태우고 다음날 톈진으로 압송한다.[30]

톈진의 흥선대원군

한양에서는 고종의 친정이 회복되고 청군은 군란의 주모자들을 체포하기 시작한다. 그러나 군란을 일으킨 일부 반란군들은 여전히 대원군의 장자 이재면의 지휘하에 있었다. 고종은 조영하를 비밀리에 청군 사령부에 보내 반란을 진압해줄 것을 요청한다. 청군은 이재

원세개

면을 체포한 후 이태원과 왕십리의 반란군 진압에 나선다. 이 때 청의 진압군 대장이 원세개(袁世凱,

1859.8.20.~1916.6.6.)였다. 청군이 진압에 나섰다는 소식이 전해지면서 반란군은 대부분 흩어진다. 그러나 청군은 반란군 170명을 체포한다. 대부분은 훈방되지만 대원군이 30일간 집권할 당시 고위 군직을 맡았던 인물들은 귀양을 보내고 하위 직위를 맡았던 몇 명은 처형된다.[31] 시골에 피신해 있던 민중전 역시 돌아온다. 군란에서 살아남은 민씨 척족들은 더욱 강력한 권력을 행사하게 된다.[32] 반란군 진압의 공으로 오장경과 원세개는 고종으로부터 포상을 받는다.[33] 임오군란과 대원군의 납치 이후 위정척사 사상을 기반으로 쇄국을 주장하는 세력은 급격히 약화된다.

4.「제물포 조약」과 청에 밀린 일본

8월 27일, 고종은 이유원을 전권 대신으로, 김홍집을 그의 전권 부관으로, 서상우를 그의 종사관으로, 그리고 김병시를 대관으로 임명하여 일본 측과 협상을 시작한다. 하나부사는 자신이 성급하게 한양을 떠나 있던 사이에 마건충이 상황을 완전히 장악함으로써 일본의 입지가 어려워졌음을 깨달았지만 이미 상황은 종료된 후였다. 그는 제물포에서 조선 측 협상단을 만나기로 합의한다.[34]

8월 28일, 조선과 일본 간의 협상이 일본 군함「히에이(比叡)」선상에서 이루어진다. 이유원과 김홍집은 일본 측의 요구 사항에 대한 견해를 마건충으로부터 미리 전해 듣고 이를 기준으로 하나부사와의 협상에 임한다. 가장 첨예한 쟁점은 일본 측에 대한 보상 액수, 일본군의 주둔 문제였다. 8월 30일, 양측은 6개 조항으로 된「제물포 조약」, 일명「조일강화조약(朝日講和條約)」와「조일수호조규 속약 2개조」를 체결한다.

「강화조약(講和條約)」

일본력(日本曆) 7월 23일, 조선력(朝鮮曆) 6월 9일의 변고 때 조선의 흉도(凶徒)가 일본 공사관을 습격하여 사무를 보는 인원들이 많이 난을 당하였고 조선에서 초빙한 일본 육군 교사(陸軍敎師)도 참해 입었다.

일본국은 화호(和好)를 타당하게 협의 처리하고, 조선은 아래의 6개 조관 및 따로 정한 속약(續約) 2개 조관을 실행할 것을 약속하여 징벌과 뒷마무리를 잘한다는 뜻을 표시하였다. 이에 양국 전권 대신(全權大臣)은 이름을 기입하고 도장을 찍어서 신용을 밝힌다.

제1관. 지금부터 20일을 기한으로 하여 조선국은 흉도들을 잡아 그 수괴를 엄격히 심문하여 엄하게 징벌하고, 일본국이 파견한 인원과 공동으로 조사하여 처리한다. 기한 내에 잡지 못할 경우 일본국에서 처리한다.

제2관. 해를 당한 일본 관서(官胥)는 조선국에서 후한 예로 매장하여 장례를 지낸다.

제3관. 조선은 5만 원(圓)을 지출하여 해를 당한 일본 관서의 유족들, 부상자에게 특별히 돌보아 준다.

제4관. 흉도들의 포악한 행동으로 인하여 일본국이 입은 손해와 공사(公使)를 호위한 해군과 육군의 비용 중에서 50만 원을 조선국에서 보충한다. 매년 10만 원씩 지불하여 5개년에 다 청산한다.

제5관. 일본 공사관(公使館)에 군사 약간을 두어 경비를 서게 한다. 병영

「제물포 조약」 원문 p. 1~2.

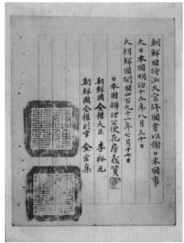

「제물포 조약」 원문 p. 3~4.

을 설치하거나 수선하는 일은 조선국이 맡는다. 조선의 군사와 백성들이
규약을 지킨 지 1년이 되어 일본 공사(日本公使)가 직접 경비가 필요치 않
다고 할 때에는 군사를 철수해도 무방하다.

제6관. 조선국 특파 대관이 국서를 가지고 일본국에 사과한다.

「수호조규(修好條規) 속약(續約)」 내용은 다음과 같다.

일본국과 조선국은 앞으로 더욱 친선을 표시하고 무역을 편리하게 하기 위하여 속약 2관을 아래와 같이 정한다.

제1관. 부산(釜山), 원산(元山), 인천(仁川)의 각 항구의 통행(通行) 이정(里程)을 이제부터 사방 각 50리(里)로 넓히고(조선의 이(里) 거리에 따른다.), 2년이 지난 뒤 (조약이 비준된 날부터 계산하여 한 돌을 1년으로 한다.) 다시 각각 100리로 한다. 지금부터 1년 뒤에는 양화진(楊花津)을 개시(開市)로 한다.

제2관. 일본국 공사(公使)와 영사(領事) 및 그 수원(隨員)과 가족은 마음대로 조선의 내지 각 곳을 유력(遊歷)할 수 있다. (유력할 지방을 지정하면 예조(禮曹)에서는 호조(護照)를 발급하고, 지방 관청은 호조를 확인하고 호송한다.)

9월 7일, 마건충과 정여창은 톈진으로 돌아간다. 조영하와 김홍집, 이조연은 조선의 대표로 청 조정에 직접 감사의 뜻을 전하기 위해 이들과 함께 떠난다. 그러나 오장경과 그의 휘하의 청군은 조선에 남기로 한다. 정여창 역시 얼마 후 다시 조선으로 돌아온다.

9월 7일 다시 한양에 입경한 하나부사는 9월 16일 곤도와 함께 고종을 알현한다. 같은 날, 고종은 제물포 조약은 물론 조선이 일본 및 서구 열강과 체결한 모든 조약의 원문을 반포하도록 한다. 동시에 대원군이 전국 각지에 세운 척화비(斥和碑)를 철거할 것을 명한다. 9월

「제물포조약」이 체결된 일본 군함 「히에이(比叡)」

개항 초기 제물포의 모습

20일, 하나부사는 일본 군함 「메이지마루(明治丸)」로 귀국한다. 이때 수신사와 전권 대신에 임명된 박영효, 그의 부관 김만식, 그리고 종사관 서광범이 동행한다.[35] 조선에서 일본에 파견하는 사죄 사절단이었다.

　청은 가급적 조선 문제에 직접 개입하는 것을 꺼렸다. 그러나 상황이 급박하게 돌아가면서 조선 조정이 일본을 제대로 상대할 수 없을

「메이지마루(明治丸)」

것이라는 판단이 서자 청은 일방적으로, 그리고 과감하게 개입을 결정한다. 대원군이 다시 권력을 잡는다면 이홍장이 그토록 심혈을 기울여 체결한 조선과 서양제국들과의 조약을 무효화시킬 것이고, 그렇게 되면 조약 체제를 통해 조선에 대한 청의 영향력을 유지하고자 한 정책은 수포로 돌아갈 것이 자명하였다. 더구나 일본과 조선이 무력 충돌을 하거나 반대로 서로 협력을 하게 된다면 조선에 대한 일본의 영향력은 확대되고 북 중국과 만주는 일본의 위협에 노출될 것이라고 생각했다.[36] 청은 결국 전통적인 조공 관계에서 벗어나 조선 문제에 직접 개입할 것을 결정한다.

일단 개입을 결정한 청은 임오군란을 평정하는 과정에서 서양으로부터 구입한 최신식 군함과 무기를 앞세워 일본을 군사력에서 압도하였다. 청은 과감하고 빠르게 움직여 상황을 장악하였다. 임오군란이 발발한 지 1주일 만에 청은 조선 문제에 개입할 것을 결정하였고, 대원군이 권력에 복귀한 지 1달 만에 대원군을 청으로 강제 압송한다. 이 모든 일은 조선 정부와 아무런 상의 없이 청의 독자적인 결정으로 이루어졌다. 김윤식과 어윤중의 의견을 묻긴 했지만 이들은 조선 조정을 대표하지도 않았고 그럴 권한도 없었다.

구식 군대의 차별 대우에 대한 불만으로 시작된 임오군란은 결국 국제사태로 비화되면서 임진왜란 이후 처음으로 일본군이, 병자호란 이후 처음으로 청군이 조선에 진주한다. 청과 일본은 각기 조선에 대한 영향력을 유지하기 위해 군대를 파견했지만 서로와의 전쟁은 원하지 않았다. 이홍장은 군사력보다는 새로운 무역관계를 수립함으로써 조선에 대한 청의 영향력을 극대화시키고자 하는 한편 조선이 서구 열강들과 조약을 맺게 함으로써 조선에 대한 일본의 영향력을 차단하고자 하였다. 조선을 청의 속국으로 유지하려는 노력도 물론 계속하였다. 반면, 일본은 조선을 속국으로 유지하려는 청의 시도를 거부했지만, 조선에 진주한 청군과 무력 대결을 할 실력은 아직 없었기에 군대를 철수할 수밖에 없었다.

제물포 조약은 서로와의 정면 대결을 피하면서도 각자의 체면을 지키고자 한 청과 일본 사이의 임시 타협안이었다.[37] 조선을 둘러싼 청과 일본의 갈등은 근원적인 해결책을 찾지 못한 채 일단 봉합된다.[38]

5. 속국에서 직할령으로

조선에서 임오군란이 일어나자 황제의 명으로 모친상 중에도 「양강총독(兩江總督)」에 복귀한 이홍장은 처음에는 적극적으로 조선 문제에 개입하는 것을 꺼렸다. 그는 무엇보다도 일본에게 조선에 개입할 수 있는 명분을 제공하는 것을 꺼렸고 조선 문제에 대해 청이 국제적인 책임을 지게 되는 것도 감당할 수 없는 부담이라고 생각했다. 그는 보다 간접적으로 조선에 영향력을 행사하는 방법을 끊임없이 모색하였다.

1882년 10월에는 「톈진 기기창」으로 하여금 조선의 군대가 사용할 대량의 신식무기를 보낼 것을 명한다. 이는 조선 조정의 요청에 의한 것이기도 하였지만 이홍장도 가급적이면 조선의 방어를 조선군에 맡기고 싶었기 때문이다. 이홍장은 조선에 청군이 주둔하고 있는 것이 오히려 사태를 불안하게 하고 있다고 생각하였다. 더구나 조선이 여전히 청의 속방이라는 주장을 하기 위해서라도 청군은 하루빨리 철수해야 했다. 전통적인 조공 관계에 의하면 중국은 속방의 내치와 외교에 직접 개입하지 않아야 했다. 청은 조선에 군사를 파견한 것이 상국이 속국을 보호하는 전통에 입각해서 이루어진 일이라고 강변하고 있었지만 군란이 평정된 이상 더 이상 청군을 주둔시키는 명분은 없었다.

따라서 이홍장은 11월에는 조선에 주둔하고 있는 오장경 휘하의 4개 대대 중 3개를 철수할 것을 윤허해 달라는 요청을 황제에게 올린다. 나머지 1개 대대도 일본군이 완전히 철수할 때까지만 조선에 주둔시키겠다고 한다. 그러나 이홍장의 요청은 오장경이 적극적으로 반대하고 고종이 변원규를 보내 청군의 계속된 주둔을 요청하면서 무산된다. 조선에 주둔하기 시작한 청군은 이홍장의 우려대로 점차 조선의 국내 정치에 깊숙이 개입하게 되었고 이 과정에서 오장경과 그의 휘하의 원세개는 심한 갈등을 겪기도 한다. 결국 1883년 5월, 오장경의 요청으로 청군은 1개 대대 1,500명만 남기고 나머지 3개 대대를 철수시킨다.[39]

그러나 조선과 청의 관계는 이미 근본적으로 변하고 있었다. 서로가 아무리 전통적인 사대관계를 유지하고 있는 것이라고 주장하여도 근대 국제 질서 속으로 편입되기 시작한 조선과 청의 관계는 과거로 돌아갈 수는 없었다. 이는 비단 임오군란으로 청이 군대를 파견하고 조선의 내정에 개입하기 시작하였기 때문만이 아니었다. 조-청 관계를 근본적으로 변화시키기 시작한 또 다른 요인은 통상문제였다. 강화도 조약을 통해서 일본과 교역을 시작하면서 국제통상의 중요성을 인식하기 시작한 조선은 청과도 전통적인 조공무역이 아닌 통상을 요구하기 시작한다.

조선은 이미 임오군란 이전에 청에게 통상에 관한 문의를 한다. 「조미수호통상조약」의 협상에 참여하기 위하여 고종의 명을 받고 떠난 어윤중과 이조연은 1882년 5월 15일 톈진에 도착한다. 이때는 이미 슈펠트와 이홍장 간의 모든 협상이 끝난 후였기 때문에 이들은 「조미수호통상조약」에는 직접적으로 기여하지 못한다. 그러나 어윤중과 이조연은 이때 톈진 해관의 책임자인 주복을 만나 병자호란 이후 이어져온 해금, 즉 서해 바다를 통한 중국과의 교류 일체를 금지한 오랜 금지령을 해제해 줄 것과 조선 상인들도 중국의 개항항에서 무역을 할 수 있도록 허락해줄 것을 요청한다.[40]

이는 조-청관계를 근본적으로 변화시키는 문제였다. 전통적인 조공관계, 상국과 속방의 관계는 조공무역 이외의 무역을 허락하지 않았다. 따라서 청이 속국인 조선과 과연 통상관계를 맺을 수 있을 것인지, 있다면 어떤 통상관계를 맺을 것인지, 그리고 새로운 통상관계가 전통적인 조공 관계를 어떻게 변질시킬 것인지 등 근본적인 문제들이 제기될 수 밖에 없었다. 광서제는 6월 14일 조칙을 내려 앞으로의 조-청무역은 총리아문이 관할하고 전통적인 조공 관계에 관련된 사항들은 계속해서 예부가 맡도록 한다. 그리고 이홍장에게 조선과의 통상문제를 검토할 것을 명한다.[41]

곧이어 발발한 임오군란으로 조선과 청 간의 통상관계를 재설정하는 문제는 미뤄진다. 그러나 임오군란을 평정해 준 것에 대하여 청 조정에 감사의 뜻을 전하고자 마건충, 정여창과 동행하여 톈진에 도착한 조영하와 김홍집, 이조연 등 감사 사절단은 이홍장에게 통상문제를 다시 꺼낸다. 이홍장은 조선과 청의 무역이 과거의 관행에 얽매여서는 안 되며 외국에 허락되는 대중무역에서 조선만 제외되는 것은 문제가 있다는 것에 동의한다. 이에 마건충과 주복도 참여한 간단한 협상을 거쳐 1882년 10월 4일, 조선과 청은 「조청상민수륙무역장정(朝淸商民水陸貿易章程)」을 체결한다.

무역장정은 다음과 같은 문장으로 시작한다.

> 조선은 오랜 동안의 제후국으로서 전례(典禮)에 관한 것에 정해진 제도가 있다는 것은 다시 의논할 여지가 없다. 다만 현재 각국(各國)이 수로(水路)를 통하여 통상하고 있어 해금(海禁)을 속히 열어, 양국 상인이 일체 상호 무역하여 함께 이익을 보게 해야 한다. 변계(邊界)에서 호시(互市)하는 규례도 시의(時宜)에 맞게 변통해야 한다. 이번에 제정한 수륙무역장정은 중국이 속방(屬邦)을 우대하는 뜻이며, 각국과 일체 같은 이득을 보도록 하는데 있지 않다. 이에 각 조항을 아래와 같이 정한다.[42] [부록5. 「조청상민 수륙무역장정」 전문]

장정의 내용을 분석해보면, 무역관계에 대한 함의 못지않게 중요한 것이 조청관계의 정치적 측면에 대한 함의다. 장정은 역사상 최초로 중국과 속방 간의 관계를 명시적으로 서술하여 문서화하고있다. 「장정」은 중국의 황제가 하사하는 것이기 때문에 일반 조약들과는 달리 양국의 비준이 필요하지 않았다. 청은 조선과 공식적인 조약을 체결할 생각이 전혀 없었다. 공식적인 조약이란 대등한 관계에 있는 국가 간에 맺는 것이었기 때문이다. 그러나 조선은 청과 대등한 위치에 있는 국가가 아닌 속국이었다. 따라서 청은 모든 조건을 일방적으로 청에게 유리하게 규정하였다. 그리고 이 장정의 내용이 다른 어떤 나라에도 적용되지 않음을 분명히 하였다. 장정은 북양대신 이홍장을 조선의 국왕과 동급에 놓고 있으며, 제2조는 중국 상인들에게는 철저하게 치외법권을 인정하는 반면 조선인과 관련된 사건은 모두 중국의 법에

따라 중국 관리가 판결하도록 하였다.[43]

장정이 조인되면서 조선의 시장은 중국 상인들에게 개방되기 시작하였다. 이홍장은 조선의 개항항에서 일본과 서양 상인들과 경쟁하게 될 중국 상인들을 보호하기 위하여 조선에 상무위원을 파견할 것을 황제에게 주청하면서 샌프란시스코 영사를 지냈고 영어와 통상에 능숙한 진수당(陳樹棠)을 추천한다. 1882년 10월 16일 한양에 부임하여 20일부터 「총판조선각구상무(總辦朝鮮各口商務)」직을 수행하기 시작한 진수당은[44] 24일, 한양 도성문에 방을 붙여서 청의 조정이 조선의 충성스러운 백성들에게 외국과의 무역을 할 수 있도록 허락했음을 알린다.

조선 사람들은 청의 고압적인 자세에 분노한다. 동시에 진수당과 한양 주재 기타 국가들의 대표들간의 관계도 냉랭해지기 시작했다. 진수당은 본인이 중국 대표로서 다른 나라의 외교관들과 대등한 대우를 받기를 원했다. 그러나 청이 속국인 조선과 「외교 관계」를 맺는 것을 거부하였기 때문에 진수당은 외교관의 지위가 없었다. 조선 정부나 다른 나라의 외교관들은 무역 문제만 전담하도록 되어 있는 그에게 다른 공사들과 같은 지위를 부여하기를 거부하였다. 이에 이홍장은 1884년 가을, 진수당에게 「총판조선각구교섭통상사무(總辦朝鮮各口交涉通商事務)」라는 새로운 직책을 준다. 그러나 이는 아무런 효과도 없었다.

「장정」은 시대착오적인 문서였다. 전형적인 국가 대 국가 간 통상조약의 모습과 내용을 갖추었으면서도 조선이 청의 속국이며 따라서 상하관계에 있음을 동시에 보이고자 하였기 때문이다. 그러나 서구 열강들과 일본은 청이 견지하고자 하는 이러한 이중적인 관계를 인정하지 않았다.[45]

6. 청의 간섭과 친청파의 개혁

1882년 8월 31일, 고종은 교서를 내린다.

나라의 운수가 불행하여 올해 6월에 일어난 사건은 바로 천고에 다시 없을 큰 변고였도다. 매우 급한 나머지 미처 징벌과 토죄(討罪)를 시행하지 못함으로써 사람들의 마음이 울분에 젖어 있고, 죄를 범한 무리들도 반드시 죽을 날이 있다는 것을 알았을 것이로다. 그런데 매우 다행스럽게도 상국에서 군대를 파견해 우리를 원조해 줌으로써 난을 일으킨 군사 10명을 잡아 사형에 처했으니, 천벌은 이미 가해졌고 대의가 이제야 밝혀졌도다. 만일 끝까지 조사하고 엄하게 징벌하여 한 사람도 남기지 않으려 한다면 도리어 죄 없는 사람들이 걸려들어 생명을 소중히 여기는 큰 덕에 어그러짐이 있을까 염려되도다.

대저 임금이 백성이 없고 군사가 없으면 어떻게 나라를 다스리겠는가. 그래서 특별히 죄를 용서하는 명을 내려 대중과 함께 전날의 잘못을 고쳐 새 출발을 하고자 하는 것이다. 이제부터 변란과 관계된 모든 일은 일절 묻지 않고 사형 죄 이하의 죄수는 용서해 줄 것이니, 너희 대소 군민들은 각기 안심하고 조용히 살도록 하라. 뜬소문에 동요하지 말며 경거망동하거나 두려워하지 말고 나 한 사람을 도와서 함께 종묘 사직을 보위하도록 하라. 아아, 나는 마음을 다 드러내어 진심으로 고하는 것이며 결코 빈말로 너희 백성들과 군사들을 속이려는 것이 아니다. 너희들은 「나라에서 겉으로는 안심시키며 무마하지만 속으로는 흑심을 품고 있다.」고 말할 수도 있는데, 이것은 평범한 사람이 남을 속이는 술책이다. 임금의 말은 일단 나가면 절대로 다시 변경하는 법이 없으니, 너희 군민들은 각기 잘 알았을 것이다.[46]

9월 2일, 고종은 다시 한번 교서를 내린다.

내 이제 마음을 깨끗이 씻고 전날의 교훈을 살려 앞으로 조심하겠다. 백성들에게 불편했던 종전의 정령(政令)들은 다 없애 버리고 훌륭한 관리들을 골라 백성들을 다스리게 할 것이며 실제적인 방법을 강구하여 온 나라 사람들과 함께 고쳐 새롭게 하려 한다. 너희들도 마땅히 너희들의 일을 이루도록 힘쓰고 훌륭한 계책을 고해 주어야 할 것이다. 의견이 설사 부합되지 않더라도 호되게 책망하는 일은 결코 없을 것이다. 종전의 과오를 수정하고 함께 큰 기초를 지킨다면 종묘와 사직의 다행이 될 것이다. 이번에 상국의 군대가 바다를 건너와 반역의 무리들을 토벌함에 극단적인 무력을 행사하지 않고 그 나머지 무리들을 용서하였으니, 이제 대사령을 국중(國中)에 실시하여 다 함께 새로운 출발을 하게 될 것이다. 내가 과오를 뉘우치고 있는 마당에 무슨 여가로 남을 책망하겠는가. 아아, 나라가 흥하는 것도 언제나 여기에 있고 나라가 망하는 것도 언제나 여기에 있다. 안위(安危)의 기미는 터럭 하나처럼 작은 데 있으니 어찌 경계하지 않을 수 있겠는가. 이에 마음을 드러내어 고하는 바이니 의당 잘 알았으리라 생각한다.[47]

국왕이 「훌륭한 계책을 고해주어야 할 것이다」라고 하자 전국에서 100여 통의 상소가 올라온다.[48] 여전히 위정척사를 주장하는 상소도 있었지만 매우 구체적인 정책 대안을 제시하거나 서양 문물을 적극 도입할 것을 주장하는 실용주의적인 상소도 많았다. 한양의 유학자 고영문(高穎聞)은 다음과 같은 내용의 상소를 올린다.

지금 당장의 급선무에는 일곱 가지가 있습니다.

1. 서구(西歐) 각국에 사신을 파견하여 먼저 그 나라들의 풍속과 토산물을 엿보아 우의를 신장하는 것입니다. 그 다음으로는 능숙한 각 기예(技藝)의

교사를 청하여 우리 팔도의 상하 백성으로 하여금 새로운 학문을 배우게 하여 초야에 유현(遺賢)이 없게 해야 하니, 이것은 밝은 세대의 개명(開明) 하는 한 가지 방도입니다.

2. 정부(政府) 외에 공의당(公議堂) 한 곳을 특별히 설치하여 널리 시무(時務)를 아는 사람을 구하여 불차탁용(不次擢用)하여 선진(先進)으로 하여금 후진(後進)을 인도해서 상하가 막히지 않고 온 나라의 논의가 같게 해야 하니, 이는 사람을 쓰는 크고 통달한 법입니다.

3. 법에 의하여 채광(採鑛)을 하게 하되 연수를 계산하지 말고 삼폐(三幣)를 이어 쓰게 해서 화폐가 날로 생산되고 놀고 먹는 사람이 없게 하여야 하니, 이는 생재(生財)의 요점입니다.

4. 오가작편법(五家作編法)의 시행입니다. 50호(戶)로 1구(區)를 만들고 매 구마다 한 사람을 가려서 구장(區長)을 삼고 4인을 뽑아서 구장이 지휘하여 순찰하면서 구내의 도적(盜賊), 수화(水火)와 술에 취한 사람 등 여러 폐단을 조사하고 단속하게 하되 반드시 그 녹봉을 후하게 주어 전적으로 이 일만 하게 하면 도성의 만백성이 안도하게 될 것입니다. 이 법이 확고하게 자리잡으면 바로 도하(都下)로 점차 미치고 각도와 궁벽한 시골이나 외딴 골짜기까지 미치게 하여야 하니, 이는 백성을 편안히 하고 도적을 징계하는 요법입니다.

5. 대저 여정(輿情)을 보면 어떤 사람은 농사나 짓고 나무하는 것을 생각하고, 어떤 사람은 암혈(巖穴)로 들어가 숨어 살겠다고 하면서 모두 목숨보전을 우선으로 합니다. 두셋만 모여도 모두 한양에는 붙어 살 길이 없다고 탄식합니다. 저 어리석은 백성들이 어찌 큰 도량으로 포용하고 밤낮으

로 깊이 염려하시는 성상의 마음을 알겠습니까. 이는 집집마다 찾아 다니면서 일러 주어 교화시킬 수 있는 바가 아닙니다. 불량한 자는 심지어 무리를 지어 무기를 들고 야간에 남의 재물을 빼앗기도 하는데, 따져 보면 이들은 실로 도적의 종자가 아닌데 굶주림과 추위에 시달려도 호소할 곳이 없자 감히 이런 지경에 이른 것입니다. 그러나 만일 도적의 무리로 붙잡힌 자가 있으면 목을 매달아 일벌백계를 해야 합니다. 급히 상회소(商會所)와 국립은행(國立銀行)을 도하(都下)에 설치하여 상업을 경영하는 대상(大商)을 불러들여 이로(利路)의 편리 여부를 자세히 의논하게 하면 세금이 더 늘어나게 될 것입니다. 그러면 놀고 먹는 백성들로 하여금 먹고 사는 데 뜻을 두어 모두 살아가게 되어 장차 환호성이 하늘을 찌를 듯할 것이니, 어찌 흩어질 마음을 두겠습니까.

6. 인천항(仁川港)은 부산항(釜山港)이나 원산항(元山港)과는 다르니 이는 바로 삼남의 조운(漕運)의 요충지이며 한양의 중요한 관문(關門)입니다. 이제 관문을 닫고 자수(自守)할 수 없다면 특별히 해군(海軍)의 중진(重鎭)을 설치하여 요지를 굳게 하고, 또 폭주하는 상인들을 보호하는 것이 제어(制御)하는 원대한 계책입니다.

7. 경사(京司)의 불필요한 직임과 잡공(雜貢)을 혁파해 없애고 신식(新式)을 변경해 정하며, 녹봉을 후히 정해 살아갈 길을 넓혀 벼슬아치나 서민들로 하여금 각기 그 직업에 안주(安住)하게 하는 것이 오늘날의 큰 정사입니다. 또 천자로부터 서민에 이르기까지 잠시도 놓아서는 안 될 것이 『대학(大學)』 한 권으로, 가장 중요한 책입니다. 삼가 원하옵건대 전하께서는 『대학』을 입지(立志)하는 근본으로 삼으시고, 『주역(周易)』의 말로써 시무의 관건을 삼으시고, 『춘추좌전(春秋左傳)』으로 지금의 여러 나라의 정치 득실과 비교하여 현재의 귀감(龜鑑)으로 삼으소서. 다시 정리하자면 진실로 힘을 다해 공부해야 하니, 그렇게 되면 모든 정사가 유신(維新)되고 덕

화(德化)가 흡족하게 되는 것을 오래지 않아서 보게 될 것입니다. 그러면 어찌 서구의 칠웅(七雄)들과 더불어 다툴 뿐이겠습니까…」[49]

조선은 변하고 있었다. 조선이 개국과 개화를 해야 한다는 여론이 일반 식자층 사이에도 형성되기 시작하였다.

그러나 개혁의 속도와 깊이에 대해서는 여전히 근본적인 이견이 있었다. 일본의 메이지 유신을 모델로 삼기 시작한 개화파는 근대화 혁명을 추구한 반면 청의 개입으로 정권을 되찾은 민씨 일파는 청과 같은 「동도서기론(東道西器論)」을 주장하였다. 「동도서기」란 개혁은 필요하지만 이는 어디까지나 서양의 무기와 기술을 도입하여 전통적인 가치관과 윤리, 도덕체계와 조화롭게 접목시키는 것을 뜻했다. 이는 친청파가 전통을 중시해서가 아니었다. 전통을 중시한 것은 위정척사파였다. 그보다는 민씨 척족의 입장에서는 자신들의 권력을 지탱해주는 전통 체제를 버릴 이유가 없었기 때문이다.

그렇다고 친청파가 위정척사파처럼 아무런 개혁을 하지 않을 수는 없었다. 자신들의 후견자인 청이 추진하는 정도의 근대화는 필요해 보였다. 더군다나 청의 도움으로 간신히 축출한 정적 대원군이 도입한 제도를 그대로 둘 수는 없는 노릇이었다. 임오군란으로 잠시 흔들렸던 자신들의 세력 기반을 새로이 구축하기 위해서라도 제도 개혁은 필요했다. 따라서 민씨척족은 부분적으로나마 근대화 개혁에 착수한다. 임오군란 중에 피살된 민겸호와 이최응, 김보현은 민씨 척족 세력을 구축한 1세대 인물들이었다. 살아남은 것은 민태호와 그의 아들 민영익이었다. 민태호는 근대화 제도 개혁을 통해 민씨 세력을 재구축하기 시작했다.

9월 7일, 정부는 「기무처(機務處)」라는 새로운 기구를 선포한다. 고종이 설치했다가 임오군란으로 대원군이 폐지한 통리기무아문은 부활시키지 않았다.

병조판서 조영하(趙寧夏), 호조판서 김병시(金炳始), 행호군 김굉집(金宏
集), 김윤식(金允植), 부호군 홍영식(洪英植), 부사과 어윤중(魚允中), 교리
신기선(申箕善)은 날마다 기무처(機務處)에 모여서 일마다 영의정에게 가
서 의논하여 품결(稟決)하게 하라.[50]

기무처는 정책 논의를 담당하고 필요한 경우 영의정과 만나 정책 제안
서를 작성하여 왕에게 보고하도록 하였다. 기무처에 임명된 인물들은
모두 민씨 사람들이었다.[51]

그러나 기무처는 점차 복잡해지는 국사를 다루기에는 너무 작았다.
1882년 12월 26일, 고종은 외교를 다룰 통리아문이라는 기구를 별도
로 설립하고 27일에는 국내 문제를 담당할 「통리내무사무아문(統理內
務事務衙門)」을 설치한다.[52] 1883년 1월 12일에는 「통리아문」을 「통리
교섭통상사무아문」으로, 「통리내무사무아문」은 「통리군국사무아문」
으로 다시 명명한다. 「통리교섭통상사무아문」은 4개 부처로, 「통리군
국사무아문」은 7개 부처로 나눈다.

정부의 새 기구들은 당시의 시대적 요구에 부응하고자 만들어진 혁
신적인 기구들이었다. 그러나 전통적인 육조 체제 역시 그대로 유지
된다. 그야말로 「동도서기」 또는 「중체서용」 철학의 철저한 반영이
었다. 새 기구의 수장들은 전통적인 직위를 그대로 유지하였다. 예를
들어 김병국(金炳國, 1825~1905)은 「총리통리내무아문사무(總理統理內
務衙門事務)」에 임명되지만 좌의정 직은 그대로 유지한다.[53] 민태호는
「통리교섭통상사무아문」과 「통리군국사무아문」을 장악한다. 요직에
자신의 측근이나 민씨 척족에 우호적인 인사들을 배치한다. 「신사유
람단」에 참여했던 젊은 인사들 중 일부도 요직에 임명한다. 박영효는

일본에서 돌아오자마자 1883년 2월 6일 「한성부윤」에 임명되고 홍영식, 김옥균도 모두 자리를 맡는다.[54]

정부의 가장 시급한 문제는 재정이었다. 조선 정부는 화폐 발행을 통해 재정 문제를 돌파하기로 결정한다. 늘 그래왔듯 근본적인 해결책을 모색하기보다 당장의 위기만 모면하려는 임시방편을 또 다시 채택한 것이다. 1883년 1월 22일, 민태호는 「주전당상」에 임명되고 3월 1일에는 금위영, 강화도, 의주 등 세 곳에서 구리 동전을 주조하기 시작한다. 3월 26일에는 영의정 홍순목이 「당오전(當五錢)」 발행을 제안한다.

당오전은 기존의 상평통보와 같은 양의 구리를 포함하였으나 액면가는 5배나 됐다. 당연히 극심한 인플레가 생겼고 위조가 극성을 부렸다. 그러나 화폐 발행을 중단하기보다는 위조 화폐를 막고 발행되는 화폐의 양과 질을 고르게 하기 위한 기구만 설치한다. 1883년 8월 7일에는 「전환국(典圜局)」을 설립하여 최초로 화폐 발행을 일원화하고 민태호를 「전환국 관리사무(典圜局管理事務)」에 임명한다.[55] 이로써 조선 최초로 조정이 직접 관리하는 조폐국이 생기게 된다.

그 다음은 군대였다. 1882년 가을, 조선은 청의 오장경에게 조선군을 훈련시킬 수 있는 장교 파견을 요청한다. 오장경의 추천으로 원세개가 11월 3일부로 조선 군대의 새 훈련총책으로 임명된다. 원세개는 천 명의 정예병을 선발하여 「신건친군(新建親軍)」으로 명명하고 좌우영(左右營)으로 나눈다. 청의 장교들이 훈련을 맡고 이조연은 좌영 감독에, 윤태준(尹泰駿, 1839~1884)은 우영 감독에 임명된다. 「신건친군」은 청 제복을 입고 이홍장이 「톈진 기기창」에서 보내준 무기로 훈련한다.[56]

1883년 11월, 「신건친군」에 「전영(前營)」이 추가로 배치되어 한규직(韓圭稷, 1845~1884)이 훈련을 맡고 1884년 5월 청군의 절반이 철수한 후에는 「후영(後營)」이 추가된다. 9월에 완성된 조선의 근대식 군대는 4개 부대 2천 명에 달하였고, 한규직이 전영, 이조연이 좌영, 민영익이 우영, 그리고 윤태준이 후영을 맡고 청군 장교들의 지원을 받는다. 4영의 영사들은 동시에 「통리내무사무아문」의 군직도 겸한다.[57]

오장경은 한양과 한양 외곽, 수원 등에 5개 청군 부대를 주둔시키고 조선의 내정에 깊이 간여한다. 「통리내무사무아문」의 창설, 「당오전」 발행 등에도 오장경의 의견이 반영되었다. 그는 궁궐을 마음대로 드나들었고 고종은 자주 그의 훈련장을 방문해 오장경을 신임하고 있음을 보여줬다. 민씨 척족은 청군에 의지해서 권력을 장악하였고 청군은 민씨 척족과 손잡고 조선에 대한 청의 영향력을 공고히 하였다.[58]

청이 조선에 제공한 것은 무기와 군사 고문만이 아니었다. 김윤식은 1882년 6월 톈진에서 중국 관리에게 외교에 밝고 서양의 언어와 통상에 정통한 전문가를 파견해 줄 것을 요청한다. 청 관리가 서양인 고용을 제안하자 처음에는 거부하던 김윤식도 결국은 그 방법밖에 없음을 알고 받아들인다. 청의 관리가 속국인 조선의 왕 밑에서 일한다는 것은 상상하기 힘든 일이었기 때문이다. 9월 중순, 조영하는 이홍장에게 공식적으로 외교 고문을 보내줄 것을 요청한다. 두 달 후, 조영하가 톈진에서 중국 측에 직접 전달한 고종의 친서에도 이와 같은 요청이 들어 있었다.[59]

이홍장은 묄렌도르프(Paul Georg von Meollendorff, 1848.2.17.~1901.4.20.)를 적극 추천한다. 1847년 프러시아 브란덴부르크주의 작은 마을의 귀족 집안에서 태어난 그는 1865년 할레대학(University of Halle)에서 법과 언어학, 동양어를 공부하기 시작했다. 그는 1869년, 베를린에서 「대청황가세관총세무사(大靑皇家海關總稅務司)」를 총괄하고 있는 로버트 하트(Sir Robert Hart, 1835.2.20.~1911.9.20.)를 만난다. 1863년부터 1911년까지 무려 50년 가까이 청의 해관을 총괄한 하트는 당시 중국 해관에서 일할 젊은 독일 청년들을 모집하기 위해 베를린에 들렀던 참이다. [하트와 관련된 자세한 논의는 제 Ⅲ권, 제 6장, 「5. 해관의 설립」 참조].

묄렌도르프

묄렌도르프는 1869년 9월 1일 상하이로 출발하여 10월 27일 「대청황가세관총세무사」의 공식 직원이 된다. 중국어를 유창하게 구사하게 된 그는 1874년 6월 중국 세관을 사직하고 독일 공사관에 통역으로 취직하여 광둥, 베이징, 상하이, 톈진 등지에서 일한다. 1879년 톈진에서 일할 당시 이홍장을 만났고 1882년 이홍장 휘하에 들어가 외국어 문서를 다루는 일을 한다. 묄렌도르프는 주복, 마건충 등과도 친하게 지냈다.[60] 묄렌도르프는 1882년 11월 18일 톈진에서 조영하를 만나 공식적으로 조선 정부와의 계약서에 서명한다.[61]

이홍장으로부터 성대한 환송회를 대접 받은 묄렌도르프는 조영하, 김윤식, 마건충, 진수당, 미국 유학에서 갓 돌아온 중국인 2명, 영국인 광산 전문가 버틀러(G.A. Butler) 등과 함께 12월 4일 톈진을 출발한다. 12월 12일, 가마를 타고 한양에 도착하여 도성에 들어갈 때는 말로 갈아탄다. 조선 역사상 최초로 정부의 공식적인 환영을 받으면서 조선에 도착한 서양인 묄렌도르프를 보려는 구경꾼들이 인산인해를 이루었다.[62]

마건창은 1883년 2월 2일 「의정부 참의」에 임명된다. 그러나 마건

박동의 묄렌도르프 저택

창은 5월 10일 사직하고 조선을 떠난다. 청국의 관리가 속방인 조선의 관직을 겸하는 것을 수치스럽게 생각했기 때문이다.[63] 반면 묄렌도르프는 새로운 직책에 적극적이었다. 12월 6일, 고종을 알현한 묄렌도르프는 「통리교섭통상사무아문」에 임명되고 1884년 1월에 다시 재정과 개항항을 관리하는 「정각사」의 참판으로 승진한다. 고종은 묄렌도르프에게 임오군란에서 피살당한 민겸호의 박동(오늘의 수송동) 저택을 하사한다. 묄렌도르프는 민영목, 민영익과도 각별한 관계를 유지하였다. 묄렌도르프는 조선의 생활에 완전히 빠져든다. 수염도 짧게 깎고 조선 관리의 정복을 입고 다니는 그를 사람들은 「목참판(穆參判)」이라고 불렀다.[64]

묄렌도르프는 「조일통상장정(朝日通商章程)」 체결에도 관여하고, 영국과 독일과의 조약을 수정하는 협상도 주도한다. 1884년 3월 14일에는 「당오전」을 주조하는 「전환국」을 맡게 되고 독일에서 지리학자를 초청하여 조선의 광맥을 조사하도록 한다. 그는 「기기국」에도 관여하여 조선 최초의 증기로 된 전기 발전기를 설치한다. 조선 최초로 외국어를 가르치는 「동문학(同文學)」 설치에도 관여하여 영국인 강사를 초빙하기도 하고 독일의 전문가를 초빙하여 근대 양잠업(養蠶業)을 조

선에 소개하기도 한다.[65]

묄렌도르프는 조선의 외교에도 관여하기 시작한다. 그는 청의 힘으로는 조선을 일본으로부터 지키기 힘들다고 판단하고 러시아를 개입시킬 계획을 세워 1884년 여름, 러시아와의 조약을 적극 추진한다. 그러나 묄렌도르프의 의도를 간파한 「총판조선각구교섭통상사무」 진수당은 그를 격렬하게 비판한다. 격노한 이홍장은 1884년 7월 8일, 묄렌도르프를 「통리교섭통상사무아문」직에서 임시로 해직시키고 톈진으로 소환한다.[66] 그는 이홍장을 다시 설득하여 8월 23일 조선으로 돌아오지만 「통리교섭통상사무아문」에 복귀하지는 못한다.

1884년 12월 갑신정변 이후 조선과 일본, 청 사이에서 중재 역할을 맡게 된 그는 아무런 권한도 없이 러시아와 교섭을 진행하고 러시아의 교관들을 불러들이다가 다시 발각되어 7월 27일 「통리교섭통상사무아문 협판」직에서 해임되고, 9월 4일에는 「해관총세무사」에서, 10월 17일에는 「전환국 총판」에서 해임된다. 1885년 말 톈진으로 소환된 묄렌도르프는 청국 해관 사무소에서 일하다가 1904년 4월 20일 닝보(寧波, 영파)에서 세상을 떠난다.[67] [묄렌도르프와 조러 밀약에 관한 자세한 논의는 제 III권, 제 8장, 「2. 묄렌도르프와 제 1차 조러 비밀협약」 참조].

제 11 장
친일개화파의 독립사상

제11장

친일개화파의 독립사상

조선은 일본과 강화도 조약을 맺고 난 후에도 청을 「상국」으로 받들었다. 조선이 이홍장의 주재로 미국 등 서구 열강과 근대 조약을 체결하는 과정에서도 여지없이 드러났듯이 조선의 위정자들은 조선이 청의 「속방」임을 자처하는 데 조금도 망설이지 않았다. 청은 당연히 이러한 조선의 입장을 적극 지지하였다. 실력으로는 조선에 대한 영향력을 유지할 수 없었던 청의 입장에서 조선이 자발적으로 중국과의 「특수관계」를 대내외에 천명하고 모든 외교 문제에 대해 청 예부(禮部, 조선의 예조와 같음)에 자문을 구하는 것을 마다할 이유가 없었다. 「임오군란」 당시 조선에 군대를 보내 개입할 때도 청은 「속방」의 문제에 간섭하는 것은 「상국」으로서 당연히 행사할 수 있는 권리라고 주장하였다. 조선 역시 이에 대해 아무런 이의를 제기하지 않았다. 오히려 청의 개입을 적극 종용하고 조선에 진주한 청의 관리, 장군, 군대를 극진히 대접하였다.

청이 조선과의 관계를 계속해서 예부를 통해 다루었다는 사실은 조선이 청의 「속방」임을 가장 잘 보여줬다. 청은 1861년 「총리아문」을 설치하여 서구 열강과의 외교 관계를 다루기 시작한다. 오늘날 「외교부」의 전신인 「총리아문」을 설치한 것은 제2차 아편전쟁에서 패한 이후 서구 열강과의 관계를 더 이상 전통적인 「화이질서」의 틀 속에서 유지할 수 없었기 때문이다. 「총리아문」의 설치는 중국이 서구 근대의 「만국공법」에 의한 국가 간의 대등한 국제 질서를 받아들이기 시작하는 상징적인 사건이었다. 그러나 그 후에도 청은 전통적인 「속방」과의 외교는 여전히 예부를 통해 다룸으로써 부분적으로나마 「화이질서」를 유지하고자 하였다.

그 중에서도 조선과의 관계는 「화이질서」의 건재를 보여주는 상징적인 관계였다. 청은 1871년 일본과 청일수호조약을 맺음으로써 일본이 더 이상 「화이질서」에 입각한 「속방」이 아닌 대등한 관계의 근대 국가임을 인정한다. 그러나 조선과는 일절 근대 조약을 맺지 않는다. 1882년 10월 4일 조선과 맺은 「조청상민수륙무역장정(朝淸商民水陸貿易章程)」 역시 대등한 주권국가끼리 맺는 근대적인 의미의 통상 조약이 아님을 분명히 한다.

조선이 청의 「속방」이란 사실이 아무렇지도 않았을 뿐만 아니라 이를 적극 주장했던 조선의 위정자들이나 주류와는 달리 전통적인 「조공관계」가 시대착오적이고 굴욕적인 것임을 최초로 인식하기 시작한 것은 친일개화파들이었다. 김옥균, 박영효, 서재필, 유길준, 홍영식, 서광범 등은 일본을 통하여 근대 국제 질서를 배웠다. 그리고 이 새로운 질서에 재빨리 적응하면서 중국과 대등한 근대 조약을 체결하고 서구 열강과의 불평등 조약을 재협상하면서 국익을 신장시키는 일본을 경이로운 눈으로 바라보았다.

한편, 사이고 다카모리의 「정한론」이 꺾이고 강화도 조약이 체결된 이후 메이지 정부의 조선 정책은 조선으로 하여금 「자강」을 위한 개혁을 추진하면서 청의 속국 지위를 벗어 던지고 독립을 추구하도록 종용하는 것이었다. 메이지 유신 세력이 조선의 자강과 독립을 종용한 것은 조선에 대한 배려나 이타심에서 비롯된 것이 물론 아니었다. 조선 반도에 대한 영향력 확보가 일본의 안보에 절대적으로 중요하다는 인식은 메이지 유신을 전후한 일본 정치인들과 지식인들의 공통된 생각이었다.

이러한 전략적 목표를 달성하기 위해서는 무엇보다도 조청 간의 특수 관계인 조공 관계를 허물어뜨리고 청 중심의 「화이질서」를 붕괴시켜야 했다. 따라서 메이지 유신 초기 일본의 위정자들은 조선이 중국으로부터 「독립」하는 것이 얼마나 중요한지 조선의 친일개화파들에게 주지시킨다. 그러나 아직 국력으로는 청과 맞설 힘도, 자신도 없었던 초기 메이지 정부의 지도자들과 외교관들은 조선이 청으로부터 독립할 것을 종용하는 것 밖에 할 수 있는 것이 없었다. 조선의 자강을 적극 권장한 것도 경제적으로 낙후되어 국력이 고갈되어 정정이 불안하고 반일 감정이 팽배한 조선은 일본의 국익에도 역행하는 것이었기 때문이다.[1]

그러나 「갑신정변」 때까지만 하더라도 일본은 조선에서 누가 권력을 잡든 자국의 이익에 결정적인 해를 미칠 수 있을 것이라고는 생각하지 않았다. 더구나 청과의 정면 대결을 극구 회피하고 있던 일본의 입장에서 굳이 조선 내의 권력 투쟁에서 어느 한 편을 들어서 청과의 무력 대결을 야기할 필요는 없다고 생각했다. 이노우에 등이 김옥균과 개화파의 활동을 소극적으로만 지원했던 이유다. 특히 「임오군란」 이후 일본의 대조선 정책은 소극주의로 일관한다. 조선에 대한 청의 영향력이 점증하는 상황에서도 일본은 청에 대해 별다른 저항을 하지도 않고 개화당에 대한 직접적인 지원도 하지 않는다.

이노우에 등 메이지 유신 정부의 지도부가 당시 가장 심혈을 기울였던 외교 사안은 서구 열강과의 불평등 조약 재협상이었다.[2] 이를 위해 이와쿠라 사절단을 파견하고 대만 정벌, 강화도 조약, 「임오군란」 등 중요한 외교 사안이 생길 때마다 서구 열강의 자문을 구했고 눈치를 살폈다. 조선 문제마저도 일본이 열강과의 동등한 위치를 확보하는 기제로 사용하고자 하였다. 이노우에가 서구 열강과 일본이 국제회의를 개최하여 조선의 독립을 선포하자는 제안을 하자, 주중 미국공사 영(John Russell Young, 1840~1899)은 일본이 이러한 제안을 한 이유가 이러한 자리가 일본으로 하여금 「서구 열강과 대등한 지위에서 행동하고 논의할 수 있는 기회를 제공하기 때문」이라고 하였다.[3]

일본 정부와는 달리 후쿠자와 유키치는 조선의 근대화를 지지했고 이를 위해 개화파를 적극 도왔다. 후쿠자와는 지식인이자 이론가, 그리고 「문명개화론」의 주창자로서 조선 「독립」의 중요성을 김옥균 등에게 설파한다. 조선도 일본과 같은 문명 근대화를 이루고 근대 국가로 자립함으로써 동아시아 역시 서구와 대등한 근대 국제 질서를 확립할 수 있기를 바랐다. 이러한 후쿠자와의 가르침을 받은 조선의 친일개화파들은 철저한 독립주의자가 된다. 친일개화파가 자신들을 「독립당」으로, 친청파를 「사대당」으로 부른 이유다. 역사의 아이러니는 조선이 일본으로부터 「독립」의 이론과 정신을 배웠다는 사실이다.

1. 김옥균의 제2차 일본 방문

일본은 조선과 제물포 조약을 체결하고 피해에 대한 보상과 사과를 받아 내지만 「임오군란」은 조선에서 일본의 입지를 급격히 약화시켰다. 조선에 청의 군대가 상주하게 되면서 조선이 독립 국가라는 일본의 입장도 무색해졌다. 외무상 이노우에는 자신과 하나부사가 그토록 심혈을 기울여 조선을 청으로부터 독립시키기 위해 쏟은 노력이 모두 무산되었음을 인정할 수밖에 없었다. 그러나 일본은 아직은 청에게 정면으로 도전할 수 있는 힘이 없었다. 이노우에는 이 사실을 잘 알고 있었다. 일본이 할 수 있는 것은 조선으로 하여금 더 많은 나라들과 조약을 체결하게 함으로써 조선이 독립국임을 기정사실화 하는 것뿐이었다. 1882년 가을, 이노우에는 도쿄와 베이징에 상주하고 있는 서구 열강의 외교 공관에 영국, 프랑스, 독일, 러시아, 미국, 일본 등이 참여하는 국제회의를 개최하여 조선의 독립과 중립을 보장할 것을 제안한다. 그러나 서구 열강의 반응은 미적지근했다.[4] 서양 열강들은 조선에 대한 영향력을 확보하기 위한 청과 일본 사이의 경쟁에 연루되는 것을 원치 않았기 때문이다.

김옥균과 서광범은 1882년 8월 12일, 하나부사와 그를 호위하는 일본군과 함께 「메이지마루(明治丸)」를 타고 인천에 도착한다. 김옥균은 9월 2일 종3품 우부승지(右副承旨)에 임명된다.[5] 9월 7일, 고종은 제물포 조약 제6관에 따라 박영효를 「임오군란」으로 희생된 일본인들에 대한 「사과 사절단」의 특명전권대사 겸 수신사에 임명한다. 부사에는 김윤식의 사촌 형 김만식(金晚植, 1834~1900)이 임명되었다. 하나부사는 9월 16일 고종을 알현하고 9월 18일 일본으로 돌아간다.[6] 박영효는 1882년 9월 19일, 고종에게 하직 인사를 한다.

대궐에 나아가서 명령을 받으니 상이 불러 보고 간절히 유시(諭示)하므로 은지(恩旨)에 감격하였다. 「전권부관 겸 수신부사(全權副官兼修信副使)」인 승지 김만식(金晚植)과 종사관인 주서(注書) 서광범(徐光範)이 일시에 대궐을 하직하고 신시(申時) 오후 4시 전후에 국서(國書)와 예폐(禮幣)를 받들고 숭례문(崇禮門)을 나섰다. 친구들이 모두 교외(郊外)에 나와서 송별하니, 나라를 떠나는 섭섭함을 금할 수가 없었다.[7]

김옥균이 고종의 밀지를 받고 동행하게 된 것도 밝힌다.

교리(校理) 김옥균도 이번 행역에 임금의 밀유(密諭, 비밀히 내린 유지(諭旨))를 받들고 같이 일본 동경으로 가게 되어 속에 열기(熱氣)가 나서 얼음을 마시는 회포(飮氷之懷, 사명을 완수하지 못할까 두려워하는 것을 비유)가 크게 위로되었다.[8]

김옥균이 밀지를 받고 서광범이 종사관으로 사절단에 포함된 것을 보면, 고종이 사절단을 보내는 데 김옥균이 뒤에서 결정적인 역할을 한 것을 알 수 있다.

박영효는 김옥균과 12명의 사절단을 이끌고 인천으로 향하여 9월 20일 다시 「메이지마루」를 타고 일본으로 향한다. 박영효 일행이 「메이지마루」에 승선하자 그들은 미리 와있던 민영익을 만난다.[9]

인시(寅時) 정각에 떠나서 진시(오전 8시 전후)에 인천 제물포(濟物浦) 30리에 도착하였는데, 일본의 병루(兵壘)가 아직도 다 철거되지 않았다. 판리공사(辦理公使) 화방의질(花房義質, 하나부사 요시타다)이 접견하고는 즉시 볼일이 있어 남양(南陽) 해안으로 간다면서, 저녁 때 남양에서 만나기로 약속하고는 가 버렸다. 조금 후에 화도 별장(花島別將)이 점심을 내었다. 밥을 먹고 나니 고웅겸삼(高雄謙三, 다카오 겐지)이 산판선(舢板船, 큰 배에 딸린 작은 배)에 올라타기를 청하였다. 길을 떠나는 장계를 만들어 올리고 일제히 일본선으로 향하니, 일본선 이름은 「명치환(明治丸, 메이지마루)」이다. 타루(舵樓)에 오르니, 참판 민영익(閔泳翊)이 벌써 배 안에 도착하여 있었으므로 기쁘게 서로 인사하였다. 배 모양은 영묘(靈妙)하고 장엄한데 선장이 서양 요리를 대접하였다.[10]

민영익이 정확히 어떤 자격이나 임무로 일본에 가게 되었는지에 대해서는 기록이 남아 있지 않다. 다만 김홍집에게 이동인을 소개받고 가까이 지내기 시작한 민영익이 이동인의 제안으로 일본을 방문하기로 결정한 것으로 추정해 볼 수 있다.

일본으로 향하던 선상에서 박영효는 태극기를 만들어 사용하기 시작한다. 박영효는 고베에 도착하자마자 부산으로 가는 배편을 통해 고종에게 장계를 올려 이를 보고한다. 그리고 기무처에 보내는 서신을 동봉하면서 국기의 필요성과 용처, 구체적인 문양을 보다 자세히 설명한다.

국기의 표식(標式)은 명치환(明治丸) 선중에 있을 때 영국 영사 아수돈(阿須敦, Aston)과 의논하니, 그가 말하기를 「그 배의 선장인 영국 사람이 사해를 두루 다녔기 때문에 각국의 기호(旗號, 기의 표지(標識))를 잘 알고, 또 각색(各色)의 분별과 원근의 이동도 함께 능히 환하게 안다.」하므로 그와 더불어 의논하니, 「태극·팔괘의 형식은 특별히 뛰어나 눈에 뜨이지만, 팔괘의 분포가 자못 조잡하여 명백하지 못한 것을 깨닫게 되며, 또 각국이 이를 모방하여 만드는 데 있어서도 매우 불편하니, 다만 사괘만 사용하여 네 모서리에 긋는다면 더욱 아름다울 것이다.」하였습니다. 또 말하기를, 「외국은 국기 외에 반드시 군주의 기표(旗標)가 있기 마련이니, 대개 국기와 모양을 비슷하게 하고, 채색을 하고 무늬를 놓은 것인데, 매우 선명하여 아주 좋다.」하였습니다.

그리고 국기의 대·중·소 각각 1본씩을 그 선장에게 만들게 하여, 소기(小旗) 1본은 지금 장계(狀啓)를 만들어 주상께 올려 보냅니다. 기호(旗號)는 태극이 복판에 있고, 팔괘가 기(旗)의 변폭(邊幅, 포백(布帛)의 가장자리)에 껴서 배치하는 것이 아마 좋을 듯하고, 바탕은 오로지 홍색(紅色)을 사용하는 것이 선명할 듯합니다.

이미 각국과 통호한 후이니, 무릇 외국에 사신으로 나가는 사람이 예의상 국기가 없을 수 없는데, 항구마다 각각 대포(大砲) 6문 이상을 싣고 있

현재 도쿄 해양대학에서 박물관으로 사용중인 「메이지마루」

는 병함(兵艦)을 만난다면, 반드시 축포가 있어 예절로써 대접을 하므로, 그때에 사신의 국기를 높이 달아서 이를 구별해야 하기 때문입니다. 또 조약이 있는 각국의 여러 가지 경축절(慶祝節)을 만나게 되면, 국기를 달고 서로 축하하는 예절이 있으며, 각국 공사들이 서로 회합할 적에도 국기로 좌석의 차례를 표시하게 됩니다. 모두 이러한 여러 조건으로 국기를 만들어 가지지 않을 수가 없는 것인데, 영국·미국·독일·일본의 여러 나라가 모두 그려 가기를 청하니, 이것은 천하에 알려 밝히는 데에 관련된 것입니다. 상세히 상(上)께 계달하기를 바랍니다.[11]

「메이지마루」의 승객 중에는 주 고베 영국영사인 윌리엄 애스턴도 있었다. 애스턴은 원산과 부산, 인천 등을 영국의 윌리스(George O. Willes) 부제독과 함께 순방하고 일본으로 돌아가는 길이었다.[12] 무불 탁정식에게 조선말을 배워 유창하게 구사할 수 있었던 애스턴이 민영익과 함께 승선해 있었다는 사실 역시 민영익이 이동인의 주선으로 일본을 방문하게 되었다는 추론을 뒷받침해 준다. 애스턴은 「메이지마루」에서 조선 사절단을 만났다는 사실을 도쿄에 있는 자신의 상관인

해리 파크스 주일 영국공사에게 보고한다.

공사께서 이미 작년 여름 도쿄에서 만나셨던 김옥균은 「메이지마루」를 타고 일본에 건너온 조선인들 중에서 가장 능력이 있고 똑똑한 사람인 것은 확실합니다. 그는 그러나 조선에서는 적이 많아 뒤에 숨어서 다른 사람들을 통하여 자신의 상당한 영향력을 행사합니다. 그는 1백만 달러에 달하는 차관을 협상하고자 한다는 말을 하였고 그 차관으로 일본에 대한 보상금을 낼 것이라고 하였습니다. 이렇게 하는 것이 조선의 관세 징수를 일본에게 넘기는 것보다 나은 방법이라고 하였습니다. 그는 비록 이번 사절단내에서 아무런 공식 직함이 없지만 같이 온 공사들은 그를 절대적으로 신임하고 있습니다. 김옥균은 아주 자신만만한 사람입니다. 그는 조선에서 중국에 대해 신경 쓰지 않고 중요한 결정을 내릴 수 있는 사람은 국왕과 박영효와 자신 등 셋밖에 없다고 하였습니다.[13]

박영효 사절단은 시모노세키를 거쳐 9월 25일 고베에 도착한다. 고베에서는 현(縣) 지사와 하나부사의 노모(老母)가 사절단을 환영한다. 박영효와 김만식은 모두 오랜 항해로 병이 났다. 하나부사는 이튿날 이들을 고베에 남겨두고 사절단 선발대와 함께 도쿄로 향한다.[14] 김옥균 역시 병이 나 도쿄로 향하지 못하고 온천이 있는 인근의 야마시로야 료칸에서 요양한다.

박영효 일행은 고베, 오사카, 교토에서 10월 10일까지 머물면서 관광도 하고, 고베 주재 외국 사절들과 빈한하게 접촉한다. 애스턴과는 5차례나 만난다. 김옥균과 서광범은 박영효 일행이 오사카와 교토에 관광을 떠날 때 합류하지 않고 온천으로 간다. 박영효의 일기에 의하면 김옥균은 고베의 온천에 10월 2일부터 7일까지 묵는다. 당시 일본 언론에 의하면 10월 6일, 일본의 이노우에 외무경이 고베 인근의 아리마 온천에 다녀간다.[15] 아리마 온천에서 김옥균과 박영효가 이노우에를 만났을 것이란 추론이 가능하다.

10월 3일, 박영효는 온천으로 김옥균을 찾아간다. 박영효는 같은 날 일본에 도착한 후 첫 보고서를 본국에 보낸다.[16] 이 보고서에서 박영효는 일본의 외무경 이노우에 가오루와 만났으며 이노우에에게 이번 조선 사절단의 방문은 「임오군란」에 대한 사죄보다는 조선과 일본 간의 통상 문제를 해결하는 기회라고 하였다고 적고 있다. 다음은 박영효가 기록한 이노우에와의 대화다.

우리 조정에서 지난번에는 오로지 세칙(稅則) 한 가지 일 때문에 화방공사(花房公使, 하나부사)로 하여금 귀국의 한양에 가서 판리(辦理, 사무를 처리함)하도록 하였는데, 사무가 끝나기 전에 귀국에서 변란이 일어났으니 진실로 양국의 불행이었습니다. 그러나 지금 화해의 국면이 다시 이루어지고 귀국 주상의 특명전권이 이곳에 도착하였으니 이것은 진실로 두 나라 인민이 손을 합하고 천하 만국이 목을 길게 빼고서 기다리고 있는 것입니다. 지금 전권(全權, 전권대신)이 다만 전보(塡補)·환약(換約) 2건만 있다고 하는 것은, 실제로 천하에 웃음거리를 끼치는 것이며, 또 세칙 한 조항은 귀국에서 가장 시급히 해야 할 일입니다….. 지금 귀 대신(貴大臣)이 왔을 적에 만약 또 능히 증정(證定)하지 못한다면, 유독 귀국의 손해가 적지 않을 뿐 아니라 일본 정부도 두고두고 천하의 비난을 받게 될 것입니다. 대개 귀국에서 의심을 가지고 결정하지 않는 것은, 수세(收稅)에 관한 이해를 환히 살피지 못하기 때문에 일본에게 속임을 당할까를 염려하는 것뿐입니다. 가령 우리나라가 참으로 이러한 공정하지 못한 의도가 있었다고 하더라도 귀국을 위해서도 또한 잃은 것이 많이 있었습니다. 세관(稅關)의 사무에 익숙하지 못하기 때문에 다른 사람에게 손해를 보았다고 하더라도, 통상(通商)한 지 몇 해 동안에 일각(一角)의 세(稅)를 거두지 못하였으니 그 이해가 또한 어느 쪽에 있겠습니까?[17]

박영효 일행은 10월 10일 고베에서 「도쿄마루」에 승선하여 요코하마로 향한다.[18] 이 배에서 일행은 에드워드 모스를 만난다. 모스는 김옥균의 첫 일본 방문 당시인 6월, 도쿄에서 김옥균을 만난바 있다. 박영효 사절단은 1882년 10월 13일 드디어 도쿄에 도착한다. 도쿄에서 박영효와 김옥균은 각자의 역할을 수행한다. 박영효가 일본 정부를 상대로 공식적인 일정을 소화하기 시작한 반면, 김옥균은 후쿠자와 유키치 등 일본 재야의 인물들을 두루 만나면서 막후에서 박영효를 돕는다.

조선 사절단을 각별하게 대우하라는 하나부사의 제안으로 일본 정부는 사절단의 비용 일체를 대신 지불하기로 한다. 김옥균과 박영효는 이노우에 외무경에게 일본이 조선의 「독립당」을 도와줄 것을 요청한다. 이노우에는 김옥균과 박영효의 요청을 메이지 정부 지도부에 전하면서 일본 정부가 조선의 독립당을 직접 도와주어 조선의 독립을 유도할 것을 제안한다. 당시 유럽에 체류 중이던 이토 히로부미는 이노우에의 제안에 동의하지만 태정관 이와쿠라 토모미는 청의 의심을 살 만한 큰 도움이나 차관은 조선에 제공하지 않는 것이 좋겠다고 한다. 이노우에는 결국 조선의 개화당을 직접적으로 돕는 것을 포기한다.[19] 그 대신 청의 의심을 사지 않을 정도로 적은 금액의 차관은 제공하기로 한다.

이노우에는 박영효에게 사죄 공문을 받은 뒤 10월 26일 박영효의 요청을 받아들여 조선이 일본에 내야 하는 배상금 50만 엔의 납부 기한을 10년 연기해주기로 한다. 또한 이노우에는 박영효가 「요코하마정금은행(橫浜正金銀行)」으로부터 차관 17만 엔을 저리로 받을 수 있도록 주선한다. 일본 정부가 12월 18일 대출 보증을 선다. 다음날 박영효는 제물포 조약 제3관 이행을 위해 이노우에에게 5만 엔을 보낸다.

다케조에 신이치로

이노우에와 박영효는 관세 문제도 협상한다. 관세협상은 「임오군란」 이전에 김보현과 김홍집이 하나부사와 협상을 시작하였으나 군란으로 중단되었었다. 협상에서 이노우에는 조선이 청과 10월 4일 맺은 「조청상민수륙무역장정」과 같은 수준의 관세를 일본과의 통상에도 적용할 것을 요구한다. 1883년 7월 25일, 민영복과 신임 변리공사(辨理公使)로 부임한 다케조에 신이치로가 「조일통상장정 및 해관세목(海關稅目)」을 조인한다.[20] [부록7. 「조일통상장정(朝日通商章程)」 전문]

박영효와 공식 사절단은 1883년 1월 귀국한다. 귀국 일행 중에는 일본의 신임 조선공사 다케조에 신이치로, 후쿠자와 유키치가 추천한 우시바 타쿠조(牛場卓藏, 1850~1922), 다카하시 마사노부(高橋正信, ?~?), 그리고 2명의 신문 제작 전문가도 포함되어 있었다.[21] 그러나 김옥균, 서광범, 윤치호, 탁정식은 근대화하는 일본을 심층적으로 배우기 위해 일본에 남는다.

2. 후쿠자와 유키치와 조선의 개화파

김옥균과 조선의 개화당을 가장 적극적으로 도운 일본의 인사는 후쿠자와 유키치와 고토 쇼지로였다. 후쿠자와는 일본의 대표적인 근대주의자이자 자유주의자였다. 고토 쇼지로는 자유민권당의 지도자였다. 고토는 도사 한의 하급 사무라이 출신으로 사카모토 료마의 동료였으며 메이지 유신 성공에 절대적인 공헌을 하여 메이지 정부에서 참의 자리에까지 오른다.

그러나 그는 사이고 다카모리가 「정한론」을 주장하던 당시 같은 도사 출신의 이타가키 다이스케와 함께 사이고의 편에 서서 「정한론」을 주장하다가 무산되자 사표를 낸다. 메이지 정부를 떠난 고토는 이타가키와 함께 민권운동을 시작하여 일본 최초의 정당인 자유당을 결성하고 헌정과 민권, 평등권을 주장한다.

고토와 이타가키의 민권운동은 당시 메이지 정부를 이끌고 있던 오쿠보 도시미치, 기도 다카요시 등 사쓰마와 조슈 출신들이 정권을 장악한 것에 대한 반대를 위해 시작한 것이었다. 다시 말해 「임오군란」과 「갑신정변」을 전후로 한 시기의 일본 정치는 오쿠보 도시미치 암살 이후 일본의 실권자가 된 이토 히로부미를 필두로 한 메이지 정부 내의 조슈파의 과두정치에 대한 자유민권당의 격렬한 비판과 저항으로 점철되고 있었다.[22] 고토와 이타카키의 민권운동은 메이지 유신 세력내부의 권력투쟁의 발로였지만 결국 이토 히로부미로 하여금 메이지 헌법을 제정하게 하는 효과를 가져오는 동시에 일본에 자유민권 사상을 보급하는 데 기여한다. [일본 자유민권운동에 대한 자세한 논의는 제 III권, 제 7장, 「3. 자유민권운동」 참조].

고토와 이타가키 등의 「정한론」은 오쿠보가 조선과 「강화도 조약」을 체결함으로써 완전히 힘을 잃게 되고, 그 후 자유당의 당헌에서 「정한론」은 사라진다. 그리고 1880년 이후에는 오히려 조선의 개화를 돕고 이를 통해 조선과 일본의 자유와 민권을 신장해야 한다는 당론을 채택하기에 이른다.[23] 후쿠자와를 통해 김옥균을 소개 받은 고토는 개화파가 일본에서 재정지원을 받는 것을 돕고자 하였고 「갑신정변」도 적극 지지하였다. 「정한론」을 주장하던 고토 쇼지로가 김옥균과 조선의 개화당을 그토록 돕고자 한 것은 역사의 아이러니다.

반면 후쿠자와 유키치는 「정한론」을 거치지 않고 자유주의를 신봉하게 된 지식인이다. 「운요호 사건」 당시 이타가키와 고토 쇼지로 등의 자유민권주의자들이 「정한론」을 다시 들먹일 당시에도 후쿠자와는 「민권과 「정한론」은 같이 갈 수 없다」라고 주장했다.[24] 최하급 사무라이 출신으로 자라면서 신분 차별을 경험한 후쿠자와는 사무라이 계층이 갖고 있었던 「정한론」에 대한 향수 같은 건 없었다. 따라서 이타가키나 고토처럼 자유민권주의를 다른 정치적 목적을 위해 이용하거나 인권과 국가의 이해관계를 혼돈하여 국수주의로 흐르지 않았다.[25]

물론 후쿠자와가 조선의 독립을 원한 것은 조선을 위해서가 아니었다. 무엇보다도 일본의 독립을 유지하기 위해서는 조선도, 청도 모두 서구 열강으로부터 독립을 유지해야 한다고 생각했기 때문이다.

지금의 청나라를 청국인이 지배하고 조선을 조선인이 지배한다면, 나도 그것을 우려하지 않겠지만, 만약에 그 국토를 다 서양인에게 넘겨 주는 것 같은 대변을 당하면 어찌하리오? 마치 이웃집의 화재가 우리 집에 옮겨지는 사태를 초래하는 일과 다름이 없다…. 그러므로 우리 일본이 청나라의 형편을 우려하고 또 조선 국사에 간섭하는 것은 감히 어떤 사건을 만드는 것이 아니라 일본자국의 연소를 예방하는 것이라는 것을 알아야 한다.[26]

후쿠자와 역시 국가주의자였고 그의 이러한 경향은 「갑신정변」 실패 이후 「탈아입구론(脫亞入歐論)」을 발표하면서 더욱 강해지지만 김옥균을 포함한 조선의 개화파들과 교류하면서 이들을 돕고자 했던 1880년대 초반만 하더라도 후쿠자와의 자유민권주의는 다른 일본 정치인들의 자유민권주의와 구별되는 것이었다.

후쿠자와가 조선 문제에 관심을 갖게 된 것은 조선에 갓 태동한 개화파에 대해 동병상련을 느낀 동시에 조선의 개화와 자유화를 돕는 것이 일본의 자유민권운동을 촉진하는 계기가 될 것이라고 믿었기 때문이다.[27] 후쿠자와가 조선 개화파에 동병상련의 감정을 갖고 있었다는 것은 처음 어윤중을 만나 「게이오기주쿠」에 유길준과 유정수를 입학시킨 후 기술한 다음의 문장에서 엿볼 수 있다.

이달 초순(初旬)에 조선인 수 명이 일본사정을 시찰하기 위하여 왔다. 그 중 청년 2명이 본숙(本塾)에 입학하여 나의 집에서 유숙하고 있다…. 참으로 20여 년 전 나 자신의 일을 생각하면 동정을 금할 길이 없다. 이것은 조선인의 외국유학의 처음이요, 본숙(本塾)도 또한 외국인을 최초로 입학시킨 것이니 실로 기우(奇遇)라고 하겠다. 그들 때문에 많은 조선인이 나의 집을 방문하여 (조선 사정(朝鮮事情)을) 말하고 있는데 30년 전의 일본 사정과 유사하다.[28]

후쿠자와는 사죄사절단으로 방일 후 귀국하는 박영효 편에 자신의 제자 우시바 타쿠조(牛場卓藏)를 보내 개화파들을 돕도록 한다. 조선으로 떠나는 제자 우시바에게 보낸 편지에 다음과 같이 조선의 근대화에 대한 입장을 피력하고 있다.

개국 이래 거의 10년이 된 오늘(1883년 1월)에 이르기까지 일한 양국 정부는 교류의 정을 두텁게 하지 못하고 양국 인민의 무역도 번창하지 못하다. 지난해 봄은 안변의 살상 사건, 그리고 여름은 즉 한양의 변란(「임오군란」)이 일어났고 양국의 교제는 오히려 후퇴했다고 할 수밖에 없다. 생각건대 조신인민은 결코 야만하지는 않다. 고상한 문학, 사상이 없지

않다고 하지만 수백 년의 침체
는 가령 이것을 불러 일으켜서
운동을 재촉해도 눈빛이 아직
분명해지지 않고, 방향을 잃은
자와 같다.

우시바 타쿠조

　지금 그 눈빛으로 하여금 분
명하게 하는 방법을 구하면 위
세를 가지고 협박하지 말고 이
득을 가지고 유인하지 말고 다
만 그 인심의 잘못을 고쳐주고
조선인 스스로 개화하게 하는
하나의 방법이 있을 뿐이다.[29]

후쿠자와는 조선을 개화시키는 데 무력을 사용하는 것을 경계한다.

조선 개화의 제1칙은 무력을 사용하는 것. 하지만 이것은 인민의 마음을
닫아버릴 우려가 있고, 문제는 일본, 조선만이 아니고 동양 전체에 파급
될 우려가 있기 때문에 이 정책은 실제로 쓸 수 없다. 조선 개화의 제2책
은 종교를 가지고 국민을 교화하는 것이지만, 조선의 상류 인사들은 불
교를 믿지 않고 일본의 불교도 지금 부패되어 있기에 이것도 바랄 수 없
다. 조선 개화의 제3책은 학문을 통하여 문명화하는 방법이다. 즉 일본의
학자를 조선에 보내 조선인을 많이 일본에 오도록 하여 문명의 길을 가르
치고 일본 상류 인사들의 덕을 베풀고, 일본과 대등한 위치에 조선을 올
리는 방책이다. 나는 조선의 개화는 오로지 이 제3책에 있다고 생각하지
만, 이 방법의 효과가 나타나기까지는 속도가 늦다. 그래서 제4책이 필요
한데, 그것은 일본의 자본을 투자해 조선의 내지에 공업을 일으키게 하는

것이다. 이것이 조선 사정에 맞고 실패도 적어 문명화를 달성하게 하는 것으로 가장 신속하다.[30]

(조선개화책으로서) 직접 무력을 쓰는 것은 그 나라의 민심을 격동시키기 때문에 무력의 효과가 빠르다고 하더라도 우리의 목적인 그 나라를 개명으로 인도하는 일이 오히려 늦어질 수 있고, 단 한 번이라도 군사력을 쓰면 그 싸움은 단 우리 일본과 조선이 대치하는 싸움이 아니라, 그 화는 드디어 동양 전면에 파급될 우려가 없지 아니하기에 나는 용이하게 이 책(策)에 따를 수 없다.[31]

후쿠자와는 문명개화를 위해서는 무엇보다도 일반 국민의 의식을 개혁해야 한다고 믿었다. 「문명론이란 사람의 정신 발달의 의논이다. 그 취지는 한 사람의 정신 발달을 논하는 것은 아니고 천하대중을 일체로 모아서, 그 일체의 발달을 논하는 것이다.」[32] 천하대중 「일체의 발달」을 위해서 가장 효과적인 방법이 바로 「신문」이었다. 후쿠자와가 1882년 『지지신보(時事新報, 시사신보)』를 창간하고 김옥균과 박영효에게도 신문의 중요성을 설파하고 조선에서도 신문을 창간할 것을 적극 권장한 이유다. 박영효는 귀국할 때 후쿠자와의 도움으로 구입한 신문 인쇄기와 함께 후쿠자와의 제자 우시바 등 일본인 신문 편집 전문가와 기술자를 각각 3명씩 대동한다.

1889년 2월자 『지지신보』

후쿠자와는 신문제작 기술만 전수한 것이 아니었다. 귀국 후 조선의 첫 신문 창간 준비를 맡은 것은 유길준이었다. 유길준은 일본에서 후쿠자와의 게이오 의숙에서 유학할 당시 「문자의 교」라는 문장을 한문과 조선 언문, 즉 한글 혼용으로 번역한 바 있다. 후쿠자와가 모든 저술과 시사신보를 한문과 일본의 언문, 즉 히라가나 혼용으로 출판하였듯이 조선에서도 개화사상을 널리 퍼뜨리기 위해서는 모든 책과 글을 한문과 한글 혼용으로 출판하는 것이 필요함을 깨닫기 시작했기 때문이다. 실제로 후쿠자와는 유길준에게 조선의 첫 신문도 한언(漢諺) 혼용으로 할 것을 권하였다.

> 선생님께서 이전부터 조선인의 교육상, 그 문장을 평이하게 하기 위하여, 그 나라의 언문, 즉 가나(仮名) 문자를 한자와 혼합 사용하는 일에 착안하시고 유길준이 미타(三田)에 있는 선생님의 댁에 임시로 거처하고 있었을 때, 유길준에게 명하여 「문자의 교」의 문장을 한언 혼용, 즉 언문이 섞인 문장으로 번역시키고 문장은 이렇게 하지 않으면 안 된다고 말씀하셨다.[33]

친청파의 훼방으로 결국 조선 최초의 신문인 『한성순보(漢城旬報)』는 민영목, 김만식 등 친청파에 의해서 순 한문으로 발간되지만 조선에서 신문의 기초를 놓은 것은 후쿠자와와 친일개화파였다.

친일개화파가 후쿠자와로부터 배운 문명개화의 또 다른 조건은 국가 기간산업, 특히 도로와 교통망의 정비였다. 후쿠자와는 서구 국가들을 방문하면서 교통망의 중요성을 절감한 바 있다.

> 서양제국의 문명개화는 덕이 있는 가르침도 아니요, 문학도 아니고 또는 이론도 아니다. 그러면 이것을 어디에서 찾으면 되는가? 나에게 있어 이

것을 보면 (서양제국의 문명개화는) 인민의 교통편에 있다고 할 수밖에 없다. 사회교통이 중요한 것은 이와 같은 것이고 서양제국에 있어서는 일찍이 항해기술을 연구하고, 오래 전부터 서양인들은 북해, 지중해 지방을 왕래했을 뿐만 아니라 대양을 건너서 지구 어디에도 안 가본 곳이 없을 정도이다.[34]

김옥균은 후쿠자와로부터 도로의 중요성에 대한 이해를 전수받아 『치도약론(治道略論)』을 쓴다. 김옥균의 글 중 유일하게 남아 있는 『치도약론』은 나라의 도로를 정비하는 것이 위생과 농업, 산업 등 국가 발전의 기본임을 설파하고 있다. 다음은 『치도약론』의 서론이다.

지금은 나라 안의 기운이 크게 변하여 만국이 교통하여 수레와 배가 바다 위로 마구 달리고, 전선이 온 세계에 그물처럼 널렸으며, 광(鑛)을 열어 금은을 캐내고 쇠를 녹여 모든 기계를 만드는 등 일체의 민생과 일용에 편리한 일들을 자못 이루 다 말할 수 없다.

그 중에서 각국의 가장 요긴한 정책을 구한다면, 첫째는 위생이요, 둘째는 농상(農桑)이요, 셋째는 도로인데, 이 세 가지는 비록 아시아의 성현이 나라를 다스리는 법도라고 해도 또한 여기에서 벗어나지 않을 것이다.

춘추시절에도 남의 나라에 가면, 우선 그 나라의 도로와 교량을 보고서 그 나라 정치의 득실을 알았다고 한다.

내가 일찍이 들으니, 외국 사람이 우리 나라에 왔다 가면 반드시 사람들에게 말하기를 「조선은 산천이 비록 아름다우나 사람이 적어서 부강해지기는 어려울 것이다. 그보다도 사람과 짐승의 똥·오줌이 길에 가득하니 이것이 더 두려운 일이다」라고 한다. 이것이 어찌 차마 들을 말이냐.

우리나라는 조종조(祖宗朝)에서 나라를 세우고 법을 제정할 때에 도로와 교량을 닦고 다스리는 일은 수조(水槽)에 소속시키고, 또 준천사(濬川

司)를 설치해서 오로지 내와 도랑을 파는 일을 맡게 했으니, 그 규모가 치밀하지 않은 것이 없었다. 그러나 풍속이 타락해진 것이 그대로 습관이되어, 비록 자기 몸에 직접 관계되는 이해 관계라도 오직 우물쭈물 그대로 넘기는 것을 능사로 알고 있어, 좋은 법과 아름다운 뜻은 오직 헛 이름만 남아 있을 뿐이다.

수십 년 이래로 괴질과 역질이 가을과 여름 사이에 성행해서, 한 사람이 병에 걸리면 그 병이 전염되어 백 명, 천 명에 이르고, 죽는 자가 계속해서 생기고, 죽는 자의 대다수는 일을 한창 할 장정들이었다. 이것은 비단 거처가 깨끗하지 못하고 음식물에 절제가 없는 것뿐만 아니라, 더러운물건이 거리에 쌓여 있어 그 독한 기운이 사람의 몸에 침입하는 까닭이다.

이때를 당해서 혹시 부후(富厚)하고 존귀한 자로서 조금 섭양(攝養)할줄 아는 자는 이것을 초조하게 여겨 마치 뜨거운 화로 속에 앉아 있는 것처럼 여겨서, 기도하고 빌고 주문을 외우고 부적을 써 붙이는 등 별 짓을다한다. 또 조금이라도 의술을 아는 자는 이러한 장소에서 도망하여 다른곳으로 가려고 해도 되지 않아서 이리 닫고 저리 달려 장황하게 돌아다닌다. 이리하여 요행히 살아남으면 문득 말하기를 「올해는 운기(運氣)가 그렇다」고 할 뿐이다.

날씨가 조금 추워져서 전염병의 증세가 차츰 가라앉으면, 사람들은 모두 양양하여 기뻐하고 모든 일을 잊어버린다. 그러니 어찌 슬픈 일이 아니겠는가?

현재 구미 각국은 그 기술의 과목(科目)이 몹시 많은 중에서도 오직 의업(醫業)을 맨 첫머리에 둔다. 이것은 백성들의 생명에 관계되기 때문이다. 그런데 우리 나라는 관청에서부터 민가의 마당에 이르기까지 물이 한지고 도랑이 막혀서, 더러운 냄새가 사람을 핍박하여 코를 막아도 견디기어려움의 탄식이 있으니, 실로 외국의 조소를 받을 일이다.

저번에 전권대사 박영효(朴泳孝), 부사 김만식(金晩植)이 일본에 사신으로 갔을 때, 나 옥균(玉均)도 또한 일본을 두루 돌아 도쿄(東京)에 두 한이 나 간 일이 있었다. 어느 날 두 사람은 나에게 말하기를 「우리는 장차 치도(治道)에 능한 학자 몇 명을 데리고 함께 본국에 돌아가 정부에 보고하고, 치도하는 일을 급히 시행하려 하는데, 그대의 의견은 어떠한가?」 한다.

나는 대답하기를 「우리 나라는 지금 크게 경장(更張)을 해야 할 때를 당해서 그대들은 여기에 대한 소중한 책임을 지고 이제 외국에 온 것이니, 복명(復命)하는 날에는 여러 가지 보고 들은 것을 가지고 정부에 건의해서 국가에 훈업(勳業)을 수립하는 것이 곧 그대들의 책임인데, 겨우 이 치도하는 일을 가지고 급선무를 삼으려는가?」 했다.

그들은 웃으면서 말하기를 「그렇지 않다. 우리 나라에 있어서 오늘날 급히 해야 할 일은 농업을 일으키는 일보다 더한 것이 없고, 농업을 일으키는 요점은 실로 전답에 거름을 많이 주는 데에 있다. 전답에 거름을 부지런히 주면 더러운 것을 없앨 수 있고, 더러운 것을 없애면 전염병도 없앨 수 있다. 가령 농사짓는 일이 제대로 되었다고 할지라도 운반이 불편하다면, 양식이 남는 곳의 곡식을 양식이 모자라는 곳으로 옮길 수 없다. 그러므로 길을 닦는 일이 시급히 요구된다는 것이다. 길이 이미 잘 닦아져 거마(車馬)가 편하게 다닐 수 있게 되면, 열 사람이 할 일을 한 사람이 할 수가 있을 것이니, 나머지 아홉 사람의 힘을 공업의 기술로 돌린다면, 옛날에 놀고 먹기만 하던 무리들은 모두 일정한 항구적인 직업을 갖게 될 것이다. 그러니 국가를 편하게 하고 백성을 이롭게 하는 것이 이보다 나은 것이 있겠는가?」 한다.

이에 나는 일어나서 절하고 말하기를 「참으로 그러하다. 그대들이 말하는 위생이니 농상(農商)이니 도로니 하는 것은 고금 천하에 바꿀 수 없는 올바른 법이다. 내가 본국에 있을 때에 일찍이 아는 친구들과 이 일에 대하여 의논한 일이 있었지만, 그래도 오히려 한 가지만 행하면 여러 가지가 이토록 갖추어 조밀하게 해결되는 줄은 몰랐었다. 나는 또 들으니 일본이 변법(變法)한 이후로 모든 것을 경장했지만, 오직 도로를 닦는 공이 효력을 크게 거두었다고 한다. 이에 그대들이 본국에 돌아가 정부에 보고하여 이를 행하게 하면, 전일 외국에 조소 받던 일이 도리어 서로 기쁘게 치하하게 되지 않겠는가? 우리 나라가 부강해질 방법은 실로 여기에서 시작될 것이다」 했다.

이에 김공(金公)은 「옥균에게 부탁하여 「치도규칙(治道規式)」 몇 조목을 만들어 이것을 시행토록 하라」고 한다.

옥균이 감히 글을 하지 못한다고 사양할 수 없어서 삼가 다음과 같이 조목을 만드는 바이니, 여러분들은 여기에 유의하여 채택해 주신다면 매우 다행스럽겠다.[35]

후쿠자와는 조선의 개화파에게 절대적인 영향을 끼친다. 김옥균과 박영효 등은 서구 근대문명을 「문명개화」라는 후쿠자와의 개념을 통하여 이해하고, 근대문명을 도입하는 구체적인 방법론에 있어서도 후쿠자와를 그대로 따른다. 교육을 중시하여 후쿠자와를 통해 수많은 유학생들을 일본으로 파견하고, 신문의 중요성을 깨달아 조선 최초의 근대 신문인 『한성순보(漢城旬報)』 창간의 산파역을 하고, 기간산업의 중요성을 절감하여 한양의 도로 정비를 꾀했던 조선 개화파의 사상과 구체적인 실천 방안은 후쿠자와로부터 배운 것이었다.

3. 김옥균의 독립사상

일본에서는 김옥균과 박영효 등을 「독립당」으로 불렀다. 이들이 모두 조선을 청으로부터 독립시키는 것을 가장 중요한 목표로 삼고 있었기 때문이다. 김옥균, 박영효, 서재필 등의 친일개화파와 민태호, 민영익이 이끄는 친청 민씨 척족과의 가장 근본적인 차이는 청과의 관계를 어떻게 설정할 것인가였다. 민씨 척족도 「임오군란」을 평정하고 대원군을 축출한 후에는 청의 「양무운동」을 본받아 근대 개혁을 추진한다. 그러나 청과의 관계는 과거 그 어느 때보다도 종속적인 관계로 전락한다. 민씨 정권은 청군의 직접적인 개입 없이는 대원군을 축출할 수도 없었고, 청의 도움 없이는 근대 개혁을 추진할 수도 없었다.

조선과 청 사이의 전통적인 사대관계는 형식적으로는 조선이 청을 「상국」으로 받들고 조공을 바치는 관계였지만, 청이 조선의 내정이나 외교에 직접 간여하는 경우는 드물었다. 19세기 중반 이후 서구 열강이 조선의 존재를 인식하기 시작하면서 조선과 청 간의 「조공 관계」가 정확히 무엇인지 청에게 물었을 때도, 청은 분명히 「조선은 청의 일부가 아니기 때문에 청이 조선으로 하여금 외국과 통상을 하라고 강요할 수 없다. 그러나 조선은 독립국이 아니기 때문에 스스로 통상을 결정할 수 없다」고 하였다.[36] 조선 역시 서구 열강이 통상을 요구해 올 때마다 같은 논리로 거부하였다.

그러나 「임오군란」 평정과 대원군 축출, 민씨 척족의 복권으로 귀결된 청의 개입은 조청관계를 근본적으로 바꿔 놓는다. 청은 더 이상 「사대관계」 또는 「조공 관계」라는 근대 국제법적으로 규정하기 애매한 관계를 포기하고 조선의 내정과 외치에 직접 개입하는 근대적인 의미의 「열강」의 모습을 드러낸다. 청은 조선의 외교 정책을 직접 수립하고 집행함으로써 조선과 미국, 영국, 독일, 러시아와의 수호조약을 체결하였고, 조선에 대한 영향력이 「임오군란」과 대원군의 재집권으로 위협받자 직접 군대를 보내 조선의 내정을 정리한다. 물론 이홍장은 청이 조선에 직접 개입하는 것을 극도로 꺼렸고 조선에 대한 개입을 끝까지 전통적인 사대관계의 틀 속에서 정당화하려고 애썼지만, 이를 액면 그대로 받아들이는 사람은 아무도 없었다. 결과는 조선에 대한 청의 전례 없는 직접 통치의 시작이었다.

서구 열강이 조선의 문을 두드리기 시작한 1860년대 초 이후 조선은 10년에 걸친 대원군의 쇄국 정책에서 2년에 걸친 급진 개국, 개혁 정책을 거쳐 청의 직접적인 개입하에 소위「온건 개혁」체제가 수립된다. 반면 김옥균과 친일개화파의 급진 개화사상은 쇄국도, 청에 대한 종속을 바탕으로 한「온건 개화」도 아닌 청으로부터의 완전한 독립을 전제로 한 근대 국가 설립을 목표로 하였다. 이러한 사상은「임오군란」을 계기로 명확해졌고, 이때부터 민씨 정권과 김옥균의 친일개화파는 완전히 갈라서게 된다.

서재필은 김옥균의 독립사상을 다음과 같이 묘사하고 있다.

> 그(김옥균)는 청국의 종주권 아래 있는 굴욕감을 참지 못하고 어떻게 하면 이 치욕에서 벗어나 조선을 세계 각국 중의 평등과 자유의 일원이 되게 하느냐 하고 불철주야로 노심초사하였다. 그는 현대적 교육은 받지 않았으나 시대의 추이를 통찰하고 조선도 강력한 현대국가가 될 것을 절실히 바랐다. 그리고 신지식을 주입하고 신기술을 채용함으로써 정부와 일반사회의 구투인습(舊套因習)을 일변시킬 필요를 확신하였다. 그는 구미의 문명이 일조일석에 된 것이 아니고 열국간의 경쟁과 노력에 의한 점진의 결과로서 몇 세기를 요했는데도, 일본은 이것을 일대(一代) 동안에 속성한 것이라고 이해했다. 그래서 그는 스스로 일본을 모델로 하기로 하고 백방 분주하였던 것이다.[37]

그리고 김옥균은 일본에 보내는 유학생들에게「일본이 아시아의 영국이 된다면 조선은 아시아의 프랑스가 되지 않으면 안 된다」라고 하였다.[38]

김옥균의 독립사상은 대원군에 대한 그의 인식에서도 극적으로 드러난다. 첫 번째 도일 후 시모노세키에서 귀국 준비 중 「임오군란」 소식을 접한 김옥균은, 「섭정 국부는 완고하지만 그 정치는 정대하고, 국왕 전하는 총명하지만 과단성이 부족하다. 죽음으로써 국부를 설득해야 한다」라면서 귀국을 서둘렀다.[39] 이는 당시 청국에 머물면서 청군에게 조선에 군대를 보내 대원군을 축출할 것을 적극 권유하였던 김윤식과 어윤중의 사태 인식과는 완전히 달랐다. 물론 개화파로써 당시 일본에 유학 중이던 유길준과 윤치호도 태정관 산조 사네토미에게 보낸 편지에, 「군선을 파송하여 인천 근해에 항해하여 시국의 변화를 서서히 관찰하여 우리 국왕과 세자를 구하여 안전지에 두고 연후에 하응(대원군)의 죄를 밝혀 다스리라」고 권하고 있다.[40] 그러나 개화파의 지도자 김옥균은 달랐다. 김옥균의 이러한 사고방식은 그의 스승 박규수가 대원군에 대해 갖고 있었던 생각과 정확히 일치한다.

하나부사와 함께 8월 12일 인천에 도착한 김옥균과 서광범은 대원군이 이미 청국으로 압송되었다는 소식을 듣는다.

> 김옥균은 대원군의 구속납치 소식을 듣자 개연히 일어서서 청국 타도의 결심을 굳혔다. 그는 국제정치의 정세 여하에 관계없이 국부를 속여서 그를 납치하여 가는 것은 국토를 유린하고 국민을 모욕하고 조선의 왕가를 노예로 하며 나라의 면목을 유린한 것이라고 하여 개연히 일어나서 청국 타도를 결의한 것 같다. 그가 뒷날 「갑신정변」 때에 오로지 한 뜻으로서 사대당의 격멸을 결심한 것은 실로 대원군 납치사건에 기인한다고 말하여 진다.[41]

실제로 「갑신정변」 때 김옥균 등이 반포한 14개조 정강의 제1조는 「대원군을 조속히 환국케 하고 청국에 대한 조공허례를 폐지할 것」이라고 하고 있다.[42]

김옥균은 조선의 독립을 쟁취하기 위해서는 무엇보다도 서구 열강과 조약을 체결하는 것이 중요하다고 생각했다. 김옥균의 독립사상은 조선을 청의 속국이 아닌 독립국으로 인정함으로써 청 중심의 중화질서를 무너뜨리고 조선에 대한 일본의 영향력을 확보하려던 당시 일본의 정책과도 일치하는 것이었다. 청이 조선에 대한 영향력을 유지하기 위해 조선과 서구 열강 사이의 조약 체결을 적극 주선하였듯이, 일본 역시 조선에 대한 영향력을 확보하기 위해 조선이 청의 속국이 아닌 독립국임을 국제사회에서 인정받도록 하기 위해 노력했다. 또 청이 친청 정책을 추진한 민씨 정권을 지지하였듯이, 일본은 김옥균 등의 친일개화파들을 적극 지지하였다.

김옥균은 조선의 독립을 위해 서구 열강의 대표들과도 만나 조선과 조약을 맺을 것을 적극적으로 설득한다. 1883년 7월 3일, 도쿄에서 있었던 주일 영국공사 파크스와의 면담에서 김옥균은 영국과의 조약 체결이 중국으로부터 조선의 독립을 보장하는 데 얼마나 중요한지 설파한다. 다음은 파크스 공사가 본국의 그랜빌 외상에게 보낸 보고서의 내용이다.

> 대화가 시작되자 그는 과거에도 여러 차례 강조하였던 것처럼 조선정부가 영국과 하루빨리 조약을 체결하기 원한다는 얘기를 시작했습니다. 그는 12월 31일이 윌스 제독과 체결한 조약을 비준하는 기한이며 그 이전에 영국정부가 조선과 공식적으로 조약을 체결하고 그 외 필요한 협상을 할 수 있는 특명전권대사를 임명하는지를 매우 관심 깊게 지켜보고 있다고 하였습니다.[43]

파크스가 현재의 조약은 영국 정부가 받아들일 수 없는 조항들이 많이 있으며 또 현재 조약에 명시되어 있는 관세율은 양국 간의 교역 증진에 아무런 도움이 되지 않기 때문에 조약을 비준하기 어렵다고 하자 김옥균은 다음과 같이 답한다.

김옥균은 조선정부는 지난번 윌스 제독과 조약을 협상할 당시에는 조선 정부가 조약에 관련해 아무런 경험이 없었다는 사실을 잘 알고 있으며 따라서 조약을 일부 수정하는 것이 필요할 수도 있다는 것을 인식하고 있고 따라서 이를 위해서 다시 협상을 시작할 준비가 되어 있다고 하였습니다. 그는 조선 정부가 관세 조항은 그리 중시하지 않으며 그 보다는 조선의 이해관계를 위해서는 영국과 우호관계를 가급적 빨리 수립하는 것이 얼마나 중요한지는 정확히 인지하고 있다고 하였습니다. 그는 이어서 자신의 생각으로는 청이 조선에 대해 펴고 있는 정책은 완전히 청의 이기심의 발로이며 겉으로는 조선의 안위를 생각하는 척 하지만 조선이 외국과의 관계를 증진시키고자 하는 바람을 돕기 위해서 한 것은 아무것도 없었다고 하였습니다. 지금까지는 청은 조선의 이해를 증진시키기보다는 오히려 호전의 진보를 막기 위해서 자신의 영향력을 행사해 왔다고 하였습니다. 영국과의 우호조약과 이를 기반으로 한 양국 간의 통상관계는 조선이 청의 압력에 맞서는데 그 무엇보다도 큰 힘이 될 것이며 따라서 조선이 독립을 유지하는 데도 큰 힘이 될 것이라고 하면서 외국열강들과의 조약이 없다면 조선의 독립은 오래 유지하지 못할 것이라고 하였습니다.

그는 또 현재 청과 조선의 관계를 볼 때 양국 정부는 멀지 않은 미래에 노골적으로 의견 충돌을 볼 것이라고 하였습니다. 이러한 충돌이 일어난다면 물론 약한 조선은 청의 요구에 대해 아무런 무력 저항을 할 수 없겠지만 조약국들과의 평화적인 협력을 통해 조선이 독립국으로서의 권리를 확립할 수 있게 되기를 바란다고 하였습니다. 그리고는 영국이 조선과의 조약 수정을 위한 협상을 청을 통해서 할 것인지 물었습니다. 저는 이에 대해 조선이 조약을 체결할 권한을 갖고 있는 것으로 이해하고 있기 때문에 그럴 가능성은 낮다고 하였고 김옥균 씨가 외국 열강들이 조선의 독립 문제에 대해 일반적으로 어떤 견해를 갖고 있느냐고 묻기에 저는 이들의 견해는 전적으로 조선이 어떤 태도를 취하고 어떻게 행동하느냐에 따라서 좌우될 것이라고 답하였습니다.

저는 경께 이 대화 내용을 보고 드리면서 김옥균 씨의 언질이 조선 정부의 견해를 완벽하게 반영하는 것이라고 받아들이는 데는 신중해야 할 것이라는 제 의견을 아울러 말씀 드리고 싶습니다. 그는 조약관계가 필요하다는 자신의 신념을 솔직하게 표현하는 것이었겠지만 지난번 조선에서 애스턴 씨를 만났을 때 그가 보인 소극적인 태도를 놓고 볼 때 그의 신념과 그가 갖고 있는 정보가 조선의 지배계층 사이에서 얼마나 널리 공유되고 있는 것인지 의문스럽습니다. 저는 그의 말을 종합해 볼 때 조선 정부는 여왕폐하의 정부의 새로운 제안을 기다리기로 결정하였고 조약을 체결할 권한을 위임 받은 특명전권대사가 새로운 안을 가지고 오면 그때야 응할 것이라고 생각합니다.[44]

파크스의 분석은 당시 개화파가 처해 있는 상황을 정확히 짚어내고 있다. 고종은 개화파에 여전히 기대를 걸고 있었다. 이는 김옥균과 박영효가 당시에도 고종을 자주 알현한 것을 보면 알 수 있다. 그러나 민비와 민씨 정권을 정면으로 비판할 힘과 용기는 없었다. 파크스의 말대로 김옥균의 말은 본인과 고종의 뜻일 수는 있을지 몰라도 조선 정부의 주류 견해나 정책은 아니었다.

4. 김옥균의 제3차 일본 방문

일본에서 돌아온 박영효는 「한성부윤(漢城府尹)」에 임명되면서 열정적으로 개혁에 착수한다. 도시의 위생 문제를 해결하고 도로를 놓고 경찰을 설립하고자 한다. 고종에게 신문 발행을 제안하여 1883년 2월 28일 재가를 받는다. 3월 13일, 신문 발행을 위한 사무소가 마련되자 박영효는 신문 발행의 실무 책임을 일본에서 함께 귀국하여 「통리교섭통상사무아문」 주사에 임명된 유길준에게 맡긴다.[45] 유길준은 역시 일본에서 함께 온 이노우에 가쿠고로(井上角五郎, 1860~1938)와 일본인 신문 전문가들과 함께 「박문국(博文局)」을 설치하고 규정을 제정하면서 조선 최초의 근대 신문 발행을 준비한다.

그러나 박영효는 갑자기 「한성부윤」에서 해직되고 1883년 4월 23일, 한직인 경기도 광주 유수에 임명된다.[46] 유길준 역시 「통리교섭통상사무아문」을 사직한다. 개화파의 정책이 난관에 봉착하자 후쿠자와가 신문 발간을 위해 조선에 파견했던 우시바는 실망한 채 일본으로 돌아간다. 우시바는 귀국 편에 40여 명의 조선 학생들을 인솔하여 「게이오기주쿠」에 유학시킨다.[47] 후쿠자와가 이들을 책임지기로 하고, 유학생에 대한 감독은 후쿠자와의 제자 이이다 산지가 맡는다. 조선 유학생들은 모두 빈 군막사에 기숙하면서 일본어를 배운 후, 후쿠자와와 이이다의 추천에 따라 각종 학교와 정부 부처에서 실습 훈련을 받게 하기로 한다.[48] 박영효가 이노우에를 통해 얻은 차관의 일부도 이때 사용된다.

일본에서 1883년 3월에 귀국한 김옥균은 「통리교섭통상사무아문」에 복직하여 열정적으로 개혁을 주장한다. 이 과정에서 그는 민씨 척족과 그들의 심복들과 마찰을 빚기 시작한다. 특히 묄렌도르프와의 충돌이 심했다. 김옥균은 민씨 일파와 묄렌도르프의 재정 정책에 반대하였다. 특히 「당오전」 발행에 반대하면서 해외에서 차관을 받아올 것을 주장했다.[49] 김옥균은 자신이 일본에 유학시킨 유학생들의 재정 문제를 책임지고 있었다. 또 박영효가 구상하고 있던 신식 군대 창설을 위

모슌

한 자금도 필요했다. 묄렌도르프는 김옥균이 국고를 낭비하고 있으며 「왕의 신임을 믿고 위험한 일만 꾸미는 자」라고 비판하였다.[50]

1883년 4월 23일, 김옥균은 「동남제도개척사(東南諸島開拓使) 겸 관포경사(管捕鯨使)」에 임명된다. 5월 26일, 고종은 김옥균에게 「고래잡이를 개척하는 일 이외에 해안의 여러 고을을 일체 살펴보라. 그리고 백성 구제와 이익 사업을 일으키는 것 및 폐단을 바로잡고 처리하는 것에 관계되는 모든 일을 수시로 장계로 계문하라」라고 명한다.[51] 김옥균은 1883년 6월 7일 일본 해군의 측량선인 「모슌(孟春)」을 타고 1주일 후 일본에 도착한다. 3번째 일본 방문이었다. 6월 18일, 일본 언론은 김옥균이 「동남제도 개척사 겸 관포경사」의 자격으로 3~4일 전 나가사키에 도착했다고 보도한다.

그의 방문 목적은 차관 300만 엔을 받는 것이었다. 조선 조정은 이 자금을 정부 재정개혁, 군사개혁 등 근대화 작업에 투입하고자 하였다. 차관에 대한 담보로는 울릉도의 벌채권, 동해와 남해의 고래 포획권, 동해와 남해 섬의 토지 및 광산개발권을 제공하고자 하였다.[52] 청의 간섭이 노골화되고 청에 전적으로 의지하는 민씨 척족의 권세가 심해지면서 고종은 개화파에 의존하여 「임오군란」 이전에 시작한 개혁을 완성하고자 한다.

후쿠자와 유키치와 고토 쇼지로 등은 김옥균의 이러한 계획을 돕고자 적극 노력한다. 그러나 일본 정부는 조선의 개화파를 돕지 않는다. 우선 문제는 차관의 액수였다. 300만 엔이면 조선 정부의 1년 예산에 달하는 액수였다.[53] 이노우에의 입장에서는 당시 일본 정부의 1년 예산의 20%에 달하는 거금을 조선 정부의 공식적인 보장과 확실한 담보도 없이 김옥균에게 내줄 수는 없었다. 설사 이러한 거액의 차관을 제공할 수 있다 하더라도 이는 곧 청의 반대와 개입을 불러올 것이 뻔했다. 더구나 일본 정부는 개화파가 과연 조선에서 권력을 잡을 수 있을지에 대해서도 반신반의하고 있었다. 따라서 이들에게 섣불리 거액의 차관을 내줄 수 없었다. 고토 쇼지로는 김옥균이 시코쿠(四國)와 간사이(関西)의 「자유당」 유지들로부터 헌금을 걷는 것을 돕는다.[54] 그러나 김옥균은 결국 일본 정부의 차관을 받는 데는 실패한다. 그는 당시 요코하마에 본부를 둔 제임스 모스(James R. Morse)의 「American Trading Company」로부터도 차관을 도입하려고 시도하나 이 역시 실패로 돌아간다.

김옥균은 비록 차관을 받는 데는 실패하지만 1884년 5월 귀국할 때까지 일본 정계와 더욱 관계를 다진다. 1884년 1월에는 「아시아협회」로 개칭한 「흥아회」와 중국 공사관의 신년 하례식에도 참석한다. 가쓰 가이슈(勝海舟, 1823.3.12.~1899.1.21.)도 자택으로 방문한다.[55]

그러나 김옥균은 1884년 2월, 탁정식이 고베에서 급사했다는 비보를 접한다.[56] 이동인이 행방불명 된 후에 조선의 개화파 인사들과 일본 조야의 인사들을 연결시켜주는 역할을 해온 탁정식이었다. 탁정식의 시신은 도쿄로 옮겨져 1884년 2월 24일 「아사쿠사 혼간지」에서 장례를 치렀고, 데라다 후쿠지가 주지로 있던 고마고메(駒込) 호라이쵸(鳳來町)에 있는 신조지(眞淨寺)에 묻힌다. 장례는 성대하게 치러졌다. 스즈

1893년경 「아사쿠사의 혼간지(본원사)」

가츠시카 호쿠사이(葛飾北斎, 1760.10.31.? ~1849.5.10.)가 그린 「아사쿠사의 혼간지」(『冨嶽三十六景　東都浅草本願寺』)

키 엔준, 오쿠무라 엔신, 데라다 후쿠지와 외 10명의 혼간지 승려들이 집전(執典)하였고 김옥균이 상주를 맡았다. 수백 명의 문상객 중에는 후쿠자와 유키치와 일본 관리들, 그리고 조선 사람도 50명 있었다.[57]

　김옥균은 1884년 5월, 11개월 만에 빈손으로, 그러나 개화의 중요성에 대해 그 어느 때보다도 확고한 신념을 갖고 귀국한다.

제 12 장
「갑신정변」과
친일개화파의 몰락

제12장

「갑신정변」과 친일개화파의 몰락

청은 조선과 미국, 영국, 독일 간의 수호통상조약을 성사시킴으로써 조선 반도를 둘러싼 외교전에서 주도권을 잡는다. 이어서 위정척사파와 홍선대원군이 일으킨 임오군란을 진압하면서 민씨 척족 중심의 친청파를 앞세워 조선의 내정도 장악한다.

민영익은 한때 개화파의 영수로 지목될 정도로 김옥균, 박영효 등과 가깝게 지냈다. 김홍집은 1881년 「제2차 수신사」로 일본 방문을 마치고 귀국하면서 이동인을 민영익에게 소개한다. 민영익은 이동인을 고종에게 소개했고, 이는 고종이 개국과 개화 정책을 적극 추진하게 하는 계기가 된다. 1882년 「임오군란」에 대한 「사죄 사절단」으로 박영효와 김옥균이 일본을 방문할 때도 민영익이 동행한다. 민영익은 1883년에는 「보빙사(報聘使)」의 정사 및 전권 대신으로 임명되어 미국을 방문하고 세계일주를 한 후 1년 만에 귀국한다. 민영익은 당시 조선 사람 중 그 누구보다도 바깥세상을 많이 본 인물이었다.

그러나 그는 미국과 유럽 여행에서 귀국한 이후 개화파와 급격히 멀어지기 시작한다. 청과의 관계를 유지하는 것이 민씨 척족의 권력을 유지하는 유일한 길임을 알았던 그는 친일개화파들의 급진 개혁과 독립사상을 거부한다. 박영효가 김옥균의 『치도약론』을 바탕으로 시작한 한양의 근대화 정책은 민씨 척족의 방해로 모두 수포로 돌아갔고,

민영익과 개화파 일행. 앞 줄 오른쪽에서 두 번째부터 서광범·민영익, 맨 왼쪽이 홍영식, 뒷줄 왼쪽에서 네 번째가 유길준.

신식군대 역시 모두 민씨 척족 휘하의 군대로 흡수되어버렸다. 후쿠자와와 그의 제자들의 도움으로 야심 차게 시작한 최초의 신문 출판 역시 민씨 척족의 방해로 원래의 취지나 계획과는 전혀 다른 형태로 출범할 수밖에 없었다. 여기에 김옥균, 박영효 등과 박규수 문하에서 동문수학하던 김윤식, 어윤중 등도 민씨 주도의 「사대당」의 일원이 되어 소위 「온건개화」를 지지하기 시작한다.

친일개화파의 입장에서 볼 때, 당시 조선이 살아남기 위해서는 일본처럼 급격한 근대화를 통해 부국강병을 이루는 길 밖에 없었다. 그러나 현실은 오히려 반대 방향으로 가고 있었다. 조선은 청의 직접적인 통치를 받게 되고 「사대당」은 청나라의 「양무운동」을 본뜬 「동도서기」식 온건개화정책을 펴면서 청의 속국임을 자처하고 있었다. 뿐만 아니라 민영익이 주도하는 사대당은 친일개화파의 개혁을 모두 무산시키고 있었다. 친일개화파는 암울한 현실 속에서 자신들의 정치적 입지마저 급격히 좁아지자 정변을 일으킨다.

1. 「갑신정변」 전야

김옥균이 세 번째 일본 방문에서 돌아왔을 당시 조선의 상황은 1년 전보다 훨씬 더 개화파에게 불리하게 돌아가고 있었다. 당시 개화파가 처한 상황을 박영효는 다음과 같이 회고하고 있다.

그(임오군란) 전후 2, 3년 동안은 사대당의 전성시대였다. 당시 민영익은 윤태준과 더불어 원세개(袁世凱, 원세개)와 의형제가 되어 장발정창(長髮挺槍)의 순 청국식으로 의기양양하게 어영군을 교련시키고, 청정(청의 조정)의 뜻을 빙자하여 궁정을 협제(脅制, 위협하고 견제함)하는 등, 그 전횡한 거조(擧措, 작태, 태도)는 도저히 필지로 다 표현할 수가 없었다. 이와 같이 불여의한 개화당 중에서도 나는 왕가의 종친의 대(大)로서 주상의 교명을 받아 한성판윤이 되어 도하 지방행정을 장악하고 겸해서 경순국을 창설하여 경찰제도를 개시하고 치도국(治道局)을 주리(主理)하여, 전국 토목사무를 관장하고, 이어서 박문국(博文局)을 신설하여 신식교육을 기해하려고 할 즈음 마침 도로의 일로 민중전의 사사로운 청을 거절했던 사사(私事)로 해서 역린(逆鱗)을 건드려 광주 유소로 전임되어 불우를 탄하고 애석해하면서 광주를 향해 출발하려 할 때, 마침 동지 김옥균은 포경사가 되어 동해에서 고래를 잡아 일본으로 싣고 가서 이를 팔면서 동시에 차관을 들여오는 운동을 할 겸 일본으로 가려고 하고 있었다. 그런데 다행히도 광주유수는 수어사(守禦使) 겸직이어서 병권이 있으므로 나는 타일(他日, 훗날)을 위해 양병에 전념하고 김옥균은 차관 중 수만 원을 군자금으로 밀송해주기로 서로 약속하고 나는 광주로, 김옥균은 일본으로 떠났다. 그러나 기다리던 군자금이 김옥균으로부터 오지 않아 간신히 1천여 명을 교련하였는데 형편이 여간 어렵지 않았다. 당시 일본사관학교 출신인 신복모와 나팔수 이은돌은 나의 고굉(股肱, 가장 믿는 부하)

으로서 일본식 교련에 진력한 사람들로 잊을 수 없는 사람이다. 그런데 이 양병의 일을 민씨 일파들이 수상하게 생각하여, 민중전의 말 한마디로 나는 당장 파직이 되었다. 내가 1년 여나 고생하여 양성한 병사는 모두 경성으로 끌려가 전후어영(前後御營)에 배속되어, 전영사 한규직, 후영사 윤태준의 부하가 된 것이다. 당시 청국인의 횡포와 민씨의 난정(亂政)은 그 극에 달하여 강산 삼천리는 바야흐로 어육(魚肉)으로 되고야 말 형편이었다. 그 누구인들 어찌 의분을 금할 수가 있었겠는가, 하는 그런 시대였다.[1]

일본 망명 당시 일본인 수행원(좌)과 함께 한 박영효(우)

청년 시절의 김옥균

1884년 5월 31일, 「보빙사」로 미국에 다녀온 민영익 일행이 인천항에 도착한다. 김옥균이 일본에서 돌아온 지 불과 며칠 후였다. 서광범과 변수 등 김옥균과 가장 친했던 개화파 인사들도 공식 수행한 「보빙사」 일행은 미국의 아시아함대의 기함 「트렌튼호(USS Trenton)」를 타고 인천으로 귀국한다. 일행 중에는 미국 해군 소위

조지 폴크(George C. Foulk, 1856.10.30.~1893)도 포함되어 있었다. 6월 2일, 한양에 도착한 민영익은 곧바로 고종을 알현하고 다음날 아침 미국공사 푸트를 만나 미국에서의 환대에 대해 감사의 뜻을 전한다.[2]

미국을 방문하고 미국 측의 배려로 6개월에 걸쳐 유럽과 아시아를 모두 순방하고 귀국한 민영익은 개화의 중요성을 절감한 듯했다. 귀국 후 그의 첫 일성은 「나는 암흑 세계에서 태어나 광명 세계에 갔다가 다시 암흑 세계로 돌아왔다」였다. 그러나 개화에 대한 민영익의 열정은 곧 식는다. 갑신정변 직후 폴크 소위가 기록한 내용은 민영익의 이러한 변화를 보여준다. 폴크는 「보빙사」를 수행하여 미국과 유럽 등지를 거쳐 조선에 온다. 이 여정에서 서광범과 친해졌고, 조선에 도착한 후에도 서광범과 많은 대화를 나눴다.

5월에 「트렌튼호」가 제물포에 도착했다. 선상에는 민영익과 서광범, 변수 등 내가 지난 8개월 동안 더 이상 친할 수 없게 같이 지낸 사람들이 타고 있었다. 정사였던 민영익은 자기 나라의 발전을 위해서 자신의 모든 역량을 쏟아 붙겠다는 의지를 여러 한 간절히 피력하였지만 나는 이미 오래 전부터 그가 매우 심지가 허약하고 쉽게 마음을 바꾸는 사람이란 것을 보았다. 그리고 안타깝게도 그는 새로운 것을 관찰하고 배울 수 있는 둘도 없이 소중한 기회가 수없이 많았음에도 불구하고 그 대신 늘 갖고 다니던 유교 경진만 끊임없이 공부하였다. 반면 서광범과 변수는 지칠 줄 모르고 유용한 주제에 대한 필기를 하고 백과사전을 나의 번역을 통하여 공부함으로써 세계의 주요 국가들의 정치와 진보의 역사에 대한 엄청난 양의 정보를 모아서 귀국하였다. 6월 2일, 나는 「보빙사」 일행의 화려한 행차를 따라 함께 한양으로 갔다. 가는 도중에 서광범은 나에게 정사 민영익이 미국에서 받은 융숭한 대접에도 불구하고, 또 외국에 있을 때는 올바른 생각을 갖고 있었을지 모르겠지만 이제 그는 우리가 기대하는 것과는 정반대 방향으로 돌 수도 있으며 그가 유교 훈련과 가풍을 통하여 습득한 모든 것을 중국사람들이 하듯 서구식 진보를 막는 데 사용하게 될 것을 깊이 우려하고 있다고 했다. 한양에서는 모두가 「보빙사」 일행을 열렬히 환영하였다. 여기에는 정파에 구별이 없었던 것처럼 보였다. 「트렌튼호」의 장교들의 방문과 조선과 미국 정부의 관원들 간의 우호적인 교류는 다른 모든 것과 더불어 한양에서 개화파의 영향력을 강화시켜주는 듯이 보였다.[3]

민영익의 가문이 그에게 어떤 영향을 끼치고 있는지 그 효과가 곧 나타나기 시작했다. 우선 그는 청을 방문하고자 무척 노력했다. 개화파 인사들이 보기에는 민영익이 그 동안 서구인들과 오랜 교류를 통해서 청의 조정에 형성되었을 자신에 대한 나쁜 인상을 지우기 위한 일종의 친선방문이라고 보고 매우 부정적으로 보았다……갑자기 민영익은 「협판통리아문사무」를 사임하고 「우영」의 「영사」에 임명된다. 이는 국왕 앞에서 민영익과 서광범이 논쟁을 벌인 후 왕이 서광범의 편을 들어준 직후였다. 나는 조선 사람들이 간절히 기다리고 있던 슈펠트 제독이 아직도 미국을 떠나지도 않았을 뿐만 아니라 국왕의 공식적인 초청을 받아야만 조선에 올 것이라는 전갈을 받았다. 슈펠트 제독과 군사 교관들의 방문이 이처럼 지연됨으로써 조선의 「협판통리아문사무」는 외국인 고문이 없었고 신군대에는 훈련교관이 없었다. 이는 조선 정부를 매우 곤혹스럽게 하였다. 얼마 후 민영익을 통하여 청의 군사교관 다섯 명이 중국으로부터 조선군에 파견되었다. 이로 인하여 개화파들은 크게 동요하였다. 특히 동경의 군사학교에서 훈련을 받고 귀국한 14명의 학생들은 청군 교관들의 고용으로 인하여 자신들의 계급에 걸맞은 직위를 받는 것은 불가능해짐으로써 가장 큰 타격을 입었다. 한규직 영사의 군대에 직위를 받은 3명을 제외한 다른 학생들은 군대에서 쫓겨나 개화파 지도자들의 배려로 홍영식의 우정국에 매우 낮은 직위를 간신히 얻었다. 1884년 9월이 되면서 민영익은 개화파와 완전히 결별한다. 그가 교류하는 인사들은 청국인들과 친청파의 실

력자들이었다. 그는 낮에는 서
양인들을 만나지 않았고 그들
과 함께 있을 때에도 오만 방
자하게 군 것이 한두 번이 아
니었다.[4]

조지 클레이턴 폴크

고종은 미국이 보내줄 군사
교관과 김옥균이 일본으로부
터 구해올 차관에 많은 희망을
걸었다. 고종은 1883년 가을,
미국의 푸트 공사에게 조선 군
사를 훈련할 미군 교관을 파견
해줄 것을 거듭 요청한다. 푸트 공사가 미국 국무성에 보낸 공문에 의
하면, 고종은 미국의 군사 고문이 도착할 것을 학수고대하고 있었다.

모두가 미국의 군사교관이 와서 조선의 군대를 조직하고 훈련할 수 있기
를 간절히 희망하고 있습니다. 도쿄의 군사학교에서 교육받은 젊은 조선
인 14명은 미국교관이 도착하면 그를 보좌할 수 있게 될 때를 기다렸고 4
천명의 군사가 그를 기다리고 있고 어명으로 미국에서 구입한 후장식 장
총(breech-loading rifles)은 그가 도착하여 직접 나눠주도록 보급도 안
하고 있습니다.[5]

폴크가 언급한 14명의 유학생은 김옥균이 후쿠자와 유키치의 도
움으로 1883년 「육군 도야마학교(陸軍戶山学校)」에 유학 보낸 조선
군사 유학생들이었다. 이 중에는 서재필과 그의 동생 서재창(徐載昌,
1866.10.29.~1884.12.13.)도 포함되어 있었다. 1884년 5월 31일 졸업

한 이들은 곧 귀국하였고, 곧바로 조선군 훈련을 위해 배치되었다. 그러나 미국은 당시 조선에 대해 아무런 관심이 없었다. 슈펠트 역시 조선에 군사고문으로 부임할 생각이 없었다.

105호 보고서를 쓴 이후 저는 슈펠트 제독으로부터 그가 조선에 오는 계획에 차질이 생길 것 같은 느낌을 주는 편지를 받았습니다. 그가 비용 등의 문제를 제기하였기 때문입니다. 국왕께서 매우 불안해 하셔서 슈펠트 제독에게 다시 전보를 보냈습니다. 전하는 훈련 교관 문제에 대해서도 매우 불안해 하십니다. 전하는 거의 일년 가까이 인내하시면서 많은 압력을 물리치시면서 어떻게 해서든지 미국 교관들을 초빙하고자 하는 의지를 관철하고자 하셨습니다. 저는 미국이 어느 장교든지 하루빨리 보내서 조선군을 훈련하기를 진심으로 바라고 만일 슈펠트 제독 본인이 오지 않는다면 다른 능력 있는 사람을 지명하여 조선정부의 고문으로 보내기를 바랍니다. 조선에 오는 모든 비용은 조선정부가 댈 것이며 그 자리의 중요성에 걸맞은 봉급도 받을 것입니다. 저는 이 문제에 대해 이미 하도 여러 한 보고를 드렸기에 더 이상 첨언할 것이 없습니다. 이 자리들은 미국인들 아니면 유럽열강 사람들이 채우게 되어있습니다. 제가 확신할 수 있는 것은 중국이나 일본은 이 자리들이 미국시민에 의해서 채워지면 매우 만족해 할 것이라는 사실입니다.[6]

그러나 고종과 푸트의 거듭된 요청에도 불구하고 미국은 끝내 조선에 아무도 보내지 않는다.[7]

최근까지 미국의 조선공사관의 관원이었던 자가 최근 일본으로부터 귀국하여 국왕에게 슈펠트 제독이 조선에 고문으로 오지 않을 것이라는 사실을 보고하였습니다. 그는 이 사실을 요코하마의 미국총영사로부터 들었다고 합니다. 국왕은 어제 저를 불러 제가 1년도 더 된 1883년 10월 19일자 보고서 32호를 통하여 전달한 국왕의 요청을 미국이 들어주지 않은 사실에 대하여 저으기 당혹스럽다고 하였습니다. 사실 국왕의 인내심은 모든 것이 한없이 지연됨으로써 이미 소진되었습니다. 그리고 그 동안 많은 사람들이 국왕에게 만일 영국이나 독일에게 같은 요청을 하였다면 즉각적으로 이루어졌을 것이라고 말해 왔습니다. 결과적으로 우리는 조선에서 제가 그토록 지키고자 끊임없이 노력해 왔던 목소리와 영향력을 상실하게 되었습니다. 많은 세월이 흘러도 이제 우리가 자발적으로 포기하는 이러한 영향력을 회복하기에는 여간 해서 부족할 것입니다.[8]

결국 민영익은 서재필과 서재창 등 일본에서 군사교육을 받은 개화파들을 축출하고 청군 장교에게 조선군의 훈련을 맡긴다.

당시 개화파와 민씨 척족 간의 정치적 알력은 한양 주재 외교 사절들도 느낄 수 있을 정도였다. 폴크는 정변 계획을 미리 감지하고 있었다.

10월달에 개화파의 지도자 한 명이 저에게 만일 외세의 개입이 막지 않는다면 조선은 곧 청의 수중에 떨어질 것이라고 분개하면서 자신들의 작은 정파는 더 이상 앞으로 나아갈 수 있는 모든 권력을 빼앗기고 후퇴하고 있을 뿐만 아니라 모두 처형당할 위험에 처해 있다고 하였습니다. 그리고 이는 친청파의 모략으로 일어날 것이라고 하였습니다. 그는 또한 개화의 사업을 완수하기 위하여 국왕이 사용하기로 계획하였던 왕의 예산은 모두 민씨들, 특히 모든 재정을 장악하고 있는 민태호(민영익의 아버지)에 의하여 끊겼다고 하였습니다…… 10월 25일 개화파의 지도자 한 명이 저를 찾아와서 곧바로 왕과 자신의 정파가 처해있는 불행한 현실에 대해 울분을 토했습니다. 그리고 난 후 그는 매우 차근차근히 조선을 위해서는 민태호, 조영하, 네 명의 군영의 영사들, 그리고 그 외의 보다 하위급 관리 네

명 등은 죽여야만 할 것 같다고 하였습니다. 그 관리는 비록 매우 흥분되어 있었으나 그가 제게 하는 말은 항상 긍정적이고 정확한 사람이었습니다. 따라서 그의 말은 빈말 같지 않았으며 따라서 저는 그가 저에게 그런 생각을 전하는 것에 대해 화를 내었습니다. 저희는 서로에게 언성을 높이며 몇 마디 주고 받았고 그는 이내 흥분을 가라 앉혔습니다.[9]

10월 26일 민영익을 방문하였을 때 저는 두 정파 간의 간극이 너무 커서 두 정파의 대표들이 한자리에 모여서 정책을 논의하는 것 자체가 불가능하다는 사실을 알게 되었습니다. 저는 이로써 위기가 곧 닥칠 것이고 이로 인하여 일어나는 살육과 폭력으로 희생되는 것은 조선의 관료들만이 아닐 것이라는 확신을 갖게 되었습니다⋯⋯ 10월 28일 저는 푸트 공사에게 제가 들은 모든 것을 보고하였고 한양에서 곧 심각한 사태가 벌어질 것이라는 저의 견해를 분명히 밝혔습니다. 10월 31일 저는 한양에 거주하는 다른 두 명의 미국인인 베르나도우 소위와 W.D. 타운센드 씨에게 제가 상황을 어떻게 예견하고 있는지 얘기해 주었습니다. 같은 날 홍영식이 저를 찾아왔고 또 다른 개화파 인사 두 명으로부터 만나고 싶다는 전갈을 받았습니다. 그러나 저는 이들을 만나는 것을 거절할 수밖에 없었고 다음날 해군성의 지시에 따라 한양을 떠나 조선의 내륙으로 향했습니다.[10]

주한 영국영사 애스턴 역시 당시 정황이 매우 불안정하며 개화파가 청군의 존재를 큰 걸림돌로 생각하고 있다는 보고서를 파크스 공사에게 보낸다.[11] 원세개 역시 상황이 급박하게 돌아가고 있음을 보고한다.

조선의 군신(君臣)은 일본인들에게 조종당하는 데도 고집이 세서 깨닫지 못하니, 매한 왕에게까지 침윤(浸潤)됩니다. 왕 또한 그 어리석음의 영향을 크게 받아서, 중국으로부터 벗어나려고 다른 생각을 하고 있습니다. 그 근본 원인을 살펴보면, 프랑스인의 사단으로 인해 「중국은 병력을 나누기 어려우니 비단 조선에 병력을 추가할 수 없을 뿐만이 아니요, 러시아인들과 흔단을 열 수 없을 것이다. 이 기회를 이용해서 강린(强隣)을 끌어들여 자위(自衛)한다면 칭웅자주(稱雄自主)할 수 있을 것이요, 수레를 나란히 하고 말을 달려서[幷駕齊驅, 다른 나라와 어깨를 나란히 함] 중국의 통제도 받지 않고 다른 나라 사람에게 고개를 숙이지 않으리라.」라고 생각한 것입니다. 온 나라의 권세를 가진 자들의 절반이 이런 의견입니다. 오직 김윤식·윤태준·민영익만 의견이 조금 달라서 왕의 뜻을 크게 거스르니, 왕이 점차 이들을 소원하게 대하고 있습니다. 제 생각에 이러한 정형(情形)은 2, 3년 뒤에 형적(形跡)이 필시 뚜렷이 나타날 것입니다.

조선은 중국의 울타리이니 실로 문호(門戶)의 관건(關鍵)이 됩니다. 타족(他族, 다른 민족)이 핍처(逼處, 가까이 와서 거주함)한다면 결국 큰 우환을 겪게 될 것입니다. 조선 국왕은 집요하게 제멋대로 하여 날마다 유희를 일삼으며, 줏대 없이 기이한 것을 보면 쉽게 마음이 쏠려서 아침에 명령을 내렸다가 저녁에 번복합니다. 최근에는 다른 사람에게 우롱을 당했는데, 아마도 이미 그 말을 깊이 믿어 바뀌지 않을 것 같습니다. 만약 방도를 마련해서 그 밖으로 치닫는 마음을 그치게 하지 않는다면, 훗날의 근심이 실로 작지 않을 것입니다. 제가 외람되게 무거운 임무를 맡아서 날마다 유계(維繫, 밧줄로 잡아맴)하며, 어려움을 피하지 않고 온 힘을 다해 계책을 세워 상황을 유지했습니다. 처음엔 그래도 타일러서 깨닫게 할만 했으나, 중국과 프랑스 간에 병단(兵端)이 열린 뒤로는 인심이 점차 분열되고 행동이 점차 차이 나고 있으니, 어떤 방법을 써서 유도하더라도 서로 어긋나 합치하지 않을 듯합니다. 밤낮으로 초조해서 침식을 전폐하고 있습니다. 대국(大局)에 관계되는 바이니 감히 숨길 수 없습니다.

최근에 푸저우(福州)와 타이완에서 동시에 경보(警報)를 알렸다고 들었습니다. 동양(東洋, 일본을 가리킴)은 와전(訛傳)이 가장 많고, 한인(韓人)

도 머지않아 신문을 볼 것입니다. 귀역(鬼蜮, 물여우. 은밀히 사람을 해치는 요괴. 일본인을 비유)의 음모가 갈수록 더욱 상상하기 어렵습니다. 외서(外署)가 비록 일본인들과 가깝지 않더라도, 왕의 좌우가 모두 그 음모를 쓰고 있으니 장차 어떤 지경에 이를지 알 수 없습니다. 다케조에 신이치로(竹添進一郎)가 병사를 이끌고 와서 교대한다고 하니, 8, 9일 안에 반드시 도착할 것입니다. 슈펠트가 이미 동양(東洋)에 있어서 장차 함께 올 것이라고 들었습니다. 앞으로 또 듣는 것이 있으면 비밀리에 보고하겠습니다.[12]

민씨 정권과의 공존할 수 없는 상황이 도래하자 김옥균과 개화파는 정변을 일으키기로 결정한다. 서재필은 이때 상황을 다음과 같이 묘사하고 있다.

급기야 황제와 그 일족을 강제로라도 궁정 내의 썩어 문드러진 주위로부터 구출해내서 모든 인습과 폐풍을 개력하기 위한 새로운 칙령을 내게 하려는 계획을 세웠다.[13]

마침 국제 정세도 개화파의 거사에 유리하게 돌아가는 듯했다. 1884년 8월부터 「청불전쟁(일명 청프전쟁, 1884.8.~1885.4.)」이 발발 한다. 청의 속방이었던 안남(베트남)에 대한 청의 종주권을 놓고 청과 프랑스 사이에 벌어진 전쟁이었다. 이 전쟁에 필요한 병력을 조달하기 위해 청은 조선에 진주해 있던 청군 3천 명 중 절반인 1,500명을 본국으로 소환한다. [청불전쟁에 대한 자세한 논의는 제 III권, 제 6장, 「10. 청불전쟁」 참조].

그러나 개화파가 이것을 기회로 생각했다면 이는 큰 오판이었다. 주일본 청국공사 이수창은 1884년 8월 30일, 이노우에 가오루 외무경에게 청과 프랑스가 교전을 시작했음을 공식적으로 알린다. 이수창은 일본이 중립을 지킬 것을 요청한다. 같은 날 이노우에는 주일 미국공사 빙엄에게 이럴 경우 일본이 어떠한 입장을 취하는 것이 좋을지 자문을 구한다. 빙엄은 일본이 철저하게 중립을 지켜야 할 의무가 있으며, 그런 중립적인 입장을 존중 받을 권리가 있다고 답한다. 빙엄은 이에 더하여 일본이 청과 프랑스 양측을 모두 친구처럼 대할 것을 종용한다.[14]

일본의 입장에서는 「청불전쟁」에서 프랑스 편에 섬으로써 프랑스와 가까워지는 것은 물론 청을 조선에서 축출하는 일석이조의 효과를 노릴 만했다. 실제로 일본은 프랑스에게 함께 힘을 합쳐 조선과 대만, 안남(베트남)에서 청을 몰아낼 것을 제안하지만 프랑스는 거절한다. 그리고 프랑스가 대만을 봉쇄하는 것을 고려하자 일본은 대만에 대한 영향력을 상실할 것을 걱정할 수밖에 없게 된다. 결국 일본은 「청불전쟁」에서 중립을 지키기로 한다.[15]

10월 말, 다케조에 신이치로는 10개월 만에 조선 주재 일본공사로 복귀한다. 11월 2일, 고종을 알현한 다케조에는 조선 정부가 「임오군란」으로 희생당한 일본인들과 일본 재산에 대한 배상금 중 아직 지불하지 않은 40만 엔을 취소하기로 했다는 일본 정부의 결정을 전한다.[16] 그리고 일본 정부의 이름으로 기선 1척과 포 2문, 포의 부속들을 선물한다. 이어진 고종과의 대화에서 다케조에는 다음과 같이 말한다.

만에 하나 사변이 발생했을 때 준구의 체재(體裁)를 온전히 해서 공식적인 의뢰를 하신다면, 본 사신은 물론 힘 닿는 데까지 보호해 드릴 것입니다. 또 만약 우리 공사관이 위태롭게 됐을 경우에는 제가 보고하고 잠시 일본에 피해 계셔도 문제없을 것으로 생각합니다. 공사의 직분은, 그 주재국

군주의 곁을 떠나지 않으면서 진퇴를 함께 하는 것이 곧 만국의 공례이니, 이 또한 자세히 알고 계시길 바랍니다.[17]

다케조에는 또 친청파를 공개적으로 비판한다. 11월 4일자 『윤치호일기』다.

들으니 다케조에가 윤태준을 공박하여 말하기를, 「나는 군주국(君主國)의 공사인 까닭에 조선국 대군주의 신자(臣子)와 말하기를 원하나, 청인 원세개(袁世凱) 따위의 신자인 그대 같은 자와 상종하기를 원하지 않는다」고 하였다. 윤씨가 크게 부끄러워하여 내아문(內衙門)으로 물러가 버렸다고 한다.

들으니 일전에 다케조에가 폐현(陛見)하였을 때 아뢰기를, 「만약 뜻밖의 걱정이 있으면 신이 마땅히 귀 군주를 보호할 것입니다」라고 하였다 한다. 또 들으니 일전에 일본 공사관에서 모여 술을 마실 때 일인들이 청인 욕하기를 여지없이 하였다고 한다.[18]

그러나 윤치호는 다케조에가 경솔하게 움직이고 있다고 비판한다.

이 몇 가지로 볼 때, 일본인들이 청인들을 분격시켜 일을 만들어 조선 정부의 잠자는 것을 깨우치려 하는 것을 볼 수 있다. 그러나 시기를 기다리지 않고 망령되어 일본인이 격동시키는 망거(妄擧)에 따라 혹 급진한다면 가히 개화당의 큰 실책이 되는 것이라 하겠다. 상께서는 일본과 청국이 경성에서 전쟁할까 염려하고 있다.[19]

11월 6일, 윤치호는 민영익을 만난다.

1884년 11월 6일(음력 9월 19일, 목, 맑음, 삼가다)

이날 민운미(閔芸楣, 민영익)가 미국공사를 내방하여 일본과 청국이 경성 내에서 개전할 것인지에 대하여 말하였다. 미국공사는 일본과 청국이 반드시 조선땅을 싸움터로 삼지 않을 것이라고 설유하였다. 운미가 말하기를, 「혹 뜻밖의 변이 있으면 마땅히 미국인에게 청하여 왕궁을 보호할 것이다」라고 하였다.

이날 운미가 나에게 묻기를, 「근일에 독립을 이룩할 수 있는 기회가 있는가?」라고 하였다. 대답하기를, 「공은 어찌 이와 같이 묻는가? 우리 나라가 미·영 등 여러 나라와 조약 맺은 날부터 곧 독립국이 된 것이다. 세상에 어찌 속국과 더불어 평등한 조약을 맺을 이치가 있겠는가. 지금 우리 나라는 독립 여부를 따질 필요가 없고 다만 나라를 강하게 하는데 주의함이 옳을 것이다」라고 하였다. 운미가 아무 말도 하지 않았다.

아아. 운미가 이와 같이 묻는 그 뜻을 가히 알 수 있다. 그것은 개화당이 새로운 것을 일으키고 옛 것을 고쳐서 항구한 독립을 도모하는 데 뜻을 두고 있으나 운미가 이를 좋아하지 않는 까닭이다. 독립하려는 뜻이 공(公)을 위한 것인가, 사(私)를 위한 것인가? 공을 위한 것이다. 그렇다면 국가를 위하여 유익하지 않겠는가? 유익한 것이다. 국가에 유익하다면 민씨가 마땅히 힘써 도모해야 하지 않겠는가? 마땅히 힘을 써야 할 것이다. 그러나 운미는 문명 독립하고 스스로 우내(宇內)에 떨치려는 뜻있는 인사에게 반목하여 나라에 불충하는 사람이라 하고 있다. 어찌된 심리인가. 가련한 일이다.

운미와 같은 좋은 지위에 있는 사람이 만약 능히 강직하고 분명하여 정견(定見)을 가지고 있다면 어찌 우리 나라가 능히 시세를 따라 진보하지 못함을 걱정하겠는가. 세계를 일주하고도 저와 같이 완고하고 어리석어 자강의 영광됨을 알지 못하고 있다. 만반으로 설유하나 오히려 다른 사람에게 예속되어 구차히 지키는 것을 좋아하고 있으니 어찌 한심스럽지 않은가?[20]

그러면서도 윤치호는 개화파가 섣불리 움직이는 모습을 보이는 것을 걱정하였다. 11월 3일자 『윤치호일기』다.

아침에 가친을 찾아 뵙고 개화당(開化黨)의 급진이 옳지 않음을 이야기하였다. 돌아오는 길에 대치(유대치)를 방문하여 시사를 의논하다. 서로 시기가 중요하므로 기다리지 않으면 안되고 개화당은 마땅히 근신하면서 시기를 기다려야 한다는 것 등을 말하였다.[21]

김옥균과 박영효 등의 개화파는 원래 독자적으로 정변을 일으킬 계획을 세웠다. 그러나 11월 초가 되면서는 일본이 청군의 개입을 저지하는 역할을 해줄 것을 기대하기 시작한다. 11월 4일부터는 수 차례의 비밀 회합을 가지면서 정변에 대한 세부 계획을 세운다. 이 모임에는 다케조에 신이치로, 시마무라 히사시(島村久, 1850~1918), 이노우에 가쿠고로(井上角五郎, 1860~1938) 등의 일본인도 참석하였다. 다케조에가 공개적으로 친청파인 윤태중 등을 공개적으로 힐난하고 고종에게 예상치 못한 일이 생기면 본인이 국왕을 보호하겠다고 언급한 것 등이 계기가 되었다. 그러나 다케조에는 일본 공사관이 정변에 과연 얼마나 깊이 개입해야 좋을지 몰랐다. 11월 12일에는 외무성에 질의를 보낸다.[22]
김옥균과 다케조에는 「내정개혁 및 간류(奸類, 간신의 무리)를 제거하는 방도는 우리가 맡는다. 일이 터진 뒤 병력을 풀어 반격을 막는 것은 공사가 담당하는 것으로 정하고 이를 맹세하였다.」[23] 박영효는 다음과 같이 회고하고 있다.

명치 17년의 여름, 김옥균이 귀국하고 이어서 다케조에 신이치로도 내임하여 우리의 밀로도 대충 성립했다. 오직 두려운 것은 청국의 병력뿐, 이를 제거하려면 어찌하였건 일본병의 힘을 빌지 않을 수 없으므로, 여러 번 망설이다가 끝내 다케조에 공사의 확답을 듣고 마침내 운동에 착수하였다. 그 당시의 계획은 1) 비상수단으로써 민영익 이하 사대당의 거두를 제거하고 청국의 간섭을 단절하여 독립국의 체면을 바로 잡는다. 2) 궁중 요얼(妖孽)을 소탕하고 민중전의 정치 간여를 금단한다. 3)주상에게 요청하여 견실한 책임내각을 조직한다 등이었다.[24]

12월 초가 되면서 각자의 역할이 정해지고 암살 대상자도 확정되었다.[25] 거사일은 1884년 12월 4일로 잡았다. 안국동에서 조선 최초의 근대식 우체국인 「우정국(郵征局)」의 낙성식(落成式)이 있는 날이었다.

2. 거사

12월 4일 저녁 7시에 시작된 우정국 낙성식에는 우정국 총판을 맡은 홍영식을 비롯하여 김옥균, 김홍집, 박영효, 서광범, 윤치호 등 개화파의 주요 인사들은 물론 독일인 외교 고문 묄렌도르프, 미국공사 존 루시우스 푸트와 그의 비서관 스커더, 통역관 윤치호, 영국 총영사 애스턴, 「청국총판조선상무(淸國總辦朝鮮商務)」진수당(陳壽棠)과 그의 대리인 담갱요(譚賡堯), 일본 공사관 서기관 시마무라 히사시(島村久) 등 조선 주재 외교 사절단이 대거 참석하였다. 일본 공사 다케조에가 참석하지 않았던 것은 그날 아침 본국으로부터 특정 정파를 적극적으로 돕는 등 조선의 내정에 개입하지 말라는 훈령을 받았기 때문이다.[26] 암살 대상이었던 민영익, 이조연(李祖淵, 1843~1884), 한규직(韓圭稷, 1845~1884)도 초청되었다.[27]

식이 끝나고 연회가 이어져 밤 10시쯤 되었다. 연회장 밖에서 갑자기 누군가가 「불이야!」 하고 소리쳤다. 민영익은 무슨 일인지 알아보려고 밖으로 뛰어 나갔다. 잠시 후 그는 피투성이가 되어 연회장으로 돌아와 쓰러진다. 갑신정변이 시작되었다. 당시의 급박한 상황을 현장에 있었던 푸트 공사는 다음과 같이 묘사하고 있다.

> 만찬이 끝나갈 때쯤 누가 불이 났다고 소리치자 거의 모든 참석자들이 테이블에서 일어나 불을 보기 위해서 밖으로 나가거나 창가로 갔습니다. 불은 상당히 가까운 곳에서 일어난 듯 했습니다. 저는 긴급한 상황이 아닌듯 하여 김홍집을 비롯한 다른 참석자들과 다시 테이블로 돌아갔습니다. 바로 그때 민영익이 다시 만찬장으로 되돌아 왔습니다. 그는 7~8곳에 끔찍한 상처를 입고 흐르는 피로 얼굴과 옷이 범벅이 되어 있었습니다. 모두가 혼비백산했습니다. 조선의 관리들은 모두 관복들을 벗어 던지면서 정원으로 나갔지만 그곳은 이미 군인들과 하인들로 차 있었습니다. 그 순간 총성이 울리자 모두 뒷담을 넘어 도망쳐버렸습니다. 민영익이 들어왔을 때 저는 그를 묄렌도르프의 도움으로 편한 자세에 앉혔습니다. 저는 미국인 의사인 알렌 박사를 부르도록 하였고 묄렌도르프에게 부상당한 민영익을 맡기고 스커더 씨와 통역을 데리고 공사관으로 돌아왔습니다. 지금 이 순간 암살 시도가 개인적인 원한 때문이었는지 아니면 정치적인 목적이 있었는지 정확히 알기 어렵습니다. 각종 유언비어가 난무하고 있습니다. 가장 최근의 유언비어는 이 사태가 민영익이 미국으로부터 돌아온 후 추진한 개혁들에 격분한 남부의 한 도의 유생들이 저질렀다고 합니다. 저는 며칠이 지나면 보다 확실한 정보를 드릴 수 있을 것입니다.[28]

경우궁

　김옥균, 박영효, 서광범 등은 곧 창덕궁으로 향하여 고종과 민중전에게 정변이 일어났음을 알리고 국왕 내외를 경비가 보다 수월한 「경우궁(景祐宮, 오늘의 종로구 계동에 위치)」으로 수행한다. 일본 「육군 도야마학교」에서 1년간 훈련을 받고 돌아온 서재필이 지휘하는 신식군대와 개화파 장사들, 이경완이 이끄는 재래식 군이 국왕 내외를 호위했다.[29] 박영효는 일본 공사관으로 가서 다케조에 공사에게 일본군의 출동을 요청하는 국왕 명의의 서한을 전한다.[30] 고종 명의의 구두 요청을 이미 두 번이나 받은 다케조에는 일본 영사관 호위군 200명을 이끌고 경우궁으로 가서 고종 내외를 호위한다.[31]

　그날 밤 개화파는 국왕의 호출로 입궐하는 수구파 거두 민태호, 민영목, 조영하 및 청군의 지도하에 훈련을 받은 좌영의 윤태준 영사, 우영의 한규직 영사, 전영의 이조연 영사, 그리고 민씨 일파의 앞잡이 노릇을 하던 환관 유재현을 처단한다.[32] 민영익과 묄렌도르프는 살아난다. 개화파들은 이들이 이미 죽었다고 생각했던 것 같다.[33]

　거사 이틀 째인 12월 5일, 개화파는 새로운 정부 조직을 발표한다.

개화정부의 수반은 좌의정에 임명된 이재원이 맡았다. 이재원은 대원군의 조카였다. 개화파가 여전히 대원군의 지지를 원했음을 알 수 있다. 홍영식은 우의정, 서광범은 「좌우영사(左右營使) 겸 우포도대장(右捕盜大將)」, 서재필은 「병조참판 겸 정령관(正領官)」에 임명되어 병권을 잡는다. 박영효의 친형 박영교는 「승정원 도승지」로 고종과의 연락을 맡고, 윤치호와 변수는 「참의교섭통상사무」에 임명되어 외교통상을 맡는다.[34] 김옥균은 「호조참판」을, 신기선은 「이조판서」를 맡았다.[35] 윤웅렬, 김홍집, 김윤식 등 온건개화파 인사들도 임명한다.[36] 민씨 정권과 밀접한 관계였던 김윤식은 「예조판서」에, 김홍집은 「한성부윤」에 임명된다.[37]

신정부에 참여한 23명 가운데 대원군파로 분류되는 인사는 6명이나 되었다. 좌의정 이재원 외에도 대원군의 장자이자 고종의 친형인 이재면이 「좌찬성」에, 이재원의 동생인 이재완은 「병조판서」에, 대원군의 종제(從弟)의 아들인 이재순을 「평안도 관찰사」에 임명한다.[38] 또한 왕실의 외척인 풍양 조씨와 남양 홍씨도 3명이나 있었다. 개화파가 대원군은 물론 왕실에 의존하려고 했음을 알 수 있다.

12월 5일 오전, 미국의 푸트 공사, 영국의 애스턴 총영사, 초대 독일 총영사 젬부쉬(Otto Zembsch, 1852~1922)가 경우궁으로 가서 고종을 알현한다. 거리에는 흥분한 군중들이 나와 있었고 조선군이 궁의 입구를 지키고 있었으며, 문 안에는 일본군이 보초를 서고 있었다. 푸트는 다케조에 공사도 만난다. 푸트는 고종이 「별로 말을 하지 않았고 매우 흥분되어 있는 상태였다」고 기록하고 있다.[39]

그날 오후, 국왕 일행은 창덕궁으로 환궁한다. 개화파들이 고종과 민중전을 경우궁으로 옮긴 것은 청군이 공격해 올 경우 방어가 쉽다고 생각해서였다. 그러나 경우궁도 방어하기가 쉽지 않고 왕과 왕실을 위한 음식이나 방한 준비가 부족하다는 이재원의 건의에 따라 그의 사저

인 「계동궁(桂洞宮)」으로 또다시 거처를 옮긴다. 이때 다케조에 공사와
일본군은 물론 고종을 알현하러 왔던 푸트 공사와 애스턴 총영사도 따
라간다.[40] 그러나 신정대비와 민중전 등이 계동궁이 불편하다고 거듭
창덕궁으로 환궁할 것을 요구한다. 박영효는 신정대비를 설득하려 하
고 김옥균은 창덕궁으로 환궁하는 것을 반대하지만 다케조에가 창덕
궁으로 돌아가더라도 일본군으로 충분히 방어할 수 있다고 하자 결국
창덕궁으로 환궁한다.[41]

　개화파는 환궁한 다음날인 12월 6일, 신정부의 14개조 정강을 발표
한다. 『갑신일록(甲申日錄)』에 기록된 14개조는 다음과 같다.

1. 대원군(大院君)을 불일 내로 모셔 돌아오게 할 일. 조공(朝貢)하는 허례
   (虛禮)도 의논해서 폐지시킬 일.
2. 문벌을 폐지하고, 인민의 평등한 권리를 인정하여 벼슬자리를 골라서
   임명할 것이요, 벼슬자리를 가지고 사람을 고르지 말 것.
3. 온 나라를 통하여 지세의 법을 개혁하여 관리들의 간사한 짓을 막고
   백성들의 괴로움을 구제하고 겸하여 국가의 용도를 넉넉하게 할 것.
4. 내시부(內侍府)를 없애고, 그 중에서 재주가 뛰어난 자를 뽑아서 등용
   할 것.
5. 전후에 간사한 짓을 하고, 재물을 탐하여 나라를 병들게 한 자 중에서
   가장 심한 자를 골라서 죄를 정할 것.
6. 각 도(道)에서 거두어 올리는 것을 영구히 없앨 것.
7. 규장각(奎章閣)을 폐지할 것.
8. 급히 순사(巡査)를 두어 도둑을 막을 것.
9. 혜상공국(惠商公局)을 없앨 것.
10. 전후에 귀양가고 금고 당한 사람을 석방시킬 것.
11. 4궁을 합쳐서 한 영(營)을 만들고, 한 영 중에서 병정을 뽑아서 급히

근위병을 설치할 것.

12. 모든 국내의 재정은 호조로 하여금 관할하게 하고, 그 나머지 일체의 재부아문(財簿衙門)은 없앨 것.

13. 대신(大臣)과 참찬(參贊)은 날마다 합문(閤門) 안에 있는 의정소(議政所)에 모여서 정령을 결정, 이를 포고하여 시행케 할 것. 이때 새로 임명된 사람은 지금 여기에 그 이름을 다 쓸 필요가 없다.

14 정부의 6조(曹) 이외에 모든 쓸데없는 관청은 모두 없애고, 대신과 참찬으로 하여금 상의하여 아뢰게 할 것.[42]

3. 청군의 개입

우정국 낙성식연 현장에 있던 진수당으로부터 정변이 발발하였음을 보고받은 원세개는 이를 오조유(吳兆有, 1829~?) 제독에게 곧바로 보고한다. 정변에 일본군이 가담하고 있고 고종이 경우궁으로 거처를 옮겼다는 사실을 청군 측이 안 것은 12월 5일 새벽이었다. 조선의 개화파가 일본군의 도움으로 정변을 일으키고 친청파인 민씨 정권을 무너뜨린 것은 청으로서는 좌시할 수 없는 일이었다. 더구나 조선의 종주국인 청은 당연히 조선의 내정에 간섭할 자격과 의무가 있다고 생각했다.

김윤식 등 친청파는 청군에게 고종을 구출할 것을 거듭 종용한다. 원세개는 개입을 주장하지만 일본군이 고종의 요청에 따라 왕궁을 수비하고 있고, 섣불리 일본군과 싸울 수도 없는 입장에서 오조유는 망설인다.[43] 진수당은 미국의 푸트 공사, 영국의 애스턴 총영사 등을 만나보지만 이들은 모두 청군이 개입하는 것을 반대한다.[44]

고종과 함께 창덕궁으로 환궁한 개화파가 외부와의 모든 연락을 두절시키자 한양에는 유언비어가 퍼지기 시작한다. 고종의 생사를 알 수 없으며 홍영식이 정변을 주도하여 고종을 폐위하고 고종의 다섯째 아들 의화군(義和君) 이강(李堈, 1877.3.30.~1955.8.16.)을 옹립한다는 등의 소문이 돌면서 군중이 동요하기 시작했다.[45]

원세개는 전임 우의정 심순택으로 하여금 청국에 도움을 요청하도록 하여 개입의 명분을 만든다.[46] 한편 고종을 알현

의화군 이강

하겠다는 요구서를 창덕궁으로 보내고, 다케조에 공사에게는 일본군과 교전을 원치 않는다는 서한도 보낸다.[47]

6일 오후 3시, 청군의 작전이 시작된다. 창경궁 선인문에서 오조유가 지휘하는 청군 500명, 돈화문에서는 원세개가 지휘하는 800여 명의 청군이 공격을 개시한다. 전투가 개시되자 고종과 개화파는 후원으로 숨는다. 신정왕후와 민중전은 북관왕묘로 피신한다.[48] 개화파의 군사들과 일본군은 항전한다. 날이 저물면서 전투는 끝났지만, 개화파는 이내 사태가 기울었음을 깨닫는다.

개화파는 다케조에에게 고종을 호위하여 인천으로 피신할 것을 요청한다. 그러나 고종을 강화도로 옮겨 상황을 만회하려던 김옥균의 계획도 민중전 곁으로 가겠다는 국왕의 고집으로 실패로 돌아간다. 다케조에 역시 고종을 인천으로 피신시키는 것을 거부하고 일본 공사관으로 일본군을 철수시킨다.[49] 김옥균, 박영효, 이규완, 유혁로, 정난

창경궁 선인문

교, 신응희, 변수, 서광범, 서재필은 다케조에를 따라 일본 공사관 내로 피신한다. 그러나 국왕을 끝까지 수행한 홍영식, 박영효의 동생 박영교, 일본 도야마 군사학교 출신 신복모 등은 청군에 피살된다.[50]

인천 일본 영사관

정변이 일어났다는 소식과 국왕의 소재가 불확실하다는 소식에 군중이 거리로 쏟아져 나온다. 이들은 일본 집들과 상점들을 불태우고 일본인들을 죽인다. 일본 공사관은 또다시 불탄다. 12월 7일, 다케조에는 공사관의 서류를 파기할 것을 명하고 한양을 빠져나간다. 다수의 일본인 상인들과 공인들, 그리고 개화파 인사들이 동행한다.[51] 이들은 청군과 전투를 하면서 서대문을 나와 양화진에서 한강을 건넌다.

강행군 끝에 12월 8일 오전 8시, 인천의 일본 영사관에 도착한다. 다케조에는 김옥균 등의 일본 망명을 반대하여 영사관에 들이지도 않는다.[52] 인천에는 「치토세마루」가 도착해 있었다. 그러나 다케조에는 김옥균 등 개화파의 승선을 막는다. 그러자 이노우에 가쿠고로가 「치토세마루」의 선장을 설득하여 조선 사람들을 승선시킨다.[53] 다케조에는 인천에 남았지만 김옥균, 박영효, 서광범, 서재필 등의 개화파 인사들과 이노우 가쿠고로를 포함한 나머지 일행은 12월 11일 아침 일찍 「치토세마루」에 올라 나가사키로 떠난다.[54]

4. 「갑신정변」의 사후처리

상황을 장악한 원세개는 고종을 청군 병영으로 옮긴다. 고종은 12월 10일까지 청군의 막사에 머문다. 12월 7일, 개화정부의 조칙은 모두 무효임이 선포된다. 이전의 대신들이 다시 중용된다. 심순택이 영의정에, 김홍집이 좌의정에, 그리고 김병시가 우의정에 임명된다. 12월 8일, 「통리교섭통상사무아문」을 맡은 조병호가 인천으로 가서 다케조에와 만난다. 다케조에는 한양으로 돌아오라는 조병호의 제안을 거절한다. 고종은 푸트와 애스턴 등 서양 외교관들에게 다케조에를 설득해 달라고 하지만, 본국으로부터 아무런 지시를 받지 못한 이들은 개입을 망설인다.[55]

조선 조정은 정변이 다케조에의 책임이라고 생각했고, 다케조에가 보호하고 있는 개화파 인사들을 넘겨달라고 요구한다. 다케조에가 이를 거부하자 12월 12일, 예조참판 서상구를 전권대사로 임명하고 묄렌도르프를 부대사로 임명하여 일본 정부에 파견하기로 결정한다.[56] 한편, 일본 정부는 갑신정변 소식을 12월 11일, 주일 청국공사 이수장을 통해 처음 접한다. 13일에는 다케조에의 보고가 도착한다. 일본 정부는 조선 조정과 직접, 그리고 평화적으로 문제를 해결하고자 한다. 일본 정부로서 가장 곤혹스러운 점은 다케조에가 갑신정변에 얼마나 깊숙히 개입되어 있는가였다. 12월 16일, 일본 정부는 조선에 특명전권대사를 보내기로 결정하고 이노우에 고와시(井上毅, 1843~1895)를 인천으로 보내 다케조에로 하여금 한양으로 복귀하여 조선 정부와의 협상을 준비하도록 한다.

12월 19일, 이노우에 가오루 외무경은 자신이 직접 전권대

오대징. 그는 당대의 유명한 금석학자이자 서화가이기도 했다.

사로 조선에 갈 것을 결정한다. 그의 임무는 일본 공사관 파괴와 일본인 재산 피해, 그리고 일본인 살해의 책임 소재를 분명히 밝히고 이에 대한 처벌과 배상, 그리고 사과를 받아내는 것이었다. 일본의 이러한 태도는 일본이 여전히 청과의 정면 대결을 피하고 있었음을 보여준다.[57] 이노우에는 12월 22일 도쿄를 떠나 시모노세키에서 체류한 뒤 일본군의 호위를 받으며 1885년 1월 3일, 한양에 도착한다.[58]

청은 일본보다 먼저 갑신정변 소식을 듣는다. 12월 11일, 이홍장은 광서제로부터

오대징의 글씨

오대징(吳大澂, 1835~1902)과 함께 해결책을 찾을 것을 명 받는다. 청은 일본과의 무력 충돌을 피해야 하는 입장이었다. 따라서 일본과의 여하한 무력 충돌도 피하라는 명이 조선 현지의 청 관리들에게 하달된다. 오대징은 정여창과 청군 5백 명의 호위를 받으며 조선으로 향

한다. 조선으로 향하던 이노우에가 시모노세키에서 체류하면서 호위 병력이 올 때까지 기다렸던 것도 오대징이 군사 호위를 받는다는 소식을 들었기 때문이었다.[59]

그러나 오대징은 특명전권을 위임 받지 않는다. 일본 정부는 청과의 협상을 위해 이노우에게 특명전권을 부여하면서 청 측에도 특명전권대사를 파견할 것을 요청한다. 그러나 청의 총리아문은 오대징은 속국의 내부 혼란을 조사하고 해결하기 위하여 파견하는 것이기 때문에, 제3국과 협상할 필

오대징의 「춘강효별(春江曉別)」

요도 없고 해서도 안 된다고 하면서 특명전권을 주지 않는다.[60]

오대징은 12월 29일 한양에 입성하지만 이노우에는 특명전권을 받아오지 못한 오대징과 만나는 것을 거부하고 조선 측과 협상을 시작한다. 다케조에는 본국 정부의 훈령을 받고 미리 한양으로 돌아와 조병호, 묄렌도르프 등과 협상을 시작하였지만 아무런 진전을 이루지 못하고 있었다. 협상은 정변의 책임 소재를 둘러싼 이견으로 결렬되어 있었다.[61] 이노우에는 특명전권대사로 새로 임명된 김홍집과 1월 7일부터 협상을 시작하여 1월 8일 합의에 도달한다. 김홍집은 다케조에를 반란군과 협조한 이유로 공개적으로 징계하라는 조건을 거둬들인다. 그 대신 이노우에는 다케조에를 본국으로 소환할 것을 약속한

다. 1885년 1월 9일, 조선과 일본 간에 「한성조약(漢城條約)」이 체결된다.[62]

이번 경성의 사변(事變)은 작은 문제가 아니어서 대일본 대황제는 깊이 생각하고 이에 특별히 전권대사 백작(伯爵) 이노우에 가오루를 파견하여 대조선국에 가서 편리한 대로 처리하게 하며, 대조선국 대군주는 돈독한 우호를 진심으로 염원하여 김홍집에게 전권(全權)을 위임하여 토의·처리하도록 임명하고 지난 일을 교훈으로 삼아 뒷날을 조심하게 한다. 양국 대신은 마음을 합하여 상의하여 아래의 약관을 만들어 우의가 완전하다는 것을 밝히며, 또한 장래의 사건 발생을 방지한다. 이에 전권 문빙(文憑)에 근거하여 아래와 같이 각각 서명하고 도장을 찍는다.

제1조
조선국에서는 국서(國書)를 일본에 보내어 사의를 표명한다.

제2조
이번에 살해당한 일본국 인민의 유가족과 부상자를 구제하며, 상인들의 화물을 훼손·약탈한 것을 보상하기 위하여 조선국에서 11만 원(圓)을 지불한다.

제3조.
이소바야시(磯林) 대위(大尉)를 살해한 흉악한 무리를 조사·체포하여 종중 정형(從重正刑)한다.

제4조
일본 공관(公館)을 새로운 자리로 옮겨서 지으려고 하는데, 조선국에서는 택지와 건물을 공관 및 영사관(領事館)으로 넉넉히 쓸 수 있게 주어야 하며, 그것을 수리하고 증축하는 데에 다시 조선국에서 2만 원을 지불하여 공사 비용으로 충당하게 한다.

제5조
일본 호위병의 병영은 공관 부근에 택하여 정하고 임오 속약(壬午續約) 제5관에 의하여 시행한다.

별단(另單)
1. 약관 제2조, 제4조의 금액은 일본 은화로 환산하여 3개월 내에 인천(仁川)에서 지불을 끝낸다.

1. 제3조의 흉악한 무리에 대한 처리는 조약을 체결한 후 20일을 기한으로 한다.[63]

이노우에와 다케조에는 1월 11일 한양을 떠난다. 일본 공사관은 곤도 마스키의 책임하에 일본군 1개 연대의 호위를 받으며 남는다. 1월 28일에는 이소바야시의 살해자들이 처형된다.[64] 2월 5일에는 서상구를 정사로, 묄렌도르프를 부사로 하는 조선의 「사죄 사절단」이 일본으로 떠난다.[65]

일본에서는 갑신정변 와중에 청군이 조선에 거주하는 일본인들을 심하게 다루었다는 소식이 전해지면서 반청 감정이 폭발한다. 청에 대한 군사적 보복을 하거나 조선 영토의 일부라도 복속시키라는 요구가 비등한다. 그러나 외무경 이노우에 가오루는 온건정책을 견지하였다. 그는 여론이 가라앉을 때를 기다려 청과의 협상을 시작한다. 그가 제시한 세 가지 원칙은 다음과 같다. 1) 조선으로부터 청군과 일본군의 완전한 철수, 2) 조선의 독립 인정, 3) 조선의 중립국 인정. 이노우에는 무엇보다도 청과의 무력 충돌을 피하고자 하였다.[66]

이노우에는 자신이 조선에서 오대징을 만나는 것을 거부한 것이 조선 문제에 대한 협상 자체를 거부하는 뜻이 아님을 청에게 전한다. 2월 24일, 이토 히로부미가 특명전권대사로 베이징에 파견된다. 이토가 받은 임무는 1) 조선으로부터의 청군과 일본군의 동시 철수와 서구식 훈련을 받은 조선군의 배치, 2) 조선의 궁궐에 대한 공격을 명령한 청군 장교들의 처벌 등이었다. 조선에 대한 청의 종주권 문제는 제기하지 않기로 한다.[67]

청은 1885년 3월 11일, 이홍장을 특명전권대사로 임명하여 일본과의 협상에 임하도록 한다. 이홍장은 조정으로부터 청 장교들의 처벌에 대한 여하한 일본 측의 요구를 거부하라는 것 외에는 아무런 훈령도 받지 못한 채 일본과 협상을 시작한다.[68] 4월 3일부터 15일까지 이토와 이홍장은 6차례 만난다. 이토는 청 조정이 갑신정변 당시 청 장교들의 잘못을 공식적으로 인정할 것을 요구한다. 이홍장은 모든 책임이 다케조에 신이치로 공사에게 있다고 주장한다. 일본과 청은 모두 상대방이 조선의 공식적인 요청도 없이 군대를 보내 개입했다고 주장한다. 이홍장은 일본인 희생자들에 대한 청의 배상 책임을 묻는 이토의 주장을 일언지하에 거절한다.

협상은 결렬되는 듯했다. 그러나 청이나 일본 어느 측도 협상이 완전히 결렬되는 것은 원치 않았다. 이토와 이홍장은 각기 본국 정부로부터의 지시를 요청한다. 4월 10일의 4차 협상에서 양측은 양측의 군대 철수 문제에만 협상을 국한할 것에 합의한다.[69] 청은 이에 원칙적으로 동의하면서도 청이 조선의 종주국으로서 조선 내정에 마음대로 간섭할 수 있는 공간을 확보하고자 한다. 청은 조선 국왕의 요청이 있을 때면 청이 일본의 간섭 없이 조선에 군대를 파견할 수 있다는 조항을 넣고자 하였다. 그러나 이토는 이를 거절하고 조선에 대한 청의 종주권을 인정하는 여하한 조항도 거부한다.[70]

결국 제6차 협상에서 양측은 조약 초안에 합의한다. 갑신정변의 책임 소재와 배상에 대한 문제는 미결로 남긴다. 이토와 이홍장은 이 문제들은 추후 양국 정부 간의 공식 대화를 통해 해결한다는 데 합의한다. 4월 18일, 일본과 청은 「톈진조약(天津條約, 일명 이-이토조약)」을 체결한다.[71]

1. 중국은 조선에 주둔시켰던 군대를 철거시키며 일본국은 조선에서 공사관(公使館)을 호위하던 군대를 철거시키되 수표를 하고 도장을 찍은 날로부터 4개월 내에 각각 모든 인원을 철거시킴으로써 두 나라 사이에 사건이 일어날 우려를 없애되, 중국은 마산포(馬山浦)를 통하여 철거하고 일본은 인천항(仁川港)을 통하여 철거한다는 것을 의정(議定)한다.

2. 양국은 서로 조선 국왕에게 권고하여 군사를 훈련시켜서 자체로 치안을 유지하게 한다. 그리고 조선 국왕은 다른 나라 무판(武辨)을 1인, 혹은 몇 명을 선발해서 고용하여 훈련시키는 일을 맡길 수 있다. 이후에 중(中)·일(日) 양국은 서로 조선에 사람을 파견하여 훈련시키지 못한다.

3. 앞으로 조선국에 변란과 중대한 사건이 생겨 중·일 양국이나 혹은 어느 한 나라에서 군사를 파견하려고 하면 우선 서로 공문을 보내어 통지하며, 사건이 안정된 후에는 곧 철거시키고 다시 주둔시키지 못한다.[72]

「톈진조약」은 5월 21일, 일본과 청 양국 정부가 비준한다. 일본군과 청군은 5월 21일 조선에서 철수한다. 일본은 무력을 사용하지 않고도 청국군의 철수를 유도하는 데 성공한다. 동시에 청군의 철수를 받아냄으로써 청이 조선의 내정에 마음대로 간섭할 수 있다는 종래의 종주권 주장을 약화시키는 데도 성공한다. 7월 25일, 조선 조정은 향후 한양 주재 외국 공관의 경호는 통리교섭통상사무아문이 맡을 것임을 공표한다.[73]

이토와 이홍장이 「톈진조약」을 협상하고 있던 1885년 4월 15일, 영국 군함 4척이 전략적 요충인 거문도(영문명 Port Hamilton)를 점거한다. 갑신정변을 둘러싼 청과 일본 간의 알력을 이용해 러시아가 조선에 개입할 것을 우려하여 취한 조치였다. 서양 외교관들을 통해 소식을 접한 조선 조정은 아무런 대응도 못한다. 이홍장은 곧바로 이토 히로부미에게 청일 간의 비밀 조약을 체결할 것을 제안하지만 이토는 이를 거절한다.[74] [거문도 사건에 대한 자세한 논의는 제 III권, 제 8장, 「1. 거문도 사건」 참조.]

러시아의 개입에 대한 영국의 우려는 6월 중순 주 일본 러시아 공사관의 서기관 스페이어(Alexey Nikolayevich Shpeyer, 1854~1916)가 비밀리에 한양으로 거처를 옮긴 사실이 드러나면서 현실화되는 듯 했다. 이때 일본은 러시아가 최혜국대우 조항을 이용하여 「톈진조약」의 제3조에 따라 러시아도 조선에 군대를 파견할 수 있다는 주장을 할 것이라는 첩보를 접한다. 실제로 러시아는 만일 영국이 거문도에서 철수하지 않을 경우 영국이 점령한 영토의 10배에 달하는 조선의 영토를 점거할 것이라고 공공연하게 주장하고 있었다.[75]

그러나 다행히 사태는 진정된다. 7월 초, 스페이어는 자신이 조선에 온 소기의 목적을 달성하는 데 실패했음을 밝힌다. 자신이 조선에 온 목적은 조선군을 훈련할 러시아 훈련 장교들의 계약을 체결하는 것이었으며, 이 계약은 원래 2월 초 서상구와 함께 갑신정변 사죄 사절로 일본에 온 묄렌도르프와 협상한 바 있었다고 한다. 그러나 조선에 온 스페이어는 묄렌도르프가 아무런 권한도 없이 자신과 협상했음을 알게 되었고, 조선 정부도 이에 대해 아무것도 모르고 있었다는 사실도 알게 되었다고 자백한다. 이 사건으로 묄렌도르프는 7월 27일부로 「통리교섭통상사무아문」으로부터 해고되고, 주조선 러시아 공사관에 베베르(카를 이바노비치 베베르, 1841.6.17.~1910.1.8.) 임시 대리공사가 부임하면서 사건은 해결된다.[76]

이홍장은 톈진조약으로 조선에서 약화된 청의 영향력을 회복하고자 노력한다. 그는 러시아가 조선군을 훈련시키는 것을 극구 반대하면서 미군 장교의 파견을 적극 주장한다. 다른 한편 그는 민영익의 극렬한 반대에도 불구하고 대원군을 석방하여 조선으로 돌려보낼 것을 결정한다. 10월 3일, 대원군은 원세개와 함께 청의 군함편으로 인천에 도착한다. 원세개는 11월 16일부로 진수당 후임으로 「조선주재총리교섭통상사의(朝鮮駐在總理交涉通商事宜)」라는 호칭을 받고 조선의 통상과 외교를 직접 챙기기 시작한다.[77] 원세개는 1894년 「청일전쟁」에서 청이 일본에 패할 때까지 10년간 조선의 내정을 주무른다.

「톈진조약」은 조선과 아무런 상의 없이 청과 일본이 맺은 조약이다. 청과 일본은 이 조약을 통해 조선 문제로 서로 전쟁을 할 의사가 없음을 확인한다. 청과 일본이 동시에 조선에서 철군하면서도 양측 모두 체면을 지킨다. 반면 조선의 내정은 공백 상태를 맞게 된다. 개화파는 모두 죽거나 일본 망명길에 올랐다. 민씨 정권은 지도자 다수를 잃고 세력이 급격히 약화된다. 청은 이러한 정치적 공백을 채운다. 자신감에 찬 청은 개화파들이 요구한 대원군의 송환까지 감행한다. 조선 내정에 대한 청의 과도한 간섭의 상징이었던 대원군을 굳이 바오딩에 구금해 놓을 필요가 없다고 생각했기 때문이다. 대원군은 역설적으로 조선에 대한 청의 간섭과 영향력이 증대되면서 귀국할 수 있었다. [대원군의 석방과 귀국에 대한 자세한 논의는 제 III권, 제 8장, 「3. 대원군의 석방과 귀국」참조]. 반면 일본은 조선에서 청의 세력을 축출하고 조선의 독립을 확립하는 데 실패한다.[78]

5. 김옥균과 「친일개화파」의 말로

청의 도움으로 정권을 되찾은 고종과 민씨 척족은 개화파와 그 가족에 대해 처절한 복수를 단행한다. 폴크는 당시 개화파의 처형을 다음과 같이 묘사하고 있다.

> 정변에 연루되었던 12명에 대한 고문과 재판은 27일에 종결되었고 그들은 모두 사형을 언도 받았다. 6명은 이곳 공사관으로부터 불과 몇 백 야드 떨어진 곳에서 처형되었고 5명은 도성의 대로에서 28일과 29일 처형되었다. 그들은 길바닥에 엎드렸고 둔기로 6차례 내지는 10차례 내려침으로써 목을 잘랐다. 그들의 긴 머리채를 밧줄에 묶어서 상처가 열리게 하였다. 시체는 모두 사지를 절단하고 길가에 며칠 동안 내버려 두었다.[79]

김옥균의 생부 김병태는 갑신정변 직후 체포되어 10년 동안 옥살이를 한다. 1894년 상하이에서 홍종우(洪鍾宇, 1850~1913)에게 암살된 김옥균의 시신이 조선으로 다시 실려와 능지처참 당할 때 김병태도 교수형에 처해진다. 김옥균의 양아버진 김병기(金炳基, 1814~1891)는 한 때 직이 통정대부, 형조참의에 이르렀지만 역시 연좌제로 옥에 갖혀 1891년 옥사한다. 김옥균의 남동생 김각균(金珏均) 역시 옥사했고, 모친과 누이는 음독 자살을 시도했으나 누이만 살아나 후에 종적을 감춘다. 황현(黃玹, 1856.1.18.~1910.9.7.)은 『매천야록(梅泉野錄)』에 다음과 같이 기록하고 있다.

> 김옥균의 생가에는 동생이 있었는데 이름은 김각균(金珏均)이다. 그는 진
> 사가 되어 천안에 살고 있었다. (그는) 이때에 한강을 건너 한양에 왔으나
> 형 옥균이 도망하였다는 소문을 듣고 그날로 망명하고자 칠곡에 이르렀
> 으나 어사 조병로(趙秉老)에게 잡혀서 대구 감옥에서 죽었다. 양부 김병
> 기(金炳冀)는 눈이 멀었는데 천안 감옥에 6, 7년간 옥고를 치르다 죽었다.
> 옥균은 자녀가 없었다.[80]

박영효의 형 박영교는 갑신정변 중에 홍영식 등과 함께 고종을 끝까
지 호위하다가 청군에 살해된다. 그의 아버지 대호군(大護軍) 박원양
(朴元陽, 1804~1884.12.17.)은 장손이자 박영교의 장남인 손자를 죽이
고 자결을 시도했으나 체포되어 감옥에서 아사(餓死)하고 그의 어머니
는 처형당한다. 『매천야록』은 다음과 같이 기록하고 있다.

> 박영교의 부친 참판 박원양은 자살했다. 영교는 아들 하나가 있었으니 겨
> 우 열 살이었다. 원양은 먼저 손자를 죽였다. 박영효는 소생이 없었다. 박
> 영교의 중제(仲弟)는 영호(永好)로 진사였는데, 성명을 바꾸고 진안(鎭安)
> 산중에 숨어 있다가 갑오년(고종 31년, 1894)에 나왔다.[81]

김구(金九, 1876~1949)의 『백범일지』에 의하면, 박원양은 감옥에서 섬
거적(볏 짚으로 만든 거적)을 뜯어 먹다가 굶어 죽었다고 한다.[82]
홍영식의 아버지는 영의정을 지낸 홍순목(洪淳穆, 1816~1884)이었
다. 그는 홍영식의 어린 아들을 죽이고 자신도 사약을 먹고 자결한다.
홍영식의 부인 역시 자결한다. 『매천야록』은 이렇게 기록하고 있다.

홍순목이 탄식하기를, 「노신(老臣)이 역적의 아들을 길러서 세상에 죄를 지었으니 만 한 죽은들 어찌 속죄할 수 있겠는가?」하였다. 홍영식에게는 아들이 하나 있었는데 아직 열 살도 못되었다. 홍순목은, 「이 씨를 어찌 남겨 두겠는가?」 하고 독약을 먹여 죽인 다음 대궐을 향해 머리를 숙이며 약사발을 끌어다 마시고 죽었다. 홍영식의 처

홍순목과 손자(홍영식의 아들)

한씨도 자살하였으니 홍만식(洪萬植)이 시켰다고 한다.[83]

서광범의 부친 서상익은 8년간 수감 생활을 하던 중 아사한다. 『매천야록』은 다음과 같이 기록하고 있다.

서광범의 부친 서상익(徐相翊)은 7, 8년간이란 오랜 기간을 감옥살이를 하다가 무슨 죄로 연좌되었는지 알지도 못한 채 날마다 돼지먹이 겨(糟)를 먹다 죽었다. 아내 김씨는 옥중에서 절개를 지키다 갑오년 후에 서광범과 함께 살았다.[84]

서재필의 아버지 서광효(徐光孝, 아명 서광언(徐光彦), 1800.8.22.~1884.12.19.)와 이복형 서재형은 사형되고 형 서재춘(徐載春, 1859.3.4.~1888.9.5.)은 감옥에서 자살하였고 어머니 성주 이씨(星州 李氏, 1830.1884.12.19.)와 형수 광산 김씨(光山金氏, 1862~1885.1.12.)는 노비로 전락하자 음독 자결한다. 서재필과 함께 「육군 도야마 학교」에 유학한 후

거사에 참여한 동생 서재창(徐載昌, 1866~1884.12.13.)은 청군 손에 죽는다. 당시 16살이었던 막내 동생 서재우(徐載雨, 1868.9.5.~1929.1.24.)는 어리다는 이유로 사형은 면한다. 서재필의 양아버지 서광하는 재산을 몰수당하고 노비로 전락한다. 당시 서재필에게는 두 살 난 아들이 있었는데 돌봐주는 사람이 없어 굶어 죽었다는 설도 있고, 아이가 굶주림에 지쳐 죽은 어머니의 젖을 물었는데 어머니 몸 속에 있던 독이 아이 몸 속에 퍼져 죽었다는 설도 있다. 『매천야록』은 다음과 같이 기록하고 있다.

> 서재필의 생부 진사 서광언(徐光彦)은 아내 이씨와 함께 자살하고, 형인 서재형(徐載衡)은 은진 감옥에서 죽었는데 오직 서재우는 (형을 받을) 나이가 못 차서 (나이가 차기를) 기다리게 하여 죽음을 면했다.[85]

갑신정변 당시 김옥균은 34세, 홍영식은 30세, 서광범은 26세, 박영효는 24세였다. 김옥균은 다시는 조선땅을 밟지 못한다. 일본 망명 중에도 조선 조정이 보낸 자객들의 암살 위협에 끊임없이 시달리는 한편, 청과의 관계를 고려한 일본 정부에 의해 일본 내의 오지로 두 차례 유배 당하는 등 10여 년을 방랑하며 산다. 결국 1894년 견디다 못하여 상하이로 망명하지만, 그 해 3월 27일 민중전이 보낸 자객 홍종우에게 암살된다. 향년 44세였다.

결론

결론

19세기 말은 14세기 말의 원-명 교체기와 17세기 초의 명-청 교체기에 이은 또 하나의 정치적, 국제정치적, 사상적 격동기였다. 원-명 교체기를 통하여 조선은 명의 문명을 새로운 글로벌 스탠더드로 받아들인다. 반면 만주에서 일어나고 있던 여진족의 「문명개화」에 무지하였던 조선은 병자호란과 명의 멸망이라는 「천붕지해(天崩地解)」의 시대를 겪으면서 정치적, 이념적 쇄국을 단행한다. 청일 교체기의 조선은 그토록 경멸하던 청 중심의 「화이질서(華夷秩序)」에 매달리면서 쇄국을 고집한다. 조선의 위정자들은 「친명반청」과 「소중화」 의식을 근간으로 형성된 쇄국 이념에서 출발하지만, 「서양 오랑캐」와 이들을 따르는 「왜(倭)」가 주도하는 새로운 문명의 파고(波高)에 직면하면서 청의 속방(屬邦)임을 자처하고 청 중심의 「화이질서」 속에서 체제의 안위를 도모한다.

조선과 일본은 서세동점(西勢東漸)의 시대를 똑같이 「쇄국 정책」으로 맞이한다. 일본의 「존황양이파」는 조선의 「위정척사파」 못지 않게 극렬한 반서구주의와 전통사회에 대한 강력한 자부심을 결부시킨 이념이었다. 그러나 존황양이파는 위정척사파와 달리 개국과 개혁에 앞장서면서 메이지 유신의 주체 세력으로 변신한다. 일본을 서양의 오랑캐들로부터 지키기 위해서는 오히려 하루빨리 서양을 배워야 한다는 사실을 깨닫는다. 이를 위해서는 본격적으로 서양식 근대 국가 체제를 도입하고 서양식 군대를 길러서 다시는 외세의 군사력 앞에 무릎 꿇지 않고 서양이 만든 국제법을 철저하게 배워 굴욕적인 불평등 조약을 재협상해야 한다고 생각했다. 친일개화파들은 조선의 위정척사파들과는 너무나도 다르게 서양의 도전에 임하는 메이지 일본을 경이로운 눈으로 바라보면서 배우고자 한다.

친일개화파가 목격하고 배우기 시작한 일본은 메이지 유신 직후 힘을 기르고 있던 일본이었다. 아직 청이나 러시아, 그 외의 서구 열강에 직접 도전할 실력은 갖추지 못하였지만 급진 개혁을 통하여 근대 국가의 모습을 만들어가는 동시에 부족한 힘을 외교력으로 보완하고 있었다. 더구나 조선의 지정학적인 중요성을 일찍 간파한 일본의 지도자들은 아직 힘으로는 좌지우지 할 수 없는 조선을 적극적인 교류를 통하여 일본식 근대화의 길을 가도록 설득하고자 한다. 이 과정에서 메이지의 지도층은 친일개화파들과 깊은 교류를 한다. 친일개화파들은 메이지 유신이란 정치, 경제, 사회, 문화, 사상의 혁명을 성공적으로 주도한 일본의 정치인, 경제인, 사상가들과 직접 교류하면서 새로운 세계관, 국제 정세 인식, 그리고 국가관을 정립한다.

조선의 건국세력이 송나라의 산업혁명과 문화적 성취를 본 받고자 개방, 개혁을 추진했다면 조선 말기의 개화파는 일본의 급격한 근대화 과정을 본 받고자 「개화」를 추구하였다. 위정척사파가 주자학을 문명의 정점으로 확신하고 이를 지키고자 하였다면 개화파는 일본이 받아들이고 있는 서구 근대 문명을 새로운 글로벌 스탠더드로 간주하였다. 위정척사파에게는 중국이 문명이고 서양이 오랑캐였다면 개화파에게는 서구와 일본이 문명이고 중국이 야만이었다. 개화사상은 수백 년에 걸쳐 형성된 조선 사람의 세계관에 대한 전면적인 거부였다.

그러나 친일개화파의 인식 전환은 당시 조선이 따라갈 수 없는 것이었다. 친중위정척사와 친청 동도서기파 사이에서 갈팡질팡하고 있던 조선의 주류 사회로서는 일본을 따르고자 하는 친일개화파를 받아들일 수 없었다. 그리고 친일개화파가 자신들의 이념을 관철시키고자 거사를 하였을 당시에는 아직도 청이 너무 강했다. 정변이 일어나자 청은 놀라울 정도로 단호하게 군사를 동원하여 이를 진압한다. 반면, 아직도 메이지 유신 초기의 일본은 청을 정면으로 상대할 자신이 없었다. 청이 조선정국에 적극 개입하자 일본은 친일개화파를 버린다. 갑신정변의 실패로 조선이 자주적으로 근대화의 길을 갈 기회는 사라진다.

갑신정변으로부터 10년 후인 1894년 청일전쟁이 발발한다. 전 세계의 모든 전문가들의 예측과 달리 일본이 압승을 거둔다. 1895년 청일전쟁 종결을 위해 이토 히로부미(伊藤博文)와 이홍장(李鴻章)이 체결한 「시모노세키 조약(下關條約)」의 제1조는 「청국은 조선에 대한 종주권을 영구히 포기하고, 조선의 완전한 해방을 승인한다.」고 선포한다. 일본은 결국 조선과 청 간의 「특수 관계」인 조공 관계를 무력으로 소멸시키는 데 성공한다. 이로써 원과 고려, 조선과 명, 조선과 청이 맺은 「조공 관계」는 해체되고 수세기 이어온 「중화질서」는 무너진다. 그리고 조선은 중국으로부터 「독립」하게 된다.

조선이 드디어 중국으로부터 「독립」하였음을 전해들은 서재필은 갑신정변 실패 이후 10년을 이어온 오랜 미국 망명 생활을 접고 귀국하여 「독립협회」를 만들고 「독립신문」을 창간하고 「독립문」을 세운다. 이때 「독립」이란 중국으로부터의 독립을 뜻했다. 청이 조선과 최초로 근대 조약을 맺으면서 대등한 국가로 인정한 것은 청이 청일전쟁에서 일본에게 패하고 1897년 대한제국이 성립된 후인 1899년에 체결된 「대한국·대청국 통상 조약(大韓國·大淸國通商條約)」을 통해서였다.

오늘날 많은 한국 사람들은 서대문의 「독립문」이 일본으로부터의 「독립」을 기념하는 문으로 오해하고 있다. 그 바로 뒤에 서대문형무소의 옛 자리가 있어서 더욱 그렇다. 그러나 「독립문」은 중국의 칙사가 무악재를 넘어서 조선에 당도하면 조선의 왕이 직접 나가 그를 영접하던 「영은문(迎恩門)」과 「모화관(慕華館)」, 즉 「중국을 사모하는 건물」을 허문 자리에 지었다. 중국으로부터의 독립을 상징하기 위해서였다. 만일 「독립문」이 일본으로부터의 독립을 상징하는 문이었다면 1897년에 지어진 독립문을 일제가 일제시대 내내 그대로 두었을 리 만무하다. 독립문은 오히려 일본이 조선을 중국으로부터 독립시켜줬음을 상기시켜주는 상징물이었기에 일제가 그대로 두었을 뿐이다.

청일전쟁에서 승리한 일본은 갑신정변 이후 일본과 미국 등지를 유랑하면서 망명 생활을 이어가던 친일개화파들을 조선으로 귀국시켜 다시 한번 일본을 모델로 하는 조선의 근대화 개혁을 추진하게 한다. 제2차 수신사로 파견되어 개화파 형성에 결정적인 역할을 하였던 김홍집과 오랜 일본 망명 생활에서 돌아온 박영효 등이 주도하는 「갑오경장(갑오개혁)」이 이루어진다. 10년 전의 「갑신정변」 때 정강을 거의 그대로 따른 개혁이었다.

그러나 이도 잠시, 개혁을 시작한지 채 1년도 되기 전 고종이 「아관파천(俄館播遷)」을 감행하면서 친일개화파 주도의 근대화의 노력은 다시 한번 수포로 돌아간다. 친일개화파들은 다시 한번 정치적 유랑 생활을 시작하고 조선은 망국의 길로 치닫는다. 결국 또 10년이 흐른 1904년, 일본이 러일전쟁에서 승리하면서 친일개화파들은 다시 한번 귀국길에 오른다. 그러나 일본은 이번에는 친일개화파들에게 조선의 정국을 맡기는 대신 조선을 합병하면서 직접 통치에 나선다.

이 과정에서 친일개화파들은 일본에 대한 적대감보다는 고종과 민중전, 민씨 척족 등에 대한 증오가 더 컸다. 이들이 보기에 만일 1876년 개항 이후에라도 일본과 같은 근대화 작업을 꾸준히 추진할 수 있었다면 1904년에 이르러 조선의 운명은 달라졌을 수도 있었다. 그러나 고종과 민중전을 필두로 한 수구 세력의 끊임없는 저항과 반동은 결국 모든 근대화 개혁을 좌절시켰고, 결과적으로 일본에게 국권을 내주는 상황에 이르고 말았다. 이들은 일본의 야욕을 비판하기보다 국권을 내줄 수밖에 없었던 조선의 나약함과 분열상을 통렬히 비판하였다.

동시에 수많은 친일개화파들이 기독교로 개종하면서 친미기독교파가 형성되기 시작한다. 윤치호(尹致昊, 1865~1945)는 갑신정변 이후 망명 중이던 상하이에서 1887년 기독교로 개종한다. 서재필과 서광범(徐光範, 1859~1897)은 갑신정변 이후 망명 중이던 미국에서 기독교로 개종한다. 신사유람단의 일원으로 함께 일본에 건너갔던 유길준(兪吉濬, 1856~1914)과 이상재(李商在, 1850~1927)는 1904년 기독교로 개종한다. 일본으로부터 문명개화사상의 세례를 받고 메이지 유신식 급진 근대 개혁을 꿈꾸며 정변을 일으켰던 친일개화파들은 조선에 대한 일본의 침탈이 노골화되면서 친미기독교파로 전향하기 시작한다.

주(註)

주(註)

서론

1. Key-Hiuk Kim, *The Last Phase of the East Asian World Order: Korea, Japan, and the Chinese Empire, 1860-1882* (University of California Press, 1980), p. 40.

제1장 · 메이지 유신

1. Marius B. Jansen, *The Making of Modern Japan* (Cambridge, MA: Belknap Press, 2000), p. 335.
2. 위의 책, p. 5.
3. Marius B. Jansen, *Sakamoto Ryoma and the Meiji Restoration* (New York: Columbia University Press, 1994), p. 7.
4. 위의 책, p. 7.
5. Albert M. Craig, *Choshu in the Meiji Restoration* (Lanham, MD: Lexington Books, 2000), p. 3.
6. 위의 책, p. 6.
7. 위의 책, p. 6.
8. 위의 책, p. 7.
9. Mark Ravina, *The Last Samurai: The Life and Battles of Saigo Takamori* (Hoboken, NJ: John Wiley&Sons, 2004), p. 51.
10. Craig, *Choshu in the Meiji Restoration,* p. 18.
11. 위의 책, p. 20.
12. 위의 책, p. 21.
13. 위의 책, p. 22.
14. 위의 책, p. 23.
15. Jansen, *Sakamoto Ryoma,* pp. 7~8.
16. 위의 책, p. 11.
17. Ravina, p. 58.

18. Jansen, Sakamoto Ryoma, p. 11.

19. 위의 책, p. 11.

20. Rutherford Alcock, *The Capital of the Tycoon: A Narrative of a Three Years' Residence in Japan* (New York, 1863). Marius B. Jansen, 위의 책, pp. 11~12에서 재인용.

21. Jansen, *Sakamoto Ryoma*, p. 12에서 재인용

22. 위의 책, p. 12.

23. 위의 책, p. 14.

24. 위의 책, p. 15.

25. 위의 책, p. 15.

26. Craig, *Choshu in the Meiji Restoration*, p. 10.

27. William G Beasley, *The Meiji Restoration* (Stanford: Stanford University Press, 1972), pp. 14~15.

28. Craig, *Choshu in the Meiji Restoration*, p. 11.

29. 위의 책, p. 10.

30. 위의 책, p. 11.

31. 위의 책, p. 12.

32. 위의 책, p. 14.

33. 위의 책, p. 15.

34. 위의 책, p. 15.

35. 조선의 주자학이 일본에 미친 영향에 대해서는 아베 요시오, 『퇴계와 일본유학』, 김석근 옮김(전통과현대, 1998) 참조.

36. Hirakawa Sukehiro, tr. By Bob Tadashi Wakabayashi, "Japan's turn to the West," Marius B. Jansen, ed., *The Cambridge History of Japan, Vol. II* (Cambridge: University of Cambridge Press, 1989), pp. 432~498, p. 436.

37. 위의 책, p. 436.

38. Jansen, *The Making of Modern Japan*, p. 188.

39. 위의 책, p. 188.

40. 위의 책, p. 188.

41. 위의 책, p. 189.

42. 荒川紘(ARAKAWA Hiroshi), 「水戸学の思想と教育(The Thought and Education in the Mito School)」, 『Studies in humanities』 54(1)(Shizuoka University, 2003), pp. 1~42, p. 1.

43. Jansen, *The Making of Modern Japan*, p. 190.

44. 위의 책, p. 192.

45. 위의 책, p. 193.

46. 위의 책, p. 193.

47. 양은경, 『일본사를 움직인 100인』 (서울: 청아출판사, 2012).

48. Jansen, *The Making of Modern Japan*, p. 194.

49. 위의 책, p. 195.

50. 위의 책, p. 202.

51. 위의 책, p. 196.

52. 미나모토 료엔(源了圓) 외(1994, 118). 박홍규, 「17세기 德川日本에 있어서의 화이(華夷) 문제-중국-조선과의 비교관점에서」, 『한국정치학회보』 제35집 제4호(한국정치학회, 2002), pp. 277~295, p. 292에서 재인용.

53. Jansen, *The Making of Modern Japan*, p. 197.

54. 위의 책, p. 199.

55. 위의 책, p. 199.

56. 위의 책, p. 203.

57. 위의 책, p. 204.

58. 위의 책, p. 205.

59. 위의 책, p. 205.

60. 『玉勝間』 4. 원문 출처: 日本の思想 15 『本居宜長集』(筑摩書房, 1969), pp. 134~135. 박규태, 「일본근세의 신도(神道)와 내셔널리즘에 관한 연구-안사이(山崎闇齋)와 노리나가(本居宜長)의 타자 이해를 중심으로」, 『종교와 문화』 5(한양대학교 종교문제연구소, 1999), pp. 39~59, pp. 53~54에서 재인용.

61. Jansen, *The Making of Modern Japan*, p. 207.

62. 『玉勝間』 1, 원문 출처: 日本の思想 15 『本居宜長集』(筑摩書房, 1969), pp. 134~135. 박규태, 위의 글, pp. 53~54에서 재인용.

63. Jansen, *The Making of Modern Japan*, p. 210.

64. Takayanagi Shun'ichi, review of *Oranda Fūsetsugaki Shūsei* (和蘭風説書集成), edited by Iwao Sei'ichi 岩生成一, Nichiran Gakkai (日蘭学会)(The Japan-Netherlands Institute), Tokyo. Volume I, 328 pages, illustrated, 1976; Volume II, 67+401 pages (including Dutch texts&English summary), illustrated, 1979, in Monumenta Nipponica, Vol. 34, No. 3 (Autumn, 1979), pp. 373~375, pp. 372-73.

65. 위의 글, pp. 374-75.

66. Craig, *Choshu in the Meiji Restoration*, p. 128.

67. 위의 책, p. 128.

68. 위의 책, p. 129.

69. Jansen, *The Making of Modern Japan*, p. 211.

70. 위의 책, p. 211.

71. 이종각, 『일본 난학의 개척자 스기타 겐파쿠』(서울: 서해문집, 2013), pp. 225~226.

72. 위의 책, p. 228.

73. 위의 책, p. 231.

74. 위의 책, p. 229.

75. 위의 책, p. 236.

76. Craig, *Choshu in the Meiji Restoration*, pp. 131~132.

77. 위의 책, p. 134.

78. H. D. Hrootunian, *"Late Tokugawa Culture and Thought,"* The Cambridge History of Japan, Volume 5: The Nineteenth Century (Cambridge: University of Cambridge Press, 1989), pp. 168~258, p. 242.

79. Harold Bolitho, "The Tempo Crisis," *The Cambridge History of Japan, Volume 5: The Nineteenth Century*(Cambridge: University of Cambridge Press, 1989), pp. 116~167, p. 125.

80. Marius B. Jansen, "Japan in the early ninetheenth century," *The Cambridge History of Japan, Volume 5: The Nineteenth Century* (Cambridge: University of Cambridge Press, 1989), pp. 50~115, p. 107.

81. 와타나베 카잔 『신기론』: 古へ政教隆盛の地、皆北狄の為に併せられざるものなし。唐山は論ぜず。仏降生の国は今の則蘭なり。即ち英吉利に拠られ、中天竺は昔蒙古児に併せられしが、今西洋諸国の商館になり、又回々の生誕せし亜刺比亜、ヨーデン[宗の盛なりし]厄入多、英斯々生誕の、亜事亜羅馬と称せし公斯当知は、皆度爾格に食並せられ、全世界と称したる羅馬は、直芸雅言変じて、驕慢奢惰となれり。

82. 위의 책: 斯て瑣屑の論に落て、究する所、彼が貪婪の名目生ずべし。西洋戎狄といへども、無名の兵を挙る事なければ、実に鄂羅斯・英吉利二国、驕横の端となるべし。

83. 다카노 조에이, 「무진 유메모노가타리」: 「イギリスは、日本に対し、敵国にては無之...御打払に相成候はば、理非も分り不申暴国と存、不義の国と申触し、礼儀国の名を失ひ、是より如何なる患害、萌生仕候やも難計」。

84. Jansen, *The Making of Modern Japan*, p. 288.

85. 사쿠마 쇼잔, 「海防に關する藩主宛上書」天保13年 11月 24日), 日本思想大系 55, 『渡辺崋山 高野長英 佐久間象山 横井小楠 橋本左内』(岩波書店, １９７１年 ６月 ２５日 第１刷 発行) 수록.

86. 송석원, 「사쿠마 쇼잔의 해방론과 대 서양관」, 『한국정치학회보』37집 5호(한국정

치학회, 2003), p. 31에서 재인용.

87. Jansen, *The Making of Modern Japan*, p. 288. 『쇼멜백과사전』은 프랑스의 쇼멜(Noël Chomel, 1633-1712)의 백과사전인 *Dictionnaire œconomique, contenant divers moyens d'augmenter son bien, et de conserver sa santé*를 네덜란드어로 번역한 *Huishoudelyk Woordboek*를 일어로 번역한 백과사전이다. 에도 정부의 명령으로 1811년에 시작된 번역 작업은 1846년에야 끝난다.

88. 마루야마 마사오, 『충성과 반역』, 박충석 외 옮김(나남, 1998), p. 137에서 재인용.

89. 송석원, p. 41에서 재인용.

90. 위의 글, p. 42에서 재인용.

91. 위의 글, p. 42에서 재인용.

92. 위의 글, pp. 42~43에서 재인용.

93. 사쿠마 쇼잔, 『성건록』(도쿄: 이와나미문고, 2001), pp. 35~36.

94. Hrootunian, p. 242.

95. 송석원, p. 31.

96. 위의 글, p. 31에서 재인용.

97. Jansen, *The Making of Modern Japan*, p. 290.

98. Craig, *Choshu in the Meiji Restoration*, p. 157.

99. 쇼인의 스승 사쿠마 쇼잔도 「해리스 조약」은 신랄하게 비판하였지만 미국과의 교역 자체를 반대했기 때문이 아니라 미국의 영사가 에도만 어귀의 전략적 요충인 시모다에 상주하도록 한 것이 해양 방어에 있어서 결정적인 실책이라고 생각했기 때문이다.

100. Craig, *Choshu in the Meiji Restoration*, p. 159.

101. 위의 책, p. 161.

102. 奈良本辰也, 「吉田松陰」, 『岩波新書 青版』 55(東京: 岩波書店, 1981), p. 154.

103. Craig, *Choshu in the Meiji Restoration*, p. 162.

104. Donald Keene, *Emperor of Japan: Meiji and His World, 1852-1912* (New York: Columbia University Press, 2002,) pp. 14-15.

105. Jansen, *The Making of Modern Japan*, p. 277.

106. Keene, p. 15.

107. 위의 책, p. 15.

108. 위의 책, p. 16.

109. 위의 책, p. 277.

110. 위의 책, p. 277.

111. Jansen, *Sakamoto Ryoma*, p. 51.

112. 위의 책, p. 51.

113. 위의 책, p. 51.

114. 위의 책, p. 52.

115. 위의 책, p. 52.

116. Jansen, *Sakamoto Ryoma*, p. 56.

117. Mayuko Sano (Kyoto University), "Tsutsui Masanori, Tokugawa Foreign Relations and Modern Diplomacy: A Case Study in Continuity," a paper presented at "The 15th International Conference of the European Association for Japanese Studies, Lisbon, 30 Aug. - 2 Sep. 2017.

118. Keene, p. 16.

119. Jansen, *Sakamoto Ryoma*, p. 57.

120. 위의 책, p. 55.

121. 위의 책, p. 56.

122. Keene, p. 17.

123. 위의 책, p. 17.

124. Jansen, *Sakamoto Ryoma*, p. 54.

125. 위의 책, p. 57.

126. Keene, p. 18.

127. 위의 책, p. 18.

128. 위의 책, p. 18.

129. 위의 책, p. 18.

130. Jansen, *Sakamoto Ryoma*, p. 57.

131. Keene, p. 20.

132. 위의 책, p. 21.

133. 위의 책, p. 20.

134. 위의 책, p. 21.

135. 위의 책, p. 21.

136. 위의 책, p. 22.

137. 위의 책, p. 22.

138. 위의 책, p. 24.

139. Jansen, *Sakamoto Ryoma*, p. 55.

140. 위의 책, pp. 54~55.

141. Jansen, *The Making of Modern Japan*, p. 278.

142. 위의 책, p. 284.

143. Keene, p. 26.

144. 위의 책, p. 27.

145. 위의 책, pp. 29-30
146. 위의 책, p. 30
147. 위의 책, p. 30.
148. 위의 책, pp. 32-33.
149. *Meiji tenno ki,* 1, pp. 127-128. Keene, p. 33에서 재인용.
150. Mario Emilio Consenza, ed. *The Complete Journals of Townsend Harris* (Rutland, Vt: Tuttle, 1959,) p. 412. Keene, p. 35에서 재인용.
151. Keene, p. 35.
152. 위의 책, p. 89.
153. 위의 책, p. 89.
154. Consenza, ed. *The Complete Journals of Townsend Harris,* p. 412. Keene, p. 35에서 재인용
155. Keene, p. 36.
156. *Meiji tenno ki,* 1, p. 142. Keene, p. 36에서 재인용.
157. Keene, p. 34.
158. 위의 책, p. 37.
159. 위의 책, p. 38.
160. 위의 책, p. 37.
161. *Komei tenno ki,* 1, p. 148. Keene, p. 38에서 재인용.
162. Craig, *Choshu in the Meiji Restoration,* p. 92.
163. 위의 책, p. 92.
164. *Komei tenno ki,* 1, p. 892. Keene, p. 38에서 재인용. Mario Emilio Consenza, ed., *The Complete Journals of Townsend Harris* (Rutland, Vt: Tuttle, 1959,) p. 412. Keene, p. 38에서 재인용.
165. Keene, pp. 38-39.
166. 위의 책, p. 39.
167. 위의 책, p. 39.
168. 위의 책, p. 41.
169. 위의 책, pp. 41-42.
170. 위의 책, p. 42.
171. 위의 책, p. 42.
172. 위의 책, p. 42.
173. 위의 책, p. 43.
174. 위의 책, p. 43.
175. 위의 책, p. 44.

176. 위의 책, p. 92.

177. 위의 책, p. 52.

178. 위의 책, p. 53.

179. *Meiji tenno ki,* 1, p. 218. Keene, p. 53에서 재인용.

180. *Meiji tenno ki,* 1, p. 218. Keene, p. 53에서 재인용.

181. *Meiji tenno ki,* 1, p. 218. Keene, p. 54에서 재인용.

182. 위의 책, p. 54.

183. Jansen, *Sakamoto Ryoma,* pp. 62~63.

184. 위의 책, p. 65.

185. Hirakawa Sukehiro, tr. By Bob Tadashi Wakabayashi, "Japan's turn to the West," Marius B. Jansen, ed., *The Cambridge History of Japan, Vol. II* (Cambridge: University of Cambridge Press, 1989), pp. 432~498, p. 456에서 재인용.

186. 위의 글, p. 456에서 재인용.

187. 위의 글, p. 456에서 재인용.

188. Jansen, *Sakamoto Ryoma,* p. 65.

189. Jansen, *The Making of Modern Japan,* p. 321.

190. 위의 책, p. 320.

191. Takii Kazuhiro, tr. By Takechi Manabu, *Ito Hirobumi: Japan's First Prime Minister and Father of the Meiji Constitution*(New York: Routledge, 2014), pp. 10~11.

192. 위의 책, p. 11.

193. Jansen, *The Making of Modern Japan,,* p. 320.

194. Takii Kazuhiro, p. 12.

195. 위의 책, p. 13.

196. Jansen, *The Making of Modern Japan,* p. 320.

197. 위의 책, p. 402.

198. 위의 책, p. 321, p. 402

199. 위의 책, p. 461.

200. 위의 책, p. 321.

201. Marius B. Jansen, "The Meiji Restoration," *The Cambridge History of Japan, Volume 5: The Nineteenth Century*(Cambridge: University of Cambridge Press, 1989), pp. 308~366, p. 320.

202. 위의 글, p. 321.

203. 위의 글, p. 320.

204. 『武市瑞山關係文書』第1券(東京: 日本史籍協會, 1916), pp. 36~53.

205. Jansen, "The Meiji Restoration," p. 322.

206. 위의 글, p. 321.

207. Jansen, *Sakamoto Ryoma*, pp. 174~175에서 재인용.

208. Jansen, "The Meiji Restoration," p. 324.

209. Craig, *Choshu in the Meiji Restoration*, p. 169.

210. 위의 책, p. 169.

211. 위의 책, p. 170.

212. 위의 책, p. 173.

213. 위의 책, p. 175.

214. 위의 책, p. 177.

215. 위의 책, pp. 182~183.

216. 위의 책, p. 184.

217. 위의 책, p. 188.

218. 위의 책, pp. 188~189.

219. 위의 책, p. 189.

220. John W. Denney, *Respect and Consideration: Britain in Japan 1853-1868 and Beyond* (Leiceste: Radiance Press, 2011,) p. 66.

221. 위의 책, pp. 71-76.

222. William G Beasley, "The foreign threat and the opening of the ports," *The Cambridge History of Japan, Volume 5: The Nineteenth Century* (Cambridge: University of Cambridge Press, 1989), pp. 259~308, p. 292.

223. 위의 글, p. 292.

224. Craig, *Choshu in the Meiji Restoration*, p. 190.

225. 위의 책, p. 190.

226. 위의 책, p. 191.

227. 위의 책, p. 191.

228. 위의 책, p. 199.

229. 위의 책, p. 199.

230. Beasley, "The foreign threat and the opening of the ports," p. 293.

231. Craig, *Choshu in the Meiji Restoration*, p. 200.

232. 위의 책, p. 204.

233. 위의 책, p. 201.

234. 위의 책, p. 278.

235. Beasley, "The foreign threat and the opening of the ports," p. 293.

236. 위의 글, p. 293.

237. Craig, *Choshu in the Meiji Restoration*, p. 205.

238. 위의 책, p. 206.

239. 위의 책, pp. 206-207.

240. 위의 책, p. 219.

241. 위의 책, p. 220.

242. 위의 책, p. 222.

243. 위의 책, pp. 226-227.

244. 위의 책, p. 231.

245. 위의 책, p. 235.

246. 위의 책, p. 236.

247. 위의 책, p. 236.

248. 위의 책, p. 237.

249. 위의 책, p. 237.

250. 위의 책, p. 238.

251. 위의 책, p. 239.

252. Mark Ravina, p. 118.

253. 위의 책, p. 118.

254. 위의 책, pp. 118~119.

255. 위의 책, p. 119.

256. Craig, *Choshu in the Meiji Restoration*, p. 239.

257. 위의 책, pp. 244~245.

258. 위의 책, p. 246.

259. 위의 책, p. 247.

260. 위의 책, p. 248.

261. 위의 책, p. 254.

262. 위의 책, p. 258.

263. 위의 책, p. 262.

264. 위의 책, p. 264.

265. 위의 책, pp. 303-304.

266. 위의 책, pp. 304-305.

267. 위의 책, p. 305.

268. 위의 책, p. 307.

269. 위의 책, p. 307.

270. 위의 책, pp. 310-311.

271. 위의 책, p. 312.

272. 위의 책, p. 313.

273. 위의 책, p. 314.

274. 위의 책, p. 315.

275. 위의 책, p. 316.

276. Ravina, p. 127.

277. Craig, *Choshu in the Meiji Restoration*, p. 316.

278. Ravina, p. 126.

279. Craig, *Choshu in the Meiji Restoration*, p. 318.

280. 위의 책, p. 318.

281. 위의 책, p. 319.

282. 위의 책, p. 324.

283. 위의 책, p. 326.

284. 위의 책, p. 329.

285. 위의 책, p. 332.

286. 위의 책, p. 333.

287. 위의 책, p. 333.

288. 위의 책, p. 334.

289. 위의 책, p. 335.

290. 위의 책, p. 337.

291. 위의 책, pp. 337~338.

292. 위의 책, p. 339.

293. 위의 책, p. 339.

294. Jansen, *Sakamoto Ryoma*, p. 294.

295. Craig, *Choshu in the Meiji Restoration*, p. 341.

296. 위의 책, p. 342.

297. 위의 책, p. 342.

298. 위의 책, p. 343.

299. Jansen, *The Making of Modern Japan*, p. 311.

300. Craig, *Choshu in the Meiji Restoration*, p. 343.

301. 위의 책, p. 344.

302. 위의 책, p. 345.

303. 위의 책, p. 345.

304. Keene, p. 125.

305. Craig, *Choshu in the Meiji Restoration*, p. 346.

306. Keene, pp. 63-64.

307. 위의 책, p. 121.

308. 위의 책, p. 121.

309. 위의 책, p. 121.

310. 위의 책, p. 122.

311. 위의 책, p. 122.

312. 위의 책, p. 123.

313. 위의 책, p. 123.

314. 위의 책, p. 123.

315. 위의 책, pp. 123-124.

316. Craig, *Choshu in the Meiji Restoration*, p. 347.

317. *Meiji Tennō-ki.* Vol. 1 (Yoshikawa Kobunkan), pp. 571-572. Keene, p. 214에서 재인용.

318. Ravina, p. 148.

319. Keene, p. 125.

320. Craig, *Choshu in the Meiji Restoration*, p. 348.

321. Keene, p. 125.

322. 위의 책, p. 125.

323. Craig, *Choshu in the Meiji Restoration*, p. 348.

324. Ravina, p. 148.

325. 위의 책, p. 149. Keene, p. 126.

326. Keene, p. 126.

327. 위의 책, p. 126.

328. 위의 책, p. 126.

390. 위의 책, p. 126.

330. Craig, *Choshu in the Meiji Restoration*, p. 348.

331. Keene, p. 127.

332. 위의 책, p. 127.

333. *Meiji Tennō-ki.* Vol. 1 (Yoshikawa Kobunkan), pp. 600-601. Keene, p. 128에서 재인용

334. Ishii Takashi, *Boshin senso ron* (Tokyo: Yoshikawa kobunsha, 1984,) pp. 120-121. Keene, p. 129.

335. Keene, pp. 129-130.

336. 위의 책, p. 130.

337. 위의 책, p. 130.

338. 위의 책, p. 130.

339. 위의 책, p. 131.

340. 위의 책, p. 136.

341. Satow, *A Diplomat,* pp. 365-366. Keene, p. 143에서 재인용.

342. Keene, p. 143.

343. 위의 책, p. 155.

344. William G Beasley, "Meiji Political Institutions," *The Cambridge History of Japan, Volume 5: The Nineteenth Century* (Cambridge: University of Cambridge Press, 1989), pp. 618~673, p. 618.

345. 위의 글, p. 618.

346. 위의 글, p. 619.

347. 위의 글, p. 625; Craig, p. 348.

348. Keene, pp. 137-138.

349. 위의 책, p. 137.

350. 위의 책, pp. 138-139.

351. http://mtcha.com.ne.kr/world-term/japan/term11-meijiyusin.htm

352. Beasley, "Meiji Political Institutions," p. 624.

353. 위의 글, p. 622.

354. 위의 글, p. 627.

355. 위의 글, p. 629.

356. Masakazu Iwata, *Okubo Toshimichi: The Bismark of Japan* (Berkeley: University of California Press, 1964), p. 126.

357. 박훈, 「정치변혁과 봉건군현론」, 『일본역사연구』 42(일본사학회, 2015), p. 99 에서 재인용.

358. Beasley, "Meiji Political Institutions," p. 631.

359. 위의 글, p. 632.

360. Keene, pp. 195~196.

361. 위의 책, p. 199.

362. Beasley, "Meiji Political Institutions," p. 633.

363. Jansen, *The Making of Modern Japan,* p. 347.

364. Keene, p. 199.

365. Ravina, pp. 162~163.

366. 위의 책, p. 167.

367. 위의 책, p. 167.

368. 위의 책, p. 169.

369. 위의 책, p. 169.

370. 위의 책, pp. 169~170. Keene, p. 198.

371. 위의 책, pp. 169~170.

372. Keene, p. 198.

373. 「廢藩置県の詔書」, 명치4년(871) 7월 14일, 원문은 https://www.digital.
archives.go.jp/das/image/M0000000000000940209 참고.

374. Keene, p. 199.

375. 위의 책, p. 199.

376. William Eliot Griffis, *The Mikado*, p. 181. Keene, p. 200에서 재인용.

377. Keene, pp. 200-201.

378. 위의 책, p. 201.

379. 위의 책, p. 201.

380. 위의 책, p. 202.

381. 위의 책, p. 202.

382. 위의 책, p. 202.

제2장 · 메이지 정부의 외교안보 정책

1. Jansen, *The Making of Modern Japan*, p. 358.

2. Keene, pp. 131-132.

3. *Meiji Tennō-ki.* Vol. 1 (Yoshikawa Kobunkan), p. 627. Keene, p. 132에서 재인용.

4. *Meiji Tennō-ki.* Vol. 1 (Yoshikawa Kobunkan), p. 628. Keene, p. 132에서 재인용.

5. Satow, *A Diplomat in Japan* (Tokyo: Tuttle, 1983,) p. 337. Keene, p. 133에
서 재인용.

6. Jansen, *The Making of Modern Japan*, p. 333.

7. Satow, *A Diplomat*, p. 347, 353. *Meiji Tennō-ki.* Vol. 1 (Yoshikawa Kobunkan),
p. 630. Keene, p. 133에서 재인용.

8. Jansen, *The Making of Modern Japan*, p. 333.

9. Satow, *A Diplomat*, p. 347, Keene, p. 133에서 재인용.

10. Satow, *A Diplomat*, pp. 346-347, Keene, p. 133에서 재인용.

11. Keene, p. 750에서 재인용.

12. Keene, pp. 133-134.

13. Satow, *A Diplomat*, p. 359. Keene, p. 134에서 재인용.

14. Keene, p. 134.

15. Redesdale, *Memories*, pp. 451-452. Keene, p. 135에서 재인용.
16. Redesdale, *Memories*, pp. 456, 457. Keene, p. 135에서 재인용.
17. Redesdale, *Memories*, pp. 456, 457. Keene, p. 135에서 재인용.
18. Redesdale, *Memories*, pp. 459-460. Keene, pp. 135-136에서 재인용.
19. Redesdale, *Memories*, p. 461. Keene, p. 136에서 재인용.
20. Akira Iriye, "Japan's drive to great-power status," *The Cambridge History of Japan,* volume 5, ed. Marius B. Jansen (Cambridge: Cambridge University Press, 1989), pp. 721~782, p. 734.
21. 위의 글, p. 735.
22. 위의 글, p. 735.
23. 위의 글, p. 735.
24. Jansen, *The Making of Modern Japan,* p. 355.
25. 多田好問編, 『岩倉公實記』下1, pp. 923~934.
26. 위의 책, pp. 923~934.
27. Ravina, p. 172.
28. 구메 구니타케, 『특명전권대사 미구회람실기 제1권 미국』, 정애영 옮김 (서울: 소명출판, 2011), p. 13.
29. Ravina, p. 172.
30. 구메 구니타케, p. 4.
31. Janice P. Nimura, *Daughters of the Samurai: A Journey from East to West and Back* (New York: W.W. Norton & Company, 2015), p. 46.
32. Ravina, p. 173.
33. 위의 책, p. 175.
34. 구메 구니타케, p. 11.
35. Jansen, *The Making of Modern Japan,* p. 356.
36. 위의 책, p. 356.
37. 위의 책, p. 356.
38. 위의 책, p. 357.
39. 위의 책, p. 358.
40. Nimura, p. 47.
41. Jansen, *The Making of Modern Japan,* p. 358.
42. 위의 책, p. 358.
43. 구메 구니타케, p. 11.
44. 위의 책, p. 371~372.
45. Ravina, p. 173.

46. 위의 책, p. 173.

47. 위의 책, p. 174.

48. 위의 책, p. 174.

49. 위의 책, p. 174.

50. Key-hiuk Kim, *The Last Phase of the East Asian World Order: Korea, Japan, and the Chinese Empire, 1860-1882*(University of California Press, 1980), p. 82.

51. 위의 책, p. 82.

52. 위의 책, p. 82.

53. 위의 책, p. 83.

54. 위의 책, p. 84.

55. Jansen, *The Making of Modern Japan*, p. 69.

56. Key-hiuk Kim, p. 90.

57. 위의 책, p. 90.

58. 현명철, 「일본 바쿠후 말기의 대마도와 소위 「정한론」에 대하여」, 『한일관계사연구』 제2집(한일관계사학회, 1994), p. 5~42, p. 14.

59. 위의 글, p. 14.

60. 현명철, 「대마도 소멸 과정과 한일관계사」, 『동북아역사논총』 41호(동북아역사재단, 2013), p. 181~213, p. 198에서 재인용.

61. 황백현, 『대마도에 남아있는 한국 문화재』(도서출판 발해투어, 2010), p. 8에서 재인용.

62. Key-hiuk Kim, p. 116.

63. 위의 책, p. 116.

64. 『宗重正履歷』 권3; 다보하시 기요시(田保橋潔), 『근대 일선관계의 연구, 상』(1940), p. 177, 현명철, 「대마도 소멸 과정과 한일관계사」, p. 199에서 재인용.

65. 현명철, 「대마도 소멸 과정과 한일관계사」, p. 200.

66. 『관수일기(館守日記)』 1869년 9월 해일조, 현명철, 위의 글, p. 201에서 재인용.

67. 『관수일기』 1869년 11월 12일조, 현명철, 위의 글, p. 201에서 재인용.

68. 현명철, 위의 글, p. 202에서 재인용.

69. Key-hiuk Kim, p. 124.

70. 위의 책, p. 124.

71. 위의 책, p. 124.

72. 위의 책, p. 125.

73. 『木戶孝允日記(기도 다카요시 일기)』 1, pp. 159~160, 메이지 원년 12월 14일자.

74. Key-hiuk Kim, p. 126.

75. 위의 책, p. 126.

76. 위의 책, p. 128.

77. 위의 책, pp. 128~129.

78. 위의 책, p. 129.

79. 위의 책, p. 129.

80. 위의 책, p. 130.

81. 위의 책, p. 131.

82. 위의 책, pp. 131~132.

83. 위의 책, p. 133.

제3장 · 「중화 질서」에 도전하는 일본

1. Douglas Howland, *Borders of Chinese Civilization: Geography and History at Empire's End*(Asia-Pacific: Culture, Politics, and Society) (Duke University Press, 1996), Kindle Edition. Kindle Location 559.

2. Par Kristoffer Cassel, *Grounds of Judgment: Extraterritoriality and Imperial Power in Nineteenth-Century China and Japan* (Oxford: Oxford University Press, 2012), p. 98; 오카모토 다카시, 홍미화, 「일본의 류큐 병합과 동아시아 질서의 전환: 청일수호조규를 중심으로」, 『동북아역사논총』 제32호(동북아역사재단, 2011), pp. 63~103, p. 74.

3. Key-hiuk Kim, pp. 139~140.

4. 위의 책, p. 141.

5. 위의 책, pp. 141~142.

6. 위의 책, p. 142.

7. Cassel, Kindle Location 2235.

8. 위의 책, pp. 99~100.

9. Howland, pp. 32~33.

10. 위의 책, p. 33.

11. Key-hiuk Kim, p. 144.

12. 위의 책, p. 145.

13. https://en.wikipedia.org/wiki/Tsuda_Mamichi

14. https://en.wikipedia.org/wiki/Kanda_Takahira

15. Key-hiuk Kim, p. 146.

16. 위의 책, pp. 148~149.

17. 위의 책, p. 149.

18. 위의 책, p. 151.

19. 위의 책, p. 152.

20. 위의 책, p. 163.

21. 현명철, 「대마도 소멸 과정과 한일관계사」, p. 206.

22. 위의 글, p. 206.

23. 위의 글, p. 207.

24. 위의 글, p. 207에서 재인용.

25. 위의 글, p. 208.

26. Key-hiuk Kim, p. 171.

27. 위의 책, p. 172.

28. 위의 책, p. 173.

29. Keene, pp. 216~217.

30. Duus, p. 142.

31. Keene, p. 218.

32. 위의 책, p. 218.

33. 위의 책, p. 217.

34. 위의 책, p. 218.

35. 위의 책, p. 224.

36. 위의 책, p. 224.

37. Wayne C. McWilliams, "East Meets East': The Soejima Mission to China, 1873," *Monumenta Nipponica* 30, no. 3 (1975,) p. 248. Keene, p. 225에서 재인용.

38. Key-hiuk Kim, p. 175.

39. Key-hiuk Kim, p. 175

40. Keene, p. 225.

41. 위의 책, p. 226.

42. 위의 책, p. 226.

43. 위의 책, p. 226.

44. 위의 책, p. 226.

45. McWilliams, "East Meets East," p. 256. Keene, p. 227에서 재인용.

46. McWilliams, "East Meets East," p. 258. Keene, p. 227에서 재인용.

47. McWilliams, "East Meets East," p. 259. Keene, p. 227에서 재인용.

48. Keene, p. 227.

49. 위의 책, pp. 228-229.

50. 위의 책, p. 229.

51. 위의 책, p. 176.

52. Key-hiuk Kim, p. 176.

53. Keene, p. 229.

54. Hilary Conroy, *The Japanese Seizure of Korea: 1868-1910 (Philadelphia: University of Pennsylvania Press, 1960)*, p. 42.

제4장 · 사이고 다카모리의 「정한론」

1. Ravina, p. 188.

2. Key-hiuk Kim, p. 178.

3. 『국역 을병일기(乙丙日記)』上, 김종학 옮김(국립중앙도서관, 2014), p. 61.

4. Key-hiuk Kim, p. 179.

5. Keene, p. 230.

6. 위의 책, p. 230.

7. 위의 책, p. 230.

8. 위의 책, p. 231.

9. Key-hiuk Kim, p. 179.

10. Keene, p. 231.

11. Key-hiuk Kim, p. 179.

12. Keene, p. 231.

13. 위의 책, p. 231. Conroy, p. 43.

14. Key-hiuk Kim, p. 180.

15. 위의 책, p. 181.

16. Ravina, p. 180.

17. 위의 책, p. 180.

18. Keene, p. 233.

19. Conroy, p. 44.

20. Key-hiuk Kim, p. 183.

21. Conroy, p. 44.

22. 위의 책, p. 45.

23. 위의 책, p. 45.

24. 『大口保利通文書』5(日本史籍協會, 1927-1929), pp. 53~65.

25. Keene, p 234.

26. Conroy, p. 46.

27. Keene, p. 234.

28. 위의 책, p. 46.

29. Ravina, p. 192.

30. Keene, p. 240.

31. 위의 책, p. 240.

32. 위의 책, p. 240.

33. 위의 책, p. 241.

34. 위의 책, p. 241.

35. Conroy, pp. 52~53.

36. Keene, p. 242.

37. 위의 책, p. 243.

38. 위의 책, p. 243.

39. 위의 책, p. 243.

40. 위의 책, p. 244.

41. Key-hiuk Kim, p. 190.

42. Akira Iriye, "Japan's drive to great-power status," *The Cambridge History of Japan,* volume 5, ed. Marius B. Jansen(Cambridge: Cambridge University Press, 1989), pp. 721~782, p. 739.

43. 위의 글, p. 740.

44. 위의 글, p. 741.

45. 위의 글, p. 741.

46. Key-hiuk Kim, p. 219.

47. 위의 책, p. 190.

48. Iriye, p. 742.

49. Key-hiuk Kim, pp. 190~191.

50. 위의 책, p. 191.

51. Keene, p. 245.

52. *Meiji Tennō-ki.* Vol. 3 (Yoshikawa Kobunkan), pp. 234-235, 위의 책 p. 245 에서 재인용.

53. *Meiji Tennō-ki.* Vol. 3 (Yoshikawa Kobunkan), pp. 243-244, 위의 책, p. 245 에서 재인용.

54. *Meiji Tennō-ki.* Vol. 3 (Yoshikawa Kobunkan), pp. 243-244, 위의 책, p. 245 에서 재인용.

55. Key-hiuk Kim, p. 191.

56. 위의 책, p. 192.

57. Keene, p. 246.

58. key-hiuk Kim, p. 193.

59. 위의 책, p. 193.

60. 위의 책, p. 194.

61. 위의 책, p. 194.

62. 위의 책, p. 195.

63. 위의 책, pp. 195~196.

64. 위의 책, p. 196.

65. 위의 책, p. 197.

66. 위의 책, p. 198.

67. 위의 책, p. 198.

68. 위의 책, p. 199.

제5장 · 후쿠자와의 「문명개화론」

1. Albert M. Craig, *Civilization and Enlightenment: The Early Thought of Fukuzawa Yukichi* (Cambridge, MA and London, England: Harvard University Press, 2009,) p. 145.

2. 구메 구니타케, p. 13.

3. Craig, *Civilization and Enlightenment,* pp. 38-39.

4. 위의 책, p. 40.

5. 위의 책, pp. 40-41.

6. Nishikawa Shunsaku, "Fukuzawa Yukichi (1835-1901)," *Prospects: the quarterly review of comparative education* (UNESCO: International Bureau of Education), vol. XXIII, no. 3/4, 1993, pp. 493-506, p. 494.

7. 위의 글, p. 493.

8. 위의 글, p. 493.

9. Craig, *Civilization and Enlightenment,* p. 8.

10. Nishikawa, pp. 493-494.

11. 위의 책, p. 494.

12. Richard Rubinger, *Private Academies of the Tokugawa Period* (Princeton: Princeton University Press, 2014,) p. 128.

13. Nishikawa, p. 494.

14. 위의 글, p. 495.

15. 위의 글, p. 495.

16. 위의 글, p. 495.

17. 위의 글, p. 496.

18. 위의 글, p. 496.

19. 위의 글, p. 495.

20. 위의 글, p. 496.

21. 위의 글, p. 497.

22. Craig, *Civilization and Enlightenment*, p. 10.

23. 위의 책, p. 12.

24. 위의 책, pp. 12-13.

25. 위의 책, p. 13.

26. 위의 책, p. 13

27. 위의 책, p. 14.

28. 위의 책, p. 14.

29. http://www.biographi.ca/en/bio/lafitau_joseph_francois_3E.html

30. William Robertson, "History of America," *The Works of William Robertson* (London, 1827, 6: 269. Craig, *Civilization and Enlightenment*, p. 14에서 재인용.

31. Adam Smith, *Lectures on Jurisprudence* (Oxford: Oxford University Press, 1978,) p. 107. Craig, *Civilization and Enlightenment*, p. 14에서 재인용. 이 책은 1762-1763, 1766 애덤 스미스의 강의를 들은 학생들의 강의 필기에 기반하고 있다.

32. Craig, *Civilization and Enlightenment*, p. 15.

33. Adam Smith, *Lectures on Justice, Police Revenue, and Arms* (Oxford, 1896), pp. 107-108. Craig, Civilization and Enlightenment, pp. 15-16에서 재인용.

34. Smith, *Jurisprudence*, pp. 15-16. Craig, *Civilization and Enlightenment*, p. 16에서 재인용.

35. Smith, *Jurisprudence*, pp. 15-16. Craig, *Civilization and Enlightenment*, p. 16에서 재인용.

36. Smith, *Jurisprudence*, p. 404. Craig, *Civilization and Enlightenment*, p. 17에서 재인용.

37. Smith, *Jurisprudence*, p. 16. Craig, *Civilization and Enlightenment*, p. 17에서 재인용.

38. Smith, *Jurisprudence*, p. 16. Craig, *Civilization and Enlightenment*, p. 17에서 재인용.

39. Smith, *Jurisprudence*, p. 16. Craig, *Civilization and Enlightenment*, p. 17에서 재인용.

40. Craig, *Civilization and Enlightenment*, p. 18.

41. 위의 책, p. 18.

42. Ferguson, *Essay on the History of Civil Society*, p. 8. Craig, *Civilization and Enlightenment*, p. 19에서 재인용.

43. Ferguson, *Essay on the History of Civil Society*, pp. 6-7. Craig, *Civilization and Enlightenment*, pp. 19-20에서 재인용.

44. Ferguson, *Essay on the History of Civil Society*, p. 1. Craig, *Civilization and Enlightenment*, p. 20에서 재인용

45. Ferguson, *Essay on the History of Civil Society*, p. 208. Craig, *Civilization and Enlightenment*, p. 20에서 재인용.

46. Craig, *Civilization and Enlightenment*, p. 20.

47. Ferguson, *Essay on the History of Civil Society*, p. 242. Craig, *Civilization and Enlightenment*, p. 21에서 재인용.

48. Ferguson, *Essay on the History of Civil Society*, p. 208. Craig, *Civilization and Enlightenment*, p. 21에서 재인용.

49. Ferguson, *Essay on the History of Civil Society*, pp 206-207. Craig, *Civilization and Enlightenment*, p. 21에서 재인용.

50. Ferguson, *Essay on the History of Civil Society*, p. 191. Craig, *Civilization and Enlightenment*, p. 22에서 재인용.

51. Craig, *Civilization and Enlightenment*, p. 33.

52. 위의 책, p. 34.

53. 위의 책, p. 34.

54. Jedidiah Morse, *Elements of Geography*, Craig, *Civilization and Enlightenment*, p. 34에서 재인용.

55. Joseph Emerson Worcester, *Elements of Geography, Ancient and Modern*, Craig, *Civilization and Enlightenment*, p. 35에서 재인용.

56. Craig, *Civilization and Enlightenment*, p. 38.

57. 위의 책, p. 41.

58. 위의 책, p. 42.

59. 위의 책, p. 46.

60. 위의 책, p. 49.

61. 『福澤諭吉著作集』, 1: 385. Craig, *Civilization and Enlightenment*, p. 59에서 재인용.

62. Craig, *Civilization and Enlightenment*, p. 59.

63. John Hill Burton, *The Book Hunter* (Edinburgh, 1882), xlii. Craig, *Civilization and Enlightenment*, p. 59에서 재인용.

64. Craig, *Civilization and Enlightenment*, p. 60.

65. 위의 책, p. 60.

66. 위의 책, p. 61.

67. Burton, *Political Economy 1,*『福澤諭吉全集』, 1: 389. Craig, *Civilization and Enlightenment*, p. 65에서 재인용.

68. Burton, *Political Economy 2,*『福澤諭吉全集』, 1: 390. Craig, *Civilization and Enlightenment*, p. 66에서 재인용.

69. Burton, *Political Economy 2-3,*『福澤諭吉全集』, 1: 390-391. *Craig, Civilization and Enlightenment*, p. 66에서 재인용.

70. Burton, *Political Economy 3,*『福澤諭吉全集』, 1: 391. Craig, *Civilization and Enlightenment*, p. 68에서 재인용.

71. Burton, *Political Economy 10,*『福澤諭吉全集』, 1: 399. Craig, *Civilization and Enlightenment*, p. 68에서 재인용.

72. Burton, *Political Economy 10-11,*『福澤諭吉全集』, 1: 400. Craig, *Civilization and Enlightenment*, p. 69에서 재인용.

73. Craig, *Civilization and Enlightenment*, p. 69.

74. Burton, *Political Economy 6-7,*『福澤諭吉全集』, 1: 395. Craig, *Civilization and Enlightenment*, p. 70.

75. Burton, *Political Economy 6,*『福澤諭吉全集』, 1: 395. Craig, *Civilization and Enlightenment*, p. 70에서 재인용.

76. Burton, *Political Economy 7,*『福澤諭吉全集』, 1: 396. Craig, *Civilization and Enlightenment*, pp. 70-71에서 재인용.

77. Craig, *Civilization and Enlightenment*, p. 71.

78. Burton, *Political Economy 19-20,*『福澤諭吉全集』, 1: 413-414. Craig, *Civilization and Enlightenment*, p. 72에서 재인용.

79. Burton, *Political Economy 20,*『福澤諭吉全集』, 1: 414. Craig, *Civilization and Enlightenment*, p. 72.

80. Burton, *Political Economy 26,*『福澤諭吉全集』, 1: 420-421. Craig, *Civilization and Enlightenment*, p. 74에서 재인용.

81. Burton, *Political Economy 25.* Craig, *Civilization and Enlightenment*, p. 75에서 재인용.

82. Burton, *Political Economy 26,*『福澤諭吉全集』, 1: 420-421. Craig, *Civilization*

and Enlightenment, p. 76에서 재인용.

83. 『福翁自伝』, p. 211, Nishikawa, p. 496에서 재인용.

84. 『福澤諭吉全集』, 1: 463. Craig, *Civilization and Enlightenment*, p. 81에서 재인용.

85. Craig, *Civilization and Enlightenment*, p. 84.

86. 『福澤諭吉全集』, 4: 133. Craig, *Civilization and Enlightenment*, p. 84에서 재인용.

87. 『福澤諭吉全集』, 1: 28-29. Craig, *Civilization and Enlightenment*, p. 85에서 재인용.

88. 『福澤諭吉全集』, 1: 313. Craig, *Civilization and Enlightenment*, p. 85에서 재인용.

89. Craig, *Civilization and Enlightenment*, p. 85.

90. 위의 책, p. 86.

91. 『福澤諭吉全集』, 1: 316-317. Craig, *Civilization and Enlightenment*, p. 86에서 재인용.

92. Alexander Fraser Tytler, *Elements of General History, Ancient and Modern* (Concord, NH: 1831,) p. 160. Craig, *Civilization and Enlightenment*, p. 87에서 재인용.

93. 『福澤諭吉全集』, 1: 301. Craig, *Civilization and Enlightenment*, p. 87에서 재인용.

94. Tytler, p. 239, 『福澤諭吉全集』, 1: 301-302. Craig, *Civilization and Enlightenment*, pp. 87-88에서 재인용

95. Tytler, p. 447, 『福澤諭吉全集』, 1: 302. Craig, *Civilization and Enlightenment*, p. 88에서 재인용.

96. Craig, *Civilization and Enlightenment*, p. 88.

97. Tytler, p. 447, 『福澤諭吉全集』, 1: 302. Craig, *Civilization and Enlightenment*, pp. 88-89에서 재인용.

98. Craig, *Civilization and Enlightenment*, p. 92.

99. Burton, *Political Economy 54-55*. Craig, *Civilization and Enlightenment*, p. 93에서 재인용.

100. Burton, *Political Economy 57*, 『福澤諭吉全集』, 1: 467-468. Craig, *Civilization and Enlightenment*, pp. 93-94에서 재인용

101. Francis Wayland, *The Elements of Political Economy* (Boston, 1837), pp. 53-54. Craig, *Civilization and Enlightenment*, p. 94에서 재인용.

102. Wayland, pp. 55-56. Craig, *Civilization and Enlightenment*, p. 94에서 재

인용.

103. George Ripley and Charles A. Dana, eds., *New American Cyclopaedia* *(New York, 1866-1867.) Craig, Civilization and Enlightenment*, p. 95에서 재인용.

104. 『福澤諭吉全集』, 1: 472. Craig, *Civilization and Enlightenment*, p. 96에서 재인용.

105. *New American Cyclopaedia* 5: 703-704. Craig, Civilization and Enlightenment, p. 96에서 재인용.

106. Craig, *Civilization and Enlightenment*, p. 98.

107. 위의 책, p. 98.

108. Letter to Shoda Heigoro, 『福澤諭吉全集』, 17: 163. Nishikawa, p. 498에서 재인용.

109. 『福澤諭吉全集』, 4: 72. Craig, *Civilization and Enlightenment*, p. 100에서 재인용.

110. Craig, *Civilization and Enlightenment*, p. 101.

111. 위의 책, p. 101.

112. 위의 책, pp. 102-103.

113. 『福澤諭吉全集』, 4: 17. Craig, *Civilization and Enlightenment*, p. 103에서 재인용.

114. 『福澤諭吉全集』, 4: 17. Craig, *Civilization and Enlightenment*, pp. 103-104 에서 재인용.

115. 『福澤諭吉全集』, 4: 17. Craig, *Civilization and Enlightenment*, p. 104에서 재인용.

116. 『福澤諭吉全集』, 4: 16-17. Craig, *Civilization and Enlightenment*, p. 104에서 재인용.

117. 『福澤諭吉全集』, 4: 107. Craig, *Civilization and Enlightenment*, p. 105에서 재인용.

118. 『福澤諭吉全集』, 4: 18-19. Craig, *Civilization and Enlightenment*, p. 105에서 재인용.

119. Francois Guizot, *General History of Civilization in Europe* (New York, 1867,) p. 19. 『福澤諭吉全集』 4: 38-39. Craig, *Civilization and Enlightenment*, pp. 105-106에서 재인용.

120. 『福澤諭吉全集』, 4: 20. Craig, *Civilization and Enlightenment*, p. 106에서 재인용.

121. 『福澤諭吉全集』, 4: 20. Craig, *Civilization and Enlightenment*, pp. 106-107

에서 재인용

122. Craig, *Civilization and Enlightenment*, p. 107에서 재인용.

123. 『福澤諭吉全集』, 3: 18. Craig, *Civilization and Enlightenment*, p. 111에서 재인용.

124. 『福澤諭吉全集』, 3: 44. Craig, *Civilization and Enlightenment*, p. 112에서 재인용.

125. 『福澤諭吉全集』, 4: 23-26. Craig, *Civilization and Enlightenment*, p. 113.

126. Craig, *Civilization and Enlightenment*, pp. 113-114.

127. 위의 책, p. 114.

128. 위의 책, p. 114.

129. 위의 책, p. 114.

130. 『福澤諭吉全集』, 4: 35. Craig, *Civilization and Enlightenment*, p. 113에서 재인용.

131. 『福澤諭吉全集』, 4: 35. Craig, *Civilization and Enlightenment*, p. 115에서 재인용.

132. Fukuzawa Yukichi, *An encouragement of learning*, trans. by D.A. Dilworth and U. Hirano (Tokyo: Sophia University Press, 1969,) p. 1. Nishikawa, p. 496에서 재인용.

133. Nishikawa, p. 497.

134. W.H. Oxford, *The speeches of Fukuzawa* (Tokyo: Hokuseido Press, 1973,) p. 5. Nishikawa, p. 497에서 재인용.

135. Nishikawa, p. 497.

136. Craig, *Civilization and Enlightenment*, pp. 144-145

137. 『伊藤公全集』, 2:129-130, 145-146 (學問演說). Craig, *Civilization and Enlightenment*, pp. 149-150에서 재인용.

138. Erwin Baelz, *Awakening Japan: The Diary of a German Doctor* (Bloomington, IN, 1974,) p. 16. Craig, *Civilization and Enlightenment*, p. 153에서 재인용.

제6장 · 개국 아닌 개국: 「강화도 조약」

1. Key-hiuk Kim, p. 211.

2. 『일성록』 고종 11년(1874) 3월 30일.

3. 위의 기사.

4. Deuchler, *Confucian Gentlemen and Barbarian Envoys*, p. 15.

5. 『고종실록』 고종 11년(1874) 6월 25일(병신): 1번째 기사.

6. 『일성록』 고종 11년(1874) 6월 25일자.

7. Martina Deuchler, p. 15.

8. 『고종실록』 고종 11년(1874) 6월 29일(경자): 1번째 기사.

9. 위의 기사.

10. 『고종실록』 고종 11년(1874) 7월 3일(계묘): 1번째 기사.

11. Key-hiuk Kim, p. 211.

12. 『국역 비변사등록』 256책, 고종 12년 1875년 3월 4일(음력).

13. 『일성록』 고종 11년(1874) 1월 3일.

14. Deuchler, *Confucian Gentlemen and Barbarian Envoys*, p. 17.

15. Key-hiuk Kim, p. 213.

16. Deuchler, *Confucian Gentlemen and Barbarian Envoys*, p. 18.

17. 『고종실록』 고종 11년(1874) 8월 9일(기묘): 1번째 기사.

18. Key-hiuk Kim, p. 215.

19. 『고종실록』 고종 11년(1874) 8월 9일(기묘) 1번째 기사.

20. Key-hiuk Kim, p. 216.

21. Deuchler, *Confucian Gentlemen and Barbarian Envoys*, p. 18.

22. Key-hiuk Kim, p. 218.

23. Deuchler, *Confucian Gentlemen and Barbarian Envoys*, p. 18.

24. Key-hiuk Kim, pp. 220~221.

25. 『고종실록』 고종 12년(1875) 2월 5일(계유) 2번째 기사.

26. 『고종실록』 고종 12년(1875) 2월 9일(정축) 8번째 기사.

27. 『고종실록』 고종 12년(1875) 3월 4일(신축) 2번째 기사.

28. Key-hiuk Kim, p. 223.

29. 『고종실록』 고종 12년(1875) 5월 10일(병오) 1번째 기사.

30. 위의 기사.

31. 위의 기사.

32. 위의 기사.

33. 『고종실록』 고종 12년(1875) 5월 10일 신축(병오): 2번째 기사.

34. 『환재집』 권 11, 「書牘」, 答上大院君, 又乙亥正月 日本書契將來 而受之不可之意 有 雲閣書故上答.

35. James B. Palais, *Politics and Policy in Traditional Korea* (Cambridge, MA: Harvard University Press, 1975), p. 261.

36. 한국학문헌연구소 편찬, 『박규수전집』 上(아세아문화사, 1978), pp. 771~775, 김용구, 『세계관 충돌과 한말 외교사(1866~1882)』(문학과지성사, 2004), p. 182

에서 재인용.

37. Key-hiuk Kim, p. 225.

38. 위의 책, p. 225.

39. 『고종실록』 고종 12년(1875) 7월 9일(계묘): 1번째 기사.

40. Key-hiuk Kim, p. 226.

41. 위의 책, p. 227.

42. 위의 책, p. 228.

43. 위의 책, p. 228.

44. 위의 책, p. 229.

45. 위의 책, p. 230.

46. Mark Ravina, pp. 175~179.

47. Key-hiuk Kim, p. 231.

48. 위의 책, p. 232.

49. 위의 책, p. 233.

50. 위의 책, p. 234~235.

51. 위의 책, p. 234~235.

52. 위의 책, p. 235~236.

53. 위의 책, p. 236.

54. 위의 책, p. 238.

55. 다보하시 기요시, 『근대 일선관계의 연구』 上, 김종학 옮김(일조각, 2013), pp. 510~512.

56. Key-hiuk Kim, pp. 238~239.

57. 위의 책, p. 240.

58. 『고종실록』 고종 12년(1875) 7월 30일(갑자): 1번째 기사.

59. Key-hiuk Kim, p. 241.

60. 위의 책, p. 242.

61. 가토 마스오(加藤增雄), 『일한교섭약사』(도쿄: 외무성, 1894).

62. 위의 책.

63. 『고종실록』 고종 12년(1875) 11월 15일(무신) 1번째 기사.

64. 다보하시 기요시, p. 399.

65. 『고종실록』 고종 12년(1875) 11월 29일(임술): 2번째 기사.

66. Key-hiuk Kim, p. 244.

67. 『고종실록』 고종 13년(1876) 1월 2일(갑오): 1번째 기사.

68. 『고종실록』 고종 13년(1876) 1월 4일(병신): 1번째 기사.

69. 『고종실록』 고종 13년(1876) 1월 19일(신해) 1번째 기사.

70. 위의 기사.

71. 『고종실록』 고종 13년(1876) 1월 20일(임자) 1번째 기사.

72. 위의 기사.

73. 위의 기사.

74. 위의 기사.

75. 위의 기사.

76. 위의 기사.

77. 위의 기사.

78. Key-hiuk Kim, p. 252.

79. 『일성록』 고종 13년(1876) 1월 20일.

80. 『면암선생문집(勉菴先生文集)』 제3권, 소(疏).

81. 위의 글.

82. 위의 글.

83. 위의 글.

84. 위의 글.

85. 『일성록』 고종 13년(1876) 1월 23일.

86. 『일성록』 고종 13년(1876) 1월 27일.

87. 『일성록』 고종 13년(1876) 1월 28일.

88. 『일성록』 고종 13년(1876) 1월 23일.

89. 『고종실록』 고종 13년(1876) 1월 25일(정사): 3번째 기사.

90. 『고종실록』 고종 13년(1876) 2월 3일(을축): 1번째 기사.

91. 위의 기사.

92. 청은 마가리 사건에 대한 공식 사과 사절단을 영국에 파견하는데, 곽숭도(郭嵩燾)가 사절단장으로 파견되면서 런던에 상주하게 되고 이는 중국 최초의 해외 상주 외교 사절이 된다.

93. Key-hiuk Kim, p. 254.

94. Akira Iriye, "Japan's drive to great-power status," *The Cambridge History of Japan,* volume 5, ed. Marius B. Jansen(Cambridge: Cambridge University Press, 1989), pp. 721~782, p. 746.

제7장 · 쇄국과 개국 사이에서

1. Key-hiuk Kim, p. 256.

2. Deuchler, *Barbarian Envoys and Confucian Gentlemen,* p. 64.

3. 『고종실록』 고종 15년(1878) 5월 4일(계축) 1번째 기사.

4. 위의 기사.

5. 『고종실록』 고종 15년(1878) 6월 6일(갑신) 1번째 기사.

6. 『고종실록』 고종 15년(1878) 10월 26일(임인) 1번째 기사.

7. 『고종실록』, 고종 13년(1876) 2월 22일(갑신) 1번째 기사.

8. 위의 기사.

9. 『고종실록』 고종 13년(1876) 3월 1일(계사) 1번째 기사.

10. 김기수, 『일동기유(日東記遊)』 제1권, 차견(差遣) 2칙.

11. 위의 글.

12. Deuchler, *Barbarian Envoys and Confucian Gentlemen*, p. 52.

13. 위의 책, p. 52.

14. 김기수, 『일동기유』 제2권, 문답(問答) 9칙.

15. 위의 글.

16. 위의 글.

17. 김기수, 『일동기유』 제2권, 문답(問答) 9칙.

18. Martin Heidegger, "A Dialogue on Language between a Japanese and an Inquirer", *On the Way to Language* (New York: Harper&Row, 1971), pp. 1~54.

19. 『일동기유』 제2권, 완상(玩賞) 22칙.

20. 『일동기유』 제3권, 속상(俗尙) 24칙.

21. 『일동기유』 제2권, 완상(玩賞) 22칙.

22. 『일동기유』 제3권, 성곽(城郭) 부 교량 도로(附橋梁道路) 13칙.

23. 『일동기유』 제4권, 환조(還朝) 1칙, 또 별단(別單) 14칙이 있다. 행중문견별단(行中聞見別單)을 부록함.

24. 위의 글.

25. 『승정원일기』 고종 13년(1876) 6월 1일(경인): 최종 기사.

26. Key-hiuk Kim, p. 260.

27. 『승정원일기』 고종 13년 (1876년) 6월 12일.

28. Key-hiuk Kim, p. 260.

29. 위의 책, p. 261.

30. 『고종실록』, 고종 13년(1876) 7월 6일(갑자) 1번째 기사.

31. Key-hiuk Kim, p. 262.

32. 위의 책, p. 262.

33. 위의 책, p. 261.

34. 위의 책, p. 261.

35. 『고종실록』 고종 13년(1876) 10월 22일(기유): 1번째 기사.

36. Ravina, p. 192.

37. 위의 책, p. 193.

38. 위의 책, p. 194

39. 위의 책, pp. 197~198.

40. 위의 책, p. 198.

41. 위의 책, p. 189.

42. Keene, p. 264.

43. 위의 책, p. 264.

44. 위의 책, p. 264.

45. 위의 책, p. 265.

46. 위의 책, pp. 266~267.

47. Ravina, p. 201.

48. 위의 책, p. 201.

49. 위의 책, p. 209.

50. Keene, p. 284.

51. Masakazu Iwata, *Okubo Toshimichi: The Bismark of Japan* (Berkeley: University of California Press, 1964), p. 251.

52. Keene, p. 291.

53. Iwata, pp. 252~253.

54. 위의 책, p. 253.

55. Keene, p. 291.

56. 「島田一郎の斬姦狀」, 『三条家文書(所蔵分)』 50冊(東京: 日本史籍協會, 1915~1935), p. 391.

57. Keene, p. 295.

58. Key-hiuk Kim, p. 264.

59. 위의 책, p. 265.

60. 위의 책, p. 265.

61. 『고종실록』 고종 14년(1877) 10월 12일(계사): 1번째 기사.

62. Key-hiuk Kim, p. 266~267.

63. 『구한국외교문서』 제1권, 23한, 고종 14년 9월 24일.

64. 『고종실록』 고종 15년(1878) 8월 10일(정해) 3번째 기사.

65. Key-hiuk Kim, pp. 268~269.

66. 위의 책, p. 269.

67. 위의 책, p. 270.

68. 『고종실록』 고종 16년(1879) 7월 13일(을유): 2번째 기사.

69. Key-hiuk Kim, pp. 270~271.

70. Key-hiuk Kim, p. 279.

71. 위의 책, p. 282.

72. 위의 책, p. 278.

73. 위의 책, p. 284.

74. 위의 책, p. 284.

75. 위의 책, p. 284.

76. 위의 책, pp. 285~286.

77. 『고종실록』 고종 16년(1878) 5월 28일(신축) 2번째 기사.

78. Deuchler, *Barbarian Envoys and Confucian Gentlemen*, p. 89.

79. 이유원-이홍장 서신: *LWCK, Tsungli Yamen Letters*, 10.15b-16b; *CJHK*, vol 2, 394-396., *CJHK*, vol. 2, 398-401, *LWCK, Tsungli Yamen Letters*, 10.23a-b.

80. Deuchler, *Barbarian Envoys and Confucian Gentlemen*, p. 90.

81. Key-hiuk Kim, p. 289.

82. 김용구, 『세계관 충돌과 한말 외교사: 1866-1882』(문학과지성사, 2004), p. 239.

83. 『고종실록』 고종 17년(1880) 7월 9일(을해): 1번째 기사.

84. 김용구, p. 306~307.

85. Key-hiuk Kim, p. 302.

86. 위의 책, p. 302.

87. 위의 책, pp. 302~303.

88. 위의 책, p. 303.

89. 위의 책, pp. 304~305.

90. 위의 책, p. 304.

91. 위의 책, p. 305.

92. 위의 책, p. 305.

제8장 · 개화파와 일본의 만남

1. 『고종실록』 고종 11년(1874) 9월 26일(을축): 2번째 기사.

2. 문일평, 「명상(名相) 박규수의 옛 터」, 『호암전집』 3. 구거유화(조광사, 1939), pp. 267~268. 강재언, 『한국의 개화사상』, 정창열 옮김(비봉출판사, 1989), pp. 193~194에서 재인용.

3. Harold F. Cook, *Korea's 1884 Incident: Its Background and Kim Ok-kyun's Elusive Dream* (Seoul: Royal Asiatic Society, Korea Branch in conjunction with Taewon Publishing Company, 1972), p. 18.

4. 위의 책, p. 19.

5. 위의 책, p. 22.

6. 고균기념회, 『김옥균전』 上(경응출판사, 1944), pp. 49~50, 강재언, 『한국의 개화사상』, pp. 194~195에서 재인용.

7. Harold F. Cook, p. 30.

8. 『김옥균전』 上, p. 50, 강재언, 『한국의 개화사상』, p. 196에서 재인용.

9. 이광수, 「甲申政變回顧談, 朴泳孝氏를 만난 이야기」, 『東光』 19호(동광사, 1931), pp. 13~16, 이광수, 『이광수전집(李光洙全集)』 17권(삼중당, 1962), pp. 401~402, 강재언, 『한국의 개화사상』, pp. 195~196 에서 재인용.

10. 김경집, 『한국근대불교사』 (경서원, 1998), p. 51.

11. 강재언, pp. 196~197.

12. 김용구, 『세계관 충돌과 한말 외교사: 1866-1882』 (문학과지성사, 2004), p. 264.

13. 김도태, 『서재필 박사 자서전』(을유문화사, 1972), pp. 64~65, 강재언, 『한국의 개화사상』, p. 198에서 재인용.

14. 김경집, p. 35.

15. 위의 책, p. 34.

16. 위의 책, p. 44.

17. Deuchler, *Barbarian Envoys and Confucian Gentlemen*, p. 71.

18. 위의 책, p. 70.

19. 위의 책, p. 72.

20. Jun Uchida, Brokers of Empire: Japanese Settler Colonialism in Korea, 1876-1945 (Cambridge, MA: Harvard University Press Asia Center, 2011), p. 39.

21. Namlin Hur, 「Vanguard Buddhist Monks, Political Activisim and the Honganji Nexus at the Dawn of the Modern Era in Choson Korea」, 『불교학보』 제72집(동국대학교 불교문화연구원, 2015), pp. 115~139, p. 120.

22. 위의 글, p. 121.

23. 『朝鮮開教五十年誌』(東京: 朝鮮開教監督部, 1927), pp. 137~138. 김용구, pp. 265~266에서 재인용.

24. 위의 책, pp. 137~138. 김용구, pp. 265~266에서 재인용.

25. 김용구, p. 268.

26. 위의 책, p. 268.

27. Hur, p. 123.

28. 강재언, 『한국근대사연구』(한울, 1992), p. 72; 石河幹明, 『福澤諭吉傳』第3卷(東京: 岩波書店, 1932), p. 288.

29. PRO. 30/33/15/6, Ernest Satow, *The Diaries of Ernest Satow, 1870-1883*, May. 12, 1880; 「개화승 이동인의 재일활동」, 『신동아』 5월호(1981), p. 240; 萩原延壽, 『朝日新聞』 1831호(1990). 김용구, 위의 책, p. 269에서 재인용.

30. Key-hiuk Kim, p. 289.

31. 위의 책, p. 290.

32. 송병기 편역, 『개방과 예속: 대미 수교 관련 수신사 기록(1880) 초』(단국대학교출판부, 2000), pp. 74~76에서 재인용.

33. Key-hiuk Kim, p. 293.

34. 다보하시 기요시, 『근대 일선관계의 연구』上, 김종학 옮김 (일조각, 2013), p. 679.

35. 황준헌, 『조선책략』, 김승일 옮김 (범우사, 2007), p. 20.

36. 위의 책, p. 21.

37. 위의 책, p. 21.

38. 위의 책, p. 22.

39. 위의 책, p. 22.

40. 위의 책, p. 32.

41. 위의 책, p. 34.

42. 미국의 법률가이며 외교관이었던 헨리 휘튼(Henry Wheaton, 1785~1848)이 1836년 출판한 Elements of International Law를 1865년 당시 중국에서 선교사로 일하고 있던 윌리엄 마틴(William Alexander Parsons Martin, 1827~1916)이 중국어로 번역한 책.

43. 황준헌, p. 38.

44. 위의 책, pp. 39~40.

45. 위의 책, pp. 40~41.

46. 위의 책, pp. 42~43.

47. Key-hiuk Kim, p. 293.

48. 위의 책, p. 295.

49. 황준헌, p. 69.

50. 위의 책, pp. 76~77.

51. Key-hiuk Kim, p. 292.

52. 김용구, p. 273.

53. 위의 책, p. 281.

54. 위의 책, p. 282.

55. 강재언, 『한국근대사연구』, p. 72.

56. Ernest Mason Satow, *A Diplomat in Japan Part II: The Diaries of Ernest Satow, 1870-1883* (Lulu Press, Inc., 2009), p. 455, Sept. 2, 1880.

57. Hur, p. 124.

58. 김용구, p. 281.

59. Harold F. Cook, pp. 34~35에서 재인용.

제9장 · 급진 개국과 대미 수교

1. 김경집, 『한국근대불교사』(경서원, 1998), p. 57.

2. 한국민족문화대백과사전 「이용숙」 페이지 참조, http://encykorea.aks.ac.kr/Contents/Index?contents_id=E0045260

3. 위의 페이지.

4. 위의 페이지.

5. Key-hiuk Kim, p. 307.

6. 『고종실록』 고종 17년(1880) 9월 8일(계유) 1번째 기사.

7. 위의 기사.

8. 위의 기사.

9. 위의 기사.

10. 위의 기사.

11. 위의 기사.

12. Namlin Hur, 「Vanguard Buddhist Monks, Political Activisim and the Honganji Nexus at the Dawn of the Modern Era in Choson Korea」, 『불교학보』 제72집(동국대학교 불교문화연구원, 2015), pp. 115~139, p. 124.

13. 위의 글, p. 125.

14. 위의 글, p. 124.

15. 김용구, 『세계관 충돌과 한말 외교사, 1866-1882』(문학과지성사, 2004), p. 300.

16. 위의 책, p. 300.

17. 위의 책, p. 300에서 재인용.

18. Satow, Nov. 16.

19. 위의 책, Nov. 16.

20. 위의 책, Nov. 17.

21. 김용구, p. 301.

22. Satow, Nov. 17.

23. FO 46/258; FO 881/4595; *Anglo-American Diplomatic Materials Relating to Korea, 1866~1886*, Park Il-Keun ed. (신문당, 1984), pp. 77~78; 동북아역사넷 홈페이지, 「근대한국외교문서」 페이지에서 재인용. http://contents.nahf.or.kr/item/item.do?levelId=gk.d_0007_0450

24. 『흥아회보고(興亞會報告)』, 제9호(1880. 8. 24). 강재언, 『한국의 개화사상』(비봉출판사, 1989), p. 204 에서 재인용.

25. 『흥아회보고』 제4집(1880. 5. 14.), 「興亞會參」, pp. 3~5. 이광린, 『한국개화사의 제문제』(일조각, 1989), p. 4에서 재인용.

26. 이동인인 이때 빌린 자금은 조선 조정이 1887년 대신 갚는다. Namlin Hur, 위의 글, p. 125.

27. Satawo, Dec. 1.

28. 김용구, p. 304.

29. Satawo, Dec. 2.

30. 김용구, p. 305.

31. Key-hiuk Kim, p. 306.

32. 위의 책, p. 305.

33. 위의 책, p. 306.

34. 『고종실록』 고종 17년(1880) 12월 21일(갑인): 2번째 기사.

35. 문일평, 『호암전집(湖岩全集)』 제2권(민속원, 1994), p. 54; 강재원, 『신편 한국근대사연구』(한울, 1991), p. 77에서 재인용.

36. 정옥자, 「신사유람단고(紳士遊覽團考)」, 『역사학보』 제27집 (역사학회, 1965). pp. 105~140, p. 110.

37. 위의 글, p. 111.

38. 위의 글, pp. 111~112.

39. 위의 글, p. 114.

40. 강재언, 『한국근대사연구』(한울, 1992), pp. 77~79.

41. 이광린, 『개화기의 인물』(연세대학교출판부, 1993), p. 44.

42. 강재언, 『한국근대사연구』, p. 77~79.

43. 이광린, 『개화기의 인물』, p. 44.

44. 위의 책, p. 44.

45. 고균기념회 편찬, 『김옥균전』 上(東京: 鹿應, 1944), p. 108.

46. 위의 책, p. 109.

47. 이광린, 『개화기의 인물』, p. 46.

48. 국제역사학회의 한국위원회, 『한미수교 100년사』(국학자료원, 1999), p. 629.

49. 강재언, 『한국근대사연구』, pp. 77~79.

50. 『한국민족문화대백과사전』,「이용숙」페이지 참조.

51. Key-hiuk Kim, pp. 307~308.

52. 위의 책, p. 308.

53. 위의 책, p. 310.

54. 김윤식, 高宗 29年 壬辰 正月~12月,『續陰晴史』上, 卷六 (『한국사료총서 제11집』), 국사편찬위원회 한국사데이터베이스 참조. http://db.history.go.kr/item/level. do?levelId=sa_013_0060_0030_0060).

55. Key-hiuk Kim, p. 311.

56. 이광린, 『개화기의 인물』, p. 49.

57. 『승정원일기』, 133책 (탈초본 2897책), 고종 19년(1882) 2월 17일(계유).

58. 이광린, 『개화기의 인물』, p. 49.

59. Key-hiuk Kim, p. 311.

60. 위의 책, p. 311.

61. 위의 책, p. 312.

62. 위의 책, p. 313.

63. 『고종실록』고종 19년(1882) 3월 24일(경술).

64. Key-hiuk Kim, p. 314.

65. 『고종실록』고종 19년(1882) 4월 6일(신유): 3번째 기사.

66. 위의 기사.

67. 위의 기사.

68. 위의 기사.

69. 위의 기사.

70. 위의 기사.

71. 위의 기사.

72. Key-hiuk Kim, pp. 314~315.

73. 『구한국외교문서 10: 미안(美案) 1』No.11(고려대학교출판부, 1967), p. 10.

74. Key-hiuk Kim, p. 315.

75. 위의 책, p. 316.

76. Cook, pp. 36~37.

77. 위의 책, p. 37.

78. 『東京日日新聞』1882. 3. 15, "朝鮮開化黨首領 金玉均來遊 -「朝鮮新報」の記事に神經を尖らす";『新聞集成明治 編年史』5권, p. 48.

79. 위의 책, p. 62. 권오영, 「개화파의 형성과 개화사상의 발전」, 『신편 한국사』38권 (국사편찬위원회, 2002), p. 27에서 재인용.

80. Hur, p. 126.

81. Cook, p. 42.

82. 위의 책, p. 42.

83. 이시카와 미키아키(石河幹明), 『복택유길전(福澤諭吉傳)』3(東京: 岩波書店, 1932), pp. 289~290; 『김옥균전』上, p. 137~143. 구선희, 위의 글, p. 188 에서 재인용.

84. 慶應義塾 編, 魚允中書翰(明治 14年 12月 20日), 福澤宛書翰, 『福澤. 諭吉全集』21(岩波書店, 1964), p. 374.

85. Cook, p. 43.

86. 위의 책, p. 45.

87. Hur, 위의 글, p. 126.

88. Edward Sylvester Morse, *Japan Day By Day, 1877, 1878-79, 1882-83, Vol. 2* (Boston: Houghton Mifflin Company, 1917), p. 220.

89. Cook, p. 47.

90. 위의 책, p. 48.

91. 위의 책, p. 48.

제10장 · 위정척사파의 반격과 청의 제국주의

1. Key-hiuk Kim, pp. 308~309.

2. 『고종실록』 고종 18년(1881) 2월 26일(무오), 4번째 기사.

3. 『고종실록』 고종 18년(1881) 윤7월 6일(병신), 4번째 기사.

4. 송병기, 『근대한중관계사연구: 19세기말의 연미론과 조청교섭』 (단국대학교출판부, 1985), p. 178.

5. 위의 책, p. 178.

6. 강재언, 『한국의 근대사상』 (한길사, 1988), p. 106.

7. 강재언, 『한국근대사연구』 (한울, 1992), p. 87.

8. Deuchler, *Confucian Gentlemen and Barbarian Envoys*, pp. 130~131.

9. 강재언, 『한국의 근대사상, pp. 106-107.

10. Deuchler, Confucian Gentlemen and Barbarian Envoys, pp. 134~135.

11. 위의 책, p. 135.

12. Key-hiuk Kim, p. 318.

13. 위의 책, p. 318.

14. 위의 책, pp. 318~319.

15. 위의 책, p. 320.

16. 위의 책, p. 319.

17. 위의 책, p. 320.

18. 이광린, 『개화기의 인물』(연세대학교출판부, 1993), p. 51.

19. Key-hiuk Kim, p. 321.

20. 위의 책, p. 321.

21. 위의 책, p. 322.

22. 위의 책, p. 322.

23. Deuchler, *Confucian Gentlemen and Barbarian Envoys*, p. 135.

24. Key-hiuk Kim, p. 323.

25. Deuchler, *Confucian Gentlemen and Barbarian Envoys*, p. 136.

26. Key-hiuk Kim, p. 323.

27. Deuchler, *Confucian Gentlemen and Barbarian Envoys*, p. 133.

28. Key-hiuk Kim, p. 324.

29. 위의 책, p. 324.

30. 위의 책, p. 324.

31. Deuchler, *Confucian Gentlemen and Barbarian Envoys*, p. 134.

32. Key-hiuk Kim, p. 325.

33. Deuchler, *Confucian Gentlemen and Barbarian Envoys*, p. 134.

34. 위의 책, p. 136.

35. 위의 책, p. 137.

36. Key-hiuk Kim, p. 326.

37. 위의 책, p. 138.

38. Deuchler, *Confucian Gentlemen and Barbarian Envoys*, p. 147.

39. 위의 책, p. 140.

40. 이광린, p. 50.

41. Deuchler, *Confucian Gentlemen and Barbarian Envoys*, p. 141.

42. 『고종실록』 19권, 고종 19년 10월 17일(경오): 2번째 기사.

43. Deuchler, *Confucian Gentlemen and Barbarian Envoys*, p. 141.

44. 위의 책, p. 143.

45. 위의 책, p. 144.

46. 『승정원일기』 고종 19년(1882) 7월 18일.

47. 『승정원일기』 고종 19년(1882) 7월 20일.

48. Deuchler, *Confucian Gentlemen and Barbarian Envoys*, p. 150.

49. 『승정원일기』 고종 19년(1882) 9월 22일.

50. 『비변사등록』 고종 19년(1882) 7월 25일; 『승정원일기』 고종 19년(1882) 7월 25일.

51. Deuchler, *Confucian Gentlemen and Barbarian Envoys,* p. 152.

52. 『승정원일기』 고종 19년(1882) 11월 18일; 『고종실록』 고종 19년(1882) 11월 18일.

53. 『고종실록』 고종 19년(1882) 11월 19일(신축) 2한째 기사.

54. Deuchler, *Confucian Gentlemen and Barbarian Envoys,* p. 155.

55. 『승정원일기』 고종 20년 계미(1883) 7월 5일; Martina Deuchler, 위의 책, p. 156.

56. 『고종실록』 고종 19년(1882) 9월 23일; Martina Deuchler, 위의 책, pp. 156~157.

57. Deuchler, *Confucian Gentlemen and Barbarian Envoys,* p. 157.

58. 위의 책, p. 157.

59. 위의 책, pp. 157~158.

60. 위의 책, pp. 159~160.

61. 위의 책, p. 160.

62. 위의 책, p. 161.

63. 위의 책, p. 159.

64. 위의 책, p. 162.

65. 위의 책, p. 163.

66. 위의 책, p. 163.

67. 위의 책, p. 164.

제11장 · 친일개화파의 독립사상

1. Hilary Conroy, p. 134.

2. 위의 책, p. 135.

3. 위의 책, p. 135.

4. Deuchler, *Confucian Gentlemen and Barbarian Envoys,* p. 145.

5. 『고종실록』 고종 19년(1882) 9월 22일(을사) 2번째 기사.

6. 『승정원일기』 고종 19년(1882) 8월 5일(무오); 『고종실록』 고종 19년(1882) 8월 5일(무오) 1번째 기사; 『고종실록』 고종 19년(1882) 8월 7일(경신) 2번째 기사.

7. 박영효, 『사화기략(使和記略)』, 8월 초 1일, 한국고전종합DB. http://db.itkc.or.kr/index.jsp?bizName=KO&url=/itkcdb/text/bookListIframe.jsp%3FbizName=KO%26seojiId=kc_ko_g025

8. 위의 글.

9. Cook, p. 55.

10. 『사화기략』, 8월 초 9일, 한국고전종합DB.
http://db.itkc.or.kr/index.jsp?bizName=KO&url=/itkcdb/text/bookListIframe.
jsp%3FbizName=KO%26seojiId=kc_ko_g025.

11. 위의 책, 8월 22일, 한국고전종합DB.
http://db.itkc.or.kr/index.jsp?bizName=KO&url=/itkcdb/text/bookListIframe.
jsp%3FbizName=KO%26seojiId=kc_ko_g025.

12. Cook, 위의 책, p. 55.

13. 위의 책, p. 56.

14. 위의 책, p. 56.

15. 위의 책, p. 58.

16. 위의 책, p. 58.

17. 『사화기략』 8월 22일자 기사.

18. Cook, p. 57.

19. Duus, p. 55.

20. 『고종실록』 고종 20년(1883) 6월 22일(경오): 4번째 기사.

21. Hur, p. 128.

22. 위의 글, p. 134.

23. Conroy, p. 128.

24. 위의 책, p. 128.

25. 위의 책, p. 128.

26. 福澤諭吉, 「朝鮮の交際を論す」(1882. 3. 11), 慶應義塾 編, 『福澤諭吉全集』第8卷(東京: 岩波書店, 1961), pp. 30~31. 양기웅, 「김옥균과 후쿠자와 유치키-어떤 관념적 정치가와 현실적 이론가의 동상이몽-」, 『한림일본학연구』 제4집(한림대학교 일본학연구소, 1999), pp. 107~121, p. 114에서 재인용.

27. Conroy, p. 133.

28. 石河幹明, 『福澤諭吉傳』第3卷(東京: 岩波書店, 1932), p. 289. 구선희, 「후쿠자와 유키치의 對朝鮮文化政略」, 『국사관논총』 제8집(국사편찬위원회, 1989), pp. 181~202, p. 195에서 재인용.

29. 福澤諭吉, 「牛場卓造君朝鮮へ行く」(1883. 1. 11), 慶應義塾 編, 『福澤諭吉全集』第8卷(東京: 岩波書店, 1961), pp. 497~498; 福澤諭吉, 「牛場卓造君朝鮮へ行く」(1883. 1. 12), 위의 책, p. 503. 양기웅, 위의 글, pp. 109~110에서 재인용.

30. 福澤諭吉, 「朝鮮政略の急は我資金を彼に移用するに在り」(1883. 6. 1), 『福澤諭吉全集』第9卷, pp. 6~7. 양기웅, 위의 글, pp. 111~112에서 재인용.

31. 「朝鮮政略の急は我資金を彼に移用するに在り」, 『福澤諭吉全集』第9卷, p. 7. 양기

웅, 위의 글, p. 115에서 재인용.

32. 「朝鮮政略の急は我資金を彼に移用するに在り」, 『福澤諭吉全集』第9卷, p. 7. 양기 웅, 위의 글, p. 109에서 재인용.

33. 石河幹明, 『福澤諭吉傳』第3卷, p. 298. 양기웅, 위의 글, p. 110 에서 재인용.

34. 福澤諭吉, 「民情一新」, 慶應義塾 編, 『福澤諭吉全集』第10卷(東京: 岩波書店, 1961), pp. 426~427. 양기웅, 위의 글, p. 110 에서 재인용.

35. 김옥균 외 5인, 「치도약론」, 『한국의 근대사상』, 이광인 외 옮김(삼성출판사, 1990), pp. 88~97.

36. Key-Hiuk Kim, p. 40.

37. 서재필, 「회고갑신정변」, 민태원, 『갑신정변과 김옥균』. 강재언, 『한국의 근대사 상』, p. 111에서 재인용.

38. 『갑신정변과 김옥균』, p. 82. 강재언, 『한국근대사연구』 p. 86에서 재인용.

39. 강재언, 『한국의 개화사상』, 정창열 옮김 (비봉출판사, 1989), p. 208에서 재인용.

40. 위의 책, p. 208에서 재인용.

41. 『김옥균전』상, p. 144~145. 강재언, 『한국의 개화사상』, p. 208에서 재인용.

42. 강재언, 『한국의 근대사상』(한길사, 1988), p. 121에서 재인용.

43. FO 405/33; *British documents on foreign affairs*, K. Bruce & D. C. Watt, eds., Part I Series E Vol. 2; *Korea, the Ryukyu Islands, and North-East Asia, 1875-1888* (MA: University Publications of America, 1989), pp. 188~189; 18 *Anglo-American Diplomatic Materials Relating to Korea, 1866~1886*, Park Il-Keun ed.(신문당, 1984), pp. 319~320. 『근대한국외교문서』5권(동북아역사재 단, 2012), pp. 625~628에서 재인용.

44. FO 405/33; *British documents on foreign affairs*, K. Bruce & D. C. Watt, eds., Part I Series E Vol. 2; *Korea, the Ryukyu Islands, and North-East Asia, 1875-1888* (MA: University Publications of America, 1989), pp. 188~189; 18 *Anglo-American Diplomatic Materials Relating to Korea, 1866~1886*, Park Il-Keun ed., pp. 319~320. 『근대한국외교문서』5권, pp. 625~628에서 재인용.

45. 강재언, 『한국의 개화사상』,, p. 202.

46. 위의 책, p. 203.

47. Duus, p. 55.

48. Michael Weiner, *The Origins of the Korean Community in Japan, 1910-1923* (Manchester: Manchester University Press, 1989), p. 118.

49. Deuchler, *Confucian Gentlemen and Barbarian Envoys*, p. 203.

50. 위의 책, p. 203.

51. 『승정원일기』고종 20년(1883) 4월 20일(경오), 양력 1883년 5월 26일.

52. Hur, p. 129.

53. Duus, p. 56.

54. 위의 책, p. 56.

55. Hur, p. 129.

56. 「漢城旬報」16號(1884. 3. 1), "國內私報에 駐日我國人 卓挺植 於該國神戶病院身故 挺植 向在該國 善通日語 交友極廣 日人厚葬 云." 이광린, 『개화기 연구』(일조각, 1994), pp. 80~81에서 재인용.

57. Hur, p. 130.

제12장 · 「갑신정변」과 친일개화파의 몰락

1. 박영효, 「명치 17년의 갑신정변」, 『조선급조선인(朝鮮及朝鮮人)』 1926년 7월호. 강재언, 『한국의 근대사상』(한길사, 1988), pp. 115~116에서 재인용.

2. Cook, p. 106.

3. Foulk to Sec. State, Dec. 17, 1884, enclosure in No. 128, McCune and John A. Harrison, *Korean-American relations: documents pertaining to the Far Eastern diplomacy of the United States, Vol 1*(Berkeley: University of California Press, 1951), pp. 106~107.

4. 위의 글 pp. 108~109.

5. Foote to Sec. State, Sept. 3, 1884, No. 105. McCune and John A. Harrison, p. 55.

6. Foote to Sec. State, Sept. 17, 1884, No. 11o, McCune and John A. Harrison, p. 56.

7. Deuchler, *Confucian Gentlemen and Barbarian Envoys*, p. 205.

8. Foote to Sec. State, Nov. 15, 1884, No. 124, McCune and John A. Harrison, pp. 56~57.

9. Foulk to Sec. State, Dec. 17, 1884, enclosure in No. 128, McCune and John A. Harrison, p. 110.

10. Foulk to Sec. State, Dec. 17, 1884, enclosure in No. 128, McCune and John A. Harrison, p. 111.

11. Deuchler, *Confucian Gentlemen and Barbarian Envoys*, p. 206.

12. 『淸季中日韓關係史料』第3券(泰東文化社, 1980), No. 893, pp. 1491~1492.

13. 서재필, 「회고갑신정변」, 강재언, p. 117에서 재인용.

14. Cook, p. 131.

15. 위의 책, p. 132.

16. 『고종실록』 고종 21년(1884) 9월 15일(병진) 1한째 기사; 윤치호, 『국역 윤치호일기』 1권, 송병기 옮김(연세대학교출판부, 2001), p. 184.

17. 다보하시 기요시, 『근대 일선관계의 연구』 上, 김종학 옮김(일조각, 2013), p. 819.

18. 『국역 윤치호일기』 1권, p. 185.

19. 위의 책, p. 185.

20. 위의 책, pp. 185~186.

21. 위의 책, p. 185.

22. Deuchler, *Confucian Gentlemen and Barbarian Envoys*, 위의 책, p. 206.

23. 김옥균, 『갑신일록』. 강재언, p. 118 에서 재인용.

24. 박영효, 「명치 17년의 갑신정변」, 『朝鮮及朝鮮人』 1926년 7월호. 강재언, p. 118 에서 재인용.

25. Deuchler, *Confucian Gentlemen and Barbarian Envoys*, pp. 206~207.

26. 위의 책, p. 207.

27. 묄렌도르프, 『묄렌도르프 自傳(外)』, 신복룡 외 옮김(집문당, 1999), pp. 100~102.

28. Foote to Sec. State, Dec. 5, 1884, No. 127, McCune and John A. Harrison, pp. 96~97.

29. 강재언, pp. 118~119.

30. Deuchler, *Confucian Gentlemen and Barbarian Envoys*, p. 207.

31. 위의 책, p. 207.

32. 강재언, pp. 118~119.

33. 『묄렌도르프 自傳(外)』, p. 102.

34. 다보하시 기요시, pp. 849~850.

35. Deuchler, p. 207.

36. 강재언, p. 119.

37. Deuchler, *Confucian Gentlemen and Barbarian Envoys*, p. 207.

38. 다보하시 기요시, p. 850.

39. George M. McCune and John A. Harrison, p. 98.

40. 다보하시 기요시, p. 849.

41. 위의 책, p. 850.

42. 김옥균 외 5인, 「갑신일록」, 『한국의 근대사상』, 이광인 외 옮김(삼성출판사, 1990), pp. 41~88, p. 81.

43. 다보하시 기요시, p. 859.

44. 위의 책, p. 860.

45. 위의 책, p. 860.

46. Deuchler, *Confucian Gentlemen and Barbarian Envoys*, p. 209.

47. 다보하시 기요시, p. 861.

48. 위의 책, p. 862.

49. Deuchler, *Confucian Gentlemen and Barbarian Envoys*, p. 209.

50. 강재언, p. 120.

51. Cook, p. 220.

52. 다보하시 기요시, p. 868.

53. Conroy, p. 158.

54. Cook, p. 220.

55. Deuchler, *Confucian Gentlemen and Barbarian Envoys*, p. 209.

56. 위의 책, p. 210.

57. 위의 책, p. 210.

58. 위의 책, p. 210.

59. 위의 책, p. 210.

60. 위의 책, p. 210.

61. 위의 책, p. 211.

62. 위의 책, p. 211.

63. 『고종실록』 고종 21년(1884) 11월 24일(갑자) 1한째 기사.

64. Deuchler, *Confucian Gentlemen and Barbarian Envoys*, p. 211.

65. 위의 책, p. 211.

66. 다보하시 기요시, pp. 937~944; Hilary Conroy, pp. 170~171.

67. 위의 책, pp. 937~944.

68. 위의 책, pp. 946~947.

69. Deuchler, *Confucian Gentlemen and Barbarian Envoys*, p. 213.

70. 위의 책, p. 213.

71. 위의 책, p. 213.

72. 『고종실록』 고종 22년(1885) 3월 4일(계묘) 5한째 기사.

73. 『통리교섭통상사무아문일기』 고종 22년(1885) 6월 14일.

74. Deuchler, *Confucian Gentlemen and Barbarian Envoys*, p. 215.

75. 위의 책, p. 215.

76. 위의 책, p. 215.

77. 위의 책, p. 216.

78. 위의 책, p. 216.

79. Foulk to Sec. State, Jan. 11. 1885, No. 146, McCune and John A. Harrison, 위의 책, pp. 116~117.

80. 황현, 『매천야록』 上, 이장희 옮김(명문당, 2008), pp. 422~423.

81. 위의 책, p. 423.

82. 김구, 『백범일지』(너머북스, 2008), p. 348.

83. 위의 책, p. 421.

84. 위의 책, p. 424.

85. 위의 책, p. 424.

참고문헌

참고문헌

고문헌

『구한국외교문서』
『孝明天皇紀』
『고종실록』
『관수일기(館守日記)』
『국역 비변사등록』.
『국역 을병일기(乙丙日記)』
『면암선생문집(勉菴先生文集)』
『明治天皇紀』
『木戸孝允日記(기도 다카요시 일기)』
『武市瑞山關係文書』
『박규수전집』
『福翁自伝』.
『福澤諭吉著作集』.
『福澤諭吉全集』.
『승정원일기』.
『伊藤公全集』.
『일성록』
『일한교섭약사』
『朝鮮開教五十年誌』
『清季中日韓關係史料』
『통리교섭통상사무아문일기』
『환재집』.
『흥아회보고(興亞會報告)』,

논문 및 단행본

강재언, 『한국근대사연구』(한울, 1992).

_____, 『한국의 개화사상』, 정창열 옮김 (비봉출판사, 1989).

_____, 『한국의 근대사상』 (한길사, 1988).

_____, 『신편 한국근대사연구』(한울, 1991).

「개화승 이동인의 재일활동」, 『신동아』 5월호(1981).

고균기념회 편찬, 『김옥균전 上』 (東京: 鹿應, 1944).

구메 구니타케, 『특명전권대사 미구회람실기 제1권 미국』, 정애영 옮김 (서울: 소명출판, 2011).

국제역사학회의 한국위원회, 『한미수교 100년사』(국학자료원, 1999), p. 629.

권오영, 「개화파의 형성과 개화사상의 발전」, 『신편 한국사』 38권 (국사편찬위원회, 2002).

김경집, 『한국근대불교사』 (경서원, 1998).

김구, 『백범일지』 (너머북스, 2008).

김기수, 『일동기유(日東記遊)』

김도태, 『서재필 박사 자서전』(을유문화사, 1972).

김용구, 『세계관 충돌과 한말 외교사: 1866-1882』 (문학과지성사, 2004).

다보하시 기요시(田保橋潔), 『근대 일선관계의 연구 上』, 김종학 옮김 (일조각, 2013).

마루야마 마사오, 『충성과 반역』, 박충석 외 옮김 (나남, 1998).

묄렌도르프, 『묄렌도르프 自傳(外)』, 신복룡 외 옮김(집문당, 1999), pp. 100~102.

문일평, 「명상(名相) 박규수의 옛 터」, 『호암전집』 (조광사, 1939).

_____, 『호암전집(湖岩全集)』 제2권 (민속원, 1994).

박규태, 「일본근세의 신도(神道)와 내셔널리즘에 관한 연구-안사이(山崎闇齋)와 노리나가 (本居宣長)의 타자 이해를 중심으로」, 『종교와 문화』 5(한양대학교 종교문제연구소, 1999), pp. 39~59.

박영효, 「명치 17년의 갑신정변」, 『조선급조선인(朝鮮及朝鮮人)』 1926년 7월호.

박홍규, 「17세기 德川日本에 있어서의 화이(華夷) 문제-중국·조선과의 비교관점에서」, 『한국정치학회보』 제35집 제4호(한국정치학회, 2002), pp. 277~295.

박훈, 「정치변혁과 봉건군현론」, 『일본역사연구』 42(일본사학회, 2015).

송병기 편역, 『개방과 예속: 대미 수교 관련 수신사 기록(1880) 초』(단국대학교출판부, 2000).

_____, 『근대한중관계사연구: 19세기말의 연미론과 조청교섭』(단국대학교출판부, 1985).

송석원, 「사쿠마 쇼잔의 해방론과 대 서양관」, 『한국정치학회보』 37집 5호(한국정치학회, 2003).

양은경, 『일본사를 움직인 100인』 (서울: 청아출판사, 2012).

오카모토 다카시, 홍미화, 「일본의 류큐 병합과 동아시아 질서의 전환: 청일수호조규를 중심으로」, 『동북아역사논총』 제32호(동북아역사재단, 2011), pp. 63~103.

이광린, 『개화기의 인물』 (연세대학교출판부, 1993).

이광수, 「甲申政變回顧談, 朴泳孝氏를 만난 이야기」, 『東光』 19호(동광사, 1931).

_____, 『이광수전집(李光洙全集)』 17권(삼중당, 1962).

이유원-이홍장 서신: LWCK, Tsungli Yamen Letters, 10.15b-16b; CJHK, vol 2, 394-396., CJHK, vol. 2, 398-401, LWCK, Tsungli Yamen Letters, 10.23a-b.

이종각, 『일본 난학의 개척자 스기타 겐파쿠』 (서울: 서해문집, 2013), pp. 225~226.

정옥자, 「신사유람단고(紳士遊覽團考)」, 『역사학보』 제27집 (역사학회, 1965). pp. 105~140.

한국민족문화대백과사전

현명철, 「대마도 소멸 과정과 한일관계사」, 『동북아역사논총』 41호(동북아역사재단, 2013), p. 181~213.

_____, 「일본 바쿠후 말기의 대마도와 소위 「정한론」에 대하여」, 『한일관계사연구』 제2집(한일관계사학회, 1994), p. 5~42.

황백현, 『대마도에 남아있는 한국 문화재』(도서출판 발해투어, 2010).

황준헌, 『조선책략』, 김승일 옮김 (범우사, 2007).

Alcock, Rutherford, *The Capital of the Tycoon: A Narrative of a Three Years' Residence in Japan* (New York, 1863.)

Anglo-American Diplomatic Materials Relating to Korea, 1866~1886, Park Il-Keun ed. (신문당, 1984).

Baelz, Erwin, *Awakening Japan: The Diary of a German Doctor* (Bloomington, IN, 1974.)

Beasley, William G, "Meiji Political Institutions," *The Cambridge History of Japan, Volume 5: The Nineteenth Century* (Cambridge: University of Cambridge Press, 1989), pp. 618~673.

_____, "The foreign threat and the opening of the ports," *The Cambridge History of Japan, Volume 5: The Nineteenth Century*(Cambridge: University of Cambridge Press, 1989), pp. 259~308.

_____, *The Meiji Restoration* (Stanford: Stanford University Press, 1972.)

Bolitho, Harold, "The Tempo Crisis," *The Cambridge History of Japan, Volume 5: The Nineteenth Century* (Cambridge: University of Cambridge Press, 1989), pp. 116~167, p. 125.

Burton, John Hill, *The Book Hunter* (Edinburgh, 1882.)

Cassel, Par Kristoffer, *Grounds of Judgment: Extraterritoriality and Imperial Power in Nineteenth-Century China and Japan* (Oxford: Oxford

University Press, 2012.)

Conroy, Hilary, *The Japanese Seizure of Korea: 1868-1910* (Philadelphia: University of Pennsylvania Press, 1960.)

Consenza, Mario Emilio, ed. *The Complete Journals of Townsend Harris* (Rutland, Vt: Tuttle, 1959.)

Cook, Harold F., *Korea's 1884 Incident: Its Background and Kim Ok-kyun's Elusive Dream* (Seoul: Royal Asiatic Society, Korea Branch in conjunction with Taewon Publishing Company, 1972.)

Craig, Albert M., *Choshu in the Meiji Restoration* (Lanham, MD: Lexington Books, 2000.)

_____, *Civilization and Enlightenment: The Early Thought of Fukuzawa Yukichi* (Cambridge, MA and London, England: Harvard University Press, 2009.)

Denney, John W., *Respect and Consideration: Britain in Japan 1853-1868 and Beyond* (Leiceste: Radiance Press, 2011.)

Deuchler, Martina, *Confucian Gentlemen and Barbarian Envoys: Opening of Korea, 1875-85* (Seattle: University of Washington Press, 1978.).

Fukuzawa Yukichi, *An encouragement of learning*, trans. by D.A. Dilworth and U. Hirano (Tokyo: Sophia University Press, 1969.)

Guizot, Francois, *General History of Civilization in Europe* (New York, 1867.)

Harootunian, H. D., "Late Tokugawa Culture and Thought," *The Cambridge History of Japan, Volume 5: The Nineteenth Century*(Cambridge: University of Cambridge Press, 1989), pp. 168~258, p. 242.

Heidegger, Martin, "A Dialogue on Language between a Japanese and an Inquirer", *On the Way to Language* (New York: Harper&Row, 1971.)

Hirakawa Sukehiro, tr. By Bob Tadashi Wakabayashi, "Japan's turn to the West," Marius B. Jansen, ed., *The Cambridge History of Japan, Vol. II* (Cambridge: University of Cambridge Press, 1989), pp. 432~498.

Howland, Douglas, *Borders of Chinese Civilization: Geography and History at Empire's End(Asia-Pacific: Culture, Politics, and Society)* (Duke University Press, 1996), Kindle Edition. Kindle Location 559.

Hur, Namlin, 「Vanguard Buddhist Monks, Political Activisim and the Honganji Nexus at the Dawn of the Modern Era in Choson Korea」, 『불교학보』 제72집(동국대학교 불교문화연구원, 2015), pp. 115~139.

Iriye Akira Iriye, "Japan's drive to great-power status," *The Cambridge*

History of Japan, volume 5, ed. Marius B. Jansen(Cambridge: Cambridge University Press, 1989), pp. 721~782.

Jansen, Marius B., "Japan in the early ninetheenth century," *The Cambridge History of Japan, Volume 5: The Nineteenth Century* (Cambridge: University of Cambridge Press, 1989), pp. 50~115, p. 107.

_____, "The Meiji Restoration," *The Cambridge History of Japan, Volume 5: The Nineteenth Century* (Cambridge: University of Cambridge Press, 1989), pp. 308~366.

_____, *Sakamoto Ryoma and the Meiji Restoration* (New York: Columbia University Press, 1994.)

_____, *The Making of Modern Japan* (Cambridge, MA: Belknap Press, 2000.)

Keeene, Donald, *Emperor of Japan: Meiji and His World, 1852-1912* (New York: Columbia University Press, 2002.)

Kim, Key-Hiuk, *The Last Phase of the East Asian World Order: Korea, Japan, and the Chinese Empire, 1860-1882* (University of California Press, 1980.)

Masakazu Iwata, *Okubo Toshimichi: The Bismark of Japan* (Berkeley: University of California Press, 1964.).

McCune, Harold and John A. Harrison, *Korean-American relations: documents pertaining to the Far Eastern diplomacy of the United States, Vol 1*(Berkeley: University of California Press, 1951.)

McWilliams, Wayne, C., "East Meets East': The Soejima Mission to China, 1873," *Monumenta Nipponica* 30, no. 3 (1975,) p. 248.

Morse, Edward Sylvester, *Japan Day By Day, 1877, 1878-79, 1882-83, Vol. 2* (Boston: Houghton Mifflin Company, 1917.)

Nimura, Janice P., *Daughters of the Samurai: A Journey from East to West and Back* (New York: W.W. Norton & Company, 2015).

Nishikawa Shunsaku, "Fukuzawa Yukichi (1835-1901)," *Prospects: the quarterly review of comparative education* (UNESCO: International Bureau of Education), vol. XXIII, no. 3/4, 1993, pp. 493-506.

Oxford, W.H., *The Speeches of Fukuzawa* (Tokyo: Hokuseido Press, 1973.)

Palais, James B., *Politics and Policy in Traditional Korea* (Cambridge, MA: Harvard University Press, 1975.)

Ravina, Mark, *The Last Samurai: The Life and Battles of Saigo Takamori*

(Hoboken, NJ: John Wiley&Sons, 2004.)

Ripley, George and Charles A. Dana, eds., *New American Cyclopaedia* (New York, 1866-1867.)

Robertson, William, "History of America," *The Works of William Robertson* (London, 1827)

Rubinger, Richard, *Private Academies of the Tokugawa Period* (Princeton: Princeton University Press, 2014.)

Sano, Mayuko (Kyoto University), "Tsutsui Masanori, Tokugawa Foreign Relations and Modern Diplomacy: A Case Study in Continuity," a paper presented at "The 15th International Conference of the European Association for Japanese Studies, Lisbon, 30 Aug. - 2 Sep. 2017.

Satow, Ernest Mason, *A Diplomat in Japan Part II: The Diaries of Ernest Satow, 1870-1883* (Lulu Press, Inc., 2009.)

Satow, Ernest Mason, *A Diplomat in Japan* (Tokyo: Tuttle, 1983.)

Smith, Adam, *Lectures on Jurisprudence* (Oxford: Oxford University Press, 1978.)

_____, *Lectures on Justice, Police Revenue, and Arms* (Oxford, 1896.)

Takayanagi Shun'ichi, review of *Oranda Fūsetsugaki Shūsei*(和蘭風説書集成), *Monumenta Nipponica*, Vol. 34, No. 3 (Autumn, 1979), pp. 373~375.

Takii Kazuhiro, tr. By Takechi Manabu, *Ito Hirobumi: Japan's First Prime Minister and Father of the Meiji Constitution* (New York: Routledge, 2014.)

Tytler, Alexander Fraser, *Elements of General History, Ancient and Modern* (Concord, NH: 1831.)

Uchida, Jun, *Brokers of Empire: Japanese Settler Colonialism in Korea, 1876-1945* (Cambridge, MA: Harvard University Press Asia Center, 2011.)

Wayland, Francis, *The Elements of Political Economy* (Boston, 1837.)

「島田一郎の斬姦狀」, 『三条家文書(所蔵分)』 50冊(東京: 日本史籍協會, 1915~1935).

「東京日日新聞」 1882. 3. 15, "朝鮮開化黨首領 金玉均來遊 - 「朝鮮新報」の記事に神經を 尖らす"; 『新聞集成明治 編年史』 5권.

『大口保利通文書』 5(日本史籍協會, 1927-1929).

奈良本辰也, 「吉田松陰」, 『岩波新書 青版』 55(東京: 岩波書店, 1981).

多田好問編, 『岩倉公實記』.

佐久間 象山, 「海防に關する藩主宛上書」天保13年 11月 24日), 日本思想大系 55, 『渡

辺崋山 高野長英 佐久

佐久間 象山, 『省諐録』(東京: 岩波書店, 2001).

石河幹明, 『福澤諭吉傳』第3卷(東京: 岩波書店, 1932).

萩原延壽, 『朝日新聞』1831 (1990).

荒川紘(ARAKAWA Hiroshi), 「水戸学の思想と教育(The Thought and Education in the Mito School)」, 『Studies in humanities』 54(1)(Shizuoka University, 2003), pp. 1~42.

인터넷 자료

김윤식, 高宗 29年 壬辰 正月~12月, 『續陰晴史』上, 卷六 (『한국사료총서 제11집』), 국사편찬위원회 한국사데이터베이스. http://db.history.go.kr/item/level. do?levelId=sa_013_0060_0030_0060).

동북아역사넷, 「근대한국외교문서」. http://contents.nahf.or.kr/item/item. do?levelId=gk.d_0007_0450

http://mtcha.com.ne.kr/world-term/japan/term11-meijiyusin.htm

http://www.biographi.ca/en/bio/lafitau_joseph_francois_3E.html

https://en.wikipedia.org/wiki/Kanda_Takahira

https://en.wikipedia.org/wiki/Tsuda_Mamichi

「廃藩置県の詔書」 https://www.digital.archives.go.jp/das/image/ M0000000000000940209

부록

부록

1. 「구로다 훈령」 전문

1. 우리 정부는 오로지 조선국과 오랜 친교를 지속시키고 화친을 돈독하게 하길 바라는 것을 주지로 삼고 있기 때문에, 조선이 우리의 서한을 거절하고 우리 이사관(理事官)을 응대하지 않았음에도 불구하고 여전히 평화로운 방법으로 좋은 결말을 얻기를 기했는데, 누가 짐작이나 했겠는가. 갑자기 운양함이 포격을 당하는 일이 발생했다. 위와 같은 폭력과 위해는 당시 상응하는 방어전을 했다 해도 우리 국기(國旗)가 받은 오욕에 대해서는 응당 상응하는 배상을 요구해야 한다.

1. 그럼에도 조선 정부는 아직 노골적으로 서로 끊겠다는 말을 하지 않고 있으며, 우리 인민 중에 부산에 있는 자들에 대한 대우도 예전과 다르지 않다. 또 그 포격은 과연 저들 정부의 명령이나 의지에서 나온 것인지, 지방관이 마음대로 군사를 출동시킨 것인지도 아직 모르기 때문에, 우리 정부는 굳이 친교를 완전히 끊은 것으로 간주하지 않는다.

1. 따라서 나의 주지는 친교를 지속시키는 데 있으므로, 지금 전권사절(全權使節)은 강화 조약을 맺는 것을 위주로 해, 저들이 우리의 친교를 받아들이고 무역을 확대하자는 요구를 능히 따를 때는, 이것을 운양함의 배상으로 간주하고 승낙할 것을 사신에게 위임한다.

1. 위의 두 성과는 반드시 서로 연관 지어 결말지어야 한다. 검인(鈐印)은 두 사안에 동시에 한다 해도, 강화를 맺을 조항의 문안을 요구하고 협의에 이르는 것은, 반드시 운양함의 일을 결말짓고 승낙하기 전에 해야 한다.

1. 운양함 포격은 과연 조선 정부의 의지나 명령에서 나온 것인가. 우리의 요구는 가장 크고 시급해야 한다. 혹은 그 지방관이 마음대로 군사를 출동시킨 것인가. 조선 정부도 그 책임을 져야 한다.

1. 운양함의 일에 대해 만약 조선 정부가 책임지고 우리와의 오랜 친교를 지속시킬 성의를 표하지 않고, 오히려 다시 폭거를 일으켜 우리 정부의 영예로운 위엄을 더럽히려고 한다면, 임기응변으로 처분할 것을 사신에 위임한다. 요컨대 조선인이 습관적으로 애매한 태도를 취하면서 지연시키는 수단으로 인해 실수하는 일이 없도록 하라.

1. 친교가 말 그대로 이뤄진다면 도쿠가와(德川) 씨의 옛 관례에 구애 받지 말고 한 걸음 더 나아가 아래의 조건을 완결해야 한다.

   1. 우리 일본국과 조선국은 영구히 친목을 맹약하고 양측이 대등한 예(禮)로 교접(交接)해야 한다.

   1. 양국 신민은 두 정부가 정한 장소에서 무역을 할 수 있어야 한다.
   1. 조선국 정부는 부산에서 양측 인민이 자유롭게 상업을 할 수 있게 해야 한다. 또 동시에 강화부(江華府)나 도부(都府) 근처에 운수(運輸)가 편한 곳을 골라 일본 신민의 거주무역지(居住貿易地)로 삼아야 한다.

   1. 도부(都府)와 부산 또는 다른 일본 인민 무역장(貿易場)과의 사이에 일본인 왕래의 자유를 허용하고 조선 정부가 상응하는 도움을 줘야 한다.

   1. 일본 군함이나 상선으로 조선해(朝鮮海) 어디서나 항해·측량할 수 있어야 한다.

   1. 양측 표류민을 도와주고 보호·송환하는 방법을 마련해야 한다.

   1. 양측의 친목을 보존하기 위해 양국의 도부(都府)에 서로 사신을 재류하게 하고, 그 사신은 예조판서(禮曹判書)와 대등한 예(禮)를 취해야 한다.

1. 양측 인민의 분쟁을 막기 위해 무역지(貿易地)에 영사관을 두고 무역에 종사하는 신민을 관리한다.

이상의 조항들 중 시의에 따라 지금 필요 없는 건을 생략할 것.

그리고 또 그 내유(內諭)에서 말하기를,

1. 조선인이 우리의 요구와 희망에 상응하는 접대를 하는 것을 제외하고는, 아래의 세 가지 소행에서 나온 것에 지나지 않아야 한다.

첫째, 사절에 대해 능욕을 가하거나 사절을 인정하지 않고 폭거를 행할 경우.

둘째, 사절을 응대하지 않고, 또 폭거를 행하지 않고, 서한을 보내도 답변하지 않을 경우.

셋째, 새로운 조약을 요구하면 지나(支那)의 명령을 받지 않으면 답변하기 어렵다고 말하는 것에 의탁하거나, 다른 구실을 만들어 교묘하게 지연시키는 계략을 꾀할 경우.

1. 위의 첫 번째 행동으로 나올 때는 상응하는 방어를 하고, 일단 쓰시마(對馬)까지 철수하고 신속히 사선(使船, 외교사절용 선박)으로 현장의 정상(情狀)을 상부에 보고하고 재명(再命)을 기다려야 한다. 두 번째 행동으로 나올 때는 우리가 이웃 나라와의 친분을 중시하고 평화를 주로 하는 호의를 인정하지 않는 죄를 힐책하고, 우리 정부가 별도의 처분이 있을 수 있다는 취지로 저들에게 서한을 보내며, 신속히 그 취지를 상부에 보고하고 후명(後命)을 기다려야 한다. 세 번째의 경우는 다음의 취지로 힐책해야 한다.

1. 양국의 오랜 친교는 아직 일찍이 지나(支那)의 중개에 의한 적이 없다.

1. 작년에 동래부사(東萊府使) 박(朴)이 모리야마(森山)에게 외무경(外務

卿)의 서한을 받을 수 있다고 약속한 것은 지나(支那)의 허가를 거친 것인가. 올해에도 또 이전에 한 약속을 어겼지만 지나의 허가를 거쳤는가. 강화도의 일도 지나의 허가를 거쳤는가. 이상의 여러 건들이 이미 지나의 뜻에서 나온 것이 아닐 때는, 강화 폭거의 변상과 앞으로의 새로운 조약은 갑자기 지나를 경유해야 할 이유가 없다. 우리 일본은 반드시 즉각 이것을 조선 정부에 요구해야 한다.

1. 만약 조선 정부가 반드시 지나에 물어본 뒤 우리 요구에 응하려고 한다면, 그 왕복 시간 동안 우리 군대를 경성(京城)에 주둔시켜야 하고 군대의 보급 물자도 필요하며, 또 강화성(江華城)을 점유해 공법(公法)의 이른바 강상(強償)의 방법을 써야 한다는 난제가 발생할 수 있다.

이상의 여러 건은 예상되는 바라 해도 현장 상황에 따라 임기응변적으로 취사선택할 수 있어야 한다.

1. 우리가 조선 정부에 요구하는 건들에 대해 필요 없는 부분은, 양국의 행복한 평화·우호를 중시하기 위해서는 임기응변적으로 마땅함을 헤아려 우리 뜻을 내려놓고 저들이 말할 수 있어야 한다 해도, 다음의 몇 개 조항은 반드시 우리의 초의(初議)를 취하는 것이 필요하다.

1. 부산 외에 강화 항구 무역지를 정한다.

1. 조선해(朝鮮海) 항행의 자유.

1. 위의 두 건은 저들 나라의 전권(全權)과 담판한 뒤, 현장 시행의 시한·완급 결정의 권한은 사신에게 위임한다는 뜻으로 알아야 한다.

1. 강화 사건의 사과

1. 저쪽이 그 설을 주장하거나 겉으로 꾸며 우리가 필요로 하는 요구와 희망에 도저히 응하지 않음에 이를 때는, 설령 노골적인 폭거와 능욕을 행하지

않는다 해도, 사절은 양국의 평화·우호의 가망성이 이미 끊겨 우리 정부는 따로 처분이 있을 수 있다는 취지로 결절(決絶)의 서한을 보내고, 신속히 귀항(歸航)해 후명(後命)을 기다림으로써 사절의 체면을 지켜야 한다.

위의 조항은 메이지 9년(1876) 1월 6일 시나가와(品川)를 출항해 2월 10일 강화부(江華府)에 들어가 조선국 접견대신(接見大臣) 판중추부사(判中樞府事) 신헌(申櫶)과 그 부관 도총부(都總府) 부총관(副總官) 윤자승(尹滋承)과 회동해, 무진(戊辰) 이래 우리에게 무례를 가해 온 것을 힐책하고, 운양함을 포격한 폭거를 힐난하며, 국제적으로 필요한 수호조약 체결을 제의해 열흘을 기해 결말을 낼 것을 요구했다.

유신 이래 조선에 대한 우리 정부의 정략은 오로지 오랜 친교를 지속시키고 화친을 돈독하게 하는 것을 바라는 데 있었다. 그 때문에 저들이 우리 서한을 거절하고 우리 이사관(理事官)을 응대하지 않았음에도 불구하고, 항상 평화로운 수단으로 좋은 결말을 얻고자 노력했다. 하지만 이번에 불행히도 일이 이 지경에 이르렀다 해도, 우리나라의 정략은 여전히 평화를 주로 하는 데 있으며, 이 사절을 파견함에 그에게 주어진 훈령(訓令)에는 이 뜻을 잃지 말고, 저들이 우리의 친교를 능히 받아들이고 무역을 넓히자는 요구를 따를 때는, 이것으로 운양함 포격의 배상으로 간주하고 승낙해야 함을 우리 사신에게 분명히 위임했다.

2. 「강화도 조약」 전문
「수호조규」(한문으로 번역한 원본에 준거한다.)

대일본국은 대조선국과 본디 우의(友誼)를 두터이 하여온 지가 여러 해 되었으나 지금 두 나라의 정의(情意)가 미흡한 것을 보고 다시 옛날의 우호 관계를 닦아 친목을 공고히 한다.

이는 일본국 정부에서 선발한 특명전권 변리대신 육군중장 겸 참의 개척장관(陸軍中將兼參議開拓長官) 구로다 기요타카와 특명부전권 변리대신 의관 이노우에 가오루가 조선국 강화부(江華府)에 와서 조선국 정부에서 선발한 판중추부사 신헌(申櫶)과 부총관 윤자승(尹滋承)과 함께 각기 받든 유지(諭旨)에 따라 조관(條款)을 의정(議定)한 것으로서 아래에 열거한다.

제1관
조선국은 자주 국가로서 일본국과 평등한 권리를 보유한다. 이후 양국은 화친의 실상을 표시하려면 모름지기 서로 동등한 예의로 대해야 하고, 조금이라도 상대방의 권리를 침범하거나 의심하지 말아야 한다. 우선 종전의 교제의 정을 막을 우려가 있는 여러 가지 규례들을 일체 혁파하여 없애고 너그럽고 융통성 있는 법을 열고 넓히는 데 힘써 영구히 서로 편안하기를 기약한다.

제2관
일본국 정부는 지금부터 15개월 뒤에 수시로 사신을 파견하여 조선국 경성(京城)에 가서 직접 예조판서(禮曹判書)를 만나 교제 사무를 토의하며, 해 사신(該使臣)이 주재하는 기간은 다 그때의 형편에 맞게 정한다. 조선국 정부도 수시로 사신을 파견하여 일본국 동경(東京)에 가서 직접 외무경(外務卿)을 만나 교제 사무를 토의하며, 해사신이 주재하는 기간 역시 그 때의 형편에 맞게 정한다.

제3관
이후 양국 간에 오가는 공문(公文)은, 일본은 자기 나라 글을 쓰되 지금부터 10년 동안은 한문으로 번역한 것 1본(本)을 별도로 구비한다. 조선은 한문을 쓴다.

제4관
조선국 부산 초량항(草梁港)에는 오래 전에 일본 공관(公館)이 세워져 있어 두 나라 백성의 통상 지구가 되었다. 지금은 종전의 관례와 세견선(歲遣船) 등의 일은 혁파하여 없애고 새로 세운 조관에 준하여 무역 사무를 처리한다. 또 조선국 정부는 제5관에 실린 두 곳의 항구를 별도로 개항하여 일본국 인민이 오가면서 통상하도록 허가하며, 해당 지역에서 임차한 터에 가옥을 짓거나 혹은 임시로 거주하는 사람들의 집은 각각 그 편의에 따르게 한다.

제5관
경기(京畿), 충청(忠淸), 전라(全羅), 경상(慶尙), 함경(咸鏡) 5도(道) 가운데 연해의 통상하기 편리한 항구 두 곳을 골라 지명을 지정한다. 개항 시기는 일본력(日本曆) 명치(明治) 9년 2월, 조선력 병자년(1876) 2월부터 계산하여 모두 20개월로 한다.

제6관
이후 일본국 배가 조선국 연해에서 큰 바람을 만나거나 땔나무와 식량이 떨어져 지정된 항구까지 갈 수 없을 때에는 즉시 곳에 따라 연안의 지항(支港)에 들어가 위험을 피하고 모자라는 것을 보충하며, 선구(船具)를 수리하고 땔나무와 숯을 사는 일 등은 그 지방에서 공급하고 비용은 반드시 선주(船主)가 배상해야 한다. 이러한 일들에 대해서 지방의 관리와 백성은 특별히 신경을 써서 가련히 여기고 구원하여 보충해 주지 않음이 없어야 할 것이며 감히 아끼고 인색해서는 안 된다. 혹시 양국의 배가 큰 바다에서 파괴되어 배에 탄 사람들이 표류하여 이르면 곳에 따라 지방 사람들이 즉시 구휼하여 생명을 보전해주고 지방관에게 보고하며 해당 관청에서는 본국으로 호송하거나 가까이에 주재하는 본국 관원에게 교부한다.

제7관

조선국 연해의 도서(島嶼)와 암초는 종전에 자세히 조사한 것이 없어 극히 위험하므로 일본국 항해자들이 수시로 해안을 측량하여 위치와 깊이를 재고 도지(圖志)를 제작하여 양국의 배와 사람들이 위험한 곳을 피하고 안전한 데로 다닐 수 있도록 한다.

제8관
이후 일본국 정부는 조선국에서 지정한 각 항구에 일본국 상인을 관리하는 관청을 수시 설치하고, 양국에 관계되는 안건이 제기되면 소재지의 지방 장관과 토의하여 처리한다.

제9관
양국이 우호 관계를 맺은 이상 피차의 백성들은 각자 임의로 무역하며 양국 관리들은 조금도 간섭할 수 없고 또 제한하거나 금지할 수도 없다. 양국 상인들이 값을 속여 팔거나 대차료(貸借料)를 물지 않는 등의 일이 있을 경우 양국 관리는 포탈한 해당 상인을 엄히 잡아서 부채를 갚게 한다. 단 양국 정부는 대신 상환하지 못한다.

제10관
일본국 인민이 조선국이 지정한 각 항구에서 죄를 범하였을 경우 조선국에 교섭하여 인민은 모두 일본국에 돌려보내 심리하여 판결하고, 조선국 인민이 죄를 범하였을 경우 일본국에 교섭하여 인민은 모두 조선 관청에 넘겨 조사 판결하되 각각 그 나라의 법률에 근거하여 심문하고 판결하며, 조금이라도 엄호하거나 비호함이 없이 공평하고 정당하게 처리한다.

제11관
양국이 우호 관계를 맺은 이상 별도로 통상 장정(章程)을 제정하여 양국 상인들이 편리하게 한다. 또 현재 논의하여 제정한 각 조관 가운데 다시 세목(細目)을 보충해서 적용 조건에 편리하게 한다. 지금부터 6개월 안에 양국은 따로 위원(委員)을 파견하여 조선국의 경성이나 혹은 강화부에 모여 상의하여 결정한다.

제12관

이상 11관 의정 조약은 이날부터 양국이 성실히 준수하고 준행하는 시작으로 삼는다. 양국 정부는 다시 고치지 못하고 영원히 성실하게 준수해서 화호(和好)를 두텁게 한다. 이를 위하여 조약서 2본(本)을 작성하여 양국 위임 대신이 각각 날인하고 서로 교환하여 신임을 명백히 한다.

대조선국 개국(開國) 485년 병자년(1876) 2월 2일

대관(大官) 판중추부사 신헌

부관 도총부 부총관 윤자승

대일본국 기원 2536년 명치(明治) 9년 2월 6일

대일본국 특명 전권 변리대신 육군 중장 겸 참의 개척 장관 구로다 기요타카

대일본국 특명 부전권 변리대신 의관 이노우에 가오루

3. 「조일수호조규(朝日修好條規)」의 부록 전문

일본국 정부는 지난번에 특명전권 변리대신 육군중장 겸 참의 개척 장관 구로다 기요타카와 특명부전권 변리대신 의관 이노우에 가오루를 파견하여 조선국에 가서 조선국 정부에서 파견한 대관 판중추부사 신헌과 부대관 도총부 부총관(都總府副總管) 윤자승을 강화부(江華府)에서 만나, 일본력 명치 9월 2월 26일, 조선력 병자년(1876) 2월 2일에 협의하여 타당하게 처리하고 상호간에 조인(調印)하였다.

이번에 그 수호 조규 제11관의 취지에 비추어 일본국 정부는 이사관(理事官) 외무대승(外務大丞) 미야모토 쇼이치(宮本小一)에게 위임하여 조선국 경성(京城)에 가서 조선국 정부에서 위임한 강수관(講修官)인 의정부 당상(議政府堂上) 조인희(趙寅熙)를 만나 정한 조관을 논의하여 아래에 열거한다.

제1관
각 항구에 주재(駐在)하는 일본국 인민의 관리관(管理官)은 조선국 연해 지방에서 일본국 배가 파선되어 긴급할 경우 지방관에게 알리고 해당 지역의 연로(沿路)를 통과할 수 있다.

제2관
사신(使臣) 및 관리관이 발송하는 공문, 서신 등 우편을 통한 비용은 사후에 변상한다. 인민을 고용하여 보낼 때에는 각각 그 편의에 따른다.

제3관
의정(議定)된 조선국 각 통상 항구에서 일본국 인민이 택지를 빌어 거주하는 자는 땅 주인과 상의하여 금액을 정해야 하며 관청에 속한 땅에 있어서는 조선국 인민과 동등하게 조세를 바친다.
부산 초량항의 일본관(日本館)에 종전에 설치한 수문(守門)과 설문(設門)은 지금부터 철폐하고 새로이 정한(程限)에 의하여 경계상에 푯말을 세운다. 다른 두 항구도 이 규례에 따른다.

제4관

이후 부산 항구에서 일본국 인민이 통행할 수 있는 도로의 이정(里程)은 부두로부터 기산(起算)하여 동서남북 각 직경 10리로(조선의 이법(里法)) 정한다. 동래부 중의 한 곳에 있어서는 특별히 이 이정 안에서 오갈 수 있다. 일본국 인민은 마음대로 통행하며 조선 토산물과 일본국 물품을 사고 팔 수 있다.

제5관

의정된 조선국 각 항구에서 일본국 인민은 조선국 인민을 고용할 수 있다. 조선국 인민이 그 정부의 허가를 받은 경우 일본국에 가는 데에도 장애가 없다.

제6관

의정된 조선국 각 항구에서 일본국 인민이 병으로 죽었을 때에는 적당한 땅을 선택하여 매장할 수 있으나 초량(草梁) 부근에 의거한다.

제7관

일본국 인민은 본국의 현행 여러 화폐로 조선국 인민이 소유한 물품과 교환할 수 있으며, 조선국 인민은 그 교환한 일본국의 여러 화폐로 일본국에서 생산한 여러 가지 상품을 살 수 있다. 이러므로 조선국의 지정된 여러 항구에서는 인민들 사이에 서로 통용할 수 있다.

조선국 동전은 일본국 인민이 운수 비용에 사용할 수 있다. 양국 인민으로서 감히 사적으로 전화(錢貨)를 주조한 자에게는 각각 그 나라의 법률을 적용한다.

제8관

조선국 인민이 일본국 인민으로부터 사들인 상품이나 받은 각종 물건은 마음대로 사용해도 무방하다.

제9관

수호 조규 제7관의 기재에 따라 일본국 측량선이 작은 배를 띄워 조선국 연해를 측량하다가 혹 비바람이나 썰물을 만나 본선(本船)으로 돌아가지 못하게 되는 경우 해처(該處)의 이정(里正)은 부근 인가(人家)에 안접(安接)하게 하며, 소용되는 물품이 있을 때에 관청에서 지급하고 추후 계산하여 갚아준다.

제10관

조선국은 해외의 여러 나라들과 통신(通信)을 한 적이 없으나 일본은 이와는 다르다. 수호(修好)한 지 1년이 되었고 동맹을 맺어 우의가 있다. 이후 여러 나라의 선박이 풍랑을 만나 연해 지방에 표류해 오는 경우 조선국 인민은 돌봐주지 않으면 안 된다. 해당 표민(漂民)이 본국으로 송환하기를 희망하면 조선국 정부는 각 항구의 일본국 관리관에게 넘겨주어 본국으로 송환하고 해당 관원은 이를 승낙해야 한다.

제11관

이상 10관의 장정(章程) 및 통상 규칙은 다같이 수호 조규와 동일한 권리를 가지며, 양국 정부는 이를 준수해서 감히 어기는 일이 없게 해야 한다. 그러나 이 각관(各款) 가운데 양국 인민이 교제 무역을 실천함에 있어 지장이 있다고 인정될 경우에는 개정치 않으면 안 된다. 양국 정부는 속히 의안(議案)을 작성하여 1년 전에 통보하고 협의하여 개정한다.

대일본국 기원(紀元) 2536년 명치 9년 8월 24일
이사관(理事官) 외무대승(外務大丞) 미야모토 쇼이치
대조선국 개국(開國) 485년 병자년(1876) 7월 6일
강수관(講修官) 의정부 당상(議政府堂上) 조인희

강수관 조인희는 일본 이사관 미야모토 쇼이치와 일본 인민들이 조선국 여러 항구에서 무역하는 규칙을 아래와 같이 의정하였다.

「무역 규칙」(한문으로 번역한 원본에 의거한다.)

제1칙(則)

일본국 상선이(일본국 정부 소관의 군함 및 통신 전용의 모든 배들은 제외한다) 조선국에서 승인한 모든 무역 항구에 들어올 때에는 선주나 선장은 반드시 일본국 인민 관리관이 발급한 증서를 조선국 관청에 제출하되 3일을 넘어서는 안 된다. 이른바 증서라는 것은 선주가 휴대한 일본국 선적(船籍)의 항해 증명서 같은 것인데, 항구에 들어온 날부터 나가는 날까지 관리관에게 교부한다. 관리관은 곧 각 문건들을 접수하였다는 증표를 발급해준다. 이것이 일본국의 현행 상선(商船) 규칙이다. 선주는 본 항구에 정박하고 있는 동안에 이 증서를 조선국 관청에 제출하여 일본국 상선임을 밝힌다.

이 때에 선주는 그 기록부도 제출한다. 이른바 기록부라는 것은 선주가 본 선박의 이름, 본 선박이 떠나온 지명, 본 선박에 적재한 화물의 돈수(噸數), 석수(石數), (선박의 용적에 대해서도 함께 산정(算定)한다) 선장의 성명, 배에 있는 선원수, 타고 있는 여객의 성명을 상세히 기록하고 선주가 날인한 것을 말한다.

이 때에 선주는 또 본 선박에 적재한 화물에 대한 보단(報單)과 배 안에서 사용하는 물품의 장부를 제출한다. 이른바 보단이라는 것은 화물의 이름 혹은 그 물품의 실명(實名), 화주(貨主)의 성명, 기호 번호를 (기호 번호를 쓰지 않은 화물은 이 규정에서 제외한다) 상세히 밝혀 보고하는 것이다. 이 보단 및 제출하는 여러 문서들은 모두 일본 국문으로 쓰고 한역(漢譯) 부본(副本)은 첨부하지 않는다.

제2칙

일본국 상선이 항구에 들어온 배의 화물을 부릴 때에 선주나 화주(貨主)는 다시 그 화물의 이름 및 원가(原價), 무게, 수량을 조선국 관청에 보고해야 하고, 관청에서는 보고를 받으면 곧 화물을 부리라는 준단(准單)을 속히 발급해주어야 한다.

제3칙

선주, 화주는 제2칙의 승인을 받은 다음에 그 화물을 부려야 하며, 조선국 관리가 검열하려고 하면 화주는 감히 거절하지 못한다. 관리도 조심스럽게 검열하여 혹시라도 훼손하는 일이 없도록 하여야 한다.

제4칙
출항(出港)할 화물의 화주는 제2칙의 입항 때의 화물 보단 양식에 따라 화물을 실을 배의 이름과 화물 이름, 수량을 조선국 관청에 보고한다. 관청에서는 속히 허가하고 항구에서 나가는 화물에 대한 준단을 발급해야 한다. 화주는 준단을 받으면 즉시 화물을 본 선박에 싣는다. 관청에서 그 화물을 검사하려고 하는 경우 화주는 감히 거절하지 못한다.

제5칙
일본국 상선이 항구에서 나가려 할 때에는 전날 오전에 조선국 관청에 보고하고 관청에서는 보고를 받으면 전날에 수령한 증서를 돌려주고 출항 준단을 발급하여야 한다.
일본국 우편선(郵便船)이 규정된 시간 안에 출항할 수 없을 때에도 관청에 보고해야 한다.

제6칙
이후 조선국 항구에 거주하는 일본 인민은 양미(糧米)와 잡곡을 수출, 수입할 수 있다.

제7칙
항세(港稅)
연외장(連桅檣) 상선 및 증기(蒸氣) 상선의 세금은 5원(圓)이다(모선에 부속된 각정(脚艇)은 제외한다).
단외장(單桅檣) 상선의 세금은 2원이다(500석(石) 이상의 화물을 실을 수 있는 것이다).
단외장 상선의 세금은 1원 50전(錢)이다(500석 이하의 화물을 실을 수 있는 것이다).
일본국 정부에 소속된 모든 선박은 항세(港稅)를 납부하지 않는다.

제8칙

조선국 정부나 인민들이 지정된 무역 항구 외의 다른 항구에서 각종 물건을 운반하려고 일본국 상선을 고용할 때, 고용주가 인민이면 조선국 정부의 준단을 받은 후에야 고용할 수 있다.

제9칙

일본국 선척이 통상을 승인하지 않은 조선국 항구에 도착하여 사사로이 매매할 경우에는 해처(該處) 지방관이 조사하여 부근의 관리관에게 교부한다. 관리관은 모든 돈과 물품을 일체 몰수하여 조선국 관청에 넘겨준다.

제10칙

아편과 담배의 판매를 엄격히 금지한다.

제11칙

양국에서 현재 정한 규칙은 이후 양국 상인의 무역 형편 여하에 따라 각 위원이 수시로 참작해서 협의하여 개정할 수 있다. 이를 위해 양국 위원이 각각 날인하면 그 날부터 준행한다.

대조선국 개국 485년 병자년(1876) 7월 6일
강수관 의정부 당상 조인희
대일본국 기원 2,536년 명치 9년 8월 24일
이사관 외무대승 미야모토 쇼이치

4. 「조미조약(朝美條約)」 전문

대조선국과 대아메리카 합중국은 우호 관계를 두터이 하여 피차 인민을 돌보기를 간절히 바란다. 그러므로 대조선국 군주는 특별히 전권대관(全權大官) 신헌(申櫶), 전권부관(全權副官) 김홍집(金弘集)을 파견하고, 대미국 대통령은 특별히 전권대신 수사총병(水師總兵) 슈펠트(Robert W. Shufeldt, 薛斐爾)를 파견하여, 각각 받들고 온 전권 위임장을 상호 대조하여 살펴보고 모두 타당하기에 조관을 체결하여 아래에 열거한다.

제1관

이후 대조선국 군주와 대미국 대통령 및 그 인민은 각각 모두 영원히 화평하고 우애 있게 지낸다. 타국의 어떠한 불공평이나 경멸하는 일이 있을 때에 일단 통지하면 서로 도와주며, 중간에서 잘 조처하여 두터운 우의를 보여 준다.

제2관

이번에 통상 우호 조약을 맺은 뒤 양국은 병권 대신(秉權大臣)을 서로 파견하여 피차의 수도에 주재시킬 수 있으며, 아울러 피차의 통상 항구에 영사 등의 관리를 두는데 서로 그 편의를 들어 준다. 이들 관원이 해당국의 관원과 교섭하기 위하여 왕래할 때에는 서로 같은 품급(品級)에 상당하도록 하는 예로 대한다. 양국 병권대신과 영사 등 관원들이 받는 갖가지 우대는 피차 최혜국(最惠國)의 관원과 다름이 없다.

영사관은 주재국의 비준 문서를 받아야만 일을 볼 수 있다. 파견되는 영사 등의 관원은 정규 관원이어야 하고 상인으로 겸임시킬 수 없으며, 또 무역을 겸할 수도 없다. 각 항구에 아직 영사관을 두지 못하여 다른 나라 영사에게 대신 겸임시킬 것을 청하는 경우에도 상인으로 겸임시킬 수 없으며, 혹 지방관은 현재 체결된 조약에 근거하여 대신 처리할 수 있다. 조선 주재 미국 영사 등 관원들의 일처리가 부당할 경우에는 미국 공사(公使)에게 통지하여, 피차 의견이 일치하여야 비준 문서를 회수할 수 있다.

제3관

미국 선척이 조선의 근해에서 태풍을 만났거나 혹은 식량·석탄·물이 모자라고 통상 항구와의 거리가 멀리 떨어졌을 때에는 곳에 따라 정박하는 것을 허락하여 태풍을 피하고 식량을 사며 선척을 수리하도록 한다. 경비는 선주가 자체 부담한다. 지방관과 백성은 가엾게 여겨 원조하고 필요한 물품을 제공한다. 해당 선척이 통상하지 않는 항구에 몰래 들어가 무역을 하다가 잡힌 경우 배의 화물은 관에서 몰수한다. 미국 선척이 조선 해안에서 파손되었을 경우 조선의 지방관은 그 소식을 들은 즉시 명령하여 선원들을 우선 구원하고 식량 등을 공급해 주도록 하며, 한편으로 대책을 세워 선척과 화물을 보호하고, 아울러 영사관에게 통지하여 선원들을 본국으로 송환하게 한다. 아울러 배의 화물을 건져낸 일체 비용은 선주나 미국에서 확인하고 갚는다.

제4관

미국 인민이 조선에 거주하며 본분을 지키고 법을 준수할 때에는 조선의 지방관은 그들의 생명과 재산을 대신 보호하고 조금도 모욕하거나 손해를 입히는 일이 없도록 해야 한다. 법을 지키지 않는 무리가 미국 사람들의 집과 재산을 약탈하고 불태우려는 자가 있을 경우 지방관은 일단 영사에게 통지하고 즉시 군사를 파견하여 탄압하며 아울러 범죄자를 조사·체포하여 법률에 따라 엄중히 처벌한다. 조선 인민이 미국 인민을 모욕하였을 때에는 조선 관원에게 넘겨 조선 법률에 따라 처벌한다.

미국 인민이 상선이나 항구를 막론하고 모욕하거나 소란을 피워 조선 인민의 생명과 재산에 손해를 주는 등의 일이 있을 때에는 미국 영사관이나 혹은 미국에서 파견한 관원에게 넘겨 미국 법률에 따라 조사하고 체포하여 처벌한다. 조선국 내에서 조선과 미국의 인민 사이에 소송이 있을 경우 피고 소속의 관원이 본국의 법률에 의하여 심의하여 판결하며, 원고 소속의 나라에서는 관원을 파견하여 심의를 들을 수 있다[聽審]. 심관(審官)은 예로 서로 대해야 한다. 심의를 듣는 관원[청심관(聽審官)]이 소환하여 심문하거나, 현지에 나가 조사·심문하거나, 나누어 심문하거나 검증하려고 할 때에도 그 편의를 들어 준다. 심관의 판결이 공정하지 못하다고 인정될 경우에는 역시 상세하게 반박하고 변론하는 것을 허용한다. 대미국(大美國)

과 대조선국은 피차간에 명확하게 정하였다. 조선이 이후에 법률 및 심의 방법을 개정하였을 경우 미국에서 볼 때 본국의 법률 및 심의 방법과 서로 부합한다고 인정될 때에는 즉시 미국 관원이 조선에서 사건을 심의하던 권한을 철회하고, 이후 조선 경내의 미국 인민들을 즉시 지방관의 관할에 귀속시킨다.

제5관
조선국 상인과 상선이 미국에 가 무역할 때에 납부하는 선세(船稅)와 일체의 각 비용은 미국의 해관 장정(海關章程)에 따라 처리한다. 본국 인민 및 상대 최혜국의 세금을 거두어들이는 것은 정해진 액수 외에 증가할 수 없다. 미국 상인과 상선이 조선에 와서 무역할 때 입출항하는 화물은 모두 세금을 바쳐야 하며, 그 수세하는 권한은 조선이 자주적으로 한다. 입항세·출항세에 관한 항목과 해관이 금지해도 탈루하려는 모든 폐단에 대해서는 모두 조선 정부에서 제정한 규칙에 따른다. 사전에 미국 관원에게 통지하여 상인들에게 널리 알려 준행하도록 한다. 현재 미리 정한 세칙(稅則)은, 대략 민생의 일상용품과 관계되는 각종 입항 화물의 경우 시장 가격에 근거하여 100분의 10을 초과하여 세금을 징수할 수 없으며, 사치품과 기호품인 양주·여송연(呂宋煙)·시계와 같은 것들은 시장가격에 근거하여 100분의 30을 초과하여 세금을 징수할 수 없다. 출항하는 토산물은 모두 그 가격에 근거하여 100분의 5를 초과하여 징수할 수 없다. 입항하는 모든 서양 화물은 항구에서 정규의 세금을 납부하는 외에 해당 항목의 화물이 내지(內地)로 들어가거나 항구에 있으나 영구히 다른 항목의 세금을 물지 않는다. 미국 상선이 조선 항구에 들어올 때에는 선세로 매 톤에 은(銀) 5전을 납부하되 매 선박마다 중국력(中國曆)에 의거하여 한 분기에 한 번씩 거둔다.

제6관
조선국 상인이 미국의 각 처에 갔을 때에는 해당 지역에 거주하는 것을 허락하며, 가옥을 세내고 토지를 사고 가게를 짓는 일은 그 편리한대로 한다. 무역 업무에 있어서는 일체 소유한 토산물 및 제조한 물건과 위반 사항을 어기지 않는 화물은 모두 매매할 수 있다. 미국 상인이 이미 개항한 조선 항구에 가서 해당 지역의 정해진 경계 안에 거주하는 것을 허락하며, 가옥을 세내고 토지를 사고 가게를 짓는 일은 그 편리한 대로 한다. 무역 업무에 대해서는 일체 소유한 토산물 및 제조한 물건과 위반 사항을 어기지 않는 화물은 모두 매매할 수 있다. 다만 토지를 빌릴 때에는 조금도 강요할 수 없다. 해당 토지를 빌리는 값은 모두 조선에서 정한 등칙(等則)에 비추어 완납하며 그 빌려준 토지는 계속 조선의 판도(版圖)에 속한다. 이 조약 내에서 명백히 미국 관원에게 귀속하여 관리해야 할 상인들의 재산을 제외하고 모두 그대로 조선 지방관의 관할에 귀속한다. 미국 상인은 서양의 화물을 내지(內地)에 운반해 판매할 수 없고, 또 스스로 내지로 들어가 토산물을 구매할 수 없으며 아울러 토산물을 이 항구에서 저 항구로 운반해 팔 수도 없다. 위반하는 자는 그 화물을 관에서 몰수하고 해당 상인을 영사관에게 넘겨 처벌케 한다.

제7관
조선국과 미국은 피차 논의 결정하여 조선 상인이 아편을 구입 운반하여 미국 통상 항구에 들여 갈 수 없고, 미국 상인도 아편을 구입 운반하여 조선 항구에 들여 갈 수 없으며, 아울러 이 항구에서 저 항구로 운반하는 경우에도 아편을 매매하는 무역을 일체 허락하지 않는다. 양국 상인이 본국의 배나 다른 나라의 배를 고용하거나 본국의 배를 다른 나라 상인에게 고용되어 아편을 구입 운반한 자에 대하여 모두 각각 본국에서 영구히 금지하고 조사하여 중벌에 처한다.

제8관
조선국이 사고로 인하여 국내의 식량이 결핍될 우려가 있을 경우 대조선국 군주는 잠시 양곡의 수출을 금한다. 지방관의 통지를 거쳐 미국 관원이 각 항구에 있는 미국 상인들에게 지시하여 일체 준수하도록 한다. 다만, 이미 개항한 인천항에서 각종 양곡의 수출을 일체 금지한다. 홍삼은 조선에서 예로부터 수출을 금하고 있다. 미국 사람이 몰래 사서 해외로 내가는 자가 있을 경우에 모두 조사 체포하여 관에 몰수하고 분별하여 처벌한다.

제9관
무릇 대포·창·검·화약·탄환 등 일체의 군기(軍器)는 조선 관원이 자체 구입하거나 혹 미국 사람이 조선 관원의 구매 승인서를 갖고 있어야 비로소 입항을 허락한다. 사사로이 판매하는 물화가 있을 경우에는 화물을 조사하여 관에서 몰수하고 분별하여 처벌한다.

제10관
양국 관원과 상인이 피차 통상 지방에 거주할 때에는 두루 각색의 사람들을 고용하여 자기 직분 내의 일을 돕게 할 수 있다. 다만 조선 사람으로서 본국의 금령을 범했거나 피소(被訴)된 자와 연루되어 미국 상인의 주택·가게 및 상선에 숨어있는 자는 지방관이 영사관에게 통지하면 파견된 관원이 직접 잡아 가는 것을 허락하고 혹은 영사가 사람을 파견하여 붙잡아 조선에서 파견한 관원에게 넘겨주며, 미국 관원과 백성은 조금이라도 비호하거나 억류할 수 없다.

제11관
양국의 생도(生徒)가 오가며 언어·문자·법률·기술 등을 배울 때에는 피차 서로 도와줌으로써 우의를 두텁게 한다.

제12관
지금 조선국이 처음으로 조약을 제정 체결한 조관은 아직 간략하나 조약을 준수해야 한다. 이미 실려 있는 것은 우선 처리하고 실려 있지 않은 것은 5년 뒤에 양국 관원과 백성들이 피차 언어가 조금 통할 때에 다시 논의하여 결정한다. 상세한 통상 장정은 만국공법(萬國公法)의 통례를 참작하여 공평하게 협정(協定)하여 경중과 대소의 구별이 없다.

제13관
이번에 양국이 체결한 조약과 이후에 교환할 공문에 대해서 조선은 한문을 전용하고 미국도 한문을 사용하거나 혹은 영문(英文)을 사용하되 반드시 한문으로 주석을 하여 착오가 없게 한다.

제14관
현재 양국이 논의하여 결정하고 난 이후 대조선국 군주가 어떠한 은혜로운 정사와 은혜로운 법 및 이익을 다른 나라 혹은 그 상인에게 베풀 경우, 배로 항해하여 통상무역을 왕래하는 등의 일을 해당국과 그 상인이 종래 누리지 않았거나 이 조약에 없는 경우를 막론하고 미국 관원과 백성이 일체 균점(均霑)하는 것을 승인한다. 이러한 타국의 이익을 우대하는 문제에서, 이것과 전적으로 관련된 조항으로 상호 보답을 규정할 경우, 미국 관원과 백성도 반드시 상호 체결한 보답하는 해당 조항을 일체 준수해야 비로소 우대하는 이익을 동일하게 누리는 것을 승인한다.

위의 각 조항은 대조선국과 대미국의 대신들이 조선의 인천부에서 논의해 정하고 한문과 영문으로 각각 세 통을 작성하여, 조문 구절이 서로 같기에 우선 서명을 하고 도장을 찍어 증빙함을 밝히고, 양국의 어필(御筆) 비준을 기다려 모두 1년을 기한으로 조선의 인천부에서 상호 교환한다. 이후 이 조약의 각 조항들을 피차 본국의 관원과 상인들에게 널리 알려 다 알고 준수하게 한다.

대조선국 개국 491년, 즉 중국 광서(光緖) 8년 4월 초6일

전권대관 경리통리기무아문사(經理統理機務衙門事) 신헌

전권부관 경리통리기무아문사 김홍집

대미국 1882년 5월 22일

전권대신 해군 총병 슈펠트(薛裵爾)

(『고종실록』 고종 19년(1882) 4월 6일(신유): 3번째 기사)

5.「조청상민수륙무역장정(朝淸商民水陸貿易章程)」전문

조선은 오랜 동안의 제후국으로서 전례(典禮)에 관한 것에 정해진 제도가 있다는 것은 다시 의논할 여지가 없다. 다만 현재 각국(各國)이 수로(水路)를 통하여 통상하고 있어 해금(海禁)을 속히 열어, 양국 상인이 일체 상호 무역하여 함께 이익을 보게 해야 한다. 변계(邊界)에서 호시(互市)하는 규례도 시의(時宜)에 맞게 변통해야 한다. 이번에 제정한 수륙 무역 장정은 중국이 속방(屬邦)을 우대하는 뜻이며, 각국과 일체 같은 이득을 보도록 하는데 있지 않다. 이에 각 조항을 아래와 같이 정한다.

제1조

앞으로 북양대신(北洋大臣)의 신임장을 가지고 파견된 상무 위원(商務委員)은 개항한 조선의 항구에 주재하면서 전적으로 본국의 상인을 돌본다. 해원(該員)과 조선 관원이 내왕할 때에는 다같이 평등한 예로 우대한다. 중대한 사건을 맞아 조선 관원과 마음대로 결정하기가 편치 않을 경우 북양 대신에게 상세히 청하여 조선 국왕에게 자문(咨文)을 보내 그 정부에서 처리하게 한다.

조선 국왕도 대원(大員)을 파견하여 천진(天津)에 주재시키고 아울러 다른 관원을 개방한 중국의 항구에 나누어 파견하여 상무 위원으로 충당한다.

해원이 도(道)·부(府)·주(州)·현(縣) 등 지방관과 왕래할 때에도 평등한 예로 상대한다. 해결하기 어려운 사건을 만나면 천진에 주재하는 대원(북양대신과 남양대신(南洋大臣)이다)에게 상세히 청하여 정탈(定奪)한다. 양국 상무 위원이 쓸 경비는 자비(自備)에 속하며 사사로이 공급을 요구할 수 없다. 이들 관원이 멋대로 고집을 부려 일 처리가 부당할 때에는 북양대신과 조선 국왕은 피차 통지하고 즉시 소환한다.

제2조

중국 상인이 조선 항구에서 만일 개별적으로 고소를 제기할 일이 있을 경우 중국 상무 위원에게 넘겨 심의 판결한다. 이밖에 재산 문제에 관한 범죄 사건에 조선 인민이 원고가 되고 중국 인민이 피고일 때에는 중국 상무 위원이 체포하여 심의 판결하고, 중국 인민이 원고가 되고 조선 인민이 피고일 때에는 조선 관원이 피고인의 범죄 행위를 중국 상무 위원과 협의하고 법률에 따라 심의하여 판결한다.

조선 상인이 개항한 중국의 항구에서 범한 일체의 재산에 관한 범죄 등 사건에 있어서는 피고와 원고가 어느 나라 인민(人民)이든 모두 중국의 지방관이 법률에 따라 심의하여 판결하고, 아울러 조선 상무 위원에게 통지하여 등록하도록 한다. 판결한 사건에 대하여 조선 인민이 승복하지 않을 때에는 해국(該國)의 상무 위원이 대헌(大憲)에게 청원하여 다시 조사하여 공정성을 밝힌다.

조선 인민이 본국에서 중국 상무 위원에게, 혹은 중국의 각 지방관에게 중국 인민이나 각 읍(各邑)의 아역인(衙役人) 등을 고소할 때에는 사적으로 한 푼의 수수료도 요구하지 못한다. 위반한 자는 조사하여 해관(該管)의 관원을 엄중하게 처벌한다.

양국 인민이 본국에서 또는 피차의 통상 항구에서 본국의 법률을 범하고 사사로이 피차의 지계(地界)로 도피한 경우에는 각 지방관은 피차의 상무 위원에게 통지하고 곧 대책을 세워 체포하여 가까운 곳의 상무 위원에게 넘겨 본국에 압송해서 처벌한다. 다만 도중에서 구금을 풀 수 있고 학대하지 못한다.

제3조
양국 상선은 피차 통상 항구에 들어가 교역을 할 수 있다. 모든 싣고 부리는 화물과 일체의 해관(海關)에 바치는 세금은 모두 양국에서 정한 장정에 따라 처리한다.

피차 바닷가에서 풍랑을 만났거나 얕은 물에 걸렸을 때에는 곳에 따라 정박하고 음식물을 사며 선척(船隻)을 수리할 수 있다. 일체의 경비는 선주의 자비로 하고 지방관은 타당한 요금에 따른다.

선척이 파괴되었을 때에는 지방관은 대책을 강구하여 구호해야 하고, 배에 탄 여객과 상인과 선원들은 가까운 항구의 피차 상무 위원에게 넘겨 귀국 시켜 앞서 서로 호송하던 비용을 절약할 수 있다. 양국 상선이 풍랑을 만나 손상을 입어 수리해야 할 경우를 제외하고 개방하지 않은 항구에 몰래 들 어가 무역을 하는 자는 조사하여 체포하고 배와 화물은 관에서 몰수한다.

조선의 평안도(平安道)·황해도(黃海道)와 중국의 산동(山東)·봉천(奉天) 등 성(省)의 연해지방에서는 양국의 어선들이 내왕하면서 고기를 잡을 수 있 고, 아울러 해안에 올라가 음식물과 식수를 살 수 있으나, 사적으로 화물을 무역할 수 없다. 위반하는 자는 배와 화물을 관에서 몰수한다. 소재 지방에 서 법을 범하는 등의 일이 있을 경우에는 곧 해당 지방관이 체포하여 가까 운 곳의 상무 위원에게 넘겨 제2조에 준하여 처벌한다.

피차의 어선에서 징수하는 어세(魚稅)는 조약을 준행한 지 2년 뒤에 다시 모 여 토의하여 작정(酌定)한다. (조사에 의하면 산동의 어호(漁戶)가 해변의 물 고기가 윤선(輪船)에 놀라 대안(對岸) 쪽으로 쏠리자 매년 사사로이 조선 황 해도의 대청도(大靑島), 소청도(所靑島)에 와서 고기잡이를 하는 자들이 한 해에 1,000명을 헤아린다.)

제4조
양국 상인이 피차 개항한 항구에서 무역을 할 때에 법을 제대로 준수한다면 땅을 세내고 방을 세내어 집을 지을 수 있게 허가한다. 토산물과 금지하지 않는 물건은 모두 교역을 허가한다.

입항하고 출항하는 화물에 대해 납부해야 할 화물세와 선세를 모두 피차의 해관 통행 장정에 따라 완납하는 것을 제외하고 토산물을 이 항구에서 저 항 구로 실어가려고 하는 경우에는 이미 납부한 출항세(出港稅) 외에 이어 입항 할 때에는 완납한 사실을 확인하고 출항세의 절반을 납부한다.

조선 상인이 북경(北京)에서 규정에 따라 교역하고, 중국 상인이 조선의 양 화진(楊花津)과 서울에 들어가 영업소를 개설한 경우를 제외하고 각종 화물을 내지로 운반하여 상점을 차리고 파는 것을 허가하지 않는다.

양국 상인이 내지로 들어가 토산물을 구입하려고 할 때에는 피차의 상무 위원에게 품청하여, 지방관과 연서(連署)하여 허가증을 발급하되 구입할 처소를 명시하고, 거마(車馬)와 선척을 해당 상인이 고용하도록 하고, 연도(沿途)의 세금은 규정대로 완납해야 한다. 피차 내지로 들어가 유력(遊歷)하려는 자는 상무 위원에게 품청하여, 지방관이 연서하여 허가증을 발급해야만 들어 갈 수 있다. 연도 지방에서 범법 등 일이 있을 때에는 모두 지방관이 가까운 통상 항구로 압송하여 제2조에 의하여 처벌한다. 도중에서 구금을 풀수 있고 학대하지 못한다.

제5조
과거 양국 변계의 의주(義州)·회령(會寧)·경원(慶源) 등지에서 호시가 있었는데 모두 관원이 주관하여 매번 장애가 많았다. 이에 압록강(鴨綠江) 건너편의 책문(柵門)과 의주 두 곳을, 그리고 도문강(圖們江) 건너편의 훈춘(琿春)과 회령 두 곳을 정하여 변경 백성들이 수시로 왕래하며 교역하도록 한다.
양국은 다만 피차 개시(開市)하는 곳에 해관과 초소를 설치하고 비류(匪類)를 살피고 세금을 징수한다. 징수하는 세금은 나가는 물건이나 들어오는 물건을 막론하고 홍삼(紅蔘)을 제외하고는 모두 100분의 5를 징수하고, 종전의 객사(客舍)와 식량·꼴·영송(迎送) 등의 비용을 모두 없앤다.

변경 백성의 전재(錢財)의 범죄 등 사건에 대해서는 피차 지방관들이 규정된 법률에 의하여 처리하는데, 일체의 상세한 장정은 북양 대신과 조선 국왕이 파견한 관원이 해처(該處)에 가서 조사하여 협의하고 품청하여 결정한다.

제6조
양국 상인은 어느 항구와 변계 지방을 막론하고 모두 수입 아편과 토종 아편 그리고 제작된 무기를 운반하여 파는 것을 허가하지 않는다. 위반하는 자는 조사하여 분별하여 엄격하게 처리한다.

홍삼에 대해서는 조선 상인이 으레 중국지역으로 가지고 들어갈 수 있도록 허가하며, 납부할 세금은 가격에 따라서 100분의 15를 징수한다. 중국 상인이 특별허가를 받지 않고 조선 국경 밖으로 사사로이 내가는 자가 있을 경우에는 조사하여 물건을 관청에서 몰수한다.

제7조
양국의 역로(驛路)는 책문으로 통한다. 육로로 오가는데 공급이 매우 번거롭고 비용이 많이 든다. 현재 해금이 열렸으니 각자 편의에 따라 바닷길로 왕래하는 것을 승인한다.

다만 조선에는 현재 병상(兵商)의 윤선이 없다. 조선 국왕은 북양 대신과 협의하고 잠시 상국(商局)의 윤선을 매월 정기적으로 한 차례 내왕하도록 할 수 있으며, 조선 정부에서는 선비(船費) 약간을 덧붙인다.

이 밖에 중국의 병선이 조선의 바닷가에 유력하고 아울러 각 처의 항구에 정박하여 방어를 도울 때에 지방 관청에서 공급하던 것을 일체 면제한다. 식량을 사고 경비를 마련하는 것에 있어서는 모두 병선에서 자체 마련하며, 해당 병선의 함장 이하는 조선 지방관과 동등한 예로 상대하고, 선원들이 상륙하면 병선의 관원은 엄격히 단속하여 조금이라도 소란을 피우거나 사건을 일으키는 일이 없도록 한다.

제8조
이번에 정한 무역 장정은 아직 간략하나 양국 관리와 백성이 정한 조항을 일체 준수하고, 이후 증손(增損)할 일이 있을 경우 수시로 북양 대신과 조선 국왕이 협의하여 적절하게 처리한다.

광서(光緖) 8년 8월
중국 2품함(二品銜) 진해관도(津海關道) 주복(周馥)
2품함 후선도(候選道) 마건충(馬建忠)
조선국 진주정사(陳奏正使) 조영하(趙寧夏)
진주부사(陳奏副使) 김홍집(金弘集)
문의관(問議官) 어윤중(魚允中)

6. 「조일통상장정(朝日通商章程)」 전문

제1관

일본 각 상선(商船)이 조선국 통상 항구에 들어오면 즉시 해관(海關)에서 파견한 관리가 갑판의 승강구 및 화물을 실은 다른 곳을 봉쇄하고 잘 관압(管押)한다. 상선에서는 그 관원을 잘 접대하여 그가 거주할 방을 마련해 준다. 내줄 방이 없어 해(該) 관원이 관정(關艇)이나 혹은 해안에서 편리에 따라 거주하도록 맡겨둘 때에는 거기에 드는 일체의 비용을 모두 해관에서 지불하고, 선주(船主) 및 상인의 대리인에게 조금이라도 사적으로 받을 수 없다.

일본의 구식 범선(帆船)에 실은 화물을 관압하는 방법에 대해서는 해관 세무사(海關稅務司)에서 일본 영사관(領事官)과 함께 취급 방법을 협의하여 시행한다.

제2관

일본 상선이 조선국의 통상 항구에 들어올 때에는 해(該) 선장 혹은 그 대판인(代辦人)이 선패(船牌)와 화물 목록을 일본 영사관(領事官)에게 제출하고 영수증을 받은 다음 입항하여 밟아야 할 절차를 밟고, 닻을 내린 시각으로부터 48시간(일요일과 공무를 보지 않는 날은 계산하지 않는다. 이하 각관(各款)에서 시각을 말한 것은 다 이와 같다.) 내에 그 영수증과 입항 통관 신고서, 적하 목록(積荷目錄), 선상에서 쓰는 물건 및 모든 면세 물건의(상품이 아닌 물건을 가리킨다.) 명세서를 해관에 제출한다. 이 규정을 준수하지 않을 경우에는 해(該) 선장에게 동전 3만 문(文)을 벌금으로 물린다. 그래도 규정을 잘 준수하지 않을 때에는 그 시한으로부터 매 24시간마다 위의 액수와 같은 벌금을 물린다. 단 10만 문을 초과할 수 없다.

본관(本款)에 기록된 입항 통관 신고서에는 선명(船名), 톤수(혹은 석수(石數)), 선장의 성명, 선원들의 총 인원수, 선객의 성명과 총 인원수, 출항한 항구명, 배가 떠난 연월일 및 입항 연월일과 시각을 상세히 기재한 뒤 선장 혹은 그 대판인이 기명(記名)을 하고 화압(畵押)한다.

적하 목록에는 실은 화물의 검인 호수, 건수, 화물명 및 화주(貨主)의 성명을 명백하게 밝히고 확실함을 보증하여 선장 혹은 그 대판인의 기명을 하고 화압한다.

선상에서 쓰는 물건 및 면세 물건의 각 명세서도 선장 혹 그 대판인이 기명을 하고 화압해야 한다. 단, 각 통관 신고서 및 각 문건들은 모두 일본어로 쓰고 번역문을 붙이지 않는다.

제3관
적하 목록의 기재에 빠졌거나 잘못된 것이 있으면 입항하여 처리해야 할 여러 가지 절차를 밟은 다음 24시간 안에 보충, 개정을 허가한다. 이 시한이 지날 경우 보상금 7,000 문을 바치지 않고서는 보충, 개정을 청할 수 없다. 또 혹 이 시한이 지났음에도 오탈(誤脫)이 있음을 모르고 해안에 화물을 내릴 경우에는 그 화물 액세(額稅)의 2배에 해당하는 벌금을 선장 혹 대판인에게 물린다.

제4관
입항하여 밟아야 할 여러 가지 절차를 규정대로 수속했을 때 즉시 해관 세무사(海關稅務司)에서 승강구를 여는 허가증을 발급한다. 선장은 승강구를 여는 허가증을 가지고 본선을 간수(看守)하는 관리에게 주어 검열을 받고, 승강구와 따로 화물을 실은 곳의 봉인을 뜯을 것을 청한다. 봉인을 마음대로 뜯었을 때에는 누가 뜯었든 간에 해(該) 선장에게 3만 문의 벌금을 물린다.

제5관
입항한 화물을 해안에 내리려 하거나 출항할 화물을 배에 실으려고 할 때에는 먼저 적치화물 명세서(置貨單)를(적치화물 명세서라고 하는 것은 화물 적치의 연월일, 지명 및 원가, 포장비, 세금으로 공제한 돈, 보험비, 운임, 기타 각 항의 비용을 상세히 기재한 후 매주(買主) 혹 화주, 혹은 선적품의 본주(本主)나 그 대판인이 기명을 하고 도장을 찍은 것을 말한다.) 하선품 명세서 혹은 선적품 서류에 첨부하여 해관에 제출하면 해관에서는 즉시 허가증을 발급한다. 화물을 신거나 부릴 때에는 먼저 이 허가증을 본 선을 간수하는 관리에게 넘겨주어 검열을 받아야 하며, 화물을 다른 배에 옮겨 실을 때에도 이 예에 따른다. 하선과 선적의 각 물품 명세서에는 입출항하는 선명및 그 화물의 검인 번호와 화물의 이름 등을 다 명백하게 기록하는 동시에세금을 납부해야 할 화물을 결코 감춘 것이 없음을 보증하여 품주(稟主) 혹은 그 대판인이 기명을 하고 화압한다.

제6관

일몰에서 일출까지 해관에서 화물을 하선, 선적하거나 혹은 다른 배에 옮기라고 특별히 허가하지 않은 것에 대해서는 해관 관리는 일몰에서 일출까지승강구 및 따로 화물을 적재해 둔 곳을 봉쇄하고 면밀하게 관압한다.

해원(該員)의 허가를 거치지 않고 봉쇄를 열거나 관압한 곳을 파괴하는 일이있을 때에는 해(該) 선장에게 3만 문의 벌금을 물린다.

제7관

해관의 허가증을 받지 않고 화물을 하선, 선적하거나 혹은 다른 배에 옮겨싣거나 또는 해관의 허가를 거치지 않고 마음대로 지정한 부두 이외의 장소에서 화물을 싣고 내리는 경우에 모두 그 화물을 관에서 몰수한다.

제8관

모든 일본 인민은 각 통상 항구에서 편리에 따라 조선의 차부(車夫)와 선부(船夫)를 고용하여 화물을 운반하고 선객을 싣고 오갈 수 있으며, 조선 관리는 결코 간섭할 수 없다. 또 어느 배 어느 사람으로 한정할 수 없다. 일본상인이 고용에 어려움이 있을 때에는 해관에 제기하고 해관에서는 잘 보살펴 주어야 한다.

제9관

입항하거나 출항하는 각 화물이 해관을 통과할 때는 응당 본 조약에 첨부된세칙(稅則)에 따라 관세를 납부해야 한다. 배 안에서 자체로 사용하는 각종물건을 육지에 내다 팔 때에는 세칙에 따라 세금을 납부한다. 다만 종가세(從價稅)는 그 화물의 산지나 제조한 지방의 실제 가격과 그 지방으로부터 운반해온 비용, 보험비 및 배당금 등 각종 비용을 합산하여 원가를 정하고 그 정칙(定則)의 세금을 징수한다.

제10관
납부한 세은(稅銀)이 너무 많거나 혹은 너무 적은 경우에 납세한 날로부터 30일이 경과하지 않았을 경우 해관에서는 부족한 액수를 추징할 수 있고, 세납자도 더 납부한 금액을 되돌려달라고 요구할 수 있다. 또 실은 화물의 포장이 작아졌거나 혹은 손괴(損壞) 된 것을 발견하고 더 바친 세금을 돌려 달라고 요구하는 경우에 해관을 통과한 것이면 허가하지 않는다.

제11관
해관 관리는 입항하거나 출항하는 화물에 대하여 전부 혹은 그 가운데 한두 가지를 사험국(査驗局)에서 검사할 수 있으며, 화물을 운반하는 데 드는 비용은 화주가 부담한다. 그러나 통상적으로 화물을 검사하는 데가 아닌 곳에 운반해 놓았을 경우에는 그 비용은 해관에서 내야 한다.

해관 관리는 화물을 주의해 다루어 손괴를 방지해야 한다. 주의하지 않아 손괴되었을 경우에는 해관에서 배상해야 한다. 검사한 다음에는 그 화물을 잘 포장하여 시간을 허비해서는 안 된다.

제12관
해관 세무사에서 입출항 화물의 화주가 말한 가격이 부당할 때에는 해관의 간화인(看貨人)이 인정하는 가격에 따라서 관세를 징수할 수 있다. 화주가 불복할 때에는 24시간 안에 불복하는 연유를 해관 세무사에 상세히 통보하고, 해관 세무사에서는 즉시 화주에게 스스로 값을 매길 사람을 선택하게 하고, 그 매긴 가격을 다시 통보하게 한다. 해관 세무사에서는 다시 값을 매겨 통보한 가격에 의하여 세금을 징수거나 매긴 값에 100분의 5를 더하여 그 화물을 수매한다. 다만 화물을 수매하는 경우에는 재 통보한 날로부터 5일 안에 그 값을 청산해야 한다.

제13관

입항한 각 화물 가운데서 도중에 손괴된 것이 있을 경우 입항 화물의 화주가 그 사유를 해관에 보고하고, 성실한 간화인 2명 이상을 택하여 손해 본 것이 얼마나 되는가를 조사하여 각 물건의 검인 번호와 그 손해가 얼마인가를 장부에 적고 간화인이 화압하여 하선 명세서와 함께 해관에 제출하여 관세를 감해 달라고 청한다. 이러한 일을 당했을 경우에도 제12관의 규정에 의하여 화물을 보고 가격을 매겨도 무방하다.

제14관

하선, 선적한 각 화물의 명세서 내에 기입되지 않은 물건을 화물 가운데 숨겨두고 탈세하려고 시도하는 자는 그 물건을 몰수한다. 또 화물의 종류, 건수, 무게 등을 허위로 보고하거나 혹은 납세해야 할 물건을 면세물 목록에 섞어 넣어 탈세하거나 감면 받으려고 시도하는 자는 납부해야 할 관세 외에 탈세하거나 감면 받으려고 시도한 액수의 5배를 벌금으로 징수한다.

제15관

선원과 여객들이 사적으로 쓸 물건을 싣거나 내릴 때에는 굳이 해관의 허가증을 받을 필요가 없다. 다만 해관 관리가 각 물건을 검사하여 세금을 납부해야 할 물건이 있거나 너무 많아 그들이 사용하는 물건으로 인정할 수 없을 때에는 세칙에 의하여 납부해야 할 세금을 징수할 수 있다. 행리(行李) 가운데 금지된 물건을 숨기고 있을 때에는 그 물건은 몰수하고, 아편에 대해서는 제36관에 근거하여 처리한다.

제16관

일본 흠차서(欽差署) 소용의 각 물건은 모두 관세를 징수하지 않으며 검사를 하지 않는다.

제17관

모든 폭발 물질이나 혹은 위험 물질을 싣고 내릴 때에는 미리 한 곳을 정해 놓고, 그곳 외에 다른 데서 싣고 내리는 것을 허가하지 않는다.

제18관

조선국 통상 항구에 들어와 관세를 완납한 각 화물을 조선국 각 처로 운송하는 것은 모두 운반세 및 내지(內地)의 관세와 기타 일체의 세금을 징수하지 않는다. 또 조선 각 처에서 통상 항구로 운송하는 화물도 운반세, 내지 관세 및 기타 일체의 세금을 징수하지 않는다.

제19관

입항한 각 화물을 관세를 완납하고 다시 다른 항구로 운반하려고 할 때에는 해관에서 조사하여 뜯어보았거나 바꿔 치기 했거나 더 집어넣은 흔적이 없이 원래 모양으로 있으면 관세를 완납했다는 증서를 발급해 주어야 한다. 다른 항구의 해관에서 그 화물을 증서와 대조하여 서로 맞으면 입항세(入港稅)를 다시 징수하지 않는다. 조사하여 화물을 바꿔 치기 했거나 더 집어넣은 폐단이 있을 경우 바꿔 치기 하고 더 집어넣은 화물에 따라 납부해야 할 세금을 징수하는 외에 그 세금의 5배에 해당하는 액수를 벌금으로 물린다.

제20관

입항한 각 화물을 화주가 영수한 뒤 되돌려 보내겠다고 하는 경우에는 해관에서 검사하여 입항 화물이라는 근거가 있으면 출항세(出港稅)를 납부하지 않고 되돌려 보내는 것을 허가한다.

제21관

일본 상선이 조선국 통상 항구로 다시 실어온 조선국 토산물에 대해서는 처음에 출항하던 때와 비교해서 성질과 양식(樣式)이 바뀌지 않았고, 출항한 날로부터 3년이 경과하지 않았을 경우, 또 출항 때에 받은 선적 서류가 화주에게 있어서 그것이 조선국 토산물임을 증명할 때에는 면세로 통관하는 것을 승인한다.

제22관

조선국 연해에 운송 수단이 충분치 못하므로 일본국 상선은 어느 나라 물건이든 관계없이 각 통상 항구에 싣고 다닐 수 있다. 다만 각 통상 항구에서 사들인 조선국 토산물을 조선국의 다른 통상 항구에 운송할 때에 그 화물의 출항세에 해당하는 돈을 저당해두거나 혹은 그 돈을 담보할 보증인을 (세무사에서 인정하는 사람) 선택하여 보증서를 받아 출항할 해관에 맡겨두고 다른 통상 항구에 가서 하선할 때에 그 항구의 해관에서 하선했다는 증명서를 청구하여 가지고 (단, 입항세는 납부하지 않는다.) 출항한 날로부터 6개월 안에 출항한 해관에 제출하고, 처음에 맡겨둔 돈이나 증명서를 돌려달라고 요구한다. 화물을 운반한 배가 그것을 잃어버렸을 때에는 출항한 날로부터 1년 내에 잃어버렸다는 것을 증명하는 일본 영사관(領事官)의 증서를 당 해관에 제출하여 해당 증서를 대신한다. 조선의 선척이 충분해질 경우 조선국의 이 항구의 화물을 저 항구로 운반해 가는데 다른 나라의 선척을 사용하지 않을 것이다.

제23관
통상 항구의 해관에서 화물을 취급하는 곳에 조선 정부에서 창방(廠房, 공장)을 짓고 또 잔방(棧房, 창고)을 지어 입출항하는 각종 화물을 보관하는 데 편리하게 해야 한다. 잔조(棧租)와 기타 각종 문제는 따로 장정(章程)을 협의하여 시행한다.

제24관
입항한 각종 화물에 관세를 납부하지 않고 해관의 잔방에 보관해두려고 하는 경우 잔방 장정에 따라 해관 세무사의 허가를 신청해야 한다. 이 규정을 준수하고 그 화물을 일본국에 운송하려고 하는 경우에는 즉시 출항하도록 허가한다. 혹 관세를 완납하고 화물을 해(該) 잔방에서 곧바로 운송해 가려고 하는 때에는 완납한 세금을 돌려준다. 다만 화주가 영수하였을 때에는 제20관의 기재에 의해 처리한다. 다만 조선 정부에서 잔방을 설치하기 이전에는 비록 화주가 영수한 뒤라 하더라도 조사하여 원상태로 포장되어 있을 때에 해관에서는 납부한 세금을 돌려주고 다시 실어가도록 허가한다. 1년이 경과한 것은 제20관에 의하여 처리한다.

제25관
일본 상선이 수리로 인하여 화물을 하선하는 경우에는 그 화물에 대하여 관세를 납부하지 않고 해안에 부려서 해관 관할의 창방이나 잔방에 보관하였다가(단, 잔조(棧租) 및 일체 소요되는 비용은 선장이 지불한다.) 수리가 끝난 뒤 선적할 수 있다. 그 화물을 파는 경우에는 관세를 납부해야 한다. 조선 근해에서 파괴된 선척의 자재와 도구 및 선상에서 쓰던 물건을 파는 경우에는 입항세를 면제한다.

제26관
출항하려는 일본 상선은 닻을 올리기 전에 선장이나 그 대판인이 출항 보고서와 출항 적하 목록을 해관에 제출하고, 영사관이 발급해주는 선패(船牌)와 화물 목록의 영수증을 수령하고 출항 허가증을 수령하여 즉시 출항한다.

제27관
이미 출항 절차를 밟은 선척이 사정이 있어 다시 화물을 부리거나 실으려고 할 때에는 밟아야 할 입항 절차를 다시 밟아야 하고, 출항할 때에도 출항 절차를 밟아야 한다. 이미 출항 절차를 밟고 출항할 때가 되었음에도 불구하고 아직 닻을 올리지 못하였을 때에는 선장이나 그 대판인이 그 사유를 해관에 보고하고 허가를 받아야 한다.

제28관
선장이 출항 허가증을 받으려고 할 때에 해관의 각 장정을 위반한 사건들을 아직 심판하지 못한 것이 있을 경우에는 해관에서 허가증을 발급하지 않는다. 다만 영사관이 선장에게 명하여 보증인을 세우거나 보증금을 낸 뒤 해관 세무사에 통지하면 즉시 출항 허가증을 발급한다.

제29관
우편선은 입항과 출항 절차를 같은 날, 또는 같은 시각에 한 번에 밟을 수 있다. 입항시의 적하 목록은 해당 항구에서 하선한 것과 다른 배에 옮겨 실은 화물에 대해서만 기록하고 다른 것은 기록할 필요가 없다. 출항시의 적하 목록을 선장이 제출할 수 없을 경우 우편선 공사(公司)의 대판인이 출항 후 3일 안에 제출할 수 있다.

제30관

선상에서 필요한 각종 물건을 사기 위하여, 혹은 재난을 피하기 위하여 조선 통상 항구를 통과하는 일본 상선이나 어선은 입항 및 출항 시에 밟아야할 절차를 밟을 필요가 없다. 정박한 지 24시간이 경과한 때에는 그 사유를 해관에 보고해야 한다. 무역을 할 경우에는 제2관의 규칙에 따라 처리해야 한다.

제31관

조선 정부에서는 앞으로 각 통상 항구의 구내를 수축하고, 등탑과 부표(浮標)를 건설해야 하며, 통상 항구에 오는 일본 상선은 톤세(船鈔)로 톤당 225문을 납부하여 그 유지비로 충당해야 한다. (단, 몇 석(石)을 실은 선박인가 하는 것은 일본의 6석 5말 5되를 1톤으로 환산한다.) 톤세를 바쳤을 때에는 즉시 해관에서 전조(專照, 이중 과세 면제 증서) 발급하여 4개월을 한도로 하여 그 기간 내에는 마음대로 조선의 각 통상 항구에 가더라도 다시 톤세를 납부하지 않는다.

또 입항한 상선이 하선하지 않고 다른 곳으로 가려고 할 때에는 이틀 안에 출항하는 경우 톤세를 내지 않아도 된다. 단, 비바람을 만나거나 안개가 몹시 끼어 출항할 수 없을 경우에 공동으로 협의하여 그 사유를 해관에 보고하여야 한다. 단, 어선은 톤세를 납부하지 않는다.

다른 나라 상선이 많이 올 때에는 항구를 수축하고 등탑과 부표를 세우는 비용으로 다시 톤세를 개정할 수 있다.

제32관

화물을 싣지 않은 군함과 일본국 관선(官船)이 조선국의 통상 항구에 왔을 때에는 입항 및 출항 절차를 밟지 않아도 되고, 또 선세를 납부하지 않으며 해관 관리가 간수하지 않아도 된다. 사용하지 않는 물건을 부려놓고 파는 경우에는 매주(買主)가 해관에 보고하고 세금을 납부해야 한다.

제33관

일본국 상선이 조선국의 통상하지 않는 항구에서 몰래 매매를 하거나 혹은 몰래 매매를 하려고 시도한 경우에는 조선 정부가 그 상품과 그 배에 싣고 있는 각 상품을 몰수하고, 선장에게 50만 문의 벌금을 물린다. 다만, 풍랑을 피하기 위해서거나 혹은 필요한 석탄, 물, 음식물을 구하기 위해서 일시 항구에 정박하였을 경우에는 이 규례를 적용하지 않는다.

제34관

조선국 정부나 혹은 인민이 화물과 인원 등을 통상하지 않는 항구에 운송하려고 할 때에는 일본 상선을 고용할 수 있다. 단, 그 고용주가 인민일 경우에는 조선 정부의 허가증을 수령하고 고용해야 한다.

제35관

본 장정에 기재된 벌금 및 몰수, 그 밖의 벌칙(罰則)에 관련된 안건은 해관 세무사의 고소에 의하여 일본 영사관이 심판한다. 단, 징수한 벌금 및 몰수한 물건은 모두 조선 정부에 귀속한다. 조선 관리가 압류한 각 물건은 해당 관리가 일본 영사관과 함께 봉하고 도장을 찍어 그대로 해관에 두고 판결을 기다린다. 영사관이 처벌할 것이 없다고 판결한 경우 그 각 물건들을 영사에게 넘겨 화주에게 돌려준다.

조선 관리가 의견이 맞지 않아 응소(應訴)할 재판소에 항고할 때에는 화주는 그 화물 값을 영사관에게 맡겨두고 판결을 기다린다. 압류한 물건이 부패되는 물건이거나 변질되는 물건이거나 위험한 물건일 경우에는 그 대금은 영사 아문에 맡겨두고 화물은 원주인에게 돌려준다.

제36관

아편을 항구에 들여오는 것을 엄격히 금지한다. 아편을 몰래 운반하거나 몰래 운반하려고 시도하였을 때에는 그 화물을 몰수하고, 몰래 운반한 총 숫자에 근거하여 매 1근(斤)에 7천 문의 벌금을 징수한다. 다만, 그것이 조선 정부에서 쓸 것이거나 일본 거류민들이 약을 만드는 데 필요한 것으로서 일본 영사관이 그 사실을 보증하고 항구에 들여온 것은 이 제한을 받지 않는다.

제37관

조선국에서 가뭄과 홍수, 전쟁 등의 일로 인하여 국내에 양식이 결핍할 것을 우려하여 일시 쌀 수출을 금지하려고 할 때에는 1개월 전에 지방관이 일본 영사관에게 통지하여 미리 그 기간을 항구에 있는 일본 상인들에게 전달하여 일률적으로 준수하는 데 편리하게 한다. (현재 제반 수출입 양곡은 모두 100분의 5를 과세한다. 조선에서 재황(災荒)으로 식량이 모자라 쌀을 수입하려고 할 경우에는 그때에 가서 면세를 통지한다. 일본에서 재황으로 식량이 모자라 쌀 수출을 요구할 때에도 역시 그때에 가서 면세를 통지한다.)

제38관

크고 작은 함포, 각종 탄알, 화약, 뇌분(雷粉), 기타 일체의 군기(軍器)는 조선 정부 혹은 조선 정부에서 군기 구매를 허가한 조선 사람을 제외한 다른 조선 인민에게 파는 것을 허가하지 않는다. 비밀리에 파는 자가 있을 때에는 화물을 몰수한다.

제39관

본 장정에 기재되지 않은 벌금 규정을 위반한 자가 있을 경우에는 1만 5,000 문 이하의 벌금을 징수한다.

제40관

본 장정에서 정한 세금과 벌금은 조선 동전으로 납부해야 한다. 혹 일본 은화(銀貨)를 시가에 따라 바꾸어 쓸 수 있으며, 멕시코 은화가 일본 은화와 가치가 같을 때에도 역시 바꾸어 쓸 수 있다. 제2, 제3, 제4, 제6, 제33관 등 각 관 안에 실려 있는 벌금과 소정 수수료는 500톤 이하의 상선에 대해서 2분의 1을 징수하고, 50톤 이하는 4분의 1을 징수한다.

제41관

일본국 어선은 조선국의 전라도(全羅道), 경상도(慶尙道), 강원도(江原道), 함경도(咸鏡道) 네 도(道)의 연해에서, 조선국 어선은 일본국의 히젠(肥前), 치쿠젠(筑前), 이시미(石見), 나가도(長門, 조선해에 면한 곳), 이즈모(出雲), 쓰시마(對馬島)의 연해에 오가면서 고기를 잡는 것을 허가한다.

단, 사사로이 화물을 무역할 수 없으며, 위반한 자에 대해서는 그 화물을 몰수한다. 그러나 잡은 물고기를 사고 팔 경우에는 이 규정에 구애되지 않는다. 피차 납부해야 할 어세(魚稅)와 기타 세목(細目)은 2년 동안 시행한 뒤 그 정황을 조사하여 다시 협의하여 결정한다.

제42관
본 장정은 조인한 날로부터 100일 이내에 조선과 일본 양국 정부의 승인을 받아 100일이 지난 뒤에 시행하며, 종전의 일체 무역 규칙 및 기타 각 조약 가운데 본 장정에 장애가 되는 각 조관은 모두 폐지한다.

단, 현재나 앞으로 조선 정부에서 어떠한 권리와 특전 및 혜택과 우대를 다른 나라 관리와 백성에게 베풀 때에는 일본국 관리와 백성도 마찬가지로 일체 그 혜택을 받는다.

본 장정은 시행하는 날로부터 5년을 기한으로 하여 다시 개정하되, 만기 전에 양국 정부는 협의하여 새 장정을 만든다. 협의가 기한이 넘도록 낙착되지 못하는 경우 그 사이에는 우선 본 장정에 따라 처리한다.

또 본 장정 안에 더 보충할 것이 있어 피차 모두 편리하다고 인정할 경우에는 곧 수시로 토의하여 추가한다.

이를 위하여 양국 전권 대신(全權大臣)이 기명하고 도장을 찍어 증거로 삼는다.

대조선국 개국(開國) 492년 6월 22일
전권 대신(全權大臣) 독판교섭통상사무(督辦交涉通商事務) 민영목(閔泳穆)
대일본국 명치(明治) 16년 7월 25일
전권대신 변리공사(辨理公使) 다케조에 신이치로(竹添進一郞)

색인

색인

한국 사람 만들기 II
친일개화파

개정판 1쇄 발행 2021년 04월 15일
개정판 2쇄 발행 2021년 10월 05일
개정판 3쇄 발행 2023년 12월 28일

지은이	함재봉
펴낸곳	H 프레스
펴낸이	함재봉
신고	2019년 12월 30일
신고번호	제 2019-24호
주소	경기도 광주시 천진암로 995-57
전화	010-2671-2949
이메일	cehahm@gmail.com

ISBN   979-11-971035-4-4
ISBN   979-11-971035-0-6 (세트)

값 35,000 원

※ 이 도서의 국립중앙도서관 출판예정도서목록(CIP)은 서지정보유통지원시스템 홈페이지
   (http://seoji.nl.go.kr)와 국가자료공동목록시스템(http://www.nl.go.kr/kollsnet)에서
   이용하실 수 있습니다.(CIP제어번호:CIP2020028450)